天

Borderless

下

天下，在乎正义和你

本书系教育部人文社会科学重点研究基地重大项目
“中华人民共和国民法典评注”（18JJD820001）的研究成果

中国民法典新规则要点

修订版

杨立新　李怡雯——著

法律出版社 LAW PRESS · CHINA

前　言

2020年5月28日，第十三届全国人民代表大会第三次会议通过了《中华人民共和国民法典》，宣告编纂民法典的立法任务正式完成，当代中国有了自己的严格意义上的民法典，中国民法进入法典化时期。我作为全程参与民法典编纂工作的立法专家，为我国民法典的编纂完成感到由衷地欣慰，为我国民法典的诞生感到精神振奋。

中国民法典是21世纪诞生的新民法典，在世界的民法立法史上具有重要地位。它不仅标志着我国有了成文的民法典，而且在立法体例和立法内容上，适应当代社会的历史发展和时代进步的要求，将会做出重要贡献，在世界民法典之林具有重要的地位。

我国编纂民法典，是在原来类法典化民法的基础上进行的。自1980年以来，我国立法机关陆续制定了《中华人民共和国婚姻法》《中华人民共和国继承法》《中华人民共和国民法通则》《中华人民共和国收养法》《中华人民共和国担保法》《中华人民共和国合同法》《中华人民共和国物权法》《中华人民共和国侵权责任法》等民法单行法。这些单行民法构成了我国类法典化民法。在这些法律的基础上编纂民法典，有扎实的立法基础。

不过，民法典的编纂尽管是在原有的松散民法的基础上进行的，而非制定一部新的法律，但是，在原有的数部民法单行法的基础上进行民法典的编纂，并非对原有民法规范的简单汇编，而是要进行实际的修改和创新。因此，可以看到，在民法典的1260个条文中，就有613个条文是对原有民法规范的创新和修改,成为民法典的新规则,占全部条文的48.65%。特别是民法典人格权编,实际是在制定新法,百分之百是新规则。所以,我国民法典对具体规范的创新范围是非常大的。

对民法典创新条文究竟应当如何理解和适用,是学习、研究民法典的重要问题。原有的民法单行法的条文已经适用了多年,都比较熟悉,但是,对民法典的创新条文、经过修改的条文,都需要认真研究和领会,保证在适用中忠实于民法典,严格依照民法典的规定调整民事法律关系,维护市民社会的正常秩序,维护民事主体的尊严和民事权益。

借着参与民法典立法的机会,笔者有幸对民法典有较早的接触,并且已经有数十年的研究经历和基础,因此,对民法典的新规则,根据自己的学习体会和研究心得,与我的学生李怡雯一起,揭示其要点,点明其主旨,供各位读者朋友参考。民法理论博大精深,民法规范内涵丰富,不是揭示其要点就能完全说明的。但是限于篇幅,不能展开说明,故谨以要点阐释其精髓,却难免挂一漏万。对其中存在的讹误,请读者朋友指正。

需要说明的是,本书章节的设计,除了物权编和合同编之外,都是按照民法典的章节顺序编排的;由于物权编和合同编分为分编和章节,且有些章节的内容没有规定新规则,因此,对这两编的章节顺序做了重新安排,与民法典的章节安排不同。

中国人民大学民商事法律科学研究中心研究员
中国人民大学法学院教授
杨立新
2020年6月10日于北京

目　录

第一编　总　　则

第一章　有关基本规定的新规则 / 3

1. 民法调整平等主体间的人身关系和财产关系 / 3
2. 私权神圣是民法最主要的基本原则 / 5
3. 公序良俗原则是民法基本原则 / 6
4. 绿色原则纳入民法基本原则 / 7
5. 习惯是民法的补充法源 / 8
6. 民法特别法优先于民法普通法适用 / 10

第二章　有关自然人的新规则 / 13

第一节　关于民事权利能力和民事行为能力的新规则 / 13

7. 自然人出生时间和死亡时间的认定标准 / 13
8. 胎儿具有部分民事权利能力 / 14
9. 8 周岁以上的未成年人是限制民事行为能力人 / 16
10. 不能辨认自己行为的 8 周岁以上的未成年人及成年无民事行为能力人的标准 / 18
11. 不能完全辨认自己行为的成年人为限制民事行为能力人 / 19
12. 有关组织可以作为申请认定与恢复民事行为能力的主体 / 20

第二节　关于监护的新规则 / 22

13. 亲子关系主体之间负有抚养、教育、保护义务与赡养、扶助、保护义务 / 22
14. 对未成年人确定监护人的监护顺位 / 23
15. 对成年人确定监护人的监护顺位 / 24
16. 遗嘱监护为合法的监护设定方式 / 25

17. 协议监护为合法的监护方式 / 27
18. 指定监护的具体条件及程序 / 28
19. 民政部门依法承担公职监护人职责 / 30
20. 成年人意定监护为监护关系的设定方式 / 31
21. 因突发事件监护人暂时无法履行监护职责,有关组织对被监护人负有临时生活照料义务 / 32
22. 监护应当体现最有利于被监护人原则和尊重被监护人的真实意愿的原则 / 34
23. 监护人资格撤销的事由与程序 / 35
24. 撤销监护资格的父母、子女、配偶不免除抚养费、赡养费、扶养费给付义务 / 37
25. 恢复监护人资格的事由及程序 / 37
26. 监护关系终止的具体事由 / 39
第三节 关于宣告失踪和宣告死亡的新规则 / 40
27. 自然人下落不明的时间从其失去音讯之日起计算 / 40
28. 宣告失踪后的财产代管人的义务与责任 / 41
29. 变更财产代管人后,原财产代管人负移交与报告义务 / 42
30. 失踪人重新出现后财产代管人负有归还与报告义务 / 43
31. 有关机关证明因意外事件下落不明不可能生存的宣告死亡时间 / 44
32. 宣告失踪与宣告死亡的申请冲突时应当宣告死亡 / 45
33. 被宣告死亡人的死亡日期确定标准 / 45
34. 宣告死亡判决具有相对的空间效力 / 46
35. 被撤销死亡宣告人的配偶声明不愿意恢复婚姻关系的,不恢复婚姻关系 / 47
36. 被撤销死亡宣告的人不得以未经其同意为由主张收养关系无效 / 48
37. 利害关系人隐瞒真实情况,应对被撤销死亡宣告的人承担赔偿责任 / 48
第四节 关于个体工商户和农村承包经营户的新规则 / 49
38. 个体工商户与农村承包经营户的债务承担规则 / 49

第三章 有关法人的新规则 / 51

第一节 关于一般规定的新规则 / 51
39. 法人的成立须依法进行 / 51
40. 法人以其全部财产独立承担民事责任 / 52

41. 法人对法定代表人代表权的限制不得对抗善意相对人 / 53
42. 法人承担法定代表人因执行职务致人损害的责任并享有追偿权 / 55
43. 法人的主要办事机构所在地为住所 / 56
44. 法人实际情况与登记事项不一致,不得对抗善意相对人 / 57
45. 登记机关负有及时公示法人登记信息的义务 / 57
46. 法人变更后权利义务的继受主体及规则 / 58
47. 法律、行政法规规定法人终止须经有关机关批准的,须经批准 / 59
48. 法人解散的法定事由 / 60
49. 清算义务人未尽清算义务应当承担民事责任 / 61
50. 法人清算程序和清算组的职权依照或参照适用相关法律 / 63
51. 法人清算后的剩余财产按照章程规定或者决议处理 / 64
52. 法人在依法进行破产清算并完成注销登记时终止 / 65
53. 法人对分支机构的民事活动承担直接责任或补充责任 / 65
54. 设立中的法人的部分民事权利能力 / 66
第二节　关于营利法人的新规则 / 67
55. 营利法人概念的内涵与外延 / 67
56. 营利法人成立须依法登记 / 68
57. 营业执照签发之日为法人成立之日 / 69
58. 营利法人须依法制定章程 / 69
59. 营利法人应当设立权力机构及其职责范围 / 71
60. 营利法人应当设立执行机构及其职责范围 / 71
61. 营利法人应当设立监督机构及其职责范围 / 72
62. 滥用出资人权利或法人独立地位应承担民事责任 / 73
63. 利用关联交易损害法人利益应承担赔偿责任 / 74
64. 营利法人决议瑕疵不影响与善意相对人的民事法律关系 / 75
65. 营利法人须遵守经营活动准则 / 76
第三节　关于非营利法人的新规则 / 77
66. 非营利法人概念的内涵与外延 / 77
67. 事业单位法人应当依法设置治理结构 / 78
68. 社会团体法人应当依法制定法人章程、设置治理结构 / 79
69. 捐助法人应当依法设立 / 79
70. 捐助法人应当依法制定法人章程、设置治理结构 / 80
71. 捐助人的权利及捐助法人决定瑕疵的效力 / 81

72. 公益非营利法人终止后应依法处理剩余财产 / 82
第四节　关于特别法人的新规则 / 83
73. 特别法人的类型 / 83
74. 机关法人以独立经费从事为履行行政职能所需的民事活动 / 84
75. 机关法人终止后继任机关或作出撤销决定的机关是继受主体 / 85
76. 农村集体经济组织法人具有特别法人资格 / 85
77. 城镇农村合作经济组织法人具有特别法人资格 / 86
78. 居民委员会法人和村民委员会法人是特别法人 / 87

第四章　有关非法人组织的新规则 / 89

79. 非法人组织的内涵与外延 / 89
80. 非法人组织设立时应当依照法律的规定进行登记或者报批 / 90
81. 非法人组织承担无限责任 / 91
82. 非法人组织可以确定一人或数人为代表人 / 92
83. 非法人组织解散的事由 / 92
84. 非法人组织解散后须清算 / 93
85. 非法人组织准用法人的一般性规则 / 93

第五章　有关民事权利的新规则 / 95

86. 自然人的人身自由和人格尊严是私权利 / 95
87. 自然人享有的具体人格权 / 97
88. 个人信息受法律保护 / 98
89. 身份权是自然人因婚姻家庭关系产生的人身权 / 100
90. 财产权受法律平等保护 / 101
91. 物权的内涵与外延 / 102
92. 物权的客体是物及法律规定的权利 / 103
93. 物权的种类和内容由法律规定 / 104
94. 征收、征用不动产或者动产应予公平合理的补偿 / 105
95. 债权概念的内涵及外延 / 106
96. 合同之债 / 106
97. 侵权之债 / 107
98. 无因管理之债 / 107
99. 不当得利之债 / 108

100. 知识产权的概念及其客体 / 108
101. 继承权的客体是遗产 / 109
102. 民事主体依法享有股权与其他投资性权利 / 111
103. 民法保护民事主体享有的其他民事权利和利益 / 111
104. 数据和网络虚拟财产是民事权利客体 / 112
105. 单行权利保护法为民法特别法 / 113
106. 民事权利的多种取得方式 / 114
107. 民事主体享有自我决定权 / 116
108. 民事主体的民事权利与民事义务相一致 / 116
109. 禁止民事主体滥用民事权利 / 117

第六章 有关民事法律行为的新规则 / 119

第一节 关于一般规定的新规则 / 119
110. 民事法律行为以意思表示为核心要素 / 119
111. 民事法律行为的成立方式 / 120
112. 法律、行政法规规定或当事人约定采用特定形式的应当采用特定形式 / 121
113. 民事法律行为生效时间的例外情形 / 122
第二节 关于意思表示的新规则 / 123
114. 有相对人的意思表示的生效时间 / 123
115. 无相对人的意思表示的生效时间 / 125
116. 以公告方式作出意思表示的生效时间 / 125
117. 意思表示可以通过多种方式作出 / 126
118. 意思表示撤回发生效力须满足时间要件的要求 / 127
119. 解释意思表示应当区分有无相对人 / 128
第三节 关于民事法律行为的效力的新规则 / 129
120. 限制民事行为能力人实施的民事法律行为有效或效力待定 / 129
121. 虚假行为无效与隐藏行为依照有关法律处理 / 130
122. 重大误解的民事法律行为可撤销 / 131
123. 一方欺诈的民事法律行为，他方有撤销权 / 132
124. 第三人欺诈的民事法律行为，受欺诈方有撤销权 / 133
125. 一方或者第三人胁迫的民事法律行为，受胁迫方有撤销权 / 134
126. 显失公平的民事法律行为，受损害方有撤销权 / 135

127. 撤销权的除斥期间依据撤销事由进行区分 / 137
128. 违反法律、行政法规强制性规定或者公序良俗的民事法律行为无效 / 138
129. 恶意串通的民事法律行为无效 / 140
130. 民事法律行为无效、被撤销或者不发生法律效力的法律后果 / 141
第四节 关于民事法律行为的附条件和附期限的新规则 / 142
131. 特殊的民事法律行为依其性质不得附条件 / 142
132. 恶意阻止或者促成条件成就,不发生对应的法律效力 / 143
133. 附期限的民事法律行为于期限届至时生效或失效 / 144

第七章 有关代理的新规则 / 147

第一节 关于一般规定的新规则 / 147
134. 应当由本人亲自实施的民事法律行为不得代理 / 147
135. 删除指定代理及其行使规则 / 148
第二节 关于委托代理的新规则 / 150
136. 委托代理授权采用书面形式须载明相关的内容 / 150
137. 共同代理人共同行使代理权 / 151
138. 代理人应当知道代理违法仍实施或者未反对的,应承担连带责任 / 152
139. 禁止自己代理和双方代理 / 153
140. 代理人仅就经同意或者追认的转委托代理人的选任及指示负责 / 154
141. 职务代理行为的法律后果归属于法人或者非法人组织 / 156
142. 无权代理人承担赔偿责任的要件 / 156
143. 表见代理行为的有效要件 / 158
第三节 关于代理终止的新规则 / 160
144. 被代理人死亡后,在特定情形下委托代理人的代理行为有效 / 160
145. 法定代理终止的法定事由 / 160

第八章 有关民事责任的新规则 / 163

146. 法定或约定的民事义务及违反民事义务的后果是民事责任 / 163
147. 按份责任及其规则 / 164
148. 连带责任及其规则 / 165
149. 继续履行与惩罚性赔偿为民事责任方式 / 166
150. 见义勇为受害人享有特别请求权 / 168
151. 善意救助者享有损害赔偿的豁免权 / 169

152. 侵害英雄烈士的人格利益应当承担民事责任 / 170
153. 违约责任与侵权责任竞合的选择权 / 171
154. 非冲突性责任竞合时民事责任享有优先权 / 172

第九章 有关诉讼时效的新规则 / 175

155. 诉讼时效期间及其起算方法 / 175
156. 分期债务的诉讼时效期间自最后一期履行期限届满之日起计算 / 176
157. 对法定代理人请求权的诉讼时效期间自终止之日起计算 / 177
158. 未成年人遭受性侵的诉讼时效期间自年满 18 周岁之日起计算 / 178
159. 诉讼时效期间届满产生永久性抗辩权 / 178
160. 适用诉讼时效实行当事人主义,法院不得主动援引 / 180
161. 诉讼时效期间自引起诉讼时效中止的原因消除之日起满 6 个月届满 / 180
162. 诉讼时效中断的法定事由及后果 / 182
163. 不适用诉讼时效的请求权范围 / 183
164. 诉讼时效的强制性与诉讼时效利益不得预先放弃 / 185
165. 仲裁时效准用诉讼时效规则 / 185
166. 除斥期间及其不适用诉讼时效规则 / 186

第十章 有关期间计算的新规则 / 189

167. 以年、月为计算期间的最后一日是到期月的对应日或月末日 / 189
168. 期间计算方法的除外规定 / 189

第二编 物 权

第一章 有关物权编通则的新规则 / 193

第一节 关于物权编一般规定的新规则 / 193
169. 我国的社会主义基本经济制度 / 193
第二节 关于物权变动的新规则 / 194
170. 受遗赠的物权变动生效时间不适用继承开始时的方法 / 194
第三节 关于物权保护的新规则 / 195
171. 恢复原状请求权是侵权责任请求权 / 195
172. 损害赔偿请求权是侵权责任请求权 / 196
173. 侵害物权的行政责任和刑事责任不由民法规范 / 197

第二章　有关所有权的新规则 / 199
第一节　关于所有权一般规定的新规则 / 199
174. 征收不动产须及时足额支付有关费用 / 199
175. 疫情防控属于依法征用组织、个人不动产或者动产的紧急需要 / 200
176. 无居民海岛属于国家所有 / 201
177. 集体成员对集体财产享有查阅、复制权 / 201
178. 营利法人对其不动产和动产享有所有权 / 202
179. 社会团体法人和捐助法人的所有权受法律保护 / 203
第二节　关于业主的建筑物区分所有权的新规则 / 204
180. 建筑区划内的车位、车库的权利归属 / 204
181. 建筑区划内的车位、车库应首先满足业主需要 / 204
182. 业主大会、业主委员会应依法设立并接受居民委员会的指导和协助 / 205
183. 业主共同决定的事项与表决规则 / 207
184. "住改商"应经有利害关系的业主一致同意 / 209
185. 紧急情况下业主大会或业主委员会可以依法申请使用维修资金 / 210
186. 共有部分产生的收益在扣除合理成本后属于业主共有 / 211
187. 物业服务企业或其他管理人负有及时答复及执行应急处置措施的义务 / 212
188. 业主配合实施应急处置措施义务和对其他违反义务当事人有报告权与投诉权 / 214
189. 业主有权请求侵害其合法权益的他人承担民事责任 / 215
第三节　关于相邻关系的新规则 / 216
190. 相邻不动产权利人不得违反国家规定排放土壤污染物、光辐射等有害物质 / 216
第四节　关于共有的新规则 / 218
191. 变更共有财产性质或用途属于共有人决定的重大事项 / 218
192. 按份共有人行使优先购买权的规则 / 219
第五节　关于添附的新规则 / 220
193. 添附物的归属应当遵守约定或法律规定 / 220

第三章　有关用益物权的新规则 / 223
第一节　关于用益物权一般规定的新规则 / 223
194. 用益物权人行使权利应当遵守有关保护生态环境的规定 / 223

第二节　关于土地承包经营权及三权分置的新规则 / 224
195. 承包期届满依照农村土地承包的法律规定继续承包 / 224
196. 土地承包经营权的流转限于互换与转让 / 225
197. 土地承包经营权人有权流转土地经营权 / 226
198. 土地经营权人有权对承包土地占有、使用以及收益 / 227
199. 期限为五年以上的土地经营权设立采登记对抗主义 / 227
200. 特殊承包方式取得的土地承包经营权人有权流转土地经营权 / 228
第三节　关于建设用地使用权的新规则 / 229
201. 设立建设用地使用权应当遵循绿色原则的要求 / 229
202. 删除划拨建设用地使用权的特别要求 / 230
203. 住宅建设用地使用权自动续期费用应依法律、法规的规定办理 / 231
第四节　关于居住权的新规则 / 232
204. 居住权概念的内涵 / 232
205. 设立居住权须采用书面形式订立合同 / 233
206. 居住权设立采取登记生效主义 / 233
207. 居住权不得转让、继承、出租 / 234
208. 居住权因居住期限届满或者居住权人死亡而消灭 / 235
209. 居住权可以通过遗嘱方式设立 / 236
第五节　关于地役权的新规则 / 237
210. 用益物权人继受土地所有权人享有或者负担的地役权 / 237
211. 已设立用益物权的土地设立地役权须经用益物权人同意 / 237
212. 实现对土地经营权的抵押权时一并转让地役权 / 238

第四章　有关担保物权的新规则 / 239

第一节　关于担保物权一般规定的新规则 / 239
213. 担保合同包括抵押合同、质押合同和其他具有担保功能的合同 / 239
第二节　关于抵押权规定的新规则 / 240
214. 海域使用权为可抵押财产 / 240
215. 债权人就抵押财产确定时的动产优先受偿 / 241
216. 删除耕地使用权禁止抵押的限制 / 243
217. 抵押合同应当包括抵押财产的名称、数量等情况 / 244
218. 订立流押条款不影响抵押权优先受偿效力 / 245
219. 动产抵押不得对抗抵押财产的正常流转 / 245

220. “抵押不破租赁”的条件是抵押权设立前抵押财产已出租并转移占有 / 247
221. 抵押人转让抵押财产无须抵押权人同意 / 247
222. 删除债权人撤销权的除斥期间 / 248
223. 其他可以登记的担保物权清偿顺序参照抵押权受偿顺序 / 249
224. 按照登记、交付的先后确定同一物上的抵押权、质权受偿顺序 / 250
225. 流入浮动抵押的动产的抵押权人享有中间价款超级优先权 / 251
226. 集体所有土地的使用权抵押权实现须遵守限制性规则 / 252
227. 抵押权人已知或应知抵押财产被查封、扣押时最高额抵押权人的债权确定 / 252
第三节　关于质权的新规则 / 253
228. 质押合同应当包括质押财产的名称、数量、交付方式等 / 253
229. 订立流质条款不影响质权的优先受偿效力 / 255
230. 现有的以及将有的应收账款可以出质 / 255
231. 删除权利质押具体的登记机构 / 256

第五章　有关占有的新规则 / 259

232. 占有损害赔偿请求权为侵权责任请求权 / 259

第三编　合　　同

第一章　有关合同编通则规定的新规则 / 263
第一节　关于一般规定的新规则 / 263
233. 有关身份关系的协议可以根据其性质参照适用本编的规定 / 263
234. 依法成立的合同具有法律约束力 / 265
235. 用两种文本订立的合同的解释规则 / 266
236. 法律对非合同之债没有规定的,适用合同编通则的规定 / 267
第二节　关于合同订立的新规则 / 268
237. 合同订立的不同形式 / 268
238. 合同订立可以采用要约承诺之外的其他方式 / 270
239. 要约生效的时间适用总则编第 137 条的规定 / 271
240. 要约不可撤销的限制条件 / 271
241. 撤销要约的生效时间 / 273
242. 删除以对话方式作出要约时承诺期限的除外规则 / 273
243. 合同成立时间的除外条款 / 274

244. 承诺生效时间适用总则编第 137 条的规定 / 275
245. 在承诺期限发出的承诺不能及时到达要约人的,视为新要约 / 276
246. 按指印具有与签字、盖章同等的法律效力 / 277
247. 电子商务平台网络交易合同的成立时间 / 278
248. 采用合同书形式订立的合同的成立地点 / 279
249. 依国家订货任务或者指令性任务订立合同的法定义务 / 279
250. 预约的效力与责任 / 281
251. 格式条款及提供格式条款一方的法定义务 / 282
252. 格式条款无效的法定事由 / 283
253. 悬赏广告的性质是合同之债 / 284
254. 合同当事人保密义务的范围包括其他应当保密的信息 / 285
第三节 关于合同效力规定的新规则 / 286
255. 合同生效时间的确定 / 286
256. 被代理人履行义务或者接受履行视为对无权代理合同的追认 / 288
257. 不得仅以当事人超越经营范围主张确认合同无效 / 288
258. 确定合同效力的规则适用总则编第六章的有关规定 / 289
第四节 关于合同履行的新规则 / 289
259. 合同履行须遵循绿色原则的要求 / 289
260. 对质量要求不明确的继续确定标准 / 291
261. 网络买卖合同标的物的交付时间 / 292
262. 以实际履行地的法定货币为履行金钱债务的货币 / 293
263. 选择之债及选择之债债务人的选择权 / 293
264. 选择之债选择权的行使方法和规则 / 295
265. 按份之债的债权债务份额的确定方法 / 295
266. 连带债权和连带债务的基本规则 / 296
267. 连带债务人内部份额的确定方法及追偿权 / 298
268. 连带债务人之一所为事项具有涉他效力 / 299
269. 连带债权的债权份额与债权受领的返还义务 / 300
270. 向第三人履行的债务人未履行或履行不合约定时的第三人请求权 / 301
271. 第三人代为履行债务及后果 / 302
272. 中止履行后未恢复履行能力且未提供担保的视为根本违约 / 302
273. 情势变更规则及效力 / 304

第五节 关于合同保全的新规则 / 305
274. 债权人代位权的行使条件 / 305
275. 债权人有权对部分未到期的债权行使代位权 / 306
276. 债权人接受债务人相对人的履行后,三方相应的权利义务终止 / 307
277. 债权人撤销权的行使条件 / 308
278. 债务人不合理地增加债务负担,债权人享有撤销权 / 309
279. 债权人撤销权行使的法律效力 / 310
第六节 关于合同的变更和转让的新规则 / 311
280. 当事人关于债权不得转让的约定对第三人的效力 / 311
281. 债权受让人取得从权利不因未登记或者未转移占有而受影响 / 312
282. 债务人的债权与转让的债权基于同一合同产生,债务人有权主张抵销 / 313
283. 债权让与人负担因债权转让增加的费用 / 314
284. 债务人或第三人享有催告债权人同意债务转移的权利 / 314
285. 第三人加入债务 / 315
286. 新债务人不得主张原债务人对债权人的债权抵销权 / 316
第七节 关于合同权利义务终止的新规则 / 317
287. 合同解除是合同权利义务终止的特别事由 / 317
288. 债权债务终止的“从随主”原则 / 318
289. 数个同种类债务的清偿抵充顺序 / 318
290. 利息之债与费用之债的清偿抵充顺序 / 320
291. 持续履行债务的不定期合同的当事人解除权 / 320
292. 没有约定解除权行使期限的,解除期限为一年 / 321
293. 解除合同通知载明解除期限到期自动解除与诉讼、仲裁解除合同自起诉状或仲裁申请书送达之日解除 / 322
294. 解除合同不影响违约责任和担保责任的承担 / 324
295. 提存的成立条件及法律效果 / 325
296. 提存的债务人享有提存物取回权 / 326
297. 债务人对债权人免除债务的拒绝权 / 326
第八节 关于违约责任的新规则 / 328
298. 租金、利息等其他金钱债务违约人应承担继续履行的责任 / 328
299. 非金钱债务不能继续履行致使不能实现合同目的,当事人可以请求终止合同 / 329

300. 不得强制履行的非金钱债务可以由第三人替代履行 / 330
301. 定金成立时间与不产生定金效力和视为变更定金约定数额 / 331
302. 履行债务不符合约定致使不能实现合同目的,适用定金罚则 / 332
303. 约定的定金不足以弥补违约造成的损失,可以请求补足 / 333
304. 债权人拒绝受领和受领迟延的赔偿责任 / 334
305. 违反合同的行为适用过失相抵规则 / 335

第二章 有关典型合同的新规则 / 337

第一节 关于买卖合同的新规则 / 337
306. 出卖人无权处分,买受人可以解除合同并请求承担违约责任 / 337
307. 标的物运送至买受人指定地点并交付后的毁损灭失风险由买受人承担 / 338
308. 出卖人故意或者重大过失不告知标的物瑕疵,不得减免违约责任 / 339
309. 出卖人应当采取有利于节约资源、保护生态环境的包装方式 / 339
310. 约定检验期限、质量保证期间过短的补救方法 / 340
311. 买受人签收相关单据,推定已经对数量和外观瑕疵进行了检验 / 341
312. 向第三人交付标的物标准不一致的,以出卖人和买受人的约定为准 / 342
313. 出卖人在标的物有效使用年限届满时负有回收标的物的义务 / 342
314. 买受人应当按照约定的支付方式支付价款 / 343
315. 买卖标的物孳息归属的除外规则 / 344
316. 标的物为数物,其中一物不符合约定影响他物价值时,买受人享有解除权 / 344
317. 分期付款未支付到期价款达到1/5,须经催告方可解除合同 / 345
318. 试用买卖的试用期限届满,买受人未作表示视为同意购买 / 346
319. 试用买卖合同对标的物使用费未约定或约定不明,出卖人无权主张买受人支付 / 347
320. 试用买卖的标的物在试用期内意外灭失的风险由出卖人负担 / 347
321. 出卖人保留的所有权未经登记不得对抗善意第三人 / 348
322. 所有权保留买卖合同的出卖人享有取回权 / 349
323. 所有权保留买卖合同的买受人享有回赎权 / 350

第二节 关于供用电、水、气、热力合同的新规则 / 351
324. 供电人承担强制缔约义务 / 351
325. 中止供电应当事先通知用电人 / 352

326. 节约和计划用电是用电人应当遵守的义务 / 352
第三节 关于赠与合同的新规则 / 353
327. 具有助残性质的公益赠与合同不得撤销 / 353
328. 不可撤销赠与合同的赠与人故意或重大过失致标的物受损应负赔偿责任 / 354
第四节 关于借款合同的新规则 / 355
329. 借款合同自贷款人提供借款时成立 / 355
330. 禁止高利放贷和借款合同对利率约定不明时的确定方法 / 356
第五节 关于保证合同的新规则 / 357
331. 发生保证合同约定的情形时保证人也要承担保证责任 / 357
332. 保证合同的表现形式 / 358
333. 保证方式未约定或者约定不明推定为一般保证 / 358
334. 一般保证的保证人拒绝保证的除外事由 / 359
335. 最高额保证准用最高额抵押的规则 / 360
336. 删除保证范围不明对全部债务承担保证责任规则 / 361
337. 约定或者法定的保证期间计算方法 / 362
338. 债权人未在保证期间主张权利,丧失保证债权 / 363
339. 保证债务诉讼时效的计算规则 / 364
340. 未经保证人同意变更主债权债务合同对保证责任的影响 / 364
341. 债权转让未通知保证人,对保证人不发生效力 / 365
342. 第三人加入债务不影响保证人的保证责任 / 366
343. 一般保证的债权人放弃或怠于行使权利,保证人不再承担保证责任 / 367
344. 共同保证人未约定保证份额,仅在各自保证范围内承担责任 / 368
345. 保证人承担保证责任后行使追偿权不得损害债权人的利益 / 369
346. 保证人有权援用债务人的抵销权或撤销权拒绝承担保证责任 / 370
第六节 关于租赁合同的新规则 / 370
347. 租赁合同未按照规定办理登记备案不影响合同效力 / 370
348. 未采用书面形式且无法确定租赁期限的租赁为不定期租赁 / 371
349. 因承租人过错致租赁物需要维修的,出租人不承担违约责任 / 371
350. 转租期限不得超过剩余租赁期限 / 372
351. 出租人知道转租后在 6 个月内未提出异议视为同意转租 / 372
352. 次承租人可以代承租人支付的欠付租金和违约金 / 373
353. 承租人享有法定解除权的事由 / 373

354. 承租人优先购买权的除外事由与推定放弃事由 / 374
355. 租赁房屋在拍卖时对承租人优先购买权的保护 / 375
356. 承租人优先购买权受到侵害的,有权获得救济 / 376
357. 承租人死亡后共同经营人可以承继租赁权 / 377
358. 租赁期限届满承租人享有优先租赁权 / 377
第七节 关于融资租赁合同的新规则 / 378
359. 虚构租赁物方式订立的融资租赁合同无效 / 378
360. 特定租赁物经营未经行政许可不影响融资租赁合同效力 / 379
361. 承租人对出卖人交付的标的物可以行使拒绝受领权 / 379
362. 承租人在索赔期间应向出租人支付租金 / 380
363. 出租人对承租人行使索赔权失败承担赔偿责任 / 381
364. 出租人对租赁物的所有权未经登记不得对抗善意第三人 / 382
365. 出租人违反保证承租人占有、使用租赁物的义务应当承担责任 / 383
366. 融资租赁物意外灭失,承租人应当继续支付租金 / 384
367. 融资租赁合同的出租人享有单方法定解除权 / 384
368. 融资租赁合同的出租人或承租人双方享有法定解除权 / 385
369. 出租人根据承租人的选择签订买卖合同致使融资租赁合同解除的,有权请求承租人承担赔偿责任 / 386
370. 租赁物在承租期间意外毁损灭失,承租人应当对出租人补偿 / 387
371. 租赁期限届满租赁物不能返还,承租人应当给予合理补偿 / 387
372. 租赁期限届满承租人支付象征性价款取得租赁物所有权 / 388
373. 规定融资租赁合同无效后租赁物的权利归属 / 389
第八节 关于保理合同的新规则 / 390
374. 保理合同及其客体应收账款的概念界定 / 390
375. 保理合同应当包括的主要内容及形式 / 391
376. 应收账款债务人不得以虚构的应收账款不存在为由对抗保理人 / 392
377. 保理人向债务人行使权利的方式是通知并表明保理人身份 / 393
378. 应收账款转让通知后对应收账款债务人发生的效果 / 393
379. 有追索权的保理人对返还融资款本息或者回购应收账款债权享有选择权 / 394
380. 无追索权的保理人只能向债务人主张权利 / 394
381. 多个保理人权利实现的顺位 / 395
382. 保理合同一章没有规定的,适用债权转让的有关规定 / 396

第九节　关于承揽合同的新规则 / 396
383. 定作人可以合理选择请求承揽人承担修理、重作等违约责任 / 396
384. 定作人不支付报酬或者材料费,承揽人有权拒绝交付 / 397
385. 定作人须在承揽人完成工作前行使任意解除权 / 398
第十节　关于建设工程合同的新规则 / 399
386. 建设工程合同无效,工程验收合格与不合格的处理方法 / 399
387. 发包人、承包人享有法定解除权 / 400
第十一节　关于运输合同的新规则 / 401
388. 客运合同自承运人向旅客出具客票时成立 / 401
389. 实名制客票丢失可以补办,不得再次收取票款和其他不合理费用 / 402
390. 旅客随身携带行李超出限量或违反品类要求时应当办理托运手续 / 403
391. 旅客应当积极协助和配合承运人进行安全运输 / 403
392. 承运人不能正常运输时应负的义务和造成损失的赔偿责任 / 404
393. 承运人对旅客随身携带行李的毁损灭失承担赔偿责任 / 404
394. 货物因不可抗力灭失的运费处理,法律另有规定的,依照其规定 / 405
第十二节　关于技术合同的新规则 / 406
395. 删除妨碍技术进步为技术合同无效的事由 / 406
396. 委托开发合同的当事人都须对违约后果承担违约责任 / 406
397. 合作开发完成的发明创造权属规则的除外规则 / 407
398. 提供相关设备材料及咨询服务的约定属于技术合同的组成部分 / 408
399. 技术秘密让与人和许可人承担的保密义务与申请专利的权利不冲突 / 409
400. 技术秘密使用许可合同的被许可人应当承担的合同义务 / 410
401. 技术许可合同的许可人亦负有保证技术合法的义务 / 410
402. 技术许可合同的被许可人亦对未公开的秘密负有保密义务 / 411
403. 技术转让合同让与人的违约责任参照适用技术许可合同许可人的规定 / 411
404. 技术转让合同受让人的违约责任参照适用技术许可合同被许可人的规定 / 412
405. 许可人承担因使用专利和技术秘密造成他人损害的责任 / 413
406. 其他知识产权转让和许可准用技术转让和技术许可合同的规则 / 414
407. 技术服务合同不包括承揽合同和建设工程合同 / 414
408. 技术咨询合同和技术服务合同的受托人自行负担工作费用 / 415

第十三节 关于保管合同的新规则 / 416
409. 从事购物等活动将物品存放在指定场所视为保管 / 416
410. 无偿保管合同的保管人承担因故意或重大过失致损的责任 / 417
第十四节 关于仓储合同的新规则 / 418
411. 仓储合同自保管人和存货人意思表示一致时生效 / 418
412. 存货人交付仓储物,保管人应当出具相关凭证 / 418
第十五节 关于委托合同的新规则 / 419
413. 委托人享有对转委托的追认权 / 419
414. 无偿委托和有偿委托任意解除合同时的赔偿范围 / 420
415. 删除委托人丧失民事行为能力为委托合同终止事由 / 420
416. 委托人死亡、被宣告破产或清算时,受托人承担后合同义务 / 421
417. 遗产管理人于受托人死亡时应当采取必要措施 / 422
第十六节 关于物业服务合同的新规则 / 423
418. 物业服务合同和物业服务人的概念界定 / 423
419. 规定物业服务合同的内容与形式 / 423
420. 不同主体订立的物业服务合同对业主都有法律约束力 / 424
421. 前期物业服务合同于新物业服务合同生效时终止 / 425
422. 物业服务人可以委托第三人管理部分专项服务事项 / 425
423. 物业服务人的物业服务职责范围 / 426
424. 物业服务人应当公开履行管理职责情况 / 427
425. 业主应当按照约定向物业服务人支付物业费,物业服务人不得采取停止供电、供水等方式催交物业费 / 428
426. 业主装饰装修、转让、出租等应事先告知物业服务人 / 429
427. 业主解聘物业服务人应当依照法定程序共同决定 / 429
428. 业主依法共同决定续聘和物业服务人有权拒绝续聘 / 430
429. 物业服务人在期限届满后继续服务的服务期限变为不定期 / 431
430. 物业服务合同终止后物业服务人承担后合同义务 / 431
431. 原物业服务人于交接前负有继续服务义务及报酬请求权 / 432
第十七节 关于中介合同的新规则 / 433
432. 中介人未促成合同成立可按照约定请求支付中介活动费用 / 433
433. 委托人“恶意跳单”应当支付中介报酬 / 433
434. 中介合同准用委托合同规则 / 434

第十八节　关于合伙合同的新规则 / 435
435. 合伙合同的概念界定 / 435
436. 合伙人负有出资义务 / 435
437. 合伙财产的范围及分割合伙财产的限制 / 436
438. 合伙事务可以选择共同执行或委托执行 / 437
439. 合伙人执行合伙事务不得请求支付报酬 / 438
440. 合伙分配利润和负担亏损方法 / 439
441. 合伙人对合伙财产不足以清偿的合伙债务承担连带清偿责任 / 440
442. 合伙人对外转让合伙份额须经其他合伙人一致同意 / 441
443. 限制合伙人的债权人对合伙人的合伙权利行使债权人代位权 / 442
444. 合伙期限的认定方法与不定期合伙人的任意解除权 / 442
445. 合伙合同因合伙人死亡或者终止而终止 / 443
446. 合伙散伙时财产利益的分配方法 / 444

第三章　有关准合同的新规则 / 447

第一节　关于无因管理的新规则 / 447
447. 无因管理人可以请求受益人补偿损失 / 447
448. 受益人于获益范围内对不适法无因管理人承担义务 / 448
449. 管理人实施适当管理义务不得无理由中断 / 449
450. 管理人管理他人事务时对受益人的通知义务 / 450
451. 管理人于管理结束后负有报告和结算义务 / 450
452. 无因管理经受益人追认后转化为委托关系 / 451
第二节　关于不当得利的新规则 / 451
453. 不属于不当得利的具体情形 / 451
454. 善意得利人的返还范围不包括已经不存在的利益 / 453
455. 恶意得利人应当返还取得的全部利益并且赔偿损失 / 453
456. 无偿取得利益的第三人负有在相应范围内的返还责任 / 454

第四编　人　格　权

第一章　有关一般规定的新规则 / 459

457. 民事主体享有人格权和一般人格权 / 459
458. 人格权受法律保护原则 / 461
459. 人格权具有固有性及专属性 / 461

460. 民事主体对人格权的客体即人格利益享有公开权 / 462
461. 死者的近亲属对死者的人格利益有权进行保护 / 464
462. 民事主体享有人格权请求权且不受诉讼时效限制 / 465
463. 民事主体享有违约精神损害赔偿请求权 / 466
464. 民事主体享有对侵害人格权行为的禁令请求权 / 467
465. 认定侵害精神性人格权责任应当考虑的因素 / 469
466. 合理使用他人的人格要素与不合理使用的民事责任 / 470
467. 行为人承担侵害人格权责任应与行为方式和影响范围相适应 / 471
468. 身份权请求权准用人格权请求权规则 / 472

第二章 有关生命权、身体权和健康权的新规则 / 475

469. 生命权的内容包括生命安全和生命尊严 / 475
470. 身体权包括维护身体组成部分的完整和行动自由 / 476
471. 健康权包括身体健康与心理健康 / 478
472. 负有法定救助义务的组织和个人负有及时施救的义务 / 479
473. 完全民事行为能力人自主捐赠人体组成部分的范围与方式 / 480
474. 禁止以任何形式买卖人体组成部分 / 481
475. 自然人进行临床试验的范围和程序 / 482
476. 从事人体基因、人体胚胎等有关医学科研活动应依法进行 / 483
477. 实施性骚扰行为应当承担民事责任 / 484
478. 侵害人身自由权应当承担民事责任 / 486

第三章 有关姓名权和名称权的新规则 / 489

479. 自然人有权许可他人使用自己的姓名 / 489
480. 非法人组织享有名称权 / 491
481. 任何组织和个人负有不得侵害姓名权、名称权的义务 / 492
482. 自然人在特定情况下有权选取父姓和母姓之外的姓氏 / 493
483. 民事主体可以依法决定、变更姓名、名称或者转让名称 / 494
484. 对笔名、艺名、网名、译名、字号、简称参照适用姓名权、名称权保护的有关内容 / 495

第四章 有关肖像权的新规则 / 497

485. 肖像权的内容及其权利客体 / 497

486. 任何组织和个人对肖像权人的肖像权负有不可侵义务 / 498
487. 民事主体有权对他人的肖像合理使用且不承担民事责任 / 499
488. 肖像权的公开权行使方式为肖像许可使用合同及解释方法 / 501
489. 当事人对肖像许可使用合同的解除权 / 502
490. 其他人格利益的许可使用与对声音权的保护 / 503

第五章 有关名誉权和荣誉权的新规则 / 507

491. 名誉权和名誉概念的内涵界定 / 507
492. 为公共利益实施新闻报道、舆论监督行为不承担侵害名誉权责任 / 508
493. 新闻媒体负有合理核实义务 / 509
494. 文学、艺术作品侵害名誉权的认定标准及免责情形 / 510
495. 媒体对失实作品负有更正和删除失实内容的义务 / 511
496. 信用权人对信用评价的权利及信用评价人的义务 / 512
497. 民事主体与征信机构的关系准用个人信息保护规则 / 513
498. 荣誉权人享有不被诋毁、贬损荣誉的权利及错误更正请求权 / 514

第六章 有关隐私权和个人信息保护的新规则 / 517

499. 隐私权及隐私的概念界定 / 517
500. 侵害隐私权的具体行为 / 518
501. 个人信息的概念及其保护范围 / 519
502. 处理个人信息应当遵循的原则和条件 / 521
503. 行为人合理处理个人信息不承担民事责任 / 522
504. 个人信息权人享有查阅、复制及异议更正、及时删除的权利 / 523
505. 信息处理者负有法定的保密义务 / 524
506. 国家机关、承担行政职能的法定机构及其工作人员对他人的隐私及个人信息负有保密义务 / 525

第五编 婚姻家庭

第一章 有关一般规定的新规则 / 529

507. 婚姻家庭受国家保护且不再实行计划生育 / 529
508. 家庭应当树立优良家风,弘扬家庭美德,重视家庭文明建设 / 530
509. 收养应当保障被收养人和收养人的合法权益 / 531
510. 亲属、近亲属和家庭成员的概念界定 / 532

第二章 有关结婚的新规则 / 535

511. 患有医学上认为不应当结婚的疾病不再被认为是禁婚事由 / 535
512. 当事人完成结婚登记时确立婚姻关系 / 536
513. 受胁迫方有权自胁迫终止之日起 1 年内请求法院撤销婚姻 / 537
514. 未告知患有重大疾病的婚姻为可撤销婚姻 / 538
515. 无效及可撤销婚姻中的无过错方有权请求损害赔偿 / 539

第三章 有关家庭关系的新规则 / 541

第一节 关于夫妻关系的新规则 / 541
516. 夫妻双方对未成年子女享有共同亲权 / 541
517. 夫妻一方的日常事务代理权 / 542
518. 夫妻一方因受到人身损害获得的赔偿或者补偿为个人财产 / 544
519. 夫妻共同债务的认定规则 / 545
520. 夫妻享有婚内分割共同财产的请求权 / 547
第二节 关于父母子女关系和其他近亲属关系的新规则 / 548
521. 亲子关系确认与亲子关系否认 / 548

第四章 有关离婚规定的新规则 / 553

522. 离婚协议是双方离婚法律行为的书面依据 / 553
523. 登记离婚的夫妻双方有 30 日冷静期 / 555
524. 登记离婚须对子女抚养和财产处理协商一致 / 556
525. 人民法院判决不准离婚后再起诉期间为分居满 1 年 / 557
526. 婚姻关系于离婚登记完成或离婚判决书、调解书生效时解除 / 559
527. 离婚后自愿恢复婚姻关系应进行结婚登记而不是复婚登记 / 559
528. 离婚后对未成年子女抚养应遵循最有利于未成年子女以及尊重子女真实意愿的原则 / 560
529. 夫妻离婚分割共同财产也要适用照顾无过错方原则 / 561
530. 离婚时付出较多义务一方对对方享有补偿请求权 / 562
531. 离婚过错损害赔偿事由的兜底条款 / 563
532. 删除恶意妨碍分割夫妻共同财产行为的民事制裁措施 / 564

第五章 有关收养的新规则 / 567

533. 收养人须无不利于被收养人健康成长的违法犯罪记录 / 567

534. 收养三代以内旁系同辈血亲,不受被收养人不满 14 周岁的限制 / 568
535. 适当放宽收养人收养子女的数额 / 568
536. 无配偶者收养异性子女的年龄差为 40 周岁以上 / 569
537. 县级以上人民政府民政部门应当对收养依法进行评估 / 570
538. 删除外国人收养中国未成年子女须经公证的要求 / 571

第六编 继 承

第一章 有关一般规定的新规则 / 575

539. 相互有继承关系的数人在同一事件中死亡的先后顺序推定 / 575
540. 遗产范围由“概括 + 列举”改为“概括 + 排除” / 576
541. 丧失继承权与受遗赠权的事由及被继承人享有宽宥权 / 578

第二章 有关法定继承的新规则 / 581

542. 被继承人兄弟姐妹的子女有权代位继承 / 581
543. 酌分遗产请求权的主体范围适当扩大 / 582

第三章 有关遗嘱继承和遗赠的新规则 / 583

544. 自然人可以依法设立遗嘱信托 / 583
545. 打印遗嘱是有效的遗嘱形式 / 586
546. 录像遗嘱是有效的遗嘱形式 / 587
547. 其他不具有见证能力的人不能作为遗嘱见证人 / 588
548. 数份遗嘱发生内容抵触时以最后所立遗嘱为准 / 589

第四章 有关遗产的处理的新规则 / 591

549. 遗产管理人的产生方式 / 591
550. 对遗产管理人有争议的有权申请指定遗产管理人 / 592
551. 遗产管理人应当履行的职责范围 / 593
552. 遗产管理人故意或者重大过失造成损失应当承担民事责任 / 595
553. 遗产管理人有权获得报酬 / 596
554. 转继承应当遵循的一般规则 / 597
555. 受遗赠人丧失受遗赠权的遗产部分依照法定继承处理 / 598
556. 自然人可以与继承人以外的组织签订遗赠扶养协议 / 599
557. 无人继承且无人受遗赠的遗产收归国有用于公益事业 / 600

558. 法定继承人、遗嘱继承人及受遗赠人的遗产债务清偿顺序／601

第七编　侵权责任

第一章　有关一般规定的新规则／605

559. 侵权责任的保护范围由“概括＋列举”式改为“概括”式／605
560. 侵权责任构成增加“损害”作为要件／606
561. 适用无过错责任原则确定侵权责任构成也须具备损害要件／607
562. 被侵权人对损害的扩大有过错时也适用过失相抵／608
563. 自甘风险是侵权责任的免责事由／609
564. 自助行为是免责事由／610
565. 本法和其他法律规定免责事由的适用效力／611

第二章　有关损害赔偿的新规则／613

566. 营养费、住院伙食补助费列入人身损害赔偿范围／613
567. 侵害他人人身权益损害赔偿计算方法的选择权／614
568. 故意或重大过失侵害具有人身意义的特定物的精神损害赔偿／615
569. 财产损失可以选择其他合理方式计算赔偿数额／617
570. 故意侵害知识产权可承担惩罚性赔偿责任／618
571. 公平分担损失规则仅适用于法律规定的情形／618

第三章　有关责任主体的特殊规定的新规则／621

572. 委托监护损害责任的责任分担／621
573. 用人者责任的用人单位在承担赔偿责任后享有追偿权与劳务派遣损害赔偿责任分担／622
574. 个人劳务损害责任中接受劳务一方的追偿权以及补偿责任／625
575. 定作人指示过失责任的规则／627
576. 网络侵权责任中法律另有规定的，依照其规定／628
577. 网络侵权责任避风港原则中的通知规则／629
578. 网络侵权责任避风港原则中的反通知规则／630
579. 红旗原则的主观要件是网络服务提供者知道或者应当知道网络用户侵权／631
580. 违反安全保障义务侵权责任的主体及追偿权／632
581. 学校等教育机构承担补充责任后有权追偿／634

第四章 有关产品责任的新规则 / 637

582. 销售者承担产品责任的规则 / 637
583. 产品责任可以适用停止侵害等禁令 / 638
584. 产品投入流通后发现存在缺陷,采取补救措施不力的赔偿责任 / 639
585. 生产者、销售者未采取有效补救措施须承担惩罚性赔偿责任 / 641

第五章 有关机动车交通事故责任的新规则 / 643

586. 机动车交通事故责任主体增加机动车管理人 / 643
587. 以挂靠形式经营的机动车发生交通事故的责任分担 / 644
588. 擅自驾驶他人机动车发生交通事故的责任分担 / 645
589. 强制保险、商业保险与侵权人承担责任的顺序 / 646
590. 盗抢机动车发生交通事故,盗抢人与使用人的责任分担 / 647
591. 无偿搭乘人因交通事故造成损害的好意同乘规则 / 648

第六章 有关医疗损害责任的新规则 / 651

592. 医疗损害责任的过失分为医疗机构过失和医务人员过失 / 651
593. 医务人员履行告知义务须取得患者的明确同意 / 652
594. 医疗机构或者其医务人员技术过失的推定事由 / 653
595. 泄露患者个人信息应当承担侵权责任 / 654

第七章 有关环境污染和生态破坏责任的新规则 / 657

596. 环境污染责任改为环境污染和生态破坏责任 / 657
597. 故意污染环境、破坏生态造成严重后果应承担惩罚性赔偿责任 / 658
598. 造成生态环境损害须承担修复责任 / 660
599. 国家规定的机关或者法律规定的组织请求侵权人赔偿损失的范围 / 660

第八章 有关高度危险责任的新规则 / 663

600. 民用核设施损害系因战争、武装冲突、暴乱造成的免责 / 663
601. 高放射性物、强腐蚀性物、高致病性物为高度危险物,适用高度危险责任规则 / 664
602. 高度危险活动减轻责任仅限于被侵权人的重大过失 / 665
603. 高度危险区域的管理人减责或者免责须举证证明已善尽管理义务 / 666

604. 行为人有故意或重大过失不适用高度危险责任的限额赔偿 / 667

第九章 有关饲养动物损害责任的新规则 / 669

605. 未采取安全措施的动物致害是因被侵权人故意引起的，可以减责 / 669

第十章 有关建筑物和物件损害责任的新规则 / 671

606. 不动产倒塌、塌陷损害责任的重大变化 / 671
607. 高空抛掷物、坠落物损害规则的重大变化 / 673
608. 堆放物滚落、滑落致害应当承担堆放物损害责任 / 675
609. 妨碍通行物致人损害的责任主体是公共道路管理人 / 675
610. 林木损害责任中增加果实坠落的致害行为 / 676
611. 地下工作物损害责任的过失由施工人或管理人承担举证责任 / 677

附 则

612. 民法使用“超过”也不包括本数 / 681
613.《民法典》施行日期和原单行民法废止的日期 / 681

附 录 《最高人民法院关于适用〈中华人民共和国民法典〉时间效力的若干规定》新规则要点 / 683

第一编　总　　则

第一章　有关基本规定的新规则

1. 民法调整平等主体间的人身关系和财产关系

《中华人民共和国民法典》(以下简称《民法典》)总则编第2条规定:"民法调整平等主体的自然人、法人和非法人组织之间的人身关系和财产关系。"这一条文是关于民法调整对象的规定。在原《民法通则》第2条关于"中华人民共和国民法调整平等主体的公民之间、法人之间、公民和法人之间的财产关系和人身关系"规定的基础上,进行了重大修改。

法律的调整对象,是特定法律所调整的特定的社会法律关系,民法的调整对象是民事法律关系,是平等主体间的人身关系和财产关系。

(1)平等主体之间的人身关系

人身关系,是指与人身密切相连而不可分割的社会关系。平等主体之间的人身关系,是指平等主体之间与人身不可分离而无直接财产内容的社会关系。

民法调整的人身关系具有如下特点:第一,主体地位平等。民法调整的人身关系的主体具有平等的法律地位,相互之间没有隶属关系。第二,与人身不可分离。人身关系是基于人身利益而发生的关系,离开了人身就不会发生人身关系。第三,不直接体现财产利益。人身关系中权利人的权利和义务人的义务,都不直接体现财产利益,但人身关系又与财产利益有联系。

(2)平等主体之间的财产关系

财产关系是以财产为媒介而发生的社会关系。平等主体之间的财产关系,是指平等主体在物质资料的生产、分配、交换和消费过程中形成的具有财产内容的社会关系。

民法的财产关系主要表现为两种,一种是财产的所有关系,另一种是财产的流转关系。前者主要着眼于利益的享有,是财产享有的安全,为静的安全;后者着眼于利益的取得,是财产交易的安全,为动的安全。

上述社会关系作为民法的调整内容,必须是在平等主体之间发生的。也就是说,民法调整的财产关系和人身关系,在主体上必须是平等的,不是平等的主体之间发生的财产关系和人身关系,不能作为民法调整的内容。

本条新规则的要点如下:

(1)调整人身关系与财产关系的排列顺序。人身关系和财产关系的排列顺序直接体现了民法典究竟是坚持"人文主义"还是"物文主义"的立场问题。原《民法通则》第 2 条将财产关系放在人身关系之前,体现的是 19 世纪和 20 世纪中前期民法典"物文主义"的立法传统。《民法典》总则编第 2 条将人身关系放在财产关系之前,就体现了 20 世纪中后期和 21 世纪民法典的"人文主义"的立场。我国《民法典》作为 21 世纪民法典的最新之作,作出这样的立法选择,奠定了《民法典》重视人文关怀的人文主义基调。比如,《民法典》总则编第五章民事权利就将人身权利放置在财产权利之前。

(2)新增非法人组织为民事法律关系主体。原《民法通则》规定的民事主体只有公民(自然人)和法人,故民法调整的法律关系仅限于公民(自然人)与公民(自然人)、公民(自然人)与法人以及法人与法人之间的关系。《民法典》总则编将原《民法通则》中规定的没有民事主体地位的其他组织改为非法人组织,赋予其独立的民事主体地位,形成了三元的民事主体结构。进而,民法调整自然人、法人与非法人组织之间的民事法律关系。自然人、法人与非法人组织均是民事主体,地位平等。民法调整的正是三者之间平等的法律关系,而不调整非平等主体之间的法律关系。如行政关系,是纵向的法律关系,不是民法调整的范围。

(3)文字表达上更为准确、简洁。首先,法律用语更为准确。受苏联民事立法与理论的影响,原《民法通则》第 2 条规定的民事主体是公民。公民是具有政治性的概念,往往在宪法等具有公法性质的法律中使用。民法作为私法,理应使用私法的概念,而非公法的概念。与公民相对应的私法上的概念是自然人,《民法典》总则编将公民的表述修改为自然人,法律用语更为准确,更能体现民法的私法属性。其次,法律用语更为简洁。原《民法通则》第 2 条规定的是"公民之间、法人之间、公民和法人之间"的民事法律关系,用语略显重复。《民法典》总则编第 2 条规定为"自然人、法人和非法人组织之间"的民事法律关系,简洁明确,准确地表达了民法调整范围的内容。

《民法典》总则编第 2 条对调整对象和调整范围所作出的上述修改,不仅明确了民法特定的调整对象和调整范围,更重要的是凸显了民法的私法品格,坚持了人文主义的基本精神。

2. 私权神圣是民法最主要的基本原则

《民法典》总则编第3条规定:"民事主体的人身权利、财产权利以及其他合法权益受法律保护,任何组织或者个人不得侵犯。"这一条文规定的是民事权益依法保护原则。原《民法通则》第5条也规定了民事权益依法保护原则,即"公民、法人的合法的民事权益受法律保护,任何组织和个人不得侵犯"。相比较而言,本条文不论在体系上还是内容上都进行了调整。

民事权益依法保护原则就是私权神圣原则。私权神圣原则指的是,民事主体的人身权利和财产权利以及其他合法权益,在民法领域中具有神圣的地位,受到法律的全面保护。西方法谚所称"风可以进,雨可以进,国王不可以进",就是私权神圣的意思,任何组织和个人不得侵犯。

私权神圣原则包含三个方面的内容:

第一,民事主体的所有民事权利都受到民法的保护。民事权利既包括人身权利,即人格权和身份权;也包括财产权利,即物权、债权、知识产权、继承权和股权以及其他投资性权利。在这七大类基本民事权利之内所包含的民事权利,诸如所有权、共有权、姓名权、名称权、隐私权等,都在民法的保护范围之内。

第二,不仅民事主体的所有的民事权利受到保护,而且合法的民事利益也受法律保护。那些尚未上升为民事权利的民事利益,法律以法益的形式进行保护。例如,胎儿的利益、死者的人格利益等,尽管不能以民事权利的形式保护,但是法律都依法以法益的形式予以保护,不得侵犯。

第三,民事主体的民事权益神圣不可侵犯。民事主体享有的民事权益具有神圣不可侵犯的属性。为了保障民事主体的地位、尊严和正常的民事活动,禁止任何组织或者个人侵害民事主体的民事权益。任何组织或者个人侵害民事权益,都要承担民事责任,民事主体可以行使请求权予以保护。民事主体保护自己的民事权益,既享有民事权利所包含的请求权,也会产生新的侵权请求权,行使这些请求权,就可以救济自己的损害,保护自己的民事权益,维护自己的民事主体地位和尊严。

本条新规则的要点如下:

(1)民事权益依法保护原则的地位改变。原《民法通则》规定的基本原则首先是平等原则,即第3条"当事人在民事活动中的地位平等";其次是自愿、公平、等价有偿、诚实信用原则,即第4条关于"民事活动应当遵循自愿、公平、等价有偿、诚实信用的原则”的规定;最后才是民事权益依法保护原则,即第 5 条。与此相反,《民法典》总则编中民事权益依法保护原则位列基本原则之首,成为最主要的民法基本原则,充分体现了《民法典》对私权神圣原则的重视。

(2)民事权益依法保护原则的内容调整。一是主体改变。原《民法通则》第 5 条规定的是公民、法人的民事权益受到保护,本条文将主体界定为“民事主体”,实质上是将非法人组织纳入了民事权益依法保护原则的涵摄范围。二是民事权益表述改变。原《民法通则》第 5 条规定的是保护民事权益,本条文将其细化为人身权利、财产权利以及其他合法权益,一方面是对民事权益内容的全面表达,另一方面是对人文主义精神的贯彻与落实。

3. 公序良俗原则是民法基本原则

《民法典》总则编第 8 条规定:“民事主体从事民事活动,不得违反法律,不得违背公序良俗。”这一条文规定的是公序良俗原则。与原《民法通则》第 7 条关于“民事活动应当尊重社会公德,不得损害社会公共利益,扰乱社会经济秩序”的规定相比,发生了重大的变化。

公序良俗原则作为民法的基本原则之一,首次出现在《法国民法典》中。《法国民法典》第 6 条将公共秩序和善良风俗规定在一起,即“任何人均不得以特别约定违反涉及公共秩序和善良风俗的法律”。《民法典》总则编规定公序良俗原则,正是将其作为确定民事法律行为和民事活动的最高规则。

公序良俗原则是指民法以一般道德为核心,民事主体在实施民事法律行为时,应当尊重公共秩序和善良风俗的基本准则。

公序良俗是由公共秩序和善良风俗两个概念构成的。公共秩序是指全体社会成员的共同利益。法律强调违反公共秩序的行为无效,是从正面强调了民法对公共秩序的维护,是对整个社会的秩序的维护。善良风俗是指由社会全体成员所普遍认许、遵循的道德准则,是我国民法所恪守的基本理念。

将公序良俗原则规定为民法基本原则的意义在于:

第一,实现对社会秩序的控制。控制社会秩序的良好运转不可能全部由强行法来完成。通过公序良俗原则,就可以强调民事主体进行民事活动中,必须遵循社会所普遍认同的道德和必须遵守的秩序,补充强行法规定的不足,从而使社会有序发展。

第二,实现对私法自治的必要限制。意思自治原则并不意味着当事人作出任何约定都可以具有法律拘束力,只有在不违背公序良俗原则的前提下,意思自治才能够得到法律的肯定性评价,才可以称之为适法。因此,意思自治原则必须依赖于公序良俗原则作为配套,才能够得到真正的实现。也只有两个原则共同作为民法的基本原则,民事行为才能得到法律的肯定性评价,获得更为全面的保护。

第三,弘扬社会公共道德,建立稳定的市民社会秩序,从而保障市民社会的有序发展。公序良俗原则是民法要求民事主体对社会和道德予以起码的尊重。在交易和非交易的民事法律行为和民事活动中,首要的就是民事主体恪守公序良俗。一旦发生冲突,法官也需要依据公序良俗原则,填补法律漏洞,平衡利益冲突,保护弱者,维护国家和社会的利益,维护社会正义,从而稳定市民社会的秩序。

本条新规则的要点是:

突破意识形态禁区,写入公序良俗原则。原《民法通则》第 7 条规定尊重社会公德和不得损害社会公共利益,其实就是公序良俗。1986 年制定《民法通则》时,还存在较多的意识形态的禁忌,一些资本主义国家民法使用的概念尽量不用或者少用。受此影响,原《民法通则》便以社会公共道德和社会公共利益作为替代公序良俗的概念。在制定《民法典》总则编时,立法机关突破了意识形态上的禁区,摒弃了社会公共道德和社会公共利益的概念,将公序良俗原则写进了《民法典》,成为民法基本原则。

4. 绿色原则纳入民法基本原则

《民法典》总则编第 9 条规定:"民事主体从事民事活动,应当有利于节约资源、保护生态环境。"这是我国民法第一次对绿色原则作出规定,并将其作为民法的基本原则之一,是重要的新规则。

绿色原则,也称为生态原则,是指民法要求民事主体在从事民事活动时,应当有利于节约资源,保护生态环境,实现人与资源关系的平衡,促进人与环境和谐相处的基本准则。

最早提出民法绿色原则的,是徐国栋教授主持起草的《绿色民法典草案》第 9 条:"当事人进行民事活动,遵循节约资源,保护环境、尊重其他动物之权利的原则。"[1]以此为基础,《民法典》总则编(草案·第一次审议稿)第 7 条规定:"民事主体从事民事活动,应当保护环境,节约资源,促进人与自然和谐发展。"《民法典》总则编(草案·第二次审议稿)将保护环境扩展为保护生态环境。一些常委会组成人员、单位提出,绿色原则不宜规定在基本原则一章,而是应当规

---

〔1〕 徐国栋主编:《绿色民法典草案》,社会科学文献出版社 2004 年版,第 6 页。

定在基本权利一章。立法机关采纳了这个意见,《民法典》总则编(草案·第三次审议稿)第133条规定:"民事主体行使民事权利,应当节约资源、保护生态环境;弘扬中华优秀文化,践行社会主义核心价值观。"之后经过反复讨论,《民法典》总则编还是将绿色原则规定为民法基本原则。

将绿色原则作为民法基本原则之一,具有十分重要的意义。一方面,与公平原则、平等原则、诚实信用原则、公序良俗原则等基本原则相比,绿色原则具有更加鲜明的时代特征,是对当代环境和资源表达的一种保护及支持的态度。另一方面,绿色原则也将与公平原则、平等原则等基本原则并列在一起,成为民事主体遵循的一般行为准则,发挥基本原则的规范功能。最终,通过绿色原则的贯彻执行,达到维护人与环境和谐相处的目的。

绿色原则作为民法的基本原则之一,在《民法典》分则各编都有所体现。其中,物权编、合同编以及侵权责任编最为鲜明。比如,物权编第346条规定:"设立建设用地使用权,应当符合节约资源、保护生态环境的要求,遵守法律、行政法规关于土地用途的规定,不得损害已经设立的用益物权。"合同编第625条规定:"依照法律、行政法规的规定或者按照当事人的约定,标的物在有效使用年限届满后应予回收的,出卖人负有自行或者委托第三人对标的物予以回收的义务。"侵权责任编则专章规定环境污染和生态破坏责任。

民事主体从事民事活动遵循绿色原则的目的,就是节约资源,保护生态环境,促进人与自然的和谐发展。任何民事主体从事民事活动,行使民事权利时,都须把保护生态环境、节约资源的基本精神,作为贯穿物权、债权、知识产权、婚姻家庭、继承以及侵权责任的基本准则。申言之,民事主体不仅要在行使物权、债权、知识产权等财产权利时,充分发挥物的效能,防止和避免资源被滥用,使有限的资源在一定范围内得到更充分的利用,达到利益最大化;在婚姻家庭、继承等方面,也要体现绿色原则,缓解资源的紧张关系,使得在利用家庭财产,以及在继承领域分配遗产时,采用最有利于发挥物的效能的方法;更要严格执行侵权责任编对环境污染和生态破坏责任的规定。

5. 习惯是民法的补充法源

《民法典》总则编第10条规定:"处理民事纠纷,应当依照法律;法律没有规定的,可以适用习惯,但是不得违背公序良俗。"这是关于民法法源的规定。相较于原《民法通则》第6条关于"民事活动必须遵守法律,法律没有规定的,应当遵守国家政策"的规定,本条文发生了重大的变化。

民法的法源,是指民法的表现形式。在民法领域,除了成文法是民法的普通法源之外，还有习惯和法理是民法的补充法源。在民法的成文法之外，规定习惯和法理是民法的法源，是因为市民社会的生活过于复杂，民事法律关系的种类纷繁多样，再完备的民法也不可能把全部市民社会的生活都概括进来，必定会有遗漏。因而在法律没有明文规定时，应当适用习惯处理民事纠纷；没有成熟的习惯作为习惯法，应当用法理进行补充。

习惯，是指非立法机关所制定，而是在社会生活中由民事主体反复实施，且具有法的确信的规范。习惯须具备三个要件：第一，在社会上有反复实施的行为，是其客观要件；第二，具有法的确信，是其主观要件；第三，具有法律拘束力，应当遵守。习惯达到此种程度，始具有法的效力。[1]

在民法没有规定的范围内，符合上述要件的民事习惯不与现行法律、法规和社会公共利益相抵触，不违背公序良俗，经过国家认可，就具有民法渊源的意义。在没有法律规定的情况下，法官可以依据民事习惯作出判决。现在的问题是，很多法院在法律没有明文规定的时候，不敢适用民法习惯作为判决的依据，是不正确的。

既然规定了习惯是民法的补充法源，在没有具体的成文法律作为法律基础时，民事裁判理应积极依照《民法典》总则编第 10 条的规定，适用习惯作为其法律基础。具体规则是：第一，该请求权确系法律所未规定者，需要民事习惯予以补充；第二，该民事习惯具有通用性，被多数人相信，并且在一定期间内就同一事项反复为同一的行为；第三，该民事习惯不违反民法平等、公平、诚实信用和公序良俗规则。符合这样的要求的习惯，就可以适用作为裁判依据。

本条新规则的要点如下：

(1)删除了国家政策作为民法法源之一。在以往的民事基本法律中，还曾规定国家政策是民法的法源。国家政策是党和政府为解决某一特定问题所作出的指导性意见。原《民法通则》之所以将国家政策作为民法的补充法源，一是因为当时的政策与法律的界限还未分清，二是当时的民事法律、民事习惯及法理还不完备，因而寻求国家政策来弥补立法不足。制定《民法典》总则编，关于是否继续规定国家政策作为民法的法源，还存有争议。基于法律与政策之间在性质、制定的主体、特性等各方面的不同，否定了政策作为民法法源的意见。政策的指导性作用不可否认，但是只有政策转化为法律时，才具有法律的性质，才可以成为民法法源。

(2)新增了习惯作为民法法源之一。在原《民法通则》以来的民事立法中，

---

〔1〕 施启扬：《民法典总则编》(第 8 版)，中国法制出版社 2010 年版，第 55 页。

习惯作为民法法源未能得到承认,只有在原《物权法》第 85 条关于"法律、法规对处理相邻关系有规定的,依照其规定;法律、法规没有规定的,可以按照当地习惯"的规定中,规定了习惯是处理相邻关系的法源。也就是说,习惯作为民法的补充法源,只是特殊性规则,仅限于在物权的相邻关系之中适用,而不是一般性规则。《民法典》总则编在制定时,破除了以往的观念束缚,直接规定习惯是民法的补充法源,可以适用于任何民事领域。

《民法典》总则编第 10 条删除了国家政策作为民法法源之一,正确地厘定了法律与政治的关系;新增习惯作为民法补充法源,则是填补了民法适用的空白,为民事主体提供了请求权基础,为民事裁判提供了适用依据,更有利于处理民事纠纷,定分止争。遗憾的是,《民法典》总则编未规定民法的另一个补充法源,即法理。法理的基本功能在于补充法律及习惯法的不备,是执法者自立于立法者的地位,寻求就该案件所应适用的法则,以实现公平与正义,调和社会生活上相对立的各种利益。[1] 制定《民法典》总则编时,多位专家学者就此提出意见,建议新增法理作为民法法源。但是,立法机关未予采纳。笔者认为,尽管立法上未明确法理作为民法的补充法源,但是在具体的民事裁判中,在没有法律的规定以及习惯时,法官仍旧可以以法理作为裁判依据,处理民事纠纷,以充分发挥法理的基本功能,解决法律适用上的难题。

6. 民法特别法优先于民法普通法适用

《民法典》总则编第 11 条规定:"其他法律对民事关系有特别规定的,依照其规定。"这是关于民法普通法与特别法关系的规定。在此之前,尚无关于民法普通法与民法特别法适用的一般性规则的规定,仅有在单行法领域内适用的特殊性规则。一是原《物权法》第 8 条规定了物权特别法与物权普通法的关系,即"其他相关法律对物权另有特别规定的,依照其规定"。二是原《侵权责任法》第 5 条规定了侵权特别法与侵权普通法的关系,即"其他法律对侵权责任另有特别规定的,依照其规定"。在这两个条文的基础上,《民法典》总则编创设了民法普通法与民法特别法关系的新规则。

民法普通法是指国家立法机关关于民法的集中的、专门的规定,即民法典。其特征是:第一,立法内容的完整性,形成了一个完备的规则体系;第二,立法方式的概括性,内容简明扼要;第三,立法形式的完善性,包含了整个市民社会的基本内容和规范;第四,适用范围的全面性,即适用于国家的整个民事领域。

---

〔1〕 王泽鉴:《民法典总则编》,三民书局 2008 年版,第 64 ~ 65 页。

民法特别法是指民法普通法以外的法律以及在其他法律中规定的民事法律规范所构成的民事法律规范总和。特征是：第一，表现形式是民法典以外的法律或者其他法律中规定的民事法律规范；第二，民法特别法的内容不同于民法一般法的内容；第三，民法特别法的适用范围仅局限于某一特定领域，而不是适用于整个民事领域。

我国的民法特别法分为以下两种类型：一是以法律形态出现的民法特别法，以商法的地位最为显著，知识产权法本来就属于民法。《民法典》总则编第128条规定链接的《未成年人保护法》《老年人权益保障法》《残疾人保障法》《妇女权益保障法》《消费者权益保护法》，主要部分也是民法特别法。二是其他非民事法律中规定的民法特别法，如《土地管理法》大量涉及的物权法的规范，《道路交通安全法》有关机动车交通事故责任规定的民事责任规范，都是民法特别法。

《民法典》总则编第11条规定民法特别法优先于民法普通法适用，其立法基础是《立法法》第92条。《立法法》第92条规定："同一机关制定的法律、行政法规、地方性法规、自治条例和单行条例、规章，特别规定与一般规定不一致的，适用特别规定；新的规定与旧的规定不一致的，适用新的规定。"该规定的适用规则是"特别法优先于普通法，新法优先于旧法"。这是因为，特别法相对于普通法在内容与范围上都具有特殊性，即在空间效力、对人效力、时间效力等方面均具有特殊规定。因而，特别法在特定范围内，对人、时间、地域等问题，排除了普通法的适用，而只适用特别法。适用民法规则，同样适用这样的规则。

民法特别法优先于普通法适用，要特别注意民法特别法的适用范围。既不能强调民法普通法的普遍适用性而不适用民法特别法的特殊规定，也不能无限制地扩大民法特别法的适用范围。应当特别注意以下几点：

第一，有的民法特别法规范的适用范围是以民事主体为标准划分的，其适用范围以民事主体的范围为标准。例如，《消费者权益保护法》所强调保护的就是消费者，因而要以消费者的主体范围确定该法中民法特别法规范的适用范围。

第二，有的民法特别法的适用范围是以违法行为所侵害的权利划分的，其适用范围应以所侵害的权利类型所限定的范围为标准。例如，《专利法》规定的专利侵权行为以及《商标法》规定的商标侵权行为，都是以侵权行为所侵害的权利为标准，其适用范围应当以专利权和商标权的范围为准。

第三，有的民法特别法规范的适用范围是以主管机关的管辖范围划分的，其适用范围应以其主管机关的管辖范围为标准。

第四,有的法律开宗明义就规定了该法的适用范围的,该法所规定的民法特别法规范应与这一适用范围相同,超出这一范围则不适用。

民法特别法包括两种形式,即“法律”和“法律规范”,在优先于普通法适用时也应当有所区分。一是对作为民法特别法的法律的规定优先适用。当一个具体案件所适用的法律是作为民法特别法中的具体法律的条款时,应直接适用该法的民法特别法条款。二是对于作为民法特别法的法律规范的优先适用。这样的民法特别法本身就是请求权的法律基础,应依据这样的规定,直接确定争议双方当事人的权利义务,解决双方的争议。

第二章　有关自然人的新规则

第一节　关于民事权利能力和民事行为能力的新规则

7. 自然人出生时间和死亡时间的认定标准

《民法典》总则编第15条规定："自然人的出生时间和死亡时间，以出生证明、死亡证明记载的时间为准；没有出生证明、死亡证明的，以户籍登记或者其他有效身份登记记载的时间为准。有其他证据足以推翻以上记载时间的，以该证据证明的时间为准。"这是本法对自然人的出生时间和死亡时间所作出的规定。以往的民法单行法对此没有规定，因而本条是增加规定的新规则。

自然人的出生时间和死亡时间，在民法上具有重要意义，主要是因为出生与死亡是自然人民事权利能力的享有与终止的事实构成。自然人出生，具有民事权利能力，依法享有民事权利，承担民事义务。自然人死亡，民事权利能力终止，不再享有民事权利、承担民事义务。因此，必须对出生与死亡的时间作出准确的认定，才能准确认定自然人民事权利能力的起止时间。

自然人的出生时间和死亡时间认定的具体规则如下：

第一，自然人的出生时间和死亡时间，以出生证明和死亡证明记载的时间为准。自然人在出生和死亡后，应当由医院和有关部门开具出生证明书和死亡证明书。自然出生和自然死亡的时间，一般都会在出生证明书和死亡证明书上标注清楚。因此，应当以出生证明书和死亡证明书上记载的时间，作为自然人出生和死亡的时间。

第二，自然人没有出生证明或者死亡证明的，应当以户籍登记或者其他有效身份登记记载的时间为准。《民法典》总则编(草案·第一次审议稿)和《民法典》总则编(草案·第二次审议稿)只规定了户籍登记作为补充认定标准。《民法典》总则编(草案·第三次审议稿)修改为以登记作为补充认定标准。最终通过时,为了对出生与死亡时间的认定方法作出更为明确的说明,规定为以户籍登记或者其他有效身份登记记载的时间为准。户籍登记就是公安机关对自然人的户籍进行登记,并发给自然人户口簿的一种行政行为。户口簿是户籍登记的证明文件。有效身份登记,主要是指身份证,但是军人就没有身份证,而是使用军官证、军人证。户口簿、身份证、军人证等都是有效的身份证明。没有出生证明和死亡证明的,户籍登记和有效的身份登记记载的出生时间,就是自然人的出生时间;户籍登记的死亡时间,就是自然人死亡的时间。

第三,出生证明或者死亡证明,以及户籍登记和有效身份登记中记载的时间,与自然人出生或者死亡的真实时间有出入时,其他证据能够证明到足以推翻以上记载的时间的程度,则应以这些相关证据证明的时间,作为自然人出生或者死亡的真实时间。

另外,《民法典》继承编第 1121 条第 2 款规定了死亡时间的推定规则,即:“相互有继承关系的数人在同一事件中死亡,难以确定死亡时间的,推定没有其他继承人的人先死亡。都有其他继承人,辈份不同的,推定长辈先死亡;辈份相同的,推定同时死亡,相互不发生继承。”对于相互有继承关系的数人,死亡的时间对于继承具有重大意义,直接关系到遗产的流转。这一规定,其意义在于通过法律推定的方式确定死亡时间,减少关于遗产流转的争议。

8. 胎儿具有部分民事权利能力

《民法典》总则编第 16 条规定:“涉及遗产继承、接受赠与等胎儿利益保护的,胎儿视为具有民事权利能力。但是,胎儿娩出时为死体的,其民事权利能力自始不存在。”这一条文是关于胎儿利益保护的规定。原《民法通则》未对此作出规定,这是民法典增加规定的新规则。

关于胎儿利益保护问题,罗马法在身份认定方面就予以支持。由于战争对兵源的需求,以及受到希腊哲学关于人生而自由理论的影响,哈德里安努斯帝规定,凡胎儿自怀孕至出生,生母曾取得自由权的,纵使生母于分娩时仍为奴隶,出生的婴儿即为自由人。[1]“涉及胎儿利益保护视为已经出生”的原则,正是肇始于此。私法上,胎儿视为已经出生,就意味其具有民事权利能力。本条

---

〔1〕 参见周枏:《罗马法原论》(上册),商务印书馆 2016 年版,第 117 页。

关于胎儿视为具有民事权利能力的认定的实质,就是视为胎儿已经出生,但是,仅限于涉及遗产继承、接受赠与等胎儿利益保护的,胎儿才具有民事权利能力,就是只承认胎儿具有部分民事权利能力。

部分民事权利能力,指的是只具有部分人格要素的主体,在特定情况下享有的民事权利能力状态,与完全民事权利能力相对应。[1]《民法典》总则编第13条规定了自然人完全民事权利能力起止时间的一般规则,即"自然人从出生时起到死亡时止,具有民事权利能力,依法享有民事权利,承担民事义务",确认自然人自出生时起到死亡时止享有完全民事权利能力。为了更周全地保护自然人的人身利益与财产利益,延伸保护至自然人出生前以及死亡后的这段时间,保护的方式就是有限地承认胎儿与死者具有部分民事权利能力。关于胎儿的部分民事权利能力的确认,正是由《民法典》总则编第16条作出规范。关于死者的部分民事权利能力,则是通过《民法典》总则编第185条和人格权编第994条作出的规范予以确认。

规定胎儿取得部分民事权利能力,是对自然人保护的重大突破。在具体适用时,需要注意以下四个方面。

(1)胎儿的认定。胎儿,是指自然人未出生但在受胎之中的生物体状态。胎儿不是刚出生的婴儿。刚出生的婴儿具有完全民事权利能力,享有民事权利,承担民事义务。胎儿因尚未出生,无法获得完全民事权利能力。为了保护胎儿的利益,民法实行预先保护主义,规定胎儿以将来非死产者为限,关于其个人利益之保护,视为既已出生。其含义是,在胎儿娩出时是活体的情况下,法律将其出生时间提前,视胎儿为已出生,使胎儿具有部分民事权利能力,从而得以享受权利。

(2)胎儿取得部分民事权利能力系以"娩出时为活体"为条件。确定胎儿民事权利能力产生的时间,应当从胎儿出生的事实推溯于其出生前享有部分民事权利能力。在胎儿出生前,可以享有的一切权利,包括损害赔偿请求权、抚养费请求权、继承权、受赠与权、非婚生胎儿对其生父的认领请求权等,均已存在,尚未享有,待其出生成为法律上的"人"时,即可当然地以自己的名义享有和行使这些权利。

(3)胎儿取得遗产继承、接受赠与等涉及胎儿利益保护的民事权利能力,不具有完整的民事主体资格。首先,胎儿享有部分民事权利能力,只依法享有民

---

〔1〕 杨立新:《〈民法总则〉中部分民事权利能力的概念界定及理论基础》,载《法学》2017年第5期。

事权利,而不承担义务。其次,胎儿仅享有涉及利益保护的民事权利能力。在本条规定之前,仅有原《继承法》第28条保护胎儿的财产利益,即“遗产分割时,应当保留胎儿的继承份额。胎儿出生时是死体的,保留的份额按照法定继承办理”。《民法典》总则编第16条扩大胎儿利益保护的范围,不仅包含了遗产继承,而且包含了接受赠与,同时还以“等”字作为兜底条款。笔者认为,除了本条所规定的遗产继承、接受赠与之外,“等”字所概括的内容,还包括人身损害赔偿请求权、抚养损害赔偿请求权以及身份权请求权。

(4)胎儿的权利待其出生后方可行使。胎儿取得部分民事权利能力,因而他们在母体中尚未出生前并不能行使这些权利,须待其出生后享有完全民事权利能力时方可行使。如果胎儿为死产,尽管其曾经享有部分民事权利能力,但其民事权利能力在事实上并未取得,故以上各项请求权均未发生,并不发生其权利的继承问题。

9.8周岁以上的未成年人是限制民事行为能力人

《民法典》总则编第19条规定:“八周岁以上的未成年人为限制民事行为能力人,实施民事法律行为由其法定代理人代理或者经其法定代理人同意、追认;但是,可以独立实施纯获利益的民事法律行为或者与其年龄、智力相适应的民事法律行为。”这一条文是关于未成年限制民事行为能力人的主体范围与活动范围的规定。与原《民法通则》第12条的规定相比,本条新规则降低了限制民事行为能力人的年龄标准,扩大了限制民事行为能力未成年人的活动范围。

限制民事行为能力,是指自然人因年龄的原因或者辨认自己行为的原因,不具有完全民事行为能力,只能在法律限定的范围内,进行有效的法律行为,并取得权利、承担义务的民事行为能力状态。

未成年限制民事行为能力人指的是8周岁以上不满18周岁的未成年人,是因年龄原因而不具有完全民事行为能力的限制民事行为能力人。

一般情形下,未成年限制民事行为能力人实施民事活动,应当由他们的法定代理人代为进行,或者征得他们的法定代理人的同意或者追认,才能发生法律效力。针对法定代理人的追认问题,《民法典》总则编第145条还规定了相对人的催告权与善意相对人的撤销权。

非常态下,未成年限制民事行为能力人可以独立实施部分法律行为。一是纯获利益的法律行为。纯获利益是指单纯取得权利、免除义务,即限制民事行为能力人获得利益时,不因其法律行为而在法律上负有义务。这样的行为,限制民事行为能力的未成年人可以独立实施。二是与其年龄、智力相适应的法律行为。比如,在购买物品时,未成年限制民事行为能力人的活动范围遵循“必需品规则”,即与未成年人的生活条件和其在出售和交付时的实际需要相适应的物品,应依其经济能力、身份、地位、职业等各种情况为标准来判断。法定代理人事先为其子女确定目的范围,允许子女在该范围内处分财产,是对未成年子女的事先授权,该子女在该授权范围内实施的处分行为有效,也属于与限制民事行为能力人的年龄、智力相适应的民事法律行为。

本条新规则的要点如下:

(1)扩大未成年限制民事行为能力人的主体范围。原《民法通则》第12条规定的未成年限制民事行为能力人的年龄标准是10周岁。规定10周岁的未成年人才有部分民事行为能力,与现实情况差距较大。《民法典》总则编审议时,曾根据大多数学者的意见,将该年龄标准调整为6周岁。后来,因为人大代表的意见不统一,有支持6周岁的,有支持8周岁的,还有支持10周岁的,立法机关选择了折中的办法,将《民法典》总则编(草案·建议表决稿)中的这一年龄标准改为8周岁,形成了现在的规定,即8周岁以上不满18周岁的未成年人,是因年龄原因而不具有完全民事行为能力的限制民事行为能力人。通过下调未成年限制民事行为能力人的年龄,进一步扩大了未成年限制民事行为能力人的范围,赋予了部分未成年人参与民事活动的能力和机会,是立法上的重大进步。

(2)扩张未成年限制民事行为能力人的活动范围。原《民法通则》第12条规定:“十周岁以上的未成年人是限制民事行为能力人,可以进行与他的年龄、智力相适应的民事活动;其他民事活动由他的法定代理人代理,或者征得他的法定代理人的同意。不满十周岁的未成年人是无民事行为能力人,由他的法定代理人代理民事活动。”据此,未成年限制民事行为能力人所能独立实施的民事法律行为仅是与其年龄、智力相适应的法律行为。本条文新增了纯获利益的民事法律行为,扩大了未成年限制民事行为能力人的活动范围。这些民事法律行为一经独立实施,就发生法律效力,体现了对未成年人的权利的尊重。

(3)增加了未成年限制民事行为能力人实施民事法律行为的有效情形。原《民法通则》第12条规定了对于限制民事行为能力的未成年人不能独立实施的民事法律行为,应当由法定代理人代理或者经法定代理人同意。只有在这两种情形下,未成年限制民事行为能力人不能独立实施的民事法律行为才具有法律效力。本条文新增了法定代理人的追认权。也就是说,经法定代理人事后追认,未成年限制民事行为能力人不能独立实施的民事行为也具有法律效力。这样一来,就避免了因过度限制未成年限制民事行为能力人实施法律行为的效力而抑制市场交易的积极性。

(4)调整常态与非常态。原《民法通则》第 12 条先规定了未成年限制民事行为能力人可以独立实施的民事法律行为规则,后规定了未成年限制民事行为能力人不能独立实施的民事法律行为规则。按照这一规定,未成年限制民事行为能力人独立实施民事法律行为为常态,法定代理人代为实施为异态,与实际状况不符。本条规定时,调整了这一关系,先规定了限制民事行为能力人由法定代理人代为实施民事法律行为为常态,后规定了限制民事行为能力人独立实施为异态。这样的规定显然比原来的规定好,更加契合实际。

10. 不能辨认自己行为的 8 周岁以上的未成年人及成年无民事行为能力人的标准

《民法典》总则编第 21 条第 1 款、第 2 款分别规定:“不能辨认自己行为的成年人为无民事行为能力人,由其法定代理人代理实施民事法律行为。”“八周岁以上的未成年人不能辨认自己行为的,适用前款规定。”这一条文是关于无民事行为能力人的规定。与原《民法通则》第 13 条的规定相比,《民法典》总则编扩大了无民事行为能力人的范围。

无民事行为能力,是指自然人完全不具有独立进行有效法律行为,取得民事权利和承担民事义务的民事行为能力。

无民事行为能力人包括三类:一是不满 8 周岁的未成年人;二是 8 周岁以上的不能辨认自己行为的未成年人;三是不能辨认自己行为的成年人。其中,确认 8 周岁以上的未成年人不能辨认自己行为的,也要适用无民事行为能力人的规定,是一个符合实际情况的规定。确定这类未成年人为无民事行为能力人,不是从其年龄确认的,而是根据其智力发展和精神状况,确实不能辨认自己行为的,就应当被认定为无民事行为能力人。

不满 8 周岁的未成年人、8 周岁以上不能辨认自己行为的未成年人以及不能辨认自己行为的成年人,在实施民事法律行为时,都必须由其法定代理人代理,不得自己独立实施,否则其实施的民事法律行为无效。

本条新规则的要点如下:

(1)扩大了成年无民事行为能力人的范围。原《民法通则》规定只有完全不能辨认自己行为的精神病患者为无民事行为能力人。这样的规定不完全正确。除了精神病患者之外,还有植物人、老年痴呆症患者等成年人也没有民事行为能力。本条根据实际情况,采取了新的成年人无民事行为能力的标准,即不能辨认自己行为。已满 18 周岁的成年人,只要是不能辨认自己的行为的,就是无民事行为能力人，而不再区分是因何原因不能辨认自己的行为。这样一来，植物人、老年痴呆症患者等无法辨认自己行为的成年人就可以适用这一规定，由法定代理人代理其从事民事活动。

(2)明确8周岁以上的不能辨认自己行为的未成年人是无民事行为能力人。原《民法通则》未规定10周岁以上的未成年人不能辨认自己行为时究竟是无民事行为能力人还是限制民事行为能力人。《民法典》总则编第21条第2款补足了原《民法通则》的漏洞，规定如果8周岁以上的未成年人也不能辨认自己的行为，与不能辨认自己行为的成年人一样，也是无民事行为能力人。据此，8周岁以上不能辨认自己行为的未成年人也是由法定代理人代理其从事民事活动。

11. 不能完全辨认自己行为的成年人为限制民事行为能力人

《民法典》总则编第22条规定："不能完全辨认自己行为的成年人为限制民事行为能力人，实施民事法律行为由其法定代理人代理或者经其法定代理人同意、追认；但是，可以独立实施纯获利益的民事法律行为或者与其智力、精神健康状况相适应的民事法律行为。"这一条文是关于成年限制民事行为能力人的主体范围与活动范围的规定。与原《民法通则》第13条第2款的规定相比，本条规定扩大了成年限制民事行为能力人的范围与活动范围。

成年限制民事行为能力人是因不能完全辨认自己行为的原因而不具有完全民事行为能力，只能在法律限定的范围内进行有效的法律行为，取得权利、承担义务的成年人。

一般情形下，成年限制民事行为能力人实施民事活动，应当由他们的法定代理人代为进行，或者征得他们的法定代理人的同意或者追认，才能发生法律效力。针对法定代理人的追认问题，《民法典》总则编第145条还规定了相对人的催告权与善意相对人的撤销权。

非常态下，成年限制民事行为能力人可以独立实施部分法律行为。一是纯获利益的法律行为。纯获利益是指单纯取得权利、免除义务，即限制民事行为能力人获得利益时，不因其法律行为而在法律上负有任何义务。这样的行为，限制民事行为能力人可以独立实施。那些无偿的借用、借贷等，虽然限制民事行为能力人能够从中获得权利和利益，但须负有返还义务，因而不属于纯获利益的民事法律行为。二是与其智力、精神健康状况相适应的民事法律行为。年满18周岁但不能完全辨认自己行为的成年人，尽管已经成年，由于只具有受限制的民事行为能力，因而只能实施与其智力和精神健康状况相适应的法律行为。例如,一些日常生活所必需的交易行为,限制民事行为能力人完全可以实施;否则,不仅会限制他们的行为自由,还会给其生活造成不便。

本条新规则的要点如下:

(1)扩大成年限制民事行为能力人的主体。原《民法通则》第 13 条第 2 款规定成年限制民事行为能力人仅限于不能完全辨认自己行为的精神病人。但是,在事实上,患有其他病症的患者也有可能无法完全辨认自己的行为。如果按照原《民法通则》的规定,这类群体只能被认定为完全民事行为能力人,与事实不符。《民法典》总则编第 22 条将"精神病人"修改为"成年人",扩大了范围,将患有其他疾病的患者纳入了限制民事行为能力人的范围,是正确的立法选择。

(2)扩大成年限制民事行为能力人的活动范围。根据原《民法通则》第 13 条第 2 款关于"不能完全辨认自己行为的精神病人是限制民事行为能力人,可以进行与他的精神健康状况相适应的民事活动;其他民事活动由他的法定代理人代理,或者征得他的法定代理人的同意"的规定,成年限制民事行为能力人只能独立实施与其精神健康状况相适应的法律行为。本条文在此基础上新增了成年限制民事行为能力人能够独立实施纯获利益的法律行为,以及实施与其智力状况相适应的法律行为,进一步扩大了成年限制民事行为能力人的活动范围,不仅符合实际情况,也能够体现对成年限制民事行为能力人权利的尊重。

(3)增加了成年限制民事行为能力人实施民事法律行为的有效情形。原《民法通则》第 13 条第 2 款规定了对于成年限制民事行为能力人不能独立实施的民事法律行为,应当由法定代理人代理或者经法定代理人同意。只有在这两种情形下,成年限制民事行为能力人不能独立实施的民事法律行为才具有法律效力。本条文新增了法定代理人的追认权。这样一来,经法定代理人事后追认,成年限制民事行为能力人不能独立实施的民事行为也具有法律效力。

(4)调整常态与非常态。原《民法通则》第 13 条第 2 款先规定了成年限制民事行为能力人可以独立实施的民事法律行为规则,后规定了成年限制民事行为能力人不能独立实施的民事法律行为规则。按照这一规定,成年限制民事行为能力人独立实施民事法律行为为常态,法定代理人代为实施为异态,与现实情况不符。本条规定调整了这一关系,先规定了成年限制民事行为能力人由法定代理人代为实施民事法律行为为常态,后规定了成年限制民事行为能力人独立实施为异态。这样的规定显然比原来的规定更加契合实际。

12. 有关组织可以作为申请认定与恢复民事行为能力的主体

《民法典》总则编第 24 条各款分别规定:"不能辨认或者不能完全辨认自己

行为的成年人,其利害关系人或者有关组织,可以向人民法院申请认定该成年人为无民事行为能力人或者限制民事行为能力人。""被人民法院认定为无民事行为能力人或者限制民事行为能力人的,经本人、利害关系人或者有关组织申请,人民法院可以根据其智力、精神健康恢复的状况,认定该成年人恢复为限制民事行为能力人或者完全民事行为能力人。""本条规定的有关组织包括:居民委员会、村民委员会、学校、医疗机构、妇女联合会、残疾人联合会、依法设立的老年人组织、民政部门等。"这一条文是关于无民事行为能力人或者限制民事行为能力人的认定及恢复的规则。与原《民法通则》第 19 条的规定相比,本条新增了有关组织作为无民事行为能力人或者限制民事行为能力人的申请认定及恢复的主体,还将宣告制度修改为认定制度。

申请认定成年人为无民事行为能力人或者限制民事行为能力人的主体,是其利害关系人及有关组织。应具备的要件有:第一,被认定人不能辨认或者不能完全辨认自己的行为;第二,须由利害关系人或者有关组织申请;第三,须经人民法院认定。法院审查属实的,作出认定为无民事行为能力人或者限制民事行为能力人的裁判,并指定监护人。

对无民事行为能力人或者限制民事行为能力人民事行为能力的恢复的认定,请求的主体是本人、利害关系人或者有关组织。其要件是:第一,被人民法院认定为无民事行为能力人或者限制民事行为能力人的成年人已经恢复或者部分恢复了民事行为能力;第二,经本人、利害关系人或者有关组织的申请;第三,人民法院根据其智力、精神健康恢复的状况,可以认定该成年人恢复为限制民事行为能力人或者完全民事行为能力人。

能够请求认定或者恢复民事行为能力人的有关组织,包括居民委员会、村民委员会、学校、医疗机构、妇女联合会、残疾人联合会、依法设立的老年人组织、民政部门等。《民法典》总则编历次审议稿中都在居民委员会、村民委员会之前加入了前缀"本人住所地"。考虑到现实中只有本人住所地的居委会、村委会才有职责申请认定或者恢复他人的民事行为能力,故删除了"本人住所地"这一赘文。其中依法设立的老年人组织,是指依照《老年人权益保障法》的规定设立的老年人组织,而不是乡、村等自愿设立的老年人协会等组织。

本条新规则的要点如下:

(1)新增有关组织作为无民事行为能力人或者限制民事行为能力人的申请认定及恢复的主体。原《民法通则》第 19 条规定:"精神病人的利害关系人,可以向人民法院申请宣告精神病人为无民事行为能力人或者限制民事行为能力人。被人民法院宣告为无民事行为能力人或者限制民事行为能力人的,根据他健康恢复的状况,经本人或者利害关系人申请,人民法院可以宣告他为限制民事行为能力人或者完全民事行为能力人。”本条以该规定为基础,新增了有关组织作为申请认定及恢复的主体,而不仅仅局限于利害关系人。这样有利于保障无民事行为能力人或者限制民事行为能力人的合法权益,也能够督促居民委员会、村民委员会、民政部门、学校等履行相应的职责。

(2)将对民事行为能力欠缺的宣告改为认定。原《民法通则》第 19 条规定了精神病人民事行为能力的宣告制度。《民法典》总则编将原《民法通则》的“宣告”改为了“认定”。“宣告”的用语较为强硬,“认定”的用语比较缓和。尽管只是文字上的修改,但是“认定”更能够表达尊重人的尊严,体现的是人文主义立法思想。

第二节　关于监护的新规则

13. 亲子关系主体之间负有抚养、教育、保护义务与赡养、扶助、保护义务

《民法典》总则编第 26 条第 1 款、第 2 款分别规定:“父母对未成年子女负有抚养、教育和保护的义务。”“成年子女对父母负有赡养、扶助和保护的义务。”这一条文规定的是父母子女的权利义务关系。其中,第 1 款规定的是父母与未成年子女之间的亲权法律关系,强调的是亲权关系中的义务;第 2 款规定的是父母与成年子女之间的亲属权法律关系,强调的是亲属权中成年子女对父母的义务。原《民法通则》中未规定这一内容,本条是新增加的规则。

亲权,是指父母对未成年子女在人身和财产方面的抚养、教育和保护的权利与义务。亲权是身份权,其主要是义务。父母对于未成年子女负有的亲权义务,包括人身上照护的义务和财产照护的义务。这两种义务集中表现为本条第 1 款规定的父母对未成年子女负有抚养、教育和保护的义务。

亲属权是指除配偶、未成年子女与父母以外的,其他近亲属相互之间的基本身份权,表明这些亲属之间互为亲属的身份利益为其专属享有和支配,其他任何人均不得侵犯。其中,子女一经成年,即脱离父母亲权的保护,父母不再享有亲权,父母与成年子女之间的身份法律关系转化为亲属权法律关系。本条第 2 款规定的亲属权法律关系,就是父母与成年子女之间的亲属权法律关系,特别强调的是成年子女对父母的义务,即赡养、扶助和保护义务。这是父母与成年子女之间亲属权法律关系的主要内容,成年子女必须承担这样的义务。

在“监护”一节的本条规定亲权和亲属权,意在确认亲权是监护权的产生基础,也是我国《民法典》将亲权界定为监护权的基本理由。大陆法系采取亲权与监护权分离的模式,即未成年人的父母是未成年人的亲权人,未成年人的父母

在丧失行为能力或者死亡等情况下,才须为未成年人设置监护人。英美法系则没有亲权的概念,只有监护权,即未成年人的父母就是未成年子女的监护人。我国原《民法通则》第16条第1款关于“未成年人的父母是未成年人的监护人”的规定,就是仿照了英美法的监护制度。对此,多数学者主张恢复亲权的概念。《民法典》总则编第26条虽未完全采纳该意见,但是与第27条结合来看,实际上是走了一个未成年人监护的折中路线,即首先承认父母对未成年子女享有亲权,其次再规定父母又是未成年人基于亲权而产生的监护人。相较于原《民法通则》第16条将亲权与监护等同,本条规定与第27条规定已然是区分了亲权和监护权的界限,属于重大的立法突破。同时,本法总则编第112条规定了身份权,其中就包括亲权。因此,总则编的规定为此确立了法律基础,也解决了亲权与监护权的关系。

14. 对未成年人确定监护人的监护顺位

《民法典》总则编第27条第1款、第2款分别规定:“父母是未成年子女的监护人。”“未成年人的父母已经死亡或者没有监护能力的,由下列有监护能力的人按顺序担任监护人:(一)祖父母、外祖父母;(二)兄、姐;(三)其他愿意担任监护人的个人或者组织,但是须经未成年人住所地的居民委员会、村民委员会或者民政部门同意。”这一条文是对未成年人的监护人及监护顺序的规定。与原《民法通则》第16条规定相比,本条第1款的内容基本不变,变化主要在第2款。

未满18周岁的未成年人都需要依法进行监护,在监护法律关系中都是被监护人。

法定监护是由法律直接规定谁为监护人。法定监护应依照法律规定的监护顺序,以顺序在先者为监护人,在前一顺序的法定监护人缺位时,依次由后一顺序的法定监护人担任。

未成年人的法定监护顺序是:首先,未成年人的父母是未成年人的监护人,这是未成年人的亲权人作为未成年人的监护人。其次,未成年人的父母已经死亡或者没有监护能力的,由下列有监护能力的人按顺序担任监护人:①祖父母、外祖父母;②兄、姐;③其他愿意担任监护人的个人或者组织,但是须经未成年人住所地的居民委员会、村民委员会或者民政部门同意。其中第三顺序的监护人是自愿监护人,即“其他愿意担任监护人的个人或者组织,但是须经未成年人住所地的居民委员会、村民委员会或者民政部门同意”。自愿监护人的范围比较宽,自愿担任监护人的个人或者组织均可;自愿监护人的条件比较严格,须经未成年人住所地的居民委员会、村民委员会或者民政部门的同意。

本条新规则的变化之处如下:

(1)对未成年人确定监护人的监护顺位。原《民法通则》第16条未规定未成年人的法定监护顺序。《民法典》总则编第27条补足了这一立法漏洞,规定未成年人的法定监护顺序。这样一来,不仅有利于解决法定监护人之间的纠纷,避免了法定监护人互相推诿或者互相争抢,也能够在前一顺序的法定监护人缺位时,立即由后一顺序的法定监护人接替,以及时保障未成年人的合法权益。

(2)扩大了未成年人自愿监护人的范围。无论是原《民法通则》第16条还是《民法典》总则编第27条,都规定了自愿监护人,不同的是范围有所扩大。原《民法通则》规定的自愿监护人仅限于关系密切的亲属、朋友,而且要经过未成年人的父、母的所在单位或者未成年人住所地的居民委员会、村民委员会同意。《民法典》总则编第27条为了更多体现"自愿"的性质,扩大自愿监护人的范围,即"愿意担任监护人的个人或者组织"均可以作为未成年人的监护人。同时,考虑未成年人的父母所在单位并不具有监护的功能,改为赋予未成年人住所地的居委会、村委会或者民政部门以同意权。不过,如果是8周岁以上的未成年人不同意自愿监护人作为自己的监护人,应当尊重其意愿。

15. 对成年人确定监护人的监护顺位

《民法典》总则编第28条规定:"无民事行为能力或者限制民事行为能力的成年人,由下列有监护能力的人按顺序担任监护人:(一)配偶;(二)父母、子女;(三)其他近亲属;(四)其他愿意担任监护人的个人或者组织,但是须经被监护人住所地的居民委员会、村民委员会或者民政部门同意。"这一条文是关于无民事行为能力或者限制民事行为能力的成年人的监护人的规定。与原《民法通则》第17条关于精神病人的监护人的规定相比,本条设置了两个新规则。

无民事行为能力和限制民事行为能力的成年人被设立监护人后,为被监护人。在无民事行为能力或者限制民事行为能力的成年人中,丧失或者部分丧失民事行为能力的老年人更需要监护制度予以保护。如老年痴呆症作为一种智力上的障碍,直接影响辨认能力,甚至会使其意思能力完全消失,须设置监护人予以保护。

对丧失或者部分丧失民事行为能力的成年人的监护人范围和监护顺序是:配偶;父母、子女;其他近亲属;其他愿意担任监护人的个人或者组织,但是须经被监护人住所地的居民委员会、村民委员会或者民政部门同意。依照法定监护方式设定监护人,按上述法定顺序,由顺序在先的监护人自动担任,监护人设定之后,即发生监护法律关系。

本条第4项规定的其他愿意担任监护人的个人或者组织也是自愿监护人。自愿监护人也叫作无因监护人,是指不负有法定监护义务的人自愿监护,并经有关组织同意的监护人。自愿监护人与法定监护人的最大区别在于,是否有法律规定的监护义务。自愿监护人应以有关组织同意为必要,非经同意不能作为监护人。作为无民事行为能力或者限制民事行为能力的成年人的自愿监护人的资格是:第一,须被监护人不存在法定监护人和意定监护人;第二,须自愿监护人出于自愿;第三,须经被监护人住所地的居民委员会、村民委员会或者民政部门同意。

本条新规则的要点如下:

(1)扩宽成年人设置监护人的范围。原《民法通则》第17条只规定了为精神病人的成年人设置监护人。本条规定与《民法典》总则编第21条、第22条相对接,规定了无民事行为能力或者限制民事行为能力的成年人的监护人,有利于保护患有老年痴呆症的病人、植物人等丧失民事行为能力人的合法权益。

(2)对成年人确定监护人的监护顺位。原《民法通则》第17条只规定了配偶、父母、成年子女、其他近亲属以及自愿监护人可以作为监护人,未明确规定他们之间的监护顺位。为了避免出现争议,《民法典》总则编第28条特意强调了“按顺序”担任监护人。按上述法定监护顺序,由顺序在先的监护人自动担任,监护人设定之后,即发生监护法律关系。

需要斟酌的问题是,配偶与成年人之间具有利害关系时应当如何处理。配偶是成年人的第一顺位监护人,涉及离婚时,配偶有可能代理对方与自己离婚,不可避免地侵害被监护人的合法权益。对此,当监护人与被监护人出现利益冲突时,不得由配偶作为第一顺序的监护人。

(3)扩宽成年人自愿监护人的范围。原《民法通则》第17条第5项和《民法典》总则编第28条第4项都规定了自愿监护人。不同之处在于,《民法典》总则编第28条第4项将自愿监护人的范围从“关系密切的其他亲属、朋友”扩大为“愿意担任监护人的个人和组织”。通过这样的方式,能够最大限度地、及时地为丧失或者部分丧失民事行为能力人提供监护人。

16. 遗嘱监护为合法的监护设定方式

《民法典》总则编第29条规定:“被监护人的父母担任监护人的,可以通过遗嘱指定监护人。”这一条文是对遗嘱监护制度的规定。原《民法通则》未规定遗嘱指定监护制度,本条是增加的新规则。

遗嘱监护人,是指未成年人的父母在担任监护人时,通过遗嘱为未成年子女指定的监护人。

父母通过遗嘱指定监护人时,遗嘱人应当具备以下资格:第一,遗嘱人须是亲权人,非亲权人不得以遗嘱指定监护人。之所以遗嘱监护只能由父母来行使,是因为更符合子女利益最大化的目标,也是对其行使亲权的尊重。[1] 第二,遗嘱人须是承担监护职责的亲权人。并非所有的父母都可以通过遗嘱指定监护人。享有遗嘱指定监护资格的必定是担任监护人的父母,其监护权没有剥夺或者撤销。第三,遗嘱人须是后死的亲权人。先死的亲权人由于尚有亲权人在世,无须指定监护人。如果亲权人共同遗嘱指定监护人,后死的亲权人没有改变遗嘱的意思,应当认为是后死亲权人的遗嘱。亲权人共同遗嘱指定监护人,同时又是同时死亡的,如在同一事件中死亡推定为同时死亡的,遗嘱有效。第四,遗嘱须符合法律要求,违反遗嘱法律要求的遗嘱无效,不发生遗嘱委任监护人的效力。

指定监护人的遗嘱符合法律要求,承认其指定的监护人的效力。遗嘱有效的要求包括遗嘱的内容、程序、形式均须合法、有效,应依遗嘱的一般规定判断。遗嘱符合上述三项条件要求的,为有效遗嘱监护,遗嘱指定的监护人在遗嘱生效之时即为监护人,取得监护权,发生监护法律关系。

值得注意的是,行为能力欠缺的成年人的父母遗嘱指定监护可以参照适用本条规定,即不是作为亲权人的父母,对自己丧失或者部分丧失民事行为能力的成年子女,可以通过遗嘱为其设立监护。《民法典》总则编第一次审议稿和第二次审议稿均将遗嘱监护规定在未成年人的监护人条文中。自第三次审议稿开始,将其单列为一条。从立法对遗嘱指定监护制度的体例调整可以看出,遗嘱监护并不仅限于未成年人的父母通过遗嘱指定监护人,同样可以适用于成年人的父母通过遗嘱指定监护人。

《民法典》总则编第 29 条规定遗嘱监护,是立法突破,只是具体规则还有待完善。尤其是遗嘱指定监护人不一致时的适用规则。《民法典》总则编(草案·第一次审议稿)第 26 条第 3 款规定了"未成年人的父母可以通过遗嘱指定未成年人的监护人;其父、母指定的监护人不一致的,以后死亡一方的指定为准";第二次审议稿将其修改为"其父、母指定的监护人不一致的,应当尊重被监护人的意愿,根据最有利于被监护人的原则确定";第三次审议稿以及最后的建议表决

---

〔1〕 余延满:《亲属法原论》,法律出版社 2007 年版,第 486 页。

稿都删除了“指定监护人不一致”的规则。对此,有必要在将来的司法解释中作出规定。

17. 协议监护为合法的监护方式

《民法典》总则编第 30 条规定:“依法具有监护资格的人之间可以协议确定监护人。协议确定监护人应当尊重被监护人的真实意愿。”这一条文是对协议监护作出的规定。以前的民法单行法并未对协议监护作出规定,本条属于新规则。

协议监护不同于委托监护。具有监护人资格的人对于确定谁作为被监护人的监护人,可以协商确定,这种由具有监护资格的人协商确定监护人的监护,就是协议监护。协议确定监护人后,监护人享有监护权。委托监护则是有监护权的人委托他人代为履行监护职责。监护是法定职责,具有强行性特点,核心在于保护被监护人,原本不宜委托。我国司法实践从对被监护人的教育和照顾的必要性出发,有条件地承认委托监护。《民法典》侵权责任编第 1189 条规定的,就是委托监护的监护人责任。

有权进行协议监护的主体,是依法具有监护资格的人。《民法典》总则编在三次审议过程中,都只规定了“监护人可以由协议确定”。最后通过表决时,将监护人修改为依法“具有监护资格的人”。根据《民法典》总则编第 32 条关于“没有依法具有监护资格的人的,监护人由民政部门担任,也可以由具备履行监护职责条件的被监护人住所地的居民委员会、村民委员会担任”的规定,依法具有监护资格的人不包括民政部门、居民委员会以及村民委员会。

依法具有监护资格的人协议设立监护人时,应当有协议的文书,将协议签订的具体内容表述清楚、明确,具有监护人资格的人应当在监护协议书上签字、盖章或者按指印。

在具体确立协议监护人时,应当充分尊重被监护人的真实意愿。本条以原《最高人民法院关于贯彻执行〈中华人民共和国民法通则〉若干问题的意见(试行)》第 15 条关于“有监护资格的人之间协议确定监护人的,应当由协议确定的监护人对被监护人承担监护责任”的规定为基础,最重要的变化,就在于新增了“尊重被监护人的真实意愿”的规则。尊重被监护人的真实意愿的具体要求是:第一,被监护人为限制民事行为能力人的,具有一定的辨认自己行为能力的,应当征求被监护人的意见,究竟愿意由谁作为自己的监护人,不得违背被监护人的意见,硬性协议一个被监护人不愿意接受的监护人。第二,被监护人为无民事行为能力人的,应当根据被监护人的实际利益,确定由能够尊重被监护人的真实意愿的人担任监护人。

18. 指定监护的具体条件及程序

《民法典》总则编第 31 条各款分别规定:“对监护人的确定有争议的,由被监护人住所地的居民委员会、村民委员会或者民政部门指定监护人,有关当事人对指定不服的,可以向人民法院申请指定监护人;有关当事人也可以直接向人民法院申请指定监护人。”“居民委员会、村民委员会、民政部门或者人民法院应当尊重被监护人的真实意愿,按照最有利于被监护人的原则在依法具有监护资格的人中指定监护人。”“依照本条第一款规定指定监护人前,被监护人的人身权利、财产权利以及其他合法权益处于无人保护状态的,由被监护人住所地的居民委员会、村民委员会、法律规定的有关组织或者民政部门担任临时监护人。”“监护人被指定后,不得擅自变更;擅自变更的,不免除被指定的监护人的责任。”这是对指定监护制度的规定。此前,原《民法通则》第 16 条第 3 款以及第 17 条第 2 款分别规定了对未成年人与精神病人的指定监护,《民法典》总则编第 31 条将上述内容合并,借鉴司法解释的规则,规定了指定监护的新规则。

发生指定监护人的条件,是对担任监护人有争议。这种争议既包括积极的争议,即争相成为监护人;也包括消极的争议,即相互推诿不愿承担监护责任。没有这个条件,不发生指定监护的问题。具有指定监护人资格的机构,是被监护人住所地的居民委员会、村民委员会或者民政部门。他们有权指定有监护资格的人担任监护人。由居民委员会或者村民委员会以及民政部门指定的监护人,就是指定监护人。当有关当事人对上述机构指定监护人不服,本条规定了司法救济程序,即有关当事人可以向人民法院提出申请;有关当事人也可以直接向人民法院提出申请,由人民法院指定。人民法院通过裁判指定的监护人,也是指定监护人。

无论是居民委员会、村民委员会、民政部门还是人民法院,指定监护人必须遵守的要求是:第一,应当尊重被监护人的真实意愿,凡是被监护人能够表达自己真实意愿的,都应当予以尊重;第二,按照最有利于被监护人的原则,选择被监护人;第三,在具有监护资格的人中指定监护人,而不是在其他人之中指定监护人。

居民委员会、村民委员会、民政部门以及人民法院在依照上述规定指定监护人之前,如果被监护人的人身、财产权利及其他合法权益处于无人保护状态的,应当采取临时监护措施,由被监护人住所地的居民委员会、村民委员会、法律规定的有关组织或者民政部门担任临时监护人,担负起对被监护人的监护职责,避免被监护人的合法权益由于监护人的缺位而受到侵害。

监护人被指定后,任何人都不得擅自变更。如果对指定监护人擅自进行变更的,本条并没有直接规定变更无效,而且并不免除被指定的监护人的监护责任,被指定的监护人仍须承担监护责任。

本条新规则的要点如下:

(1)修改了指定监护人的主体及具体条件。原《民法通则》第16条第3款及第17条第2款规定了只能由单位、居民委员会、村民委员会在近亲属中指定监护人。《民法典》总则编第31条删除了单位作为指定监护的主体,新增了民政部门作为指定监护的主体,也删除近亲属的限制,修改为在依法具有监护资格的人中指定监护人。笔者认为,这样的修改比原来的规定更好。理由是,国家并未赋予单位进行指定监护的职责与权力,将其删除,调整为民政部门来行使该职责,更为恰当。至于删除近亲属的限制,而是调整为依法具有监护资格的人,主要是为了与总则编第27、28条对接,实现《民法典》内部的统一。

(2)调整指定监护的程序。原《民法通则》第16条第3款及第17条第2款的规定,指定监护人必须有前置程序,即经过单位、居民委员会、村民委员会的指定。对上述政府主管部门的指定不服时,才有权请求法院进行裁决。《民法典》总则编第31条在此基础上,新增指定监护人的另一种程序,即不经过上述机构或者政府主管部门的指定,有关当事人也可以直接申请法院指定监护人。人民法院通过裁判指定的监护人,也是指定监护人。这种程序更为快捷,且终局性地发生法律效力。

(3)新增指定监护人的原则。无论是居民委员会、村民委员会、民政部门还是人民法院,指定监护人时必须遵守两项要求:一是应当尊重被监护人的真实意愿,凡是被监护人能够表达自己真实意愿的,都应当予以尊重;二是按照最有利于被监护人的原则,选择被监护人。

(4)新增临时监护人制度。临时监护人制度是为了在被监护人无人保护时,保护其人身、财产权利及其他合法权益不受侵害。原《最高人民法院关于贯彻执行〈中华人民共和国民法通则〉若干问题的意见(试行)》第19条第2款规定临时监护规则,即"在人民法院作出判决前的监护责任,一般应当按照指定监护人的顺序,由有监护资格的人承担"。这一规定仅限于诉讼期间监护责任的承担,而不包括有关单位或者居民委员会、村民委员会指定期间监护责任的承担。《民法典》总则编第31条对临时监护人制度进行了完善,不仅扩大了适用范围,也增设了临时监护的主体,即被监护人住所地的居民委员会、村民委员会、法律规定的有关组织或者民政部门担任临时监护人,担负起对被监护人的监护职责,避免由于监护人的缺位而使被监护人合法权益受到侵害。

(5)新增擅自变更指定监护人的法律效果。指定监护人一旦确定后,不应当擅自变更。原《最高人民法院关于贯彻执行〈中华人民共和国民法通则〉若干问题的意见(试行)》第18条规定了擅自变更指定监护人的法律效果,即“监护人被指定后,不得自行变更。擅自变更的,由原被指定的监护人和变更后的监护人承担监护责任”。《民法典》总则编第31条第4款吸收这一意见,规定为“监护人被指定后,不得擅自变更;擅自变更的,不免除被指定的监护人的责任”。新增擅自变更指定监护人的法律效果,能够督促指定监护人履行监护职责,同时警示指定监护人的变更要走法定程序,对被监护人合法权益的保护具有重要意义。

19. 民政部门依法承担公职监护人职责

《民法典》总则编第32条规定:“没有依法具有监护资格的人的,监护人由民政部门担任,也可以由具备履行监护职责条件的被监护人住所地的居民委员会、村民委员会担任。”这一条文是关于公职监护人的规定。原《民法通则》分别规定了未成年人与精神病人的公职监护人:一是第16条第4款规定“没有第一款、第二款规定的监护人的,由未成年人的父、母的所在单位或者未成年人住所地的居民委员会、村民委员会或者民政部门担任监护人”;二是第17条第3款规定“没有第一款规定的监护人的,由精神病人的所在单位或者住所地的居民委员会、村民委员会或者民政部门担任监护人”。相比之下,《民法典》总则编第32条进行了两处修改。

未成年人住所地的居民委员会、村民委员会,丧失或者部分丧失民事行为能力的成年人的所在单位或者住所地的居民委员会、村民委员会,或者民政部门担任的监护人,是公职监护人。

民政部门、居民委员会或者村民委员会担任公职监护人时,须被监护人没有法定监护人、意定监护人和自愿监护人。上述机构作出监护的意思表示的,与无民事行为能力人或者限制民事行为能力人成立监护民事法律关系。

在现行法律体系中,政府的民政主管部门在监护制度中具有两项重要职责:一是对无民事行为能力人和限制民事行为能力人的监护进行监督,监督无民事行为能力人或者限制民事行为能力人的监护人依法履行监护职责;二是在无民事行为能力人或者限制民事行为能力人的监护人缺位时,可以作为其监护人,履行监护职责。

民政部门、居民委员会或者村民委员会履行监护职责时,可以自行履行监护职责,也可以委托他人协助履行监护职责。2015年有一件民事案例,就是民政部门担任监护人。受害女童的母亲下落不明,父亲性侵自己的女儿,民政部门申请撤销父亲的监护资格。法院判决，由民政部门担任监护人。民政局履行监护职责时，委托张某作为监护的辅助人，协助履行监护职责。

本条新规则的变化如下：

(1)删除了未成年人的父、母或者精神病人的所在单位作为公职监护人。在计划经济时代，职工与单位之间具有极强的人身依附属性，单位也承担着重要的社会保障功能。随着市场经济体制的不断发展成熟，单位已经不再具有管理社会的公共职能，因此予以删除。

(2)突出了民政部门的监护职责。原《民法通则》第 16 条第 4 款以及第 17 条第 3 款规定的是单位、居民委员会、村民委员会或者民政部门担任监护人，暗含了担任公职监护人的顺位。本条规定首先由民政部门作为公职监护人，也可以由具备履行监护职责条件的被监护人居所地的居民委员会、村民委员会担任，突出了国家主管部门的监护职责，居民委员会、村民委员会作为补充性的公职监护人。

20. 成年人意定监护为监护关系的设定方式

《民法典》总则编第 33 条规定："具有完全民事行为能力的成年人，可以与其近亲属、其他愿意担任监护人的个人或者组织事先协商，以书面形式确定自己的监护人，在自己丧失或者部分丧失民事行为能力时，由该监护人履行监护职责。"这一条文规定了成年人的意定监护制度。原《民法通则》只规定了法定监护制度和指定监护制度，本条文规定意定监护制度，是借鉴《老年人权益保障法》第 26 条规定制定的新规则。

意定监护制度指的是具备完全民事行为能力的成年人，可以在近亲属或者其他与自己关系密切、愿意承担监护责任的个人、组织中进行协商，通过签订监护协议，合意确定自己的监护人。当签订了监护协议的成年人在丧失或者部分丧失民事行为能力时，意定监护人依照监护协议，依法承担监护责任，对被监护人实施监护。意定监护制度具有更好地保护丧失或者部分丧失民事行为能力的成年人的重要意义。《老年人权益保障法》制定时，为了更好地保障老年人的权益，第 26 条第 1 款首次规定老年人的意定监护制度，即"具备完全民事行为能力的老年人，可以在近亲属或者其他与自己关系密切、愿意承担监护责任的个人、组织中协商确定自己的监护人。监护人在老年人丧失或者部分丧失民事行为能力时，依法承担监护责任"。《民法典》总则编第 33 条借鉴了《老年人权益保障法》第 26 条第 1 款的经验，并扩大了意定监护的范围，规定了成年人的意定监护制度，确认了成年意定监护是合法的监护设置方式。

成年人设定意定监护人时,双方都必须具备主体资格要件:成年人应当在本人具有完全民事行为能力时,依自己的意思选任监护人;意定监护人也应当具有完全民事行为能力,可以是法定监护人,也可以是法定监护人之外的其他人,即近亲属或者其他与自己关系密切、愿意承担监护责任的个人、组织。

成年意定监护须以书面形式通过意定监护协议,为自己确定监护人。成年人与意定监护人进行协商,达成合意后,签订意定监护协议,约定在自己丧失或者部分丧失民事行为能力时,由意定监护人进行监护。监护协议应当经过公证。意定监护对于被监护人的权利保护意义重大,目前还没有规定监护登记程序,可以借鉴公证方法,确认意定监护协议经公证更为稳妥。通过监护协议,确立了意定监护法律关系后,当本人丧失或者部分丧失民事行为能力后,意定监护协议发生效力,产生监护关系,意定监护人履行监护职责。

意定监护人履行监护职责时,应当根据《民法典》总则编第 34 条以及第 35 条的规定,最大程度地尊重被监护人的真实意愿,保障被监护人的合法权益,更不得擅自变更监护人。

意定监护应当配有意定监护监督制度。意定监护制度的确立,体现了对完全民事行为能力人自我决定权的尊重,是自我意愿的真实表达。但是,如果没有相应的监督制度督促意定监护人履行监护职责,很有可能发生侵害被监护人合法权益的情形。由于未规定意定监护监督制度,当出现了意定监护人侵害被监护人权益的情形时,可以通过《民法典》总则编第 36 条关于撤销监护人资格的制度,撤销监护协议,制定新的监护人,保护好被监护人。

21. 因突发事件监护人暂时无法履行监护职责,有关组织对被监护人负有临时生活照料义务

《民法典》总则编第 34 条各款分别规定:"监护人的职责是代理被监护人实施民事法律行为,保护被监护人的人身权利、财产权利以及其他合法权益等。""监护人依法履行监护职责产生的权利,受法律保护。""监护人不履行监护职责或者侵害被监护人合法权益的,应当承担法律责任。""因发生突发事件等紧急情况,监护人暂时无法履行监护职责,被监护人的生活处于无人照料状态的,被监护人住所地的居民委员会、村民委员会或者民政部门应当为被监护人安排必要的临时生活照料措施。"与原《民法通则》第 18 条规定相比较,本条增加规定的新规则是,因突发事件监护人暂时无法履行监护职责,有关组织对被监护人负有临时生活照料义务。

监护权,是指监护人享有的对于未成年人、丧失或者部分丧失民事行为能

力的成年人的人身权益、财产权益加以监督、保护的准身份权。监护权的中心内容是义务，这种义务被称为监护职责。我国监护权的中心内容就是监护职责。

监护权的监护职责包括：①身上监护权。对未成年人的监护，是身上照护权，也有管教权的内容。对成年人的监护，内容大体一致，略有区别，不具有管教权的内容。具体包括居住所指定权、交还请求权、身上事项同意权、扶养义务、监督教育义务和护养医疗义务。②财产监护权。监护人应全面保护被监护人的财产权益。具体内容是：财产管理权、使用权和处分权，以及禁止受让财产义务。③民事法律行为和民事诉讼行为的代理权。首先是代理民事法律行为，即以被监护人的名义进行民事活动，为被监护人取得和行使权利，设定和履行义务。其次是代理民事诉讼行为。对于被监护人发生的诉讼活动，监护人亦为法定代理人，享有诉讼代理权，代理被监护人参加诉讼，行使诉讼权利、承担诉讼义务。

监护人应当承担两种民事责任：①监护人不履行监护职责，造成被监护人人身损害或者财产损害的，应当承担相应的民事责任。②监护人侵害被监护人的合法权益，是滥用监护权，造成被监护人人身损害或者财产损害的，应当承担赔偿责任。

本条规定的新规则的内容是，因突发事件等紧急情形，监护人暂时无法履行监护职责的，有关组织对被监护人负有临时生活照料义务。这是根据新冠肺炎防控工作的实际情况和总结的经验确定的新规则，其要点如下：

（1）有关组织临时照料义务的适用条件是：第一，因发生突发事件等紧急情况，例如，发生新冠肺炎的大规模传染，原来的“非典”，以及其他类似突发事件等紧急情况；第二，无民事行为能力人或者限制民事行为能力人的监护人对被监护人暂时无法履行监护职责，例如新冠肺炎防控期间对武汉采取的特殊措施，使分离的监护人对其未成年子女不能履行监护职责；第三，由于监护人无法履行监护职责，因而使被监护人的生活处于无人照料状态，无法正常生活，陷入窘迫甚至危难。具备这三个要件，即应适用本条第4款规定的临时生活照料义务的规定。

（2）对被监护人负有临时生活照料义务的组织，是被监护人住所地的居民委员会、村民委员会或者民政部门。居民委员会和村民委员会是地方自治组织，是特别法人，对本区的居民、村民负有职责。民政部门是政府的主管部门，不仅是监护的监督机关，而且是负有监护义务的监护部门。当出现上述突发事件等紧急情况时，这些组织就负有对陷入困境甚至危难的被监护人承担安排必要的临时生活照料措施的义务。这是法定义务,是必须履行的。

(3)该义务的具体内容是为被监护人安排必要的临时生活照料措施。例如,为被监护人设置专人进行生活照料,或者将被监护人集中起来进行生活照料等,使临时脱离监护的被监护人能够正常生活,防止出现意外。

22. 监护应当体现最有利于被监护人原则和尊重被监护人的真实意愿的原则

《民法典》总则编第35条各款分别规定:"监护人应当按照最有利于被监护人的原则履行监护职责。监护人除为维护被监护人利益外,不得处分被监护人的财产。""未成年人的监护人履行监护职责,在作出与被监护人利益有关的决定时,应当根据被监护人的年龄和智力状况,尊重被监护人的真实意愿。""成年人的监护人履行监护职责,应当最大程度地尊重被监护人的真实意愿,保障并协助被监护人实施与其智力、精神健康状况相适应的民事法律行为。对被监护人有能力独立处理的事务,监护人不得干涉。"这一条文规定的是监护人履行监护职责的要求,属于新增条款。

1968年《法国民法典》开始改革成年监护制度时,提出了最大限度地尊重被监护人的意愿,最大限度地尊重被监护人的自我决定权,最大限度地保障被监护人的合法权益。[1] 我国在制定原《民法通则》时,受苏联民事立法与理论的影响,只规定了监护人的监护职责,而未强调监护人如何履行监护职责。《民法典》总则编第35条顺应时代的潮流,新增了监护职责的履行要求,强调最有利于被监护人原则,尊重被监护人意愿,凸显的正是以被监护人的权利为本位的理念。

(1)最有利于被监护人原则。这是监护人履行监护职责时的基本要求。监护的这一原则,不仅体现在人身权益方面,也体现在财产权益方面。尤其是处分被监护人的财产时,只有为了被监护人的利益才可以为之。

(2)尊重被监护人的真实意愿。这一要求对未成年人的监护人和成年人的监护人履行监护职责分别作不同的要求。首先,未成年人的监护人履行监护职责,无论是对被监护人的人身权益进行监护,还是对其财产权益的监护,以及代理被监护人实施民事法律行为或者民事诉讼行为,在作出与被监护人上述权益有关的决定时,应当根据被监护人的年龄和智力状况,尊重被监护人的真实意愿。如果被监护的未成年人已经能够表达自己的真实意愿,并且不违反对未成

---

〔1〕 参见杨立新:《民法总则精要十讲》,中国法制出版社2017年版,第102页。

年人保护的意旨的,应当按照被监护人的真实意愿处理监护事宜。其次,成年被监护人的监护人在履行监护职责时的要求有:其一,凡是成年被监护人能够表达自己真实意愿的,应当依照其真实意愿处理监护事宜;成年被监护人不能正确表达自己的真实意愿的,也应当根据其利益推定其真实意愿,最大限度地按照其真实意愿处理监护事宜。其二,保障并协助被监护人独立实施与其智力、精神健康状况相适应的民事法律行为,监护人应当对该成年被监护人实施这类民事法律行为予以保障,并且协助完成。其三,如果根据成年被监护人的智力和精神健康状况,其有能力独立处理的事务,应当让成年被监护人独立实施该民事法律行为,处理自己的事务,监护人不得干涉。

23. 监护人资格撤销的事由与程序

《民法典》总则编第36条各款分别规定:"监护人有下列情形之一的,人民法院根据有关个人或者组织的申请,撤销其监护人资格,安排必要的临时监护措施,并按照最有利于被监护人的原则依法指定监护人:(一)实施严重损害被监护人身心健康行为的;(二)怠于履行监护职责,或者无法履行监护职责且拒绝将监护职责部分或者全部委托给他人,导致被监护人处于危困状态的;(三)实施严重侵害被监护人合法权益的其他行为的。""本条规定的有关个人、组织包括:其他依法具有监护资格的人,居民委员会、村民委员会、学校、医疗机构、妇女联合会、残疾人联合会、未成年人保护组织、依法设立的老年人组织、民政部门等。""前款规定的个人和民政部门以外的组织未及时向人民法院申请撤销监护人资格的,民政部门应当向人民法院申请。"这一条是关于监护人资格撤销的条件与程序的规定。与原《民法通则》第18条第3款关于"监护人不履行监护职责或者侵害被监护人的合法权益的,应当承担责任;给被监护人造成财产损失的,应当赔偿损失。人民法院可以根据有关人员或者有关单位的申请,撤销监护人的资格"的规定相比,本条规定细化、完善了监护人资格撤销制度。

监护人资格撤销的具体规则如下:

(1)撤销监护人资格的条件

撤销监护人资格的实质条件是严重侵害被监护人的合法权益。具体包括:一是实施严重损害被监护人身心健康行为的,例如对未成年子女实施性侵行为,虐待被监护人的行为;二是怠于履行监护职责,或者无法履行监护职责并且拒绝将监护职责部分或者全部委托给他人,导致被监护人处于危困状态的,例如不履行人身照护或者财产照护职责,或者自己不能履行监护职责又不将监护职责委托他人,均须导致被监护人处于危困状态;三是有严重侵害被监护人合法权益的其他行为的,例如转卖、侵吞被监护人的财产等。

(2)撤销监护人资格的程序

首先,由有关组织或者个人向法院提起撤销监护人资格之诉。监护人资格的撤销不得由法院主动作出,必须由有关个人或者组织提起。有关个人或者组织必须具有监护监督资格。有监护监督资格的个人,就是其他有监护资格的人。监护监督机关,是指负责对监护人的监护活动进行监督,以确保被监护人利益的机关。包括居民委员会、村民委员会、学校、医疗卫生机构、妇女联合会、残疾人联合会、未成年人保护组织、依法设立的老年人组织、民政部门等。其中,民政部门承担兜底性的监护监督职责,有关个人或者组织缺位时,民政部门应当提出申请。

其次,人民法院认为符合上述条款规定的条件的,作出撤销监护人的裁判。在撤销了监护人的资格,并指定新的监护人之前,须安排好临时监护措施,指定临时监护人对被监护人进行监护,避免出现被监护人的权益无法受到保护的情况。临时监护人是被监护人住所地的居民委员会、村民委员会、法律规定的有关组织或者民政部门。

最后,人民法院应当根据最有利于被监护人的原则指定新的监护人。监护人的资格被撤销以后,应当按法定监护顺序继任或指定监护人。新的监护人产生以后,监护法律关系的变更即完成。

(3)监护监督人

监督监护人履行监护职责的个人和组织是监护监督人,包括有监护监督资格的个人和监护监督机关。有监护监督资格的个人,就是其他有监护资格的人。监护监督机关,是指负责对监护人的监护活动进行监督,以确保被监护人利益的机关。包括居民委员会、村民委员会、学校、医疗卫生机构、妇女联合会、残疾人联合会、未成年人保护组织、依法设立的老年人组织、民政部门等。

本条新规则的要点如下:

(1)细化撤销监护人资格的事由。原《民法通则》第18条第3款采用了概括性的规定,只规定了监护人不履行监护职责或者侵害被监护人合法权益作为撤销监护人资格的事由。本条规定借鉴了原《最高人民法院关于贯彻执行〈中华人民共和国民法通则〉若干问题的意见(试行)》第21条关于“夫妻离婚后,与子女共同生活的一方无权取消对方对该子女的监护权,但是,未与该子女共同生活的一方,对该子女有犯罪行为、虐待行为或者对该子女明显不利的,人民法院认为可以取消的除外”的规定,细化了监护人资格撤销的事由,比如损害身心健康等。

（2）明确了申请撤销监护资格的主体。原《民法通则》第 18 条第 3 款只规定了由有关人员或者有关单位提出申请，但并未明确指出哪些人员与单位。本条规定明确列举了负有监护监督职责的个人和组织。同时，强化了民政部门兜底监护监督的职责，以及时保障被监护人的合法权益，避免其受到监护人的侵害。

（3）删除了民事责任条款。原《民法通则》第 18 条第 3 款不仅规定了监护人监护资格的撤销制度，同时也规定了监护人需要承担的民事责任。本条规定监护人资格撤销制度时，删除了民事责任条款，并不意味着监护人怠于履行监护职责或者侵害被监护人合法权益时无须承担民事责任，而只是一种立法技术上的处理，凸显本条文的要旨是监护人监护资格撤销。

24. 撤销监护资格的父母、子女、配偶不免除抚养费、赡养费、扶养费给付义务

《民法典》总则编第 37 条规定："依法负担被监护人抚养费、赡养费、扶养费的父母、子女、配偶等，被人民法院撤销监护人资格后，应当继续履行负担的义务。"这一条文规定了监护人被撤销监护资格后仍存在身份权义务。原《民法通则》未作出规定，本条是《民法典》总则编规定的新规则。

一般而言，监护资格被撤销后，监护法律关系终止。但是，监护人负有的身份权义务并不免除。这是因为，监护人的监护权与近亲属之间的身份权是不同的。监护人资格被撤销后，如果监护人是被监护人的近亲属，只是撤销了其监护人的身份，而没有撤销其近亲属的身份，该被撤销监护资格的人与原来的被监护人之间的身份关系仍然存在，基于该身份关系产生的权利和义务都仍然继续保持，并不发生变化。《未成年人保护法》第 53 条就规定了未成年人的父母被撤销监护资格后，仍然需要承担抚养费的义务，即"父母或者其他监护人不履行监护职责或者侵害被监护的未成年人的合法权益，经教育不改的，人民法院可以根据有关人员或者有关单位的申请，撤销其监护人的资格，依法另行指定监护人。被撤销监护资格的父母应当依法继续负担抚养费用"。本条提到的被撤销监护资格的父母、子女、配偶等，也是如此。当其监护人的资格被撤销后，近亲属之间的身份权利义务并没有发生变化，因而应当依照亲权、亲属权和配偶权的要求，继续负担被监护人的抚养费、赡养费、扶养费。

25. 恢复监护人资格的事由及程序

《民法典》总则编第 38 条规定："被监护人的父母或者子女被人民法院撤销监

护人资格后,除对被监护人实施故意犯罪的外,确有悔改表现的,经其申请,人民法院可以在尊重被监护人真实意愿的前提下,视情况恢复其监护人资格,人民法院指定的监护人与被监护人的监护关系同时终止。”这一条文是关于监护人资格恢复的制度。原《民法通则》规定撤销监护人资格的制度时,未规定相应的配套恢复制度。《民法典》总则编补充规定的这一配套制度,属于增加的新规则。

(1)监护人恢复监护资格的要件

曾有学者指出,《民法典》总则编不宜规定民事行为能力的恢复制度,主要理由是“被打乱的监护秩序已经恢复,不宜仅仅因‘确有悔改’即恢复其监护人资格,并终止新监护人的监护资格,再次打乱好不容易刚刚恢复的监护秩序。并且,所谓‘确有悔改’极难通过证据认定,终止新的监护人的监护资格,亦必然挑起矛盾冲突”。〔1〕 尽管监护人资格恢复确实会存在上述提到的问题,但是,完全断绝了监护人资格恢复的可能性,不利于对行为能力欠缺人的保护。与其删除监护人资格恢复制度,不如设置较为严格的条件。因此,《民法典》总则编第 38 条的规定,与监护人资格的撤销相比,监护人资格的恢复确实更为严格。

第一,可以恢复监护资格的监护人仅限于被监护人的父母或者子女。《民法典》总则编(草案·第一次审议稿)第 35 条规定所有被撤销监护人资格的监护人都有可能恢复监护资格,第二次审议稿修改为“未成年人的父母”,第三次审议稿才修改为“被监护人的父母或者子女”。这样的规定,是为了维护家庭成员关系的和谐、稳定。

第二,撤销监护资格的监护人未对被监护人实施故意犯罪。如果监护人是因为其对被监护人实施故意犯罪行为,如故意侵害被监护人的人身、财产构成犯罪,不得恢复其监护人资格。这是因为,被监护人是无民事行为能力人或者限制民事行为能力人,无法辨别监护人对其实施故意犯罪行为的后果。为了更周延地保护被监护人的合法权益,法律对这种行为予以否定性评价,且不允许其恢复监护资格。

第三,撤销监护资格的监护人必须具有悔改表现。主观上有悔改的意思表示,客观上也有悔改的行为,可以认定确有悔改表现。

(2)监护人恢复监护资格的程序

首先,必须是被撤销监护资格的监护人自己申请恢复自己的监护人资格,未经申请者,不得恢复其监护资格。被撤销监护资格的主体自行申请恢复,表

〔1〕 梁慧星:《〈中华人民共和国民法总则(草案)〉:解读、评论和修改建议》,载《华东政法大学学报》2016 年第 5 期。

达了被撤销监护资格人的悔改意愿。

其次,必须尊重被监护人真实意愿。被监护人愿意接受被撤销监护资格的监护人继续作为自己的监护人的,才可以恢复监护人的资格。如果被监护人明确拒绝被撤销监护资格的监护人继续作为自己的监护人,不宜违背被监护人的意愿。

最后,符合上述要件要求的,法院可以视情况判决被撤销监护资格的人恢复监护资格。被监护人难以识别监护人是否有侵害其合法权益的可能的,即使被监护人愿意接受被撤销监护资格的监护人继续作为自己的监护人,法院也须斟酌具体情形,根据最有利于被监护人原则综合审查。

(3)监护人恢复监护资格的法律效果

人民法院判决恢复监护人的监护资格,人民法院指定的监护人与被监护人的监护关系终止,恢复监护资格的监护人与被监护人的法律关系产生。

26. 监护关系终止的具体事由

《民法典》总则编第39条第1款、第2款分别规定:"有下列情形之一的,监护关系终止:(一)被监护人取得或者恢复完全民事行为能力;(二)监护人丧失监护能力;(三)被监护人或者监护人死亡;(四)人民法院认定监护关系终止的其他情形。""监护关系终止后,被监护人仍然需要监护的,应当依法另行确定监护人。"这一条文是对监护关系终止的规定。原《民法通则》未规定监护关系的终止,《民法典》总则编第39条对此进行了补充,是新规则。

(1)监护关系终止不同于监护关系撤销

监护关系终止指的是因某些法定原因的存在而使监护关系永远地消灭。监护关系终止不同于监护关系撤销。首先,二者的法定事由并不相同。监护关系终止主要是因死亡、取得或者恢复完全民事行为能力等客观原因而终止。监护关系撤销主要是因监护人实施了侵害被监护人的合法权益等主观事由而撤销。其次,二者的程序不同。监护关系终止基本是自然终止,无须特意申请终止。监护关系的撤销必须经过有关个人和组织提出申请,法院裁判撤销被监护人的监护资格。最后,二者的法律效果不尽相同。监护关系终止一般不需要再确定监护人。监护关系撤销时,法院需要同时指定监护人。

(2)监护关系终止的具体原因

监护关系终止有以下具体原因:第一,被监护人取得或者恢复完全民事行为能力。未成年人已经满18周岁,即取得了完全的民事行为能力,监护关系自然消灭。第二,监护人丧失监护能力。监护人丧失监护能力,不能继续担任监护人,是因监护人的原因而消灭监护关系。第三,被监护人或者监护人死亡。无论是被监护人死亡还是监护人死亡,都会引起监护关系的消灭。第四,人民法院认定监护关系终止的其他情形。例如,被监护的未成年人被生父母认领或者被他人收养。

(3)监护关系终止的法律后果

监护关系终止分为绝对终止和相对终止。

监护关系绝对终止,是监护法律关系的最终消灭,产生的法律后果是:第一,被监护人脱离监护,即成为完全民事行为能力人,可以独立行使民事权利,独立承担民事义务,人身、财产权益均由自己维护,民事行为的实施亦独立为之。第二,在财产上,监护关系的消灭引起财产的清算和归还。财产的清算,应当对监护人予以监护的财产进行账目结算。结算完毕后,剩余的财产应当归还被监护人。被监护人死亡的,归还其继承人。被监护人死亡,其监护关系也是绝对终止,其后果是产生财产的继承问题。

监护关系相对终止,是监护关系终止后,被监护人仍然需要继续进行监护,实际上是监护关系的变更,应当依照法律规定另行确定监护人。确定监护人后,原监护人应当与新监护人清算被监护人的财产,并将剩余财产交给新监护人管理。

第三节　关于宣告失踪和宣告死亡的新规则

27. 自然人下落不明的时间从其失去音讯之日起计算

《民法典》总则编第 41 条规定:“自然人下落不明的时间从其失去音讯之日起计算。战争期间下落不明的,下落不明的时间自战争结束之日或者有关机关确定的下落不明之日起计算。”这一条文是关于自然人下落不明时间起算的规定。与原《民法通则》第 20 条关于“公民下落不明满二年的,利害关系人可以向人民法院申请宣告他为失踪人。战争期间下落不明的,下落不明的时间从战争结束之日起计算”的规定以及原《民法通则》第 23 条关于“公民有下列情形之一的,利害关系人可以向人民法院申请宣告他死亡:(一)下落不明满四年的;(二)因意外事故下落不明,从事故发生之日起满二年的。战争期间下落不明的,下落不明的时间从战争结束之日起计算”的规定相比,本条规定新增了自然人下落不明的时间起算规则,同时修改了战争期间下落不明的起算规则。

宣告自然人失踪与死亡,最重要的条件就是达到法定的下落不明的时间要求。具体计算下落不明起算的时间,应当从其失去音讯之日起计算,也是最后获得该自然人音讯之日起开始计算。例如,在飞机失事事件中,飞机失事的时间其实就是计算下落不明的起算时间。

战争期间下落不明,则从战争结束之日或者有关机关确定的下落不明之日起计算下落不明的时间。

本条新规则的要点如下:

(1)新增了自然人下落不明的时间起算规则。原《民法通则》尽管规定了宣告失踪为2年的时间要求,宣告死亡为4年的时间要求,但未规定时间起算点。原《最高人民法院关于贯彻执行〈中华人民共和国民法通则〉若干问题的意见(试行)》第28条作了补充解释:"民法通则第二十条第一款、第二十三条第一款第一项中的下落不明的起算时间,从公民音讯消失之次日起算。"《民法典》总则编第41条以此为基础,规定了自然人下落不明的时间从其失去音讯之日起计算,也就是最后获得该自然人音讯之日起开始计算。

(2)修改了战争期间下落不明的起算规则。战争期间下落不明,无法具体确定失去音讯之日,故本条规定仍坚持原《民法通则》第20条以及第23条规定自战争结束之日起计算的规则,同时考虑战争结束之日有时也难以确定,增加有关机关确定的下落不明之日作为下落不明时间的起算点。

28. 宣告失踪后的财产代管人的义务与责任

最早的财产代管制度来源于罗马法。罗马人外出后久无音讯,又未托人代管事务,按照罗马法的习俗,是由当事人的近亲属代为照管失踪人的相关事宜。如无恰当的近亲属,或者近亲属在管理上有分歧,则大法官任命管理人。[1] 可以说,财产代管人是为他人利益设立的保佐制度。

我国原《民法通则》第21条对宣告失踪只规定了设立财产代管人以及履行失踪人的债务,即:"失踪人的财产由他的配偶、父母、成年子女或者关系密切的其他亲属、朋友代管。代管有争议的,没有以上规定的人或者以上规定的人无能力代管的,由人民法院指定的人代管。失踪人所欠税款、债务和应付的其他费用,由代管人从失踪人的财产中支付。"但是,并未具体规定财产代管人的义务与责任。《民法典》总则编第43条至第45条对此进行了补充完善。

《民法典》总则编第43条各款分别规定:"财产代管人应当妥善管理失踪人的财产,维护其财产权益。""失踪人所欠税款、债务和应付的其他费用,由财产代管人从失踪人的财产中支付。""财产代管人因故意或者重大过失造成失踪人财产损失的,应当承担赔偿责任。"这一条文规定的是宣告失踪后财产代管人的

---

〔1〕 周枏:《罗马法原论》(上册),商务印书馆2016年版,第141页。

义务与责任,要点如下:

(1)宣告失踪后财产代管人负有管理财产及代为履行债务的义务

《民法典》总则编第43条第1款与第2款是关于财产代管人义务的规定。可见,财产代管人兼具财产保管人和指定代理人的性质。

财产代管人是代管财产的保管人,应当以善良管理人的注意妥善管理失踪人的财产。管理失踪人的财产既包括保管,也包括处分。对于保管而言,财产代管人应当确保失踪人的财产始终处于正常稳定的状态。如果是涉及生鲜等容易腐坏的食品,财产代管人应当及时处分,并保管处分该类财产的价款。可见,相对于保管而言,处分财产的要求更高,必须是为了维护失踪人的财产利益时,才可以处分。

财产代管人也是失踪人的指定代理人,在法律以及法院授权的范围内,有权代理失踪人从事一定的民事活动,包括代理失踪人履行债务和受领他人的履行,以维护失踪人的财产权益。比如,财产代管人应当履行失踪人债务,包括但不限于失踪人所欠税款、债务和应付的其他费用。至于如何履行,则是由失踪人的财产负担清偿义务。

(2)补充规定财产代管人的责任

《民法典》总则编第43条第3款规定的是财产代管人客观上未履行义务,造成失踪人财产损失时的民事责任。原《民法通则》未对此作出规定,该条文属于新规则。

代管人应当管理失踪人的财产,维护失踪人的财产权益。因而,代管人造成失踪人财产损失,应当承担赔偿责任。不过,财产代管人仅在故意或者重大过失造成失踪人财产损害时才承担赔偿责任。原因是,代管失踪人财产行为是无偿行为。无偿为他人利益处理事务,无须尽处理自己事务之同等注意义务,负善良管理人注意义务即可,故无须对因一般过失造成的损害承担损害赔偿责任。

29. 变更财产代管人后,原财产代管人负移交与报告义务

《民法典》总则编第44条各款分别规定:"财产代管人不履行代管职责、侵害失踪人财产权益或者丧失代管能力的,失踪人的利害关系人可以向人民法院申请变更财产代管人。""财产代管人有正当理由的,可以向人民法院申请变更财产代管人。""人民法院变更财产代管人的,变更后的财产代管人有权请求原财产代管人及时移交有关财产并报告财产代管情况。"财产代管人并非固定不变的。出现法定事由,经有关人员申请,可以变更财产代管人。这一条文规定的就是变更财产代管人的条件及财产代管人变更后的法律效果。

原《最高人民法院关于贯彻执行〈中华人民共和国民法通则〉若干问题的意见(试行)》第35条也曾规定财产代管人的变更,即“失踪人的财产代管人以无力履行代管职责,申请变更代管人的,人民法院比照特别程序进行审理。失踪人的财产代管人不履行代管职责或者侵犯失踪人财产权益的,失踪人的利害关系人可以向人民法院请求财产代管人承担民事责任。如果同时申请人民法院变更财产代管人的,变更之诉比照特别程序单独审理”。本条规定借鉴了这一规则,细化了申请变更财产代管人的事由及法律后果。

本条新规则的具体内容如下:

(1)失踪人的利害关系人申请变更财产代管人的事由:第一,代管人不履行代管职责,即代管人疏于履行职责;第二,侵害失踪人财产权益,即滥用代管职权;第三,代管人丧失代管能力。符合上述财产代管人变更事由的,失踪人的利害关系人可以向人民法院申请变更财产代管人。符合变更事由要求的,人民法院判决变更财产代管人。

(2)财产代管人申请变更财产代管人的事由:财产代管人有正当理由的,可以向人民法院申请变更财产代管人。申请变更理由正当的,人民法院判决变更财产代管人。

(3)变更财产代管人后新财产代管人的权利,即新的财产代管人有权要求原财产代管人及时移交有关财产并报告财产代管情况。与之相对应的便是原财产代管人的义务,即原代管人是义务人,负有移交财产和报告财产代管情况的义务。由人民法院裁判变更财产代管人的,原财产代管人应当对失踪人的财产在代管期间的情况进行清算,列出财产清单及在代管期间发生的变化,并且向新的财产代管人进行移交,以确保失踪人财产代管继续顺利进行。

30. 失踪人重新出现后财产代管人负有归还与报告义务

《民法典》总则编第45条第1款、第2款分别规定:“失踪人重新出现,经本人或者利害关系人申请,人民法院应当撤销失踪宣告。”“失踪人重新出现,有权要求财产代管人及时移交有关财产并报告财产代管情况。”与原《民法通则》第22条的规定相比,本条规定新增了失踪人重新出现后财产代管人负有归还与报告义务。

被宣告失踪的人重新出现,包括确知其下落的,应当撤销对失踪人的失踪宣告。被宣告失踪的本人或者利害关系人应当向人民法院申请,人民法院应当依据法定程序,撤销对失踪人的失踪宣告。

失踪宣告一经撤销,财产代管人与失踪人的财产代管关系随之终止。被撤销失踪宣告的自然人的权利是:第一,要求财产代管人及时移交有关财产;第二,要求财产代管人报告财产代管情况。代管人负有满足其权利的义务:一是将其代管的财产及时移交给被撤销失踪宣告的人;二是向被撤销失踪宣告的人报告在其代管期间对财产管理和处置的情况。只要代管人非出于恶意,其在代管期间支付的各种合理费用,失踪人不得要求代管人返还。

本条规定新增的规则表面上看是被撤销失踪宣告的自然人的权利,实际上也就是增加了财产代管人负有相应义务的规则。通过将被撤销失踪宣告的自然人的权利与财产代管人的义务规范化,有利于定分止争,保护好被撤销失踪宣告的自然人的合法权益。

31. 有关机关证明因意外事件下落不明不可能生存的宣告死亡时间

《民法典》总则编第 46 条第 1 款、第 2 款分别规定:"自然人有下列情形之一的,利害关系人可以向人民法院申请宣告该自然人死亡:(一)下落不明满四年;(二)因意外事件,下落不明满二年。""因意外事件下落不明,经有关机关证明该自然人不可能生存的,申请宣告死亡不受二年时间的限制。"与原《民法通则》第 23 条关于"公民有下列情形之一的,利害关系人可以向人民法院申请宣告他死亡:(一)下落不明满四年的;(二)因意外事故下落不明,从事故发生之日起满二年的。战争期间下落不明的,下落不明的时间从战争结束之日起计算"的规定相比,本条规定增加了因意外事件下落不明的特殊规则,删除了战争期间下落不明计算规则。

宣告死亡,是自然人下落不明达到法定期限,经利害关系人申请,人民法院经过法定程序,在法律上推定失踪人死亡的民事主体制度。

宣告死亡应当具备的条件如下:

第一,自然人下落不明。下落不明是指生死不明,即自然人离开其原来之住所或居所生死不明。如果知道某人还仍然生存,只是没有和家人联系或者不知道其确切地址,不能认为是下落不明。

第二,自然人下落不明须达到法定期限。法定期间:一般下落不明满 4 年;因意外事件下落不明起满 2 年,但是因意外事件下落不明,经有关机关证明该自然人不可能生存的,申请宣告死亡不受 2 年时间的限制。

第三,须由利害关系人向法院提出申请。宣告死亡的利害关系人的范围与宣告失踪的利害关系人的范围相同。宣告死亡的利害关系人没有顺序的要求。

第四,须由人民法院依法定程序作出宣告。法院受理死亡宣告申请后,依照《民事诉讼法》规定的特别程序进行审理,发出寻找下落不明人的公告,在公告期届满没有其音讯的,人民法院才能作出死亡宣告的判决。

本条新规则的要点如下:

(1)增加了因意外事件下落不明的特殊规则。增加了因意外事件下落不明的例外规则,是因为规定宣告死亡制度,就是为了消除自然人长期下落不明造成财产关系和人身关系的不稳定状态,及时了结下落不明的人与他人之间的财产关系和人身关系,维护正常的社会秩序。当有关机关证明其不可能生存时,应当及时宣告死亡,尽早结束法律关系。

(2)删除了战争期间下落不明计算规则。本法总则编第41条已经规定了因战争期间下落不明的计算规则,为了避免重复,本条规定删除了这一内容。

32. 宣告失踪与宣告死亡的申请冲突时应当宣告死亡

《民法典》总则编第47条规定:"对同一自然人,有的利害关系人申请宣告死亡,有的利害关系人申请宣告失踪,符合本法规定的宣告死亡条件的,人民法院应当宣告死亡。"对下落不明的自然人,既符合宣告失踪的条件,也符合宣告死亡的条件,有的利害关系人申请宣告死亡,有的申请宣告失踪的,形成请求宣告死亡和宣告失踪的冲突。原《民法通则》对此没有规定,本条规定宣告死亡的优先适用,是增加的新规则。

符合宣告死亡条件的,必然符合宣告失踪的条件要求,宣告死亡的法律后果同时也将实现宣告失踪的后果,因而按照利害关系人宣告死亡的申请宣告该自然人死亡,虽然不符合宣告失踪申请人的意图,但是可以达到宣告失踪的法律效果,因此,决定宣告死亡是最好的选择。本规定确定了宣告死亡优先适用的法律效力。

宣告失踪与宣告死亡的利害关系人不受顺位的限制。当处于不同顺位的利害关系人分别请求宣告失踪与宣告死亡时,如父母申请宣告死亡,配偶申请宣告失踪,如果受到顺位的限制,只要在前顺位的利害关系人不申请宣告,后一顺位的申请人就不能申请宣告死亡,就使相互之间的法律关系长期处于不确定状态。为了简化法律关系,避免争议,认定不同的利害关系人均不受顺位的限制,即不因配偶未申请宣告死亡而拒绝宣告死亡,更为有利。

33. 被宣告死亡人的死亡日期确定标准

《民法典》总则编第48条规定:"被宣告死亡的人,人民法院宣告死亡的判决作出之日视为其死亡的日期;因意外事件下落不明宣告死亡的,意外事件发生之日视为其死亡的日期。"这一条文是关于被宣告死亡的自然人死亡日期的确定规则。原《民法通则》未规定自然人宣告死亡时死亡日期的确定,本条规定是新规则。

自然人被宣告死亡后,发生与自然死亡相同的法律后果,被宣告死亡的自然人在法律上被认定为已经死亡,其财产关系和人身关系都发生变动。故宣告死亡时的死亡日期与自然死亡时的死亡日期一样,都对自然人的人身关系与财产关系具有重大的意义。

确定被宣告死亡的自然人的死亡日期的新规则是:第一,人民法院在判决中确定宣告死亡的日期,即判决书确定了被宣告死亡人的死亡日期的,该日期就视为其死亡的日期;第二,法院判决没有确定死亡日期,判决作出之日视为其死亡的日期;第三,因意外事件下落不明宣告死亡的,意外事件发生之日应该视为其死亡的日期。其中,判决作出之日是较为模糊的概念,究竟是判决书签发之日,还是打印完毕之日,或者是判决书送达之日,不易确定。在司法实践中,判决书签发之日就是判决书作出之日,以此为准认定被宣告死亡人的死亡日期,比较适当。

34. 宣告死亡判决具有相对的空间效力

《民法典》总则编第 49 条规定:"自然人被宣告死亡但是并未死亡的,不影响该自然人在被宣告死亡期间实施的民事法律行为的效力。"这一条文是关于宣告死亡判决效力的规定。与原《民法通则》第 24 条第 2 款关于"有民事行为能力人在被宣告死亡期间实施的民事法律行为有效"的规定相比,这一新规则是更为精准的立法表达。

宣告死亡判决发生被宣告的自然人死亡的法律后果,这种效力是相对的空间效力,即自然人尽管被宣告死亡,但这只是一种推定,有可能还在异地生存。坚持相对的空间效力,就承认该自然人在异地实施的民事法律行为的效力。

宣告死亡的目的并不是要绝对地消灭或剥夺被宣告死亡人的主体资格,而在于结束以被宣告死亡人原住所地为中心的民事法律关系,因此,被宣告死亡人的民事权利能力消灭,并不是全部的事实上的丧失,而是仅仅在法律上的死亡推定,并非已经丧失民事权利能力。被宣告死亡的人在其存活地的民事权利能力并不终止,仍可依法从事各种民事活动。既然如此,被宣告死亡的人如果仍然生存,并且继续实施民事法律行为,就应当实事求是地确认其所实施的民事法律行为的效力,被宣告死亡并不会影响到其民事法律行为的效力。

本条新规则的变化虽只是文字上的修改,但是充分地展现了立法技术的进步。原《民法通则》第 24 条第 2 款规定的是自然人在被宣告死亡期间实施的民事法律行为有效。原《最高人民法院关于贯彻执行〈中华人民共和国民法通则〉若干问题的意见(试行)》第36条第2款补充规定时,也是采用了“有效”的表述,即“被宣告死亡和自然死亡的时间不一致的,被宣告死亡所引起的法律后果仍然有效,但自然死亡前实施的民事法律行为与被宣告死亡引起的法律后果相抵触的,则以其实施的民事法律行为为准”。这样的规定并不够妥当。这是因为,被宣告死亡人实施的民事法律行为有可能因违法或者悖俗而无效,也有可能因欺诈或者胁迫而可撤销,因此,并不能直接认定民事法律行为有效。原《民法通则》与司法解释这样规定,实质上是以偏概全。《民法典》总则编第49条规定被宣告死亡人实施的民事法律行为不因其被宣告死亡而影响其在被宣告死亡期间实施的民事法律行为的效力的方法,进行概括,显然更为准确,具有较好的包容性。这就是被宣告死亡的人实施的民事法律行为所具有的相对的空间效力,是十分有道理的。

35. 被撤销死亡宣告人的配偶声明不愿意恢复婚姻关系的,不恢复婚姻关系

《民法典》总则编第51条规定:“被宣告死亡的人的婚姻关系,自死亡宣告之日起消除。死亡宣告被撤销的,婚姻关系自撤销死亡宣告之日起自行恢复。但是,其配偶再婚或者向婚姻登记机关书面声明不愿意恢复的除外。”这一条文是关于死亡宣告撤销后婚姻关系的法律效果。对于自然人被宣告死亡之后和重新出现时婚姻关系的处理,原《民法通则》未作出规定,本条是增加的新规则。

自然人被宣告死亡,发生死亡的后果,其配偶关系自死亡宣告之日起消除,自不必多论。

在被宣告死亡的人重新出现后,被宣告死亡的自然人的配偶没有再婚,死亡宣告撤销后,原来的婚姻关系自撤销死亡宣告之日自行恢复,仍与原配偶为夫妻关系,不必进行结婚登记。

被宣告死亡的人的配偶在宣告死亡期间再婚的,当然不能恢复原来的配偶关系。在被宣告死亡的人重新出现后,配偶一方向婚姻登记机关书面声明不愿意恢复的,婚姻关系不自行恢复。这是为了尊重婚姻当事人的意志,贯彻婚姻自由原则,如果其配偶向婚姻登记机关声明不愿意与被撤销死亡宣告的配偶恢复婚姻关系的,则不能自行恢复夫妻关系。

值得研究的问题是,配偶再婚后又离婚,或者再婚后配偶死亡的情形,应当怎样处理。对此,原《最高人民法院关于贯彻执行〈中华人民共和国民法通则〉若干问题的意见(试行)》第37条曾规定:“被宣告死亡的人与配偶的婚姻关系,自死亡宣告之日起消灭。死亡宣告被人民法院撤销,如果其配偶尚未再婚的,夫妻关系从撤销死亡宣告之日起自行恢复;如果其配偶再婚后又离婚或者再婚后配偶又死亡的,则不得认定夫妻关系自行恢复。”按照该条文规定,如果其配偶再婚后又离婚或者再婚后配偶又死亡的,则不得认定夫妻关系自行恢复,是有道理的。对此,尽管《民法典》总则编没有规定这一内容,但是可以继续适用这个规则,即配偶再婚后离婚或再婚后配偶死亡,被撤销死亡宣告的人如果想要继续和配偶成立婚姻关系,应当进行婚姻登记,而不能自行恢复婚姻关系。

36. 被撤销死亡宣告的人不得以未经其同意为由主张收养关系无效

《民法典》总则编第 52 条规定:“被宣告死亡的人在被宣告死亡期间,其子女被他人依法收养的,在死亡宣告被撤销后,不得以未经本人同意为由主张收养关系无效。”这一条文规定的是死亡宣告撤销后亲子关系的法律效果。原《民法通则》没有规定这一内容,本条是新规则。

规定本条时,借鉴了原《最高人民法院关于贯彻执行〈中华人民共和国民法通则〉若干问题的意见(试行)》第 38 条的规定,确认了死亡宣告撤销后亲子关系的法律效果,即“被宣告死亡的人在被宣告死亡期间,其子女被他人依法收养,被宣告死亡的人在死亡宣告被撤销后,仅以未经本人同意而主张收养关系无效的,一般不应准许,但收养人和被收养人同意的除外”。

被撤销死亡宣告的自然人有子女的,即使其在被宣告死亡后,父母子女的亲子关系并不会因此而消灭,仍然保持亲子关系。如果在被宣告死亡期间,被宣告死亡人的子女被他人依法收养的,则消灭了亲子关系。被宣告死亡人的死亡宣告被撤销后,该收养关系仍然有效,被撤销死亡宣告的人不得主张因自己的死亡宣告已经被撤销,该收养关系未经其同意而无效,应当继续保持收养关系。

如果被撤销死亡宣告的人主张解除在其宣告死亡期间设立的有关自己子女的收养关系,须依照法定程序,经原收养人、送养人协议解除原收养关系,才能恢复被撤销死亡宣告人与子女的亲子关系。如果子女是 8 周岁以上的未成年人,根据本法第 1114 条的规定,应当征得本人的同意。

37. 利害关系人隐瞒真实情况,应对被撤销死亡宣告的人承担赔偿责任

《民法典》总则编第 53 条第 1 款、第 2 款分别规定:“被撤销死亡宣告的人有权请求依照本法第六编取得其财产的民事主体返还财产;无法返还的,应当给予适当补偿。”“利害关系人隐瞒真实情况,致使他人被宣告死亡而取得其财产的,除应当返还财产外,还应当对由此造成的损失承担赔偿责任。”这一条文

是关于死亡宣告撤销后财产关系的法律效果的规定。与原《民法通则》第 25 条关于"被撤销死亡宣告的人有权请求返还财产。依照继承法取得他的财产的公民或者组织，应当返还原物；原物不存在的，给予适当补偿"的规定相比，本条规定扩大了返还的范围，新增了利害关系人的赔偿责任的新规则。

不管是因继承、受遗赠还是因其他原因取得被宣告死亡人的财产的人，都应当向被撤销死亡宣告的人返还财产，被撤销死亡宣告的人享有返还请求权。

本条第 1 款规定的主要是依照原《继承法》的规定，被宣告死亡人的财产被其继承人继承的，当其死亡宣告被撤销后，原来发生的继承关系消灭，其继承人继承的财产都应当返还给被撤销死亡宣告的人，使其财产权益得到保护。因其他原因取得财产，也负有返还财产的义务。

返还财产还是应当以返还原物为原则，如果原物不存在，应予以适当补偿。确定应补偿的数额，主要考虑返还义务人所取得的财产的价值、返还能力等。

利害关系人隐瞒真实情况，致使他人被宣告死亡而取得其财产的，实际上是恶意利用宣告死亡的方法非法取得被宣告死亡人的财产，构成侵权行为，应当承担侵权责任。故当宣告死亡被撤销后，该利害关系人除了应当返还原物外，还应当对由此造成的损失承担赔偿责任，赔偿的原则是全部赔偿。

本条新规则的要点如下：

（1）扩大了返还的范围。原《民法通则》规定的是"返还原物"。"原物"的概念含义比较单一，就是指原来那个物，只有原物还存在的，才能够返还原物。这样就使得返还的范围比较窄。本条将"返还原物"修改为"返还财产"，就扩大了返还的范围。

（2）新增了利害关系人的赔偿责任。本条第 2 款借鉴了原《最高人民法院关于贯彻执行〈中华人民共和国民法通则〉若干问题的意见（试行）》第 39 条关于"利害关系人隐瞒真实情况使他人被宣告死亡而取得其财产的，除应返还原物及孳息外，还应对造成的损失予以赔偿"的规定，新增了利害关系人的赔偿责任条款。利害关系人负有返还财产的义务，其隐瞒真实情况致使他人取得财产，是故意侵害被宣告死亡人的财产权，应当承担赔偿责任。

第四节　关于个体工商户和农村承包经营户的新规则

38. 个体工商户与农村承包经营户的债务承担规则

《民法典》总则编第 56 条第 1 款、第 2 款分别规定："个体工商户的债务，个人经营的，以个人财产承担；家庭经营的，以家庭财产承担；无法区分的，以家庭财产承担。”“农村承包经营户的债务,以从事农村土地承包经营的农户财产承担;事实上由农户部分成员经营的,以该部分成员的财产承担。”这一条文是关于个体工商户与农村承包经营户的债务承担规则。对此,原《民法通则》第 29 条只是笼统规定:“个体工商户、农村承包经营户的债务,个人经营的,以个人财产承担;家庭经营的,以家庭财产承担。”相比之下,《民法典》总则编作出了类型化的区分,规定了新规则。

个体工商户和农村承包经营户不同于法人、非法人组织以及自然人,是以“户”的形式所出现的民事主体,因而个体工商户和农村承包经营户在经营中所负债务的承担规则,与法人、非法人组织及自然人负担债务的规则有所不同。

第一,个体工商户在经营中所负债务的清偿原则:一是个体工商户是以个人进行经营的,其所负债务就是个人债务,应当以个人财产承担。以个人财产对债务承担无限责任,与夫妻共同财产和家庭共同财产没有关系。二是以家庭为单位进行经营的,无论是其收益还是负债,都是家庭共有财产,对在个体经营中负担的债务以家庭的全部财产承担无限责任。三是个体工商户在经营中无法区分是个人经营还是家庭经营的,应当按照有利于债权人的原则确认,认定是家庭经营。

第二,农村承包经营户对所负债务的清偿规则:一是农村承包经营户的债务,以从事农村土地承包经营的农户财产承担,负无限清偿责任。二是农村承包经营户的经营活动尽管是以户的方式承包,但事实上是由农户的部分成员经营,证明确实属实的,以该部分成员的财产承担无限清偿责任,该“户”其他没有进行共同经营活动的成员对此债务不承担责任。

本条新规则的要点是区分个体工商户和农村承包经营户的责任承担规则。原《民法通则》注意到了个体工商户、农村承包经营户与其他民事主体的不同,但没有注意到个体工商户与农村承包经营户的不同,有失妥当。本条规定改正了这一不足,对于个体工商户、农村承包经营户的责任承担规则进行类型化的区分,具有重要意义。不仅有利于责任承担规则的准确适用,还有助于维护以户为单位的非经营人员的合法权益。不过,存在一个瑕疵,即在该条第 1 款的表述中,个体工商户既然是户,债务承担的规则应当以家庭财产承担为一般性规定,只有当个人经营时,才是个人财产承担,故宜将家庭财产承担原则提前至个人财产承担之前,才符合立法的逻辑。

第三章　有关法人的新规则

第一节　关于一般规定的新规则

39. 法人的成立须依法进行

《民法典》总则编第 58 条各款分别规定:“法人应当依法成立。”“法人应当有自己的名称、组织机构、住所、财产或者经费。法人成立的具体条件和程序,依照法律、行政法规的规定。”“设立法人,法律、行政法规规定须经有关机关批准的,依照其规定。”这一条文是关于法人成立的规则。与原《民法通则》第 37 条关于“法人应当具备下列条件:(一)依法成立;(二)有必要的财产或者经费;(三)有自己的名称、组织机构和场所;(四)能够独立承担民事责任”的规定相比较,本条规定有五个方面的变化。

法人成立,是指法人开始取得民事主体资格,享有民事权利能力。法人的成立,表现为营利法人、非营利法人以及特别法人开始具有法人的人格,成为民事权利主体的始期。

按照这一法人成立的新规则,可以看到,法人“依法成立是一个几乎无所不包的表述:不仅要求法人资格的取得遵照法定程序,并且,具备法律所要求的实质要件亦囊括其内;不仅可以指向法人设立行为的合法性,而且指示法人目的事业必须合法。一言以蔽之,欲取得法人资格,一切都必须合法”。〔1〕

归纳起来,法人成立的具体条件如下:第一,须有设立行为。法人必须经过设立人的设立行为,才可能成立。第二,须符合设立的要求。一是法人要有自己的名称,确定自己法人人格的文

---

〔1〕 朱庆育:《民法总论》(第 2 版),北京大学出版社 2016 年版,第 421 页。

字标识;二是要有能够进行经营活动的组织机构;三是必须有自己固定的住所;四是须有财产或者经费,能够进行必要的经营活动和承担民事责任。第三,自由主义和许可主义结合,一般的法人成立采自由主义,由法律、行政法规规定须经主管机关批准的法人的成立,采许可主义。第四,须经登记。法人的设立,原则上须经过登记方能取得法人资格,机关法人成立无须登记。事业单位法人和社会团体法人,除法律规定不需要登记的外,也要办理登记。

本条新规则的变化如下:

(1)将法人依法成立单列为一款。法人应当依法成立,是法人成立条件的概括性规定,而非条件之一。原《民法通则》第37条将其作为条件之一,有失妥当。将其单列为一款,体现了立法技术的进步。

(2)删除了财产或者经费的限定语。2013年《公司法》修订时,删除了出资的最低要求,从实缴制转变为认缴制。与此相协调,本条规定删除了原《民法通则》第37条关于财产或者经费的"必要"要求。

(3)删除了能够独立承担民事责任的内容。能够独立承担民事责任是法人成立后的法律效果,而非法人成立的条件。删除这一内容是正确的。

(4)增加了法人成立须依照法律、行政法规规定的具体条件和程序办理。法人的成立必须依照法定的条件和程序进行办理,否则不得成立。

(5)增加了法人设立法律、行政法规规定须经批准的,应当经过批准。法人的成立与法人的设立是不同的概念。设立是行为,成立是结果;设立尚未成立,成立必须经过设立。法人的设立方式包括自由设立主义、特许设立主义、行政许可主义、准则设立主义以及强制设立主义。对一般的法人设立,采取自由设立主义,但是法律、行政法规规定须经批准成立的,须遵守许可主义的设立方式要求,应当经过批准,否则不得设立。

40. 法人以其全部财产独立承担民事责任

《民法典》总则编第60条规定:"法人以其全部财产独立承担民事责任。"这一条文是关于法人承担民事责任的规定。与原《民法通则》第48条关于"全民所有制企业法人以国家授予它经营管理的财产承担民事责任。集体所有制企业法人以企业所有的财产承担民事责任。中外合资经营企业法人、中外合作经营企业法人和外资企业法人以企业所有的财产承担民事责任,法律另有规定的除外"的规定相比,本条规定的适用范围更为广泛,适用于任何类型的法人,因而这一新规则具有重要意义。

法人以其全部财产承担民事责任,即有限责任。法人承担有限责任,突出的是法人的独立性与有限性。独立性表现在法人是以自己的财产承担民事责任，股东等法人的成员并不需要以自己的财产承担法人的民事责任。有限性表现在法人是以其全部财产独立承担民事责任，以其所有的财产为限，承担有限责任。

法人以其全部财产独立承担民事责任，还体现着法人民事责任能力的范围。民事责任能力，是指民事主体据以独立承担民事责任的法律地位或法律资格，也叫作侵权行为能力。法人是否具备民事责任能力具有肯定说与否定说。我国民法采取法人实在说，承认法人的民事责任能力。法人作为一个实在的组织体，对其代表人及成员在执行职务中的行为造成他人的损害，承担民事责任，即代表责任或者替代责任。法人代表责任的根据在于：法人的代表人是法人的机关成员，是法人的组成部分，他们在代表法人从事经营活动时，其职权是由章程以及法律加以确定的，其活动的内容和范围主要是由法人规定的，其活动的目的是实现法人的职能。既然机关成员的经营活动就是法人的行为，他们在合法职权范围内从事经营活动，所产生的权利和义务理所当然地应由法人承担，因此，法人的机关成员在经营活动中实施的行为造成他人损害，民事责任由法人承担。

本条新规则的要点是整合了法人承担民事责任的规则。原《民法通则》第48条规定了企业法人的民事责任，并细化了不同类型的企业法人承担民事责任的规则。但是，其本质上是一致的，即任何类型的企业法人都应当以其全部财产承担民事责任。而企业法人与其他类型的法人相比，均属于法人这类民事主体，其承担民事责任也是相同的，也是以法人的全部财产承担民事责任。既然如此，本条便统一规定了法人承担民事责任的规则，不仅能够体现立法上的简洁，还能避免司法适用时的繁琐。

41. 法人对法定代表人代表权的限制不得对抗善意相对人

《民法典》总则编第61条各款分别规定："依照法律或者法人章程的规定，代表法人从事民事活动的负责人，为法人的法定代表人。""法定代表人以法人名义从事的民事活动，其法律后果由法人承受。""法人章程或者法人权力机构对法定代表人代表权的限制，不得对抗善意相对人。"这一条文是关于法人的法定代表人及权限范围的规定。与原《民法通则》第38条关于"依照法律或者法人组织章程规定，代表法人行使职权的负责人，是法人的法定代表人"以及第43条"企业法人对它的法定代表人和其他工作人员的经营活动，承担民事责任"的规定相比，本条除了将"代表法人行使职权"修改为"代表法人从事民事活动"外，还调整了法定代表人从事民事活动法律后果归属的表述，新增了对法定代表人权限进行限制的效力范围。

法人的法定代表人是法人机关。法人机关是指存在于法人组织内部的担当法人行为和责任的机构。法人机关可以分为三类:一是意思形成机关,即权力机关;二是意思表示机关,即执行机关;三是法人的监督机关。法人的活动要有一个代表人,代表法人进行意思表示,通过代表人的行为代表法人的行为,通过代表人的行为参加民事活动。

法人的法定代表人是指依照法律或法人的组织章程的规定,代表法人从事民事活动的负责人。法定代表人的特征是:第一,法定代表人是由法人的章程所确定的自然人。第二,法人的法定代表人有权代表法人从事民事活动。第三,法人的法定代表人是法人的主要负责人。在民事诉讼中,应由法定代表人代表法人在法院起诉和应诉。

法定代表人以法人名义从事的民事活动,都是法人的民事活动。法人通常都是通过法定代表人来表达自己的意思,从事民事活动的。因而,法定代表人以法人名义从事的民事活动,就是法人的民事活动,其后果都由法人承受。

法人的章程或者权力机构对法定代表人的代表权范围的限制,对于法定代表人有完全的效力,即法定代表人不得超出其法人章程或者权力机构对其的限制。如果法定代表人代表法人进行的民事活动超出了法人章程或者法人权力机构对法定代表人代表权的限制范围,法人可以追究其责任。

法人的章程或者权力机构对法定代表人的代表权范围的限制,对于第三人不具有完全的效力。只要进行民事活动的相对人是善意的,对其超出职权范围不知情且无过失,法人就不能以超越职权为由对抗该善意相对人;如果相对人知情,则可以主张该民事法律行为无效或者撤销。

对此,还应当结合适用《民法典》合同编第504条规定进行理解和适用。该条的规定是:"法人的法定代表人或者非法人组织的负责人超越权限订立的合同,除相对人知道或者应当知道其超越权限外,该代表行为有效,订立的合同对法人或者非法人组织发生效力。"这进一步确立第61条的规则适用效果,即相对人知道或者应当知道的,该越权订立的合同就不发生效力,不知道或者不应当知道的,就发生效力。

本条新规则的要点如下:

(1)将"代表法人行使职权"改为"代表法人从事民事活动"。之所以作出这样的修改,是因为法人行使职权的范围很宽,但是在民法领域,只有规定法人的法定代表人代表法人从事民事活动,才具有意义,因此才作这种修改。

(2)调整了法定代表人从事民事活动法律后果归属的表述。法定代表人以法人名义从事民事活动的法律后果，不论是民事权利、民事义务，还是民事责任，应当全部归属于法人。原《民法通则》第 43 条只规定了企业法人对法定代表人的经营活动承担民事责任，而未就法定代表人从事民事活动所取得的民事权利，或者应当承担的民事义务的归属作出规定。本条对此进行改进，规定了法定代表人从事民事活动的法律后果归属的一般规则。

（3）新增了法定代表人的越权行为的效力问题。对此，原《民法通则》以及原《最高人民法院关于贯彻执行〈中华人民共和国民法通则〉若干问题的意见（试行）》都未作出规定。原《合同法》对法定代表人越权订立合同的行为作了规定，即第 50 条："法人或者其他组织的法定代表人、负责人超越权限订立的合同，除相对人知道或者应当知道其超越权限的以外，该代表行为有效。"《民法典》总则编第 61 条第 3 款在原《合同法》的这一规定的基础上，扩展适用至所有的民事法律行为，包括但不限于订立合同，并且还调整了法律效果，即未指明该代表行为是否有效，而只是说了对抗效力范围不能及于善意相对人。至于该代表行为是否有效，还需根据上述所提及的本法第 504 条确认。

42. 法人承担法定代表人因执行职务致人损害的责任并享有追偿权

《民法典》总则编第 62 条第 1 款、第 2 款分别规定："法定代表人因执行职务造成他人损害的，由法人承担民事责任。""法人承担民事责任后，依照法律或者法人章程的规定，可以向有过错的法定代表人追偿。"这一条文是关于法定代表人执行职务致害他人责任的规则。原《民法通则》未对此作出直接的规定，但是可以认为，该法第 43 条关于"企业法人对他人的法定代表人和其他工作人员的经营活动，承担民事责任"的规定中包含了法定代表人执行职务致人损害的责任。与该规定相比，本条规定明确了法定代表人因执行职务造成他人损害由法人承担民事责任，而且还新增了法人的追偿权。

法人的法定代表人执行职务致害他人的责任，包含在本法侵权责任编第 1191 条规定的"用人单位的责任"之中。法人为法定代表人因执行职务造成损害承担侵权责任构成要件是：第一，须有加害他人的侵权行为。第二，须因法人的法定代表人及其他工作人员的执行职务行为造成损害。第三，须因执行职务的行为所发生。法人承担的责任形态是替代责任，即其法定代表人的执行职务行为造成他人的损害，由法人承担责任。

有所不同的是关于追偿权的规则。《民法典》总则编第 62 条第 2 款规定的是法人承担了赔偿责任以后，依照法律或者法人章程的规定，可以向有过错的法定代表人追偿。《民法典》侵权责任编第 1191 条第 1 款规定，用人单位只能向有故意或者重大过失的人员追偿。这两个条文的规定并不相同:一是依照第62条的规定,法定代表人有过错,法人依照法律或者法人章程可以追偿,问题是,如果法人章程没有规定就可以不追偿了吗?二是依照第1191条规定,法人的法定代表人只有具有故意或者重大过失的,法人才可以向其追偿,但是,法定代表人只有过失,究竟是追偿还是不追偿呢?

对于上述问题,应当斟酌法人的意志。如果法人的章程确实规定法定代表人有过失的执行职务行为致人损害,应当进行追偿,那就可以追偿,如果规定不准追偿,当然可以尊重法人的意志,不予追偿;反之,法人的法定代表人如果致人损害的执行职务行为有故意或者重大过失的,则应当依照第1191条规定,依法进行追偿。但这毕竟是法人自己的问题,是否追偿,还是要看法人团体的意志,并非必须进行追偿。

43. 法人的主要办事机构所在地为住所

《民法典》总则编第63条规定:"法人以其主要办事机构所在地为住所。依法需要办理法人登记的,应当将主要办事机构所在地登记为住所。"原《民法通则》第39条规定法人的住所,是"法人以它的主要办事机构所在地为住所"。《公司法》第10条规定公司的住所,是"公司以其主要办事机构所在地为住所"。与这两条规定相比,本条着重强调的是"依法需要办理法人登记的,应当将主要办事机构所在地登记为住所"。

法人的住所,是指法人主要办事机构及与他人发生法律关系的中心地域。法人的住所在法律上具有重要意义。一是决定登记管辖;二是决定债务履行地;三是决定诉讼管辖;四是决定法律文书的送达地点;五是决定涉外民事法律关系的准据法。

确定法人住所的基本规则是,法人以其主要办事机构所在地为住所。具体的规则是:第一,法人仅有一个办事机构,无所谓主要、次要之分,该办事机构的所在地就是法人的住所。第二,法人有两个以上的办事机构,应当把办事机构分为主要办事机构和次要办事机构,主要办事机构的所在地是该法人的住所。第三,法人需要办理登记的,应当进行住所登记,将主要办事机构所在地登记为住所。

本条新增加的这一部分内容,其实看不出特别重要的价值,只是强调法人需要办理登记时,应当登记法人住所,登记的住所仍然是法人的主要办事机构。

44. 法人实际情况与登记事项不一致，不得对抗善意相对人

《民法典》总则编第 65 条规定："法人的实际情况与登记的事项不一致的，不得对抗善意相对人。"对此，原《民法通则》没有规定，本条是增加的新规则。

由于不同的原因，法人的实际情况可能与在法人登记机关的登记事项不相一致。当法人及其法定代表人在与他人从事民事活动中出现这种情况，将会影响民事法律行为的效果。申言之，当法人及其法定代表人在与他人从事民事活动中，其实际情况与该法人在登记机关登记的事项不一致，该法人可能会以法人的实际情况与登记的事项不一致而主张该民事活动不发生法律效力，以保障该法人的利益。对此，就应当适用本条规定的新规则，这一情形不得对抗善意第三人。

法人的实际情况与登记的事项不一致，最主要的是登记的经营范围不一致，也包括其他相类似的情形。在这种情况下，如果法人因此而主张与相对人进行的民事活动无效，确定的标准是相对人是否知情。如果与其进行交易的相对人对此并不知情，即不知道也不应当知道其实际情况与登记的事项不一致的，法人不得以此主张与善意相对人之间实施的民事活动无效，应当认为是有效的。

至于是不是可以认定为无效，则应当结合《民法典》合同编第 505 条规定判断。第 505 条规定："当事人超越经营范围订立的合同的效力，应当依照本法第一编第六章第三节和本编的有关规定确定，不得仅以超越经营范围确认合同无效。"这样理解就清楚了，如果实际的经营活动超越了登记的经营范围，确定合同无效或者可撤销，并不是依据本条规定，而是要依据总则编关于民事法律行为效力的第六章的规定，以及合同编关于合同效力的规定判断，符合无效或者可撤销的，就认定为无效或者可撤销，不能仅以实际经营活动超越了登记的经营范围而确认无效，更不能以法人的实际情况与登记事项不一致而认定民事法律行为无效或者可撤销。

45. 登记机关负有及时公示法人登记信息的义务

《民法典》总则编第 66 条规定："登记机关应当依法及时公示法人登记的有关信息。"原《民法通则》并未作出类似的规定，本条是新规则。

法人的登记机关是法人登记的主管机关，代表国家对法人行使法人登记的管理职责。法人登记机关对法人登记，既是其行使行政管理权力，也是其行政管理的义务。其中重要的义务，是按照法人登记的公示要求，对法人登记的信息及时进行公布。本条规定之所以强调法人登记机关及时公示信息的义务，与

《民法典》总则编第63条至第65条相关。基于登记的公示公信力,为了维护交易安全与稳定,《民法典》总则编特别强调法人的登记义务,包括依法办理法人登记的应当将主要办事机构所在地登记为住所,法人存续期间登记事项发生变化的应当依法向登记机关申请变更登记。与此相对应,法人在积极履行申请登记义务的同时,也要求登记机关负有及时公布信息的义务,以共同实现维护交易安全的目的。

登记机关履行登记公示义务的具体要求是:第一,公示应当及时,只要法人进行了相关的登记,就应该及时向社会公布,将法人的相关信息予以公示。第二,公示的法人登记信息的内容,应当包括法人登记的主要事项,包括法人的成立、法人合并与分立,以及法定代表人、住所、注册资本、名称、经营范围、增减分支机构等事项。

本条没有规定法人登记机关违反登记的上述义务应当承担的责任,应该按照《国家赔偿法》以及其他法律的有关规定,如果没有及时公示法人登记事项,造成损失,且存在过失的,应当承担国家赔偿责任。

46. 法人变更后权利义务的继受主体及规则

《民法典》总则编第67条第1款、第2款分别规定:"法人合并的,其权利和义务由合并后的法人享有和承担。""法人分立的,其权利和义务由分立后的法人享有连带债权,承担连带债务,但是债权人和债务人另有约定的除外。"这一条文是关于法人变更后权利义务的继受主体及规则。与原《民法通则》第44条关于"企业法人分立、合并或者有其他重要事项变更,应当向登记机关办理登记并公告。企业法人分立、合并,它的权利和义务由变更后的法人享有和承担"的规定相比,本条规定不仅扩大了适用范围,区分了企业法人合并与分立的规则,还增加了一个但书。

法人的变更,是指法人的合并和法人的分立,是法人的主体发生变化。

法人合并,是指两个或两个以上的法人合而为一,归并成为一个法人的行为。分为两种类型:第一,新设合并,也叫创设合并,是指两个或两个以上的法人合并成一个新的法人,被合并的原法人全部归于消灭的法人合并形式,原来被合并的法人所有的权利和义务都由新的法人承受。第二,吸收合并,也叫存续合并,是指一个或多个法人归入一个现存的法人之中,被合并的法人主体资格消灭,存续的法人主体资格仍然存在,权利义务由合并后存续的法人享有和承担。

法人分立,是指一个法人分成两个或两个以上的新法人的行为。分为两种类型:第一,新设分立,也叫创设分立,是指将原来一个法人分割成两个或者两个以上的新的法人,原法人资格消灭,分立后的新法人成立。第二,派生分立,也叫存续分立,是指将原来法人分出一部分,成立一个新的法人,原法人资格仍然存在,分立的法人成为新法人。新设分立,要将原来法人的财产所有权和债权债务分割成两个部分或者多个部分,就分割后的财产成立数个新的法人。派生分立,仅仅是在仍然存续的法人中,将财产所有权和债权债务分出一部分,归分立后的新法人所有。法人分立的,其权利义务都由分立后的法人享有连带债权,承担连带债务,只有债权人和债务人另有约定的,才不适用这一规则,按照约定处理。

本条新规则的要点如下:

(1)扩大了适用范围。原《民法通则》第44条仅规定了企业法人变更后的继受主体及规则。本条规定扩大了适用范围,既包括了企业法人,也包括非企业法人,都适用同样的规则。

(2)类型化区分了法人变更后的规则。原《民法通则》第44条仅是概括性地规定了企业法人分立、合并后,它的权利和义务由变更后的企业和法人承担。制定《民法典》总则编时,一审稿第63条继续沿袭原《民法通则》第44条的规定,二审稿时进一步细化了法人分立与合并的责任承担规则。三审稿与建议表决稿都承袭了二审稿的表述。最终类型化区分了法人合并与分立后的责任承担规则。法人合并与分立尽管均属于法人变更,但二者终究还是有所不同。通过类型化区分,《民法典》总则编第67条关于法人变更责任的规则更加完整、准确。

(3)尊重分立后债权人和债务人的意思自治。原《民法通则》第44条仅规定了企业法人分立、合并后继受主体责任承担的一般性规则,即由变更后的企业法人承担。这一表述并未给债权人和债务人留下足够的自治空间。本条规定新增"但是债权人和债务人另有约定除外"的这一规则,充分体现了对分立后债权人和债务人的意思自治的尊重。

47.法律、行政法规规定法人终止须经有关机关批准的,须经批准

《民法典》总则编第68条第1款、第2款分别规定:"有下列原因之一并依法完成清算、注销登记的,法人终止:(一)法人解散;(二)法人被宣告破产;(三)法律规定的其他原因。""法人终止,法律、行政法规规定须经有关机关批准的,依照其规定。"这一条文是关于法人终止的规定,与原《民法通则》第45条关于"企业法人由于下列原因之一终止:(一)依法被撤销;(二)解散;(三)依法宣告破产;(四)其他原因"的规定相比,本条规定扩大了适用范围,删除了撤销事由,同时新增了法人终止须经有关机关批准的应当经过批准。

法人的终止,也叫法人的消灭,是指法人丧失民事主体资格,不再具有民事权利能力与民事行为能力。

法人终止的事由,具体包括:第一,法人解散。法人解散是法人终止的主要原因,依照本法总则编第 69 条规定确定。第二,法人被宣告破产,法人应当终止。第三,法律规定的其他原因,在法人存续期间,当出现了法律规定的法人消灭的其他原因时,法人终止。

当法人具备终止的事由,依法完成清算程序,进行注销登记后,法人正式终止。法律行政法规规定须经有关机关批准的,须经过有关机关批准后,法人资格才能够终止。

法人终止后,其民事权利能力和民事行为能力消灭,民事主体资格丧失,终止后的法人不能再以法人的名义对外从事民事活动。

本条新规则的要点如下:

(1)扩大适用范围。原《民法通则》第 45 条仅规定了企业法人的终止。本条规定在沿袭原《民法通则》第 45 条基本内容的基础上,将适用范围扩大至所有的法人,包括企业法人与非企业法人。

(2)删除撤销事由。与原《民法通则》第 45 条相比,本条规定删除法人依法被撤销作为终止事由之一。法人依法被撤销是法人解散的事由,而不是终止的事由。删除法人依法被撤销,而将其放置在《民法典》总则编第 69 条规定的情形中,是正确的立法安排。

(3)新增法人终止须经批准应当经过批准。原《民法通则》第 45 条未对此作出规定。本条第 2 款新增该内容,与《民法典》总则编第 58 条第 3 款关于"设立法人,法律、行政法规规定须经有关机关批准的,依照其规定"的规定相呼应。

48. 法人解散的法定事由

《民法典》总则编第 69 条规定:"有下列情形之一的,法人解散:(一)法人章程规定的存续期间届满或者法人章程规定的其他解散事由出现;(二)法人的权力机构决议解散;(三)因法人合并或者分立需要解散;(四)法人依法被吊销营业执照、登记证书,被责令关闭或者被撤销;(五)法律规定的其他情形。"这一条文规定的是法人解散的事由。

原《民法通则》仅规定了法人解散是法人终止的事由之一,但并未规定何种情形下会发生法人解散。本条借鉴《公司法》第 180 条关于"公司因下列原因解散:(一)公司章程规定的营业期限届满或者公司章程规定的其他解散事由出现;(二)股东会或者股东大会决议解散;(三)因公司合并或者分立需要解散;(四)依法被吊销营业执照、责令关闭或者被撤销;(五)人民法院依照本法第一百八十二条的规定予以解散"的规定,归纳了所有类型法人解散的事由,属于新规则。

根据这一新规则,法人应当解散的情形如下:第一,法人章程规定的存续期间届满或者法人章程规定的其他解散事由出现。法人章程规定了法人存续期间的,在存续期间届满时应当解散;法人章程规定法人解散事由的,解散事由出现后应当解散。第二,法人的权力机构决议解散。法人的权力机构作出解散的决议,是因法人成员的共同意志而解散。第三,因法人合并或者分立需要解散。法人合并或者分立也涉及解散的情形,《民法典》总则编(草案·第三次审议稿)才增加了法人的合并分立作为解散的事由。根据法人合并分立方式的不同,是否解散也不同。具体而言,新设合并的原法人资格消灭,都需解散;吸收合并的被吸收法人也需要解散。新设分立的,原法人资格消灭需要解散;派生分立没有需要解散的法人。第四,法人依法被吊销营业执照、登记证书,责令关闭或者被撤销,这些事由都消灭了法人资格,都要解散法人。第五,法律规定的其他情形。例如,成立特定的法人是为完成特定的目的,当目的实现后,该法人没有必要继续存在;如果法人的目的已经确定无法实现,法人也应当解散。再如,《公司法》第182条规定的法院解散,即"公司经营管理发生严重困难,继续存续会使股东利益受到重大损失,通过其他途径不能解决的,持有公司全部股东表决权百分之十以上的股东,可以请求人民法院解散公司"。

49. 清算义务人未尽清算义务应当承担民事责任

《民法典》总则编第70条各款分别规定:"法人解散的,除合并或者分立的情形外,清算义务人应当及时组成清算组进行清算。""法人的董事、理事等执行机构或者决策机构的成员为清算义务人。法律、行政法规另有规定的,依照其规定。""清算义务人未及时履行清算义务,造成损害的,应当承担民事责任;主管机关或者利害关系人可以申请人民法院指定有关人员组成清算组进行清算。"这一条文是关于法人解散时的清算规则。

与原《民法通则》第47条关于"企业法人解散,应当成立清算组织,进行清算。企业法人被撤销、被宣告破产的,应当由主管机关或者人民法院组织有关机关和有关人员成立清算组织,进行清算"的规定相比,本条规定扩大了适用范围,新增了清算义务人的范围以及未尽义务的法律后果。

清算,是指法人在终止前,应当对其财产进行清理,对债权债务关系进行了结的行为。法人的清算有两种形式:一是依破产程序进行的清算;二是非依破产程序进行的清算。本条所规定的是法人非依破产程序进行的清算,并且排除了法人合并或者分立的情形。

法人在清算期间,共有三类清算中的主体:一是清算法人,是指在清算期间的只具有部分民事权利能力的法人,即清算期间,法人存续,但是不得从事与清算无关的活动。二是清算组织,也叫作清算人,是指在法人清算中专门从事清算活动的人,如清算委员会、清算小组等。三是清算义务人,包括法人的董事、理事等执行机构成员。如果法律另有规定,凡是符合法律规定的人,也是清算义务人。如果是法人权力机构另有决议或者法人章程另有规定的,不能算是清算义务人。《民法典》总则编(草案·第一次审议稿)第 65 条、《民法典》总则编(草案·第二次审议稿)第 68 条、《民法典》总则编(草案·第三次审议稿)第 68 条均规定了法人章程另有规定或者法人权力机构另有决议的除外。最后建议表决时删除了上述两个除外规则,不允许法人意思自治,以确保清算不会侵害债权人或者法人的利益。

法人在清算期间,其人格并不消灭,清算组织就是法人在清算期间的意思机关和执行机构,由清算组织代表法人行使职权。清算组织的职权是:对内清理财产,处理法人的有关事务;对外代表法人了结债权债务,在法院起诉和应诉。清算义务人需要积极履行清算义务,如果清算义务人在清算中未及时履行清算义务,后果是:第一,要承担法律后果,即应当承担民事责任,即未及时履行清算义务给清算法人所造成的损害,应当承担赔偿责任;第二,启动救济程序,即主管机关或者利害关系人可以申请人民法院指定有关人员组成清算组进行清算。其利害关系人,是与清算法人有权利义务关系的民事主体,如清算法人的债权人。主管机关和利害关系人都可以请求人民法院指定有关人员组成清算组,对清算法人的财产进行清算。

本条新规则的要点如下:

(1)扩大了清算规则的适用范围。原《民法通则》第 47 条只规定了企业法人的清算,本条规定则是在承袭该条文的基础上,规定了所有类型法人的清算规则,扩大了适用范围。尚需注意的是,原《民法通则》第 47 条还包括了企业法人被宣告破产的情形,本条规定排除了法人破产以及法人合并、分立的类型。因而,当法人破产或者合并、分立时,并不适用这一规则。

(2)新增了清算义务人。本条规定借鉴《公司法》第 183 条关于"公司因本法第一百八十条第(一)项、第(二)项、第(四)项、第(五)项规定而解散的,应当在解散事由出现之日起十五日内成立清算组,开始清算。有限责任公司的清算组由股东组成,股份有限公司的清算组由董事或者股东大会确定的人员组成。逾期不成立清算组进行清算的,债权人可以申请人民法院指定有关人员组成清算组进行清算。人民法院应当受理该申请,并及时组织清算组进行清算”的规定,确定了法人的清算义务人,即董事、理事等执行机构或者决策机构的成员。

(3)新增关于清算义务人未及时履行清算义务的法律效果。清算义务人负有及时组成清算组开展清算活动的义务。为了确保清算的顺利进行,本条新规定了清算义务人不履行义务的民事责任以及救济程序,以保障法人的合法权益。

50. 法人清算程序和清算组的职权依照或参照适用相关法律

《民法典》总则编第 71 条规定:“法人的清算程序和清算组职权,依照有关法律的规定;没有规定的,参照适用公司法律的有关规定。”本条是关于法人清算程序和清算组职权的规定。原《民法通则》未规定法人的清算程序和清算组职权,这一条文属于新规则。

本条规定适用于所有法人的清算程序。在制定《民法典》总则编的过程中,一审稿与二审稿都区分公司法人的清算程序和清算组职权以及公司以外的法人的清算程序和清算组职权。考虑到法人的清算程序和清算组职权属于法人的一般规定,三审稿以及建议表决稿调整了内容,未再区分公司法人与公司以外的法人。

清算程序,是指在法人解散的清算过程中,按照有关法律、法规的规定应该经过的具体步骤。清算是一个按照法律设置的严格程序进行的过程:首先,法人解散事由出现之日起 15 日内要成立清算组,清算组正式成立后,法人开始进入实质性清算程序。其次,公告债权人并进行债权人登记,清理公司财产,编制资产负债表和财产清单。再次,制定清算方案,在经过相关部门组织确认后,可按照方案来分配财产。最后,清算结束后,清算组应当制作清算报告和清算期间收支报表及各种财务账簿,在股东会(股东大会)或者人民法院确认后,报送登记机关申请注销公司登记,并进行公告。

依照清算程序的目的,清算人的职责是:第一,了结现务,将法人于解散前已经着手而未完成的事务予以了结;第二,收取债权,清算人应将属于法人的债权一一收取,对于尚未到期的债权,或者条件未成就的债权,应当予以转让或者变价处理;第三,清偿债务,清算人对法人所负债务应当予以清偿,对于未到期债务,应当抛弃期限利益,提前清偿;第四,移交剩余财产,清算人负责移交于有权获得此财产的人;第五,代表法人参加民事诉讼。

法人的清算程序和清算组职权,除了按照法律的上述规定之外,如果没有具体规定,可以参照适用公司法律的有关规定。比如,《公司法》第 183 条至第 189 条就规定了公司法人的清算程序和清算组职权。

51. 法人清算后的剩余财产按照章程规定或者决议处理

《民法典》总则编第 72 条各款分别规定:“清算期间法人存续,但是不得从事与清算无关的活动。”“法人清算后的剩余财产,按照法人章程的规定或者法人权力机构的决议处理。法律另有规定的,依照其规定。”“清算结束并完成法人注销登记时,法人终止;依法不需要办理法人登记的,清算结束时,法人终止。”这一条文是关于清算法人的资格、清算剩余财产以及法人终止的规定。与原《民法通则》第 40 条关于“法人终止,应当依法进行清算,停止清算范围外的活动”的规定以及第 46 条关于“企业法人终止,应当向登记机关办理注销登记并公告”的规定相比,关于清算法人的资格以及法人终止的内容未变,而清算剩余财产的规定是新增的规则。

(1)法人在清算期间有部分民事权利能力

清算期间的法人是具有部分民事权利能力的民事主体,其民事主体资格仍然存在,只是民事权利能力受到限制,民事行为能力也受到限制。享有部分民事权利能力的清算中的法人,由于其主体资格还存在,因而还能享有部分民事权利,负担民事义务。由于其民事主体资格即将消灭,仅需要对法人的财产关系进行清理,尽管其人格利益关系也还存在,但当其财产一旦清理完毕并予以注销以后,其人格关系和财产关系就完全消灭。

清算中的法人具有的部分民事权利能力的内容,是清算期间,法人存续,但是不得从事与清算无关的活动,即清算中的法人的民事权利能力的范围,是可以实施与清算有关的民事活动。如公司法人清算的主要内容是:第一,清理公司财产、分别编制资产负债表和财产清单;第二,通知、公告债权人;第三,处理与清算有关的公司未了结的业务;第四,清缴所欠税款以及清算过程中产生的税款;第五,清理债权债务;第六,处理公司清偿债务后的剩余财产;第七,代表公司参与民事诉讼活动。清算中的法人对上述活动享有民事权利并负担民事义务,对超出该范围的内容,不再享有民事权利和负担民事义务。

(2)法人清算终结

法人清算终结,是指清算人完成了清算职责。清算终结后,如果清算法人还有剩余财产,对于剩余财产的处理,已经不会存在侵害他人权益的情形,故允许根据法人章程的规定或者根据法人权力机构的决议对剩余财产进行分配,或者做其他处理。不过,如果法律有规定的,还是按照法律的规定处理。

清算终结之后,由清算人向登记机关办理注销登记并予以公告。完成注销登记和公告之后,法人即告消灭。如果该法人依法不需要办理注销登记的,在其清算终结时,该法人终止。

本条规定的新规则是,清算后的剩余财产处理规则。原《民法通则》第 47 条以及第 46 条规定的是清算法人的一般规则,但缺乏了有关清算后剩余财产究竟如何处理的规则。本条规定新设这一内容,为法人清算后的剩余财产处理提供了直接的法律依据,能够减少不必要的争议。

52. 法人在依法进行破产清算并完成注销登记时终止

《民法典》总则编第 73 条规定:"法人被宣告破产的,依法进行破产清算并完成法人注销登记时,法人终止。"这一条文是关于法人被宣告破产时的清算。

法人清算分为破产清算与非破产清算。原《民法通则》第 47 条统一规定企业法人的清算,即"企业法人解散,应当成立清算组织,进行清算。企业法人被撤销、被宣告破产的,应当由主管机关或者人民法院组织有关机关和有关人员成立清算组织,进行清算"。《民法典》总则编则将破产清算与非破产清算分别规定。其中,《民法典》总则编第 70 条至第 72 条已经规定了非破产清算。本条规定破产清算,属于新规则。

依照这一新规则,法人在其全部资产不足以清偿到期债务的情况下,经法人的法定代表人、主管部门或者法人的债权人等提出申请,由人民法院宣告法人破产。法人被宣告破产后,应当进行破产清算,由清算组依照破产清算程序,进行破产清算,清算组负责对破产法人的财产、债权和债务进行清理,并变卖法人的财产清偿债务。对于破产法人,应仅以其资产清偿其债务。破产法人进行完破产清算后,应当进行法人注销登记,经过破产法人的注销登记后,法人资格终止。

53. 法人对分支机构的民事活动承担直接责任或补充责任

《民法典》总则编第 74 条第 1 款、第 2 款分别规定:"法人可以依法设立分支机构。法律、行政法规规定分支机构应当登记的,依照其规定。""分支机构以自己的名义从事民事活动,产生的民事责任由法人承担;也可以先以该分支机构管理的财产承担,不足以承担的,由法人承担。"这一条文是关于法人分支机构的规定。原《民法通则》未规定法人的分支机构,本条属于新规则。

法人的分支机构,是指企业法人投资设立的、有固定经营场所、以自己名义直接对外从事经营活动的、不具有法人资格,其民事责任由其隶属的企业法人承担的经济组织。包括企业法人或公司的分厂、分公司、营业部、分理处、储蓄所等机构。

本条第1款规定的是法人分支机构的设立要求。法人设立分支机构,可以根据自己的实际需要确定。在法律、行政法规规定,分支机构应当办理登记的时候,设立的分支机构需要按照规定办理登记。

本条第2款规定的是法人分支机构的责任承担。法人的分支机构是法人的组成部分,其产生的责任,本应由法人承担有限责任,由于法人的分支机构单独登记,又有一定的财产,具有一定的责任能力,因而法人的分支机构自己也能承担一定的责任。故法人的分支机构承担责任的规则是:第一,法人直接承担责任。法人的分支机构以自己的名义从事民事活动,产生的民事责任由法人承担。第二,分支机构先承担责任、法人承担补充责任。先由该分支机构管理的财产承担,不足以承担的,由法人承担。这种补充责任是不真正连带责任的一种变形形态。第三,两种责任承担方式的选择权由相对人享有。相对人可以根据自己的利益,选择法人承担民事责任;或者选择法人的分支机构承担民事责任,法人承担补充责任。

54. 设立中的法人的部分民事权利能力

《民法典》总则编第75条第1款、第2款分别规定:"设立人为设立法人从事的民事活动,其法律后果由法人承受;法人未成立的,其法律后果由设立人承受,设立人为二人以上的,享有连带债权,承担连带债务。""设立人为设立法人以自己的名义从事民事活动产生的民事责任,第三人有权选择请求法人或者设立人承担。"这一条文是关于设立中的法人的规定。对此,原《民法通则》并未作出规定。本条规定新设这一内容,属于新规则。其实质是确定了设立中法人的民事资格,即设立中的法人取得部分民事权利能力。

设立中的法人不同于筹备前的法人。筹备前的法人,是指发起人开始筹备设立某个法人组织,但还没有成立筹备机构从事实际的设立行为。设立中的法人须成立了筹备机构,实际地从事设立法人的行为。

由于设立中的法人在从事设立行为中要从事一些民事行为,发生一定的债权债务关系,故设立中的法人是具有部分民事权利能力的特殊团体。其受到的限制是:第一,其民事权利能力的范围仅限于从事必要的设立行为;第二,应当以将来法人成立为条件而享有相应的民事权利能力。

设立中的法人由于已经具有独立的行为机构、独立的财产和相对独立的责任能力,具有一定的民事权利能力;但因其并未通过登记获得公示,为保护债权人利益，其责任不能完全独立。具体的责任承担规则是：第一，设立人为设立法人从事的民事活动，其法律后果在法人成立后由法人承受。法人设立完成，具有了完全民事权利能力，当然在设立中从事的民事活动后果，均由该法人承受。第二，设立中法人的设立行为没有成功，法人未成立的，其在设立法人过程中从事的民事活动的法律后果，应当由设立人承受。设立人如果为二人以上，所有的设立人应当承担连带责任。第三，上述规则存在缺陷，即有一定组织形式的设立中法人，有筹备组，有相对独立的财产，能够承担民事责任的，具有自己承担民事责任的能力，完全可以用设立中法人的名义承担民事活动的法律后果，设立中的法人的成员对于设立中的法人的债务承担无限责任。

在法人设立中，设立人为设立法人而以自己的名义从事民事活动，不是以设立中的法人的名义从事民事活动，因而产生的民事责任，对第三人发生效力。第三人是针对设立人和法人之外的当事人，即设立人为设立法人而从事民事活动的对方当事人。其效力是，第三人享有选择权，既可以请求法人承担该民事活动的后果，也可以请求法人的设立人承担该民事活动的后果，该第三人可以根据自己的利益，选择行使哪一个请求权。

第二节　关于营利法人的新规则

55. 营利法人概念的内涵与外延

《民法典》总则编第 76 条第 1 款、第 2 款分别规定："以取得利润并分配给股东等出资人为目的成立的法人，为营利法人。""营利法人包括有限责任公司、股份有限公司和其他企业法人等。"这一条文规定的是营利法人的内涵与外延。原《民法通则》未对此作出规定，本条是规定的新规则。

原《民法通则》将法人分为企业法人、事业单位法人、机关法人、社会团体法人等。制定《民法典》总则编时，大多数学者主张重新回归传统大陆法系民法典的法人分类方法，将法人分为公法人与私法人、社团法人和财团法人。立法机关未予采纳，最终独创了新的分类，即营利法人、非营利法人以及特别法人。

本条新规则的要点如下：

(1)本条第 1 款规定的是营利法人的概念。营利法人是指依法设立，以取得利润并分配给其股东等出资人为目的的法人。营利法人是法人中的典型类型。营利法人的法律特征是：第一，营利法人具有人格性，具有法律上的人格。营利法人是独立的民事主体，独立享有民事权利能力和民事行为能力，享有权利，承担义务。第二，营利法人是个人结合的社团，是社团法人，具有人合性，具有鲜明的团体性特征。营利法人的团体性特征决定其由多数股东组成。股份有限公司比有限责任公司的股东数量更多。第三,营利法人的设立目的是取得利润并分配给其股东,其原则就是股东至上,实现利益最大化。营利法人与非营利法人、特别法人的核心区别就在于是否以营利为目的,即是否能够取得利润以及分配给出资人。

(2)本条第2款规定的是营利法人的外延,包括有限责任公司、股份有限公司和其他企业法人等。有限责任公司的股东,以其认缴的出资额为限对公司承担责任。股份有限公司的股东以其认购的股份为限对公司承担责任,与有限责任公司的主要区别是,承担有限责任的财产范围不同。其他企业法人,则是有限责任公司和股份有限公司以外的其他以营利作为设立目的的企业法人,如无限责任公司、两合公司,性质都属于企业法人,也属于营利法人。

56. 营利法人成立须依法登记

《民法典》总则编第77条规定:"营利法人经依法登记成立。"这一条文是关于营利法人依法登记的规定。与原《民法通则》第41条规定相比,本条规定更为概括、简洁。

营利法人成立,是指发起和设立营利法人经过一系列筹建行为而取得法人资格的结果。

营利法人成立,首先必须具备法人成立的一般条件。《民法典》总则编第58条第2款规定了法人成立的一般条件,即"法人应当有自己的名称、组织机构、住所、财产或者经费。法人成立的具体条件和程序,依照法律、行政法规的规定"。成立营利法人,必须具备该款所规定的法人成立条件,即有自己的名称、组织机构、住所、财产或者经费。

成立营利法人,必须符合营利法人设立的程序要求,特别是须依照法律规定进行登记。设立有限责任公司须向工商行政管理部门申请设立登记,法律、法规规定须经有关部门审批的采取行政许可主义经批准后设立。设立股份有限公司,必须经过国务院授权的部门或者省级人民政府批准,采行政许可主义。其他企业法人的设立,首先须经主管部门或者有关审批机关批准,然后才向登记机关申请登记,采行政许可主义。

公司设立登记的性质有成立要件主义(依法必须登记的法人,非经登记不得成立)和对抗要件主义(是指团体已经成立,即使未经登记,也具有法人的权利能力)。我国采取成立要件主义,即营利法人成立的必要条件是依法登记。经依法登记成立的营利法人才能取得法人资格。营利法人取得法人资格后,可以对外开展民事活动。相对人基于登记的公示公信力,与营利法人开展交易。

本条新规则的要点是,在原《民法通则》第41条的基础上抽取了营利法人成立的一般规则,而不再将其区分为全民所有制企业、集体所有制企业、中华人民共和国领域内设立的中外合资经营企业、中外合作经营企业和外资企业。这样一来,本条规定更为简明,内容上也更加具有包容性。

57. 营业执照签发之日为法人成立之日

《民法典》总则编第78条规定:"依法设立的营利法人,由登记机关发给营利法人营业执照。营业执照签发日期为营利法人的成立日期。"这一条文是关于营利法人发给营业执照的新规则。

原《民法通则》未规定营业执照。《公司法》第7条规定了公司的营业执照,即"依法设立的公司,由公司登记机关发给公司营业执照。公司营业执照签发日期为公司成立日期。公司营业执照应当载明公司的名称、住所、注册资本、经营范围、法定代表人姓名等事项。公司营业执照记载的事项发生变更的,公司应当依法办理变更登记,由公司登记机关换发营业执照"。《民法典》总则编第78条在借鉴《公司法》第7条规定的基础上,规定营利法人的营业执照,属于新规则。

在我国的法人制度中,法人经依法登记成立后,由法人登记机关发给法人的资格证明就是营业执照。营业执照作为营利法人登记活动的产物之一,在我国民商事领域中具有重要地位。既能够证明法人资格和地位,又是建立法人信用的主要方式。

本条规定的营业执照所具有的属性是营利法人资格的证明:第一,营业执照由法人登记机关发给经过设立登记的营利法人。营利法人经过设立登记,即依法成立,由负责登记的工商行政管理部门颁发营业执照。第二,营业执照是营利法人成立时间的证明,营利法人以营业执照签发的日期为营利法人成立的日期。

除此之外,营利法人的营业执照还具有另外一种属性,即营利法人经营能力的证明。营利法人的营业执照载明了营业法人的经营范围。当与营利法人进行交易活动时,审查营利法人的资格和营业能力,主要检查该营利法人的营业执照,因而营业执照在法人进行交易活动中具有重要的地位。只有在营业执照核准的范围内从事的经营活动才受到法律的完整保护。

58. 营利法人须依法制定章程

《民法典》总则编第79条规定:"设立营利法人应当依法制定法人章程。"这一条文是关于依法制定法人章程的规定。与原《民法通则》第 41 条规定相比,本条新规则扩大了应当制定章程的主体范围。

营利法人的章程,是指营利法人的成员就该法人的活动范围、组织机构以及内部成员之间的权利义务等问题所订立的书面文件。营利法人的章程,既是营利法人成立的必备要件,也是营利法人治理的重要依据,还是一种自治性规则。

营利法人的章程调整的是法人成员与法人之间的关系,参与章程行为的当事人的意思表示并不指向其他成员,而是指向法人的意思形成机构,不仅拘束同意该行为的当事人,对于没有表示同意,但事后加入的当事人也具有法律的拘束力。除此之外,营利法人的章程在特定情况下对第三人也具有法律效力。《公司法》第 16 条第 1 款规定:"公司向其他企业投资或者为他人提供担保,依照公司章程的规定,由董事会或者股东会、股东大会决议;公司章程对投资或者担保的总额及单项投资或者担保的数额有限额规定的,不得超过规定的限额。"据此,公司为他人提供担保时,第三人具有审查决议是否符合公司章程的义务。

营利法人章程的内容包括:第一,绝对必要记载事项,是法律规定在章程中必须具备的内容,这些内容不予以记载,该章程无效,登记机关将不予登记。绝对必要记载事项的内容包括法人的名称、宗旨、业务范围、住所、资本总额、所有制形式、人员等。第二,任意记载事项,不是由法律明文规定不可缺少的事项,既可以规定,也可以不规定在章程中。不适当的任意记载事项规定在章程中,将会对营利法人今后的发展形成障碍。

对于营利法人章程的制定有不同的要求。法律要求有限责任公司的章程由股东共同制定。法律对股份有限公司章程的制定,如果采用发起设立的方式,只要发起人制定章程即可;如果采取募集设立方式,则须由发起人制定章程,并提请创立大会通过。

本条新规则的要点是扩大了应当制定章程的主体范围。原《民法通则》第 41 条只规定了全民所有制企业、集体所有制企业应当具备组织章程,而未规定中华人民共和国领域内设立的中外合资经营企业、中外合作经营企业和外资企业也应当具备组织章程。本条规定营利法人应当依法制定章程,不仅包含了原来的全民所有制企业、集体所有制企业,而且包含了中外合资经营企业、中外合作经营企业、外资企业,当然还包括民营企业。通过规范营利法人应当依法制定章程的行为,将有助于交易秩序的正常运转。

59. 营利法人应当设立权力机构及其职责范围

法人不同于自然人,无法通过自身表达意思,实施民事法律行为。故法人治理自己的事务必须依赖于法人的组织机构。一般而言,组织机构的设置必须服务于法人的需要。满足这种治理的需求具有三个要素:一是意思的形成;二是意思的实施和执行;三是对行为的监督。[1] 为顺利开展营利活动,营利法人应当设立相应的组织机构,具体包括权力机构、执行机构以及监督机构。原《民法通则》未对法人的组织机构作出规定。《公司法》则分章规定了有限责任公司和股份有限公司的组织机构。《民法典》总则编在抽取《公司法》关于组织机构一般条款的基础上,补足了原《民法通则》的立法漏洞,属于新设的规则。

《民法典》总则编第 80 条第 1 款、第 2 款分别规定:"营利法人应当设权力机构。""权力机构行使修改法人章程,选举或者更换执行机构、监督机构成员,以及法人章程规定的其他职权。"这一条文是对营利法人权力机构的规定。

营利法人的权力机构,也叫营利法人的意思机关,是营利法人形成法人意思的机关。营利法人的权力机构是营利法人的最高权力机关,是对法人内部作出意思表示的机关。权力机关并不对外进行意思表示,对外的意思表示是由执行机构进行的。

营利法人权力机构的组成形式,是股东会与股东大会。营利法人作为社团,由相应的社员组成。营利法人的社员为"股东",原则上所有的成员都参与对社团事务的决定,股东必须参加按照章程召开的大会,以多数决的方式对社团的事务作出决定。

营利法人权力机构的职权范围是:第一,修改法人章程。法人章程在成立时通过并且生效。对法人章程的修改,是法人的重大事项,必须经过法人的权力机构作出决议。第二,选举或者更换执行机构、监督机构成员。法人成立时设置执行机构和监督机构,成员由权力机构选举。法人成立后更换执行机构和监督机构的成员,由权力机构作出决定。第三,法人章程规定的其他职权。法人章程规定的法人权力机构的职权,就是权力机构的职权。

60. 营利法人应当设立执行机构及其职责范围

《民法典》总则编第 81 条各款分别规定:"营利法人应当设执行机构。""执行机构行使召集权力机构会议,决定法人的经营计划和投资方案,决定法人内部管理机构的设置,以及法人章程规定的其他职权。""执行机构为董事会或者

---

[1] 参见施天涛:《公司法论》(第 4 版),法律出版社 2018 年版,第 300 页。

执行董事的,董事长、执行董事或者经理按照法人章程的规定担任法定代表人;未设董事会或者执行董事的,法人章程规定的主要负责人为其执行机构和法定代表人。"这一条文是关于营利法人执行机构的新规则。

营利法人的执行机构,是对法人的权力机构所形成的意志具体进行贯彻执行的机构。营利法人的执行机构是营利法人的办事机构,只有法定代表人或者法定代表人授权的代表,才能对外代表法人为意思表示,并非由执行机构直接对外作意思表示。

营利法人执行机构的职权是:第一,执行机构召集权力机构会议。按照法人章程的规定,执行机构确定权力机构会议的召开时间、召开地点、参加会议的人员、会议讨论的议题等。权力机构会议作出决议后,执行机构要贯彻落实。第二,决定法人的经营计划和投资方案。法人的经营计划和投资方案应当符合法人的设立宗旨和目的,不得违背权力机构的意志。法人的经营计划和投资方案决定后,执行机构还要贯彻落实。第三,决定法人内部管理机构的设置,确定和聘任具体的管理人员,以使法人开展正常的经营活动。第四,行使章程规定的其他职权。

采用董事会或者执行董事制的营利法人,董事会和执行董事是执行机构。董事会由股东大会选举产生,向股东大会负责。董事会并不是常设机构,具体意思的实施还需要通过自然人来进行,这就需要一个法定代表人。董事长、执行董事或者经理为营利法人的法定代表人,有权对外代表该法人。营利法人未设董事会或者执行董事的,法人章程规定的主要负责人既是其执行机构,又是其法定代表人。

法定代表人的职权范围是对外代表营利法人,对内享有业务执行权,负责营利法人的日常事务的处理。值得注意的是,法定代表人的职权仅限于执行业务,业务的决定权属于董事会。

61. 营利法人应当设立监督机构及其职责范围

《民法典》总则编第 82 条规定:"营利法人设监事会或者监事等监督机构的,监督机构依法行使检查法人财务,监督执行机构成员、高级管理人员执行法人职务的行为,以及法人章程规定的其他职权。"这一条文是关于营利法人监督机构的新规则。

营利法人的监督机构,是对营利法人的执行机构进行的业务活动行使专门监督的机构。

营利法人的监督机构是监事或者监事会,也是营利法人的法定必备常设机构。监事会应当包括股东代表和适当比例的公司职工代表,具体比例由法人章程规定。为了保证监事会的独立性,法人的董事、高级管理人员不得兼任监事。监事会与董事会为独立并行的营利法人的机关,共同向股东会负责,监事会行使监督权不受董事会的影响和干涉。

监事会的主要功能是对公司的经营者的活动进行监督检查,防止其滥用权力,以保障公司、股东及公司债权人的合法权益。其职权是:第一,监督机构依法检查法人的财务,有权对法人的有关财务的所有内容进行检查,进行监督。第二,对执行机构成员及高级管理人员执行法人职务的行为进行监督。董事和经理的行为损害公司利益时,要求董事和经理予以纠正。第三,行使章程规定的其他职权。

62. 滥用出资人权利或法人独立地位应承担民事责任

《民法典》总则编第 83 条第 1 款、第 2 款分别规定:"营利法人的出资人不得滥用出资人权利损害法人或者其他出资人的利益;滥用出资人权利造成法人或者其他出资人损失的,应当依法承担民事责任。""营利法人的出资人不得滥用法人独立地位和出资人有限责任损害法人债权人的利益;滥用法人独立地位和出资人有限责任,逃避债务,严重损害法人债权人的利益的,应当对法人债务承担连带责任。"这一条文是关于滥用出资人权利和法人人格否认的新规定。

原《民法通则》未对此作出规定。本条规定在借鉴《公司法》第 20 条关于"公司股东应当遵守法律、行政法规和公司章程,依法行使股东权利,不得滥用股东权利损害公司或者其他股东的利益;不得滥用公司法人独立地位和股东有限责任损害公司债权人的利益。公司股东滥用股东权利给公司或者其他股东造成损失的,应当依法承担赔偿责任。公司股东滥用公司法人独立地位和股东有限责任,逃避债务,严重损害公司债权人利益的,应当对公司债务承担连带责任"的规定的基础上,新设了这一规则,要点如下:

(1)本条第 1 款规定的是滥用出资人权利的民事责任。滥用出资人权利,是指营利法人的出资人为自己的利益或者为第三人谋取利益,利用自己作为出资人的权利,损害法人或者其他出资人利益的行为。构成滥用出资人权利的要件是:第一,行为的主体是营利法人的出资人;第二,营利法人的出资人实施了不正当地利用自己出资人权利的行为;第三,出资人滥用自己权利的目的,是为自己的利益或者为第三人谋取利益,是故意所为;第四,出资人滥用自己权利的行为,给法人或者其他出资人造成损失,滥用权利的行为与损害后果之间具有引起与被引起的因果关系。滥用出资人权利的法律后果是依法承担损害赔偿责任。损害赔偿请求权人,是因此受到损害的法人或者其他出资人。

(2)本条第2款规定的是法人人格否认规则。法人人格否认,是指法人虽为独立的民事主体,承担独立于其成员的责任,但当出现有悖于法人存在目的及独立责任的情形时,如果在坚持形式上的独立人格与独立责任将有悖于公平时,在具体个案中视法人的独立人格于不顾,直接将法人的责任归结为法人成员的责任。法人人格否认的构成要件是:第一,法人人格否认的行为人是营利法人的出资人;第二,法人人格否认的行为,是营利法人的出资人滥用法人独立地位和出资人有限责任而逃避债务;第三,营利法人的出资人滥用其权利逃避债务的目的,是为自己或者其他第三人谋取利益;第四,出资人滥用法人独立地位和出资人有限责任的行为,损害了法人的债权人的利益,滥用行为与损害后果之间具有因果关系,法人的债权人是实际损害的受害人,其损害的程度应当达到严重的程度。构成法人人格否认,应当承担损害赔偿责任,请求权人是受到严重损害的法人的债权人。责任主体是滥用权利地位的出资人和法人,共同对受到损害的法人的债务人承担连带责任。损害赔偿的范围是法人的债权人受到的实际损害,通常是法人的债权人所享有债权的可得利益。

63. 利用关联交易损害法人利益应承担赔偿责任

《民法典》总则编第84条规定:"营利法人的控股出资人、实际控制人、董事、监事、高级管理人员不得利用其关联关系损害法人的利益;利用关联关系给法人造成损失的,应当承担赔偿责任。"这一条文是关于利用关联交易损害法人利益的新规则。

原《民法通则》未对此作出规定。在制定《民法典》总则编时,草案一审稿至三审稿也都未增加关联交易的规则。直至第四次审议时,考虑到关联交易损害法人的利益在实践中较为常见,便借鉴《公司法》第21条关于禁止关联交易的规定,即"公司的控股股东、实际控制人、董事、监事、高级管理人员不得利用其关联关系损害公司利益。违反前款规定,给公司造成损失的,应当承担赔偿责任",新设了这一规则。要点如下:

(1)关联交易,是指营利法人控股出资人、实际控制人、董事、监事、高级管理人员利用与其直接或者间接控制的企业之间的关系,以及可能导致法人利益发生转移的其他关系,而进行的交易。关联交易的关键在于交易的当事人具有关联关系,即在营利法人之间,如果一方控制、共同控制另一方,或者对另一方施加重大影响,以及两方或两方以上同受一方控制、共同控制或重大影响的,构成关联方。在关联方相互之间进行的交易就是关联交易。

（2）正当的关联交易，法律并不禁止。但是，营利法人的控股出资人、实际控制人、董事、监事、高级管理人员，利用这种关联关系，进行关联交易，损害法人的利益，造成法人损害的，构成利用关联交易损害法人利益的行为。构成利用关联关系损害法人利益的行为应具备的要件是：第一，行为的主体是营利法人的控股出资人、实际控制人、董事、监事、高级管理人员；第二，上述行为人与自己有关联关系的营利法人进行交易行为，即利用双方之间的关联关系，进行关联交易；第三，上述行为人实施关联交易的后果损害了法人的利益，造成了法人的财产损失，具有因果关系。

（3）构成利用关联关系损害法人利益的，应当承担赔偿责任。损害赔偿请求权人是因关联交易受到损害的法人，法人可以向实施关联交易的法人的控股出资人、实际控制人、董事、监事、高级管理人员请求承担损害赔偿责任。与法人实施关联交易的行为人进行交易的对方当事人，如果知道关联交易行为，应当与控股出资人、实际控制人、董事、监事、高级管理人员等承担连带责任。

64. 营利法人决议瑕疵不影响与善意相对人的民事法律关系

《民法典》总则编第 85 条规定："营利法人的权力机构、执行机构作出决议的会议召集程序、表决方式违反法律、行政法规、法人章程，或者决议内容违反法人章程的，营利法人的出资人可以请求人民法院撤销该决议。但是，营利法人依据该决议与善意相对人形成的民事法律关系不受影响。"这一条文是关于营利法人决议瑕疵效力的新规则。

营利法人的权力机构、执行机构所作出的瑕疵决议效力，原《民法通则》未作出规定。《公司法》第 22 条规定公司决议的无效或者撤销，即"公司股东会或者股东大会、董事会的决议内容违反法律、行政法规的无效。股东会或者股东大会、董事会的会议召集程序、表决方式违反法律、行政法规或者公司章程，或者决议内容违反公司章程的，股东可以自决议作出之日起六十日内，请求人民法院撤销。股东依照前款规定提起诉讼的，人民法院可以应公司的请求，要求股东提供相应担保。公司根据股东会或者股东大会、董事会决议已办理变更登记的，人民法院宣告该决议无效或者撤销该决议后，公司应当向公司登记机关申请撤销变更登记"。制定《民法典》总则编时，借鉴了《公司法》第 22 条的规定，新设了营利法人决议瑕疵效力的规则。

决议区别于决定。决议是营利法人权力机构和执行机构的会议决议。营利法人具有人合性，所作出的决策属于大家共同决议的内容。决定是捐助法人的决策机构、执行机构或者其法定代表人作出的决定。捐助法人是财团法人，不具有人合性,难以形成决议,故所作出的决策可以称之为决定。

营利法人的权力机构或者执行机构作出的决议在内容上或者程序上存在瑕疵,构成营利法人的决议瑕疵,应当适用法律规定的有关行为瑕疵的规则,对其予以纠正。营利法人决议瑕疵分为:第一,程序瑕疵,如会议召集程序瑕疵(如通知存在瑕疵,会议目的事项之外的决议等)、会议方法瑕疵(如无表决权,股东或者表决权受限制的股东出席会议并参加表决,没有满足法定人数,要求或者计算方法违法等)。第二,实体瑕疵。一是决议内容违反章程。营利法人章程本为股东之团体合意,权力机构、执行机构的决议违反章程的规定构成决议实体瑕疵。二是决议内容违反法律、行政法规的规定。值得注意的是,如果决议内容违反的是法律、行政法规的强制性规定,决议内容无效,而非可撤销。

对法人决议瑕疵的救济方法如下:

(1)营利法人的出资人享有撤销权,可以请求人民法院对有瑕疵的会议决议予以撤销,会议决议一经撤销,就不再对法人具有拘束力。

(2)如果营利法人依据该具有瑕疵的决议,已经与相对人形成了民事法律关系,只有相对人为善意即相对人对法人的决议瑕疵不知情且无过失的,该民事法律关系的效力不受影响;否则,因瑕疵的决议而实施的民事法律行为建立的民事法律关系,法人的出资人可以请求撤销。

65. 营利法人须遵守经营活动准则

《民法典》总则编第 86 条规定:“营利法人从事经营活动,应当遵守商业道德,维护交易安全,接受政府和社会的监督,承担社会责任。”营利法人从事经营活动时,应当遵守何种准则,原《民法通则》未作出规定,本条规定营利法人的经营活动准则,属于新规则。

营利法人经营活动准则包括的内容如下:

(1)遵守商业道德。商业道德是指公认的道德规范在具体商业活动中的应用,为一定的社会经济和文化所决定,而且也反作用于一定的社会经济,对商业活动具有重要的指导意义,主要表现为为人民服务,向人民负责,文明经商,礼貌待客,遵纪守法,货真价实,买卖公平,诚实无欺。

(2)维护交易安全。营利法人在交易中必须诚实信用,须做到平等互利,严格遵守强行法的规定,因而保障和维护正常的交易秩序,促进交易的有序、顺利进行,以减少和消除交易活动中的不安全因素,确保交易行为的法律效用和法律后果的可预见性。

（3）接受政府和社会的监督。接受政府的监督，政府有权对营利法人进行监督，对营利法人出现的违法活动依法进行纠正；接受社会的监督，包括各种社会团体对企业的监督，更多的是接受消费者的监督。

（4）承担社会责任。营利法人在创造利润、对出资人和员工承担法律责任的同时，还要承担对消费者、社区和环境的责任，要求营利法人超越把利润作为唯一目标的传统理念，强调在生产过程中对人的价值的关注，以及对环境、对消费者、对社会的贡献。

值得注意的是，本条规定营利法人的经营活动准则时借鉴了《公司法》第5条第1款关于"公司从事经营活动，必须遵守法律、行政法规，遵守社会公德、商业道德，诚实守信，接受政府和社会公众的监督，承担社会责任"的规定。与《公司法》第5条第1款相比，本条删除了必须遵守法律、行政法规以及遵守社会公德、诚实守信的规定。这是因为，遵守法律、行政法规、社会公德以及诚实守信是民法的基本原则，规定营利法人的经营活动准则时不再赘述。不过，营利法人从事经营活动时仍然需要遵守上述规则。

第三节　关于非营利法人的新规则

66. 非营利法人概念的内涵与外延

《民法典》总则编第87条第1款、第2款分别规定："为公益目的或者其他非营利目的成立，不向出资人、设立人或者会员分配所取得利润的法人，为非营利法人。""非营利法人包括事业单位、社会团体、基金会、社会服务机构等。"这一条文是关于非营利法人的内涵与外延的规定。原《民法通则》未对此作出规定，本条是增加规定的新规则。要点如下：

（1）非营利法人是指为公益目的或者其他非营利目的成立，不取得利润或者不向其出资人、设立人或者会员分配利润的具有民事权利能力和民事行为能力的法人。

（2）非营利法人的法律特征是：第一，非营利法人具有法人资格，而不同于非法人组织。最重要的区别在于，非法人组织承担的是无限责任，非营利法人承担的是有限责任。第二，非营利法人的设立目的具有非营利性。非营利法人与营利法人的主要区别在于设立目的是否具有营利性。非营利法人的设立目的可以分为两种：一是纯粹以公益为目的的非营利法人；二是虽非完全为公益目的，但是也不具有营利目的的非营利法人。第三，非营利法人财产权结构具有独特性。非营利法人只具有对外的法人财产权，其财产来源于捐赠、拨款，也有出资人出资,但是均不享有非营利法人的股权,也不享有基于股权而享有的收益。因而,非营利法人进行活动,不得向出资人、设立人或者会员分配其所取得的利润。第四,非营利法人兼具公与私的双重属性。一方面,非营利法人设立目的的公益性或者非营利性,使其区别于营利法人,具有公的属性。另一方面,非营利法人是私法上的民事主体,具有民事权利能力和民事行为能力,从事民事活动,遵守私法的规则,享有权利承担义务,具有私的属性。

(3)非营利法人包括:第一,事业单位法人,如从事新闻、出版、广播、电视、电影、教育、文艺等事业的法人;第二,社会团体法人,如工会、妇女联合会、青年联合会、工商业联合会以及各类学术团体;第三,捐助法人,包括基金会、社会服务机构,以及宗教捐助法人等。

值得注意的是,一般认为,教育、医疗等机构的法人性质是非营利法人。不过,民办教育、民办医疗机构以营利为目的时,其性质为营利法人;只有其以公益为目的或者非营利性为目的,其性质为非营利法人。

67. 事业单位法人应当依法设置治理结构

《民法典》总则编第 89 条规定:“事业单位法人设理事会的,除法律另有规定外,理事会为其决策机构。事业单位法人的法定代表人依照法律、行政法规或者法人章程的规定产生。”这一条文是关于事业单位法人治理机构的规定。原《民法通则》未对此作出规定,本条是新设的规则。要点如下:

(1)事业单位法人是以公益为目的而设立的事业单位法人。既不是以营利为目的设立的营利法人,也不是以政府单纯行政管理为职能设立的行政机关法人,更不是以实现会员共同意愿为目的的社会团体法人。其治理机构有自身的特点。

(2)事业单位法人的治理结构的特点是:第一,事业单位法人的决策机构,原则上是理事会。事业单位法人可以设立理事会,该理事会是该事业单位法人的决策机构,对事业单位法人的重大事项作出决策。第二,事业单位法人也要设立法定代表人,由该法定代表人代表事业单位法人行使管理职权,对外代表该法人。事业单位法人须有章程,其法定代表人应该按照法人章程的规定产生。第三,如果法律对事业单位法人的组织机构、法定代表人另有规定的,应当依照其规定设立事业单位法人的组织机构,确定其法定代表人。

(3)事业单位的设立目的实现,或者政府有关部门批准或者决定撤销,或者其权力机构作出解散的决议,事业单位法人资格终止。事业单位法人终止后,其剩余财产,应该按照本法总则编第 95 条的规定处理,不得向其设立人分配剩余财产,仍应用于公益目的,或者转给宗旨相同或者相近的事业单位法人。

68. 社会团体法人应当依法制定法人章程、设置治理结构

《民法典》总则编第 91 条规定:"设立社会团体法人应当依法制定法人章程。社会团体法人应当设会员大会或者会员代表大会等权力机构。社会团体法人应当设理事会等执行机构。理事长或者会长等负责人按照法人章程的规定担任法定代表人。"这一条文是关于社会团体法人治理机构的规定。原《民法通则》未对此作出规定,本条是新规则。要点如下:

(1)社会团体法人是基于会员共同意愿,为公益目的或者会员共同利益等非营利目的设立的社会团体,既不同于以营利为目的的营利法人,也不同于提供公益服务的事业单位法人。社会团体法人的治理机构比事业单位复杂,但是比营利法人的治理机构简单。

(2)社会团体法人应当设立章程。在成立之前,应当先制定章程草案,在成立的会员大会或者会员代表大会上通过,成为该社会团体法人的组织行动纲领。

(3)社会团体法人应当设置治理机构。第一,设置权力机构。我国的社会团体法人的权力机构分为两种:一是会员较少的设会员大会;二是会员较多的,推举会员代表,成立会员代表大会。第二,设立执行机构。执行机构是理事会,理事由会员大会或者会员代表大会选举产生,成立理事会,代表社会团体法人,执行会员大会或者会员代表大会的决议,按照章程组织社会团体的工作,进行日常管理。第三,设立法定代表人。依照法人章程的规定,该社会团体的理事长或者会长担任法定代表人,对外代表该社会团体法人。

69. 捐助法人应当依法设立

《民法典》总则编第 92 条至第 94 条明确了捐助法人的设立规则,捐助人的权利以及捐助法人决定瑕疵的效力。原《民法通则》规定的非企业法人主要是事业单位法人与社会团体法人,而未规定捐助法人。《民法典》总则编规定非营利法人时,明确了其外延包括事业单位、社会团体、基金会、社会服务机构等。其中,基金会、社会服务机构就是典型的捐助法人。捐助法人作为本次《民法典》新规定的非营利法人之一,第 92 条至第 94 条关于捐助法人的规则均是新增的条款。

《民法典》总则编第 92 条第 1 款、第 2 款分别规定:"具备法人条件,为公益目的以捐助财产设立的基金会、社会服务机构等,经依法登记成立,取得捐助法

人资格。”“依法设立的宗教活动场所,具备法人条件的,可以申请法人登记,取得捐助法人资格。法律、行政法规对宗教活动场所有规定的,依照其规定。”这一条文是关于捐助法人资格的规定。要点如下:

(1)捐助法人,是指由自然人或者法人、非法人组织为实现公益目的,自愿捐助一定资金为基础而成立,以对捐助资金进行专门管理为目的的非营利法人。捐助法人的特点是:第一,捐助法人是财产集合体,是以财产的集合为基础成立的法人,为财团法人。其财产既不是成员的出资或者缴纳的会费,也不是来源于政府的拨款,而是来源于民间捐赠和捐助。第二,捐助法人没有成员或者会员,不存在通常的社会团体法人由会员大会组成的权力机构,只设立理事会和监事会。第三,捐助法人具有非营利性,活动宗旨是通过资金资助进行科学研究、文化教育、社会福利和其他公益事业的发展,不具有营利性,为公益法人。

(2)捐助法人的类型是:第一,基金会,是利用自然人、法人或者非法人组织捐赠的财产,以从事公益事业为目的,按照基金会管理条例成立的非营利法人。第二,社会服务机构,是由社会公益性资金或政府财政拨款举办的以公益为目的,运用专业技能在某些专业领域提供社会服务的机构。第三,宗教捐助法人。究竟如何定位寺院、道观、教会等宗教活动场所,法律一直没有规定。本条规定明确了宗教活动场所具有捐助法人的性质,有助于解决宗教活动场所财产的归属问题。

(3)宗教捐助法人也是捐助法人,由于具有特殊性,本条第 2 款专门规定宗教捐助法人。

(4)依法设立的宗教活动场所,具有法人条件的,可以申请法人登记,取得捐助法人资格。故宗教捐助法人是依法设立,具有法人条件的宗教活动场所,经过登记成立的捐助法人。其特点是:第一,依法设立的宗教活动场所,包括寺院、道观、教会等;第二,应当具备法人条件,应当有自己的名称、组织机构、住所、财产和经费;第三,依照宗教活动场所自己的意愿,可以申请登记成立捐助法人,也可以不申请登记成立捐助法人,愿意登记为宗教捐助法人的须经过登记,登记后取得宗教捐助法人资格,成为民事主体,享有民事权利能力和民事行为能力,能够自己承担民事责任。

70. 捐助法人应当依法制定法人章程、设置治理结构

《民法典》总则编第 93 条各款分别规定:“设立捐助法人应当依法制定法人章程。”“捐助法人应当设理事会、民主管理组织等决策机构,并设执行机构。理

事长等负责人按照法人章程的规定担任法定代表人。”“捐助法人应当设监事会等监督机构。”这一条文是关于捐助法人章程及治理机构的规定。要点如下：

(1)捐助法人应当制定章程。捐助法人的章程应当载明捐助法人的设立宗旨和活动范围等。捐助法人的章程应当经过理事会等捐助法人的决策机构通过生效。

(2)捐助法人的治理结构。具体包括：第一，决策机构。理事会是捐助法人的决策机构和议事机构，依照捐助法人章程的规定产生，决定捐助法人的重大决策和重要事项。第二，执行机构。由捐助法人的章程规定，设置捐助法人的执行机构，执行决策机构的决定，管理捐助法人的日常事务。第三，监督机构。监督机构一般为监事会，若章程规定监督机构另有名称的，按照捐助法人的章程设置监督机构。监督机构监督决策机构和执行机构，依照国家法律的规定和捐助法人章程的规定，处理捐助法人的事务，对于违反国家法律规定和捐助法人章程的行为，有权提出纠正的意见。第四，法定代表人。捐助法人有理事会的，由理事长作为捐助法人的法定代表人，章程另有规定的依照其规定。

71. 捐助人的权利及捐助法人决定瑕疵的效力

《民法典》总则编第94条第1款、第2款分别规定：“捐助人有权向捐助法人查询捐助财产的使用、管理情况，并提出意见和建议，捐助法人应当及时、如实答复。”“捐助法人的决策机构、执行机构或者法定代表人作出决定的程序违反法律、行政法规、法人章程，或者决定内容违反法人章程的，捐助人等利害关系人或者主管机关可以请求人民法院撤销该决定。但是，捐助法人依据该决定与善意相对人形成的民事法律关系不受影响。”这一条文是关于捐助人的权利及捐助法人决定瑕疵的效力。要点如下：

(1)本条第1款借鉴了《基金会管理条例》第39条第1款关于“捐赠人有权向基金会查询捐赠财产的使用、管理情况，并提出意见和建议。对于捐赠人的查询，基金会应当及时如实答复”的规定；第2款借鉴了《民法典》总则编第85条的规定，捐助法人决定瑕疵的效力与营利法人决议瑕疵效力相同。

(2)设置捐助法人的财产，由捐助人提供，因而捐助人尽管不从捐助法人的活动中获得利益，但是对于捐助法人享有部分权利。捐助人对捐助法人享有的权利是：第一，查询捐助财产使用管理情况。捐助法人对此负有义务，应当及时、如实答复。第二，对捐助法人使用和管理捐助财产有权提出意见和建议，便于改进工作，使捐助财产发挥更好的公益效益。第三，对于捐助法人错误的决定有权向法院主张撤销。

(3)捐助法人的决策机构、执行机构或者其法定代表人作出的决定违反捐助法人章程的规定,不符合捐助人捐助财产设置捐助法人的意愿,捐助人享有向人民法院请求予以撤销的权利,查证属实的,人民法院应当予以撤销。与捐助法人有关的利害关系人或者捐助法人的主管机关,对此也享有撤销权,可以请求人民法院予以撤销。

(4)如果捐助人、利害关系人或者主管机关请求撤销捐助法人违反法人章程的决定得到人民法院的支持,捐助法人的该决定可以撤销,但是捐助法人依据该决定与善意相对人形成的民事法律关系不受影响,不能因为捐助法人的该决定被撤销,而主张捐助法人与善意相对人形成的民事法律关系宣告无效或者被撤销。相对人知道或者应当知道捐助法人的决定违反法人章程,该捐助法人与该相对人形成的民事法律关系应当归于无效。

72. 公益非营利法人终止后应依法处理剩余财产

《民法典》总则编第 95 条规定:"为公益目的成立的非营利法人终止时,不得向出资人、设立人或者会员分配剩余财产。剩余财产应当按照法人章程的规定或者权力机构的决议用于公益目的;无法按照法人章程的规定或者权力机构的决议处理的,由主管机关主持转给宗旨相同或者相近的法人,并向社会公告。"这一条文是关于以公益目的成立的非营利法人终止后剩余财产的分配规则。

非营利法人基于目的的不同,可以区分为以公益目的成立的非营利法人、非以公益目的成立但不具有营利目的的非营利法人。

由于为公益目的成立的非营利法人的财产权结构的特殊性,以及其本身的非营利性,非营利法人在终止时,须遵守的特别规则如下:

(1)不得向其出资人或者设立人分配剩余财产。如果进行分配,就违背了设立法人的公益目的,也违背了出资人或者设立人设立法人的初衷。这一规定是强制性规定,不得采取任何变通的方法变相分配非营利法人的剩余财产。

(2)其剩余财产应当按照章程的规定或者权力机构的决议用于公益目的。法人章程对其剩余财产的处置有规定的,依照其规定处置;法人章程对其剩余财产的处置没有规定的,由该法人的权力机构对如何处置其剩余财产作出决议,按照决议的要求处置其剩余财产。

(3)其剩余财产不能按照法人章程规定或者权力机构的决议处理的,转给宗旨相同或者相近的以公益为目的的法人。由该非营利法人的主管机关主持协调,将其转给与终止的非营利法人宗旨相同的或者相近的以公益为目的的法人,由该受让剩余财产的非营利法人取得所有权,并向社会公告。

(4)对其他不具有公益目的而是以其他非营利目的成立的非营利法人,在终止时的剩余财产处理,不受上述法律规定的限制。

第四节　关于特别法人的新规则

73. 特别法人的类型

《民法典》总则编第 96 条规定:“本节规定的机关法人、农村集体经济组织法人、城镇农村的合作经济组织法人、基层群众性自治组织法人,为特别法人。”这一条文是关于特别法人的外延的规定。

特别法人是在本法之前没有用过的一个概念,原《民法通则》规定法人的分类为企业法人、机关法人、事业单位法人和社会团体法人。对于农村集体经济组织、城镇农村的合作经济组织、基层群众性自治组织等,在原《民法通则》的分类标准下,并不具有法人的资格,不属于独立的法人。为了满足实践中的需要,《民法典》总则编颠覆了原《民法通则》的法人分类标准,将法人区分为营利法人、非营利法人以及特别法人后,将机关法人、农村集体经济组织、城镇农村的合作经济组织、基层群众性自治组织都归类为特别法人。本条规定特别法人,是新增的规则。

本条对特别法人的概念没有下具体定义,而是从特别法人的范围方面作的规定。应当确定的是:

(1)特别法人是指我国现实生活中存在的,既不属于营利法人,也不属于非营利法人,具有民事权利能力和民事行为能力,依法独立享有民事权利和承担民事义务的组织。

(2)特别法人的特点是:第一,特别法人既不属于营利法人也不属于非营利法人。特别法人是为公益目的或者其他非营利目的而成立,但不具有出资人和设立人,而是依据国家法律或者政府的命令而设立的法人。第二,特别法人具有法人的组织形式。特别法人有自己的名称、有组织机构、住所,也有一定的财产或者经费,也有其法定代表人,并且依照法律的规定而设立,具备法人的所有组织形式,是一个具有法人资格的组织体。第三,特别法人具有民事权利能力和民事行为能力,能够以自己的财产或者经费承担民事责任。第四,特别法人的外延具有法定性,只有法律规定的机关法人、农村集体经济组织法人、城镇农村的合作经济组织法人、基层群众性自治组织法人,才属于特别法人。其他类型的法人基于目的的不同分别归为营利法人或者非营利法人一类。

(3)规定特别法人后,就可以明确机关法人、农村集体经济组织、城镇农村的合作经济组织、基层群众性自治组织具有民事主体资格,依法享有民事权利,承担民事义务。

74. 机关法人以独立经费从事为履行行政职能所需的民事活动

《民法典》总则编第97条规定:"有独立经费的机关和承担行政职能的法定机构从成立之日起,具有机关法人资格,可以从事为履行职能所需要的民事活动。"这一条文是关于机关法人及成立的规定。原《民法通则》第50条也规定了机关法人资格的取得,即"有独立经费的机关从成立之日起,具有法人资格。具备法人条件的事业单位、社会团体,依法不需要办理法人登记的,从成立之日起,具有法人资格;依法需要办理法人登记的,经核准登记,取得法人资格"。与该规定相比,本条规定对机关法人及其成立的规定更为准确。要点如下:

(1)机关法人是指依照法律和行政命令组建,享有公权力,有独立的经费,以从事国家管理活动为主的各级国家机关。这种机关从成立之日起,即具有法人资格。

(2)机关法人的基本特征是:第一,代表国家行使公权力;第二,机关法人的独立经费来自中央或者地方财政拨款;第三,只能在因行使职权所必需时才能参与民事活动,如购买办公用品、租赁房屋、购买交通工具与房屋等。

(3)机关法人分为两类:第一,有独立经费的国家机关;第二,有独立经费的承担行政职能的法定机构。前者包括上述国家权力机关法人、国家行政机关法人等;后者包括根据法律、法规授权和中央有关政策规定,授权其行使行政职权的事业单位、非行政主体和无法律法规授权而承担行政职能的事业单位。

(4)上述机关法人都须有独立经费,能够在从事为履行职能所需要的民事活动中,以其独立的经费承担民事责任。独立经费,应是对独立的预算单位而言。

(5)机关法人作为民事主体,只有在其从事为履行职能所需要的民事活动时,才有意义。这是因为机关法人的主要职能是行使公权力,而不是进行民事活动。只有为了行使其公权力所需要才进行的民事活动,机关法人作为民事主体,其法人资格才有意义。

本条新规则的变化主要是表达更为准确。原《民法通则》第50条主要关注的是机关法人有独立经费,而忽略了机关法人之所以具有法人资格在于其从事的是民事活动,而且只有在为履行行政职能时所从事的民事活动才能认定为是机关法人。本条规定新增了"行政职能"与"民事活动"的两个限定词,更为准确地表达了机关法人概念的核心要义。

75. 机关法人终止后继任机关或作出撤销决定的机关是继受主体

《民法典》总则编第98条规定："机关法人被撤销的，法人终止，其民事权利和义务由继任的机关法人享有和承担；没有继任的机关法人的，由作出撤销决定的机关法人享有和承担。"这一条文是关于机关法人终止及责任承担的规定。原《民法通则》只在第50条规定了机关法人资格的取得，但并未规定机关法人资格的终止及其终止后的法律效果，本条是新规则。要点如下：

（1）机关法人的终止事由，是该机关被撤销。机关法人一经被撤销，其法人资格就终止，不再具有民事权利能力和民事行为能力。

（2）机关法人因被撤销而终止后，关于其法律效果的一般规则是民事权利义务的概括承受。也就是说，继受主体不仅享有被撤销机关法人的权利，同时要承担被撤销机关的义务以及责任。具体的承担规则是：第一，机关法人终止后，其在从事为履行机关法人职能所需要的民事活动中发生的民事权利与义务，由于自己的法人资格已经终止，无法承担，因而由继续履行其职能的机关法人予以承担。第二，机关法人终止后，如果没有继续履行其职责的机关法人，被终止资格的机关法人从事为履行职责所需要的民事活动应当承担的民事权利与义务，就由撤销该机关法人的机关法人承担。

76. 农村集体经济组织法人具有特别法人资格

《民法典》总则编第99条第1款、第2款分别规定："农村集体经济组织依法取得法人资格。""法律、行政法规对农村集体经济组织有规定的，依照其规定。"这一条文是关于农村集体经济组织法人的规定。原《民法通则》未规定农村集体经济组织法人的地位，本条规定确认农村集体经济组织具有法人资格，是新规则。

对于农村集体经济组织，我国《土地管理法》《土地承包法》《物权法》《村民委员会组织法》等法律、法规都作了规定，但并没有对这个概念作出解释。笔者认为，农村集体经济组织法人，是指在自然乡村范围内，农民将其各自所有的生产资料投入集体所有，集体组织农业生产经营，集体劳动或者个人承包，按劳分配，具有民事权利能力和民事行为能力的特别法人。

我国的农村集体经济组织法人，经历了长时间的演变。现有的农村集体经济组织形式多样，有村经济合作社、村股份经济合作社、自然村经济实体，还有农民专业合作社、专业农场以及其他合伙经营企业等。这些农村集体经济组织都具有法人资格，具有民事权利能力和民事行为能力，以自己的财产承担民事责任。

本条确立农村集体经济组织法人的地位,具有重要的意义。农村集体经济组织是我国社会主义制度形势下的一种组织。对于农村集体经济组织的法律地位,原《民法通则》一直未作出规定。本条确立农村集体经济组织为特别法人之一,就是对农村集体经济组织民事主体资格的确认,承认其有权开展民事活动,享有民事权利,承担民事义务。这样就能促使农村集体经济组织更好地组织民事活动,为自己的成员创造更多的福利。

77. 城镇农村合作经济组织法人具有特别法人资格

《民法典》总则编第 100 条第 1 款、第 2 款分别规定:“城镇农村的合作经济组织依法取得法人资格。”“法律、行政法规对城镇农村的合作经济组织有规定的,依照其规定。”这一条文是关于城镇农村的合作经济组织法人的规定。合作经济组织也是我国社会主义制度下的一种特殊组织形式。原《民法通则》未确定其民事主体的地位,不利于合作经济组织民事活动的正常开展。《民法典》总则编作出了立法突破,确认了其法人主体地位。

合作经济组织法人,是指城市居民或者农民等小生产者,为了维护和改善各自的生产及生活条件,在自愿互助和平等互利的基础上,遵守合作社的法律和规章制度,联合从事特定经济活动所组成的具有企业性质的特别法人。合作经济组织,依法成立后,符合法律要求的,就具有法人资格,具有民事权利能力和民事行为能力,依法承担民事责任。

城镇农村的合作经济组织法人,其实就是合作社法人。合作社是指依据平等原则,在互助的基础上,自筹资金,共同经营,共同劳动,并共同分享收益的法人。当前,合作社具有越来越普及的趋势。

合作社法人的特点是:第一,合作社是社员自愿联合的组织体。合作社成员基于自己的利益,自愿联合,结成共同的经济体,是私益法人。第二,主要目的是社员之间的互帮互助、互惠互利。设立目的既不是营利,也不是公益,是为社员谋求经济利益和生活改善。第三,合作社成员的经济利益机制和分配方式特殊,采取按劳分配、按交易额分配,或者在按劳分配、按交易额分配的基础上,结合一定比例的按资分配。第四,合作社的经营须共同经营、民主管理,不得将任何社员排除在合作事业经营之外,管理实行民主制,每一社员享有的投票权完全平等。第五,合作社有相应的法人机关。最高权力机构是社员大会或者代表大会,执行机构可以是理事会,也可以是董事会。

对城镇农村的合作经济组织,其他法律有特别规定的,应当依照其规定办理。

78. 居民委员会法人和村民委员会法人是特别法人

《民法典》总则编第101条第1款、第2款分别规定："居民委员会、村民委员会具有基层群众性自治组织法人资格，可以从事为履行职能所需要的民事活动。""未设立村集体经济组织的，村民委员会可以依法代行村集体经济组织的职能。"这一条文是关于居民委员会法人和村民委员会法人的规定。原《民法通则》只规定了居民委员会、村民委员会的监护监督职责，而未明确居民委员会与村民委员会的民事主体地位，本条规定确认了居民委员会和村民委员会的法人资格，是具有重要意义的新规则。

1982年《宪法》第111条第1款规定："城市和农村按照居民居住地区设立的居民委员会或者村民委员会是基层群众性自治组织。居民委员会、村民委员会的主任、副主任和委员由居民选举。居民委员会、村民委员会同基层政权的相互关系由法律规定。"长期以来，法律没有认可其具有法人资格。通常认为，居民委员会受街道办事处的领导，村民委员会接受乡镇政府的领导。但实际上，居民委员会和村民委员会都是独立的实体，是群众性的自治组织，并不是街道办事处和乡镇政府的下属机构。为了进一步强化居民委员会和村民委员会的法律地位，本条规定确认居民委员会和村民委员会具有法人资格，为特别法人。

居民委员会和村民委员会具备法人的条件。确认居民委员会和村民委员会为特别法人，具有民事权利能力和民事行为能力，能够承担民事责任，就使居民委员会和村民委员会成为民事主体，能够根据自己履行职责的需要，从事民事活动，设立民事法律关系，享有民事权利，负担民事义务，并且以自己的财产和经费承担民事责任。

特别是，农村的村民委员会实际上还具有对村民的某些行政管理职能，对组织农业生产、服务村民生活，都具有重要的职责。如果在一个村没有设立集体经济组织的，村民委员会可以依法代行村集体经济组织的职能，对村集体的财产，享有并行使所有权，组织农业生产，安排农业活动，为村民生活创造物质条件。

第四章　有关非法人组织的新规则

79. 非法人组织的内涵与外延

《民法典》总则编第102条第1款、第2款分别规定："非法人组织是不具有法人资格，但是能够依法以自己的名义从事民事活动的组织。""非法人组织包括个人独资企业、合伙企业、不具有法人资格的专业服务机构等。"这一条文是关于非法人组织概念的新规定。

我国以前的民法立法中并没有非法人组织的概念。原《民法通则》只规定了两类民事主体，分别是自然人和法人。有关合伙、联营等特别的民事主体则分别规定在自然人、法人一章中。原《合同法》第2条规定创设了第三类民事主体"其他组织"，即"本法所称合同是平等主体的自然人、法人、其他组织之间设立、变更、终止民事权利义务关系的协议。婚姻、收养、监护等有关身份关系的协议，适用其他法律的规定"。这样就形成了立法矛盾，即原《民法通则》没有规定其他组织是民事主体，而原《合同法》却承认了其他组织的民事主体地位。制定《民法典》总则编时，为了给第三类民事主体的发展提供制度空间，明确了非法人组织的民事主体地位。本条新规则的要点如下：

(1)非法人组织的内涵。非法人组织是不具有法人资格，但是能够依法以自己的名义从事民事活动的组织。其基本特征是：第一，不同于自然人和法人的社会组织；第二，非法人组织有自己的名称，以自己的名义进行民事活动，是不具备法人资格的社会组织；第三，非法人组织具有相应的民事权利能力和民事行为能力；第四，非法人组织有自己特定的民事活动目的，如进行经营活动，发展教育、科学、宗教以及慈善事业。

(2)非法人组织的外延。非法人组织包括：第一，个人独资企业,是指依照法律规定在中国境内设立,由一个自然人投资,财产为投资人个人所有,投资人以其个人财产对企业债务承担无限责任的经营实体。第二,合伙企业,包括普通合伙企业和有限合伙企业,普通合伙企业是指由普通合伙人组成,合伙人对合伙企业债务承担无限连带责任的组织,有限合伙企业是指由普通合伙人和有限合伙人组成的合伙企业。第三,不具有法人资格的专业服务机构,是特殊的普通合伙企业,是指以专门知识和专门技能为客户提供有偿服务为目的,并依法承担责任的普通合伙企业,主要是指律师事务所、会计师事务所等提供专业服务的企业。第四,其他非法人组织,如依法登记领取我国营业执照的中外合作经营企业、外资企业以及经依法登记领取营业执照的乡镇企业、街道企业,符合《民法典》总则编关于非法人组织条件的要求的企业。

值得注意的是,法人的分支机构不属于非法人组织。《民法典》总则编草案第一次审议时,第 91 条第 2 款规定:“非法人组织包括个人独资企业、合伙企业、营利性法人或者非营利性法人依法设立的分支机构等。”法人的分支机构若属于非法人组织,则必须承担无限责任,与法人的有限责任相矛盾。因此,在第二次审议时,便删除了法人的分支机构作为非法人组织体之一。

80. 非法人组织设立时应当依照法律的规定进行登记或者报批

《民法典》总则编第 103 条第 1 款、第 2 款分别规定:“非法人组织应当依照法律的规定登记。”“设立非法人组织,法律、行政法规规定须经有关机关批准的,依照其规定。”这一条文是关于非法人组织设立程序的规定,是新规则。

关于非法人组织的设立程序,在制定《民法典》总则编过程中,没有统一的意见。一种意见认为,非法人组织就是原《合同法》所规定的其他组织。之前的民事立法未规定其他组织设立时的具体要求,《民法典》总则编也不应当过度规定非法人组织的设立要求。另一种意见认为,为了保证非法人组织在独立进行民事活动时,具有相当的公示性,保障交易安全,《民法典》总则编应当严格规定非法人组织的设立要求。立法机关采纳了后一种意见。

本条第 1 款规定的是非法人组织必须依照法律规定进行登记。按照个人独资企业、合伙企业、不具有法人资格的专业服务机构等的设立登记程序进行了登记,取得了非法人组织的经营资格,同时也取得了民事主体地位。

本条第 2 款规定的是非法人组织必须依照法律规定进行批准。对某一类非法人组织的设立,法律或者行政法规规定须经过有关机关批准才能设立的,则应当按照该法律或者行政法规的规定报批。经批准后取得非法人组织的资格,成为民事主体。例如,律师事务所、会计师事务所等不具有法人资格的专业服务机构,按照法律规定应当经过批准,只有经过政府有关机关的批准,才能取得非法人组织的资格,成为民事主体。

81. 非法人组织承担无限责任

《民法典》总则编第 104 条规定:"非法人组织的财产不足以清偿债务的,其出资人或者设立人承担无限责任。法律另有规定的,依照其规定。"这一条文是关于非法人组织责任的规定。原《民法通则》未对此作出规定,本条属于新规则。要点如下:

(1)非法人组织承担的责任是无限责任。《个人独资企业法》第 31 条规定了个人独资企业的无限责任,即"个人独资企业财产不足以清偿债务的,投资人应当以其个人的其他财产予以清偿"。《合伙企业法》也规定了合伙组织的无限责任,即第 38 条"合伙企业对其债务,应先以其全部财产进行清偿"以及第 39 条"合伙企业不能清偿到期债务的,合伙人承担无限连带责任"。

(2)非法人组织承担的无限责任与法人承担有限责任不同,是非法人组织与法人的根本性区别之一。无限责任是投资人或者设立人在非法人组织的债务超过了非法人组织拥有的财产时,出资人或者设立人不仅应接受出资损失的事实,以非法人组织的财产清偿债务,还应当以自己的全部其他财产对非法人组织的债务承担责任。

(3)承担非法人组织债务的主体是出资人或者设立人。对非法人组织的债务,所有的出资人或者设立人都承担无限责任。出资人或者设立人为二人以上的,对非法人组织的债务承担无限责任是无限连带责任。

(4)非法人组织承担债务的财产范围包括两部分:第一,非法人组织自己的财产,即出资人或者设立人对非法人组织出资的财产。第二,出资人或者设立人自己个人的财产,由于要承担无限责任,因而自己的财产也是承担非法人组织债务的财产。在清偿过程中,应当先以非法人组织自己的财产进行清偿。非法人组织自己的财产不足以清偿债务的,由出资人或者设立人承担无限责任。《民法典》总则编草案三次审议均未规定清偿的顺序,只规定了非法人组织的出资人或者设立人承担无限责任。为了减轻非法人组织的出资人或者设立人的经济负担,建议表决稿规定先由非法人组织财产清偿,无法全部清偿,由出资人或者设立人的个人财产清偿。

(5)如果其他法律对非法人组织的债务承担责任另有规定的,应当依照其特别规定确定非法人组织承担民事责任的方法。例如,《合伙企业法》第 2 条第 3 款规定有限合伙的有限合伙人承担有限责任。这就是法律对非法人组织债务承担责任的“另有规定”,因而不适用无限责任的规定。

82. 非法人组织可以确定一人或数人为代表人

《民法典》总则编第105条规定:“非法人组织可以确定一人或者数人代表该组织从事民事活动。”这一条文是关于非法人组织代表人的规定。原《民法通则》未对此作出规定,本条属于新规则。要点如下:

(1)非法人组织从事民事活动,可以设定代表人,代表该非法人组织。非法人组织的代表人,是由非法人组织的出资人或者设立人推举产生的对外代表非法人组织的利益,对内组织经营管理的出资人或者设立人。非法人组织不是必须设定代表人。例如,独资企业本来就是由出资人个人负责,出资人自己就是负责人,无须设定代表人。因而本条才规定为“可以”设定代表人。

(2)非法人组织的代表人可以是一人,也可以是数人,遵从非法人组织的设立人和出资人的意愿。确定非法人组织的代表人,如果有数个出资人或者设立人,应当由数个出资人或者设立人全体来推举代表人。如果不推举代表人,则其全体出资人或者设立人为代表人。

(3)非法人组织的代表人与非法人组织事务执行人不同。非法人组织的代表人也可能是非法人组织的事务执行人,即便如此,身份也有区别。非法人组织的代表人对外代表非法人组织,对内组织经营活动;而非法人组织的事务执行人仅对非法人组织的个别经营事务具体负责。

83. 非法人组织解散的事由

自然人有出生和死亡,法人有其成立与终止,非法人组织也存在成立与终止。非法人组织解散是非法人组织的终止,是根据法律的规定终结设立非法人组织的协议,经过解散和清算等程序,最终注销非法人组织。如果是合伙企业,其解散就是散伙。

《民法典》总则编第106条规定:“有下列情形之一的,非法人组织解散:(一)章程规定的存续期间届满或者章程规定的其他解散事由出现;(二)出资人或者设立人决定解散;(三)法律规定的其他情形。”这一条文是关于非法人组织解散的事由的规定。原《民法通则》未对此作出规定,本条属于新规则。要点如下:

(1)章程规定的存续期间届满或者章程规定的其他解散事由出现。非法人组织的存续期间,通常是在非法人组织设立的协议中明确约定。非法人组织章程规定的存续期间届满,出资人或者设立人决定不再经营,非法人组织可以解散。非法人组织章程规定的其他解散事由出现的,只要解散事由不违反法律或者公序良俗,非法人组织可以解散。

(2)出资人或者设立人决定解散。非法人组织是人合性组织。在非法人组织存续期间内,只要全体出资人或者设立人决定终止非法人组织,就可以解散非法人组织。

(3)法律规定的其他情形。法律或者行政法规规定了非法人组织解散的其他事由,当该事由出现后,非法人组织依照这些法律或者行政法规的规定予以解散。例如,非法人组织被兼并或者被宣告破产,也导致非法人组织解散。比较特殊的是合伙企业,当普通合伙企业的合伙人变为一人时,合伙企业事实上就已经变为独资企业,如果合伙人无法在30日内寻找到新的合伙人,因不满足合伙人的人数要求,合伙企业解散。

84. 非法人组织解散后须清算

《民法典》总则编第107条规定:“非法人组织解散的,应当依法进行清算。”这一条文是关于非法人组织清算的一般规则。原《民法通则》未对此作出规定,本条属于新规则。

非法人组织解散后依法进行清算,清理非法人组织的债权债务,终结非法人组织现存的各种法律关系。

本条对于非法人组织解散以后的清算并没有规定具体规则,对此应当依照总则编第108条关于“非法人组织除适用本章规定外,参照适用本编第三章第一节的有关规定”的规定,参照第70条至第73条的规定进行,包括成立清算组、清算程序、清算组的职权、清算期间非法人组织的存续,以及清算后的财产和注销登记等。

85. 非法人组织准用法人的一般性规则

《民法典》总则编第108条规定:“非法人组织除适用本章规定外,参照适用本编第三章第一节的有关规定。”这一条文是非法人组织具体规则的法律准用条款。原《民法通则》未对此作出规定,本条是新规则。要点如下:

(1)之所以规定非法人组织具体规则的法律准用条款,是因为本法对非法人组织的规定比较简明,只有《民法典》总则编第102条至第107条规定了非法人组织区别于法人适用的一般规则。对于其他具体性规则,未作出规定。具体规则不足,参照适用法人的规则。

(2)参照适用并不是完全适用。只有非法人组织与法人具有相似性的规则,才有参照适用的正当性基础。具体而言,对于非法人组织的具体规则准用内容包括:非法人组织的民事权利能力和民事行为能力;非法人组织的成立;非法人组织代表人的职责和责任;非法人组织的住所;非法人组织的登记;非法人组织解散的清算;非法人组织解散的后果;非法人组织在设立和清算期间的民事权利能力和民事行为能力;等等。这些规则,在非法人组织设立和运行以及解散中都应参照适用。

(3)参照适用的意义在于:一是避免立法上的冗余。法人与非法人组织的核心区别在于责任承担的不同,其他方面具有类似性。如果对于法人与非法人组织相同的规则,重复规定,会使得《民法典》总则编的条文规范冗余繁杂。为了使得《民法典》总则编关于民事主体的规则更为简约,特规定准用性规则。二是给予司法上的裁量空间。非法人组织是《民法典》总则编新确立的一类民事主体,其外延所包含的各类组织具有共通性与独特性。究竟如何调整适用相应的规则,还需要在司法裁判中积累更多的经验。

(4)非法人组织除了完全适用非法人组织的规则,参照适用法人的一般规定外,还需要严格适用特殊规则。非法人组织并非一种特定的组织形式,而是由不同的组织形式构成的一种民事主体类型。本法第 102 条第 2 款列举的个人独资企业、合伙企业、不具有法人资格的专业服务机构以及其他组织等,都有专门的法律和行政法规进行规范。因此,非法人组织除了适用总则编第四章关于非法人组织的规定之外,可以参照总则编第三章第一节关于法人的一般规定,也要适用不同的非法人组织类型的专门的法律、行政法规的规定。

第五章　有关民事权利的新规则

86. 自然人的人身自由和人格尊严是私权利

《民法典》总则编第 109 条规定："自然人的人身自由、人格尊严受法律保护。"这一条文是关于人身自由和人格尊严的规定。与原《民法通则》第 101 条关于"公民、法人享有名誉权，公民的人格尊严受法律保护，禁止用侮辱、诽谤等方式损害公民、法人的名誉"的规定相比，本条规定真正地实现了人身自由和人格尊严从公权利到私权利的转变。

《宪法》第 37 条规定了人身自由："中华人民共和国公民的人身自由不受侵犯。任何公民，非经人民检察院批准或者决定或者人民法院决定，并由公安机关执行，不受逮捕。禁止非法拘禁和以其他方法非法剥夺或者限制公民的人身自由，禁止非法搜查公民的身体。"《宪法》第 38 条规定了人格尊严："中华人民共和国公民的人格尊严不受侵犯。禁止用任何方法对公民进行侮辱、诽谤和诬告陷害。"可见，《宪法》第 37 条、第 38 条的规定确立了人身自由权、人格尊严的公权利属性。

制定原《民法通则》时，民法学界曾试图实现人身自由权、人格尊严从公权利到私权利的转变。立法机关局限于人身自由权的公权利属性，未将其纳入民事权利的范围。原《民法通则》第 101 条承认了人格尊严的私权利属性，但是，却将人格尊严作为名誉权的内容之一，实际上降低了人格尊严的地位。

为了应对实践中人身自由权、人格尊严被侵犯的情形，最高人民法院制定《关于确定民事侵权精神损害赔偿责任若干问题的解释》时，承认了人身自由权、人格尊严的民事权利属性，即第 1 条第 1 款规定："自然人因下列人格权利遭受非法侵害，向人民法院起诉请求赔偿精神损害的，人民法院应当依法予以受理:(一)生命权、健康权、身体权;(二)姓名权、肖像权、名誉权、荣誉权;(三)人格尊严权、人身自由权。"

经过理论与实践30年的努力,人格尊严与人身自由的私权利属性终于在本条中得到了承认。

本条至第111条规定的都是人格权。人格权是指民事主体专属享有,以人格利益为客体,为维护民事主体独立人格所必备的固有民事权利。本条规定的人身自由和人格尊严就是人格权。

(1)人格尊严是一般人格权

本条规定的"人格尊严"是一般人格权。由于本法人格权编第990条也规定了一般人格权,这里只对一般人格权作概括性解释。

一般人格权的性质是抽象人格权,与本法第130条规定的自我决定权和第993条规定的公开权一道,构成抽象人格权的体系。一般人格权更为抽象和具有概括性,不同于人格权本身,也不同于各项具体人格权,而是个人的基本权利。一般人格权属于抽象人格权,不是一种主观权利,不具有独立的权利地位,它主要是一种权能性的权利,但具有一定的独立性。

一般人格权的范围极其广泛,在内容上不可能列举穷尽,因而需要采用高度概括的方式,阐释一般人格权的具体内容。一般人格权的内容尽管极其广泛,但其概括的内容是可得而知的,这就是人格独立、人格自由和人格尊严。一般人格权的这三项基本内容,也是一般人格权客体的三大法益,可以概括一般人格权的所有内容。

一般人格权的功能,是指一般人格权在人格权体系中所发挥的基本作用,包括解释功能、创造功能和补充功能。这些功能分为两种性质:一种是抽象功能,包括解释功能和创造功能,发挥的是一般人格权的母权利和渊源权的作用;另一种是具体功能即补充功能,对具体人格权无法提供保护的其他人格利益提供保护。

(2)人身自由是具体人格权

本条所规定的人身自由权是具体人格权。人身自由权是指自然人在法律规定的范围内,按照自己的意志和利益进行行动和思维,人身不受约束、控制或妨碍的权利。其客体人身自由,是自由中的一种表现形式,是指人的身体和思维的不受约束、不受控制和不受限制的状态,包括身体自由和思维自由。人格权法研究的自由,是人身自由,而不是一般的自由。人身自由权的内容包括身体自由权和思维自由权。本法人格权编第1011条规定的是身体自由权。

87. 自然人享有的具体人格权

《民法典》总则编第 110 条第 1 款、第 2 款分别规定："自然人享有生命权、身体权、健康权、姓名权、肖像权、名誉权、荣誉权、隐私权、婚姻自主权等权利。""法人、非法人组织享有名称权、名誉权和荣誉权。"这一条文是关于民事主体具体人格权的规定。原《民法通则》第五章第四节第 98 条至第 103 条规定了具体的人格权，分别是公民的生命健康权、姓名权、肖像权、名誉权、荣誉权、婚姻自主权，法人的名称权、名誉权、荣誉权。与原《民法通则》的规定相比，本条规定发生了重大的变化。

依照本条的规定，民事主体享有的具体人格权包括：

(1)生命权，是指自然人维持其生命存在，以保证其生命安全利益为基本内容的具体人格权。本法第 1002 条规定的是生命权及其内容。

(2)身体权，是自然人维护其身体完全并支配其肢体、器官和其他组织的具体人格权。本法第 1003 条规定的是身体权及其内容。

(3)健康权，是指自然人以自己的机体生理机能正常运作和功能完善发挥，以维持人体生命活动的利益为内容的具体人格权。本法第 1004 条规定的是健康权及其内容。

(4)姓名权，是指自然人决定、使用和依照规定改变自己姓名，并维护其姓名利益的具体人格权。本法第 1012 条规定的是姓名权及其内容。

(5)名称权，是指法人和非法人组织依法享有的，决定、使用、改变自己的名称，依照法律规定转让名称，并排除他人非法干涉、盗用或冒用的具体人格权。具体内容规定在第 1013 条中。

(6)肖像权，是自然人对在自己的肖像上所体现的精神利益和财产利益为内容所享有的具体人格权。肖像权及其内容规定在本法第 1018 条中。

(7)名誉权，是指自然人和法人、非法人组织就其自身属性和价值所获得的社会评价，享有的保有和维护的具体人格权。名誉权及其具体内容规定在本法第 1024 条中。

(8)荣誉权，是指自然人、法人和非法人组织对其获得的荣誉及其利益所享有的保持、支配的具体人格权。本法第 1031 条规定的是荣誉权及其内容。

(9)隐私权，是自然人享有的对其个人与公共利益无关的私密信息、私密活动和私密空间等私生活安宁利益自主进行支配和控制，他人不得侵扰的具体人格权。隐私权及其具体内容规定在第 1032 条中。

(10)婚姻自主权，是自然人按照法律规定，自己作主决定其婚姻的缔结和解除，不受其他任何人强迫或干涉的具体人格权。本法人格权编没有规定婚姻自主权,具体内容规定在婚姻家庭编第1042条中。

其中,生命权、身体权、健康权、姓名权、肖像权、名誉权、荣誉权、隐私权、婚姻自主权是自然人所独有的人格权。

本条新规则的要点如下:

(1)将生命权与健康权单独列举。原《民法通则》规定了自然人享有生命健康权,将生命与健康合一,其实是不对的。原因是,生命权所保护的是生命的法益,健康权所保护的是人体的生理机能。二者的内容不一致。因此,应当采取分别列举的方法。本条规定将生命权与健康权单独列举,体现了生命权与健康权各自所保护法益的独特性,是正确的做法。

(2)新增了身体权。原《民法通则》只规定了自然人享有生命健康权,而未规定身体权。原《侵权责任法》第2条第2款也未规定身体权。这就出现了对身体权保护不周的问题。尽管身体权与健康权相类似,某种侵权行为可能同时侵犯身体权与健康权,但是二者所保护的法益还是有所区分的,故《民法典》总则编决定规定身体权。关于身体权的地位也发生过转变。《最高人民法院关于确定民事侵权精神损害赔偿责任若干问题的解释》(2001年)第1条第1款将健康权放置于身体权之前。《民法典》总则编三次审议也均坚持了这个立法传统。最后建议表决时,考虑到身体权涉及自己的器官、血液等,便将身体权放置在健康权之前,提高了身体权的地位。

(3)新增了隐私权。原《民法通则》未规定隐私权。制定《侵权责任法》时,第2条第2款新增了隐私权,即“侵害民事权益,应当依照本法承担侵权责任。本法所称民事权益,包括生命权、健康权、姓名权、名誉权、荣誉权、肖像权、隐私权、婚姻自主权、监护权、所有权、用益物权、担保物权、著作权、专利权、商标专用权、发现权、股权、继承权等人身、财产权益”。为了加强对隐私权的保护,本条规定列明具体人格权的类型时,特别增加了隐私权。

(4)明确了非法人组织所享有的人格权类型。原《民法通则》未规定非法人组织是民事主体之一,自然也就不承认非法人组织享有民事权利中的人格权。本法规定了非法人组织,承认了非法人组织的民事主体地位,其也享有人格权。非法人组织所享有的人格权类型与法人基本一致,包括名称权、名誉权、荣誉权。

88. 个人信息受法律保护

《民法典》总则编第111条规定:“自然人的个人信息受法律保护。任何组织和个人需要获取他人个人信息的,应当依法取得并确保信息安全,不得非法收集、使用、加工、传输他人个人信息,不得非法买卖、提供或者公开他人个人信息。”这一条文是关于个人信息保护的规定。原《民法通则》未对此作出规定,本条是新规则。

《网络安全法》第 76 条第 5 项规定了个人信息的概念,即“个人信息,是指以电子或者其他方式记录的能够单独或者与其他信息结合识别自然人个人身份的各种信息,包括但不限于自然人的姓名、出生日期、身份证件号码、个人生物识别信息、住址、电话号码等”。个人信息的主体是自然人,不包括法人和非法人组织。个人信息的特点在于具有可识别性,能单独或者与其他信息结合识别出来自然人的身份。

(1)个人信息权,是指自然人依法对其本人的个人资料信息所享有的支配并排除他人侵害的人格权。个人信息权的特征是:第一,个人信息权是具体人格权;第二,个人信息权的客体是个人的资料信息等人格要素;第三,个人信息权的主体是自然人个人;第四,个人信息权的权利要求是以自我决定权作为其权利基础,是排他的自我支配权。

(2)个人信息权的权利内容包括:第一,占有权,即个人信息完全由权利人自己占有,他人不得非法占有;第二,决定权,即权利人对于个人信息是否使用,是否可以由他人搜集、利用都属于权利人自己的权利;第三,保护权,自然人的个人信息受到法律保护;第四,知情权,即权利人有权查询个人信息以及有关的处理情况,并有要求答复的权利;第五,更正权,即权利人有权请求信息处理主体对所掌握的有关自己不正确、不全面、不时新的个人信息进行更正;第六,锁定权,即在必要时,权利人有权请求信息处理主体以一定的方式,暂停信息处理,在没有通知当事人并获得其书面同意之前,信息处理主体不可以将个人为某种目的收集的信息用在另一个目的;第七,被遗忘权,对于权利人对已被发布在网络上的,有关自身的不恰当的、过时的、继续保留会导致其社会评价降低的信息,要求信息控制者予以删除的权利。[1]

(3)个人信息权的义务人应当承担的义务,是本条后段规定的内容:任何组织和个人应当确保依法取得的个人信息安全,不得非法收集、使用、加工、传输他人个人信息,不得非法买卖、提供或者公开他人个人信息。违反这样的义务,应当承担侵权责任。

(4)负有保护自然人个人信息权的特别义务主体,是依法取得个人信息的任何组织和个人。具体包括:依法取得个人信息的网络服务提供者、其他企业

---

〔1〕 参见杨立新、韩煦:《被遗忘权的中国本土化及法律适用》,载《法律适用》2015 年第 2 期。

事业单位、国家机关及其工作人员,以及其他任何组织或者个人。

(5)依法取得自然人个人信息的任何法人和自然人,都负有确保自然人个人信息安全、防止信息泄露的义务,一旦发生或者可能发生信息泄露时,都必须立即采取补救措施,防止损害扩大;如果未尽此义务,则构成不作为的侵权行为。对于上述侵害自然人个人信息权的侵权行为,应当承担侵权责任。

89. 身份权是自然人因婚姻家庭关系产生的人身权

《民法典》总则编第 112 条规定:"自然人因婚姻、家庭关系等产生的人身权利受法律保护。"这一条文是关于自然人身份权的规定。原《民法通则》未对此作出规定,本条属于新规则。

身份权是指自然人基于特定的身份关系产生并由其专属享有,以其体现的身份利益为客体,为维护该种关系所必需的权利。换言之,身份权就是由亲属身份关系发生的权利。其法律特征是:第一,身份权表达的是亲属之间的身份地位;第二,身份权是亲属之间的权利义务关系;第三,身份权的主体有范围的限制;第四,身份权的客体是身份利益;第五,身份权的本质以义务为中心。

身份权的对外关系,表明身份权的绝对性,是一个绝对性的民事权利。它表明,享有身份权的权利主体享有这种权利,其他任何人都负有不得侵犯这种权利的义务。身份权的对内关系来源于身份权的相对性。由于总是在特定的、相对应的亲属之间享有身份权,因此,身份权的主要内容是对内的权利义务关系。

具体的身份权包括配偶权、亲权和亲属权。

(1)配偶权。配偶是指男女双方因结婚而产生的亲属,即具有合法婚姻关系的夫妻相互间的同一称谓和地位。在婚姻关系存续期间,妻是夫的配偶,夫是妻的配偶,双方互为配偶。具体内容包括:一是夫妻姓氏权;二是住所决定权;三是同居义务;四是忠实义务;五是职业、学习和社会活动自由权;六是日常事务代理权;七是相互扶养、扶助权;八是生育权。

(2)亲权,是指父母对未成年子女在人身和财产方面的管教和保护的权利与义务。亲权确定的是父母与未成年子女之间的身份权,属于亲属法上的身份权。亲权的主要内容有:一是身上照护权,是父母对未成年子女人身的教养、保护的权利和义务;二是亲权的财产照护权,对于未成年子女的财产,亲权人有保护义务。

(3)亲属权,也叫作其他亲属权,是指除配偶、未成年子女与父母以外的其他近亲属之间的基本身份权,表明这些亲属之间互为亲属的身份利益为其专属享有和支配,其他任何人均负不得侵犯的义务。主要内容是扶养权,分为抚养权、赡养权和扶养权。

本条新规则的要点是:明确了身份权依法受到法律保护。在此之前,原《民法通则》并没有规定自然人的身份权,仅第 104 条概括性地说明了婚姻、家庭受法律保护,即“婚姻、家庭、老人、母亲和儿童受法律保护。残疾人的合法权益受法律保护”。本条明确了因婚姻、家庭关系等产生的人身权利受到法律保护,对于自然人身份权的积极确权与消极保护具有重要意义。

90. 财产权受法律平等保护

《民法典》总则编第 113 条规定:“民事主体的财产权利受法律平等保护。”这一条文是关于财产权利平等保护原则的规定。与原《民法通则》的有关内容相比,本条的规定是对之前区别保护思想的矫正。

财产权利平等保护原则,是指不同的民事主体对其所享有的财产权利,享有平等地位,适用规则平等和法律保护平等的民法原则。

民事主体财产权利平等保护原则的内容包括四个方面。一是从民事主体角度理解,主要强调民事主体的地位一律平等,即自然人和其他权利人的财产权利均神圣不可侵犯,受到平等保护。二是从财产权利角度理解,主要强调民事主体的财产权利地位一律平等。财产权利的体系的内容是:物权;债权;知识产权;继承权;股权和其他投资性权利;其他民事权利与利益。原《物权法》第 4 条仅规定了物权平等保护原则,本条所规定的是所有的财产权平等保护原则。三是从适用规则角度理解,适用规则平等,即对于财产权利的取得、设定、移转和消灭,都适用共同的规则,体现法律规则的平等性。四是从保护角度理解,保护平等,即在财产权利出现争议时,平等保护受到侵害的所有财产权利不受任何歧视。

本条新规则的要点就是矫正原《民法通则》规定的区别保护思想,突出财产权利平等保护。原《民法通则》第 73 条第 2 款规定了国家财产所有权,即“国家财产神圣不可侵犯,禁止任何组织或者个人侵占、哄抢、私分、截留、破坏”。第 74 条第 3 款规定集体财产所有权,即“集体所有的财产受法律保护,禁止任何组织或者个人侵占、哄抢、私分、破坏或者非法查封、扣押、冻结、没收”。第 75 条第 2 款规定了公民个人财产所有权,即“公民的合法财产受法律保护,禁止任何组织或者个人侵占、哄抢、破坏或者非法查封、扣押、冻结、没收”。三种所有权相对比,原《民法通则》仅规定了国家所有权神圣不可侵犯。这种区别保护的立法表达,不利于自然人私有财产的保护。因此,本条特别规定了法律对财产权利予以平等保护,与本法第 3 条关于“民事主体的人身权利、财产权利以及其他合法权益受法律保护,任何组织或者个人不得侵犯”的规定相呼应,相当于私有财产神圣不可侵犯的具象化。有了这一规定,就可以更好地保护自然人的私有财产,进而鼓励自然人创造更多的财富,拥有更好的生活保障。

91. 物权的内涵与外延

《民法典》总则编第 114 条第 1 款、第 2 款分别规定:“民事主体依法享有物权。”“物权是权利人依法对特定的物享有直接支配和排他的权利,包括所有权、用益物权和担保物权。”这一条文是关于物权的概念。与原《民法通则》的规定相比,本条规定明确了物权概念的内涵与外延。

(1)本条第 1 款规定的是,民事主体依法享有物权。该款内容是宣示性条款,主要强调物权受到法律保护。物权和债权是财产法的两大支柱。相较于债权,物权的基本特征是:第一,物权是绝对权,除了物权人之外,其他人都是物权的义务人,而债权是相对权,只能约束相对人;第二,物权是支配权,物权人行使物权不需要借助任何人的意思和行为,而债权是请求权,只能通过请求他人为一定行为来实现自己的利益;第三,物权具有排他性,实行一物一权原则,债权具有相容性,同一个物上可以存在两个债权。有鉴于此,物权的效力往往优先于债权,受到法律的侧重保护。

(2)本条第 2 款规定的是物权的内涵与外延。物权,是指民事主体在法律规定的范围内直接支配一定的物,享受利益并排除他人干涉的权利,是人与人之间对于物的归属和利用关系在法律上的体现。物权的范围是:第一,所有权,是所有人依法按照自己的意志通过对其所有物进行占有、使用、收益和处分等方式,独占性支配其所有物并排斥他人非法干涉的永久性物权。所有权包括单独所有权、共有权、建筑物区分所有权以及相邻权。第二,用益物权,是指非所有权人对他人所有之物所享有的占有、使用和收益的他物权。用益物权包括土地承包经营权、建设用地使用权、宅基地使用权、居住权、地役权等。第三,担保物权,是指债权人所享有的为确保债权实现,在债务人或者第三人所有的物或者权利之上所设定的,就债务人的债务不履行时,或者发生当事人约定的实现担保物权的情形时,就担保物的变价优先受偿的他物权,包括抵押权、质权、留置权、所有权保留、优先权、让与担保。

本条新规则的要点是,明确界定物权的内涵与外延。在此之前,原《民法通则》仅规定了财产所有权(第 71 条)、土地使用权与承包经营权(第 80 条)、自然资源使用权与承包经营权(第 81 条)。直至制定原《物权法》时,才明确了物权的概念，即原《物权法》第2条规定："因物的归属和利用而产生的民事关系，适用本法。本法所称物，包括不动产和动产。法律规定权利作为物权客体的，依照其规定。本法所称物权，是指权利人依法对特定的物享有直接支配和排他的权利，包括所有权、用益物权和担保物权。"本条承袭了原《物权法》第2条的规定，明确了物权的内涵与外延，同时强调民事主体依法享有物权，对于物权的保护具有宣示性的意义。

92. 物权的客体是物及法律规定的权利

《民法典》总则编第115条规定："物包括不动产和动产。法律规定权利作为物权客体的，依照其规定。"这一条文是关于物权客体的规定。原《民法通则》未对此作出规定，本条属于新规则。

(1)一般认为，物是指具有实用价值、能满足人的某种需要并能为人所控制和支配的物质对象。包括除人体之外，能够为人力所控制并能够满足人类社会生活需要的有形物和自然力。

(2)物具有的法律特征是：第一，物能够为人力所控制；第二，物能够满足人类的某种需要；第三，物须存在于人身之外；第四，物须为独立一体。在民事法律关系中，物作为最重要的民事权利客体的财产利益，代表的是物质财富，体现的是市民社会的基本的财产形态。

(3)物的类型包括：第一，不动产，是指依自然性或者法律的规定在空间上占有固定位置，移动后会影响其经济价值的物，包括土地、土地定着物、与土地尚未脱离的土地生成物、因自然或者人力添附于土地并且不能分离的其他物。第二，动产，是指不动产以外的其他能在空间上移动而不会损害其经济价值的物。因此，不动产以外的其他的物都是动产。在法律上各种可以支配的自然力，也属于动产。货币和有价证券，为特别动产。区分不动产和动产的意义是：第一，物权类型不同，用益物权限于以不动产为客体，而动产质权、留置权的客体则以动产为限；第二，以法律行为作为物权变动的法定要件不同，动产物权变动一般以交付为要件，而不动产物权变动则以登记为要件；第三，公示方式不同，不动产物权以登记为公示方式，而动产物权以占有为公示方式，通常不要求进行登记。

(4)除了物，法律规定的权利也是物权的客体。权利作为物权的客体，必须有法律的规定。主要是指著作权、商标权和专利权中的财产权，建设用地使用权、宅基地使用权等，都能够作为担保物权的客体，都属于法律规定能够作为物权客体的权利。《民法典》总则编(草案·第一次审议稿)曾将网络虚拟财产界定为物权的客体,但因争议悬殊删除了该内容,而是在第 127 条规定了保护网络虚拟财产。

本条新规则的要点是明确规定了物权的客体。原《民法通则》未规定物权,只规定财产所有权,故未对物权的客体作出界定,仅是列举式地指出财产的范围,包括房屋、储蓄、生活用品、文物、图书资料、林木、牲畜和其他生产资料。制定原《物权法》时,第 2 条规定了物权的客体,即“因物的归属和利用而产生的民事关系,适用本法。本法所称物,包括不动产和动产。法律规定权利作为物权客体的,依照其规定。本法所称物权,是指权利人依法对特定的物享有直接支配和排他的权利,包括所有权、用益物权和担保物权”。本条规定在此基础上界定了物权的客体,即物(包括不动产与动产)以及法律规定的权利。

93. 物权的种类和内容由法律规定

《民法典》总则编第 116 条规定:“物权的种类和内容,由法律规定。”这一条文是关于物权法定的原则。原《民法通则》未对此作出规定。本条规定则是完全延续了原《物权法》第 5 条的做法,在《民法典》总则编新设这一规则,提升了物权法定原则的地位。

物权法定原则是物权法的一项基本原则,本应当在《民法典》物权编中规定。但为了强调物权的法定性,《民法典》总则编(草案·第三次审议稿)开始新增了物权法定原则,并在最后表决通过。本条新规则的要点如下:

(1)物权法定原则也是物权法区别于债法和合同法的重要标志。它又称为物权法定主义,是指物权只能依据法律设定,禁止当事人自由创设物权,也不得变更物权的种类、内容、效力和公示方法。

(2)物权法定原则的内容包括物权类型强制和物权内容强制。物权类型强制的含义是,物权的种类非经法律规定,当事人不得创设。当事人只能依照法律明确规定的物权类型和条件设立物权,不能超出法律的规定设立法定物权以外的物权类型。物权类型固定的含义是,物权的内容非经法律规定,当事人不得创设。法律对一个具体的物权内容规定是什么就是什么,不得由当事人约定法定物权的具体内容。

(3)本条的缺点是没有规定物权法定之缓和。物权法定缓和原则是解决非法定物权的一剂良药。本条仍然采取严格的物权法定原则,使我国的物权法定原则过于僵化,缺少必要的灵活性,不能够完全适应我国正在变化着的市场经济形势需求。尤其是习惯法中的物权,比如让与担保等,无法进行一个合理的定位,导致实践中争议频仍。

94. 征收、征用不动产或者动产应予公平合理的补偿

《民法典》总则编第117条规定："为了公共利益的需要，依照法律规定的权限和程序征收、征用不动产或者动产的，应当给予公平、合理的补偿。"这一条文是关于征收、征用的规定。

在此之前，原《民法通则》未规定征收、征用的条款。制定原《物权法》时，也只规定了征收的内容，即第42条，"为了公共利益的需要，依照法律规定的权限和程序可以征收集体所有的土地和单位、个人的房屋及其他不动产。征收集体所有的土地，应当依法足额支付土地补偿费、安置补助费、地上附着物和青苗的补偿费等费用，安排被征地农民的社会保障费用，保障被征地农民的生活，维护被征地农民的合法权益。征收单位、个人的房屋及其他不动产，应当依法给予拆迁补偿，维护被征收人的合法权益；征收个人住宅的，还应当保障被征收人的居住条件。任何单位和个人不得贪污、挪用、私分、截留、拖欠征收补偿费等费用"。在此基础上，本法第117条概括性地规定了征收、征用。要点如下：

(1)需要明确的是，征收、征用必须符合公共利益需要的目的。征收导致集体或者个人的所有权的丧失，征用导致集体或者个人的所有权受到限制，都会使权利人的财产权利受到损害。因此，国家的征收或者征用行为，虽然是被许可的行为，是合法的行为，但是都须有公共利益的目的。本法物权编第243条也规定，限制政府非为公共利益而进行的征收行为，以保护集体和个人的财产权利。

(2)征收、征用时集体和个人都必须服从。征收是政府为了公共利益的需要，依照法律规定的权限和程序，将集体所有或者个人所有的财产变为国家所有，加以利用的行为。征用是政府为了公共利益的需要依照法律规定的权限和程序，将集体所有或者个人所有的财产征召与使用的行为。征收、征用的主体都是国家，通常是政府部门以行政命令的方式，从集体和个人取得土地、房屋等财产的所有权或者使用权，集体和个人必须服从。

(3)征收、征用必须依照法律规定的权限和程序进行。凡是违反法律规定的权限和程序进行的征收、征用，都是违法行为，都不发生征收、征用的后果。违法的征收、征用给集体或者个人的财产权益造成损害的，应当承担赔偿责任。

(4)征收、征用必须给予权利人公平、合理的补偿。按照公平、合理的补偿标准，就是不能使被征收、征用财产的权利人，因征收、征用而受到损失，补偿应当公平，不能出现不公平的现象；补偿应当合理，就是补偿的数额应当合情合理，使实际损失能够得到合情合理的补足。

95. 债权概念的内涵及外延

《民法典》总则编第 118 条第 1 款、第 2 款分别规定:"民事主体依法享有债权。""债权是因合同、侵权行为、无因管理、不当得利以及法律的其他规定,权利人请求特定义务人为或者不为一定行为的权利。"这一条文是关于债权的规定。原《民法通则》仅对债的定义作出了规定,未规定债权,本条属于新规则。要点如下:

(1)民事主体依法享有债权。该款内容是宣示性条款,主要强调债权受到法律保护。债权的法律特征是:第一,债权是相对权,是特定主体之间的民事法律关系;第二,债权的性质是请求权,债权的实现有赖于债务人为一定行为或者不为一定行为,即债权人只能请求债务人为一定行为或者不为一定行为;第三,债权具有期限性,原则上不能永久存在;第四,债权具有相容性,对同一标的物可以成立内容相同的数个债权,其相互之间并不排斥;第五,债权具有平等性,数个债权人对同一债务人,先后发生数个普通债权时,其效力一律平等;第六,债权的客体具有多样性;第七,债权具有任意性。

(2)债权概念的内涵与外延。债权是按照合同约定或者依照法律的规定,在当事人之间产生的特定的权利和义务关系,也称为债权关系或者债的关系。在债权关系中,享有权利的人为债权人,负有义务的人为债务人。债权人享有的权利为债权,债务人承担的义务为债务。债权就是在债的关系中,一方(债权人)请求另一方为一定行为或者不为一定行为的权利。

(3)债权产生规定根据。债权有五种类型,分别是合同之债、侵权之债、无因管理之债、不当得利之债以及因法律规定产生的其他债。这也是债权产生的根据。

(4)关于因法律规定产生的其他债,主要是指单方允诺之债。《民法典》总则编(草案·第一次审议稿)规定了单方允诺是债的类型之一,但是,由于有人反对,便在之后的审议稿中删除了该内容,主要是考虑到单方允诺之债的主要表现形式是悬赏广告,而原《最高人民法院关于适用〈中华人民共和国合同法〉若干问题的解释(二)》第 3 条规定了悬赏广告是合同。其实,除悬赏广告以外还存在其他单方允诺之债,因此,本条规定了"因法律规定产生的其他债"。

96. 合同之债

《民法典》总则编第 119 条规定了合同之债,即"依法成立的合同,对当事人具有法律约束力"。原《民法通则》第 85 条对合同下定义时,规定"合同是当事人之间设立、变更、终止民事关系的协议。依法成立的合同,受法律保护"。

法律约束力与受法律保护相比,更能体现合同之债的效力。申言之,合同成立之后,缔约当事人成为合同之债的债权债务关系当事人,享有权利的一方为债权人，负有债务的一方为债务人，合同的约定内容就是合同之债的债权债务内容，债权人有权请求债务人按照约定履行义务，实现自己的债权，义务人须依照法律规定和合同约定，履行合同义务，保障债权人的债权实现。如果债务人不履行或者不完全履行债务，应当承担违约责任。关于合同之债的基本规则，本法专设合同编予以规定。

97. 侵权之债

《民法典》总则编第 120 条规定了侵权之债，即“民事权益受到侵害的，被侵权人有权请求侵权人承担侵权责任”。侵权人实施侵权行为，侵害了被侵权人的人身、财产权益，造成损害的，构成侵权责任。这种侵权责任具有双重属性，一是债的属性，二是民事责任属性。被侵权人享有的侵权请求权，性质属于债权，也属于权利保护请求权。侵权人负有赔偿被侵权人损失的债务，也是满足被侵权人权利保护请求权的责任。

这一条文是在原《侵权责任法》第 2 条第 1 款和第 3 条的基础上形成的，不仅综合了两个条文的内容，更重要的是将侵权责任纳入《民法典》总则编规定，作为债的发生根据，因而具有了新的价值。

本条新规则的要点，在于实现了侵权责任法向债法的回归。原《民法通则》第 84 条规定了债的定义，即“债是按照合同的约定或者依照法律的规定，在当事人之间产生的特定的权利和义务关系。享有权利的人是债权人，负有义务的人是债务人。债权人有权要求债务人按照合同的约定或者依照法律的规定履行义务”。该规定将侵权责任从债权体系中分离出来，本条规定则将侵权责任之债重新放置在债的类型之中，是对侵权责任所具有的债的属性的认可，实现了 30 多年来侵权责任法向债法的回归。

应当注意的是，尽管本法将侵权责任作为侵权之债，使之回归债法体系，但仍作为独立一编规定。

98. 无因管理之债

《民法典》总则编第 121 条规定了无因管理之债，即“没有法定的或者约定的义务，为避免他人利益受损失而进行管理的人，有权请求受益人偿还由此支出的必要费用”。该规定基本承袭了原《民法通则》第 93 条的规定，即“没有法定的或者约定的义务，为避免他人利益受损失进行管理或者服务的，有权要求受益人偿付由此而支付的必要费用”。构成无因管理需要具备以下三个条件：一是管理人须对他人事务进行管理。二是管理人没有法定的或者约定的义务。三是管理人须为避免他人利益受损而管理。构成无因管理后,本人和管理人之间发生债权债务关系。关于无因管理之债的基本规则,可参见合同编准合同的部分。

99. 不当得利之债

《民法典》总则编第 122 条规定了不当得利之债:“因他人没有法律根据,取得不当利益,受损失的人有权请求其返还不当利益。”该规定基本承袭了原《民法通则》第 92 条的规定,即“没有合法根据,取得不当利益,造成他人损失的,应当将取得的不当利益返还受损失的人”。构成不当得利需要具备以下四个要件:一是一方获得利益,二是他方受有损失,三是取得利益与受有损失之间具有因果关系,四是无合法根据。构成不当得利后,得利人应当返还不当利益。关于不当得利之债的基本规则,可参见合同编准合同的部分。

100. 知识产权的概念及其客体

《民法典》总则编第 123 条第 1 款、第 2 款分别规定:“民事主体依法享有知识产权。”“知识产权是权利人依法就下列客体享有的专有的权利:(一)作品;(二)发明、实用新型、外观设计;(三)商标;(四)地理标志;(五)商业秘密;(六)集成电路布图设计;(七)植物新品种;(八)法律规定的其他客体。”这一条文是关于知识产权的规定。在此之前,原《民法通则》仅第 94 条至第 97 条分别笼统性地规定了著作权、专利权、商标权、发现权、发明权及其他科技成果权。与原《民法通则》的规定相比,本条规定界定了知识产权的概念及客体。

知识产权,也叫智慧财产所有权,是指民事主体基于其创造性智力成果和工商业标记依法产生的专有的民事权利的统称。知识产权是一种无形财产权,属于广义的财产权利范畴,其客体是智慧劳动成果或者是知识产品,是一种无形财产,或者是一种没有形体的精神财富,也是创造性的智力劳动所产生的劳动成果。

知识产权的内容包括两大部分:第一,人身权利,也称为精神权利,是指权利同取得智力成果的人身不可分离,是人身关系在法律上的反映,包括作者的署名权、作品的发表权、作品的修改权、维护作品完整权等。第二,财产权利,也称为经济权利,是指智力成果被法律承认以后,权利人可以利用这些智力成果取得报酬或者得到奖励的权利。

主要的知识产权类型包括:第一,著作权是制作者及相关主体区域对各类作品的创作依法享有的权利;广义的著作权,是指除了狭义著作权以外,还包括表演者、录音录像制品,作者和广播电视局旨在传播作品过程中,就自己创造的劳动成果所享有的民事权利。第二,专利权,是发明创造人或其他权利受让人对特定的发明创造在一定期限内,依法享有的独占实施的知识产权。第三,商标权,是指商标主管机关依法授予商标所有人对其注册商标予以国家法律保护的专有的知识产权。第四,其他知识产权,例如地理标志权、商业秘密权、植物新品种权以及集成电路布图设计专有权等。

知识产权的客体是:第一,作品,包括文学、艺术和自然科学、社会科学、工程技术等作品。第二,发明、实用新型、外观设计。发明是指对产品、方法或者其改进所提出的新的技术方案。实用新型是指对产品的形状、构造或者其结合所提出的适于实用的新的技术方法。外观设计是指对产品的形状、图案或者其结合以及色彩与形状、图案的结合所作出的富有美感并适于工业应用的新设计。第三,注册商标,即经商标局核准注册的商标,包括商品商标、服务商标和集体商标、证明商标。第四,地理标志,即原产地标志,是鉴别原产于一成员方领土或该领土的一个地区或一个地点的产品的标志,标志产品的质量、声誉和其他确定的特性,应当主要决定于其原产地。第五,商业秘密,是不为公众所知悉、能为权利人带来经济利益,具有实用性,并经权利人采取保密措施的技术信息和经营信息。第六,集成电路布图设计,涉及对电子元件、器件间互连线模型的建立,所有的器件和互连线都需安置在一块半导体衬底材料之上,从而形成电路。第七,植物新品种,是指经过人工培育的,或者对发现的野生植物加以开发,具有新颖性、特异性、一致性和稳定性并有适当命名的植物品种。第八,法律规定的其他客体,例如本法第 127 条规定的数据,就是数据专有权的客体。

本条新规则的要点如下:

(1)界定了知识产权的概念。原《民法通则》只规定了著作权、专利权、商标专用权等,但并未规定上述权利的概念,也并未规定知识产权的概念。本条规定抽取了著作权、专利权、商标专用权等内容的一般规定,界定了知识产权的概念。

(2)界定了知识产权的客体。原《民法通则》只规定了著作权、专利权、商标专用权等,但并未规定上述知识产权的客体。之后,立法机关陆续制定了知识产权法的单行法,包括但不限于《著作权法》《专利法》《商标法》《植物新品种保护条例》。本条规定结合上述单行法,界定了知识产权的客体。

101. 继承权的客体是遗产

《民法典》总则编第 124 条第 1 款、第 2 款分别规定:"自然人依法享有继承权。""自然人合法的私有财产,可以依法继承。"这一条文是关于继承权的规定。与原《民法通则》第 76 条关于"公民依法享有财产继承权"的规定相比,本条规定删除了"财产"二字,并明确了继承权的客体是遗产。

继承权,是指自然人按照被继承人所立的合法有效遗嘱或者法律的直接规定而享有的继承被继承人遗产的权利。在继承中,遗留财产的死者称为被继承人,死者的财产称为遗产,取得遗产的人称为继承人,继承人继承遗产的权利称为继承权。继承权的特征是:第一,继承权的主体是自然人,而不能是法人、非法人组织或者国家;第二,继承权是自然人依照合法有效的遗嘱或者法律的直接规定而享有的权利,其发生根据有两种,一是法律的直接规定,二是合法有效的遗嘱的指定;第三,继承权的客体是被继承人的财产权利,并不是被继承人的遗产;第四,继承权的性质是财产权,同时具有身份属性,因为继承通常是在特定的亲属之间发生的,因而继承权具有双重属性。

继承权的客体是遗产。遗产就是自然人死亡时遗留下来的个人合法财产。具体而言:第一,遗产是自然人死亡时遗留下的财产,不是自然人死亡时留下的遗产不为遗产;第二,遗产是自然人的个人财产,不属于个人的财产不能为遗产;第三,遗产是自然人的合法财产,不是自然人合法取得的和合法享有的财产,也不能为遗产。遗产的法律特征是:第一,时间上的限定性,被继承人死亡的时间是划定遗产的特定时间界限,在被继承人死亡之前,该自然人具有民事权利能力,其享有财产所有权等各种权利。自然人死亡后,不再有民事权利能力,其财产即转变为遗产。第二,内容上的财产性,遗产只能是自然人死亡时遗留的个人财产,具有财产性。第三,范围上的预定性,遗产必须是自然人死亡时遗留的个人财产,只有在被继承人生前属于被继承人个人所有的财产才能成为遗产。第四,性质上的合法性,自然人死亡时遗留下的财产,只有依法可以由自然人拥有的,并且被继承人有合法取得根据的财产才是遗产。第五,处理上的流转性,遗产是要转由他人承受的被继承人死亡时遗留的遗产,因而必须具有流转性。

对于遗产的范围,本法第1122条改变原《继承法》第3条规定的“列举+概括”的做法,采取概括式立法方法,即“遗产是自然人死亡时遗留的个人合法财产。依照法律规定或者根据其性质不得继承的遗产,不得继承”。

本条新规则的要点如下:

(1)将财产继承权修改为继承权。原《民法通则》规定的是公民享有财产继承权。尽管自然人所享有的继承权在内容上具有财产性,但是将其表述为财产继承权略有不当。本条规定删除了“财产”二字,体现了立法用语的精确。

(2)明确了继承权的客体是遗产。原《民法通则》未规定继承权的客体,但是原《继承法》第3条规定了遗产,即“遗产是公民死亡时遗留的个人合法财产,包括:(一)公民的收入;(二)公民的房屋、储蓄和生活用品;(三)公民的林木、牲畜和家禽;(四)公民的文物、图书资料;(五)法律允许公民所有的生产资料;(六)公民的著作权、专利权中的财产权利;(七)公民的其他合法财产"。本条规定借鉴了这一内容,将公民修改为自然人后,概括性地规定了遗产是继承权的客体,没有遗产就不存在继承法关系。

102. 民事主体依法享有股权与其他投资性权利

《民法典》总则编第125条规定:"民事主体依法享有股权和其他投资性权利。"这一条文是关于股权和其他投资性权利的规定。原《民法通则》未对此作出规定,本条属于新规则,要点如下:

(1)股权,是指股东基于出资行为,在依法设立的公司中取得股东地位或者出资人资格,在公司中享有的以财产收益权为核心,并可以依法参与公司事务的权利。股权仍然是财产权利。不过,股权的权利内容颇为复杂,不仅包括财产权利的内容,也包含了股东身份的权利。

(2)其他投资性权利,是指股权以外的,自然人、法人或者非法人组织作为出资人或者开办人,基于其向非公司性的营利法人或者非法人组织出资而获得的出资人或者开办人的身份,以及基于该身份而享有的经营收益权。这些其他投资性权利也属于民事权利,与股权类似,民法予以保护。

本条规定了股权和其他投资性权利,具有重大意义。制定原《民法通则》时,还未完全摆脱计划经济体制的影响,在民事权利类型中未规定股权和其他投资性权利。制定原《侵权责任法》时,明确了股权为保护的民事权益之一,但是也未规定其他投资性权利。本条第一次宣示了股权和其他投资性权利的民事权利地位,为股权和其他投资性权利的积极确权和消极保护提供了请求权基础。将来对上述民事权利进行保护时,就可以直接适用这一规则。

103. 民法保护民事主体享有的其他民事权利和利益

《民法典》总则编第126条规定:"民事主体享有法律规定的其他民事权利和利益。"这一条文是关于其他法律规定民事权利和法益的规定。原《民法通则》未作出兜底保护的规定,本条属于新规则。

(1)其他民事权利。本法在"民事权利"一章无法对所有的民事权利都作出规定,因而规定其他法律规定的民事权利,民事主体也都享有,依法予以保护。例如,无论刑法还是行政法都规定了侵害他人性自主权利违法行为的刑事责任和民事责任,人格权编第1010条规定了性骚扰行为的规制,因而性自主权是民事权利。总则编也没有规定信用权,人格权编第1029条和第1030条规定了对信用权的保护,信用权也是独立的人格权。对于担保物权,物权编没有规定所有权保留和优先权,合同编第 641 条规定了所有权保留,其他多部法律都规定了优先权,都是担保物权。类似这样其他法律规定的民事权利,都是民事主体享有的民事权利。

(2)法益。法律所保护的利益就是法益。本条规定的民事主体享有法律规定的利益是狭义的法益。广义的法益泛指一切受法律保护的利益,权利当然也包含在法益之中。民法在保护民事利益时,对于比较成熟的、具有独立性的民事利益的保护,采用设置民事权利的方式予以保护,例如对身体、健康、生命、姓名、肖像、名誉、隐私、人身自由等民事利益,就规定单独的人格权予以保护。对于一些尚不具有独立保护价值的民事利益,当需要予以保护时,法律就规定对其按照法益进行保护。例如,胎儿的人格利益和死者的人格利益,都是由于胎儿和死者只具有部分民事权利能力,而无法设置民事权利进行保护,法律又须对其进行保护,因而胎儿的人格利益和死者的人格利益就用法益予以保护。民法的法益的范围是:人格法益,例如胎儿的人格利益和死者的人格利益;身份法益,是配偶权、亲权、亲属权等身份权无法包含的其他身份法益;财产法益,是物权、债权等财产权利所不能包含的其他财产利益。

本条文作为新设的规则,具有重要意义。原《民法通则》第五章民事权利明确规定了民事权利的类型,包括财产所有权、债权、知识产权、生命健康权等,但未明确规定民事权利的兜底条款。《民法典》总则编草案第二次审议时,新增了兜底条款,第 124 条规定"民事主体享有法律规定的其他民事权利"。考虑到仅保护民事权利尚不够周全,《民法典》总则编草案第三次审议时新增了民事利益。最终形成了这一条文。本条文为其他民事权利和利益的保护提供了法律依据。体现了对民事主体权益的全面保护,充分彰显了 21 世纪民法典的人文关怀。

104. 数据和网络虚拟财产是民事权利客体

《民法典》总则编第 127 条规定:"法律对数据、网络虚拟财产的保护有规定的,依照其规定。"这一条文规定了数据和网络虚拟财产是民事权利的客体,是为了满足互联网时代保护个人数据与网络虚拟财产的需求而新增的条款。

(1)数据

《民法典》总则编草案曾将数据作为知识产权的客体,网络虚拟财产作为物权的客体。因对数据与网络虚拟财产的属性有较大的分歧,立法机关将其从原有的规定中移除,而是单列一个条款进行保护,并同时规定了数据、网络虚拟财产的转致性条款。尽管目前对数据与网络虚拟财产的属性尚未有所定论,基于立法资料的考察,笔者更倾向于认定数据是知识产权的客体,网络虚拟财产是物权的客体。

数据可以分为原生数据和衍生数据。原生数据是指不依赖于现有数据而产生的数据;衍生数据是指原生数据被记录、存储后,经过算法加工、计算、聚合而成的系统的、可读取、有使用价值的数据,例如购物偏好数据、信用记录数据等。能够建成为知识产权客体的数据是衍生数据。衍生数据的性质属于智力成果,与一般数据不同。在数据市场交易和需要民法规制的数据是衍生数据。以衍生数据为客体建立的权利是数据专有权。数据专有权是一种财产权,性质属于一种新型的知识产权。数据专有权与传统的知识产权有明显不同,在权利的主体、客体以及保护等方面,都存在明显的差别。作为数据权利客体的衍生数据,在业务实践中并不要求具备这些门槛。数据专有权具备传统知识产权无形性、专有性、可复制性的特点,但不具备传统知识产权的地域性、时间性的特点,因此是一个新型的权利类型。

(2)网络虚拟财产

网络虚拟财产是指虚拟的网络本身以及存在于网络上的具有财产性的电磁记录,是一种能够用现有的度量标准度量其价值的数字化的新型财产。网络虚拟财产作为一种新兴的财产,具有不同于现有财产类型的特点。网络虚拟财产属于特殊物,具有以下意义:第一,把网络虚拟财产归入特殊物,顺应了物权法的发展趋势。第二,特殊物准确反映出了网络虚拟财产的特性,是对网络虚拟财产的客观界定和准确描述。

对于数据和网络虚拟财产的法律保护,是法律对其有保护规定的,依照其规定,对衍生数据和网络虚拟财产的保护是很明确的,即对衍生数据应当用数据专有权来保护,对网络虚拟财产就用物权来保护。

105. 单行权利保护法为民法特别法

《民法典》总则编第 128 条规定:“法律对未成年人、老年人、残疾人、妇女、消费者等的民事权利保护有特别规定的,依照其规定。”这一条文是关于单行权利保护法为民法特别法的规定。与原《民法通则》第 104 条只强调了对婚姻、家庭、老人、母亲和儿童以及残疾人这类特殊群体进行法律保护外,本条规定修改了民事主体用语规范,扩大了保护的范围,同时规定了转致性条款,有助于司法裁判的适用。

本条与本法第 11 条规定相衔接,已经制定的《未成年人保护法》《老年人权益保障法》《残疾人保障法》《妇女权益保障法》《消费者权益保护法》等法律,都是对某一类弱势群体的权利保护,这些被保护的权利又主要是民事权利,因而把它们作为民法特别法,是民法体系的组成部分。《民法典》总则编规定民法特别法条款,是一种精巧的立法方法,整合民法普通法和民法特别法的关系,实现民法体系的一体化,而不使民法特别法游离于民法之外,不能适用私法保护方法,割裂民法体系。

对于本法以外的其他法律本身就是民法特别法的,在民法特别法的识别上,应当识别在民法特别法的法律中的那些不属于民法特别法的规范。无论是在商法的单行法,还是在知识产权法的单行法,以及在《老年人权益保障法》《未成年人保护法》《残疾人保障法》《妇女权益保障法》《消费者权益保护法》等,其主要的法律规范都是民事法律规范。其中包含的非民事法律规范并不是民法特别法,不具有在民法领域中优先适用的效力,而是应当遵循公法的适用方法予以适用。对于它们的识别,应当依照"另有"要件和"特别"要件加以衡量,不具有这些要件的就不是民法特别法,就排除其民事法律适用的效力。

本条新规则的要点如下:

(1)修改民事主体用语规范。原《民法通则》第104条规定的是婚姻、家庭、老人、母亲和儿童以及残疾人受法律保护。其中,婚姻和家庭并不是民事主体,老人、母亲和儿童以及残疾人才是民事主体。本条规定对这类特殊群体保护时,将其修改为未成年人、老年人、残疾人、妇女、消费者等,用语更为规范。

(2)扩大保护范围。原《民法通则》第104条主要保护的是老人、母亲、儿童以及残疾人。本条规定明确新增了消费者这类群体,同时还增加了兜底条款,扩大了民法的保护范围。

(3)新增转致性条款。原《民法通则》第104条只规定了上述这类特殊群体受到法律保护,但并未规定受何种法律保护以及受到何种程度的特殊保护。本条规定新增转致性条款,直接链接到《未成年人保护法》《消费者权益保护法》等,有助于司法裁判的适用。

106. 民事权利的多种取得方式

《民法典》总则编第129条规定:"民事权利可以依据民事法律行为、事实行为、法律规定的事件或者法律规定的其他方式取得。"这一条文是关于民事权利取得方式的规定。制定原《民法通则》时,仅规定了所有权的取得,即第72条关于"财产所有权的取得,不得违反法律规定。按照合同或者其他合法方式取得财产的,财产所有权从财产交付时起转移,法律另有规定或者当事人另有约定的除外”。与该规定相比,本条规定了所有类型的民事权利的取得,且规定的取得方式更加多元。

民事权利的取得,是指民事主体依据法律赋予,或者依据合法的方式或根据,获得并享有民事权利。

一般认为,民事权利的取得方式有两种:一是原始取得,二是继受取得。按照本条的规定,民事权利取得的具体方式如下:

(1)民事法律行为。民事法律行为是取得民事权利的基本方式。例如,缔约当事人通过订立合同的行为取得合同之债权。

(2)事实行为。事实行为是法律事实的一种,是指行为人实施的不具有设立、变更和消灭民事法律关系的意图,但是依照法律的规定能引起民事法律后果的行为。其特征是:首先,行为作为法律事实是一种由事实构成的行为,不包括当事人的意思要素;其次,因事实行为而引起的法律后果非出于当事人的意思表示,而是民法的一种强行性规范;最后,事实行为是一种垫底性的行为,没有当事人的意思表示,法律并不赋予其强制的法律后果,只有在其符合法律要求时才产生法律后果。例如,本法物权编第 231 条规定:“因合法建造、拆除房屋等事实行为设立或者消灭物权的,自事实行为成就时发生效力。”

(3)事件。事件是指与人的意志无关,能够引起民事法律后果的客观现象。事件与民事主体的意志无关,独立于人的意志之外,是不受人的意志控制的客观事实,它的发生、发展,都依照客观规律发生。事件一经发生,在法律规定的范围内可以引起法律后果,取得民事权利。例如,本法物权编第 229 条规定的那样:“因人民法院、仲裁委员会的法律文书或者人民政府的征收决定等,导致物权设立、变更、转让或者消灭的,自法律文书或者人民政府的征收决定等生效时发生效力。”确认了司法行为、仲裁行为和行政行为的法律属性,在民法上属于事件。

(4)法律规定的其他方式。法律规定的民事权利的其他取得方式,主要是法律直接赋予。法律直接赋予的民事权利只有人格权,因此,人格权是固有权利,而不是基于某种事实而取得的权利。人格权的固有性是人格权与其他民事权利的基本区别之一。

本条新规则的要点是规定了民事权利取得有多种方式。原《民法通则》规定所有权的取得时,只规定了合同或者其他合法方式,本条规定将其扩展为民事法律行为、事实行为、事件或者其他方式,取得方式更加多元化。遗憾的是,在本条规定中,还缺少一个内容,就是取得时效。本法总则编只规定了诉讼时效,而未规定取得时效,主要原因在于与我国拾金不昧的传统相违背。然而,在大部分国家和地区,仍然承认取得时效的正当性。

107. 民事主体享有自我决定权

《民法典》总则编第130条规定:"民事主体按照自己的意愿依法行使民事权利,不受干涉。"这一条文是关于民事主体行使权利的要求。在此之前,原《民法通则》未对此作出规定,本条是新设的规则。

民事权利主张,是在民事权利的存在或权利的行使受到妨碍的时候,权利人对特定人提出的承认权利的存在,或者排除妨碍保障权利行使的要求。民事权利行使,是指民事权利主体具体实施构成民事权利内容的行为,实现其受法律保护的合法民事利益。民事权利行使就是把这种可能性变为现实性的过程。把民事权利的这种可能性变为现实性的具体行为,就是行使民事权利,将民事权利的内容予以实现。民事权利实现,是民事权利行使的最终目的,是把民事权利的可能性变为最终的现实性,是行使权利的最终结果。在这三个概念中,民事权利行使是核心概念。民事权利行使的要求是完全尊重民事权利主体的意愿,其实质就是民事主体享有自我决定权。

自我决定权是自然人享有的意志,以发展自己的人格为目的,对于生命、身体、健康、姓名、肖像、名誉、荣誉、隐私等民事权利的行使,有权自行决定,不受他人干涉的抽象人格权。自我决定权作为权利人对自己的具体民事权利进行自我控制与支配,是权利人针对自己的人格发展的要求,做自己权利的主人,决定自己的权利行使,实现自己的人格追求。其特征是:第一,自我决定权是一个体现自我价值、根据自己意愿行使权利的权利。第二,自我决定权具有相对宽泛但却是独立的保护对象即民事权益。第三,自我决定权不是一个具体的民事权利,而是一个支配民事权利的权利,因此是具有权能性的权利。

本条规定将自我决定权的对象扩大至所有的民事权益,包括但不限于人格权,对民事主体行使民事权利具有重要的意义。申言之,权利主体对自己所享有的民事权利和利益,都有权依照自己的意愿进行支配,按照自己的意愿行使,通过支配和行使自己的权利,满足自己的要求,实现自我价值。

108. 民事主体的民事权利与民事义务相一致

《民法典》总则编第131条规定:"民事主体行使权利时,应当履行法律规定的和当事人约定的义务。"这一条文是关于民事权利与民事义务相一致原则的规定。原《民法通则》未对此作出规定,本条属于新增规则。

民事权利与民事义务相一致原则,是指民事权利和民事义务相辅相成,民事权利与民事义务永远相对应,民事主体在行使民事权利时,必须履行民事义务的民法基本准则。权利义务相一致原则往往是法理学所提出的命题。本法新增民事权利与民事义务相一致的原则,使之成为民法的一般性规则,明确了民事权利与民事义务之间的对等关系,强调了民事主体行使权利时,也需要履行义务,以保障其他权利人权利的实现。

民事权利与民事义务相一致的主要表现是:第一,就特定的民事权利而言,必然与特定的民事义务相对应。当一个民事主体享有民事权利的时候,必有其他民事主体对该民事权利负有民事义务。第二,就特定的民事主体而言,当权利人享有民事权利的时候,必定也负有相应的民事义务。第三,就特定的行使民事权利行为而言,当一个特定的权利人行使自己的民事权利时,这个权利人的义务人必须履行自己相应的民事义务,以保障民事权利主体享有的民事权利的实现。

正因为民事权利与民事义务相一致是民法的基本原则,因此就要求民事主体在行使自己权利的时候,也必须履行法律规定的和当事人约定的义务。要求是:第一,无论是行使自己的绝对权还是相对权,都有合法的根据,都是依照法律在行使自己的权利。第二,民事主体在行使自己权利的时候,也应当履行民事义务,当然也包括绝对权法律关系的民事义务和相对权法律关系的民事义务。

109. 禁止民事主体滥用民事权利

《民法典》总则编第 132 条规定:“民事主体不得滥用民事权利损害国家利益、社会公共利益或者他人合法权益。”这一条文是关于禁止滥用民事权利的规定。与原《民法通则》第 7 条关于“民事活动应当尊重社会公德,不得损害社会公共利益,扰乱社会经济秩序”的规定相比,本条突出强调了民事主体不得滥用民事权利。要点如下:

(1)本条规定的禁止权利滥用原则与本法第 130 条规定的自我决定权相对应。权利人行使权利是自己的自由,但超出必要限度行使权利,就是滥用权利。我国法律一方面鼓励权利人行使民事权利,获得民事利益;另一方面禁止权利滥用,为权利的行使划清具体的边界,防止因行使权利而损害社会公共利益或者他人的民事权益。

(2)权利滥用是指民事权利主体在外表上虽属于行使权利,但在实际上是背离权利本质或超越权利界限的违法行为。其特征是:第一,权利滥用具有行使权利的表征或与行使权利有关,这是权利滥用的形式特征;第二,权利滥用是违背权利本旨或超越权利正当界限的行为,这是权利滥用的实质特征;第三,权利滥用是一种违法行为,这是权利滥用的法律特征。法律对权利滥用行为予以否认或者限制其效力的原则,就是禁止权利滥用原则。

(3)民事权利行使尽管是实现自己的权益,但是,也事关义务人的利益,甚至事关国家、社会的利益。因此,民事主体行使民事权利,法律在依法保护的同时,也对民事权利行使进行一定的限制,不能超越边界。一是宪法限制。《宪法》第51条规定:"中华人民共和国公民在行使自由和权利的时候,不得损害国家的、社会的、集体的利益和其他公民的合法的自由和权利。"二是民法限制,包括诚实信用原则的限制、公序良俗的限制和禁止权利滥用原则的限制。

(4)禁止权利滥用原则具有的功能是:第一,指导民事主体行使民事权利的功能,要求民事主体在行使民事权利的时候不能越界;第二,提供评价民事法律行为标准的功能,法官在审查因民事法律行为发生争议的时候,根据禁止权利滥用原则评判和解释民事主体行使权利的行为;第三,给法官提供解释和补充法律规定民事权利不足时的尺度。

(5)认定权利滥用的标准,是行使民事权利违背其本质或超越其正当界限。这是因为行使权利违背其本质或者超越其正当界限,就是与权利的功能不相容的行为,因而就属于权利滥用。

本条新规则突出强调了禁止滥用民事权利。原《民法通则》第7条只规定了民事活动应当尊重社会公德,不得损害社会公共利益,扰乱社会经济秩序,而未提及不得滥用民事权利。本条特别规定了不得滥用民事权利,是在补足之前的立法漏洞,有十分重要的作用。虽说民法是"法无明文禁止即可行",但是自由行使自己的权利不能超过必要的限度,而这个限度就是不得侵害他人的权利。将禁止滥用民事权利规定在明文中,就能够督促民事主体行使民事权利时,注意必要的限度,不去侵害他人的权益。

第六章 有关民事法律行为的新规则

第一节 关于一般规定的新规则

110. 民事法律行为以意思表示为核心要素

《民法典》总则编第133条规定:“民事法律行为是民事主体通过意思表示设立、变更、终止民事法律关系的行为。”这一条文规定的是民事法律行为的概念。与原《民法通则》第54条的规定相比,本条规定对民事法律行为的概念进行了重大的修正。

民事法律行为是民事主体通过意思表示设立、变更、终止民事法律关系的行为。在理论上给民事法律行为概念下定义,还要有所补充。即民事法律行为是指自然人、法人或者非法人组织,通过意思表示设立、变更、终止民事权利和民事义务关系,能够产生当事人预期的法律效果的行为。

民事法律行为是行为的一种类型,是行为中最主要的形式,是法律事实的最基本的形式。法律事实是民事流转的动力,由于法律事实的出现,民事法律关系才得以产生、变更或消灭。民事法律关系的产生、变更和消灭,推动了市民社会的不断发展。民事法律行为作为推动民事流转的基本的、主要的形式,在民法社会中发挥着极为重要的作用,具有重要意义。民事法律行为制度不仅统辖着合同法、遗嘱法、婚姻法等具体设权行为的规则,形成了民法不同于法定主义体系的独特法律调整制度,而且又以完备系统的理论形态概括了民法中一系列精致的概念和原理,形成了学说中令人瞩目的独立领域。

本条新规则的要点如下:

(1)调整了主体的范围。原《民法通则》第54条规定民事法律行为的主体是公民或者法人,排除了非法人组织。本条将民事法律行为的主体界定为“民事主体”,包含了自然人、法人和非法人组织,实质上是肯定了非法人组织的民事主体地位。

(2)增加了意思表示要素。意思表示是民事法律行为的核心。界定民事法律行为的概念时增加意思表示的要素,不仅体现了定义更为精准,也强化了意思表示在民事法律行为中的地位,充分体现了意思自治的基本原则。

(3)将民事权利与民事义务修改为民事法律关系。实施民事法律行为所追求的后果是为了设立、变更、终止民事法律关系。民事法律关系的内容除了民事权利与民事义务这两个核心内容外,还包括可以行使的权力以及其他法律上之拘束。本条规定将设立、变更、终止民事权利和民事义务修改为设立、变更、终止民事法律关系,更为全面、准确地规定了民事法律行为所追求的后果。

(4)删除了关于合法性的规定。原《民法通则》第 54 条将民事法律行为界定为合法行为,混淆了行为的成立与有效,导致无效、可撤销的行为无法归类为民事法律行为,而只能归类为民事行为。这在理论和实务上多受诟病。本条一律采用民事法律行为的概念,将有效、无效或者可撤销、效力待定的法律行为统一起来,不仅简化了法律行为的概念和体系,也区分了民事法律行为的成立与有效。

总之,本条规定对原《民法通则》第 54 条的修改,使得不合理、不准确的民事法律行为的概念走向了科学、合理的民事法律行为的概念。

111. 民事法律行为的成立方式

《民法典》总则编第 134 条第 1 款、第 2 款分别规定:“民事法律行为可以基于双方或者多方的意思表示一致成立,也可以基于单方的意思表示成立。”“法人、非法人组织依照法律或者章程规定的议事方式和表决程序作出决议的,该决议行为成立。”这一条文是关于民事法律行为成立的规定,是新增规则,要点如下:

(1)民事法律行为成立是指民事法律行为在客观上已经存在。一般情形下,民事法律行为成立时当然有效。但是在特别情况下,民事法律行为成立并不是必然生效。原《民法通则》第 55 条仅规定了民事法律行为生效要件,未区分成立与生效。

(2)民事法律行为的成立要件是:第一,民事法律行为须含有设立、变更或终止民事法律关系的意图。即民事法律行为必须包含追求一定法律效果的意思,没有这种效果意思就不能成立民事法律行为。第二,民事法律行为须内容表达完整。意思表示表达不完整的,不能成立民事法律行为。第三,民事法律行为须将内心意思表达于外部。仅仅存在于内心的意思而未表达于外部的,不能成立民事法律行为。如果民事法律行为是要物行为和要式行为,除上述要件外,还必须具备特别要件:民事法律行为的成立必须由双方当事人的意思表示达成一致;要物行为还必须交付实物,而要式行为还必须符合法定的形式要求。民事法律行为在符合上述成立要件时成立。不符合民事法律行为成立要件的行为,视为民事法律行为不存在。

(3)按照民事法律行为参加的当事人的数量,民事法律行为可以分为多方民事法律行为、双方民事法律行为和单方民事法律行为。多方民事法律行为是三方以上的当事人参加的民事法律行为,如三方以上的当事人关于设立公司的协议,就是典型的多方民事法律行为。多方民事法律行为的成立要件是多方主体的意思表示平行一致。双方的民事法律行为是两方当事人参加的民事法律行为,买卖、赠与合同是典型的双方民事法律行为。双方民事法律行为的成立要件是双方的意思表示一致。单方民事法律行为是当事人一方的意思表示就构成的民事法律行为,悬赏广告、设置幸运奖、遗嘱等,都是单方民事法律行为。根据本条的规定,双方或者多方民事法律行为是一般情况,单方法律行为是例外情形。

(4)法人、非法人组织依照法律或者章程规定的议事方式和表决的程序作出的决议,属于多方民事法律行为。这种民事法律行为只要是依照法律或者章程规定的议事方式和表决程序作出的,该决议行为就是民事法律行为,有效成立。

112. 法律、行政法规规定或当事人约定采用特定形式的应当采用特定形式

《民法典》总则编第135条规定:"民事法律行为可以采用书面形式、口头形式或者其他形式;法律、行政法规规定或者当事人约定采用特定形式的,应当采用特定形式。"这一条文是关于民事法律行为形式的规定。与原《民法通则》第56条关于"民事法律行为可以采用书面形式、口头形式或者其他形式。法律规定用特定形式的,应当依照法律规定"的规定相比,本条规定扩大了特定形式要件的适用范围。

(1)书面形式,是指以书面文字的方式进行的意思表示。分为一般书面形式和特殊书面形式。一般书面形式是指用一般性的文字记载形式进行的意思表示,特殊书面形式是指获得国家机关或者其他职能部门认可的形式进行的意思表示。电子数据、电报信件、传真等,都是特殊的书面形式。书面形式可以促使当事人在深思熟虑后实施法律行为,使权利义务关系明确化,并方便证据保存,主要适用于不能即时结清、数额较大的法律行为。

(2)口头形式,是指以谈话的方式进行的意思表示。当面交谈、电话交谈、托人带口信、当众宣布自己的意思等,都是口头形式。口头形式具有简便、迅速的优点,但发生纠纷时举证较为困难。主要适用于即时清结或者标的数额较小的交易。

(3)特定形式,包括以下两种主要情形:第一,推定形式,是指以有目的、有意识的积极行为表示其意思的民事法律行为形式。例如,租期届满后,承租人继续缴纳租金而出租人予以接受的行为,即可推定当事人延长了租赁期限。第二,沉默形式,是指将沉默赋予成立法律行为意义的形式,是指既无语言表示又无行为表示的消极行为,在法律有特别规定的情况下,视为当事人的沉默已经构成了意思表示,因而使法律行为成立。在通常情况下,沉默不能作为意思表示的方式。

(4)法律和行政法规规定或者当事人约定采用特定形式的,应当采用特定形式。本条新规则的要点就是增加了特定形式的适用范围。原《民法通则》只规定了法律规定采用特别形式,应当采用特别形式。本条规定扩大了范围,即"行政法规规定"与"当事人约定"采用特别形式,也应当采用特别形式。这样一来,当行政法规规定或者当事人约定采用特别形式,但是未采用,当事人可以适用本条规则,请求采用特定形式,补足形式瑕疵。

本条未规定违反特定形式要件的法律后果,可以参照本法合同编第 490 条第 2 款关于履行治愈规则的内容,即"法律、行政法规规定或者当事人约定合同应当采用书面形式订立,当事人未采用书面形式但是一方已经履行主要义务,对方接受时,该合同成立"。不过,值得注意的是,违反法定形式要件与违反约定形式要件的法律后果应当有所不同。究竟如何进行区分,还需要司法裁判中综合各种因素考量。

113. 民事法律行为生效时间的例外情形

《民法典》总则编第 136 条第 1 款、第 2 款分别规定:"民事法律行为自成立时生效,但是法律另有规定或者当事人另有约定的除外。""行为人非依法律规定或者未经对方同意,不得擅自变更或者解除民事法律行为。"这一条文是关于民事法律行为生效的规定。该规定来源于原《民法通则》第 57 条关于法律效力的规定,即"民事法律行为从成立时起具有法律约束力。行为人非依法律规定或者取得对方同意,不得擅自变更或者解除"。本条规范基本承袭了原《民法通则》第 57 条的做法,不同的是调整了民事法律行为的生效时间。

民事法律行为的生效,是指民事法律行为因符合法律规定而能够引起民事法律关系的设立、变更或者终止的法律效力。民事法律行为成立之后，须具备生效的要件，才能使民事法律行为发生法律上的效力，发生设立、变更或者消灭民事法律关系的法律后果。

本条第1款前半句规定的是民事法律行为生效的一般时间。一般情形下，民事法律行为生效取决于民事法律行为成立时间，二者是相一致的情形，处于同一个时间段。也就是说，依法成立的民事法律行为，具备法律行为生效要件的，即时生效。

本条第1款后半句规定的是民事法律行为生效的特殊时间。民事法律行为成立和生效的时间，既有相一致的情形，也有不一致的情形。民事法律行为的成立和生效并非一个时间，具体包括三种：第一，法律规定民事法律行为须登记生效的，成立后须经过登记程序才能发生法律效力。第二，当事人约定民事法律行为生效条件的，约定的生效条件成就的，才能够发生法律效力。第三，附生效条件、附生效期限的民事法律行为，其所附条件成就，或者所附期限到来时，该民事法律行为才能够生效，其成立和生效也并非同一时间。

民事法律行为生效后，对行为人产生法律上的拘束力。民事法律行为生效后的法律拘束力包括：第一，民事法律行为生效后，行为人必须信守自己的承诺，自觉、全面履行义务，接受民事法律关系的拘束。第二，在民事法律行为生效后，如果对已经生效的民事法律行为需要作出变更和解除的，必须依照法律规定，或者是按照当事人的双方约定，才可以实施，否则就是违约。

本条新规则的要点是：调整了民事法律行为的生效时间。原《民法通则》第57条规定了法律行为从成立时起具有法律约束力，而未规定例外情形。本条规定新增了除外规则，即“法律另有规定或者当事人另有约定的除外”。增加这一规则，更加符合实际情况。比如法律规定需要经过批准，或者当事人附有条件和期限，应当在满足了相应的要求时，民事法律行为才生效。

第二节　关于意思表示的新规则

114. 有相对人的意思表示的生效时间

意思表示，是指民事主体向外部表明意欲发生一定的民法上法律效果的意思行为。“意思”，是指建立、变更、终止民事法律关系时的内心意图；“表示”，是指将内在的意思以适当的方式向适当的对象表示出来的行为。意思表示在具备了表示行为和效果意思两个要素以后就成立，意思表示成立就是意思表示生效。

意思表示生效包括两个方面:第一,表意人在自己作出意思表示并且生效之后,自己要受自己的意思表示的拘束,不得推翻自己的意思表示或者否认自己的意思表示;第二,意思表示生效以后,对对方当事人即表意人的相对人也发生效力,表意人的相对人将产生对意思表示作出相关意思表示的权利,他可以对表意人的意思表示作出承诺,也可以对表意人的意思表示作出修改,提出反要约。

意思表示可以区分为有相对人的意思表示与无相对人的意思表示。有相对人的意思表示就是双方民事法律行为或者多方法律行为的意思表示,无相对人的意思表示就是单方民事法律行为的意思表示,如单方允诺、抛弃、遗嘱等。

《民法典》总则编第 137 条与第 138 条分别规定了有相对人与无相对人的意思表示的生效时间。第 139 条还特别规定了以公告方式作出的意思表示的生效时间。与原《民法通则》的规定相比,这三条都是新增条款,建立起了意思表示生效规则的完整体系。

《民法典》总则编第 137 条第 1 款、第 2 款分别规定:"以对话方式作出的意思表示,相对人知道其内容时生效。""以非对话方式作出的意思表示,到达相对人时生效。以非对话方式作出的采用数据电文形式的意思表示,相对人指定特定系统接收数据电文的,该数据电文进入该特定系统时生效;未指定特定系统的,相对人知道或者应当知道该数据电文进入其系统时生效。当事人对采用数据电文形式的意思表示的生效时间另有约定的,按照其约定。"这一条文是关于有相对人的意思表示的生效时间的规定。

在此之前,原《合同法》第 16 条规定了要约的生效时间,即"要约到达受要约人时生效。采用数据电文形式订立合同,收件人指定特定系统接收数据电文的,该数据电文进入该特定系统的时间,视为到达时间;未指定特定系统的,该数据电文进入收件人的任何系统的首次时间,视为到达时间"。该规定区分了要约生效时间的一般情形,并对采用数据电文作出要约的生效时间作出系统性的规定。原《合同法》第 23 条规定了承诺的生效时间,即"承诺应当在要约确定的期限内到达要约人。要约没有确定承诺期限的,承诺应当依照下列规定到达:(一)要约以对话方式作出的,应当即时作出承诺,但当事人另有约定的除外;(二)要约以非对话方式作出的,承诺应当在合理期限内到达"。该规定按是否以对话方式作出区分了承诺生效的时间。

本条借鉴了上述两条规定的立法经验,扩大适用于有相对人的意思表示的生效时间,并细分为以对话方式作出的意思表示生效和非以对话方式作出的意思表示生效。

对话,可以理解为当面以口头方式表达,地隔千里,以电话沟通,属于对话式的意思表示。除此之外,通过互联网、微信的视频、音频作出的意思表示,也属于对话方式。以对话方式作出的意思表示,在相对人了解该意思表示的内容时生效。

以非对话方式作出的意思表示,其生效采取到达主义,即表意人的意思表示在到达相对人的时候,该意思表示才生效。以非对话方式作出意思表示,并不是说空间的问题,而是表达意思的表示方式。到达主义,是意思表示到达相对人以后发生效力。表意人的意思表示到达相对人能够控制的范围,该意思表示生效。

在以非对话方式作出的意思表示中,以数据电文方式作出的意思表示的生效规则,也采取到达主义,具体情形分为两种:第一,如果相对人已经指定了特定系统接收数据电文的,表意人以非对话方式作出的采取数据电文形式的意思表示,该数据电文进入该特定系统时,意思表示生效。第二,如果双方没有约定接收数据电文的特定系统的,表意人以非对话方式作出的采用数据电文形式的意思表示,相对人知道或者应当知道该数据电文进入其系统时,该意思表示生效。进入相对人的系统,是指相对人的任何一个接收数据电文的系统接收该项数据电文,都构成到达。除外条款是,当事人对采用数据电文形式的意思表示的生效时间另有约定的,就按照其约定的时间作为该意思表示生效的时间。

115. 无相对人的意思表示的生效时间

《民法典》总则编第 138 条规定:“无相对人的意思表示,表示完成时生效。法律另有规定的,依照其规定。”这一条文是关于无相对人的意思表示时间的规定。该规定没有相对应的条文,属于新增条款。

由于无相对人的意思表示没有意思表示的相对人,不存在表示发出和到达的问题,因此法律规定意思表示完成时,就发生法律效力。意思表示完成,就是意思表示具备了表示行为和效果意思两个要素,即表意人的效果意思通过自己的外部行为作出了表示。

这一条文的后段规定的“法律另有规定的,依照其规定”,主要是指遗嘱,遗嘱这种意思表示是无相对人的意思表示,遗嘱作出以后并不立即生效,而是在立此遗嘱的人死亡时才生效,因此规定除外条款。

116. 以公告方式作出意思表示的生效时间

《民法典》总则编第 139 条规定:“以公告方式作出的意思表示,公告发布时生效。”这一条文是关于以公告方式作出意思表示生效时间的规定,原《民法通则》没有对此作出过规定,本条是《民法典》总则编规定的新规则。

以公告方式作出的意思表示,是意思表示的特别方式。对有相对人,但表意人不知道意思表示的相对人,或者不能知道相对人的下落的,可以依照《民事诉讼法》关于公告送达的规定,以公告的方式作出意思表示。以公告方式作出的意思表示,公告发布时即生效。

117. 意思表示可以通过多种方式作出

《民法典》总则编第 140 条第 1 款、第 2 款分别规定:“行为人可以明示或者默示作出意思表示。”“沉默只有在有法律规定、当事人约定或者符合当事人之间的交易习惯时,才可以视为意思表示。”这一条文是关于意思表示方式的规定。在此之前,原《民法通则》未规定意思表示的方式,本条属于新设的条文。

规定意思表示的方式时,借鉴了原《合同法》第 22 条关于承诺方式的规定。原《合同法》第 22 条规定:“承诺应当以通知的方式作出,但根据交易习惯或者要约表明可以通过行为作出承诺的除外。”承诺属于意思表示。承诺以通知的方式作出,是一种明确的意思表示;以行为的方式作出,是一种默示的意思表示。本条规定在此基础上,明确了意思表示的方式包括明示方式、默示方式。默示方式包括作为的默示方式以及不作为的默示方式(特定的沉默方式)。

(1)明示方式是指行为人以语言、文字或者其他直接表意方法,表示内在意思的表意形式。明示具有表意直接、明确的特点,不易产生纠纷,具有广泛的适用性。对于特别需要采用明示方式的法律行为,应当明确规定明示方式方为有效,默示方式无效。

(2)默示方式是指行为人以使人推知的方式,间接表示其内在意思的表意形式。行为人以某种表明法律意图的行为间接表示其内在意思的默示,也称为行为默示或者推定行为。例如,在收费停车场停放车辆、乘坐公共汽车等行为,就是意思实现,就是行为默示或者推定行为。

(3)特定沉默方式,是指行为人以不作为或者有特定意义的沉默,间接表示其内在意思的表达形式。只有在法律规定或者当事人有约定或者当事人之间有交易习惯的情况下,才能将特定沉默视为默示。例如,双方长期供货、受领,没有书面合同和口头约定,只是交易习惯,就是沉默方式的应用。

意思表示是民事法律行为的核心。意思表示通过上述三种方式作出,才是作出了民事法律行为,才可以链接到《民法典》总则编第 135 条,将书面、口头或者其他形式作为意思表示的载体。

118. 意思表示撤回发生效力须满足时间要件的要求

《民法典》总则编第 141 条规定:“行为人可以撤回意思表示。撤回意思表示的通知应当在意思表示到达相对人前或者与意思表示同时到达相对人。”这一条文是关于意思表示撤回的规则。原《民法通则》未规定意思表示撤回的规则,本条属于新增条款。

本条规定意思表示撤回时,借鉴了原《合同法》关于要约以及承诺的撤回的规定。原《合同法》第 17 条规定的是要约的撤回,即“要约可以撤回。撤回要约的通知应当在要约到达受要约人之前或者与要约同时到达受要约人”。原《合同法》第 27 条规定的是承诺的撤回,即“承诺可以撤回。撤回承诺的通知应当在承诺通知到达要约人之前或者与承诺通知同时到达要约人”。要约、承诺均属于意思表示。本条规定意思表示撤回规则时,基本承袭了原《合同法》第 17 条、第 27 条的规定。要点如下:

(1)意思表示撤回,是指在意思表示人发出意思表示之后,意思表示生效之前,宣告收回发出的意思表示,取消其效力的行为。

(2)意思表示撤回权是缔约当事人的一项重要权利。由于意思表示的撤回发生在意思表示生效之前,受意思表示人还未曾被赋予承诺的资格,一般不会给受意思表示人造成损害。法律允许表意人根据市场的变化、需求等各种经济情势,可以改变发出的意思表示,以保护意思表示人的利益。

(3)撤回意思表示的通知,应当在意思表示到达受意思表示人前或者同时到达受意思表示的相对人,才可以将意思表示撤回。意思表示撤回的通知不应当迟于受意思表示人收到意思表示的时间,才不至于使受意思表示人的利益受损。以语言对话形式表现的意思表示,由于当事人是在对面进行订约的磋商,意思表示一经发出,受意思表示人即刻收到,对话意思表示本身的性质决定了是无法撤回的。由他人转达的语言意思表示,应当视为需要通知的形式,是可以撤回的。

(4)意思表示的撤回符合规定的,发生意思表示撤回的效力,视为没有发出意思表示,受意思表示人没有取得承诺资格。意思表示撤回的通知迟于意思表示到达受意思表示人的,不发生意思表示撤回的效力,意思表示仍然有效,受意思表示人取得承诺的资格。

(5)要特别注意本条与《民法典》继承编第 1142 条规定的关系。原《继承法》第 20 条规定:“遗嘱人可以撤销、变更自己所立的遗嘱。”遗嘱人设立遗嘱之后,只是遗嘱成立,并没有发生效力,须待遗嘱人死亡时方生效。既然遗嘱尚未发生效力,当然就不能撤销,遗嘱人只能是撤回。所以,继承编第 1142 条第 1 款将其修改为:“遗嘱人可以撤回、变更自己所立的遗嘱。”因此,与本条规定相衔接,保持一致。

119. 解释意思表示应当区分有无相对人

《民法典》总则编第 142 条第 1 款、第 2 款分别规定:“有相对人的意思表示的解释,应当按照所使用的词句,结合相关条款、行为的性质和目的、习惯以及诚信原则,确定意思表示的含义。”“无相对人的意思表示的解释,不能完全拘泥于所使用的词句,而应当结合相关条款、行为的性质和目的、习惯以及诚信原则,确定行为人的真实意思。”这一条文是关于意思表示解释方法的规定。原《民法通则》未规定意思表示的解释方法,本条规定属于新增条款。

意思表示的解释,是指在意思表示不清楚、不明确而发生争议的情况下,法院或者仲裁机构对意思表示进行的解释。其特征是:第一,意思表示解释的主体是法院和仲裁机构;第二,意思表示解释的对象是当时已经表示出来的意思;第三,意思表示解释的前提是当事人对意思表示发生争议,影响到法律关系的权利义务的内容,有必要进行解释;第四,意思表示解释是有权解释机构依据一定的规则进行的解释;第五,意思表示解释的主要功能,是法律行为的成立要件是否齐备,以及法律行为的具体法律效果是何种内容。

意思表示的解释方法根据是否有相对人而有所不同。

(1)对有相对人的意思表示的解释,应当按照所使用的词句,结合相关条款、行为的性质和目的、习惯以及诚实信用原则,确定意思表示的含义。这是采取表示主义方法进行解释,因为有相对人的意思表示,是要让相对人接收、理解,并且可能基于该意思表示作出相对应的意思表示,因此,应该以表示主义为其方法,根据表达在外的意思的公开表示,确定意思表示的内容。

(2)对无相对人的意思表示的解释,不能拘泥于所使用的词句,而应当结合相关条款、行为的性质和目的、习惯以及诚实信用原则,确定行为人的真实意思。这是采取意思主义方法进行解释,这是因为,没有相对人的意思表示,并没有接受意思表示的相对人,自己作出的意思表示成立后就发生效力,因此不存在用表示主义解释意思表示的客观要求,因此,应当以表意人自己的真实意思作出解释。

本条新规则的要点正是在于,在进行意思表示解释时,根据是否有相对人采用不同的解释方法。原《合同法》第 125 条第 1 款曾规定关于合同解释方法,即“当事人对合同条款的理解有争议的,应当按照合同所使用的词句、合同的有关条款、合同的目的、交易习惯以及诚实信用原则,确定该条款的真实意思”。

据此,合同解释的具体方法包括文义解释、体系解释、目的解释、习惯解释以及诚信解释。本条规定在原《合同法》第125条第1款的立法基础上,将意思表示的解释区分为有相对人的解释方法与无相对人的解释方法,更为细腻、准确。

第三节　关于民事法律行为的效力的新规则

120. 限制民事行为能力人实施的民事法律行为有效或效力待定

《民法典》总则编第145条第1款、第2款分别规定:“限制民事行为能力人实施的纯获利益的民事法律行为或者与其年龄、智力、精神健康状况相适应的民事法律行为有效;实施的其他民事法律行为经法定代理人同意或者追认后有效。”“相对人可以催告法定代理人自收到通知之日起三十日内予以追认。法定代理人未作表示的,视为拒绝追认。民事法律行为被追认前,善意相对人有撤销的权利。撤销应当以通知的方式作出。”这一条文是关于限制民事行为能力人实施民事法律行为效力的规则。与原《民法通则》第58条第2项规定了限制民事行为能力人依法不能独立实施的民事法律行为无效相比,本条文发生了重大变化。

本条第1款前半句规定的是限制民事行为能力人实施的民事法律行为有效的情形:一是纯获利益的民事法律行为,在本法第19条、第22条已经作了规定。二是与其年龄、智力、精神健康状况相适应的民事法律行为,其中与其年龄相适应是指限制民事行为能力的未成年人,与其智力、精神状况相适应是指限制民事行为能力的成年人。

本条第1款后半句规定的是限制民事行为能力人实施的民事法律行为效力待定的情形。限制民事行为能力人独立实施的依法不能独立实施的民事法律行为,其效力是法律行为虽已成立,但是否生效尚不确定,只有经过特定当事人的行为,才能确定其生效或者不生效。

本条第2款规定了限制民事行为能力人实施的民事法律行为的效力确定。限制民事行为能力人实施了依法不能独立实施的法律行为,需要其法定代理人的追认才可能生效。其效力的确定须经由以下途径:第一,法定代理人的同意权和追认权。经法定代理人同意的限制民事行为能力人实施的民事法律行为,发生法律效力;法定代理人虽然没有同意,但是在行为实施之后予以追认,该民事法律行为同样生效。第二,相对人的催告权。限制民事行为能力人实施的民事法律行为,其法定代理人没有同意,又没有追认的,相对人可以在30日内催告法定代理人予以追认。法定代理人未作表示的,视为拒绝追认,该民事法律行为无效。第三,善意相对人的撤销权。在该民事法律行为被追认前,善意相对人对该行为享有撤销的权利,撤销的方式应以通知的方式作出。撤销权是形成权,只要在该期限内行使,该民事法律行为就被撤销,自始不发生法律效力。

本条新规则的要点如下:

(1)改变了限制民事行为能力人实施民事法律行为的效力状态。原《民法通则》一概认定限制民事行为能力人实施的民事法律行为无效,阻碍了民事交易的顺利开展。原《合同法》第 47 条修改了原《民法通则》第 58 条的规则,认定限制民事行为能力人依法不能独立实施的民事法律行为是效力待定,本条规定在承袭原《合同法》第 47 条的基础上,规定了限制民事行为能力人实施的民事法律行为一般是效力待定,个别情形有效。这样的规定有益于交易活动的开展,也是对限制民事行为能力人行使民事权利的尊重。

(2)新增了限制民事行为能力人实施的民事法律行为的效力确定途径。本条规定借鉴了原《合同法》第 47 条关于"限制民事行为能力人订立的合同,经法定代理人追认后,该合同有效,但纯获利益的合同或者与其年龄、智力、精神健康状况相适应而订立的合同,不必经法定代理人追认。相对人可以催告法定代理人在一个月内予以追认。法定代理人未作表示的,视为拒绝追认。合同被追认之前,善意相对人有撤销的权利。撤销应当以通知的方式作出"的规定,新增了法定代理人的同意权与追认权,相对人的催告权和撤销权。通过赋予法定代理人与相对人权利,能够尽快将民事法律行为的效力状态确定下来,避免因效力待定而阻碍交易活动的顺利进行。

总的来说,本条文改变了限制民事行为能力人实施民事法律行为的效力状态,同时新增了法定代理人的同意权与追认权、相对人的催告权和撤销权,完善了限制民事行为能力人实施民事法律行为效力的规则。

121. 虚假行为无效与隐藏行为依照有关法律处理

《民法典》总则编第 146 条第 1 款、第 2 款分别规定:"行为人与相对人以虚假的意思表示实施的民事法律行为无效。""以虚假的意思表示隐藏的民事法律行为的效力,依照有关法律规定处理。"这一条文是关于虚假民事法律行为和隐藏民事法律行为效力的规定。原《民法通则》与原《合同法》都未作出类似的规定,该条是关于两种民事法律行为效力的新规则。

(1)虚假民事法律行为

本条第 1 款规定的是虚假民事法律行为的效力。虚假行为,是指行为人与相对人通谋而为虚假的意思表示。虚假表示是双方行为,是双方进行串通的行为,是双方当事人的意思表示都不真实,而不是一方当事人的意思表示不真实。虚假行为的特点是双方当事人进行通谋,通常具有不良动机,因而在主观上是共同故意,在意思表示上是双方的不真实。如果仅有一方非真意表示,而对方并为非真意的合意,或有误解或者发生错误的,不构成虚假意思表示。虚假行为的法律后果是无效,不具有虚伪表示的行为所应当发生的法律效力。

值得注意的是,关于虚假民事法律行为对第三人的效力,《民法典》总则编第四次审议时曾规定双方均不得以此对抗善意第三人,但是最后通过时删除了该规定。结合立法历史的变迁可以认定,虚假民事法律行为属于绝对无效,而非相对无效。

(2)隐藏民事法律行为

本条第 2 款规定的是隐藏民事法律行为的效力。隐藏行为,是指行为人将其真意隐藏在虚假的意思表示中。表意人与相对人之间因碍于情面或者其他原因,所为的意思表示虽非出于真意,却隐藏他项法律行为的真正效果,其实质,就是通谋虚伪的意思表示中,隐藏着他项法律行为。确定隐藏行为效力的原则是,虚伪行为隐藏其他法律行为者,适用关于该隐藏的法律行为之规定。这就是“依照有关法律规定处理”的含义。具体规则是:虚假的意思表示行为无效,至于其隐藏的真实意思表示行为是否有效,应当依照该行为的法律规定判断。符合该种法律行为的规定的认定为有效,否则为无效。

原《民法通则》第 58 条第 6 项与原《合同法》第 52 条第 3 项曾规定以合法形式掩盖非法目的的民事法律行为。具有非法目的的法律行为就是属于隐藏民事法律行为,因违反了法律、法规的强制性规定而无效。不过,这只是隐藏民事法律行为的一种。此外,还有以非法形式掩盖非法目的的民事法律行为、以合法形式掩盖合法目的的民事法律行为以及非法形式掩盖合法目的的民事法律行为的三种情况。对此,都应当依照被隐藏的民事法律行为的法律规定适用法律。

122. 重大误解的民事法律行为可撤销

《民法典》总则编第 147 条规定:“基于重大误解实施的民事法律行为,行为人有权请求人民法院或者仲裁机构予以撤销。”这一条文是关于重大误解的民事法律行为可撤销的规定。与原《民法通则》第 59 条第 1 款规定重大误解可变更可撤销相比,本条规定删除了“可变更”。

重大误解,是指一方当事人由于自己的过错,对法律行为的内容等发生误解,由此订立了法律行为,该法律行为所涉及的利益对当事人而言为重大。其特点是:第一,误解是当事人对民事法律行为的内容等发生认识上的错误。第二,误解是当事人对民事法律行为内容的认识错误。第三,误解直接影响当事人的权利和义务。

重大误解的构成要件是:第一,须是当事人因为误解作出了意思表示。第二,重大误解的对象须是民事法律行为的内容。第三,误解是由当事人自己的过失造成的。

当事人由于重大误解而实施的民事法律行为,其法律后果是相对无效,重大误解的一方行为人,有权请求人民法院或者仲裁机构予以撤销。如果行为人不行使撤销权,不请求对该民事法律行为予以撤销,该重大误解的民事法律行为就继续有效。

重大误解是民法上的错误的一种类型。本法没有规定错误,只规定了重大误解,使其他的错误缺少法律适用依据。本书认为,出现重大误解之外的其他错误,可以比照本条规定予以认定。

本条新规则的要点是,删除了重大误解可变更的规定。原《民法通则》第59条第1款规定重大误解可变更可撤销,即"下列民事行为,一方有权请求人民法院或者仲裁机关予以变更或者撤销:(一)行为人对行为内容有重大误解的;(二)显失公平的"。原《合同法》第54条第1款承袭原《民法通则》第59条第1款的规定,规定了重大误解的民事法律行为可变更可撤销,即"下列合同,当事人一方有权请求人民法院或者仲裁机构变更或者撤销:(一)因重大误解订立的;(二)在订立合同时显失公平的"。本条则只规定了重大误解的民事法律行为可撤销,删除了可变更的规定。之所以删除可变更权,是因为变更法律行为需要双方当事人的合意,而不具有形成权的性质。如果双方当事人对于具有效力瑕疵的民事法律行为的变更达成了合意,就符合《民法典》总则编第133条关于"民事法律行为是民事主体通过意思表示设立、变更、终止民事法律关系的行为"的规定,而无须继续强调当事人的可变更权。因此,第147条至第151条均删除了可变更权。

123. 一方欺诈的民事法律行为,他方有撤销权

当事人受欺诈作出的意思表示并不真实,故该民事法律行为具有效力上的瑕疵。《民法典》总则编第148条与第149条分别规定了当事人受一方欺诈与第三人欺诈时的效力瑕疵规则。

《民法典》总则编第148条规定:"一方以欺诈手段,使对方在违背真实意思的情况下实施的民事法律行为,受欺诈方有权请求人民法院或者仲裁机构予以撤销。"这一条文是关于一方欺诈的民事法律行为可撤销的规定。与原《民法通

则》第 58 条第 1 款第 3 项规定一方欺诈的民事法律行为无效的规定相比,本条规定改变了一方欺诈的民事法律行为的效力。

当事人一方的欺诈,是指民事法律关系的当事人一方故意实施某种欺骗对方的行为,并使对方陷入错误而与欺诈行为人实施的民事法律行为。

一方欺诈的构成要件是:第一,欺诈的一方须出于故意,或者是以欺诈为手段引诱对方当事人与其订立民事法律行为,或者是订立民事法律行为的行为本身就是欺诈。第二,欺诈行为人在客观上实施了欺诈的行为,包括行为人故意捏造事实,虚构情况,诱使对方当事人上当受骗;以及行为人故意隐瞒真实情况,不将真实情况告知对方当事人,使对方当事人上当受骗,与其订立民事法律行为。第三,受欺诈一方是在违背真实意思的情况下实施民事法律行为。另一方当事人受行为人的欺诈,而使自己陷入错误的认识之中,由此作出错误的意思表示,与行为人订立民事法律行为。

一方欺诈行为的法律后果是,受欺诈方有权请求人民法院或者仲裁机构予以撤销,即是可撤销的民事法律行为。对此,受欺诈的对方享有撤销权,可以行使该撤销权,向人民法院或者仲裁机构请求撤销该意思表示。

本条新规则的要点就是将一方欺诈行为的法律后果从"无效"修改为"可撤销"。原《民法通则》第 58 条第 1 款第 3 项规定一方欺诈的民事法律行为无效,即"下列民事行为无效:……(三)一方以欺诈、胁迫的手段或者乘人之危,使对方在违背真实意思的情况下所为的";原《合同法》细化了不同情形下一方欺诈的民事法律行为的效力:一是损害国家利益时无效,即原《合同法》第 52 条第 1 项规定:"有下列情形之一的,合同无效:(一)一方以欺诈、胁迫的手段订立合同,损害国家利益……"二是损害当事人利益时可撤销可变更,即原《合同法》第 54 条第 2 款规定:"一方以欺诈、胁迫的手段或者乘人之危,使对方在违背真实意思的情况下订立的合同,受损害方有权请求人民法院或者仲裁机构变更或者撤销。"对此,学者一直持有批评反对意见。将欺诈区分为损害国家利益和损害当事人利益这两种形式,并且规定完全不同的法律后果,实质上是一种区分保护的思想,即国家利益特殊保护,当事人利益一般保护。制定《民法典》总则编时,为了充分贯彻平等原则,第 148 条对此进行了修改,统一规定一方欺诈的民事法律行为可撤销。

124. 第三人欺诈的民事法律行为,受欺诈方有撤销权

《民法典》总则编第 149 条规定:"第三人实施欺诈行为,使一方在违背真实意思的情况下实施的民事法律行为,对方知道或者应当知道该欺诈行为的,受

欺诈方有权请求人民法院或者仲裁机构予以撤销。”这一条文是关于第三人欺诈行为的效力规则。原《民法通则》与原《合同法》都只规定了一方欺诈的民事法律行为的效力,而未规定第三人欺诈的民事法律行为的效力。本条规定第三人欺诈行为的效力,属于新增条款,其要点如下:

(1)第三人欺诈行为,是指民事法律行为当事人以外的第三人,对一方当事人故意实施欺诈行为,致使该方当事人在违背真实意思的情况下,与对方当事人实施的民事法律行为。其最为典型的第三人欺诈行为就是骗保。例如,债权人与债务人约定以新抵旧,债务人找到第三人谎称只是一般的借贷关系,请求第三人与债权人签订担保协议。原《最高人民法院关于适用〈中华人民共和国担保法〉若干问题的解释》第40条就规定:“主合同债务人采取欺诈、胁迫等手段,使保证人在违背真实意思的情况下提供保证的,债权人知道或者应当知道欺诈、胁迫事实的,按照《担保法》第30条的规定处理。”

(2)第三人欺诈行为的构成要件是:第一,实施欺诈行为的欺诈行为人,是民事法律行为双方当事人之外的第三人,而不是民事法律行为的双方当事人。第二,第三人实施欺诈行为是对民事法律行为当事人的一方进行,而不是对民事法律行为当事人的双方进行欺诈。第三,受欺诈的一方当事人由于受第三人的欺诈,在违背真实意思的情况下,与对方当事人实施了民事法律行为。第四,尽管第三人不是对受欺诈人的对方当事人实施的欺诈行为,但是对方当事人在与受欺诈一方当事人实施民事法律行为时,可能知道或者应当知道第三人的欺诈行为,但是也可能不知道这种欺诈行为。

(3)第三人欺诈行为的法律效力是,因第三人欺诈行为而实施的民事法律行为,对方当事人知道或者应当知道该欺诈行为的,该行为属于可撤销的民事法律行为,受欺诈一方当事人享有撤销权,有权请求人民法院或者仲裁机构对该民事法律行为予以撤销。

125. 一方或者第三人胁迫的民事法律行为,受胁迫方有撤销权

《民法典》总则编第150条规定:“一方或者第三人以胁迫手段,使对方在违背真实意思的情况下实施的民事法律行为,受胁迫方有权请求人民法院或者仲裁机构予以撤销。”这一条文是关于一方或者第三人胁迫的民事法律行为可撤销的规定。与原《民法通则》规定一方胁迫的民事法律行为无效相比,本条规定发生了重大变化,一是新增了第三人胁迫的民事法律行为效力规则,二是将胁迫民事法律行为的效力统一修改为可撤销。

胁迫,是指行为人以将来发生的祸害或者实施不法行为,给另一方当事人以

心理上的恐吓或者直接造成损害,迫使对方当事人与其实施民事法律行为。胁迫分为两种,一种是以恐吓为手段的胁迫,另一种是以不法行为为手段的胁迫。

胁迫行为的构成要件是:第一,行为人须有实施威胁的事实。在以恐吓为手段的胁迫行为中,行为人威胁的事实是将来发生的祸害,包括涉及生命、身体、健康、财产、名誉、自由等方面所要受到的严重损害。在以不法行为为手段的胁迫行为中,使相对人感受恐怖的行为人直接实施的不法行为已经或者正在对相对人产生人身的或者财产的损害。第二,行为人实施胁迫行为须出于故意。胁迫的故意是通过威胁使相对人与其订立民事法律行为。第三,相对人因受到胁迫而实施订立民事法律行为的行为。相对人由于在心理上或者人身上受到威胁,因而不得不与行为人订立民事法律行为。

胁迫行为的性质,是可撤销的民事法律行为,受胁迫方对该民事法律行为享有撤销权,有权请求人民法院或者仲裁机构予以撤销。

本条新规则的要点如下:

(1)新增了第三人胁迫的法律行为效力规则。在此之前,原《民法通则》与原《合同法》仅规定了一方胁迫的民事法律行为效力,而未规定第三人胁迫的民事法律行为效力。本条规定补足了这一立法漏洞。这样一来,当因第三人胁迫作出法律行为时,当事人就可以依照这一规则,请求撤销民事法律行为。

(2)统一规定胁迫的法律行为效力是可撤销。原《民法通则》第 58 条第 1 款第 3 项规定一方胁迫的民事法律行为无效;原《合同法》细化了不同情形下一方胁迫的民事法律行为的效力,一是损害国家利益时无效,二是损害当事人利益时可撤销可变更,违反了平等保护的原则。制定《民法典》总则编时,便对胁迫的民事法律行为作出了修订,统一修改为可撤销,以体现对国家利益与个人利益的平等保护。

126. 显失公平的民事法律行为,受损害方有撤销权

《民法典》总则编第 151 条规定:“一方利用对方处于危困状态、缺乏判断能力等情形,致使民事法律行为成立时显失公平的,受损害方有权请求人民法院或者仲裁机构予以撤销。”这一条文是关于显失公平的民事法律行为可撤销的规定。与原《民法通则》第 59 条第 1 款第 2 项规定显失公平的民事法律行为可变更或可撤销相比,本条规定将乘人之危归入了显失公平的范围内,同时还将其法律效果修改为可撤销。

本条规定显失公平,将乘人之危归并在显失公平之中,统一称为显失公平。

本条规定的显失公平,是指一方当事人利用对方处于困境,或者缺乏判断

能力等情况下,与对方当事人实施的对自己明显有重大利益而使对方明显不利的民事法律行为。

显失公平的特征是:第一,民事法律行为的内容对双方当事人明显不公平,一方承担更多的义务却享有更少的权利,而另一方享有更多的权利却承担更少的义务;第二,获得利益的一方当事人所获得的利益超过法律所允许的程度;第三,受害的一方是因处于困境或者缺乏经验或紧迫的情况下实施的订立民事法律行为的行为。

显失公平的构成要件是:第一,利用对方当事人处于困境或者缺乏经验等。困境包括经济、生命、健康、名誉等方面的窘迫或急需,情况比较紧急,迫切需要对方提供金钱、物资、服务或劳务。对方当事人缺乏经验,是承担不利后果的一方当事人在其自身有轻率、无经验等不利的因素,对行为的内容认识不准确。第二,对方当事人因困境或者缺乏经验而与其订立民事法律行为。乘人困境,对方当事人明知其提出的条件是利用自己的危难或急迫从中获取不当利益,但因困境所迫而与其订立民事法律行为。缺乏经验,是行为人因无知、没有交易经验、不熟悉经营活动等,贸然与对方实施民事法律行为。第三,行为人所获得的利益超出了法律所准许的限度,其结果是显失公平的。一般认为,出卖人交付的标的物的价格少于其实有价值的一半,或者超出其市场价格的一倍的,属于是显失公平。显失公平的发生时间在订立民事法律行为之时。

显失公平,受损害方有权请求人民法院或者仲裁机构予以撤销。受到损害的一方基于显失公平的民事法律行为,有权向人民法院或者仲裁机构请求行使撤销权,撤销显失公平的民事法律行为。

本条新规则的要点如下:

(1)合并乘人之危与显失公平。原《民法通则》以及原《合同法》分别规定了乘人之危与显失公平。然而,实践中,乘人之危与显失公平难以作出明确的区分。因而,制定《民法典》总则编时,便将乘人之危与显失公平合并为同一个条款,统一称为显失公平,这样减少了民事法律行为效力的类型,简化了法律关系,还解决了司法实践中的区分难题。

(2)调整了显失公平的法律效果。在此之前,原《民法通则》分别规定了乘人之危与显失公平及其法律效果,其中第58条第1款第3项规定乘人之危所为的民事法律行为无效,第59条第1款第2项规定显失公平的民事法律行为可变更或可撤销。原《合同法》仍然区分了乘人之危与显失公平,但是统一了二者的法律效果,即乘人之危与显失公平均是可变更可撤销的合同。制定《民法典》总则编时,便将乘人之危与显失公平合并为显失公平,并将其法律效果调整为可撤销,删除了可变更的内容。原因是,变更权与撤销权的性质不同,变更权不是形成权。变更法律行为必须要双方当事人意思表示合意,而不能由法院直接裁判。因而,本条规定删除了可变更的内容。尽管如此,当事人仍然可以就显失公平的法律行为达成变更的合意,只要符合相应的条件,即发生变更的法律效力。

127. 撤销权的除斥期间依据撤销事由进行区分

《民法典》总则编第 152 条第 1 款、第 2 款分别规定:“有下列情形之一的,撤销权消灭:(一)当事人自知道或者应当知道撤销事由之日起一年内、重大误解的当事人自知道或者应当知道撤销事由之日起九十日内没有行使撤销权;(二)当事人受胁迫,自胁迫行为终止之日起一年内没有行使撤销权;(三)当事人知道撤销事由后明确表示或者以自己的行为表明放弃撤销权。”“当事人自民事法律行为发生之日起五年内没有行使撤销权的,撤销权消灭。”这一条文是关于撤销权的除斥期间及撤销权的消灭的规定。在此之前,原《民法通则》未规定撤销权的除斥期间及消灭,本条规定属于新增条款。

因重大误解、胁迫、欺诈以及显失公平实施的民事法律行为,一方当事人享有的撤销权,可以因一定的法定事由而消灭:一是超过除斥期间没有行使权利;二是撤销权人放弃撤销权。

关于撤销权的除斥期间,包括一般除斥期间与特别除斥期间。一般除斥期间,当事人自知道或者应当知道撤销事由之日起 1 年内没有行使撤销权的,起算时间为知道或者应当知道撤销事由之日。特别除斥期间是:第一,重大误解的除斥期间,是当事人自知道或者应当知道撤销事由之日起 90 日。第二,当事人受胁迫而实施的民事法律行为的除斥期间为 1 年,起算时间是自胁迫行为终止之日起。在起算时间上采取特别方法以保护受胁迫的当事人。第三,如果当事人不知道或者不应当知道撤销事由发生的,最长除斥期间是当事人自该民事法律行为发生之日起的 5 年。在上述规定的除斥期间完成后,撤销权消灭。

关于撤销权人放弃撤销权,其性质是撤销权消灭的法定事由。当事人放弃撤销权有两种形式:一是以明示方式放弃撤销权,即当事人知道撤销事由后明确表示自己放弃撤销权的。二是以默示方式放弃撤销权,当事人知道撤销事由后,以自己的行为表明放弃撤销权。明示或者默示方式放弃撤销权的,原来的民事法律行为继续有效。

本条新规则的要点是,依据撤销事由区分撤销权的除斥期间。原《最高人民法院关于贯彻执行〈中华人民共和国民法通则〉若干问题的意见(试行)》第 73 条曾统一规定为自行为成立时起 1 年。原《合同法》第 55 条规定撤销权消灭的规则,即“有下列情形之一的,撤销权消灭:(一)具有撤销权的当事人自知道或者应当知道撤销事由之日起一年内没有行使撤销权;(二)具有撤销权的当事人知道撤销事由后明确表示或者以自己的行为放弃撤销权”。该规定较为概括。本条规定在借鉴这两条内容的基础上,细分了不同情形下的撤销权的除斥期间,规则更为完善。

128. 违反法律、行政法规强制性规定或者公序良俗的民事法律行为无效

《民法典》总则编第 153 条第 1 款、第 2 款分别规定:“违反法律、行政法规的强制性规定的民事法律行为无效。但是,该强制性规定不导致该民事法律行为无效的除外。”“违背公序良俗的民事法律行为无效。”这一条文是关于违反法律、行政法规强制性规定和违背公序良俗的民事法律行为无效的规定。与原《民法通则》第 58 条第 1 款第 5 项规定违反法律或者社会公共利益的民事行为无效相比,本条规定新增了违反法律、行政法规强制性规定无效的除外规则,同时将违反公共利益修改为违背公序良俗。

《民法典》总则编第 8 条规定了民事主体从事民事活动,不得违反法律规定,不得违背公序良俗。第 143 条第 3 项也规定了不违反法律、行政法规的强制性规定,不违背公序良俗是民事法律行为有效的条件之一。本条规定违反法律、行政法规强制性规定和违背公序良俗的民事法律行为无效,不仅是具体贯彻落实了基本原则,也是与第 143 条民事法律行为有效的条件相对应,体现了《民法典》总则内部的体系性。

(1)违反法律行政法规强制性规定的民事法律行为无效

违反法律、行政法规的法律行为,是指当事人在订约目的,具体内容,以及在形式上都违反法律和行政法规的强制性规定的民事法律行为。当事人在主观上可以是故意所为,也可以是过失所致。规定违反法律、行政法规的强制性规定的民事法律行为无效,其基础是本法第 7 条和第 143 条。

“但是该强制性规定不导致该民事法律行为无效的除外”——这个但书表明,在法律和行政法规中有些虽然也是强制性规定,但是却不是效力性强制性规定,而是管理性的强制性规定。违反效力性强制性规定直接导致的后果是民事法律行为无效,违反管理性强制性法律规定并不一定直接导致该民事法律行为无效,而要看所违反的管理性强制性规定的法律属性。

这种行为的类型划分是:公然违法行为与非公然违法行为。前者叫形式违法行为,是指当事人在订立法律行为的时候,就明知法律行为违法,却仍然订立

法律行为。公然违法的法律行为一经订立就是无效的法律行为。后者叫实质违法行为，是指行为的违法性并非显而易见，而是表面合法实质违法。一经查实，亦为绝对无效的法律行为。

(2)违反公序良俗的民事法律行为无效

认定违反公序良俗的民事法律行为，是因为在私权神圣的原则下，既要尊重民事主体的意思自治，按照自己的意思设立、变更、终止民事法律关系，也必须尊重公共秩序和善良风俗。违反公序良俗原则，法律强制认定这种民事法律行为无效。民事法律行为，特别是民事主体进行的非交易性质的民事法律行为，如果该法律行为是社会全体成员普遍认为须遵循的道德准则，行为人违背了我国民法所恪守的基本理念，就构成了违背善良风俗。非交易性质的民事法律行为，损害了全体社会成员的共同利益，破坏社会的共同生活规则，违反社会成员相互之间的共同行为准则，就是违背公共秩序的民事法律行为。这样的民事法律行为，都是无效的民事法律行为。

本条新规则的要点如下：

(1)新增了除外条款。原《民法通则》第 58 条第 1 款第 5 项规定违反法律或者社会公共利益的一概无效，即“下列民事行为无效……(五)违反法律或者社会公共利益的”。原《合同法》第 52 条分别规定了损害社会公共利益以及违反法律、行政法规的规定无效，但同时限缩为违反法律、行政法规的强制性规定，即“有下列情形之一的，合同无效：……(四)损害社会公共利益；(五)违反法律、行政法规的强制性规定”。原《最高人民法院关于适用〈中华人民共和国合同法〉若干问题的解释(二)》又进一步限缩为效力性强制性规定。然而，管理性强制性规定与效力性强制性规定的划分一直是司法实践中的难题。制定《民法典》总则编时，便在原《民法通则》第 58 条以及原《合同法》第 52 条规定的基础上，将其规定为违反法律、行政法规的强制性规定的民事法律行为无效，但是该强制性规定不导致该民事法律行为无效的除外。通过增加这一除外规则，能够灵活地对待违反法律、行政法规的民事法律行为的效力，而不是“一刀切”地一概认定为无效。

(2)将违反公共利益修改为违背公序良俗。本法第 7 条与第 143 条将原《民法通则》中关于公共利益的概念替换为公序良俗。本条规定也进行了调整，以公序良俗替换公共利益。据此，违反社会公共秩序和善良风俗的民事法律行为归于无效。

129. 恶意串通的民事法律行为无效

《民法典》总则编第 154 条规定:“行为人与相对人恶意串通,损害他人合法权益的民事法律行为无效。”这一条文是关于恶意串通的民事法律行为无效的规定。与原《民法通则》第 58 条第 1 款第 4 项以及第 61 条第 2 款规定相比,本条规定将恶意串通限定在民法领域内进行评价,使本法更为纯粹。

本条规定的恶意串通,是指当事人为实现某种目的,进行串通,共同订立民事法律行为,造成他人利益损害的违法行为。

恶意串通的构成要件是:第一,当事人在主观上具有恶意,当事人相互之间具有共同的非法目的。第二,当事人之间互相串通。串通是指相互串联、沟通,使当事人之间在行为的动机、目的、行为以及行为的结果上达成一致,共同实现非法目的。第三,双方当事人串通实施的行为损害他人的合法权益。如某城建集团将自己下属的一个资产总额 1 亿元的开发部,以 300 万元的对价出让给对方当事人,双方当事人均得到好处,受到损害的却是资产所有者的利益。这样的行为就是恶意串通。

恶意串通的民事法律行为是绝对无效的民事法律行为,发生民事法律行为无效的法律后果。

本条新规则的要点是,将恶意串通限定在民法领域内进行评价。这一要点体现在以下两个方面:

(1)删除了“损害国家、集体或者第三人利益”的规定。原《民法通则》第 58 条第 1 款第 4 项与原《合同法》第 52 条第 2 项规定了“恶意串通,损害国家、集体或者第三人利益”。本条规定将其删除,笼统地称之为损害他人合法权益。这样的修改是完全正确的。恶意串通仍然是民事法律行为,属于民法规范的领域,应当按照民法的规范处理,而不是刻意强调对于恶意串通行为一定要特别保护国家、集体的利益。

(2)删除了追缴恶意串通取得的财产的规定。原《民法通则》第 61 条第 2 款规定了恶意串通获取财产的返还,即“双方恶意串通,实施民事行为损害国家的、集体的或者第三人的利益的,应当追缴双方取得的财产,收归国家、集体所有或者返还第三人”。原《合同法》第 59 条也作了类似的规定,即“当事人恶意串通,损害国家、集体或者第三人利益的,因此取得的财产收归国家所有或者返还集体、第三人”。本条规定未延续这样的做法,显然是把恶意串通作为一个普通的无效民事法律行为来规定,而没有在规则上对恶意串通行为给予更多的否定性评价。

本条规定通过将恶意串通限定在民法领域内评价,剔除公法的因素,避免了

《民法典》与其他法律内容的过度杂糅,使《民法典》更为纯粹。

130. 民事法律行为无效、被撤销或者不发生法律效力的法律后果

《民法典》总则编第 157 条规定:"民事法律行为无效、被撤销或者确定不发生效力后,行为人因该行为取得的财产,应当予以返还;不能返还或者没有必要返还的,应当折价补偿。有过错的一方应当赔偿对方由此所受到的损失;各方都有过错的,应当各自承担相应的责任。法律另有规定的,依照其规定。"这一条文是关于民事法律行为效力瑕疵应承担的返还财产等法律后果的规定。

本条规定来源于原《民法通则》第 61 条第 1 款以及原《合同法》第 58 条。原《民法通则》第 61 条第 1 款规定无效、被撤销的法律后果,即"民事行为被确认为无效或者被撤销后,当事人因该行为取得的财产,应当返还给受损失的一方。有过错的一方应当赔偿对方因此所受的损失,双方都有过错的,应当各自承担相应的责任"。原《合同法》第 58 条也作了类似的规定,即"合同无效或者被撤销后,因该合同取得的财产,应当予以返还;不能返还或者没有必要返还的,应当折价补偿。有过错的一方应当赔偿对方因此所受到的损失,双方都有过错的,应当各自承担相应的责任"。与这两条规定相比,本条规定的适用范围扩展,同时新增了除外规则。

民事法律行为无效、被撤销或者确定不发生法律效力后,其法律后果是返还或者折价补偿。

返还是恢复原状的一种处理方式,即无效的民事法律行为和被撤销的民事法律行为自始没有法律约束力,已经按照约定进行的履行因无法律效力而需要恢复到没有履行前的状况,已接受履行的一方将其所接受的履行返还给对方,是恢复原状的最基本的方式。

不是所有的已经履行的无效民事法律行为都能够或者需要采取返还方式。有些法律行为的性质决定了无法采取返还方式,如提供劳务的无效民事法律行为,提供工作成果的民事法律行为(如建设工程承包民事法律行为)。有些民事法律行为适用返还不经济,如返还需要的费用较高,强制返还带来经济上的极大浪费。因此,不能返还或者没有必要返还的,应当折价补偿。

无效民事法律行为和民事法律行为被撤销后造成损失的,有过错的一方应当赔偿对方因此所受到的损失,赔偿的标准是全部赔偿。如果双方都有过错的,应当各自承担相应的赔偿责任。法律另有规定的除外,是指有的民事法律行为(如贩毒)无效后,需要承担罚款、没收、收缴等法律责任的,就不能适用返还、补偿和赔偿损失的责任。

不过,法律另有规定的,依照其规定。也就是说,法律另外规定了民事法律行为无效、被撤销或者确定不发生法律效力后的法律后果,应当依照特别法的规定发生相应的法律后果。

本条新规则的要点如下:

(1)适用范围扩展。本条规定借鉴了原《民法通则》第 61 条第 1 款以及原《合同法》第 58 条的立法经验,将适用范围扩展至所有的效力瑕疵的民事法律行为,包括无效、撤销以及确定不发生效力。即民事法律行为无效、被撤销或者确定不发生法律效力后,其法律后果均是返还或者折价补偿、赔偿损失。

(2)新增除外规则。本条规定同时新增了除外规则,即法律另有规定的依照其规定。但是该规定指向不明。有学者提出可能指向原《民法通则》第 61 条第 2 款以及原《合同法》第 59 条关于恶意串通的法律后果的规定。这一论断存在解释上的分歧,即对于这一规定,既可以按照新法优于旧法的规则,确定《民法典》总则编第 157 条替代了原《合同法》第 59 条,也可以认为原《合同法》第 59 条是特别规定,具有特别法的效力。究竟属于前者还是后者,还需要有权威的法律解释作出回答。本书更偏向于原《合同法》第 59 条是旧法。

第四节　关于民事法律行为的附条件和附期限的新规则

131. 特殊的民事法律行为依其性质不得附条件

《民法典》总则编第 158 条规定:“民事法律行为可以附条件,但是按照其性质不得附条件的除外。附生效条件的民事法律行为,自条件成就时生效。附解除条件的民事法律行为,自条件成就时失效。”这一条文是关于附条件民事法律行为的效力的规定。与原《民法通则》第 62 条关于“民事法律行为可以附条件,附条件的民事法律行为在符合所附条件时生效”的规定相比,本条规定不仅新增了除外规则,同时还新增了附解除条件的民事法律行为的效力规则。

附条件的法律行为是指法律行为效力的开始或者终止,以将来不确定事实的发生或不发生为条件的法律行为。法律规定民事法律行为可以附条件,目的就是以所附的条件来确定或者限制法律行为的效力。这是商品经济和市场经济发展的要求,是社会生活复杂性、多样性所决定的。不过,按照其性质不得附条件的民事法律行为除外。

民事法律行为所附条件,可以是事件,也可以是行为。条件是:第一,约定的条件必须是将来发生的事实;第二,约定的条件必须是不确定的客观事实;第三,约定的条件必须是当事人任意选择的事实;第四,约定的条件必须是合法的事实。

条件是表意人附加于意思表示的一种任意限制,使得他的意思表示的效力靠着将来客观不确定的事实的成否来决定。所附条件的种类是:一是生效条件,即延缓条件,是指民事法律行为效力的发生决定于所附条件的成就。二是解除条件,是指民事法律行为中所确定的民事权利和民事义务应当在所附条件成就时失去法律效力的条件,是决定民事法律行为的法律效力是否终止的条件。

附条件的民事法律行为的后果是:第一,附生效条件的民事法律行为,自条件成就时生效。第二,附解除条件的民事法律行为,自条件成就时失效。应当强调的是,不论是何种附条件的民事法律行为,尽管其所附条件没有成就,并不是对当事人没有拘束力,即当事人不得任意更改或者撤销。

本条新规则的要点如下:

(1)新增除外规则。原《民法通则》第 62 条只规定了民事法律行为可以附条件,但是没有规定除外规则。事实上,结婚、离婚、收养和解除收养等身份行为不适宜附条件。如果附条件,则有悖于公序良俗。本条新设这一除外规则后,如果类似的行为附条件,便可以适用这一规则,主张附条件无效。

(2)新增了附解除条件的民事法律行为的效力规则。起初,原《民法通则》第 62 条规定了附条件的民事法律行为时,只规定了附生效条件的民事法律行为。原《合同法》第 45 条第 1 款在原《民法通则》第 62 条的基础上,规定了附条件的合同,区分了附生效条件与附解除条件的合同效力,即"当事人对合同的效力可以约定附条件。附生效条件的合同,自条件成就时生效。附解除条件的合同,自条件成就时失效"。制定《民法典》总则编时,以原《合同法》第 45 条第 1 款为立法基础,本条也规定了附条件的民事法律行为,继续细化了附生效条件的民事法律行为与附解除条件的民事法律行为。

总的来说,本条新增除外规则以及附解除条件的民事法律行为效力规则,使得附条件的民事法律行为效力规则更为完善。

132. 恶意阻止或者促成条件成就,不发生对应的法律效力

《民法典》总则编第 159 条规定:"附条件的民事法律行为,当事人为自己的利益不正当地阻止条件成就的,视为条件已经成就;不正当地促成条件成就的,视为条件不成就。"这一条文是关于恶意阻止或者恶意促成条件成就的法律后果的规定。原《民法通则》未规定恶意阻止或者恶意促成条件成就的法律后果,本条文是新规则。

附条件的法律行为一旦成立,就对当事人具有法律上的约束力,应当遵守法律行为的约定,无论是生效条件还是解除条件,都必须按照事实发生或者不发生的客观规律,任其自然的发生或者不发生,由此来确定法律行为的生效或者解除,不得人为地加以干预。

人为地干预法律行为所附条件的发生或者不发生,违背了法律行为所附条件的意义,使所附条件的成就或者不成就加入了人的意志的因素,而且是一方当事人的意志因素,因而使法律行为的生效或者解除就由一方当事人加以控制,使法律行为的双方当事人的利益平衡发生动摇,违背民法的公平原则和诚实信用原则,因而禁止这种恶意行为。

恶意阻止或者恶意促成条件成就,具有法律后果。本条在规定这一后果时,延续了原《合同法》第 45 条第 2 款关于"当事人为自己的利益不正当地阻止条件成就的,视为条件已成就;不正当地促成条件成就的,视为条件不成就"的规定。凡是当事人不正当地阻止所附条件成就的,应当视为条件已经成就,法律行为应当按照原来的约定生效或者解除;凡是当事人不正当地促成所附条件成就的视为条件不成就,应当按照法律行为原来的约定,确认法律行为不生效或者不解除。这样规定,有利于保护非恶意的一方当事人的利益,制裁恶意的当事人,维护交易秩序,保护交易安全。

133. 附期限的民事法律行为于期限届至时生效或失效

《民法典》总则编第 160 条规定:"民事法律行为可以附期限,但是按照其性质不得附期限的除外。附生效期限的民事法律行为,自期限届至时生效。附终止期限的民事法律行为,自期限届满时失效。"这一条文是关于附期限的民事法律行为的规定。原《民法通则》未规定附期限的民事法律行为,本条属于新规则。

附期限的法律行为,是指在法律行为中附有一定的期限,并把该期限的到来作为当事人的民事权利和民事义务发生或者消灭前提的法律行为。如房屋租赁法律行为约定,1 个月内将房屋租赁给承租人,就是附期限的民事法律行为。附期限的法律行为在法律行为的内容上,与一般的法律行为并没有严格的不同,只是在法律行为中约定一定的期限,并将这个期限作为法律行为生效或者失效的条件,在这个期限届至时,法律行为生效或者失效。

法律规定附期限的法律行为的意义,在于限制法律行为当事人所确定的民事权利和民事义务发生法律效力或者终止法律效力的时间,使法律行为能够按照当事人的约定有计划地进行。

法律行为的当事人限定法律行为在什么时候发生效力或失去效力,这种限定的时间就是期限。所附期限的种类是:第一,延缓期限,也称为始期,是指在法律行为中规定的期限到来之前,该法律行为所确定的民事权利和民事义务尚不能发生法律效力,要等待期限的到来;期限到来,法律行为所约定的民事权利和民事义务就开始发生法律效力,权利人开始有权请求义务人履行义务,义务人才开始承担履行义务的责任。第二,终止期限,又称为终期或解除期限,是指在法律行为中约定的期限到来时,该法律行为所约定的民事权利和民事义务的法律效力即行消灭的期限。该法律行为所约定的这样的效力一直在延续,直至法律行为所约定的期限的到来为止,法律行为的效力就终止。

本条新设的这一附期限的民事法律行为效力规则较为完善。原《民法通则》未规定附期限的民事法律行为。原《最高人民法院关于贯彻执行〈中华人民共和国民法通则〉若干问题的意见(试行)》第76条补充规定:“附期限的民事法律行为,在所附期限到来时生效或者解除。”原《合同法》第46条在该规定的基础上,规定了“当事人对合同的效力可以约定附期限。附生效期限的合同,自期限届至时生效。附终止期限的合同,自期限届满时失效”。制定《民法典》总则编,与附条件的民事法律行为相对应,《民法典》总则编第160条规定了附期限的民事法律行为。不仅新增了附期限民事法律行为的除外规则,还区分了附生效期限与终止期限的民事法律行为,为法律适用提供了充分的法律依据。

第七章　有关代理的新规则

第一节　关于一般规定的新规则

134. 应当由本人亲自实施的民事法律行为不得代理

《民法典》总则编第 161 条第 1 款、第 2 款分别规定："民事主体可以通过代理人实施民事法律行为。""依照法律规定、当事人约定或者民事法律行为的性质，应当由本人亲自实施的民事法律行为，不得代理。"这一条文是关于代理及其适用范围的规定。与原《民法通则》第 63 条关于"公民、法人可以通过代理人实施民事法律行为。代理人在代理权限内，以被代理人的名义实施民事法律行为。被代理人对代理人的代理行为，承担民事责任。依照法律规定或者按照双方当事人约定，应当由本人实施的民事法律行为，不得代理"的规定相比，本条规定有多处修改。

代理是指代理人在代理权限范围内，以被代理人的名义独立与第三人实施法律行为，由此产生的法律效果直接归属于被代理人的民法制度。在代理关系中，以他人名义实施法律行为的人称为代理人；其名义被他人使用而由他人实施法律行为的人称为被代理人或者本人；与代理人实施法律行为的相对人称为第三人。代理的法律特征是：第一，代理人要为被代理人作出意思表示。第二，代理人是否以被代理人的名义进行活动须区别对待。第三，代理人在代理权限内独立进行法律行为。第四，代理行为的法律后果直接归属于被代理人。

民事法律行为可以代理。凡是民事主体有关权利、义务的设立、变更、消灭的民事法律行为，都可以适用代理制度，包括：第一，双方或者多方的法律行为，如买卖、租赁、借贷、承揽、保险等；第二，单方法律行为，例如代理他人行使追认权、撤销权等；

第三,准法律行为,例如代理他人进行要约邀请、要约撤回、承诺撤回、债权的主张和承认等。代理还可以适用于下列行为:一是申请行为,如代理申请注册商标;二是申报行为,如申报纳税行为;三是诉讼行为,代理诉讼中的当事人进行各种诉讼行为。

不适用代理的行为,包括:第一,法律规定不得适用代理的行为,不得适用代理,例如设立遗嘱不得代理,结婚、离婚不得代理;第二,当事人约定某些事项不得代理,则不得适用代理;第三,根据民事法律行为的性质,该种民事法律行为的性质不得适用代理的,也不能适用代理;第四,人身行为,如婚姻登记、收养子女等;第五,人身性质的债务,如受约演出不得代为演出。

本条新规则的要点如下:

(1)新增了依照民事法律行为的性质应当由本人亲自实施的民事法律行为不得代理。原《民法通则》第 63 条第 3 款只规定了法律规定不得适用代理以及当事人约定不得适用代理的情形。然而,法律规定可能有所疏漏,当事人约定也可能有所遗漏。本条新增了依照民事法律行为的性质不得适用代理的情形,作为兜底条款来规范代理情形,具有较大的解释空间,可以周延保护相对方的权益。

(2)以民事主体替换公民与法人的概念。原《民法通则》第 63 条只规定了公民与法人可以通过代理人实施民事法律行为,一方面是使用了公法上公民的概念,另一方面是忽略了非法人组织的民事主体地位。制定《民法典》总则编时,便以自然人、法人和非法人组织替换原来的公民、法人概念。草案二审时,又以民事主体的概念替换了自然人、法人和非法人组织,规定更为概括、简练。

(3)代理的法律后果独立成条。原《民法通则》第 63 条共分为 3 款,第 1 款与第 3 款是关于代理的适用范围,第 2 款是代理的法律后果。将适用范围与法律后果同时规定在一个条文中,不免有些杂糅。制定《民法典》总则编,便将原《民法通则》第 63 条第 1 款与第 3 款合并为一条,规定在《民法典》总则编第 161 条;将第 2 款独立成一条,规定在《民法典》总则编第 162 条。将代理的适用范围与法律后果分开规定,体现立法技术上的进步。

135. 删除指定代理及其行使规则

《民法典》总则编第 163 条第 1 款、第 2 款分别规定:"代理包括委托代理和法定代理。""委托代理人按照被代理人的委托行使代理权。法定代理人依照法律的规定行使代理权。"这一条文是关于代理的类型及其行使规则的规定。与原《民法通则》第 64 条的规定相比,本条规定删除了指定代理及其行使规则。

代理包括委托代理和法定代理。

委托代理,是指基于被代理人的委托授权而发生代理权的代理,为授权代理和意定代理。在委托代理中,委托授权行为是基于被代理人的意志进行的,本人的意思是发生委托代理的前提条件,代理法律关系的产生,是基于被代理人的意志,由被代理人授权,而产生代理法律关系,使代理人产生代理权。

法定代理,是依据法律规定而产生代理权的代理。法定代理的产生,是基于自然人无法参与或只能有限制地参与个人事务,但是该种个人事务又必须进行,否则将会损害其合法权益,因此设定法定代理制度,使法定代理直接产生于法律的规定,而不是依赖于任何授权行为,故法定代理是一种保护被代理人的法律制度,具有保护被代理人民事权益的功能。主要形式是:第一,父母对未成年子女的法定代理权;第二,其他对未成年子女担任监护人的人是该未成年子女的法定代理人;第三,夫妻日常家事代理权,也是法定代理;第四,基于紧急状态法律特别授权的代理,例如作为货主的代理人。

代理权的行使规则,是指代理人在履行代理权时应当遵守的规则,也就是代理人所应当承担的义务。代理人通过行使代理权的行为履行代理义务,代理人就实现了设立代理的目的。

代理人行使代理权的基本要求,是委托代理人按照被代理人的委托行使代理权,法定代理人依照法律的规定行使代理权。行使代理权的基本要求是:第一,代理人必须为被代理人的利益实施代理行为。第二,代理人必须亲自代理,代理人必须亲自实施代理行为。第三,代理人必须在代理权限范围内行使代理权。第四,代理人必须谨慎、勤勉、忠实地行使代理权。除此之外,法定代理人行使代理权还需要适用《民法典》总则编自然人一章的规定。

本条新规则的要点是:删除了指定代理及其行使规则。在此之前,原《民法通则》第 64 条照搬了法定监护、指定监护以及委托监护的类型划分,规定了代理的三种类型分别是委托代理、法定代理以及指定代理,即“代理包括委托代理、法定代理和指定代理。委托代理人按照被代理人的委托行使代理权,法定代理人依照法律的规定行使代理权,指定代理人按照人民法院或者指定单位的指定行使代理权”。指定代理的内容和权限也是法定代理,仅仅是由法院依照法律规定去指定代理而已。因此,《民法典》总则编第 163 条规定代理类型时删除了指定代理,仅留下了委托代理和法定代理。

第二节　关于委托代理的新规则

136. 委托代理授权采用书面形式须载明相关的内容

《民法典》总则编第165条规定:"委托代理授权采用书面形式的,授权委托书应当载明代理人的姓名或者名称、代理事项、权限和期限,并由被代理人签名或者盖章。"这一条文是关于委托代理授权委托书的形式要求。

在此之前,原《民法通则》第65条规定了委托代理的形式,其各款分别规定:"民事法律行为的委托代理,可以用书面形式,也可以用口头形式。法律规定用书面形式的,应当用书面形式。""书面委托代理的授权委托书应当载明代理人的姓名或者名称、代理事项、权限和期间,并由委托人签名或盖章。""委托书授权不明的,被代理人应当向第三人承担民事责任,代理人负连带责任。"与此相比,本条规定删除了第1款关于委托代理形式的内容以及第3款关于委托书授权不明的法律后果的内容,仅延续了原《民法通则》第65条第2款的做法,对委托代理采用书面形式的情形作出了具体规范。

委托代理必须有委托授权,被代理人将代理权授予代理人,才能使代理人有权代理被代理人实施民事法律行为。委托代理的授权是要式行为,被代理人和代理人首先应当签订书面合同,并依据该合同,由被代理人向代理人出具授权委托书。

授权委托书也叫代理证书,是证明代理人有代理权的书面文件。授权委托书与委托合同不同:第一,授权委托书是授权行为,是单方法律行为的表现形式;委托合同是授权委托的基础法律关系,但却是双方法律行为,被代理人依据委托合同出具授权委托书。第二,授权委托书一经颁发,立刻产生授权的效力,委托合同需双方达成合意。第三,授权委托书可以直接证明代理权的存在,至于其是否存在委托代理合同关系都不重要;而委托合同是否存在,并不能证明代理权的存在。

授权委托书的内容,应当包括:第一,代理人的姓名或者名称,代理人可以是自然人,也可以是法人或者非法人组织。第二,代理事项,是被代理人向代理人授权代理民事法律行为的范围;根据代理事项的不同,将代理事项区分为一般代理和特别代理。第三,代理权限,是在代理事项的范围内,可以作出何种决定;超出代理权限范围的构成超越代理权的无权代理,没有规定明确的代理事项和代理权限,为代理事项和权限不明。第四,期限,规定代理权的程序起止时间。第五,被代理人签名或者盖章,表明是谁向被代理人授予代理权。

委托书授权不明的法律后果，原《民法通则》第 65 条第 3 款曾作出规定。本条规定未予采纳。主要原因是，委托书授权不明是一个解释的问题。经过解释委托书，确定代理人的行为究竟是无权代理还是有权代理；如果是有权代理，法律效果归属于被代理人；如果是无权代理，根据被代理人是否追认发生相应的法律后果。

本条新规则的变化如下：

（1）删除了委托代理形式的规定。制定《民法典》总则编时，第 135 条已经对法律行为的形式作出了一般性规定，而且规定的法律行为的形式更加多元，包括书面、口头以及其他形式。为了避免重复，本条规定删除了原《民法通则》第 65 条第 1 款关于委托代理形式的内容。

（2）删除委托书授权不明的法律后果。原《民法通则》第 65 条第 3 款规定了委托书授权不明的法律后果后，多数学者对其提出了批评意见。有学者认为该规定并不恰当，理由是让代理人承担连带责任既不符合委托代理制度的基本法律构造，又与我国代理制度存在不合之处，还影响代理制度功能的发挥。[1] 有学者认为该规定并无用处，应当删除，理由是授权不明时应当通过意思表示解释规则予以确定，从而消除授权不明的状态。据此，代理行为或者是在授权意思的范围之外，构成无权代理，发生无权代理的法律后果；或者是在授权的意思之内，构成有权代理，发生有权代理的法律后果。如果最终无法通过意思表示解释规则明确授权行为的内容，则应当认定授权行为不成立。[2] 这类批评并非毫无道理。立法机关参考了这些意见，删除了关于委托书授权不明的法律后果的规定。遗憾的是，《民法典》总则编未就委托代理授权不明时的法律后果规则继续作出妥善的规定。这就导致了如若出现委托代理授权不明的纠纷，只能通过学理进行解释。

137. 共同代理人共同行使代理权

《民法典》总则编第 166 条规定："数人为同一代理事项的代理人的，应当共同行使代理权，但是当事人另有约定的除外。"这一条文是关于共同代理的规定。原《民法通则》未规定共同代理，本条属于新增加的规则。

以代理人的数量为标准对代理进行分类可以分为单独代理与共同代理。

---

〔1〕 参见王叶刚：《论委托代理授权不明时代理人的责任》，载《法学杂志》2018 年第 4 期。

〔2〕 参见葛云松：《委托代理授权不明问题研究——评民法通则第 65 条第 3 款》，载《法学》2001 年第 12 期。

单独代理是指代理人为一人的代理,即代理人只有一人,由代理人单独行使代理权。法定代理人只有一人的,也是单独代理。

共同代理是指代理权由数人共同行使的代理,即代理人为二人以上的数人行使代理权。共同代理的本质,是数人为同一委托事项作为代理人。在被代理人授权时,就应当把代理权授予数人,被授予代理权的数人应当都接受授权委托,共同为被代理人的代理人。

共同代理权的行使要求是"共同行使代理权",要点如下:

(1)每一个共同代理人都享有平等的代理权,地位平等。

(2)共同代理权为共同代理人所共同享有,代理权是一个整体,如果被代理人将代理权分割给每一个代理人行使,则构成数个代理而不是共同代理。

(3)代理权由共同代理人共同行使,由共同代理人共同的意思决定。如果共同代理人中的一人单独行使代理权,未经被代理人或者其他共同代理人的承认,构成无权代理,不发生代理的效果。共同代理中的一人或者数人未与其他代理人协商,所实施的行为侵害了被代理人权益的,由实施行为的代理人对被代理人承担民事责任;如果其他共同代理人知道而未作明确拒绝表示的,应当与实施代理行为的共同代理人承担连带责任。

上述规则,只有当事人另有约定的,才适用约定的规则。

138. 代理人应当知道代理违法仍实施或者未反对的,应承担连带责任

《民法典》总则编第 167 条规定:"代理人知道或者应当知道代理事项违法仍然实施代理行为,或者被代理人知道或者应当知道代理人的代理行为违法未作反对表示的,被代理人和代理人应当承担连带责任。"这一条文是关于代理违法的连带责任的规定。原《民法通则》第 67 条也规定了违法代理及其法律后果,但仅限于代理人知道代理事项违法的情形,即"代理人知道被委托代理的事项违法仍然进行代理活动的,或者被代理人知道代理人的代理行为违法不表示反对的,由被代理人和代理人负连带责任"。与此相比,本条规定则新增了代理人"应当知道"也应承担连带责任的情形。

代理违法可以分为两种,即代理人知道或者应当知道代理的事项违法仍然实施代理行为,以及被代理人知道或者应当知道代理人的代理行为违法而未作反对表示的代理行为。

代理人知道或者应当知道代理的事项违法,是指被代理人授权的代理事项本身就是违法的,代理人知道或者应当知道被代理人授权自己代理的事项违法,未作反对表示,仍然实施该代理行为,造成了相对人的损害。违法的代理行为是由代理人实施的，违法的代理是由被代理人授权的，因此，对造成相对人损害的后果，应当由代理人和被代理人共同承担连带责任。

被代理人知道或者应当知道代理人的代理行为违法，是指代理人实施的代理行为是违法的，而被代理人委托的代理事项并不违法，但是被代理人知道或者应当知道代理人实施的代理行为违法而未作反对表示，造成了相对人损害的行为。尽管被代理人授权的代理事项并不违法，而是代理人实施的代理行为违法，由于被代理人知道或者应当知道代理人实施的行为违法未表示反对，因而对于造成相对人损害的后果，应当由代理人和被代理人共同承担连带责任。

构成代理违法的连带责任，受到损害的权利人有权依照本条规定，请求代理人或者被代理人一方或者双方承担连带赔偿责任。

本条新规则的要点是：增加了代理人应当知道的情形。原《民法通则》第67条只规定了代理人知道代理违法而仍然实施或者未作反对表示时需要承担连带责任。知道的证明标准较高，需要代理人明确知悉代理违法，这不利于保护相对人的权益。考虑到代理人是被代理人手臂的延伸，代理事项违法的实施离不开代理人的协助，为了避免代理违法事项发生，侵害他人的合法权益，本条规定新增了代理人应当知道的情形，对代理人科以更高的注意义务。据此，只要代理人应当知道代理违法而仍然实施或者未作反对表示，就需要承担连带责任。

139. 禁止自己代理和双方代理

《民法典》总则编第168条第1款、第2款分别规定："代理人不得以被代理人的名义与自己实施民事法律行为，但是被代理人同意或者追认的除外。""代理人不得以被代理人的名义与自己同时代理的其他人实施民事法律行为，但是被代理的双方同意或者追认的除外。"这一条文是禁止滥用代理权的规则，既包括不得自己代理，也包括不得双方代理。原《民法通则》未对此作出规定，本条属于新增加的规则。

为了维护被代理人的利益，实行禁止代理权滥用规则，即法律规定或者委托合同约定的代理人不得滥用其代理权，实施损害被代理人权益的代理行为的规则。自己代理和双方代理都是代理权的滥用方式。在《民法典》总则编制定之前，仅仅在学理上讨论自己代理和双方代理。本条正式确立自己代理与双方代理的法律效力，将充分保护被代理人的合法权益不受侵害。

（1）禁止自己代理

本条第1款规定的是自己代理。自己代理是指代理人在代理权限内，以被代理人的名义与自己实施法律行为。代理人同时作为代理人与自己作为当事人,交易双方的意思表示实际上是由一个人作出的,交易行为是由一个人实施的,存在代理人为自己的利益而牺牲被代理人利益的极大危险,除非事前得到被代理人的同意或者事后得到追认,否则法律不承认自己代理的效力。自己代理分为两种情况:第一,代理人以自己的名义向被代理人发出要约且代理人以被代理人的名义予以承诺;第二,代理人以被代理人的名义向自己发出要约且以自己的名义进行承诺。特例是,如果被代理人同意或者追认,自己代理是被代理人认可的,不妨碍其代理行为的效力。

(2)禁止双方代理

本条第 2 款规定的是双方代理。双方代理,称为同时代理,是指一个代理人同时代理双方当事人实施法律行为,也就是同时代理双方当事人的本人和相对人实施同一法律行为。同一个人代表两方当事人的利益,无法实现讨价还价的过程,两种利益难以达到平衡。因此,除非事前得到双方被代理人的同意或者事后的追认,否则法律不承认双方代理的效力。双方代理的特点是:第一,代理人获得了本人和相对人的授权,如果仅有一方当事人的授权,不构成双方代理;第二,双方授权的内容是相同的,如果双方都对同一个代理人作出了授权,但授权内容、代理事项不同,也不构成双方代理。

本条未规定代理权滥用的后果。既然禁止自己代理和双方代理行为,自己代理和双方代理行为都是无效的民事法律行为,不发生代理的法律效果,即代理人事实的代理行为对于被代理人没有拘束力,所有的后果由代理人自己承受。

140. 代理人仅就经同意或者追认的转委托代理人的选任及指示负责

《民法典》总则编第 169 条各款分别规定:“代理人需要转委托第三人代理的,应当取得被代理人的同意或者追认。”“转委托代理经被代理人同意或者追认的,被代理人可以就代理事务直接指示转委托的第三人,代理人仅就第三人的选任以及对第三人的指示承担责任。”“转委托代理未经被代理人同意或者追认的,代理人应当对转委托的第三人的行为承担责任;但是,在紧急情况下代理人为了维护被代理人的利益需要转委托第三人代理的除外。”这一条文是关于转委托即复代理的规定。与原《民法通则》第 68 条相比,本条规定新增了被代理人的追认权以及经追认或者同意后转委托的法律后果。

转委托,也叫复代理,与本代理相对应,是指代理人为实施代理权限内的全部或者部分行为,以自己的名义选定他人担任自己的被代理人的代理人,并由该他人代理被代理人实施法律行为的情形。被选定的该他人叫作复代理人(或者再代理人),其代理的法律效果直接归属于被代理人。代理人为被代理人另行委任代理人的权限,称为复任权,属于代理权的内容。

由于被代理人与代理人之间存在人身信赖关系,代理人因此负有亲自执行代理事务,不得转委托他人处理代理事务的义务。在以下两种情形中,可以设定复代理:第一,紧急情况。在紧急情况下,代理人不能亲自处理代理事务,如此下去又会损害被代理人的利益时,法律允许进行复代理。紧急情况是指代理人身患急病、与被代理人通信联络中断等特殊原因,代理人不能办理代理事项,又不能与被代理人及时取得联系,如果不及时转托他人代理,就会给被代理人的利益造成损失或者扩大损失的情况。第二,被代理人事先同意或者事后认可。如果被代理人事先同意或者事后认可复代理,法律也允许复代理。

转委托产生的复代理经被代理人同意或者追认的,被代理人可以就代理事务直接指示转委托的第三人即复代理人,他们之间发生的代理关系,由他们自己负责。在这种情况下,代理人仅就第三人即复代理人的选任以及对第三人即复代理人的指示承担责任,对于被代理人直接与复代理人之间发生的代理关系,不承担责任。

转委托的复代理如果未经被代理人同意或者追认的,代理人应当对转委托的第三人即复代理人的行为承担责任。只是在紧急情况下代理人为了维护被代理人的利益需要转委托第三人作为复代理人代理的,按照前述规则,认可其复代理的效果。

本条新规则的要点如下:

(1)统一增加了被代理人的追认权。原《民法通则》第68条规定:"委托代理人为被代理人的利益需要转托他人代理的,应当事先取得被代理人的同意。事先没有取得被代理人同意的,应当在事后及时告诉被代理人,如果被代理人不同意,由代理人对自己所转托的人的行为负民事责任,但在紧急情况下,为了保护被代理人的利益而转托他人代理的除外。"在该规定中,只有被代理人的事先同意权,而未规定被代理人的事后追认权。本条规定新增了被代理人的事后追认权,有利于督促转委托的法律行为的效力确定。

(2)增加了转委托代理经被代理人同意或者追认时,被代理人的权利以及代理人的责任。原《民法通则》第68条只规定了转委托代理未经被代理同意时的法律后果,而未规定经同意后的法律后果。本条规定新增了经过同意或者追认后被代理人的权利以及代理人的责任,将法律效果确定了下来,能够减少不必要的纠纷。

141. 职务代理行为的法律后果归属于法人或者非法人组织

《民法典》总则编第 170 条第 1 款、第 2 款分别规定:“执行法人或者非法人组织工作任务的人员,就其职权范围内的事项,以法人或者非法人组织的名义实施的民事法律行为,对法人或者非法人组织发生效力。”“法人或者非法人组织对执行其工作任务的人员职权范围的限制,不得对抗善意相对人。”这一条文是关于职务代理的规定。原《民法通则》在代理的部分没有规定职务代理,《民法典》总则编根据实际情况,新增了职务代理类型。

本条新规则的要点如下:

(1)职务代理,是指根据代理人所担任的职务而产生的代理。尽管职务代理也是由于这个法人或者非法人组织的委托而产生的代理权,但是这种委托与委托代理的委托不同,是基于代理人在法人或者非法人组织中的职务,经由法人或者非法人组织的授权而产生代理权。职务代理的代理人,是执行法人或者非法人组织工作任务的人员,不具有这样的身份不能构成职务代理。职务代理的代理人执行的事务是其职权范围的事项。职务代理的代理人在自己职权范围内实施的行为,都是法人或者非法人组织的行为。

(2)职务代理的代理人执行职务实施的民事法律行为,应当以法人或者非法人组织的名义实施。没有表明是以法人或者非法人组织的名义实施的,其实也不影响代理的效果,因为只要职务代理人在自己的职权范围内实施的事项,都是有合法授权的事项。职务代理人在其职责范围内实施的民事法律行为,性质属于代理行为,因此其自己代理的一切事项,都对法人或者非法人组织发生法律效力,由职务代理人所在的法人或者非法人组织承受。

(3)法人或者非法人组织的工作人员在执行职务代理行为时,如果超出了职权范围,构成越权代理的,法人或者非法人组织可以主张其工作人员越权代理实施的民事法律行为无效。不过,对法人或者非法人组织的工作人员超越职权范围的代理行为无效的请求,不得对抗善意相对人,只要其在与职务代理行为的代理人实施民事法律行为时,自己不知道或者不应当知道工作人员的职务代理行为越权,且无过失的,就构成表见代理,可以否认民事法律行为无效的主张,确认该民事法律行为有效。

142. 无权代理人承担赔偿责任的要件

《民法典》总则编第 171 条各款分别规定:“行为人没有代理权、超越代理权或者代理权终止后,仍然实施代理行为,未经被代理人追认的,对被代理人不发生效力。”“相对人可以催告被代理人自收到通知之日起三十日内予以追认。被代理人未作表示的,视为拒绝追认。行为人实施的行为被追认前,善意相对人有撤销的权利。撤销应当以通知的方式作出。""行为人实施的行为未被追认的,善意相对人有权请求行为人履行债务或者就其受到的损害请求行为人赔偿。但是,赔偿的范围不得超过被代理人追认时相对人所能获得的利益。""相对人知道或者应当知道行为人无权代理的,相对人和行为人按照各自的过错承担责任。"这一条文是关于无权代理法律后果的规定。

原《民法通则》第66条也规定了无权代理,即"没有代理权、超越代理权或者代理权终止后的行为,只有经过被代理人的追认,被代理人才承担民事责任。未经追认的行为,由行为人承担民事责任。本人知道他人以本人名义实施民事行为而不作否认表示的,视为同意。代理人不履行职责而给被代理人造成损害的,应当承担民事责任。代理人和第三人串通,损害被代理人的利益的,由代理人和第三人负连带责任。第三人知道行为人没有代理权、超越代理权或者代理权已终止还与行为人实施民事行为给他人造成损害的,由第三人和行为人负连带责任"。与此相比,本条规定修正了未作出表示时的法律后果,新增了相对人的权利,细化了无权代理的民事责任。

无权代理,是指代理人不具有代理权、超越代理权而实施的代理行为,或者代理权终止后仍然实施的代理行为,包括不具有代理权的代理、超越代理权的代理和代理权终止后的代理。严格的无权代理仅指前一种情形,广义的无权代理包括上述三种情形。无权代理的特征是:第一,行为人实施的法律行为符合代理行为的表面特征。第二,行为人对所实施的代理行为不具有代理权。无权代理的法律效果是,只要未经被代理人追认,就不发生代理的法律效果。至于本人知道他人以本人名义实施民事行为而未作否认表示的,如果没有当事人之间的约定,则此种沉默表示不宜认定为同意或者追认。

无权代理行为为效力待定的行为。具体规则是:第一,被代理人享有追认权。无权代理设立的民事行为,如果经过被代理人的追认,使无权代理性质发生改变,其所欠缺的代理权得到补足,转化为有权代理,发生与有权代理同样的法律效果。第二,相对人享有催告权。如果无权代理行为的相对人欲使其有效,可以催告被代理人在30日内予以追认。被代理人未作表示的,视为拒绝追认,代理行为不发生效力。第三,善意相对人享有撤销权。善意相对人如果不承认该代理行为的效力,须在被代理人追认之前以通知的方式行使撤销权,撤销该代理行为。

无权代理时有两种民事责任。第一,无权代理人实施的行为未被追认的责任。无权代理人实施的行为未被追认的,善意相对人有权请求无权代理人履行债务,或者就其受到的损害请求行为人承担赔偿责任,赔偿范围是不得超过被代理人追认时相对人所能获得的利益。第二,相对人知道或者应当知道代理人无权代理的责任。原《民法通则》第 66 条第 4 款仅规定了第三人知道行为人无权代理时的民事责任。如果相对人知道或者应当知道代理人是无权代理,造成了被代理人的权益损害,那么相对人和行为人就都存在过错,应当按照各自的过错承担按份责任。

本条新规则的要点如下:

(1)修改了未作表示的法律后果。原《民法通则》第 66 条第 1 款第 3 句曾规定:"本人知道他人以本人名义实施民事行为而不作否认表示的,视为同意。"原《合同法》第 48 条第 2 款修正了该规则,将未作表示的视为拒绝追认。本条延续了原《合同法》第 48 条第 2 款的做法,与《民法典》总则编第 140 条第 2 款关于沉默的规定相对应,坚持尊重被代理人的意思,当被代理人未作表示时,视为拒绝追认而非是同意。

(2)新增了相对人的催告权与撤销权。原《民法通则》未规定相对人的权利,忽略了相对人的催告权。原《合同法》第 48 条第 2 款规定时,新增了相对人的催告权与善意相对人的撤销权,即"相对人可以催告被代理人在一个月内予以追认。被代理人未作表示的,视为拒绝追认。合同被追认之前,善意相对人有撤销的权利。撤销应当以通知的方式作出"。本条规定基本延续了这一内容,在总则编确认了相对人的催告权与善意相对人的撤销权,适用于所有的民事法律行为,包括但不限于合同。

(3)细化无权代理的民事责任。原《民法通则》第 66 条只规定了无权代理未被追认时,由行为人承担民事责任,但未规定具体的责任承担方式和赔偿范围。本条规定将其予以完善。一方面,本条第 3 款规定了善意相对人有权请求赔偿损失以及赔偿损失的范围不得超过被代理人追认时相对人所能获得的利益;另一方面,本条第 4 款规定了相对人非善意时,与行为人根据过错程度承担责任。

值得注意的是,原《民法通则》第 66 条第 3 款和第 4 款还规定了相对人和代理人恶意串通的连带责任。这一内容与《民法典》总则编第 164 条规定相互重合,故出现恶意串通的情形时,直接适用《民法典》总则编第 164 条规定即可。

143. 表见代理行为的有效要件

《民法典》总则编第 172 条规定:"行为人没有代理权、超越代理权或者代理权终止后,仍然实施代理行为,相对人有理由相信行为人有代理权的,代理行为有效。”这一条文是关于表见代理的民事法律行为有效的规定。在此之前，原《民法通则》未规定表见代理行为及其法律后果，本条属于新规则。

规定表见代理行为及其法律后果时，本条规定借鉴了原《合同法》第 49 条关于“行为人没有代理权、超越代理权或者代理权终止后以被代理人名义订立合同，相对人有理由相信行为人有代理权的，该代理行为有效”的规定，将其适用范围扩展至所有的民事法律行为，新设立了这一规则。要点如下：

(1)表见代理，是指被代理人的行为足以使第三人相信无权代理人具有代理权，并基于这种信赖与无权代理人实施法律行为的代理。通俗地讲，表见代理就是表现为有权代理的无权代理。其意义是：第一，承认外表授权，外表授权是指具有授权行为的外表或者假象，而事实上并没有实际授权，由于外表授权规则的适用，使表见代理的性质发生了变化。第二，保护善意交易相对人的利益。第三，保护动态交易安全。

(2)根据本条的规定，表见代理的构成要件：第一，须代理人没有代理权。第二，客观上存在使相对人相信行为人具有代理权的理由，一是相对人相信行为人有代理权的事实，二是相对人对行为人有代理权建立了信赖。第三，相对人与无权代理人成立法律行为。第四，相对人善意且无过失。

(3)表见代理发生的主要原因是：第一，被代理人以书面或者口头形式直接或者间接地向第三人表示以他人为自己的代理人；第二，被代理人与代理人之间的委托合同不成立、无效或者被撤销，但尚未收回代理证书；第三，代理关系终止后被代理人未采取必要措施公示代理关系终止的事实并收回代理人持有的代理证书；第四，行为人的外观表象足以使第三人认为其是有代理权而与之交易的。《民法典》总则编(草案 · 第三次审议稿)还规定了不构成表见代理行为的除外规则，即“(一)行为人伪造他人的公章、合同书或者授权委托书等，假冒他人的名义实施民事法律行为的；(二)被代理人的公章、合同书或者授权委托书等遗失、被盗，或者与行为人特定的职务关系已经终止，并且已经以合理方式公告或者通知，相对人应当知悉的；(三)法律规定的其他情形”。因考虑到即使在上述情形中仍有可能构成表见代理，最终删除了该内容。

(4)表见代理发生以下法律效力：第一，发生有权代理的效力。第二，表见代理人对被代理人的损失承担损害赔偿责任。第三，善意相对人主张撤销时，被代理人不得主张表见代理。

第三节　关于代理终止的新规则

144. 被代理人死亡后,在特定情形下委托代理人的代理行为有效

《民法典》总则编第 174 条第 1 款、第 2 款分别规定:"被代理人死亡后,有下列情形之一的,委托代理人实施的代理行为有效:(一)代理人不知道且不应当知道被代理人死亡;(二)被代理人的继承人予以承认;(三)授权中明确代理权在代理事务完成时终止;(四)被代理人死亡前已经实施,为了被代理人的继承人的利益继续代理。""作为被代理人的法人、非法人组织终止的,参照适用前款规定。"这一条文是关于被代理人死亡后委托代理行为的效力的规定。对此,原《民法通则》与原《合同法》都未作出规定。本条属于新规则,要点如下:

(1)本条规定所采取的方式是正面列举式,只有符合本条规定的具体事由,代理人的代理行为才有效,除此之外的代理行为均无效。

(2)被代理人死亡后的代理行为有效的情形是:第一,代理人不知道并且不应当知道被代理人死亡的,是确实不知道并且也不应该知道。第二,被代理人的继承人予以承认。第三,授权中明确代理权在代理事项完成时终止的。第四,在被代理人死亡前已经实施,在被代理人死亡后为了被代理人的继承人的利益继续代理。这一内容与原《最高人民法院关于贯彻执行〈中华人民共和国民法通则〉若干问题的意见(试行)》第 82 条关于"被代理人死亡后有下列情况之一的,委托代理人实施的代理行为有效:(1)代理人不知道被代理人死亡的;(2)被代理人的继承人均予承认的;(3)被代理人与代理人约定到代理事项完成时代理权终止的;(4)在被代理人死亡前已经进行、而在被代理人死亡后为了被代理人的继承人的利益继续完成的"的规定基本一致。

(3)除此之外,被代理人死亡后,委托代理人实施的代理行为无效。

(4)作为被代理人的法人、非法人组织终止,相当于自然人的死亡,因此可以参照适用本条第 1 款的规定。

145. 法定代理终止的法定事由

《民法典》总则编第 175 条规定:"有下列情形之一的,法定代理终止:(一)被代理人取得或者恢复完全民事行为能力;(二)代理人丧失民事行为能力;(三)代理人或者被代理人死亡;(四)法律规定的其他情形。"这一条文是关于法定代理终止事由的规定。与原《民法通则》第 70 条的规定相比,本条规定删除了指定代理的终止事由,同时修改了法定代理终止事由的部分表述。

法定代理的终止与委托代理的消灭原因不同。法定代理的消灭主要是基于客观因素：第一，被代理人取得或者恢复完全民事行为能力。无民事行为能力或者限制民事行为能力的被代理人取得了民事行为能力或者恢复了民事行为能力，法定代理没有了再存在的基础和必要。第二，代理人丧失民事行为能力，代理人无法行使代理权。第三，被代理人或者代理人死亡，法定代理和指定代理的基础不再存在，消灭代理权。第四，法律规定的其他情形，例如，人民法院或者其他指定代理的机关取消该指定代理，则丧失了法定代理的法律基础，因此消灭代理关系。委托代理的消灭除了上述所提及的客观因素外，还包含了主观因素，比如被代理人取消委托或者代理人辞去委托。

法定代理关系消灭后，依据其产生的法定代理权即行消灭。

本条新规则的要点如下：

(1)删除了指定代理的终止事由。原《民法通则》第 70 条规定的是法定代理或者指定代理的终止事由。《民法典》总则编代理一章删除了指定代理的类型后，本条也删除了指定代理的终止事由，即“指定代理的人民法院或者指定单位取消指定”。

(2)修改了法定代理终止事由的部分表述。原《民法通则》第 70 条规定：“有下列情形之一的，法定代理或者指定代理终止：(一)被代理人取得或者恢复民事行为能力；(二)被代理人或者代理人死亡；(三)代理人丧失民事行为能力；(四)指定代理的人民法院或者指定单位取消指定；(五)由其他原因引起的被代理人和代理人之间的监护关系消灭。”与此相比，本条规定修改了多处表述，一是将“被代理人取得或者恢复民事行为能力”修改为“被代理人取得或者恢复完全民事行为能力”，新增“完全”二字，表达更为准确，只有被代理人是完全民事行为能力人时，才不需要法定代理；二是将“代理人丧失民事行为能力”的顺序提前至第 2 项，与第 1 项“被代理人取得或者恢复完全民事行为能力”相对应，逻辑上更为周延缜密；三是将兜底条款的“由其他原因引起的被代理人和代理人之间的监护关系消灭”修改为“法律规定的其他情形”，这样的规定更为概括，能够具有更大的包容性，给法官留下一定的解释空间。

总之，本条新规则主要是调整了法定代理的终止事由，尤其是在立法表达上，更加准确、精练，体现了立法技术的进步。

第八章　有关民事责任的新规则

146. 法定或约定的民事义务及违反民事义务的后果是民事责任

《民法典》总则编第 176 条规定："民事主体依照法律规定或者按照当事人约定，履行民事义务，承担民事责任。"这一条文是关于民事义务与民事责任的规定。与原《民法通则》第 106 条第 1 款的规定"公民、法人违反合同或者不履行其他义务的，应当承担民事责任"相比，本条规定继续沿用了同样的立法模式，将民事义务与民事责任规定在一起，强调的是民事义务与民事责任之间的逻辑关系。不同之处在于，本条规定修改了主体的表述，明确了民事义务来源于法定和约定，以及与民事责任的关系。

民事义务，是与民事权利相对应的概念，是指义务人为满足权利人的要求而为一定行为或者不为一定行为的法律负担。其特征是：第一，民事义务产生于法律的规定和当事人的约定。第二，民事义务的内容表现为为一定行为或者不为一定行为。第三，义务的履行是为了满足权利人的利益。第四，民事义务具有法律的强制性。

民事责任，是指民事主体不履行或者不完全履行民事义务所应当依法承担的不利后果。不履行或者不完全履行民事义务，就是违反民事义务。民事责任既是违反民事义务所承担的法律后果，也是救济民事权利损害的必要措施，同时也是实现民事权利保护请求权的直接手段。民事责任的特征是：第一，民事责任是以民事义务的存在为前提产生的法律责任。第二，民事责任是具有强制性的法律责任。第三，民事责任是具有制裁性的法律责任。第四，民事责任主要是具有财产性的法律责任。第五，民事责任主要是具有补偿性的责任，也包括一定的惩罚性赔偿责任。

民事责任与民事义务的区别是:第一,民事责任产生在民事义务的不履行之后。第二,民事责任与民事义务分别与国家公权力、民事权利概念相关联。第三,民事义务属于“当为”,而民事责任不仅是“当为”,更是“必为”。

民事责任与民事义务既有严格的区别,又有密切的联系。本条同时规定民事义务和民事责任,反映的就是这样的关系,即违反民事义务的行为是产生民事责任的原因和依据,而民事责任是违反民事义务的行为所引起的不利法律后果。

无论是违约产生的民事责任还是侵权产生的民事责任,都以民事法律义务或者约定义务作为前提。在这里,违反义务为因,承担责任为果。因此,民事责任的本质在于它是法律令违反民事义务、侵害民事权利的当事人承担的不利法律后果。民事责任是民事义务履行的担保。

本条新规则的要点如下:

(1)明确民事义务来源于法定和约定。原《民法通则》第 106 条第 1 款规定了公民、法人在违反合同或不履行其他义务时需要承担民事责任,界定了义务与责任的关系,即责任是义务违反的法律后果,而这一义务来源于合同或者其他。这一表述尚不准确。本条规定时,便明确了民事义务来源于法律规定和当事人约定。当违反法律规定和当事人约定的义务时,便需要承担民事责任。

(2)修改主体的表述。原《民法通则》第 106 条第 1 款规定的是公民、法人违反义务时须承担民事责任,忽略了非法人组织的地位,同时还带有公法色彩。本条规定时,对这一表述进行了调整,直接概括为民事主体,具体包括自然人、法人以及非法人组织。

(3)本条的实质内容,是要规定民事责任,即民事义务不履行的后果是承担民事责任,即民事责任是民事义务不履行的法律后果,只是条文的表述没有这样清晰而已。在学习和理解这一条文时,应当看清这一点,因为这一条文是引领本章民事责任各条规定的概括性条文。

147. 按份责任及其规则

民事责任体系可以分为单独责任与多数人责任。多数人责任中包含四种基本情况,分别是按份责任、连带责任、不真正连带责任以及补充责任。《民法典》总则编在民事责任一章规定了按份责任与连带责任,是重大的立法突破,但是仅仅这样规定,使民事责任的体系还不够完整,一是未规定与多数人责任相对应的单独责任,二是未规定多数人责任中的不真正连带责任与补充责任。同时还应当看到,《民法典》合同编第517～521条对按份之债和连带之债规则的规定,与按份责任和连带责任的规则有密切联系。

《民法典》总则编第177条规定:"二人以上依法承担按份责任,能够确定责任大小的,各自承担相应的责任;难以确定责任大小的,平均承担责任。"这一条文是关于按份责任的规定,属于新增条款,但是与原《侵权责任法》第12条规定的典型的分别侵权行为规则相一致。

按份责任是指数个责任人按照约定或者法律规定,按照不同的份额对一个责任按份承担的民事责任。分为两种形式:一是约定的按份债务不履行发生的按份责任;二是依照法律规定发生的按份责任,例如,原《侵权责任法》第12条就规定了分别侵权行为发生的按份责任,即"二人以上分别实施侵权行为造成同一损害,能够确定责任大小的,各自承担相应的责任;难以确定责任大小的,平均承担赔偿责任"。

按份责任与连带责任的基本区别是,连带责任的责任人之间虽然也有份额,但是这种份额具有相对性,对外每一个责任人都负有全部承担责任的义务。而按份责任的各个责任人的责任份额不具有连带性,只对自己的份额负责,不对整体责任负责。

按份责任的规则是,二人以上承担按份责任的,如果能够确定责任大小,应当按照行为人各自的过错程度和行为原因力的大小比例,承担相应的责任;如果难以确定责任大小的,则平均承担责任。发生按份责任,每个行为人只对自己的行为后果承担侵权责任。

148. 连带责任及其规则

《民法典》总则编第178条各款分别规定:"二人以上依法承担连带责任的,权利人有权请求部分或者全部连带责任人承担责任。""连带责任人的责任份额根据各自责任大小确定;难以确定责任大小的,平均承担责任。实际承担责任超过自己责任份额的连带责任人,有权向其他连带责任人追偿。""连带责任,由法律规定或者当事人约定。"这一条文是关于连带责任的规定,原《侵权责任法》第13条和第14条规定的是侵权责任的连带责任规则,本条规定在总则编,成为所有连带责任的规则。从这个意义上来说,这一条文也属于新规则。

连带责任,是指因违反连带债务或者依照法律的直接规定,两个以上的赔偿义务人向赔偿权利人连带承担全部赔偿责任,赔偿权利人有权要求连带责任人中的一人或数人承担全部责任,而一人或数人在承担全部赔偿责任后,将免除其他责任人的赔偿责任的民事责任形态。连带责任包括违约责任的连带责任、侵权责任的连带责任以及其他形式的连带责任。

连带责任规则是:第一,连带责任的对外关系。凡是法律规定承担连带责任的,权利人有权请求部分或者全体连带责任人承担责任。因为连带责任是一个完整的责任,每一个连带责任人都有义务承担全部赔偿责任。第二,连带责任的对内关系。首先,连带责任人根据各自责任大小,确定相应的赔偿数额。责任大小的确定,一是过错程度,二是原因力大小;难以确定责任大小,责任份额平均分配。其次,其中一个或者数个连带责任人支付超出自己赔偿责任份额的,有权向其他连带责任人追偿。

更简洁的规则是把连带责任分为中间责任和最终责任,规则是:第一,中间责任,任何一个连带责任人都应当对权利人承担全部责任,请求一个、数个或者全部连带责任人承担连带责任;第二,最终责任,每一个连带责任人最终承担的,是自己应当承担的责任份额;第三,一个连带责任人承担了超出自己责任份额的赔偿责任的(中间责任),可以通过追偿的方法实现最终责任,将连带责任分配给每一个连带责任人。

连带责任的产生事由。具体包括:第一,法律规定,如原《侵权责任法》第 8 条规定了共同侵权行为的连带责任,即"二人以上共同实施侵权行为,造成他人损害的,应当承担连带责任"。第二,当事人约定,当事人约定了连带债务,当连带债务不履行时就产生了连带责任。

149. 继续履行与惩罚性赔偿为民事责任方式

《民法典》总则编第 179 条各款分别规定:"承担民事责任的方式主要有:(一)停止侵害;(二)排除妨碍;(三)消除危险;(四)返还财产;(五)恢复原状;(六)修理、重作、更换;(七)继续履行;(八)赔偿损失;(九)支付违约金;(十)消除影响、恢复名誉;(十一)赔礼道歉。""法律规定惩罚性赔偿的,依照其规定。""本条规定的承担民事责任的方式,可以单独适用,也可以合并适用。"这一条文是关于民事责任承担方式的规定。与原《民法通则》第 134 条规定相比,本条规定具有诸多新规则。

民事责任方式,是指行为人将承担与其所实施的违反法定义务或者约定义务行为,以及救济对方当事人所相适应的民事责任的具体方法和形式。

民事责任方式的种类是:第一,返还财产,主要是指返还原物。第二,恢复原状,是指恢复权利被侵犯前的原有的状态。第三,修理、更换、重作,是指交付的标的物不符合合同要求的质量标准,债务人应当承担的民事责任方式。第四,支付违约金,是指当事人通过协商预先确定的,在违约后作出的独立于履行行为之外的给付。第五,赔偿损失,包括补偿性损害赔偿和惩罚性损害赔偿。第六,停止侵害,是应当承担的立即停止侵害行为的民事责任方式。第七,消除影响、恢复名誉,是指行为人在侵权行为影响所及的范围内消除不良后果,恢复受害人的名誉评价到未受侵害时的状态的民事责任方式。第八,赔礼道歉,是侵权行为人向受害人承认错误,表示歉意,求得受害人原谅。第九,继续履行,是指债务人应当将没有履行的义务继续履行完毕,以实现债权人的债权。第十,排除妨碍,是指行为人实施的行为使权利人无法行使或不能正常行使自己的财产权利、人身权利,应当将妨碍权利实施的障碍予以排除。第十一,消除危险,是指行为人的行为和其管领下的物件对他人的人身和财产安全造成威胁,应当将具有危险因素的行为或者物件予以消除。

法律规定惩罚性赔偿的,主要有《民法典》侵权责任编第 1185、1207、1232 条,《消费者权益保护法》第 55 条,《食品安全法》第 148 条第 2 款等。惩罚性赔偿分为两种:一是违约惩罚性赔偿,例如产品欺诈或者服务欺诈应当承担价金三倍的惩罚性赔偿责任。二是侵权惩罚性赔偿,比如恶意的产品侵权或者服务侵权,造成消费者死亡或者健康严重损害的,应当承担损失两倍以下的惩罚性赔偿;侵权人故意违反国家规定损害生态环境造成严重后果的,应当承担惩罚性赔偿。

本条第 3 款规定民事责任的承担方式可以单独适用,也可以合并适用。学者对此多持有反对意见,原因是上述规定的民事责任承担方式有些实际上是不可以合并适用的。

适用民事责任方式时,除了遵循可以单独使用也可以合并使用的规则外,还应当以救济权利损害需要为原则。从权利人的角度来看,权利人可以自由处分。如有必要,有权申请先予执行。

本条新规则的要点如下:

(1)新增了继续履行作为民事责任的承担方式之一。继续履行主要是违反合同之债的责任。原《合同法》第 107 条规定:"当事人一方不履行合同义务或者履行合同义务不符合约定的,应当承担继续履行、采取补救措施或者赔偿损失等违约责任。"制定《民法典》总则编时,吸收了其中关于继续履行的规定,作为民事责任的承担方式之一。

(2)新增了惩罚性赔偿作为民事责任的承担方式之二。惩罚性赔偿既是违反合同之债的责任,又是侵权责任之债的责任。比如,《消费者权益保护法》《食品安全法》《电子商务法》等都专门规定了惩罚性赔偿责任。本条专设惩罚性赔偿责任的转致性条款,直接链接到了上述民法特别法,为特别法的适用提供了一般法上的依据。

(3)删除了原《民法通则》第 134 条中不属于民事法律规范的内容。原《民法通则》第 134 条规定了人民法院审理民事案件,还可以予以训诫、责令具结悔过、收缴进行非法活动的财物和非法所得,并可以依照法律规定处以罚款、拘留。其中,训诫、责令具结悔过、收缴等都属于行政法上的内容,不宜在《民法典》总则编中继续出现。因而,本条规定删除了这些内容。

总体来说,本条不仅新增了民事责任承担方式,充分保护了权利人的合法权益,也剔除了与民事法律规范无关的内容,使得《民法典》更加纯净。

150. 见义勇为受害人享有特别请求权

《民法典》总则编第 183 条规定:"因保护他人民事权益使自己受到损害的,由侵权人承担民事责任,受益人可以给予适当补偿。没有侵权人、侵权人逃逸或者无力承担民事责任,受害人请求补偿的,受益人应当给予适当补偿。"这一条文是关于见义勇为受害人的特别请求权的规定。与原《民法通则》第 109 条规定相比,本条规定不仅修改了见义勇为的表述,而且新增了见义勇为受害人所享有的特别请求权。

因见义勇为受害的特别请求权,是指行为人为了保护他人的民事权益,在为保护他人民事权益的见义勇为行为中自身受到损害,所享有的赔偿和补偿自己损失的请求权。见义勇为受害的人的请求权包含两个内容:一是对侵权人的侵权损害赔偿责任请求权;二是对受益人的适当补偿请求权,包括侵权人承担侵权责任的同时就可以行使的补偿请求权,以及无侵权人、侵权人逃逸或者无力承担民事责任时行使的请求权。

产生见义勇为受害特别请求权的要件是:第一,行为人实施了见义勇为行为,见义勇为行为须为保护他人民事权益而实施的行为,须行为人实施保护他人合法权益的行为无法定或约定义务,须针对侵害他人合法权益的侵害行为或者他人处于危难的危险事实,须在客观上使受益人少受或免受损害的行为。第二,见义勇为的行为人须因实施该行为而遭受人身和财产损害。第三,见义勇为行为人遭受的损害与实施见义勇为行为有因果关系。

行使见义勇为受害人的特别请求权,承担民事责任的规则是:第一,侵权人应当承担民事责任,即侵权人应当按照人身损害、财产损害和精神损害责任的规定承担全部赔偿责任。第二,受益人承担适当补偿责任,即使侵权人也承担了侵权赔偿责任,受益人也可以给予适当补偿。第三,没有侵权人、侵权人逃逸或者无力承担赔偿责任的适当补偿责任,由于因见义勇为受害的人无法从侵权人处获得损害赔偿,受益人应当予以补偿。补偿责任应当根据受益人的受益范围和实际负担能力,结合因见义勇为受害人的实际损失确定。其中第二种适当补偿带有酬谢的意思,第三种适当补偿才是责任性质的补偿。

本条新规则的要点如下:

(1)修改见义勇为的表述。原《民法通则》第109条认定的见义勇为是"防止、制止国家的、集体的财产或者他人的财产、人身遭受侵害",其中特别突出了国家、集体的财产,带有公法色彩。本条规定见义勇为时,便将见义勇为的表述修改为"因保护他人民事权益使自己受到损害的",这样的表述具有极强的概括性,不仅主体上将国家、集体、自然人均纳入了"他人"的范畴,还将财产权、人身权、财产利益、人身利益均纳入了"民事权益"的范畴。这样一来,见义勇为不仅在逻辑上更为周延,公法色彩也有所淡化。

(2)新增见义勇为受害人的特别请求权。原《民法通则》第109条只规定了因见义勇为受到伤害时,受害人可以给予适当的补偿。为了彰显社会正气,制定《民法典》总则编时,特意新增加了其他情形,即规定了没有侵权人、侵权人逃逸或者无力承担民事责任时,受益人应当给予适当补偿,即见义勇为人享有适当补偿请求权。这对于保护见义勇为人的合法权益具有重要意义。

151. 善意救助者享有损害赔偿的豁免权

《民法典》总则编第184条规定:"因自愿实施紧急救助行为造成受助人损害的,救助人不承担民事责任。"这一条文是关于善意救助者的责任豁免规定。在此之前,民事基本法律包括司法解释都未作出规定,本条是民法典的新规则。

之所以规定善意救助者的责任豁免,是为了弘扬社会主义传统美德,应对我国目前的社会诚信危机。其要点如下:

(1)学理上所称的善意救助者责任豁免规则,其实就是很多域外国家都规定的"好撒马利亚人法",我国民间叫"好人法"。"好撒马利亚人法"的核心,是赋予"好撒马利亚人"以责任的豁免权,救助者在救助过程中即使存在一般过失,也不对此承担责任。我国规定"好撒马利亚人法"的含义是:第一,坚持鼓励善意施救者的救助积极性;第二,承认特殊救助义务不宜确定为一般救助义务;第三,承认善意救助者的豁免权。

(2)善意施救者享有豁免权须具备以下要件:第一,行为人为善意救助者;第二,行为人实施了救助行为;第三,行为人的善意救助行为造成了受救助者的损害。符合上述条件的善意救助者不承担民事责任,不论是一般过失还是重大过失。

(3)在我国当前社会中,在“好撒马利亚人法”的适用方面影响诚信道德建设的问题,主要是对“好撒马利亚人”难辨真假而引起的法律适用问题。一方面,被救助者讹诈救助人,真的“好撒马利亚人”蒙冤,错误地判决其承担侵权责任;另一方面,行为人造成损害后冒充“好撒马利亚人”,混淆是非,造成社会影响。除此之外,《民法典》总则编(草案·第三次审议稿)曾经规定了善意救助者需要承担重大过失的责任。最终审议通过时,删除了“重大过失除外”的规则,完全免除了善意救助者的责任。这不利于规范善意救助者的不当救助行为。也就是说,当被救助者处于困境或者危难中,如果不懂医学常识的人采取了不当的救济措施,将会对被救助者造成严重后果。如果善意救助者对这种行为不承担责任,反而会造成不当危险的发生。

152. 侵害英雄烈士的人格利益应当承担民事责任

《民法典》总则编第 185 条规定:“侵害英雄烈士等的姓名、肖像、名誉、荣誉,损害社会公共利益的,应当承担民事责任。”这一条文是关于侵害英雄烈士人格利益的民事责任的规定。原《民法通则》未对此作出规定,本条属于新规则。要点如下:

(1)侵害英雄烈士人格利益的本质就是侵害死者的人格利益。制定原《民法通则》时,并未将人格利益的保护延伸至死者。随着侵害死者人格利益的案件增多,2001 年最高人民法院制定了《关于确定民事侵权精神损害赔偿责任若干问题的解释》,其中第 3 条规定:“自然人死亡后,其近亲属因下列侵权行为遭受精神痛苦,向人民法院起诉请求赔偿精神损害的,人民法院应当依法予以受理:(一)以侮辱、诽谤、贬损、丑化或者违反社会公共利益、社会公德的其他方式,侵害死者姓名、肖像、名誉、荣誉;(二)非法披露、利用死者隐私,或者以违反社会公共利益、社会公德的其他方式侵害死者隐私;(三)非法利用、损害遗体、遗骨,或者以违反社会公共利益、社会公德的其他方式侵害遗体、遗骨。”这一规定全面保护了死者的人格利益。对于死者的人格利益进行侵害的,构成侵权行为,应当承担民事责任。

(2)由于在现实生活中,一些人歪曲事实,诽谤抹黑、恶意诋毁侮辱英雄烈士的名誉、荣誉等,损害了社会公共利益,社会影响很恶劣。本条规定对侵害英雄烈士等的姓名、肖像、名誉、荣誉,损害社会公共利益的,应当承担民事责任,是作出的特殊保护规定。这正是将保护死者人格利益的经验应用在对英雄烈士的死者人格利益保护问题上。对此,《英雄烈士保护法》也作出了具体规定,凡是侵害英雄烈士等的姓名、肖像、名誉、荣誉,损害社会公共利益的,应当判令侵权人承担民事责任。通过这样的规定,加强对英雄烈士姓名、名誉、荣誉等的法律保护,对于促进社会尊崇英雄烈士,扬善抑恶,弘扬社会主义核心价值观意义重大。

(3)问题在于,首先,究竟如何界定英雄烈士在民法上的概念,他在民事主体中应当如何界定;其次,仅强调对英雄烈士的人格利益保护,而未强调对一般死者的人格利益保护,是否存在有人格不平等的嫌疑;最后,承担民事责任只需要侵害了死者人格利益造成损害,而不在于还需要损害社会公共利益。有鉴于此,笔者认为,应当基于对死者人格利益保护的基本法理和规则,依据《民法典》总则编规定的民法基本原则作出全面、准确的解释。

153. 违约责任与侵权责任竞合的选择权

《民法典》总则编第 186 条规定:"因当事人一方的违约行为,损害对方人身权益、财产权益的,受损害方有权选择请求其承担违约责任或者侵权责任。"这一条文是关于违约责任与侵权责任竞合时的责任承担规则。原《民法通则》未对此作出规定,原《合同法》第 122 条作出了规定,本条规定沿袭了原《合同法》第 122 条的内容,在总则编新设了这一规则。要点如下:

(1)违约责任与侵权责任竞合的实质是民事责任竞合。民事责任竞合即请求权竞合,是指因某种法律事实的出现,而导致两种或两种以上的民事责任产生,各项民事责任相互发生冲突的现象。当不法行为人实施的一个行为,在法律上符合数个法律规范的要求,因而使受害人产生多项请求权时,这些请求权相互冲突。民事责任竞合具有如下特点:第一,民事责任竞合是由违反民事义务的行为引起的,责任是违反法定义务的必然后果。第二,数个民事责任的产生是由一个违反民事义务的行为造成的。第三,在一个行为产生的数个责任之间相互冲突。同一民事违法行为同时符合数种民事权利保护的规定,就构成民事责任竞合。民事责任竞合的法律后果是采取择一方式,从两个请求权中只能选择其中一个行使;一个请求权行使后,另一个请求权即行消灭。

(2)本条规定的违约责任与侵权责任竞合,是一个违约行为,既产生违约损害赔偿请求权,又产生侵权损害赔偿请求权,两个请求权救济的内容是一致的,权利人只能行使一个请求权。这个请求权实现之后,另一个请求权消灭。例如,服务者为消费者服务造成人身损害,受害人既可以选择违约损害赔偿责任起诉,也可以选择侵权责任起诉。

(3)本条虽然规定的只是违约责任与侵权责任的竞合规则,但对其他民事责任竞合也提供了法律依据。在立法时,学者普遍建议应当规定民事责任竞合的一般新规则,而不是单独规定违约责任与侵权责任竞合的规则,但是立法机关没有采纳。对此,应当理解为,所有的民事责任竞合,权利人都享有选择权,由权利人根据自己的利益作出选择。

154. 非冲突性责任竞合时民事责任享有优先权

《民法典》总则编第 187 条规定:"民事主体因同一行为应当承担民事责任、行政责任和刑事责任的,承担行政责任或者刑事责任不影响承担民事责任;民事主体的财产不足以支付的,优先用于承担民事责任。"这一条文是关于非冲突性责任竞合时的责任承担规则。

制定原《民法通则》时,并未规定民事责任与刑事责任、行政责任竞合的规则。但是原《侵权责任法》第 4 条规定了法律责任的非冲突性竞合及民事责任的优先承担规则,即"侵权人因同一行为应当承担行政责任或者刑事责任的,不影响依法承担侵权责任。因同一行为应当承担侵权责任和行政责任、刑事责任,侵权人的财产不足以支付的,先承担侵权责任"。《民法典》总则编以此为立法基础,将侵权人修改为民事主体,使得民事责任优先于刑事责任、行政责任的规则上升为民法的一般性规范,普遍地适用于《民法典》分则各编,而不仅仅局限于侵权责任,具有重要意义。

之所以会出现民事责任与刑事责任、行政责任竞合,原因在于法规竞合。法规竞合,是指一个违法行为,同时触犯数个法律或者数个法律条文,在法律适用时,选择适用该行为触犯的某一个法律条文的同时排除其他法律条文适用,或者同时适用不同的法律条文的法律适用规则。其构成要件须为两个,分别为"同一行为"与"多个法律条文"。责任竞合也是法规竞合,是法规竞合的具体表现形式,作为一种客观存在的现象,既可以发生在同一法律部门内部,如民法中的违约责任与民事责任的竞合,也可以发生在不同的法律部门之间,如民事责任与刑事责任、民事责任与行政责任的竞合。这种竞合为非冲突性竞合,数个法律规范可以同时适用,根据不同法律规范产生的数个法律后果并行不悖,可以共存。

民事责任与刑事责任或者行政责任竞合,后果是"不影响承担民事责任"。在形成民事责任与刑事责任或者民事责任与行政责任竞合时,一个违法行为人承担刑事责任或者行政责任,并不影响其民事责任的承担。受害人一方主张有关机关追究违法行为人的刑事责任或者行政责任,并不妨害受害人向违法行为人主张追究民事责任。

法规竞合的发生,产生了民事主体损害赔偿请求权的优先权保障。由于对侵权行为有可能由刑法、行政法、侵权法等不同部门法进行规范,因此,形成了刑法、行政法、民法的法律规范竞合,即非冲突性法规竞合。侵权人可能由于同一个违法行为,同时要承担民事责任、刑事责任或者行政责任。由于不同部门法律规范的竞合属于非冲突性竞合,因此存在同时适用的可能。这样,侵权人因同一个违法行为,既要承担罚金、没收财产的刑事责任,或者罚款、没收违法所得的行政责任,又要承担损害赔偿的民事责任,发生财产性的刑事责任、行政责任与民事责任的竞合,应当同时承担。赋予请求权人以损害赔偿请求权的优先权,则该请求权的地位就优先于罚款、没收财产的刑事责任或者罚款和没收违法所得的行政责任,使民事主体的权利救济得到更有力的保障。这就是损害赔偿请求权优先于行政责任或者刑事责任等责任的优先权保障赖以产生的法理基础。民事主体的财产不足以支付的,先承担民事责任。

之所以特别强调当一个违法行为人的财产不足以承担刑事责任、行政责任中的财产责任以及民事责任时,应当先承担民事责任以保护个人权益,体现的就是国家让利于民的思想。

第九章　有关诉讼时效的新规则

155. 诉讼时效期间及其起算方法

《民法典》总则编第 188 条第 1 款、第 2 款分别规定："向人民法院请求保护民事权利的诉讼时效期间为三年。法律另有规定的，依照其规定。""诉讼时效期间自权利人知道或者应当知道权利受到损害以及义务人之日起计算。法律另有规定的，依照其规定。但是，自权利受到损害之日起超过二十年的，人民法院不予保护；有特殊情况的，人民法院可以根据权利人的申请决定延长。"这一条文是关于诉讼时效期间的规定。与原《民法通则》的规定相比，本条规定改变了一般诉讼时效的期间及起算点，明确了诉讼时效延长的适用范围。

诉讼时效，是能够引起民事法律关系发生变化的法律事实，又称消灭时效，是指权利人在一定期间内不行使权利，即在某种程度上丧失请求利益的时效制度。设立诉讼时效制度的主要目的，是客观地促进法律关系安定，及时结束权利义务关系的不确定状态，稳定法律秩序，降低交易成本，即"法律帮助勤勉人，不帮助睡眠人"。

诉讼时效期间种类是：第一，一般诉讼时效，是指由本法统一规定的，普遍适用于法律没有作特殊诉讼时效规定的各种民事法律关系的消灭时效。第二，特别诉讼时效，也叫特殊诉讼时效，是指由本法或民法单行法特别规定的，只适用于某些特殊民事法律关系的消灭时效。第三，最长诉讼时效，也叫绝对诉讼时效，是指不适用诉讼时效中止、中断、延长规定的长期诉讼时效期间。

本条规定的是一般诉讼时效和最长诉讼时效的期间及起算的规则。

一般诉讼时效期间为 3 年,自权利人知道或者应当知道权利受到损害以及义务人之日起计算。期间起始的时间须具备两个要件:一是权利人知道或者应当知道权利受到损害;二是知道或者应当知道义务人。具备了这两个要件,即开始起算诉讼时效期间。对诉讼时效期间起算时间,法律另有规定的情况是本法第 189～191 条。

最长诉讼时效为 20 年。如果权利受到侵害的事实发生之后,权利人一直不知道或者不应当知道权利受到损害及其义务人的,则从权利受到损害之日起计算,超过 20 年的,人民法院不予保护。不过,本条第 2 款最后一句有一个特别规定,即有特殊情况的,人民法院可以根据权利人的申请决定延长,条件比较弹性,并非一律卡死,关键在于对特殊情况的判断,并且须有权利人的申请。

本条新规则的要点如下:

(1)时间的变化。原《民法通则》第 135 条规定了诉讼时效为 2 年,即"向人民法院请求保护民事权利的诉讼时效期间为二年"。这一期间比较短暂,其立法目的在于促进权利人尽快行使其权利,以利于加速社会经济流转,但是对权利人来说未免苛刻。制定《民法典》总则编时,便将一般诉讼时效规定为 3 年。

(2)起算点的变化。原《民法通则》第 137 条规定:"诉讼时效期间从知道或者应当知道权利被侵害时起计算。但是,从权利被侵害之日起超过二十年的,人民法院不予保护。有特殊情况的,人民法院可以延长诉讼时效期间。"本条修改为从知道或者应当知道权利受到损害时以及知道义务人之日起计算,不仅将"权利被侵害"修改为"权利受到损害",使得该规定更有弹性,还新增了知道义务人为条件,更符合起诉时的实际情况,加强了对权利人的保护。

(3)明确了诉讼时效延长的适用范围。原《民法通则》第 137 条在规定了一般诉讼时效之后,规定了最长诉讼时效,最后规定了诉讼时效的延长。这在实践中引发了争议,即诉讼时效延长是否既适用于一般诉讼时效,也适用于最长诉讼时效。本条规定则明确了诉讼时效延长的适用范围,终结了这一争议。其所采用的立法技术是将句号改为分号,即在规定了最长诉讼时效之后,改采分号,接着继续规定诉讼时效的延长。这样一来就明确了诉讼时效的延长仅针对最长的诉讼时效,而不包括一般诉讼时效与特别诉讼时效。

156. 分期债务的诉讼时效期间自最后一期履行期限届满之日起计算

《民法典》总则编第 189 条规定:"当事人约定同一债务分期履行的,诉讼时效期间自最后一期履行期限届满之日起计算。"这一条文是关于分期债务诉讼时效期间的规定。

原《民法通则》未规定分期债务的诉讼时效期间，致使在司法实践中形成了裁判分歧，既有法院认为应当从每期债务履行期届满之日起算，也有法院认为应当自最后一期履行期限届满之日起计算。2008 年《最高人民法院关于审理民事案件适用诉讼时效制度若干问题的规定》第 5 条定分止争，支持了后一种意见，规定："当事人约定同一债务分期履行的，诉讼时效期间从最后一期履行期限届满之日起计算。"制定《民法典》总则编时，吸取司法解释的经验，新设了这一规则。要点如下：

(1)分期债务，是当事人约定把一个债务分成若干期、若干批分次清偿，如分期付款买卖的付款义务。定期债务，是按照约定的期限按月、按年定期清偿，如房屋租赁的租金通常是按月给付。本条所称分期债务是指前者，而不是后者。本条规定仅适用于分期债务，不适用于定期债务。

(2)分期债务是一个债务，计算诉讼时效期间是在最后一期债务清偿期届满时开始计算诉讼时效期间，不能将每一期的给付定为单独的给付而单独计算诉讼时效期间。例如，购买一辆汽车 50 万元，要用 5 年时间分期付款，每年付 10 万元，最后一期 10 万元付款期限届满后，开始计算诉讼时效期间。

157. 对法定代理人请求权的诉讼时效期间自终止之日起计算

《民法典》总则编第 190 条规定："无民事行为能力人或者限制民事行为能力人对其法定代理人的请求权的诉讼时效期间，自该法定代理终止之日起计算。"这一条文是关于起诉法定代理人的诉讼时效期间的规定。原《民法通则》未对此作出规定，本条是规定的诉讼时效新规则。

无民事行为能力人或者限制民事行为能力人对自己的法定代理人侵害其合法权益，而对法定代理人提起的诉讼，其诉讼时效期间是一样的。但是，为了保护无民事行为能力人或者限制民事行为能力人的合法权益，设定诉讼时效期间的特殊起算方法。

本条规定的法定代理人，包括未成年人的父母，以及无民事行为能力或者限制民事行为能力的成年人的监护人。无民事行为能力人或者限制民事行为能力人的法定代理人侵害了无民事权利能力人或者限制民事行为能力人的人身权益或者财产权益，权利人产生保护自己权利的请求权，可以向自己的法定代理人主张损害赔偿请求权。

无民事行为能力人或者限制民事行为能力人对自己的法定代理人行使请求权，其诉讼时效期间的起算，自该法定代理终止之日起计算。原因是，无民事行为能力人或者限制民事行为能力人在法定代理人履行职责期间，并不具有民事行为能力或者民事行为能力受限制,无法判断自己的权益是否受到损害,如果按照诉讼时效期间起算的一般规则,会损害其合法权益。只有当他们取得或者恢复了民事行为能力,法定代理终止,才能够有效地行使其权利。从这时开始计算诉讼时效期间能够更好地保护他们的合法权益。

值得注意的是,法定代理的终止不仅包括了无民事行为能力人或者限制民事行为能力人恢复了完全民事行为能力,也包括变更法定代理关系。当法定代理人变更时,原来的代理关系终止,开始起算前一个法定代理人的请求权诉讼时效。

158. 未成年人遭受性侵的诉讼时效期间自年满 18 周岁之日起计算

《民法典》总则编第 191 条规定:“未成年人遭受性侵害的损害赔偿请求权的诉讼时效期间,自受害人年满十八周岁之日起计算。”这一条文是关于未成年人遭受性侵时的诉讼时效起算的规定。原《民法通则》未对此作出规定,本条属于新规则。

对未成年人遭受性侵害,损害赔偿请求权的诉讼时效期间起算如何规定,立法中有不同意见,有的认为应当规定,有的认为不应当规定。立法采肯定说,作出特别规定,原因是未成年人遭受性侵害,由于他们尚未成年,如果适用诉讼时效起算的一般方法,将无法切实保障他们合法权益受到的损害,因而有作出特别规定的必要。

未成年人遭受性侵害,产生两方面的损害赔偿责任:一是造成未成年人的人身损害,侵害的是健康权和身体权,产生人身损害赔偿责任;二是造成未成年人精神上和心理上的伤害,侵害了其性自主权,应当承担精神损害责任。

当未成年人遭受性侵害的损害赔偿请求权产生后,并不基于权利受到损害的事实,从其知道或者应当知道权利受到损害以及义务人之日起算,那样将会因未成年人尚不具有完全民事行为能力而使其权利无法得到切实保障,因而计算诉讼时效期间应自受害人年满 18 周岁之日起开始计算。

值得注意的是,诉讼时效期间自受害人年满 18 周岁之日起开始计算,但是不意味着受害人只能在年满 18 周岁后起诉。只要是未成年人遭受了性侵,随时都可以起诉。这样规定是为了给受害的未成年人成年后提供寻求法律救济的机会,保护未成年人的利益。

159. 诉讼时效期间届满产生永久性抗辩权

《民法典》总则编第 192 条第 1 款、第 2 款分别规定:“诉讼时效期间届满的,义务人可以提出不履行义务的抗辩。”“诉讼时效期间届满后,义务人同意履行的,不得以诉讼时效期间届满为由抗辩;义务人已自愿履行的,不得请求返还。”这一条文是关于诉讼时效抗辩权的规定。与原《民法通则》第138条的规定相比,本条规定将诉讼时效完成的后果由胜诉权消灭主义修改为抗辩权发生主义。

时效消灭后发生的法律效果,即产生抗辩权。法律规定的诉讼时效期间届满,义务人产生抗辩权,因而可以提出不履行义务的抗辩。抗辩权,是抗辩他人行使权利的对抗权。对方权利人行使请求权,而该方当事人享有抗辩权,就可以行使抗辩权对抗请求权,进而据此拒绝请求权人的请求给付,并且拒绝履行义务。

诉讼时效期间完成产生的抗辩权是永久性抗辩权,抗辩权人一次行使抗辩权对抗请求权后,就永久发生拒绝给付、不履行义务的法律效力。故时效消灭抗辩权是指诉讼时效期间完成后,义务人产生的据以对抗请求权人行使请求权,拒绝履行自己义务的抗辩权。诉讼时效期间完成的法律效果包括两个方面:一是直接效果,即产生时效消灭抗辩权;二是本体效果,即时效抗辩请求权行使后的后果。故诉讼时效期间完成后,义务人行使抗辩权的,产生的本体效果是:第一,对于义务人的效果,可拒绝权利人的履行义务的请求,同时将权利人的请求权转化为自然债权,自己的义务转化为自然债务,从而取得时效利益。第二,对于权利人的效果,其实体权利和诉权都不消灭。这种实体权利变成一种自然权利,不具有要求债务人履行的强制力;这种诉权更不会消灭。权利人仍然可以继续其程序意义上的诉,向法院提起诉讼,只要符合起诉条件,法院就应当受理,而不得直接以时效期间届满为由驳回起诉或者不予受理。因为诉权是国家赋予当事人保护其合法的向法院提起诉讼的权利,是一种宪法性的权利,不适用诉讼时效的规定。第三,义务人自愿履行的效果,义务人同意履行的,不得以诉讼时效届满为由抗辩;义务人已自愿履行的,不得请求返还,因为这两种行为均为义务人放弃了抗辩权。

本条新规则的要点是诉讼时效期间经过产生永久性抗辩权。在此之前,原《民法通则》第138条规定的是时效消灭胜诉权,即“超过诉讼时效期间,当事人自愿履行的,不受诉讼时效限制”。该规定是借鉴了苏联的立法例,采取了胜诉权消灭主义。由于颇受指摘,本条修改为了抗辩权发生主义。二者的区别在于,胜诉权消灭,法院可以依照职权适用诉讼时效,驳回诉讼请求。这无疑是为讨债的债务人提供法律保护。而抗辩权发生主义,法院不得主动援用诉讼时效,平衡了债权人与债务人之间的利益。

160. 适用诉讼时效实行当事人主义,法院不得主动援引

《民法典》总则编第 193 条规定:“人民法院不得主动适用诉讼时效的规定。”这一条文是关于时效消灭抗辩权采当事人主义的规定。原《民法通则》未对此作出规定,本条是新规则。

根据原《民法通则》第 138 条的规定,一般认为,法院有权审查诉讼时效,诉讼时效已经完成,驳回诉讼请求,即法院职权主义。经过理论上的研究以及人民法院的实践,对于诉讼时效期间采取法院职权主义并不利于对债权人的保护。2008 年《最高人民法院关于审理民事案件适用诉讼时效制度若干问题的规定》第 3 条明确规定:“当事人未提出诉讼时效抗辩,人民法院不应对诉讼时效问题进行释明及主动适用诉讼时效的规定进行裁判。”《民法典》总则编肯定了这一司法解释的态度,明确了人民法院不得主动适用诉讼时效。

也就是说,因诉讼时效期间完成产生的抗辩权是义务人的权利,对时效消灭抗辩权行使还是不行使,取决于义务人的态度,任何人都不能干预,法院也不能干预,即法院在诉讼的任何阶段,都不主动依据职权审查时效期间是否已经完成。只有在义务人提出了时效完成抗辩后,法院才有义务审查诉讼时效期间的完成情况,如果诉讼时效期间确已完成,债务人行使时效消灭抗辩权,就有法律根据,应当支持其主张,驳回权利人即原告的诉讼请求。

161. 诉讼时效期间自引起诉讼时效中止的原因消除之日起满 6 个月届满

《民法典》总则编第 194 条第 1 款、第 2 款分别规定:“在诉讼时效期间的最后六个月内,因下列障碍,不能行使请求权的,诉讼时效中止:(一)不可抗力;(二)无民事行为能力人或者限制民事行为能力人没有法定代理人,或者法定代理人死亡、丧失民事行为能力、丧失代理权;(三)继承开始后未确定继承人或者遗产管理人;(四)权利人被义务人或者其他人控制;(五)其他导致权利人不能行使请求权的障碍。”“自中止时效的原因消除之日起满六个月,诉讼时效期间届满。”这一条文是关于诉讼时效中止及具体事由的规定。与原《民法通则》第 139 条关于“在诉讼时效期间的最后六个月内,因不可抗力或者其他障碍不能行使请求权的,诉讼时效中止。从中止时效的原因消除之日起,诉讼时效期间继续计算”的规定相比,本条规定细化了诉讼时效的中止事由,调整了中止事由消除后的时效期间计算。

时效制度意在敦促权利人及时行使权利,但其适用以权利人可以行使权利而怠于行使为前提,如果出现客观障碍而使权利人无法行使权利,则继续计算时效未免有失公平,因此应暂停计算期间以保证权利人有行使权利的必要时

间,从而保护其权益。诉讼时效中止制度应运而生。

诉讼时效中止,是指在诉讼时效期间的最后 6 个月内,因法定障碍事由的存在,不能行使请求权的,诉讼时效停止进行,待法定障碍事由消除之日起满 6 个月,诉讼时效期间完成的诉讼时效制度。

引起诉讼时效中止的法定障碍事由是:第一,不可抗力,须符合《民法典》总则编第 180 条第 2 款规定的"不能预见、不能避免且不能克服的客观情况"出现。第二,无民事行为能力人或者限制民事行为能力人没有法定代理人,或者法定代理人死亡、丧失代理权或者丧失民事行为能力,这样会使正在进行的诉讼行为不能正常进行,继续进行会损害权利人的合法权益。第三,继承开始后未确定继承人或者遗产管理人,无法确定继承法律关系的主体,或者无法确定遗产管理人,无法进行正常的继承纠纷的诉讼活动。第四,权利人被义务人或者其他人控制,这是指权利人被义务人或者其他人予以身体强制,对权利人的身体进行拘束,限制人身自由等,使其无法主张权利或者对权利人进行精神强制,使其不敢或者不能主张权利。第五,其他导致权利人不能行使请求权的障碍,例如原告或者被告正在处于战争状态的武装部队服役。

诉讼时效中止须发生在时效期间的最后 6 个月内。只要在诉讼时效期间的最后 6 个月内出现中止时效的原因,就一律在中止时效的原因消除之日起再加上 6 个月,诉讼时效期间才届满。

本条新规则的要点如下:

(1)细化了诉讼时效中止的事由。原《民法通则》第 139 条只规定了不可抗力与其他障碍作为诉讼时效的中止事由,但未明确其他障碍的具体情形。2008 年《最高人民法院关于审理民事案件适用诉讼时效制度若干问题的规定》第 20 条对其他障碍进行了解释,即"有下列情形之一的,应当认定为民法通则第一百三十九条规定的'其他障碍',诉讼时效中止:(一)权利被侵害的无民事行为能力人、限制民事行为能力人没有法定代理人,或者法定代理人死亡、丧失代理权、丧失行为能力;(二)继承开始后未确定继承人或者遗产管理人;(三)权利人被义务人或者其他人控制无法主张权利;(四)其他导致权利人不能主张权利的客观情形"。本条规定汲取了这一司法解释的有利经验,同时结合了原《民法通则》第 139 条规定的不可抗力,规定了 5 项中止事由,使诉讼时效中止规则更为明确、完善。

(2)调整了中止事由消除后的时效期间计算。原《民法通则》规定的诉讼时效中止是诉讼时效期间的最后 6 个月内出现障碍不能行使请求权,诉讼时效中止事由消灭后期间连续计算。这样一来,中止事由消除后的时效期间与中止前已经过的时效期间合并计入总的时效期间。本条规定诉讼时效中止须发生在时效期间的最后6个月内。只要在诉讼时效期间的最后6个月内出现中止时效的原因,就一律在中止时效的原因消除之日起再加上6个月,诉讼时效期间才届满。这是一个比较重大的改变,这样的规定更有利于保护请求权人的合法权益。

162. 诉讼时效中断的法定事由及后果

《民法典》总则编第195条规定:"有下列情形之一的,诉讼时效中断,从中断、有关程序终结时起,诉讼时效期间重新计算:(一)权利人向义务人提出履行请求;(二)义务人同意履行义务;(三)权利人提起诉讼或者申请仲裁;(四)与提起诉讼或者申请仲裁具有同等效力的其他情形。"这一条文是关于诉讼时效中断事由的规定。与原《民法通则》第140条规定相比,本条的变化在于新增了诉讼时效中断事由以及调整了诉讼时效中断后重新起算的规则。

诉讼时效期间中断,是指诉讼时效期间进行过程中,出现了权利人积极行使权利的法定事由,从而使已经经过的诉讼时效期间归于消灭,从时效期间中断、有关程序终结时起,重新开始计算的诉讼时效制度。

引起诉讼时效期间中断的法定事由是:第一,权利人向义务人提出履行请求。履行请求是指权利人对于因时效受利益的当事人,而于诉讼外行使其权利的意思表示。至于如何具体认定权利人向义务人提出履行请求,应当适用《最高人民法院关于审理民事案件适用诉讼时效制度若干问题的规定》(2020年修正)第8条规定,即"具有下列情形之一的,应当认定为民法典第一百九十五条规定的'权利人向义务人提出履行请求',产生诉讼时效中断的效力:(一)当事人一方直接向对方当事人送交主张权利文书,对方当事人在文书上签名、盖章、按指印或者虽未签名、盖章、按指印但能够以其他方式证明该文书到达对方当事人的;(二)当事人一方以发送信件或者数据电文方式主张权利,信件或者数据电文到达或者应当到达对方当事人的;(三)当事人一方为金融机构,依照法律规定或者当事人约定从对方当事人账户中扣收欠款本息的;(四)当事人一方下落不明,对方当事人在国家级或者下落不明的当事人一方住所地的省级有影响的媒体上刊登具有主张权利内容的公告的,但法律和司法解释另有特别规定的,适用其规定。前款第(一)项情形中,对方当事人为法人或者其他组织的,签收人可以是其法定代表人、主要负责人、负责收发信件的部门或者被授权主体;对方当事人为自然人的,签收人可以是自然人本人、同住的具有完全行为能力的亲属或者被授权主体"。第二,义务人同意履行义务。义务人承认,是指义务人表示知道权利存在的行为,并通过一定方式(口头的或书面的)向权利人作出愿意履行义务的意思表示。如何认定同意履行义务,应当适用《最高人民法院关于审理民事案件适用诉讼时效制度若干问题的规定》(2020年修正)第14条关于“义务人作出分期履行、部分履行、提供担保、请求延期履行、制定清偿债务计划等承诺或者行为的,应当认定为民法典第一百九十五条规定的‘义务人同意履行义务’”的规定。第三,权利人提起诉讼或者申请仲裁。在诉讼时效期间内,当事人向法院提起诉讼,或者向仲裁机构提出申请时,已表明其已经开始行使自己的权利。第四,与提起诉讼或者申请仲裁具有同等效力的其他情形。根据《最高人民法院关于审理民事案件适用诉讼时效制度若干问题的规定》(2020年修正)第11条的规定,主要指的是申请支付令,申请破产、申报破产债权,为主张权利而申请宣告义务人失踪或死亡,申请诉前财产保全、诉前临时禁令等诉前措施,申请强制执行,申请追加当事人或者被通知参加诉讼,在诉讼中主张抵销。

诉讼时效期间中断,使以前经过的期间归于消灭,时效重新开始计算。重新计算时效期间起算点的方法是:第一,以起诉或提请仲裁、调解而中断的,自判决、裁定、调解协议生效之时起重新计算。第二,以其他方式主张权利而中断的,自中断原因发生时重新计算。第三,因债务人同意履行债务而中断的,自中断原因发生时重新计算。

本条新规则的要点如下:

(1)增加了诉讼时效中断的事由。原《民法通则》第140条只规定了三种诉讼时效中断事由,即当事人提起诉讼、一方提出要求或者同意履行义务。本条规定借鉴了《最高人民法院关于审理民事案件适用诉讼时效制度若干问题的规定》(2008年)第13条规定的内容,新增了提起仲裁、与提起诉讼或者申请仲裁具有同等效力的其他情形作为中断事由。

(2)调整了诉讼时效中断后重新起算的规则。原《民法通则》第140条只规定了诉讼时效期间自中断时起重新计算。本条规定调整为,诉讼时效期间自中断、有关程序终结时起计算。这样的改变,是结合了提起诉讼、申请仲裁或者与这两种情形具有同等效力的情况,确定了更为明晰、完善的规则。

163. 不适用诉讼时效的请求权范围

《民法典》总则编第196条规定:“下列请求权不适用诉讼时效的规定:(一)请求停止侵害、排除妨碍、消除危险;(二)不动产物权和登记的动产物权的权利人请求返还财产;(三)请求支付抚养费、赡养费或者扶养费;(四)依法不适用诉讼时效的其他请求权。”这一条文是关于不适用诉讼时效的规定。原

《民法通则》未对此作出规定,本条属于新增条款。

诉讼时效的适用范围,也称诉讼时效的客体,是指哪些权利适用诉讼时效制度。一般学理上认为,仅债权请求权适用诉讼时效,物权请求权、人格权请求权、身份权请求权等均不适用诉讼时效制度。本条对此未作明确规定,只是规定了不适用诉讼时效的部分请求权。这意味着,诉讼时效制度的适用范围其实就是请求权,是采用排除法来规定诉讼时效的适用范围。

不适用诉讼时效事由的具体情形如下:

(1)请求停止侵害、排除妨碍、消除危险。尽管都是保护权利的请求权,但是性质有所区别,无论经过多长时间,法律不可能任由侵害物权的行为取得合法性。

(2)不动产物权和登记的动产物权的权利人请求返还财产。返还财产请求权既是物权请求权,又是侵权请求权。对于返还请求权是否受到诉讼时效的约束,倾向性的意见是侵权请求权的返还财产请求权要受诉讼时效的限制,物权请求权的返还财产请求权不受诉讼时效的限制。本条规定采取了一种更为精巧的立法模式,以是否登记作为返还财产请求权是否受到诉讼时效限制的标准。这是因为,不动产和登记的动产物权价值较大,事关国计民生和社会稳定,并且具有公示性,不能因时效期间的完成而使侵害行为合法化。

(3)请求支付抚养费、赡养费或者扶养费。支付抚养费、赡养费或者扶养费三种请求权都具有人身关系的性质,请求权产生的基础都是身份权,分别产生于亲权、配偶权和亲属权。之所以这类请求权不受到诉讼时效的限制,目的是保护近亲属之间不能依靠自己的劳动收入而维持生活的人,使其具有请求与其有亲属关系的依照法律规定负有赡养、扶养或者抚养义务的人给付费用的请求权,以使自己能够正常生活。

(4)依法不适用诉讼时效的其他请求权。例如,本法人格权编第995条规定的停止侵害、排除妨碍、消除危险、消除影响、恢复名誉、赔礼道歉请求权,都是人格权请求权,不适用诉讼时效的规定。《最高人民法院关于审理民事案件适用诉讼时效制度若干问题的规定》(2020年修正)第1条也规定了部分请求权不适用诉讼时效,即"当事人可以对债权请求权提出诉讼时效抗辩,但对下列债权请求权提出诉讼时效抗辩的,人民法院不予支持:(一)支付存款本金及利息请求权;(二)兑付国债、金融债券以及向不特定对象发行的企业债券本息请求权;(三)基于投资关系产生的缴付出资请求权;(四)其他依法不适用诉讼时效规定的债权请求权"。

本条新规则没有明确说明的一个问题是,诉讼时效究竟适用于哪种民事权利。从条文的内容推测,诉讼时效的适用范围应当是请求权,而不是其他民事权利。例如,形成权一般适用的是除斥期间,而不适用诉讼时效。因此,可以做一个推断:在一般情况下,请求权的存续期间适用诉讼时效,形成权的存续期间适用除斥期间。

学习、适用本条,还应当结合《民法典》人格权编第 995 条关于“依据前款规定提出的停止侵害、排除妨碍、消除危险、消除影响、恢复名誉、赔礼道歉请求权,不适用诉讼时效的规定”的规定。

164. 诉讼时效的强制性与诉讼时效利益不得预先放弃

《民法典》总则编第 197 条第 1 款、第 2 款分别规定:“诉讼时效的期间、计算方法以及中止、中断的事由由法律规定,当事人约定无效。”“当事人对诉讼时效利益的预先放弃无效。”这一条文是关于诉讼时效强制性与预先抛弃时效利益无效的规定。原《民法通则》未对当事人约定诉讼时效的效力作出规范。本条借鉴了《最高人民法院关于审理民事案件适用诉讼时效制度若干问题的规定》(2008 年)第 2 条关于“当事人违反法律规定,约定延长或者缩短诉讼时效期间、预先放弃诉讼时效利益的,人民法院不予认可”的规定,新设了这一规则。

(1)诉讼时效的强制性与当事人约定无效

本法规定的诉讼时效制度属于强制性法律规范,对任何人都具有强制的拘束力,不得违反诉讼时效制度的规定。故有关诉讼时效的期间、计算方法以及中止、中断的事由等须由法律规定,当事人对此作出不同于本法规定的有关诉讼时效的约定,一律无效。

(2)仅指预先放弃诉讼时效利益

时效利益抛弃,是指义务人在诉讼时效期间完成之前,以明示或者默示的方法放弃其时效利益。正是由于诉讼时效制度的强制性,当事人对时效利益不得放弃。当事人违反法律规定,约定延长或者缩短诉讼时效期间,预先放弃时效利益的,人民法院都不予认可。故诉讼时效完成之前,当事人不得事先抛弃时效利益。抛弃时效利益的行为属于无效的行为,对双方当事人都不具有拘束力。

诉讼时效利益放弃如果发生在诉讼时效期间届满之后,则为义务人放弃时效完成的抗辩权,在本法第 192 条已经作了明确规定,相互并不冲突。

165. 仲裁时效准用诉讼时效规则

《民法典》总则编第 198 条规定:“法律对仲裁时效有规定的,依照其规定;

没有规定的,适用诉讼时效的规定。”这一条文是关于仲裁时效准用诉讼时效的规则。原《民法通则》并未作出规定,本条沿袭了《仲裁法》第 74 条关于“法律对仲裁时效有规定的,适用该规定。法律对仲裁时效没有规定的,适用诉讼时效的规定”的规定,新设这一规则。

仲裁时效,是指权利人向仲裁机构请求保护其权利的法定期间,即债务人在法定的仲裁时效期间完成后,在对方当事人提请仲裁保护其权益的仲裁程序中,可以据此主张时效消灭抗辩权,以拒绝履行义务。《仲裁法》规定的仲裁时效制度,在仲裁程序中当然应当使用。《仲裁法》对仲裁时效的具体制度没有规定的,则应当适用本法有关的诉讼时效规定。

本法规定的除斥期间制度是否也应当在仲裁程序中予以适用,由于本法本来就把除斥期间制度放在诉讼时效制度中规定,且除斥期间也是关于权利存续时间的规定,与诉讼时效的性质相同,既然本条规定法律对仲裁时效没有规定的,适用诉讼时效的规定,同样也应当适用本法关于除斥期间的规定。

166. 除斥期间及其不适用诉讼时效规则

《民法典》总则编第 199 条规定:“法律规定或者当事人约定的撤销权、解除权等权利的存续期间,除法律另有规定外,自权利人知道或者应当知道权利产生之日起计算,不适用有关诉讼时效中止、中断和延长的规定。存续期间届满,撤销权、解除权等权利消灭。”这一条文是关于除斥期间的规则。原《民法通则》未对此作出规定,这是我国民事基本法律第一次规定除斥期间。

除斥期间,也称不变期间,是指法律对某种权利所规定的存续期间。其法律意义在于,督促权利人尽快行使权利,超过除斥期间怠于行使该权利的,则该权利消灭。其法律特征是:第一,除斥期间是法定期间,不是当事人约定的期间,也不准许当事人约定,是强制性法律规范。第二,除斥期间是权利存续期间,是权利被排除、期限被截止的意思,除斥期间完成,后果是该权利消灭。第三,除斥期间的适用采法官职权主义,不必对方当事人主张,其期间利益不是当事人主动选择,只能被动承受,不能抛弃。

除斥期间的适用范围是形成权。第一,撤销权,是形成权,其权利的存续期间适用除斥期间。《最高人民法院关于审理民事案件适用诉讼时效制度若干问题的规定》(2020 年修正)第 7 条第 1 款规定撤销权适用除斥期间,即“享有撤销权的当事人一方请求撤销合同的,应适用民法典关于除斥期间的规定”。第二,解除权,即解除合同的权利,性质属于形成权,解除权人只要将解除合同的意思表示通知对方,即发生解除合同的效力。第三,某些特殊的民事权利,如本法合同编第 692 条规定的保证期间也是除斥期间。

除斥期间与诉讼时效的区别是:第一,适用范围不同,除斥期间主要是用于形成权,诉讼时效只适用于债权请求权以及其他有关的请求权。第二,期间的计算方法不同,除斥期间的起算时间一般从权利成立之时计算,不适用中止、中断和延长的规定,诉讼时效期间的起算时间是从当事人知道或者应当知道权利被侵害及义务人时起算,适用中止、中断或者延长的规定。第三,法律效果不同,除斥期间完成的法律效果是直接消灭权利,诉讼时效期间完成的法律效果是义务人取得抗辩权,可以对抗请求权。第四,适用方法不同,除斥期间实行法官职权主义,而诉讼时效适用当事人主义。

除斥期间届满,撤销权、解除权等权利发生实体消灭的法律后果,使这些权利永远不复存在。

第十章 有关期间计算的新规则

167. 以年、月为计算期间的最后一日是到期月的对应日或月末日

《民法典》总则编第202条规定:“按照年、月计算期间的,到期月的对应日为期间的最后一日;没有对应日的,月末日为期间的最后一日。”这一条文是关于按照年、月计算期间方法的规定。原《民法通则》未对此作出规定,本条属于新增条款。

所谓到期月,是按照月或者年计算期间的那个月,按月计算的,是指下个月;按年计算的,是指下一年的该月。对应日,是按照月和年计算期间的下月和下年该月的当日。如果有对应日,至该日为终期;如果没有对应日,月末日为期间的最后一日,这是指每年的2月,如果始期的对应日为2月29日,这一年的2月只有28日,就没有对应日,因此2月28日就是终期。

本条规定新增了按照年、月计算期间的方法,具有重要意义。原《民法通则》第154条仅规定了小时以及期间最后一天的计算方法,而未规定按照年、月期间的计算方法,导致实践中无法统一认定到期日。本条规定新增了按照年、月计算期间的方法,统一了终期的计算规则,有利于在实践中减少当事人关于期间计算的争议。

168. 期间计算方法的除外规定

《民法典》总则编第204条规定:“期间的计算方法依照本法的规定,但是法律另有规定或者当事人另有约定的除外。”这一条文是关于期间计算方法的除外规定。原《民法通则》并未规定是否有期间起算方法的除外规则,本条规定属于新增条款。

期间的计算对当事人的利益关系重大,除了本法规定的计算方法之外,如果法律另有规定,例如单行法对期间的计算方法又规定的,依照其规定。同时,允许当事人依据意思自治原则确定计算方法,例如当事人可以选择特定的交易习惯计算期限,或者采用周、半月等作为计算单位等,都依照当事人的约定确定计算方法。

本法新设这一条款具有重要意义。原《最高人民法院关于贯彻执行〈中华人民共和国民法通则〉若干问题的意见(试行)》第199条曾规定:"按照日、月、年计算期间,当事人对起算时间有约定的,按约定办。"这一条文只规定了按照日、月、年计算期间时,允许按照当事人的约定。本条规定将其扩大适用于所有期间的计算方法,体现了对当事人意思自治的充分尊重;同时新增了法律另有规定的除外,与其他特别法衔接,使期间计算规则更为完善。

第二编　物　　权

第一章　有关物权编通则的新规则

第一节　关于物权编一般规定的新规则

169. 我国的社会主义基本经济制度

《民法典》物权编第 206 条各款分别规定:“国家坚持和完善公有制为主体、多种所有制经济共同发展,按劳分配为主体、多种分配方式并存,社会主义市场经济体制等社会主义基本经济制度。”“国家巩固和发展公有制经济,鼓励、支持和引导非公有制经济的发展。”“国家实行社会主义市场经济,保障一切市场主体的平等法律地位和发展权利。”与原《物权法》第 3 条规定相比较,完善了我国的社会主义基本经济制度的内容。

我国是社会主义国家,国家基本经济制度的表现是:第一,坚持和完善公有制为主体、多种所有制经济共同发展。公有制为主体并不意味着排斥其他多种所有制形式的发展,而是鼓励、支持和引导非公有制经济的发展,只有公有制经济和非公有制经济相互促进,共同发展,才能够推动国家经济的发展。第二,坚持和完善按劳分配为主体、多种分配方式并存。以按劳分配为主体,也不排斥其他分配方式,不同的分配方式并存成为基本的分配方式体系,能够调动劳动者积极性,共同建设国家。第三,坚持和完善社会主义市场经济体制,而不是搞计划经济,向计划经济倒退。在这一国家基本经济制度下实行市场经济,市场经济的最大要求是市场经济主体的平等性。在我国的市场经济中,《民法典》保障所有的市场经济主体都有平等的法律地位,都享有平等的发展权利。

第二节　关于物权变动的新规则

170. 受遗赠的物权变动生效时间不适用继承开始时的方法

《民法典》物权编第 230 条规定:“因继承取得物权的,自继承开始时发生效力。”这一条文是关于因继承取得遗产物权的时间的规定。与原《物权法》第 29 条关于“因继承或者受遗赠取得物权的,自继承或者受遗赠开始时发生效力”的规定相比,本条规定删除了受遗赠物权发生变动时间的内容,确认了受遗赠物权变动的生效时间不是继承开始时。

因继承取得物权的,自继承开始时发生效力。因继承也会发生物权变动,由被继承人生前所有的财产因其死亡而成为遗产,该遗产被继承人所继承,因而导致被继承人的物权消灭,继承人取得遗产的物权,发生了物权变动。发生继承的事实,遗产的物权变动究竟是在何时发生,本条规定自继承开始时发生物权变动的效力。具体的时间确定,是根据《民法典》继承编第 1121 条第 1 款的规定,继承开始时就是被继承人死亡之时。尽管在被继承人死亡时,好像并未直接发生继承,还要办继承手续,有的还要进行诉讼通过裁判确定。无论在继承人死亡之后多久才确定继承的结果,实际上,继承人取得被继承人的遗产物权,都是在被继承人死亡之时,因为法律规定被继承人死亡的时间,就是继承开始的时间,该继承开始的时间,就是遗产的物权变动的时间,是被继承人取得遗产物权的时间。

本条新规则的要点是,删除了原《物权法》第 29 条关于因受遗赠取得物权自受遗赠开始时发生效力的规定。继承属于法律事实中的事件,遗赠属于法律事实中的行为。原《物权法》第 29 条将两类不同性质的原因所引起的物权变动合并,似乎是我国立法的创设,在比较法上亦属罕见。[1] 然而,这一规定与原《继承法》第 25 条第 2 款却有实质上的冲突。根据原《物权法》第 29 条的规定,遗赠可以直接产生物权变动的效力,无须经过公示,于受遗赠开始时取得物权。根据原《继承法》第 25 条第 2 款关于“受遗赠人应当在知道受遗赠后两个月内,作出接受或者放弃受遗赠的表示。到期没有表示的,视为放弃受遗赠”的规定,受遗赠人取得遗赠的遗产存在一个是否接受遗赠的问题,有两个月的除斥期间,受遗赠人在知道受遗赠后的两个月内,应当作出接受或者放弃受遗赠的表示。到期没有表示的,视为放弃受遗赠。只有在作出接受遗赠的意思表示后才

〔1〕 参见庄加园:《试论遗赠的债物两分效力》,载《法学家》2015 年第 5 期。

有权请求遗嘱执行人或者继承人交付遗赠标的物。简言之,遗赠不直接产生物权变动的效力,而只具有债权效力。为了弥合这一冲突,《民法典》物权编第230条删除了受遗赠物权变动规则。

经过这一修改,遗赠物权变动生效时间应当结合《民法典》物权编关于物权变动的一般规则以及继承编关于遗赠的内容来认定。《民法典》继承编第1124条第2款规定:“受遗赠人应当在知道受遗赠后六十日内,作出接受或者放弃受遗赠的表示;到期没有表示的,视为放弃受遗赠。”据此,受遗赠人自作出接受遗赠表示时,有权请求遗嘱执行人或者继承人交付遗赠标的物。根据物权编规定的物权变动规则,受遗赠人自不动产的登记或者动产交付时取得受遗赠物的所有权。

应当注意的是,在继承中,无论是遗嘱继承还是法定继承,其遗产的物权变动时间都是自继承开始发生效力,使遗产的物权变动在时间上紧密衔接;在遗赠中,由于遗产物权的变动须经受遗赠人作出接受遗赠的意思表示,因此,在接受遗赠之前到被继承人死亡之间,存在一段物权的空白期。在这个期间里,遗产物权处于不确定状态,只有在受遗赠人作出接受遗赠的表示并交付或者登记后,才能够确定遗赠的遗产归受遗赠人所有。在受遗赠人明示放弃或者默示放弃受遗赠权时,遗赠财产成为继承遗产,继承人按照继承规则继承该遗产的物权变动时间,仍然溯及至继承开始之时即被继承人死亡之时。

第三节　关于物权保护的新规则

171. 恢复原状请求权是侵权责任请求权

《民法典》物权编第237条规定:“造成不动产或者动产毁损的,权利人可以依法请求修理、重作、更换或者恢复原状。”这一条文是关于物恢复原状请求权的规定。与原《物权法》第36条关于“造成不动产或者动产毁损的,权利人可以请求修理、重作、更换或者恢复原状”的规定相比,本条规定只是增加了“依法”二字。从表面上看,似乎只是文字的修改,但实际上确认了恢复原状请求权的性质,是一个新规则。

恢复原状请求权,是指权利人的财产因受非法侵害遭到损坏时,如果存在恢复原状的可能,可以请求侵害人恢复财产原来状态,或者请求法院责令侵害人恢复财产原状的请求权。恢复原状一般是通过修理或其他方法使财产在价值和使用价值上恢复到财产受损害前的状态。

确立恢复原状请求权的基础是,如果被毁损的物是不可替代物时,加害人应当负责修缮,而不能通过金钱赔偿方式请求加害人让与该物的所有权。承认加害人对恢复原状或价格赔偿有选择权,其主动权在于受害人,所有权失去保障的顾虑则根本不存在。因此,恢复原状应当作为一项独立的请求权,对于保护物权具有重要意义。

恢复原状的方式,本条规定的修理、重作和更换并不是合同法意义上的含义,而是通过修理、重作或者更换而使物的原状予以恢复。不过,这种解释还是比较牵强,因为这一规定本身就是不正确的,修理当然可以恢复原状,重作尚可勉强,更换即为以新换旧,性质属于实物赔偿,其性质就不再是恢复原状了。

恢复原状的标准,是使受到损坏的原物性状如初。通过修理或者重作以及其他方法,使受到损害的物恢复到原来状态,就完成了恢复原状的要求。不过实际上,原物被损坏后,通过修理,尽管能够达到原物的使用性能,但通常会使价值贬损,损失并没有完全得到填补。这种被称为"技术上贬值"的损失,不能达到恢复原状的要求。对通过维修等使受到损坏的物初步恢复原状,但是仍然存在技术贬值的,应当对贬值部分予以赔偿。

本条新规则的要点是,确认恢复原状请求权是侵权责任请求权,而非物权请求权。原《物权法》第 36 条规定了恢复原状请求权,但将其放置在物权保护一章中作为物权请求权来规定,是不正确的。本条规定新增"依法"二字,意味着恢复原状请求权所依据的法律并不是物权编,而是另有他法。这个"他法"就应当是侵权责任编的规定。因而可以确定,恢复原状请求权是侵权请求权,而不是物权请求权。

172. 损害赔偿请求权是侵权责任请求权

《民法典》物权编第 238 条规定:"侵害物权,造成权利人损害的,权利人可以依法请求损害赔偿,也可以依法请求承担其他民事责任。"这一条文是对救济物权损害的侵权损害赔偿请求权的规定。与原《物权法》第 37 条关于"侵害物权,造成权利人损害的,权利人可以请求损害赔偿,也可以请求承担其他民事责任"的规定相比,本条规定也是增加了"依法"二字。从表面上看,似乎只是文字的修改,但实际上是确认了损害赔偿请求权的性质是侵权责任请求权,是一个新规则。

损害赔偿请求权,是指由于他人的非法行为造成了财产的毁损和灭失,侵害了权利人的物权时,权利人所享有的补偿其损失的侵权请求权。

确定侵害物权的损害赔偿请求权,应当依照《民法典》侵权责任编第 1165 条第 1 款或者其他条文规定,须具备侵权责任构成要件。物权受到侵害后,由于他人的侵权行为造成财产的毁损、灭失,无法恢复原状或返还原物时,财产所有权人可以请求侵权人赔偿损失。赔偿损失是对不法侵害造成的财产毁损、灭失，以原物的价值折合货币进行赔偿，分为两种情况：一是因侵害人的侵权行为而致财产不能要求返还或全部毁损的，侵权人要依财产的全部价值予以赔偿；二是财产受到侵害，但在现有情况下仍有使用的可能的，侵权人要按照财产减损的价值进行赔偿。

本条规定的"也可以依法请求承担其他民事责任"，是指损害赔偿之外的其他民事责任方式，如返还原物、停止侵害、排除妨碍、消除危险等民事责任方式。

本条新规则的要点是确认了损害赔偿请求权是侵权责任请求权，而不是物权请求权。原《物权法》第37条将损害赔偿请求权认定为是物权保护请求权，不仅是对损害赔偿请求权性质的误解，还与原《侵权责任法》所规定的损害赔偿请求权为侵权请求权相冲突。本条规定新增"依法"二字，说明了损害赔偿请求权的法律依据不是物权编，而是另有他法。结合《民法典》侵权责任编规定了损害赔偿请求权，可以确认损害赔偿请求权的性质是侵权请求权。这样的修改，不仅纠正了以往对损害赔偿请求权性质的误解，也弥合了原来《物权法》与《侵权责任法》都规定损害赔偿请求权之间的冲突。

173. 侵害物权的行政责任和刑事责任不由民法规范

《民法典》物权编第239条规定："本章规定的物权保护方式，可以单独适用，也可以根据权利被侵害的情形合并适用。"这一条文是关于物权保护方式的适用规则的规定。与原《物权法》第38条关于"本章规定的物权保护方式，可以单独适用，也可以根据权利被侵害的情形合并适用。侵害物权，除承担民事责任外，违反行政管理规定的，依法承担行政责任；构成犯罪的，依法追究刑事责任"的规定相比，本条删除了关于侵害物权的行政责任和刑事责任的规定。

物权编规定的物权请求权有返还原物、排除妨碍、消除危险、恢复原状（含修理、重作、更换）和损害赔偿。这些不同的物权请求权的内容，所救济的物权受到损害的情形并不相同，针对不同的物权损害情形，可以选择不同的物权请求权予以救济，如果一个物权受到多种情形的损害，可以选择适用多种侵权请求权救济。因此，法律允许物权请求权单独或者合并适用。

本条新规则的要点是删除了原《物权法》第38条第2款关于侵害物权时的行政责任和刑事责任的规定。之所以作出这样的立法选择，主要是因为《民法典》是私法，只规定民事法律规范。承担行政责任或者刑事责任的问题应当由行政法或者刑法进行规范，《民法典》在所不问。此外，从立法技术角度上考虑，总则编第 187 条已经专门规定了非冲突性责任竞合的基本规则,适用于民法分则各编。[1] 因此,当一个侵害物权的行为发生民事责任与刑事责任、行政责任竞合时,直接适用总则编第 187 条的规定即可,而无须在物权编重复规定。

〔1〕 参见杨立新:《民法总则:条文背后的故事与难题》,法律出版社 2017 年版,第 489 ~ 494 页。

第二章　有关所有权的新规则

第一节　关于所有权一般规定的新规则

174. 征收不动产须及时足额支付有关费用

《民法典》物权编第 243 条各款分别规定:“为了公共利益的需要,依照法律规定的权限和程序可以征收集体所有的土地和组织、个人的房屋以及其他不动产。”“征收集体所有的土地,应当依法及时足额支付土地补偿费、安置补助费以及农村村民住宅、其他地上附着物和青苗等的补偿费用,并安排被征地农民的社会保障费用,保障被征地农民的生活,维护被征地农民的合法权益。”“征收组织、个人的房屋以及其他不动产,应当依法给予征收补偿,维护被征收人的合法权益;征收个人住宅的,还应当保障被征收人的居住条件。”“任何组织或者个人不得贪污、挪用、私分、截留、拖欠征收补偿费等费用。”这一条文是关于不动产征收的规则。与原《物权法》第 42 条的规定相比,本条规定有三个方面的变化。

征收是国家取得所有权的方式之一,是将集体或者个人的财产征收到国家手中,成为国家所有权的客体,其后果是集体或者个人的所有权消灭,国家取得所有权。鉴于征收的权利变动后果,应当给予严格限制。司法审查时应当注意的是:第一,征收的目的必须是公共利益的需要,而不是一般的建设需要。第二,征收必须依照法律规定的权限和程序进行。第三,征收的财产应当是土地、房屋及其他不动产。第四,征收不动产应当支付补偿费,对丧失所有权的人给予合理的补偿。征收集体所有的土地,应当支付土地补偿费、安置补助费、地上附着物补偿费等费用。要足额安排被征地农民的社会保障费用,维护被征地农民的合法权益,保障被征地农民的生活。征收单位、个人的房屋或者其他不动产,应当给予征收补偿,维护被征收人的合法权益。征收居民住房的,还应当保障被征收人的居住条件。第五,为了保证补偿费能够及时足额地发到被征收人的手中,任何组织和个人不得贪污、挪用、私分、截留、拖欠征收补偿费等费用。

本条新规则三个方面的变化如下:

(1)增加了征收集体所有的土地,除应当依法足额支付补偿费用外,还须"及时"支付的新规则。《物权法》第42条规定应当依法足额支付费用,规定的是支付补偿费用的数量标准,并没有时间标准的要求。在实践中,征收集体所有的土地给付补偿费用往往故意拖欠,致使农民的合法权益不能得到保障。强调支付补偿费用须及时进行,确定了支付补偿费用的时间标准,是对征收者的进一步要求,也是对保障农民权益的必要措施。

(2)明确了征收集体所有的土地,应当依法及时足额支付农村村民住宅的补偿费用。《物权法》第42条规定征收集体所有的土地,只规定应当支付土地补偿费、安置补助费、地上附着物和青苗的补偿费等,没有规定村民住宅的补偿。尽管农村村民住宅的补偿费可以概括在"等"字里,但因未作出明确列举,往往导致农村村民住宅的征收补偿费无法取得。规定农村村民住宅的补偿费,就是要维护农民利益,保障农民的居住条件。

(3)文字修改。将《物权法》第42条中的"单位"全部改成了"组织"。"单位"不是严格意义上的民法概念,"组织"能够包括法人与非法人组织,用语更为精准。

175. 疫情防控属于依法征用组织、个人不动产或者动产的紧急需要

《民法典》物权编第245条规定:"因抢险救灾、疫情防控等紧急需要,依照法律规定的权限和程序可以征用组织、个人的不动产或者动产。被征用的不动产或者动产使用后,应当返还被征用人。组织、个人的不动产或者动产被征用或者征用后毁损、灭失的,应当给予补偿。"本条是对财产征用的规定,与原《物权法》第44条的规定相比,增加了疫情防控属于依法征用组织、个人不动产或者动产的紧急需要。

征用,是国家对单位和个人的财产的强制使用。遇有抢险、救灾等紧急需要时,国家可以依照法律规定的权限和程序,征用单位、个人的不动产或者动产。

对于被征用的所有权人的权利保护方法包括:①被征用的动产或者不动产在使用后,应当返还被征用人,其条件是被征用的不动产或者动产的价值仍在。②如果不动产或者动产被征用,或者被征用后毁损灭失的,则应当由国家给予

补偿,不能使权利人因此受到损失。

本条增加规定的新规则要点是:疫情防控是依法征用组织或者个人不动产、动产的紧急需要。这是从防控新冠肺炎疫情的实际总结出来的新规则。当国家出现疫情防控的紧急需要时,政府有权依照法律规定的权限和程序征用组织、个人的不动产或者动产。例如,武汉防控疫情期间,征用体育馆、学校、宾馆等不动产,建立方舱医院或者隔离点,以治疗患者、防控疫情。征用不是征收,使用后,应当返还被征用人,并且给予补偿。

176. 无居民海岛属于国家所有

《民法典》物权编第248条规定:"无居民海岛属于国家所有,国务院代表国家行使无居民海岛所有权。"这一条文是关于无居民海岛所有权归属的规则。原《物权法》未对此作出规定,本条规定是新规则。

无居民海岛,是指不属于居民户籍管理的住址登记地的海岛。2010年3月1日,我国《海岛保护法》通过施行,第4条明确规定无居民海岛属国家所有,由国务院代表国家行使无居民海岛所有权。凡是对无居民海岛开发利用,都必须报经省级人民政府或者国务院批准并取得海岛使用权、缴纳海岛使用金。2011年4月12日,国家海洋局官方公布了中国首批176个可以开发利用的无居民海岛名录,涉及辽宁、山东、江苏、浙江、福建、广东、广西、海南等8个省区。物权编吸收了这一立法规定,为176个无居民海岛的国家所有权提供了民事基本法的依据,进一步明确了无居民海岛归国家所有,任何组织和个人都不得对无居民海岛享有所有权。

国家对无居民海岛享有所有权,有权直接占有、使用、收益和处分无居民海岛。国家是特殊的民事权利主体,以国家的名义进行民事活动时,由国务院代表国家行使所有权。

对无居民海岛的权属争议,不是表现在所有权的争议,而是使用权的争议。无居民海岛所有权属于国家,无可争议。但将无居民海岛的使用权出让给民事主体享有时,则会发生权属争议。对此,可以依照《海岛保护法》的规定和参照建设用地使用权出让的规则,确认争议的实质内容,准确适用法律。

177. 集体成员对集体财产享有查阅、复制权

《民法典》物权编第264条规定:"农村集体经济组织或者村民委员会、村民小组应当依照法律、行政法规以及章程、村规民约向本集体成员公布集体财产的状况。集体成员有权查阅、复制相关资料。"与原《物权法》第62条关于"集体

经济组织或者村民委员会、村民小组应当依照法律、行政法规以及章程、村规民约向本集体成员公布集体财产的状况”的规定相比,本条规定新增加了集体成员的查阅权与复制权,以更好地保障农村集体经济组织成员知情权的实现。

农村集体经济组织是特别法人,其财产为全体集体经济组织成员享有。农村集体经济组织对作为集体经济组织所有的财产,代表全体集体成员享有所有权。集体经济组织成员即农民是组织成员,享有成员权。成员权包括财产性权利(比如集体利益分配请求权)、征地补偿款分配请求权、管理经营性权利(比如知情权、经营管理权以及决策权)以及退出权。[1] 本条所特别强调的是农村集体经济组织或者代行农村集体经济组织职权的村民委员会、村民小组在行使集体所有财产的权利时,必须保障集体成员的知情权。

申言之,一方面,农村集体经济组织以及代行集体经济组织职权的村委会、村民小组,都对全体农民即组织成员负有向本集体成员公布集体财产状况的义务。只有集体经济组织或者村委会、村民小组依照法律、行政法规以及章程、村规民约的规定,向本集体成员公布集体财产状况,才能使成员的知情权得到满足。另一方面,农民作为集体经济组织成员,享有相应的知情权,知情权的内容就是本条新增的查阅权和复制权。集体成员享有查阅权、复制权,就可以依照法律、行政法规以及章程、村规民约的规定,请求查阅农村集体经济组织相关资料,并获得这些资料的复印件。这不仅能够保障其作为集体成员能够知晓集体财产的状况,进行核对,并且可以积累资料,作为证据,以备诉讼之需。与此相对应,农村集体经济组织或者村委会、村民小组负有相应的义务,当集体成员请求查阅或者复制时,应当积极满足集体成员的要求,不得无故拒绝。对后一个方面的集体经济组织成员知情权的规定,是新规则的亮点。

这些权利和义务,都是农村集体土地所有权的内容。当发生争议诉讼到法院时,应当依照这样的规定,界定纠纷性质,按照上述规则妥善处理和解决纠纷。

178. 营利法人对其不动产和动产享有所有权

《民法典》物权编第 269 条第 1 款、第 2 款分别规定:“营利法人对其不动产和动产依照法律、行政法规以及章程享有占有、使用、收益和处分的权利。”“营利法人以外的法人,对其不动产和动产的权利,适用有关法律、行政法规以及章程的规定。”这一条文是关于营利法人和营利法人以外的法人的所有权的规定。与原《物权法》第 68 条规定相比,本条规定将企业法人修改成为营利法人,强调

---

[1] 参见焦富民:《〈民法总则〉视域下农村集体经济组织制度研究》,载《江海学刊》2019 年第 5 期。

了对营利法人所有权的保护。

营利法人在民法上的地位是民事主体，其享有的所有权，相对于国家所有权和集体所有权而言，属于私人所有权的范畴。因而营利法人对其不动产和动产享有所有权，应当依照法律、行政法规以及章程的规定，对其不动产和动产享有占有、使用、收益和处分的权利，具有绝对的支配权利。

营利法人以外的法人，对其不动产和动产的权利也是私人所有权，适用有关法律、行政法规以及章程的规定，对其所有的财产享有占有、使用、收益、处分的权利，也是绝对的支配权。

本条新规则的要点是，强调对营利法人所有权的保护。原《物权法》第68条规定："企业法人对其不动产和动产依照法律、行政法规以及章程享有占有、使用、收益和处分的权利。企业法人以外的法人，对其不动产和动产的权利，适用有关法律、行政法规以及章程的规定。"之所以作出这样的规定，与原《民法通则》将法人分为企业法人、机关法人等有关。《民法典》总则编重新将法人的分类调整为营利法人、非营利法人以及特别法人。与此相呼应，本条规定也将企业法人修改为营利法人，将企业法人以外的法人修改为营利法人以外的法人，并专设这一条文以强调对营利法人的所有权保护。

179. 社会团体法人和捐助法人的所有权受法律保护

《民法典》物权编第270条规定："社会团体法人、捐助法人依法所有的不动产和动产，受法律保护。"这一条文是关于社会团体法人、捐助法人所有权保护的规则。与原《物权法》第69条的规定相比，本条规定将社会团体修改为社会团体法人，并新增捐助法人，都享有不动产和动产的所有权。

社会团体法人和捐助法人都是非营利法人，相对于国家所有权和集体所有权而言，对其财产享有的所有权也是私人所有权，对其依法所有的不动产和动产都享有占有、使用、收益、处分的权利，是绝对的支配权。社会团体、捐助法人的所有权同样适用平等保护原则，同样受法律保护。

本条新规则的要点就是强调对社会团体法人、捐助法人财产权的保护。原《物权法》第69条在原《民法通则》法人分类的基础上，规定保护社会团体财产，即"社会团体依法所有的不动产和动产，受法律保护"。《民法典》总则编修改了法人的分类，将事业单位法人、社会团体法人、捐助法人共同归为非营利法人一类。本条规定顺应《民法典》总则编法人分类的变化，将社会团体修改为社会团体法人，并新增捐助法人，目的就是加强对社会团体法人、捐助法人这类非营利法人的财产权的保护。

第二节　关于业主的建筑物区分所有权的新规则

180. 建筑区划内的车位、车库的权利归属

《民法典》物权编第 275 条第 1 款、第 2 款分别规定:"建筑区划内,规划用于停放汽车的车位、车库的归属,由当事人通过出售、附赠或者出租等方式约定。""占用业主共有的道路或者其他场地用于停放汽车的车位,属于业主共有。"与原《物权法》第 74 条规定相比,本条文只规定车位、车库的权利归属,将首先满足业主需要专门规定另外一个条文。

本条规定的是车库、车位的权属。在区分所有的建筑物中,车库、车位的问题很复杂,也非常重要,现代城市建筑住宅必须有足够的车库和车位。过去认为,地下车库不能设立所有权,而应当采取共有,设立专有使用权的办法,以保障车库、车位的防空和反恐的需要。原《物权法》与《民法典》物权编均没有采纳该立场,而是规定车库、车位的基本权属状态是业主所有。车库和车位有所区别,车库是指六面封闭的停车场里面的车库,而车位则是指在地表设立的停车区域。

确定车库和车位的权属应当依据合同确定。通过出售和附赠取得车库、车位的,确定所有权归属于业主;车库、车位出租的,确定的所有权归属于开发商,业主享有使用权。确定了出售和附赠车库、车位的所有权属于业主的,车库、车位的所有权和土地使用权也应当进行物权登记,在转移专有权时,车库、车位的所有权和土地使用权并不必然跟随建筑物的权属一并转移,须单独进行转让或者不转让。

占有共有道路或者其他场所建立的车位,属于全体业主共有。至于如何使用,确定的办法是:第一,应当留出适当部分作为访客车位;第二,其余部分不能随意使用,应当建立业主的专有使用权,或者进行租赁,均须交付费用,而不是随意由业主使用,保持业主对车位利益的均衡,防止出现买车位的业主吃亏,没买车位的业主占便宜的问题;第三,属于共有的车位取得的收益,除管理费外,归属于全体业主,由业主大会或业主委员会决定,将其归并于公共维修基金或者按照面积分给全体业主。

181. 建筑区划内的车位、车库应首先满足业主需要

《民法典》物权编第 276 条规定:"建筑区划内,规划用于停放汽车的车位、车库应当首先满足业主的需要。"本条是关于车位、车库首先满足业主需要的规定,源于原《物权法》第 74 条第 1 款,单独作为一个条文规定,特别强调了车位、

车库对业主的重要性，应当首先满足业主需要。

建筑规划内建设的车库和车位，应当首先满足业主需要。车库、车位只有在业主的需求满足之后，才可以向外出售或者出租。这是从实际情况出发规定的内容，有利于纠纷的解决和预防。何为首先满足业主的需要？2020 年修订、2021 年 1 月 1 日生效的《最高人民法院关于审理建筑物区分所有权纠纷案件适用法律若干问题的解释》第 5 条对此作出了规定："建设单位按照配置比例将车位、车库，以出售、附赠或者出租等方式处分给业主的，应当认定其行为符合民法典第二百七十六条有关'应当首先满足业主的需要'的规定。前款所称配置比例是指规划确定的建筑区划内规划用于停放汽车的车位、车库与房屋套数的比例。"据此，建设单位按照配置比例将车位、车库，以出售、附赠或者出租等方式处分给业主的，应当认定其符合"应当首先满足业主的需要"的规定；反之，未达到配置比例处分给业主的，就是没有首先满足业主需要。至于没有首先满足业主需要的应当如何处理，受到损害的业主有权向人民法院起诉，对于未达到配置比例处分给业主车库、车位的行为，应当认定为无效，保障业主能够按照配置比例得到车库和车位。

这两个条文所体现的新规则，就是强调车库、车位优先满足业主需要。不论是建筑区划内，规划用于停放汽车的车位、车库的归属，由当事人通过出售、附赠或者出租等方式约定；还是占用业主共有的道路或者其他场地用于停放汽车的车位，属于业主共有，都必须首先满足业主需要，以表达对业主需求的重视，保障业主能够首先取得车库、车位。

182. 业主大会、业主委员会应依法设立并接受居民委员会的指导和协助

《民法典》物权编第 277 条第 1 款、第 2 款分别规定："业主可以设立业主大会，选举业主委员会。业主大会、业主委员会成立的具体条件和程序，依照法律、法规的规定。""地方人民政府有关部门、居民委员会应当对设立业主大会和选举业主委员会给予指导和协助。"这一条文是关于业主大会和业主委员会的规定。与原《物权法》第 75 条的规定相比，本条规定有两个变化：一是增加了转介性条款；二是增加了居民委员会作为对业主大会和业主委员会的指导和协助部门，细化了设立业主大会、业主委员会的程序规定。

住宅小区之所以要设立业主大会、业主委员会，正是因全体业主对区分所有的建筑物享有管理权。整栋建筑物的所有权实际上是一种特殊的按份共有。与按份共有关系一样，各业主之间是共有关系，构成所有人的团体。全体业主组成一个团体，整体享有住宅建设用地使用权以及其他共同的权利，管理共用

设施及其他事务,解决纠纷。区分所有建筑物的管理,是为维持区分所有建筑物的物理机能,并充分发挥其社会的、经济的机能,对其所为的一切经营活动,有关建筑物之保存、改良、利用、处分,以及业主共同生活秩序的维持等,均属管理范畴。行使管理权的团体是业主大会,业主大会选举业主委员会,行使日常管理权。

业主大会具有团体性,其性质为非法人团体性质的管理团体,应当将其认定为非法人组织。业主大会作为民事主体和民事诉讼主体,享有相应的资格,以更好地保护全体业主的合法权益。业主大会由全体业主组成,每个业主都有选举权和被选举权,有决定事项的投票权。业主大会的活动方式是举行会议,作出决议。其职责,对外代表该建筑物的全体业主,代表全体所有人为民事法律行为和诉讼行为,具有其他组织的功能;对内对建筑物的管理工作作出决策,对共同事务进行决议,如制定管理规约,选任、解任管理人,共有部分的变更,建筑物一部毁损的修建等。业主大会应当定期召开,每年至少召开一次至两次。业主委员会由业主大会选举。《物业管理条例》第 16 条第 1 款规定,业主委员会应当自选举产生之日起 30 日内备案。既然没有要求业主委员会进行登记,业主委员会不能取得非法人组织的民事主体资格。[1] 业主委员会是作为业主大会的执行机构,行使管理权。

住宅小区设立业主大会以及业主委员会的条件和程序,应当依照法律、法规的规定。例如,《民法典》物权编对业主大会和业主委员会规定的条件和程序,以及国务院《物业管理条例》第 8 条至第 10 条规定的条件和程序。同时,地方人民政府有关部门、居民委员会对设立业主大会和选举业主委员会有权给予指导和帮助。

本条新规则的要点如下:

(1)新增转介性条款。原《物权法》第 75 条仅规定了业主可以设立业主大会和选举业主委员会,但是关于如何设立以及如何选举并未作出明确的规定。本条新增转介性条款,即业主大会、业主委员的设立条件和程序须依照法律、法规的规定,为业主大会和业主委员会设立指明了方向,明确了其应当遵循的规则。

(2)新增居民委员会作为指导和协助部门。原《物权法》第 75 条仅规定了地方人民政府有关部门应当对设立业主大会和选举业主委员会给予指导和协助。本条增加了居民委员会也负有这种职责的规定。这是考虑到居民委员会作为特别法人,对社区建设本来就有自己的职责。赋予其对设立业主大会及选

---

〔1〕 参见王利明:《民法总则》,中国人民大学出版社 2017 年版,第 224 页。

举业主委员会负有给予指导和协助的职责,当是顺理成章的工作内容。

183. 业主共同决定的事项与表决规则

《民法典》物权编第278条第1款、第2款分别规定了业主共同决定的事项以及决定的方法:“下列事项由业主共同决定:(一)制定和修改业主大会议事规则;(二)制定和修改管理规约;(三)选举业主委员会或者更换业主委员会成员;(四)选聘和解聘物业服务企业或者其他管理人;(五)使用建筑物及其附属设施的维修资金;(六)筹集建筑物及其附属设施的维修资金;(七)改建、重建建筑物及其附属设施;(八)改变共有部分的用途或者利用共有部分从事经营活动;(九)有关共有和共同管理权利的其他重大事项。”“业主共同决定事项,应当由专有部分面积占比三分之二以上的业主且人数占比三分之二以上的业主参与表决。决定前款第六项至第八项规定的事项,应当经参与表决专有部分面积四分之三以上的业主且参与表决人数四分之三以上的业主同意。决定前款其他事项,应当经参与表决专有部分面积过半数的业主且参与表决人数过半数的业主同意。”这一条文是关于业主大会决定事项和决定方法的规定。与原《物权法》第76条的规定相比,本条规定新增了业主共同决定的事项,修改了表决规则。

全体业主共同决定,是业主通过业主大会作出的决定。业主共同决定的事项是:一是制定和修改业主大会议事规则;二是制定和修改管理规约;三是选举业主委员会或者更换业主委员会成员;四是选聘和解聘物业服务企业或者其他管理人;五是使用建筑物及其附属设施的维修资金;六是筹集建筑物及其附属设施的维修资金;七是改建、重建建筑物及其附属设施;八是改变共有部分的用途或者利用共有部分从事经营活动;九是有关共有和共同管理权利的其他重大事项,是指改变共有部分的用途、利用共有部分从事经营性活动、处分共有部分,以及业主大会依法决定或者管理规约依法确定应由业主共同决定的事项。

业主共同决定事项,首先必须符合表决的前提条件,即由专有部分面积占比2/3以上的业主且人数占比2/3以上的业主参与表决。只有在专有面积以及人数符合表决条件的情况下,才可以对重大事项进行表决,否则决议无效。针对筹集维修资金(不包括使用维修资金)、改建、重建建筑物及其附属设施、改变共有部分的用途或者利用共有部分从事经营活动,应当由参与表决专有部分面积3/4以上的业主且参与表决人数3/4以上的业主同意。至于其他事项,也需要参与表决专有部分面积过半数的业主且参与表决人数过半数的业主同意。

专有部分面积和建筑物总面积的计算方法是:专有部分面积,按照不动产登记簿记载的面积计算;尚未进行物权登记的,暂按测绘机构的实测面积计算;

尚未进行实测的,暂按房屋买卖合同记载的面积计算;建筑物总面积,按照前项的统计总和计算。业主人数和总人数的计算方法是:业主人数,按照专有部分的数量计算,一个专有部分按一人计算,但建设单位尚未出售和虽已出售但尚未交付的部分,以及同一买受人拥有一个以上专有部分的,按一人计算;总人数,按照前项的统计总和计算。

本条新规则的要点如下:

(1)增加改变共有部分的用途或者利用共有部分从事经营活动,是业主共同决定的事项。这一内容来源于《最高人民法院关于审理建筑物区分所有权纠纷案件具体应用法律若干问题的解释》(2009 年)第 7 条关于"改变共有部分的用途、利用共有部分从事经营性活动、处分共有部分,以及业主大会依法决定或者管理规约依法确定应由业主共同决定的事项,应当认定为物权法第七十六条第一款第(七)项规定的有关共有和共同管理权利的'其他重大事项'"的规定。《民法典》物权编吸收了这一司法解释的经验,补充规定为业主共同决定事项之一,主要原因是改变共有部分的用途或者利用共有部分从事经营性活动,是对业主共有部分的重大改变,涉及业主的重大利益。将共有部分改作他用,例如将公共活动场所改变为物业工作场所,当然就影响到业主的共同利益。利用共有部分从事经营活动,例如将公共绿地建设房屋出租或者将共有部分的空间出租给快递公司,当然也关系到业主的共同利益。对此,应当由全体业主共同决定。

(2)修改了业主共同决定事项的规则。具体改变的规则是:第一,增加了表决的前提条件,即参与表决的人必须符合人数以及面积要求。第二,修改了使用建筑物及其附属设施的维修资金的表决规则,即由原来的须面积占比 2/3 以上的业主和人数占比 2/3 以上的业主确定,修改为须面积占比 1/2 以上的业主且人数占比 1/2 以上的业主同意。这是为了通过降低表决要求,解决维修资金的使用难问题。[1] 第三,修改了筹集建筑物及其附属设施的维修资金、改建或者重建建筑物及其附属设施的表决规则,即由原来的须由占比 2/3 的面积和业主人数决定改为须由占比 3/4 的面积和业主人数同意。第四,修改了改变共有部分的用途或者利用共有部分从事经营活动的表决规则,即由原来的占比 1/2 的面积和业主人数决定,修改为由占比 3/4 的面积和业主人数同意。总的来说,业主共同决定的事项涉及业主的切身利益。通过修改业主共同决定事项的决议规则,解决了实践中业主决定难的问题,使决议的作出更加慎重。

---

〔1〕 参见黄薇:《〈民法典物权编草案〉(二审稿)对若干重点问题的回应》,载《中州学刊》2019 年第 7 期。

184.“住改商”应经有利害关系的业主一致同意

《民法典》物权编第279条规定:“业主不得违反法律、法规以及管理规约,将住宅改变为经营性用房。业主将住宅改变为经营性用房的,除遵守法律、法规以及管理规约外,应当经有利害关系的业主一致同意。”这一条文是关于“住改商”用房条件的规定。与原《物权法》第77条的规定相比,本条新增加了“一致”二字,明确了“住改商”需要经有利害关系的业主一致同意。

业主负有维护区分所有的住宅建筑物现状的义务,其中包括不得将住宅改变为经营性用房。将住宅改变为歌厅、餐厅、浴池等经营性用房,会干扰其他业主的正常生活,引起邻里不和,引发矛盾,造成公共设施使用的紧张状况,产生安全隐患,使城市规划目标难以实现。故业主不得违反法律、法规以及管理规约,将住宅改变为经营性用房。如果业主要将住宅改变为经营性用房,除了应当遵守法律、法规以及管理规约外,还应当经过有利害关系的业主的一致同意。有利害关系的业主一人不同意,就不得改变住宅用房的用途。

关于有利害关系的业主,《最高人民法院关于审理建筑物区分所有权纠纷案件适用法律若干问题的解释》(2020年修正)第11条作出了较为清晰的认定,即“业主将住宅改变为经营性用房,本栋建筑物内的其他业主,应当认定为民法典第二百七十九条所称‘有利害关系的业主’。建筑区划内,本栋建筑物之外的业主,主张与自己有利害关系的,应证明其房屋价值、生活质量受到或者可能受到不利影响”。据此,应当根据经营性用房用途的不同,影响范围和影响程度的不同,具体分析确定。一般而言,相邻业主是有利害关系的业主。影响范围越广,影响程度越深时,无论是否为隔壁的业主,还是相邻或者不相邻的业主,凡是因住宅改变为经营性用房受到影响的业主,都是有利害关系的业主。利害关系的业主同意“住改商”,应当作出明确的意思表示,不能采用默示同意的规则。[1] 而且,利害关系的业主必须一致同意“住改商”。如果未经利害关系业主的一致同意便进行“住改商”,有利害关系的业主有权行使物权请求权以及侵权请求权获得私法上的保护。

本条新规则的要点是,“住改商”必须经有利害关系的业主一致同意。对于“住改商”的经有利害关系的业主同意,究竟是一致同意,还是多数人同意,还是只要一人同意,原《物权法》第77条未作出明确规定,只是笼统地规定“应当经利害关系的业主同意”。这样的规定,在司法实践中不易掌握。对此,《最高人民法院关于审理建筑物区分所有权纠纷案件具体应用法律若干

---

〔1〕 参见刘召成:《“住改商”应当经全体利害关系业主同意》,载《河北法学》2010年第5期。

问题的解释》(2009 年)第 10 条第 2 款规定:“将住宅改变为经营性用房的业主以多数有利害关系的业主同意其行为进行抗辩的,人民法院不予支持。”这表明,“住改商”即使得到多数有利害关系的业主同意,也不能证明其行为合法。当然仅少数有利害关系的业主同意其行为,更不能得到法院的支持。《民法典》物权编对此作出明确规定,即“住改商”应当经有利害关系业主的一致同意,才可以进行。

185. 紧急情况下业主大会或业主委员会可以依法申请使用维修资金

《民法典》物权编第 281 条第 1 款、第 2 款分别规定:“建筑物及其附属设施的维修资金,属于业主共有。经业主共同决定,可以用于电梯、屋顶、外墙、无障碍设施等共有部分的维修、更新和改造。建筑物及其附属设施的维修资金的筹集、使用情况应当定期公布。”“紧急情况下需要维修建筑物及其附属设施的,业主大会或者业主委员会可以依法申请使用建筑物及其附属设施的维修资金。”这一条文是关于维修资金性质和使用范围的规定。与原《物权法》第 79 条的规定相比,本条规定新增了定期公布维修资金情况以及关于紧急情况下维修资金使用的规定。

维修资金属于全体业主的共有部分,尽管这部分资金是业主购房时交付的,但属于全体业主共有,其他人不得主张权利。

维修资金的用途,是用于电梯、屋顶、外墙、无障碍设施等共有部分的维修、更新和改造。维修资金的用途应当作为共有部分、公用设施设备保修期满之后的维修、更新和改造。之所以是在保修期满之后使用,是因为保修期满之前,这些部位的维修等是由开发商负责的,不应使用维修资金。维修资金必须专款专用,不得挪作他用。业主大会和业主委员会也不得以维修资金承担民事责任。维修资金的筹集和使用是重大事项,应当经过业主大会讨论决定,不得擅自进行。

维修资金的使用方法是:第一,只有经业主共同决定,才可以用于电梯、屋顶、外墙、无障碍设施等共有部分的维修、更新和改造。第二,维修资金的筹集、使用情况,应当定期向全体业主公布,增加透明度,便于监督管理。第三,紧急情况下,需要维修建筑物及其附属设施的,业主大会或者业主委员会可以依法申请使用维修资金。《住宅专项维修资金管理办法》第 24 条第 1 款规定:“发生危及房屋安全等紧急情况,需要立即对住宅共用部位、共用设施设备进行维修和更新、改造的,按照以下规定列支住宅专项维修资金:(一)住宅专项维修资金划转业主大会管理前,按照本办法第二十二条第四项、第五项、第六项的规定办理;(二)住宅专项维修资金划转业主大会管理后,按照本办法第二十三条第四项、第五项、第六项和第七项的规定办理。”据此,本条第 2 款所规定的依法应当指向《住宅专项维修资金管理办法》。紧急情况应当主要指的是危及房屋安全以及与危及房屋安全具有同等危险性的情形,例如出现意外灾害造成损害,需要动用维修资金进行维修或者改建。

本条新规则的要点如下:

(1)将“电梯、水箱等共有部分的维修”修改为“电梯、屋顶、外墙、无障碍设施等共有部分的维修”。原《物权法》第 79 条规定的维修资金主要是用于电梯、水箱等共有部分的维修。本条规定将其修改为用于电梯、屋顶、外墙、无障碍设施等共有部分的维修,维修的共有部分规定得更为明确,更符合现代化建筑物的设计与要求。

(2)新增定期公布维修资金使用情况的要求。维修资金属于业主所有,业主有权实时知晓维修资金的具体情况。为了便于监督管理,满足业主的知情权,本条规定新增了维修资金的筹集、使用情况定期公布的要求。

(3)新增在紧急情况下维修资金使用的规定。原《物权法》第 79 条未对紧急情况下维修资金的使用作出规定。本条规定新增这一内容,是备不时之需,即当紧急情况出现时,需要维修建筑物及其附属设施的,业主大会或者业主委员会可以依法申请使用维修资金。这样就能避免意外灾害等紧急情况下,因维修资金不到位而导致业主权益受损的情形发生。

186. 共有部分产生的收益在扣除合理成本后属于业主共有

《民法典》物权编第 282 条规定:“建设单位、物业服务企业或者其他管理人等利用业主的共有部分产生的收入,在扣除合理成本之后,属于业主共有。”这一条文是关于建筑物共有部分收益归属的规定。原《物权法》未对此作出规定,本条规定是增加的新规则。

区分所有建筑物的共有部分属于业主共有,如果对共有部分进行利用发生了收益,应当归属于全体业主所有。建设单位、物业服务企业和物业管理人不能将这些收益作为自己的经营收益,否则就侵害了全体业主的权利,构成侵权行为。

无论是建设单位还是物业管理企业或者其他管理人,对其管理的区分所有建筑物的共有部分在不损害业主利益的情况下,是可以对其进行利用的,并且通过利用这些共有部分创造利益,使共有部分发生收益。由于共有部分的权利属于全体业主,对其利用而增加的收益,也应当原则上归全体业主所有,只是利

用共有部分的管理者可以扣除成本。处置这些共有部分发生收益的办法如下:

(1)应当扣除建设单位、物业服务企业或者其他管理人合理的管理成本,这是业主应当负担的部分,不应当由物业服务机构自己负担。

(2)应当给利用共有部分的建设单位、物业服务企业或者其他管理人留下必要的利润。物业服务机构等也是经营机构,为经营业主的共有部分获得收益付出了代价,应当有一定的回报,但应当实事求是。

(3)其余部分,归属于全体业主共有。至于如何处置,根据《住宅专项维修资金管理办法》第27条关于“下列资金应当转入住宅专项维修资金滚存使用:……(三)利用住宅共用部位、共用设施设备进行经营的,业主所得收益,但业主大会另有决定的除外……”的规定,该收益应当转入专项维修资金滚存使用,但业主大会另有决定的除外。也就是说,如果业主大会决议分给全体业主个人享有,则应当按照每一个业主专有部分的建筑面积比例合理分配。

187. 物业服务企业或其他管理人负有及时答复及执行应急处置措施的义务

《民法典》物权编第285条第1款、第2款分别规定:“物业服务企业或者其他管理人根据业主的委托,依照本法第三编有关物业服务合同的规定管理建筑区划内的建筑物及其附属设施,接受业主的监督,并及时答复业主对物业服务情况提出的询问。”“物业服务企业或者其他管理人应当执行政府依法实施的应急处置措施和其他管理措施,积极配合开展相关工作。”这一条文是关于物业服务企业和业主关系的规定。与原《物权法》第82条关于“物业服务企业或者其他管理人根据业主的委托管理建筑区划内的建筑物及其附属设施,并接受业主的监督”的规定相比,本条规定有重大变化。

业主、业主大会、业主委员会与物业服务企业或者物业管理人之间的关系,是建筑物区分所有权法律关系中的一个法律关系,也是一个独立的法律关系。业主大会和业主委员会是业主的自治组织,是业主群体的组织形式,代表业主权益。业主和物业服务企业以及其他管理人之间的法律关系是合同关系,《民法典》合同编将其规定为典型合同,而不是隶属关系。双方须在平等协商的基础上,建立合同关系,按照有关物业服务合同的规定,承担物业服务业务,确定双方的权利和义务,解决双方的纠纷。

物业服务企业或者其他管理人主要有三个方面的义务。第一,物业服务企业或者其他管理人在管理物业中,应当根据业主的要求,依照合同编有关物业服务合同的规定,管理好建筑区划内的建筑物及其附属设施,并接受业主的监督。第二,对业主提出的询问和咨询,物业服务企业或者其他管理人应当及时答复,以满足业主对物业服务的知情权,行使自己的管理权,对物业服务企业或者管理人进行更好的监督。第三,对于政府依法实施的应急措施和其他管理措施,物业服务企业或者其他管理人应当严格执行,积极配合。

本条新规则的要点如下:

(1)明确了物业服务企业或者其他管理人与业主之间的关系是物业服务合同关系。原《物权法》第 82 条只规定了物业服务企业或者其他管理人是根据业主的委托进行管理,所规定的法律关系是委托合同关系,需要适用委托合同的法律规则。《民法典》合同编将物业服务合同作为典型合同,专设一章规定后,本条规定的内容也随之改变,即明确了物业服务企业或者其他管理人与业主之间应当适用《民法典》合同编物业服务合同的规定。

(2)强调了物业服务企业或者其他管理人的及时答复义务。原《物权法》第 82 条只规定了业主对物业服务企业或者其他管理人的监督权。本条规定新增了物业服务企业或者其他管理人的及时答复义务,主要是为了通过保障业主知情权的方式来间接实现业主的管理权。

(3)新增了物业服务企业或者其他管理人负有执行应急处置措施和其他管理措施的义务。

在突发事件等紧急情况下,政府会依照法律规定进行紧急处置,例如,在新冠肺炎传播时期,政府采取断然措施,防控疫情,就涉及对小区居民的防控应急管理问题。对此,物业服务企业或者其他管理人负有执行和配合的义务:一是必须执行政府依法实施的应急处置措施和其他管理措施,应当不折不扣地执行政府的指令;二是积极配合开展相关工作,管理好小区的有关事务,保护好小区居民的合法权益。

总的来说,本条规定所产生的重大变化,为司法实践中的纠纷提供了法律依据。申言之,对于这些方面发生的纠纷,在处理中,应当适用《民法典》合同编关于物业管理合同的规定,确定双方的权利义务关系。物业服务企业或者管理人应当接受业主的监督,及时答复业主的询问,充分保障业主的知情权。如果物业服务企业或者管理人不履行这一义务,情节比较严重的,应当追究其违约责任。此外,物业服务企业或者其他管理人还应当执行政府的应急措施和管理措施,积极开展配合政府的工作,以保障小区居民的安全。如果物业服务企业或者管理人不履行这一义务,属于违反治安管理的行为,应当承担行政责任。如果不履行这一义务还造成业主或者小区居民损害,应当承担民事责任。

188. 业主配合实施应急处置措施义务和对其他违反义务当事人有报告权与投诉权

《民法典》物权编第 286 条各款分别规定:“业主应当遵守法律、法规以及管理规约,相关行为应当符合节约资源、保护生态环境的要求。对于物业服务企业或者其他管理人执行政府依法实施的应急处置措施和其他管理措施,业主应当依法予以配合。”“业主大会或者业主委员会,对任意弃置垃圾、排放污染物或者噪声、违反规定饲养动物、违章搭建、侵占通道、拒付物业费等损害他人合法权益的行为,有权依照法律、法规以及管理规约,请求行为人停止侵害、排除妨碍、消除危险、恢复原状、赔偿损失。”“业主或者其他行为人拒不履行相关义务的,有关当事人可以向有关行政主管部门报告或者投诉,有关行政主管部门应当依法处理。”与原《物权法》第 83 条相对比,本条规定发生了重大变化。

业主负有守法义务,除了遵守法律、行政法规之外,还要遵守管理规约的规定。管理规约是业主大会制定的区分所有建筑物管理的自治规则,内容是业主为了增进共同利益,确保良好的生活环境,经业主大会决议的共同遵守事项。管理规约的订立、变更或废止,都必须经过业主大会决议,经专有部分占建筑物总面积过半数的业主且占总人数过半数的业主同意,始得订立、变更或者废止。管理规约的内容主要包括:第一,业主之间的权利义务关系;第二,业主之间的共同事务;第三,业主之间利益调节的事项;第四,对违反义务的业主的处理办法。规约的效力在于约束全体业主的行为,故规约只对该建筑物的业主有效,也及于业主的特定继受人。业主委员会和物业服务机构不得违反该规约而另行处置管理事务,与规约相抵触的管理行为不具有效力。

业主的相关行为应当符合节约资源、保护生态环境的要求。比如,业主在倾倒垃圾时应当进行垃圾分类,以促进资源回收,减少环境污染。

根据防控新冠肺炎病毒传播的经验教训,《民法典》除了对物业服务企业或者其他管理人负有执行政府依法实施的应急措施和其他管理措施的义务作出规定之外,还规定了业主对此负有的义务,即对于物业服务企业或者其他管理人执行政府依法实施的应急处置措施和其他管理措施,业主应当依法予以配合。在新冠肺炎病毒的防控期间,确实存在业主不配合物业服务企业或其他管理人管控举措的行为,有的甚至造成严重的病毒传染后果。在物业服务企业或其他管理人与业主的关系层面,业主应当服从管理;在执行政府的应急处置措施和其他管理措施层面,业主作为管理相对人,也有服从管理的义务。因此,业主应当依法予以配合。

业主大会或者业主委员会对任意弃置垃圾、排放污染物或者噪声、违反规定饲养动物、违章搭建、侵占通道、拒付物业费等损害他人合法权益的行为,有权依照法律、法规以及管理规约，请求行为人停止侵害、排除妨碍、消除危险、恢复原状、赔偿损失。这是业主大会和业主委员会基于全体业主的管理权产生的物权请求权和侵权请求权，其权利来源于业主的共有权和管理权。业主以及其他行为人应当服从管理，如果对其行使请求权，损害其他业主合法权益的行为人应当承担责任。

业主或者其他行为人拒不履行相关义务的，有关当事人可以向有关行政主管部门报告或者投诉，有关行政主管部门应当依法处理，该处罚的应当予以处罚。

本条新规则的要点如下：

(1)新增了业主应当遵循绿色原则的要求。《民法典》总则编第9条规定了绿色原则为基本原则。为充分贯彻落实这一基本原则的要求，本条新增了业主行为应当符合节约资源、保护生态环境要求的规定。

(2)新增了业主应当依法配合实施应急处置措施和其他管理措施的义务。这是应对突发事件等紧急情况必须遵守的要求，也是依法应当履行的义务。

(3)新增了业主的恢复原状请求权。原《物权法》第83条只规定了业主有权请求停止侵害、排除妨害、消除危险、赔偿损失，而未规定恢复原状请求权，是立法的遗漏。本条规定新增了业主的恢复原状请求权，补足这一立法漏洞，是正确的做法。

(4)删除了业主对侵害自己合法权益的行为，可以依法向人民法院提起诉讼的规定。原《物权法》第83条第2款规定了业主对侵害自己合法权益的行为，可以依法向人民法院提起诉讼的规定，本条规定删除了这一内容。之所以删除这一规则，并非否定了这一起诉权，而是放在下一条文中一并作出规定。

(5)新增业主或者其他行为人拒不履行相关义务时的处理手段。原《物权法》第83条第2款只规定了有关当事人的起诉权，而未规定报告权和投诉权。本条规定新增了有关当事人的报告权和投诉权，以行政手段的方式保障了有关当事人的合法权益。据此，行为人拒不履行相关义务的，有关当事人可以向有关行政主管部门报告或者投诉。有关行政主管部门依法享有处理权，有权对此作出处罚或者其他措施。比如，当业主未分类投放垃圾时，根据《北京市生活垃圾管理条例》第67条第2款的规定，由生活垃圾分类管理责任人进行劝阻；业主拒不听从劝阻，生活垃圾分类管理责任人有权向执法部门报告，由执法部门对业主予以警告或者罚款。

189. 业主有权请求侵害其合法权益的他人承担民事责任

《民法典》物权编第287条规定："业主对建设单位、物业服务企业或者其他管理人以及其他业主侵害自己合法权益的行为,有权请求其承担民事责任。”这一条文是关于业主维护合法权益的请求权。原《物权法》第 83 条第 2 款规定了有关当事人对业主大会和业主委员会的起诉权,本条规定在原有的基础上进行扩充,成为新增条款,更好地维护业主的合法权益。

按照本条的规定,业主享有两项请求权:一是对建设单位、物业服务企业和其他管理人享有的请求权;二是对其他业主侵害其合法权益业主的请求权。

(1)业主对建设单位、物业服务企业和其他管理人享有的请求权。业主作为建筑物区分所有权的权利人,面对的是建设单位、物业服务企业或者其他管理人,会发生利益上的冲突。如果建设单位、物业服务企业或者其他管理人侵害业主的合法权益,本条赋予业主以请求权,对建设单位、物业服务企业或者其他管理人侵害自己合法权益的行为,有权请求其承担民事责任,维护自己的合法权益。业主行使该请求权,可以直接向建设单位、物业服务企业和其他管理人请求,也可以直接向人民法院起诉,由人民法院判决。

(2)业主对其他业主侵害其合法权益的请求权。业主作为建筑物区分所有权人,也有可能与其他业主发生利益上的争执。业主与业主之间,既是各自物业的所有权人,有的还是相邻权人,又是对共有部分的共有权人,也是共同行使管理权的权利人。他们之间不仅存在共同的利益,也存在利益冲突。如果一方业主不依照专有权、共有权和管理权的行使规则实施行为,就有可能损害其他业主的合法权益,造成对方业主的损害。其他业主侵害了业主自己合法权益的,业主享有请求权,有权请求其承担民事责任。业主向法院起诉的,法院应当依照物权请求权和侵权请求权的规定,责令侵害其他业主合法权益的行为承担民事责任。

第三节　关于相邻关系的新规则

190. 相邻不动产权利人不得违反国家规定排放土壤污染物、光辐射等有害物质

《民法典》物权编第 294 条规定:“不动产权利人不得违反国家规定弃置固体废物,排放大气污染物、水污染物、土壤污染物、噪声、光辐射、电磁辐射等有害物质。”这一条文是对相邻环保关系的规定。与《物权法》第 90 条的规定相比,本条规定明确了不动产权利人不得排放土壤污染物、光辐射等有害物质。

相邻环保关系是相邻关系中的重要关系,关系相邻各方的生活和生产安全。其基本规则如下:

(1)排放污染物的限制。相邻各方应当按照《环境保护法》的有关规定,排放废水、废气、废渣、粉尘以及其他污染物,注意保护环境,防止造成污染。如果排放的污染物造成了损害,即使排放的污染物并没有超过标准,相邻方也有权要求治理并请求赔偿损失。相邻一方产生的粉尘、光辐射、噪声、电磁波辐射等超过国家规定标准,或者散发有害异味的,对方有权请求其停止侵害、赔偿损失。

(2)修建、堆放污染物。相邻一方修建厕所、粪池、污水池、牲畜栏厩,或堆放垃圾、有毒物、腐烂物、放射性物质等,应当与邻人的不动产保持一定距离,并采取防污措施,防止对相邻方的人身和财产造成损害。上述污染物侵入相邻不动产一方影响其生产、生活的,受害人有权请求对方排除妨碍、消除危险或赔偿损失。

(3)有害物质侵入。有害物质包括煤气、蒸汽、臭气、烟气、煤烟、热气、噪声、震动和其他来自他人土地的类似干扰。除上述列举以外,在环境保护法规中经常提到的废气、废渣、废水、垃圾、粉尘、放射性物质等,均包括在内。有害物质侵入的相邻关系内容,主要是权利人享有请求排放一方的相邻人停止排放的权利,排放一方的相邻人负有停止侵入的义务,须按照环境保护法和有关规定处理,不得妨碍或损害相邻人的正常生产与生活。

本条新规则的要点是,明确了不动产权利人不得违反国家规定排放土壤污染物与光辐射。原《物权法》第 90 条规定的是:“不动产权利人不得违反国家规定弃置固体废物,排放大气污染物、水污染物、噪声、光、电磁波辐射等有害物质。”与该规定相比,本条规定进行了两方面的修改。

(1)新增了土壤污染物作为列举式规定。事实上,土壤污染物本就包含在“等”字之内,属于有害物质的一种。本条规定将其明确列举出来,使得该规则更为具体,也能够发挥充分的指引功能,强调不动产权利人对土壤污染物质的排放不得妨害他人的生产和生活。

(2)将“光”修改为“光辐射”。光并不是有害物质,只有光辐射才具有潜在的危害。从这个意义上来讲,本条规定将“光”修改为“光辐射”,在表达上更为准确。同样将措辞修改得更为准确的,还有《民法典》侵权责任编第 1239 条关于高度危险物损害责任的规定。该规定将原《侵权责任法》第 72 条规定的“放射性”修改为“高放射性”,主要是因为放射性虽然具有危险性,但并不具有高度危险性。只有高放射性的物质才具有高度危险性,符合高度危险物质损害责任的基本特征。

第四节　关于共有的新规则

191. 变更共有财产性质或用途属于共有人决定的重大事项

《民法典》物权编第301条规定:“处分共有的不动产或者动产以及对共有的不动产或者动产作重大修缮、变更性质或者用途的,应当经占份额三分之二以上的按份共有人或者全体共同共有人同意,但是共有人之间另有约定的除外。”这一条文是关于处分或者改良共有财产的规定。与原《物权法》第97条规定相比,本条新增了共有人决定重大事项,即变更不动产或者动产性质或者用途。

之所以规定变更共有的不动产、动产的性质或者用途属于共有人决定的重大事项,是因为这种管理行为与共有人的利益紧密相关。

对共有物的管理行为分为以下四种:一是处分行为,是指对共有物的事实处分,即变卖或者转让等。二是保存行为,是指以保全共有财产或在共有财产上设置的其他权利为目的的行为,如为防止共有财产的灭失,或者在共有财产上设置的其他权利的消灭等行为。三是改良行为,是指以对于共有物或物上其他权利的利用或改善为目的的行为,属于为增加共有物的收益或效用为目的的行为。四是利用行为,是指以满足共有人共同需要为目的,不变更共有物的性质,决定其使用、收益方法的行为。对共有物进行处分行为,是事实上决定共有物的命运,即转让共有物的所有权。对共有物的改良行为,是对共有物的更新或者改建行为,对共有物或物上其他权利进行利用或改善,为增加共有物的收益或效用。这两种行为都对共有人的利益具有重要意义。重大修缮和变更性质或者用途都是对共有物的改良行为,都属于重大管理事项,应当适用一样的规则,因此,将变更共有物的性质或者用途的行为,与重大修缮适用同样的规则,是完全符合法理的。

对共有的不动产或者动产作处分的决定(处分行为),或者作进行重大修缮、变更性质或者用途的改良行为,应当经占份额2/3以上的按份共有人或者共同共有人全体一致同意。只有在共有人另有约定的情况下,才可以按照当事人的约定处理。例如,按份共有人之间已经达成了分管协议,对所有共有人具有拘束力,应当按照分管协议的约定管理共有物。[1] 没有达到这一规定要求的份额,且没有另外约定的,部分共有人处分共有财产或者进行重大修缮、变更性质或者用途的行为,为无效。

---

〔1〕 参见王利明:《物权法研究》(第4版)(上卷),中国人民大学出版社2016年版,第696页。

192. 按份共有人行使优先购买权的规则

《民法典》物权编第306条第1款、第2款分别规定:"按份共有人转让其享有的共有的不动产或者动产份额的,应当将转让条件及时通知其他共有人。其他共有人应当在合理期间内行使优先购买权。""两个以上其他共有人主张行使优先购买权的,协商确定各自的购买比例;协商不成的,按照转让时各自的共有份额比例行使优先购买权。"这一条文是关于按份共有人行使优先购买权具体方法的规定。

原《物权法》第101条只规定了按份共有人享有优先购买权,但未明确规定优先购买权的行使规则。原《最高人民法院关于适用〈中华人民共和国物权法〉若干问题的解释(一)》补足这一法律漏洞,第9条至第14条详细规定了按份共有人行使优先购买权的规则。本条规定部分采纳了司法解释的内容,规定了按份共有人行使优先购买权的具体规则。

(1)按份共有人行使优先购买权的一般规则

首先,决定转让其共有份额的按份共有人,应当将转让条件及时通知其他共有人。该款内容虽然未规定按份共有人的优先购买权是否限于外部转让,但是根据行文可以推断是向共有人之外的人转让。这是因为,按份共有人之间的份额转让不会打破共有的内部关系,按份共有人之间转让共有份额时,其他共有人处于平等的地位,不得主张优先购买权。按份共有人对外转让份额时,会打破原有的内部关系。为了简化共有关系,防止外人的加入使共有人内部关系趋于复杂,按份共有人对外转让时,其他共有人享有优先购买权。[1] 因此,确定按份共有人的优先购买权限于共有人向共有人以外的人进行的外部转让,是没有问题的。只有在外部转让时,其他按份共有人才享有优先购买权,转让人应当将转让条件及时通知其他共有人。

其次,其他共有人应当在合理期间内行使优先购买权。关于合理期间的认定,条文没有规定,可以适用《最高人民法院关于适用〈中华人民共和国民法典〉物权编的解释(一)》第11条关于按份共有人优先购买权的行使期间的规定,即"优先购买权的行使期间,按份共有人之间有约定的,按照约定处理;没有约定或者约定不明的,按照下列情形确定:(一)转让人向其他按份共有人发出的包含同等条件内容的通知中载明行使期间的,以该期间为准;(二)通知中未载明行使期间,或者载明的期间短于通知送达之日起十五日的,为十五日;(三)转让人未通知的,为其他按份共有人知道或者应当知道最终确定的同等条件之日起

---

〔1〕 参见王泽鉴:《民法学说与判例研究(3)》,中国政法大学出版社1998年版,第320页。

十五日;(四)转让人未通知,且无法确定其他按份共有人知道或者应当知道最终确定的同等条件的,为共有份额权属转移之日起六个月”。这些规则可以不在法律中规定,而是司法实践的问题,因此,这样的司法解释仍然应当适用,应当按照这一司法解释的要求确定合理期间。

(2)两个以上其他共有人都主张优先购买权的规则

按份共有人转让其共有份额,两个以上的其他共有人都主张优先购买权的,也应该规定具体的规则。借鉴原《最高人民法院关于适用〈中华人民共和国物权法〉若干问题的解释(一)》第14条关于两个以上按份共有人优先购买权的行使规则,即“两个以上按份共有人主张优先购买且协商不成时,请求按照转让时各自份额比例行使优先购买权的,应予支持”,本条第2款规定了两个规则:

首先,两个以上的其他共有人都主张行使优先购买权的,应当采用协商方法,按照协议的方法确定各自的购买比例。

其次,两个以上的其他共有人主张行使优先购买权且协商不成的,则按照转让时各自的共有份额比例,行使优先购买权。这里其实有一个份额比例的换算问题,例如,按份共有人为3人,各自的份额为1/3。一人转让其1/3的份额,另外两个其他共有人都主张优先购买权,各自占有共有财产的1/3,扣除转让人的1/3,这两个共有人的比例就成为1/2,每个人应当购买转让份额的1/2。

第五节　关于添附的新规则

193. 添附物的归属应当遵守约定或法律规定

《民法典》物权编第322条规定:“因加工、附合、混合而产生的物的归属,有约定的,按照约定;没有约定或者约定不明确的,依照法律规定;法律没有规定的,按照充分发挥物的效用以及保护无过错当事人的原则确定。因一方当事人的过错或者确定物的归属造成另一方当事人损害的,应当给予赔偿或者补偿。”这一条文是关于添附物归属的规定。原《物权法》没有规定添附规则,本条属于新增条款。

添附,是指不同所有权人的物被结合、混合在一起成为一个新物,或者利用别人之物加工成为新物的事实。把添附作为取得所有权的根据,原因在于添附发生后,要恢复各物的原状,在事实上已不可能,或者在经济上是不合理的,有必要使添附物归一方所有或各方共有,以解决双方的争执。

添附物的归属因添附情况的不同,分为三种类型,具体的法律适用规则如下:

(1)加工，是指一方使用他人的物，将其加工改造为具有更高价值的物。原物因为加入了加工人的劳动而成为新物，如在他人的木板上作画。加工物的所有权归属，当事人有约定的依约定处理；无约定的，加工所增价值未超过原材料价值的，加工物归原材料所有权人所有；加工价值显然大于原物的价值的，新物可以归加工人所有；如果加工价值与原材料价值相当，可由双方共有。除共有外，不论哪种情况，取得加工物所有权的一方，应当对对方的加工劳动或原材料的价值予以补偿。

(2)附合，是指不同所有权人的物密切结合在一起而成为一种新物。在附合的情况下，各原所有权人的物虽可识别，但非经拆毁不能恢复原来的状态。如砖、木的附合构建成房屋。附合物的所有权归属应区分两种情况：当动产附合于不动产之上时，由不动产所有权人取得附合物的所有权，原动产所有权人则可取得与其原财产价值相当的补偿。当动产与动产附合时，附合的动产有主从之别的，由主物的所有权人取得附合物的所有权，是单独所有，而非共有。[1]从物的所有权人有权请求对方以价值上的补偿。如无主从之别，则由各动产所有权人按其动产附合时的价值共有附合物。

(3)混合，是指不同所有权人的物互相结合在一起，难以分开并形成新的财产。如米与米的混合、酒与酒的混合。混合与附合不同，在混合的情况下，已无法识别原各所有权人的财产，而附合中原各所有权人的财产仍然能够识别。混合物一般应由原物价值量较大的一方取得所有权，给另一方以相当的补偿。如果原物价值量相差不多，也可由各方共有。

将添附的所有权归属规则概括起来，主要规则是：第一，因加工、附合、混合而产生的物的归属，有约定的按照约定。第二，没有约定或者约定不明确的，依照法律规定。第三，当事人没有约定，法律也没有规定的，按照充分发挥物的效用以及保护无过错当事人的原则确定。发挥物的效用原则，是根据物归属于哪一方更能够发挥物的效用，就应归属于哪一方的规则。保护无过错当事人的原则，是指对于无过错一方当事人给予更好的保护。两个原则，应当首先考虑物的效用原则。第四，因一方当事人的过错或者确定物的归属给另一方当事人造成损失的，应当给予赔偿或者足额的补偿。

本条规定新增添附规则具有重要意义。添附在学理上和实务上都有广泛讨论和具体适用，但是，因《物权法》未作出规定，没有直接的法律根据。本条规

〔1〕参见［德］鲍尔、施蒂尔纳：《德国物权法》（下册），申卫星、王洪亮译，法律出版社2006年版，第445页以下。

定将添附作为所有权取得的方式之一,解决了添附物的权属认定规则。殊为遗憾的是,这一条文并未规定添附的具体类型,更没有规定不同的添附应当具体适用的规则。

第三章　有关用益物权的新规则

第一节　关于用益物权一般规定的新规则

194. 用益物权人行使权利应当遵守有关保护生态环境的规定

《民法典》物权编第326条规定："用益物权人行使权利，应当遵守法律有关保护和合理开发利用资源、保护生态环境的规定。所有权人不得干涉用益物权人行使权利。"这一条文是关于用益物权人与所有权人义务的规则。与原《物权法》第120条规定相比，本条规定新增了用益物权人行使权利的要求，即用益物权人应当遵守法律有关保护生态环境的规定。

用益物权人的义务是保护和合理开发利用资源、保护生态环境。用益物权人享有对他人所有的不动产或者动产进行占有、使用和收益的权利。用益物权人在依法取得用益物权后，在行使该权利时，必须依照法律规定，保护和合理开发资源、保护生态环境。尤其是特许物权人。与其他用益物权人不同的是，特许物权标的物主要是自然资源，包括海域、矿产、水资源等。这些自然资源都是极为重要的自然资源。因而，特许物权人更要严格履行对自然资源依法保护和合理开发利用、保护生态环境的义务，不得滥用权利，破坏性地使用自然资源，更不得毁坏自然资源。

所有权人的义务，是不得干涉用益物权人行使权利。用益物权是在所有权上设置的负担，所有权人依法将自然资源交付用益物权人占有、使用和收益，对所有权人自己的权利就设置了限制。用益物权人对于自然资源享有除处分权之外的其他所有的所有权权能，完全可以依照自己的意愿，对自然资源进行占有、使用和收益,所有权人无权干涉。所有权人无端对用益物权人行使权利进行非法干涉,构成对用益物权人的权利侵害,应当承担民事责任。

本条新规则的要点是,增加规定用益物权人应当遵守法律有关保护生态环境规定的要求。《民法典》总则编第 9 条规定了绿色原则为基本原则,并将节约资源和保护环境作为其主要内容。本条规定在原《物权法》第 120 条已经规定了用益物权人应当保护和合理开发资源的基础上,将环境保护义务纳入用益物权人的义务体系中,实质上就是在贯彻绿色原则的基本要求,与绿色原则的本质内涵相统一。与此同时,建设用地使用权作为用益物权的一种,《民法典》物权编第 346 条也规定了设立建设用地使用权时需要符合节约资源、保护生态环境的要求。可以看到,绿色原则在民法典物权编中层层展开。

第二节　关于土地承包经营权及三权分置的新规则

195. 承包期届满依照农村土地承包的法律规定继续承包

《民法典》物权编第 332 条第 1 款、第 2 款分别规定:"耕地的承包期为三十年。草地的承包期为三十年至五十年。林地的承包期为三十年至七十年。""前款规定的承包期限届满,由土地承包经营权人依照农村土地承包的法律规定继续承包。"这一条文是关于土地承包经营权期限的规定。与原《物权法》第 126 条规定相对比,一是删除了"特殊林木的林地承包期,经国务院林业行政主管部门批准可以延长"的规定;二是明确规定承包期届满,应当按照农村土地承包的法律规定继续承包。

土地承包经营权的期限是:耕地的承包期为 30 年,草地的承包期为 30 年至 50 年,林地的承包期为 30 年至 70 年。

承包期届满,由土地承包经营权人依照农村土地承包的法律规定继续承包。结合《农村土地承包法》第 21 条关于"耕地的承包期为三十年。草地的承包期为三十年至五十年。林地的承包期为三十年至七十年。前款规定的耕地承包期届满后再延长三十年,草地、林地承包期届满后依照前款规定相应延长"的规定,耕地承包期届满后可以再延长三十年,草地、林地的承包期也按照前述内容相应延长。这有利于土地承包经营权的稳定,有利于维护土地承包经营权人的合法权益。

本条新规则的要点如下:

(1)删除了关于特殊林木的林地承包期的延长规则。原《物权法》第 126 条第 1 款规定特殊林木的林地承包期,经国务院林业行政主管部门批准可以延长。本条规定删除了这一内容，与 2018 年 12 月 29 日通过的《农村土地承包法》（第二次修正）第 21 条第 1 款删除了特殊林木的林地承包期延长规则相一致。

（2）明确了承包期届满时，土地承包人继续承包所应当依照的法律规定。原《物权法》第 126 条第 2 款规定："前款规定的承包期届满，由土地承包经营权人按照国家有关规定继续承包。"据此，土地承包经营权人于承包期届满后应当按照国家有关规定继续承包。但究竟是哪部法律或者行政法规尚不明确。立法上的转介性条款指代不明，造成了司法实践中适用法律的困难。为了解决这一问题，本条规定将"按照国家有关规定"修改为"依照农村土地承包的法律规定"，进一步明确了承包期届满后适用的法律依据，即在实践中，应当适用《农村土地承包法》的规定。

196. 土地承包经营权的流转限于互换与转让

《民法典》物权编第 334 条规定："土地承包经营权人依照法律规定，有权将土地承包经营权互换、转让。未经依法批准，不得将承包地用于非农建设。"这一条文是关于土地承包经营权流转的规则。与原《物权法》第 128 条规定相比，有三个方面的变化。

土地承包经营权的流转，是指土地承包经营权通过合法的方式在有关当事人之间发生转移，土地承包经营权人发生变动。

土地承包经营权流转的方式是互换与转让。土地承包经营权进行互换，是为了方便耕种或者各自需要，应当在属于同一集体经济组织的土地的承包经营权间进行互换。土地承包经营权进行转让，是因为土地承包经营权具有可让与性。如果土地承包经营权人有稳定的非农职业或者有稳定的收入来源的，经土地所有权人同意，可以将全部或者部分土地承包经营权转让给其他从事农业生产经营的农户，由该农户同土地所有权人确立新的承包关系，原土地承包经营权人与土地所有权人在该土地上的承包关系即行终止。

土地承包经营权采取互换、转让方式流转，使对方取得土地承包经营权，实现的是土地承包经营权的流转。受让一方对土地承包经营权的取得，是继受取得而不是原始取得。

对土地承包经营权进行互换、转让的，当事人应当签订书面合同。采取互换方式流转的，应当报土地所有权人备案；采取转让方式流转土地承包经营权的，应当经土地所有权人同意。

土地承包经营权互换、转让，采取登记对抗主义，应当按照本法第 335 条关于"土地承包经营权互换、转让的,当事人可以向登记机构申请登记;未经登记,不得对抗善意第三人"的规定进行。

本条新规则三个方面变化的要点如下:

(1)扩大土地承包经营权适用的法律依据。原《物权法》第128条规定土地承包经营权的流转依据是《农村土地承包法》的规定,本条规定将其修改为依照法律规定,扩大了土地承包经营权适用的法律依据,包括但不限于《农村土地承包法》,例如还有《民法典》的规定。

(2)删除了流转期限不得超过承包期的剩余期限的规定。原《物权法》第128条规定了流转期限的限制性规则。本条规定删除了这一内容。理由是,《农村土地承包法》第38条规定了土地承包经营权的流转规则,其中就包含了这一内容,无须重复性的规定。而且,当事人即使约定流转期限超出了承包期的剩余期限,也是无效的约定。

(3)删除了土地承包经营权流转的转包方式,仅保留了互换、转让。《农村土地承包法》第二次修正,仅规定了土地承包经营权的流转方式为互换、转让,删除了关于转包、出租的规定。与此相一致,本条规定也仅保留了互换、转让作为土地承包经营权的流转方式。这是因为,农村土地承包实行三权分置,转包的行为其实已经概括在土地经营权的范围之内,没有必要继续规定。

197. 土地承包经营权人有权流转土地经营权

《民法典》物权编第339条规定:"土地承包经营权人可以自主决定依法采取出租、入股或者其他方式向他人流转土地经营权。"这一条文是三权分置中的土地经营权的流转规则。原《物权法》未对此作出规定,本条规定属于新增条款。

土地经营权,是建立在农村土地承包经营的三权分置制度之上产生的权利,即在农村土地集体所有权的基础上,设立土地承包经营权;再在土地承包经营权之上设立土地经营权,构成三权分置的农村土地权利结构。其中,土地所有权归属于农村集体经济组织所有,土地承包经营权归属于承包该土地的农民家庭享有。由于土地承包经营权缺乏流转性,因而在土地承包经营权之上,再设立一个土地经营权,属于土地承包经营权人享有的、可以进行较大范围流转、并且能够保持土地承包经营权不变的用益物权。由于这个权利是建立在用益物权基础上的用益物权,可以称为"用益用益物权",或者"他他物权"。

建立在土地承包经营权之上的土地经营权,是土地承包经营权人的权利,权利人可以将土地经营权转让,由他人享有和行使土地经营权,而土地承包经营权人保留土地承包经营权,并因转让土地经营权而使自己获益,进而保持了土地公有的制度。这就是设置三权分置制度的初衷。

依照这一规定,土地承包经营权人为了发展农业经济,实现自己的权益,可以将土地经营权采用出租、入股或者其他方式,向他人流转土地经营权,将承包土地的占有、使用、收益权转让给他人。通过流转土地经营权,既保住了自己的土地承包经营权,又能够使自己获得转让土地经营权的收益。

值得注意的是,这里的出租包括转包。《农村土地承包法》第 36 条规定:"承包方可以自主决定依法采取出租(转包)、入股或者其他方式向他人流转土地经营权,并向发包方备案。"该规定中提到了转包,这是因为,"从法律本质而言,转包的性质就是出租,但根据农村土地承包经营的实践,习惯上将集体组织内部成员之间的承包地租赁关系称为转包。因此,本次农村土地承包法修改将原来规定的出租、转包两种流转方式合并为一种方式出租(转包)"。[1] 为了在法律关系上更为精简准确,本条规定未采纳出租(转包)的方式来规定土地经营权的流转规则,而是只规定了出租,但是其内涵仍旧包括了转包。

198. 土地经营权人有权对承包土地占有、使用以及收益

《民法典》物权编第 340 条规定:"土地经营权人有权在合同约定的期限内占有农村土地,自主开展农业生产经营并取得收益。"这一条文是关于土地经营权人权利的规定。原《物权法》未对此作出规定,本条规定沿袭了《农村土地承包法》第 37 条的内容,新增了这一条款。

土地经营权是特殊的用益物权,通过转让而取得土地经营权的权利人,是用益物权人,享有用益物权的权利。由于土地经营权是建立在土地承包经营权这个用益物权之上的用益物权,其期限受到原来的用益物权期限的制约,因而土地经营权人取得的权利行使期限是在土地承包经营权合同约定的期限内,即设置土地经营权的期限不得超过土地承包经营权的期限,土地承包经营权的期限受制于设置土地承包经营权合同的期限。在合同约定的期限内,土地经营权人享有用益物权的权能,即占有、使用、收益的权利,有权占有该农村土地,自主开展农业生产经营活动,获得收益。

199. 期限为五年以上的土地经营权设立采登记对抗主义

《民法典》物权编第 341 条规定:"流转期限为五年以上的土地经营权,自流

---

[1] 黄薇主编:《中华人民共和国农村土地承包法释义》,法律出版社 2019 年版,第 151 页。

转合同生效时设立。当事人可以向登记机构申请土地经营权登记;未经登记,不得对抗善意第三人。”这一条文是关于土地经营权设立的规则。原《物权法》未对此作出规定,本条规定借鉴了《农村土地承包法》第 41 条的规定,增加了“土地经营权自流转合同生效时设立”,与登记对抗主义之下的物权变动条款几乎相同。[1]

土地经营权作为用益物权,其设立的方式是出让方和受让方签订土地经营权出租、入股等合同,在合同中约定双方各自的权利义务。如果流转期限为五年以上的土地经营权流转,当该合同生效时,土地经营权就设立,受让方取得土地经营权。对于土地经营权的登记问题,采登记对抗主义,当事人可以向登记机构申请土地经营权登记,未经登记的,不得对抗善意第三人;经过登记的,可以对抗善意第三人。

对于不满五年的土地经营权流转,没有明文规定,其实也应当自流转合同生效时设立,不会在其他的时点发生取得土地经营权的效力。不满五年的土地经营权的流转是否应当登记,应当理解为不必登记。之所以这样规定,主流的看法是,不满五年的土地经营权不用登记,因而不是物权,而是债权。也有的认为,因为不满五年的土地经营权的年限太短,也规定为要登记,对权利人而言过于麻烦,因此才不规定登记,并不能否认其物权的性质。这两种意见,笔者倾向于前一种。

200. 特殊承包方式取得的土地承包经营权人有权流转土地经营权

《民法典》物权编第 342 条规定:“通过招标、拍卖、公开协商等方式承包农村土地,经依法登记取得权属证书的,可以依法采取出租、入股、抵押或者其他方式流转土地经营权。”这一条文是关于通过招标、拍卖、公开协商取得土地承包经营权流转土地经营权的规则。原《物权法》第 133 条规定通过招标、拍卖和公开协商等方式取得的土地承包经营权,可以转让、入股、抵押或者以其他方式流转。随着三权分置的改革,通过招标、拍卖、公开协商方式承包土地取得承包经营权的,其流转也采取三权分置的方法,流转其土地经营权,可以将通过招标、拍卖、公开协商等方式取得的土地承包经营权与土地经营权分离。

根据本条的规定,对于“四荒”土地,即荒山、荒沟、荒丘、荒滩等农村土地,可以通过招标、拍卖和公开协商的方式进行承包经营,达成合意后,土地所有权

---

〔1〕 参见高圣平:《土地经营权制度与民法典物权编编纂——评〈民法典物权编(草案二次审议稿)〉》,载《现代法学》2019 年第 5 期。

人应当将四荒土地交给承包经营权人经营。通过这种方式取得的土地承包经营权,尽管与通过承包合同取得的土地承包经营权有所不同,但是都可以参加民事流转。只要依法登记取得权属证书,就可以对土地经营权进行转让、入股、抵押或者以其他方式流转,使承包人保留自己的土地承包经营权且通过流转自己的土地经营权而获得利益,实现自己的权利。

对于"四荒"土地通过招标、拍卖、公开协商方式取得的土地承包经营权,将其土地经营权进行流转,适用《民法典》关于农村土地承包经营权流转土地经营权的规定。

第三节　关于建设用地使用权的新规则

201. 设立建设用地使用权应当遵循绿色原则的要求

《民法典》物权编第 346 条规定:"设立建设用地使用权,应当符合节约资源、保护生态环境的要求,遵守法律、行政法规关于土地用途的规定,不得损害已经设立的用益物权。"这一条文是关于建设用地使用权设立要求的规定。与原《物权法》第 136 条关于"建设用地使用权可以在土地的地表、地上或者地下分别设立。新设立的建设用地使用权,不得损害已设立的用益物权"的规定相比,本条规定有三个方面的变化。

设立建设用地使用权,应当遵守的要求是:第一,符合节约资源、保护生态环境的要求,应当按照本法总则编第 9 条规定的绿色原则要求,不浪费资源,不损害生态环境,保护好共同生活的生态环境。第二,应当遵守法律、行政法规关于土地用途的规定,按照批准的土地用途使用土地。第三,不得损害已设立的用益物权。在地表、地上或者地下分层设立建设用地使用权,最重要的是划清权利界限,防止发生冲突,新设立的建设用地使用权,不得损害已经设立的用益物权,发生冲突时,保护设立在先的用益物权为优先选择。

本条新规则三个方面变化的要点如下:

(1)新增了设立建设用地使用权应当遵循绿色原则的要求。绿色原则是本法总则编第 9 条规定的民法基本原则,设立建设用地使用权时也必须贯彻《民法典》总则编的基本原则,符合节约资源、保护生态环境的要求。因而,本条规定新增了设立建设用地使用权应当遵循绿色原则的要求,以体现《民法典》生态文明的理念。

(2)新增了设立建设用地使用权应当遵守法律、行政法规关于土地用途的规定。原《物权法》第 136 条未对此作出规定。本条规定新增这一内容,突出强调设立建设用地使用权应当遵守关于土地用途的规定,是为了土地的可持续性发展,终极目的也是贯彻民法的绿色原则。

(3)将建设用地使用权分层设立的规定与本条分离。原《物权法》第136条规定建设用地使用权可以在土地的地表、地上或者地下分别设立,规定的是分层建设用地使用权,亦称分层地上权。本条规定将分层地上权的内容分离出去,单独规定"设立建设用地使用权""不得损害已设立的用益物权",不仅保留了原条文的要义,而且内容更加丰富。

本条规定新增的设立建设用地使用权的要求,能够督促其遵守绿色原则的要求以及土地用途的规定。殊为遗憾的是,本条规定未明确这两种义务的违反应当承担何种责任。笔者认为,对于后者,《土地管理法》有规定,可以直接适用;对于前者,目前并没有明确的规定,应当比照后者的规定,确定违反绿色原则的行为人应当承担的责任。

202. 删除划拨建设用地使用权的特别要求

《民法典》物权编第347条各款分别规定:"设立建设用地使用权,可以采取出让或者划拨等方式。""工业、商业、旅游、娱乐和商品住宅等经营性用地以及同一土地有两个以上意向用地者的,应当采取招标、拍卖等公开竞价的方式出让。""严格限制以划拨方式设立建设用地使用权。"这一条文是关于建设用地使用权设立方式的规定。与原《物权法》第137条规定相对比,删除了划拨建设用地使用权的特别要求。

建设用地使用权的设立,是指建设用地使用权的取得或发生。建设用地使用权的设立方式有两种,即出让和划拨。

通过出让设立建设用地使用权,是国家以土地所有人的身份,将建设用地使用权在一定年限内出让给土地使用者,由土地使用者向国家支付建设用地使用权出让金的行为。适用出让方式设立建设用地使用权的,工业、商业、旅游、娱乐和商品住宅等经营性用地以及同一土地有两个以上意向用地者的,应当采取招标、拍卖等公开竞价的方式出让。通过出让设立建设用地使用权,是通过法律行为的方式进行的,其出让行为的当事人包括国家和土地使用者,是双方当事人通过法律行为的方式,在双方之间通过协议方式,为使用者设立建设用地使用权。国家作为土地使用权出让一方,在出让行为中的主要义务是将建设用地使用权客体的国有土地,在一定年限内出让给建设用地使用权人使用,主要权利是收取建设用地使用权出让金。土地使用者作为建设用地使用权人,在出让行为中,主要义务是支付建设用地使用权的出让金,主要权利是请求国家交付建设用地使用权客体即国有土地由其使用。

建设用地使用权的划拨，也是建设用地使用权的原始取得方式之一。建设用地使用权划拨是经县级以上人民政府依法批准，在土地使用者缴纳补偿、安置等费用后，将国有土地交付其使用，或者将建设用地使用权无偿交付给土地使用者使用的行为。因此，建设用地使用权的划拨有两种方式：①县级以上人民政府依法批准，在土地使用者缴纳补偿、安置等费用后，将国有土地交付给土地使用者使用；②县级以上人民政府依法批准，将建设用地使用权无偿交付给土地使用者使用。法律严格限制以划拨方式设立建设用地使用权。

本条新规则的要点是，删除了划拨建设用地使用权设立的特别要求。原《物权法》第 137 条第 3 款规定："严格限制以划拨方式设立建设用地使用权。采取划拨方式的，应当遵守法律、行政法规关于土地用途的规定。"本条规定之所以删除了"采取划拨方式的，应当遵守法律、行政法规关于土地用途的规定"这一内容，是因为该内容已经上升为设立建设用地使用权的基本要求并规定在《民法典》物权编第 346 条，此处不再重复。

203. 住宅建设用地使用权自动续期费用应依法律、法规的规定办理

《民法典》物权编第 359 条第 1 款、第 2 款分别规定："住宅建设用地使用权期限届满的，自动续期。续期费用的缴纳或者减免，依照法律、行政法规的规定办理。""非住宅建设用地使用权期限届满后的续期，依照法律规定办理。该土地上的房屋以及其他不动产的归属，有约定的，按照约定；没有约定或者约定不明确的，依照法律、行政法规的规定办理。"这一条文是关于建设用地使用权续期的规则。与《物权法》第 149 条规定基本相同，只是规定了住宅建设用地使用权到期自动续期，"续期费用的缴纳或者减免，依照法律、行政法规的规定办理"的内容。

建设用地使用权到期之后，可以续期。建设用地使用权续期分为两种：一是住宅建设用地使用权期限届满的，自动续期，不存在期限届满而消灭的问题。二是非住宅建设用地使用权期限届满需要续期的，须申请续期。

对于住宅建设用地使用权的到期自动续期，原《物权法》已经作了规定，但是存在的问题是，虽然规定了到期自动续期，但是却没有规定应当续多长期限，续期是否要缴纳费用。这个问题是广大人民群众极为关注的问题，是《民法典》物权编应当解决的问题。不过，本条并没有对此作出明确规定，只是规定"续期费用的缴纳或者减免，依照法律、行政法规的规定办理"。当然，这个规定也是有价值的。也就是说，只有法律和行政法规才可以决定住宅建设用地使用权到期自动续期的费用和期限问题,这样就禁绝了地方各级权力机构和行政机关对此自行规定的做法,给中央解决这个问题留下了空间。[1] 对此,笔者建议,住宅建设用地使用权到期自动续期的含义,就是对住宅建设用地使用权应当规定为一次取得永久使用的永久性用益物权,70 年期满自动续期后,不再存在期限,不应当继续收费,应当以地产税的方式替代缴纳费用。

对于非住宅建设用地使用权的续期,在非住宅建设用地使用权期限届满之前,建设用地使用权人如果需要继续使用该土地的,应当在期限届满之前一年申请续期。对于建设用地使用权人申请续期的要求,土地出让人应当准许,除非有出于公共利益的目的需要收回该土地的。建设用地使用权续期,建设用地使用权人应当办理续期手续,交付出让金。交付出让金应当按照约定,没有约定或者约定不明确的,按照国家的规定交付。续期手续完备后,建设用地使用权继续存在,并不消灭。

第四节 关于居住权的新规则

204. 居住权概念的内涵

《民法典》物权编第 366 条规定:“居住权人有权按照合同约定,对他人的住宅享有占有、使用的用益物权,以满足生活居住的需要。”这一条文界定了居住权的概念。原《物权法》未规定居住权,因而本法关于居住权的规则都是新规则。

《物权法(草案)》曾经规定过居住权,但是最终仍被删除。编纂《民法典》物权编时,学界普遍认为规定居住权确有必要,主要理由是:第一,充分发挥房屋的利用效能;第二,充分尊重所有权人的意志和利益;第三,有利于发挥家庭职能,实现亲属与他人之间的互帮互助。十九大报告也提出,要加快建立多主体供给、多渠道保障、租购并举的住房制度,让全体人民住有所居。居住权是其中举措之一。

民法的居住权与公法的居住权不同。国家保障人人有房屋居住的权利也叫居住权或住房权。《世界人权宣言》第 25 条规定:“人人有权享受为维持他本人和家属的健康和福利所需的生活水准,包括食物、衣着、住房……”这属于公法权利,是基本人权和自由,不是民法的用益物权。

---

[1] 参见杨立新:《民法典分则各编的核心价值是维护人的尊严》,载《福建论坛》(人文社会科学版)2019 年第 5 期。

民法上的居住权，是指民事主体依照合同的约定，对他人所有的住宅享有占有、使用的用益物权，是用益物权的一种。其特征：一是居住权的基本属性是他物权，具有用益性；二是居住权主要是为特定自然人基于生活用房而设立的物权，具有人身性；三是居住权是一种长期存在的物权，具有独立性；四是居住权的设定是一种恩惠行为，具有不可转让性。

在司法实践中适用法律时应当注意，居住权作为用益物权具有特殊性，即居住权人对于权利的客体即住宅只享有占有和使用的权利，不享有收益的权利。这是因为，居住权的设立目的是满足生活居住的需要，不能以此进行出租等营利活动。

205. 设立居住权须采用书面形式订立合同

《民法典》物权编第367条第1款、第2款分别规定："设立居住权，当事人应当采用书面形式订立居住权合同。""居住权合同一般包括下列条款：(一)当事人的姓名或者名称和住所；(二)住宅的位置；(三)居住的条件和要求；(四)居住权期限；(五)解决争议的方法。"这一条文是关于居住权应当采用合同方式设立的规则。

居住权作为一种新型的法定用益物权，其设立应当遵循严格的要求。按照本条的规定，居住权通过合同方式设立时，必须采用书面的形式，即房屋所有权人应当通过书面合同的方式与他人协议，设定居住权。例如，男女双方离婚时在离婚协议中约定，离婚后的房屋所有权归一方所有，另一方对其中的一部分房屋享有一定期限或者终身的居住权。

设定居住权的合同一般包括下列条款：

(1)当事人的姓名或者名称和住所，应当写明双方当事人的姓名或者名称和住所，特别是居住权人的姓名和住所。

(2)住宅的位置，约定清楚设定居住权的住宅地址、门牌号码、面积等事项，使居住权的标的能够确定。

(3)居住的条件和要求，明确约定依据合同约定的条件取得居住权，行使居住权的要求是什么。

(4)居住权期限，从何时起至何时止。

(5)解决争议的方法，即发生争议后，通过何种程序解决纠纷。

206. 居住权设立采取登记生效主义

《民法典》物权编第368条规定："居住权无偿设立，但是当事人另有约定的除外。设立居住权的,应当向登记机构申请居住权登记。居住权自登记时设立。"这一条文是关于居住权属性和登记的规则。要点如下:

(1)居住权原则上为无偿设立,因而居住权人对取得居住权无须支付对价。不过,居住权人应当支付住房及其附属设施的日常维护费用和物业管理费用,以通常的保养费用、物业管理费用为限。如果房屋需要进行重大修缮或者改建,只要没有特别的约定,居住权人不承担此项费用。对于居住权另有约定为有偿设立的,应当按照约定处理。

(2)居住权是用益物权,只有经过登记才能生效。设立居住权的双方当事人在订立了居住权设立合同后,还应当向登记机构申请居住权登记。经过登记后,居住权才正式设立,居住权人取得居住权。居住权设立的时间,是自登记时设立。之所以对居住权采取登记生效主义,是因为居住权与租赁权相似,但是租赁权是债权,而居住权是物权,性质截然不同,如果不采取登记生效主义,可能会与租赁权相混淆。

207. 居住权不得转让、继承、出租

《民法典》物权编第 369 条规定:"居住权不得转让、继承。设立居住权的住宅不得出租,但是当事人另有约定的除外。"这一条文是关于居住权人负有法定义务的规定。

依照这一规定,居住权人行使居住权,须履行应尽的义务:

(1)居住权人对权利标的不得转让和继承。古罗马创设居住权制度时,是为了照顾某一特定的人的权利,原因在于,无夫权婚姻和奴隶的解放日益增多,每遇家长亡故,那些没有继承权又缺乏或丧失劳动能力的人的生活就成了问题,因此,丈夫或家主就把一部分家产的使用权、收益权等遗赠给妻或者被解放的奴隶,使他们生有所靠、老有所养。[1] 因此,由古罗马而来的居住权制度,具有权利主体的限定性以及鲜明的伦理性,并由此衍生出不可转让、不得继承等身份性的内容。[2] 目前《民法典》规定的居住权制度是社会性居住权。社会性居住权具有保护弱者权益的功能,与古罗马的居住权制度一样,是为特定人的居住需要而设定。[3] 故本法沿袭了古罗马的基本规则,规定居住权人对其居

---

〔1〕 参见周枏:《罗马法原论》(上册),商务印书馆 1994 年版,第 361 页。

〔2〕 参见鲁晓明:《居住权之定位与规则设计》,载《中国法学》2019 年第 3 期。

〔3〕 参见申卫星:《视野扩展与功能转换:我国设立居住权必要性的多重视角》,载《中国法学》2005 年第 5 期。

住的房屋不得转让,也不能成为居住权人的遗产,不能由其继承人所继承。

(2)居住权人对权利标的不得出租。在居住权存续期间,权利人对居住权的标的负有不得出租义务,不能以此进行营利活动。有的主张,即使双方当事人在设立居住权合同中对该义务另有约定的,也不能依照其约定处理。这是因为,居住权的转让行为和居住权的出租行为,在法律性质上固然截然区分,但是在经济效果上基本类似。[1] 因此,本条原来的草案曾经规定,设立居住权的住房不得出租,没有规定除外条款。人大常委会审议时有的提出异议,因而增设了“但是当事人另有约定的除外”的但书规定。

除此之外,居住权人还应当履行如下义务:

(1)合理使用房屋的义务。居住权人不得将房屋用于生活消费以外的目的,可以对房屋进行合理的装饰装修,进行必要的维护,但不得改建、改装或作重大的结构性改变。

(2)对房屋的合理保管义务。居住权人应当合理保管房屋,在居住期内尽到善良管理人的注意义务,不得从事任何损害房屋的行为。如果房屋存在毁损的隐患,应当及时通知所有人进行修缮或者采取必要的措施。

208. 居住权因居住期限届满或者居住权人死亡而消灭

《民法典》物权编第 370 条规定:“居住权期限届满或者居住权人死亡的,居住权消灭。居住权消灭的,应当及时办理注销登记。”这一条文是关于居住权消灭原因的规定。

居住权依据一定的事实而消灭。本条只规定了居住权期限届满和居住权人死亡是居住权消灭的原因,其实这只是居住权消灭的部分原因。

居住权消灭的原因如下:

(1)居住权期限届满。居住权设定的期限届满,居住权即时消灭,所有权的负担解除。

(2)居住权人死亡。权利主体消灭,居住权也随之消灭。

(3)居住权抛弃。居住权人采用明示方法抛弃居住权的,居住权消灭。这种明示的抛弃意思表示应当对所有权人作出。居住权人作出抛弃表示的,即发生消灭居住权的效力,并且不得撤销,除非得到所有权人的同意。

(4)解除居住权条件成就。在设定居住权的遗嘱、遗赠或者合同中,对居住权设有解除条件的,如果该条件成就,则居住权消灭。

---

[1] 参见薛军:《地役权与居住权问题》,载《中外法学》2006 年第 1 期。

(5)居住权撤销。居住权人具有以下两种情形的,房屋所有权人有权撤销居住权:①故意侵害住房所有权人及其亲属的人身权或者对其财产造成重大损害的;②危及住房安全等严重影响住房所有权人或者他人合法权益的。居住权人行使撤销权,应当经过法院裁决,不得自行为之。

(6)住房被征收、征用、灭失。房屋被征收、征用,以及房屋灭失,都消灭居住权。住房所有权人因此取得补偿费、赔偿金的,居住权人有权请求分得适当的份额;如果居住权人没有独立生活能力,也可以放弃补偿请求权而要求适当安置。

(7)权利混同。住房所有权和居住权发生混同,即两个权利归属于同一人的,发生居住权消灭的后果。例如,房屋所有权人将房屋转让给或者赠与居住权人,此时居住权的存在已经丧失意义,因此发生居住权消灭的后果。

居住权消灭,在当事人之间消灭居住权的权利义务关系。居住权人应当返还住房。同时应当到物权登记机构办理居住权注销登记。

209. 居住权可以通过遗嘱方式设立

《民法典》物权编第 371 条规定:"以遗嘱方式设立居住权的,参照适用本章的有关规定。"这一条文是关于以遗嘱方式设立居住权的规定。

依据遗嘱方式设立居住权,包括遗嘱继承和遗赠。

(1)依据遗嘱继承的方式设立。房屋所有权人可以在遗嘱中对死后房屋作为遗产的使用问题,为法定继承人中的一人或者数人设定居住权,但须留出适当房屋由其配偶终身居住。

(2)依据遗赠的方式设立。房屋所有权人可以在遗嘱中,为非法定继承人之外的人设定居住权。例如,遗嘱指定将自己所有的房屋中的一部分,让自己的保姆终身或者非终身居住。

无论是依据遗嘱继承方式还是依据遗赠方式取得居住权,都是遗嘱取得居住权。遗嘱取得居住权,参照本章的规定。具体包括,第一,遗嘱生效后,还须进行居住权登记,否则不能取得居住权;第二,居住权不得转让、继承,设立居住权的住宅不得出租,当事人另有约定的除外;第三,居住权人死亡,居住权消灭。如果遗嘱继承或者遗赠对居住权附有解除条件,于条件成就时居住权消灭。[1]

---

〔1〕 参见马新彦:《居住权立法与继承编的制度创新》,载《清华法学》2018 年第 2 期。

第五节 关于地役权的新规则

210. 用益物权人继受土地所有权人享有或者负担的地役权

《民法典》物权编第 378 条规定:“土地所有权人享有地役权或者负担地役权的,设立土地承包经营权、宅基地使用权等用益物权时,该用益物权人继续享有或者负担已经设立的地役权。”这一条文是关于地役权法定取得的规定。与原《物权法》第 162 条的规定相比,本条规定新增了“等用益物权”,扩大了地役权法定取得的范围,即土地所有权人享有或者负担的地役权,新设立用益物权的权利人相应地继续享有或负担地役权,包括但不限于土地承包经营权人、宅基地使用权人。

就权利人所有的土地上,原来既存供土地使用的地役权的权利或者负担,当在该土地上设立土地承包经营权、宅基地使用权时,该用益物权的权利人对于既存的土地使用设施有继续使用的必要时,则继续享有或者负担以使用该设施为内容的地役权。换言之,在国有或集体所有的土地上,如果已经存在供整宗土地使用的设施,如引水设施、道路设施等,如果就该土地的一部分设立土地承包经营权、宅基地使用权等用益物权,而权利人又有继续使用这些设施必要的,则用益物权的权利人依法取得或者负担既存设施的地役权。

211. 已设立用益物权的土地设立地役权须经用益物权人同意

《民法典》物权编第 379 条规定:“土地上已经设立土地承包经营权、建设用地使用权、宅基地使用权等用益物权的,未经用益物权人同意,土地所有权人不得设立地役权。”这一条文是关于已有其他用益物权之土地地役权的设立规则。与原《物权法》第 163 条规定相比,本条规定将“权利”修改为“用益物权”,用语更为准确。这是因为,只有土地承包经营权、建设用地使用权、宅基地使用权等用益物权会和地役权发生权利冲突,担保物权等不会和地役权发生权利冲突。因此,只有已经设立了用益物权,后设立地役权时才需要严格的限制。

设立地役权的人,可以是不动产的所有权人,如集体土地所有权人或建筑物、构筑物及其附属设施的所有权人;也可以是不动产的使用权人,如土地承包经营权人、建设用地使用权人、宅基地使用权人。[1] 除了本法前条规定的情形之外,即权利人所有的土地已经设立地役权,又设定用益物权的,用益物权人应

---

〔1〕 参见胡康生主编:《中华人民共和国物权法释义》,法律出版社 2007 年版,第 346 页。

当继续享有或者负担地役权。但是,在他人所有的土地上已设立了土地承包经营权、建设用地使用权、宅基地使用权等权利的,设定地役权的权利属于用益物权人。因此,未经用益物权人同意,土地所有权人不得在该土地上设立地役权,即只有经过用益物权人同意的,土地所有权人才可以设立地役权。

212. 实现对土地经营权的抵押权时一并转让地役权

《民法典》物权编第 381 条规定:“地役权不得单独抵押。土地经营权、建设用地使用权等抵押的,在实现抵押权时,地役权一并转让。”这一条文是关于地役权不得单独抵押的规定。与原《物权法》第 165 条的规定相比,本条规定将土地承包经营权的抵押修改为土地经营权的抵押。

地役权不得单独抵押。这是因为,地役权依附于特定的土地,该土地的权属没有设置抵押,地役权无法设置抵押,实际上地役权设置抵押也没有实际价值。

当建设用地使用权人、土地经营权人将其权利设置抵押,债权人对于既存的地役权等于同时设置了抵押。不过,地役权随用益物权抵押后,并不影响地役权的作用。只有在实现抵押权,拍卖抵押物而转让抵押物的权属时,地役权随之一并转让,为受让人一并享有,供役地人向新的权利人负担义务。

本条规定的变化是将土地承包经营权的抵押修改为土地经营权的抵押。原《物权法》第 165 条的后半句规定:“土地承包经营权、建设用地使用权等抵押的,在实现抵押权时,地役权一并转让。”农村土地三权分置改革后,农村土地承包经营权只能通过互换、转让的方式流转,土地经营权则承担起了抵押担保功能。本条规定便将土地承包经营权的抵押修改为土地经营权的抵押。据此,当土地经营权实现抵押时,地役权也一并转让。

第四章　有关担保物权的新规则

第一节　关于担保物权一般规定的新规则

213. 担保合同包括抵押合同、质押合同和其他具有担保功能的合同

《民法典》物权编第 388 条第 1 款、第 2 款分别规定："设立担保物权，应当依照本法和其他法律的规定订立担保合同。担保合同包括抵押合同、质押合同和其他具有担保功能的合同。担保合同是主债权债务合同的从合同。主债权债务合同无效，担保合同无效，但是法律另有规定的除外。""担保合同被确认无效后，债务人、担保人、债权人有过错的，应当根据其过错各自承担相应的民事责任。"本条是对设立担保物权方式的规定。与原《物权法》第 172 条的规定相比，增加了担保合同包括抵押合同、质押合同和其他具有担保功能的合同的新规则。

担保物权分为约定担保物权和法定担保物权。法定担保物权如留置权和优先权，依据法律的规定发生，不需要订立担保合同。约定担保物权的设立，则须订立担保合同，通过担保合同设立担保物权。本条规定，设立担保物权，应当依本法和其他法律的规定订立担保合同。

担保合同和主债权债务合同之间的关系是，被担保的债权债务合同是主债权债务合同，担保合同是主债权债务合同的从合同。基于主债权债务合同与担保合同的这种主从关系，主债权债务合同无效，担保合同即无效，但是法律另有规定的除外，如国际贸易中见索即付、见单即付的保证合同。

担保合同被确认无效后，并非不发生任何效果，担保人就一律不承担责任。债务人、担保人、债权人有过错的，应当根据其过错的程度,各自承担相应的民事责任。

本条规定的新规则是:设立担保物权的担保合同的外延,并不仅仅包括抵押合同和质押合同,还包括其他具有担保功能的合同。这意味着,担保合同还包括其他能够设立担保物权的合同。在非典型担保物权中,优先权是法定担保物权,当然不必通过担保合同设立。《民法典》合同编有规定的,如设立所有权保留的担保合同,属于抵押合同和质押合同之外的其他担保合同。除此之外,《民法典》没有规定,但是其他法律或者司法解释规定的担保物权,例如让与担保,设立这种担保物权的担保合同,应当也属于这里规定的其他具有担保功能的合同,也是担保合同。与此相关,在司法实践中存在的利用商品房买卖合同担保借贷债权的合同,性质也属于让与担保,只是让与物权不是发生在担保物权设立之前,而是发生在担保物权实现之时,因而属于后让与担保,最高人民法院司法解释也承认其担保效力,这种具有担保功能的合同,也应当属于担保合同。

第二节 关于抵押权规定的新规则

214. 海域使用权为可抵押财产

《民法典》物权编第 395 条第 1 款、第 2 款分别规定:“债务人或者第三人有权处分的下列财产可以抵押:(一)建筑物和其他土地附着物;(二)建设用地使用权;(三)海域使用权;(四)生产设备、原材料、半成品、产品;(五)正在建造的建筑物、船舶、航空器;(六)交通运输工具;(七)法律、行政法规未禁止抵押的其他财产。”“抵押人可以将前款所列财产一并抵押。”这一条文是关于抵押财产范围的规定。与原《物权法》第 180 条的规定相比,本条规定有两个方面的变化。

抵押财产,也称为抵押权标的物或者抵押物,是指被设置了抵押权的不动产、动产或者权利。抵押财产的特点是:第一,抵押财产包括不动产、特定动产和权利,抵押财产主要是不动产,也包括特定的不动产,建设用地使用权、地役权等物权可以设置抵押权。第二,抵押财产须具有可转让性,抵押权的性质是变价权,供抵押的不动产或者动产如果有妨害其使用的目的,具有不得让与的性质或者即使可以让与但让与其变价将会受到影响的,都不能设置抵押权。

法定的抵押财产范围:一是建筑物和其他土地附着物;二是建设用地使用权;三是海域使用权;四是生产设备、原材料、半成品、产品;五是正在建造的建筑物、船舶、航空器;六是交通运输工具;七是法律、行政法规规定可以抵押的其他财产,如土地经营权。

依照学理，上述允许抵押的财产可以分为以下三类：一是不动产。允许抵押的不动产包括房屋、厂房、林木、没有收割的农作物及其他地上附着物，还包括正在建造的建筑物。二是特定的动产。允许抵押的动产主要包括生产设备、原材料、产品、航空器、船舶（包括在建）、交通工具，以及家具、家用电器、金银珠宝及其制品等。三是权利。以权利作为抵押财产须符合两个条件：第一，只有不动产上的用益物权以及特别法确立的特许物权才能进行抵押；第二，依据物权法定原则，不动产上的用益物权以及特别法确立的物权只有在法律允许抵押时才能抵押。符合这样条件的权利有建设用地使用权，以及土地承包经营权上设置的土地经营权。

本条新规则的要点如下：

（1）新增了海域使用权作为可抵押财产。原《物权法》第 122 条规定了海域使用权受法律保护，但并未规定海域使用权是否可以用作抵押。先于原《物权法》实施的《海域使用权管理规定》则规定海域使用权的流转方式包括转让、出租和抵押。本法物权编与此相一致，在本条规定中明确了海域使用权可以作为抵押财产范围之一。至于海域使用权作为抵押财产时的具体抵押规则，应当适用《海域使用权管理规定》第 41 条至第 43 条。

（2）删除了招标、拍卖、公开协商等方式取得的荒地等土地承包经营权作为可抵押财产。这是因为，农村土地三权分置改革后，“四荒”土地的承包经营权不可以进行抵押，只有在“四荒”土地的承包经营权上设置的土地经营权才可以抵押。《民法典》物权编第 339 条已经规定了土地经营权可以通过抵押的方式流转，此处不再重复，而是将其纳入兜底条款内，属于法律、行政法规规定可以抵押的其他财产。

215. 债权人就抵押财产确定时的动产优先受偿

《民法典》物权编第 396 条规定：“企业、个体工商户、农业生产经营者可以将现有的以及将有的生产设备、原材料、半成品、产品抵押，债务人不履行到期债务或者发生当事人约定的实现抵押权的情形，债权人有权就抵押财产确定时的动产优先受偿。”这一条文是关于浮动抵押的规定。与原《物权法》第 181 条规定相比，本条规定有两个方面的变化。

浮动抵押，也叫动产浮动抵押，是指企业、个体工商户、农业生产经营者作为抵押人，以其所有的全部财产包括现有的以及将有的生产设备、原材料、半成品、产品为标的而设立的动产抵押权。浮动抵押不同于一般的动产抵押，其法律特征是：第一，抵押人具有特殊性，只有企业、个体工商户、农业生产经营者才可以作为浮动抵押的抵押人。第二,抵押财产具有特殊性,包括生产设备、原材料、半成品、产品,既包括抵押人现有的财产,也包括抵押人将来取得的财产。第三,抵押财产在浮动抵押权实现前处于变动之中,数额是不能固定和具体明确的。第四,对抵押财产抵押权人在抵押期间仍然可以使用处分,其财产的进出并不受限制。

浮动抵押权制度是为克服财团抵押权制度的缺陷并使企业可以获得巨大的融资而发展起来的。从保护企业发达的角度看,浮动抵押较财团抵押为优;但从保护抵押权人的侧面观察,则正好相反。[1] 申言之,浮动抵押权具有抵押人利用其财产自由经营的特点,抵押人可以在浮动抵押确定之前放手进行经营。在经营过程中处分的财产,不属于抵押财产。只有在浮动抵押结晶时,抵押人的全部财产才成为确定的抵押财产。抵押权人才可以就确定的抵押财产优先受偿。这一方面活跃了市场,加快了抵押财产的流通;但另一方面也滋生了抵押人恶意实施损害抵押权人利益的行为,比如为逃避债务而在经营期间处分财产。

为了充分保护抵押权人的合法权益,应当认定浮动抵押权的效力及于浮动抵押确定时抵押人所有的或者有权处分的全部财产,即债权人就抵押财产确定时的动产优先受偿。这样能够防止抵押人恶意实施损害抵押权人利益的行为,抵押财产确定后,实现抵押权之前,抵押人为逃避债务而处分公司财产的,抵押权人享有撤销权,可以请求撤销该处分行为。

浮动抵押确定的时间应当适用《民法典》物权编第 411 条的规定,即“依据本法第三百九十六条规定设定抵押的,抵押财产自下列情形之一发生时确定:(一)债务履行期限届满,债权未实现;(二)抵押人被宣告破产或者解散;(三)当事人约定的实现抵押权的情形;(四)严重影响债权实现的其他情形”。

本条新规则两个变化的要点如下:

(1)删除了浮动抵押须书面协议的要求。原《物权法》第 181 条规定了动产浮动抵押必须有当事人的书面协议,必须是要式行为。本条规定删除了这一形式要件的限制,主要是因为《民法典》物权编第 400 条统一对抵押权设立时书面抵押合同的订立作出了规定。据此,当事人之间成立动产浮动抵押,仍然应当采用书面形式订立协议。

(2)债权人就抵押财产确定时的动产优先受偿。原《物权法》第 181 条规定债权人就实现抵押权时的动产优先受偿。浮动抵押权的实现,自抵押权人向人

[1] 参见崔建远:《物权法》(第 3 版),中国人民大学出版社 2013 年版,第 502 页。

民法院提出实现抵押权的申请,经人民法院作出浮动抵押权实现的决定时开始。人民法院作出浮动抵押权实现的决定应当予以公告,并同时发布查封抵押人总财产的公告,抵押人的全部财产由财产管理人管理,财产管理人应当在抵押人住所地办理浮动抵押权登记的机关进行浮动抵押权实现开始的登记。如果根据浮动抵押权的实现时间确定抵押财产的效力范围,则会导致抵押权人能够优先受偿的范围大大缩小。为了充分保护抵押权人的合法权益,本条规定将其修改为债权人就抵押财产确定时的动产优先受偿。

216. 删除耕地使用权禁止抵押的限制

《民法典》物权编第 399 条规定:“下列财产不得抵押:(一)土地所有权;(二)宅基地、自留地、自留山等集体所有土地的使用权,但是法律规定可以抵押的除外;(三)学校、幼儿园、医疗机构等为公益目的成立的非营利法人的教育设施、医疗卫生设施和其他公益设施;(四)所有权、使用权不明或者有争议的财产;(五)依法被查封、扣押、监管的财产;(六)法律、行政法规规定不得抵押的其他财产。”这一条文是对禁止抵押财产的规定。与原《物权法》第 184 条的规定相比,本条规定不再将耕地列为禁止抵押的财产范围。

基于公共利益、社会政策等各种考虑,法律禁止抵押的财产范围比较大。具体包括:

(1)土地所有权。无论是国有土地所有权,还是农民集体土地的所有权,都禁止设置抵押权。

(2)宅基地、自留山、自留地等集体所有土地的使用权,但法律规定可以抵押的除外。在这些土地上设立的土地使用权,都具有不可流转性,设置抵押权无法实现,因此禁止设置抵押权。

(3)学校、幼儿园、医院等以公益为目的成立的非营利法人的教育设施、医疗卫生设施和其他公益设施。这是因为,无论是公办还是民办,这些单位都是以社会公益目的设立的,这些设施一旦设定抵押权,在抵押权实现时将会造成公益目的无法实现的后果,因而禁止设置抵押权。

(4)所有权、使用权不明或者有争议的财产。这些财产会发生权属争议,不仅对抵押权的实现有影响,而且会酿成新的纠纷,故予以禁止。

(5)依法被查封、扣押、监管的财产。因这些财产被采取强制措施,不能自由流转,因而禁止设置抵押权。

(6)法律、行政法规规定不得抵押的其他财产。

本条新规则的要点是删除耕地使用权不得抵押的规定。这是农村土地三权分置改革的必然要求。《中共中央、国务院关于全面深化农村改革加快推进农业现代化的若干意见》指出:“在落实农村土地集体所有权的基础上,稳定农户承包权、放活土地经营权,允许承包土地的经营权向金融机构抵押融资。”为了贯彻落实这一要求,促进农村土地金融的发展,《民法典》物权编第339条规定了土地经营权的流转,允许就土地经营权开展融资担保。与此相对应,本条规定也就删去了耕地等集体所有的土地使用权不得抵押的规定。

217. 抵押合同应当包括抵押财产的名称、数量等情况

《民法典》物权编第400条第1款、第2款分别规定:“设立抵押权,当事人应当采用书面形式订立抵押合同。”“抵押合同一般包括下列条款:(一)被担保债权的种类和数额;(二)债务人履行债务的期限;(三)抵押财产的名称、数量等情况;(四)担保的范围。”这一条文是对抵押合同的规定。与原《物权法》第185条规定相比,本条规定简化了抵押合同的一般条款。

抵押权设立,是取得抵押权最常见的方式,即债权人与债务人或者第三人通过抵押合同设定抵押权。基于法律行为取得的抵押权也叫约定抵押或意定抵押。

抵押合同是要式行为,应当订立书面抵押合同。抵押合同的当事人是抵押权人和抵押人。取得抵押权的主体也就是主债权人,是抵押权人。在自己的财产上设定抵押权而为自己或者他人的债务提供担保的人,就是抵押人。债务人用自己的财产提供抵押的,债务人就是抵押人;第三人以其财产为债权人提供抵押的,该抵押人也叫物上担保人或限物担保人。

抵押合同应当包括这些内容:(1)被担保债权的种类和数额;(2)债务人履行债务的期限;(3)抵押财产的名称、数量等情况;(4)担保的范围。抵押合同不完全具备上述内容的,可以补正。

本条规定抵押合同条款的上述规定,没有说明其主要条款。事实上,任何合同都有主要条款。其中“被担保的主债权种类”和“抵押财产”条款是抵押合同的主要条款。具备这两个主要条款,即使其他条款不明确或者没有约定,抵押合同亦成立;不具备这两个主要条款,即使其他条款都具备,抵押合同也不能成立。

本条新规则的要点是,简化抵押合同的一般条款。原《物权法》第185条规定抵押合同应当载明抵押财产的基本情况,具体包括抵押财产的名称、数量、质量、状况、所在地、所有权归属或者使用权归属。可以看到,这些内容较为繁多,

而且是封闭式列举,不利于抵押合同的自主订立。因而,本条规定将其修改为“抵押财产的名称、数量等情况”,一方面提炼出抵押财产的核心信息,将抵押财产特定化;另一方面增加了“等”,赋予当事人更大的自主权。

218. 订立流押条款不影响抵押权优先受偿效力

《民法典》物权编第 401 条规定:“抵押权人在债务履行期限届满前,与抵押人约定债务人不履行到期债务时抵押财产归债权人所有的,只能依法就抵押财产优先受偿。”这一条文是关于流押条款效力的规定。与原《物权法》第 186 条关于“抵押权人在债务履行期届满前,不得与抵押人约定债务人不履行到期债务时抵押财产归债权人所有”的规定相比,本条规定明确了约定流押无效,但是抵押权仍然成立,即订立流押条款不影响抵押权优先受偿效力。

流押,也叫作流押契约、抵押财产代偿条款或流抵契约,是指抵押权人与抵押人约定,当债务人届期不履行债务时,抵押权人有权直接取得抵押财产的所有权的协议。抵押权人在债务履行期届满前,不得与抵押人约定在债务人不履行到期债务时,抵押财产归债权人所有。

在实践中,下列约定也被认为属于流押契约:①在借款合同中,当订有清偿期限届至而借款人不还款时,贷款人可以将抵押财产自行加以变卖的约定。②抵押权人在债权清偿期届满后与债务人另订有延期清偿的合同,在该合同中附以延展的期限内如果仍未能清偿时,就将抵押财产交给债权人经营为条件的约定。③债务人以所负担的债务额作为某项不动产的出售价,与债权人订立一个不动产买卖合同,但并不移转该不动产的占有,只是约明在一定的期限内清偿债务以赎回该财产。此种合同虽然在形式上是买卖,实际上是就原有债务设定的抵押权,只不过以回赎期间作为清偿期间罢了。

抵押权人和抵押人订立的流押契约,流押的条款一律无效。即使是在抵押权实现时订立的实现抵押权协议,也不得出现流押契约。只有当事人以抵押财产折价方式清偿债务的,才是正常的抵押权实现方法。

订立流押条款的,虽然流押条款本身无效,但是,抵押权仍然成立,因而只能依法就抵押财产优先受偿,使债务得到清偿。本条新增加的规则就是明确了约定流押不影响抵押权的优先受偿效力。

219. 动产抵押不得对抗抵押财产的正常流转

《民法典》物权编第 404 条规定:“以动产抵押的,不得对抗正常经营活动中已支付合理价款并取得抵押财产的买受人。”这一条文是对动产抵押不得对抗抵押财产正常流转的规定。与原《物权法》第 181 条的规定相比,本条规定扩大了正常经营活动买受人规则的适用范围。

动产抵押采取登记对抗主义,未经登记不得对抗善意第三人。不仅如此,即使是已经办理登记的动产抵押,也不得对抗在正常经营活动中已支付合理价款并取得抵押财产的买受人。如果在动产抵押过程中,抵押人在与他人进行正常的经营活动,对抵押财产与对方当事人进行交易,对方已经支付了合理价款、取得了该抵押财产的,这些抵押财产就不再是抵押权的客体,抵押权人对其不能主张抵押权。

本条新规则的要点是,扩大了正常经营活动买受人规则的适用范围。正常经营活动买受人规则最初与动产浮动抵押制度相关联。浮动抵押权具有抵押人利用其财产自由经营的特点。对于抵押人来说,在抵押权实现前可以放手进行经营。为了维护动产浮动抵押人的正常经营活动,原《物权法》第 181 条规定了动产浮动抵押不得对抗正常经营活动中的买受人。本条规定放开了这一规则的限制,将其适用范围扩大至所有的动产抵押。对此,学界有不同的意见。有学者表示反对,理由是这将与抵押权追及效力制度形成体系背反。[1] 也有学者表示支持,认为本条规定明确了动产抵押权和动产抵押物取得人之间的权利顺位规则。[2] 还有学者从功能的角度认为,这种修改平衡了三方当事人的利益,不仅能够保障买受人的权益,还能够促进抵押人的商业经营,同时符合抵押权人的商业预期,具有公平价值。[3] 我们认为,这样的修改更加符合交易习惯,也更能够促进交易。如果正常经营人买受规则仅局限于动产浮动抵押,那么在一般性的动产抵押中,买受人势必需要为了避免被追及而去查询抵押物是否办理了登记。这不符合交易习惯,也将增大交易的成本。因而,本条规定的修改是值得充分肯定的。

需要注意的是,尽管本条规定扩大了正常经营买受人规则的适用范围,但为了避免滋生道德风险,还需要在司法实践中严格把控该规则的适用条件,比如"正常经营活动""支付合理价款""取得抵押财产"等。

---

〔1〕 参见邹海林:《论〈民法典各分编(草案)〉担保物权的制度完善——以〈民法典各分编(草案)〉第一编物权为分析对象》,载《比较法研究》2019 年第 2 期。

〔2〕 参见高圣平:《民法典担保物权制度修正研究——以〈民法典各分编(草案)〉为分析对象》,载《江西社会科学》2018 年第 10 期。

〔3〕 纪海龙、张玉涛:《〈民法典物权编(草案)〉中的正常经营买受人规则》,载《云南社会科学》2019 年第 5 期。

220.“抵押不破租赁”的条件是抵押权设立前抵押财产已出租并转移占有

《民法典》物权编第 405 条规定:“抵押权设立前,抵押财产已经出租并转移占有的,原租赁关系不受该抵押权的影响。”这一条文是关于“抵押不破租赁”的规定。与原《物权法》第 190 条的规定相比,本条规定新增了占有作为抵押不破租赁的要素。

对抵押权设立之前抵押财产出租,租赁关系不受抵押权影响的条件是:第一,订立抵押合同前抵押财产已出租;第二,成立租赁合同关系并且已经将租赁物转移占有。抵押权设立之前仅订立了租赁关系,但是抵押财产并未被承租人占有的,不受“抵押不破租赁”的限制。之所以新增了占有作为要件,是因为租赁之所以能物权化,取得对抗的效力,正是因为其支撑要素是承租人对租赁物的有权占有,缺乏该要素的租赁合同就是普通的债。[1] 与此相类似的还有《民法典》合同编第 725 条规定的“租赁物在承租人按照租赁合同占有期限内发生所有权变动的,不影响租赁合同的效力”,也在原《合同法》第 229 条规定的基础上新增了占有的要件。

对已抵押的财产在出租时,如何处理抵押与租赁的关系,方法是,将办理了抵押登记的财产出租,无论是不动产抵押登记还是动产抵押登记,都取得对抗第三人的效力,承租人不能对抗抵押权人。将未办理抵押登记的财产出租,根据财产的性质区别对待:不动产未经抵押登记,抵押权不成立,不存在抵押权与租赁期相互对抗的前提;动产未经抵押登记,不具有对抗第三人的效力,善意承租人可以对抗抵押权人。

221. 抵押人转让抵押财产无须抵押权人同意

《民法典》物权编第 406 条第 1 款、第 2 款分别规定:“抵押期间,抵押人可以转让抵押财产。当事人另有约定的,按照其约定。抵押财产转让的,抵押权不受影响。”“抵押人转让抵押财产的,应当及时通知抵押权人。抵押权人能够证明抵押财产转让可能损害抵押权的,可以请求抵押人将转让所得的价款向抵押权人提前清偿债务或者提存。转让的价款超过债权数额的部分归抵押人所有,不足部分由债务人清偿。”这一条文是关于抵押人转让抵押财产的规定。

在抵押关系存续期间,抵押人转让抵押财产的,原《物权法》第 191 条采取比较严格的规则,即“抵押期间,抵押人经抵押权人同意转让抵押财产的,应当将转让所得的价款向抵押权人提前清偿债务或者提存。转让的价款超过债权

---

〔1〕 参见史尚宽:《债法各论》,中国政法大学出版社 2000 年版,第 221 ~ 222 页。

数额的部分归抵押人所有，不足部分由债务人清偿。抵押期间，抵押人未经抵押权人同意，不得转让抵押财产，但受让人代为清偿债务消灭抵押权的除外”。之所以规定得如此严苛，是为了避免抵押权人因抵押人处分财产而无法实现担保权益。

事实上，在财产上设置抵押权，只要抵押权跟随抵押财产一并移转，就能够保障抵押权人的权利。原来的规定是不适当的。本条的规定以承认抵押权的追及效力为前提，颇合法理。[1] 根据本条规定的法理，确认和应当适用的规则如下：

（1）抵押期间，抵押人转让抵押财产的，并不加以禁止。

（2）如果当事人对此另有约定的，按照其约定。

（3）抵押期间，抵押人将抵押财产转让的，抵押权不受影响，即抵押财产是设有抵押权负担的财产，进行转让，抵押权随着所有权的转让而转让，取得抵押财产的受让人在取得所有权的同时，也负有抵押人所负担的义务，受到抵押权的约束。

（4）抵押权人能够证明抵押财产转让可能损害抵押权的，可以请求抵押人将转让所得的价款向抵押权人提前清偿债务或者提存。转让的价款超过债权数额的部分，归抵押人所有，不足部分由债务人清偿。

222. 删除债权人撤销权的除斥期间

《民法典》物权编第 410 条各款分别规定：“债务人不履行到期债务或者发生当事人约定的实现抵押权的情形，抵押权人可以与抵押人协议以抵押财产折价或者以拍卖、变卖该抵押财产所得的价款优先受偿。协议损害其他债权人利益的，其他债权人可以请求人民法院撤销该协议。”“抵押权人与抵押人未就抵押权实现方式达成协议的，抵押权人可以请求人民法院拍卖、变卖抵押财产。”“抵押财产折价或者变卖的，应当参照市场价格。”这一条文是关于抵押权实现的规则。与原《物权法》第 195 条的规定相比，本条规定的变化在于删除了债权人撤销权的除斥期间。

实现抵押权，是指债务履行期届满债务人未履行债务，或者当事人约定实现抵押权的情形，通过依法处理抵押财产而使债权获得清偿。

抵押权实现的条件是：第一，抵押权有效存在；第二，债务人不履行到期债

---

[1] 参见高圣平：《民法典担保物权制度修正研究——以〈民法典各分编（草案）〉为分析对象》，载《江西社会科学》2018 年第 10 期。

务或者发生当事人约定的实现抵押权的情形;第三,抵押权的实现未受到法律上的特别限制。具备以上条件,抵押权人可以实现其抵押权。

实现抵押权的程序如下:

(1)协议实现。抵押权人可以与抵押人通过协议,以抵押财产折价或者以拍卖、变卖该抵押财产所得的价款优先清偿债务。如果双方当事人的协议损害其他债权人的利益,则其他债权人可以行使撤销权,请求人民法院撤销该协议。

(2)诉讼实现。协议实现抵押权不成的,抵押权人可以向人民法院提起诉讼,由人民法院判决或者调解拍卖、变卖抵押财产实现抵押权,就抵押财产的变价款优先受偿。抵押财产折价或者变卖的,应当参照市场价格。这是为了保护抵押人的合法权益,防止低价变价造成抵押人的损失。

本条规定删除了协议实现时,债权人撤销权除斥期间为一年的规定。主要是因为《民法典》合同编第 541 条已经规定了债权人撤销权的行使规则,此处不再重复规定。按照《民法典》合同编第 541 条的规定,当抵押权人和抵押人的协议实现抵押权有损于其他债权人时,其他债权人应当在知道或者应当知道损害其权益之日起一年内行使撤销权。自抵押人的行为发生之日起五年内没有行使撤销权的,债权人的撤销权消灭。

223. 其他可以登记的担保物权清偿顺序参照抵押权受偿顺序

《民法典》物权编第 414 条第 1 款、第 2 款分别规定:"同一财产向两个以上债权人抵押的,拍卖、变卖抵押财产所得的价款依照下列规定清偿:(一)抵押权已经登记的,按照登记的时间先后确定清偿顺序;(二)抵押权已经登记的先于未登记的受偿;(三)抵押权未登记的,按照债权比例清偿。""其他可以登记的担保物权,清偿顺序参照适用前款规定。"这一条文是关于抵押权顺位的规定。与原《物权法》第 199 条规定相比,删除了第 1 项中关于登记顺序相同的按照债权比例清偿的规则,新增了其他可以登记的担保物权的清偿规则。

抵押权的顺位也叫抵押权顺序,是指抵押人因担保两个或两个以上债权,就同一财产设定两个或两个以上的抵押权时,各抵押权之间优先受偿的先后次序。

同一财产向两个以上的债权人抵押的,拍卖、变卖抵押财产所得的价款的清偿顺位有三项标准:一是抵押权都已经登记的,按照登记的先后顺序清偿。二是抵押权已经登记的,先于未登记的受偿。已经登记的优先清偿,没有登记的,只能在经过登记的抵押权实现后,以剩余的抵押财产受偿。三是抵押权未登记的,经抵押权担保的债权仍然是平等债权,不具有对抗效力,无优先受偿权,仍按照债权比例平均清偿。不过,仅动产抵押适用这三项标准。不动产抵押采取登记生效主义,仅适用第一项标准。

顺序在先的抵押权因实行抵押权以外的原因消灭时,顺序在后的抵押权是否依次升进,有顺序不升进的固定主义和顺序当然升进的升进主义。我国采用顺序升进主义。抵押权与其担保的债权同时存在,被担保的债权消灭之后,抵押权也随之消灭。当被在先抵押权所担保的债权因清偿等原因而消灭后,从属于该债权的抵押权也随之消灭;既然在先的抵押权已经消灭,当在后的抵押权实现时,必然是在后的抵押权相继取代在先的抵押权的位置。

其他可以登记的担保物权具有公示的可能时,也可以参照抵押权的清偿顺序规则确定清偿顺序。这样,担保物权的清偿顺序就有了统一的法理基础,即公示在先,权利在先。

本条新规则的要点如下:

(1)删除了原《物权法》第1项中关于登记顺序相同的按照债权比例清偿的规则。原《物权法》第199条规定了抵押权已登记的,按照登记的先后顺序清偿;顺序相同的,按照债权比例清偿。本条规定删除了这一内容。这是因为,担保物权登记机构统一后,抵押权登记一定存在先后顺序,不存在顺序相同的可能。

(2)新增了其他可以登记的担保物权的清偿顺序的规则。原《物权法》未规定其他可以登记的担保物权的清偿顺序。本条规定新增这一内容,为以后的争议提供了确切的法律依据。申言之,当其他可以登记的担保物权在清偿顺位方面产生争议时,就可以参照适用这一规则,按照公示在先,权利在先的标准确定清偿顺位。

224. 按照登记、交付的先后确定同一物上的抵押权、质权受偿顺序

《民法典》物权编第415条规定:"同一财产既设立抵押权又设立质权的,拍卖、变卖该财产所得的价款按照登记、交付的时间先后确定清偿顺序。"这一条文是关于抵押权与质权关系的规定。

原《最高人民法院关于适用〈中华人民共和国担保法〉若干问题的解释》第79条第1款曾作出了完全不同的规定,即"同一财产法定登记的抵押权与质权并存时,抵押权人优先于质权人受偿"。对于这一规定,争议颇多。有学者认为,应当按照担保物权设立的时间先后来确定清偿顺序,即明确时间在前,权利优先的规则,即通过物权设立的时间确定权利的优先效力。[1] 有学者持有不

---

〔1〕 参见王利明:《我国民法典物权编中担保物权制度的发展与完善》,载《法学评论》2017年第3期。

同的意见，认为担保物权的优先性来源于公示效力，因而应当采取公示在前，权利优先的规定。[1] 后一意见被物权编第414条采纳。

同一财产既设立抵押权又设立质权的，清偿顺序是：拍卖、变卖该财产所得的价款，按照登记、交付的时间先后确定清偿顺序。这一规则十分简单，即不论是抵押权还是质权，先看公示的时间。无论是登记成立还是交付成立，只要是权利公示在先，就优先受清偿。

225. 流入浮动抵押的动产的抵押权人享有中间价款超级优先权

《民法典》物权编第416条规定："动产抵押担保的主债权是抵押物的价款，标的物交付后十日内办理抵押登记的，该抵押权人优先于抵押物买受人的其他担保物权人受偿，但是留置权人除外。"这一条文是关于动产抵押中间价款超级优先权的规定。原《物权法》未曾作出相应的规定，本条是规定的新规则。

在动产抵押特别是浮动抵押中，抵押财产在抵押过程中，只要是没有被确定，都可以增加或者减少，无须经过任何附加手续。在抵押的动产中，"流入"抵押财产的特定动产将成为抵押财产，"流出"的动产将移出抵押财产。流入抵押财产的特定动产如果是设有抵押权的，流入抵押财产是有自动负担浮动抵押权的，会产生在同一个物上有两个并存的抵押权，因而产生两个抵押权的受偿顺序问题。[2] 流出抵押财产的特定动产，尽管负担浮动抵押权，但是由于担保的债权没有确定，因而"逃离"了浮动抵押的担保财产。对于后者，本条没有规定，但是从逻辑上可以推出这个结论。

流入浮动抵押财产的特定动产在其流入前设有抵押，流入后负担浮动抵押权，而发生同一物上存在两个抵押权受偿顺序问题的规则，称为"购买价金担保权"或者"中间价款超级优先权"，其规则如下：

(1)动产抵押担保的主债权是抵押物的价款，即流入的特定动产已经设定的抵押权，担保的是该主债权，其担保数额是该抵押物的价款。

(2)如果该标的物在交付后10日内办理了抵押登记，该抵押权就具有了超级优先权，即使其设立时间在后，也享有最优先的顺位。

(3)该超级优先权优先顺位对抗的是原来存在的浮动抵押权人的抵押权，即在具有超级优先权的抵押权的抵押财产，尽管也负担了浮动抵押权，但是由

---

〔1〕 参见邹海林：《论〈民法典各分编（草案）〉"担保物权"的制度完善——以〈民法典各分编（草案）〉第一编物权为分析对象》，载《比较法研究》2019年第2期。

〔2〕 参见董学立：《浮动抵押的财产变动与效力限制》，载《法学研究》2010年第1期。

于其享有超级优先权,因而享有该超级优先权的抵押权人,优先于抵押物买受人的其他担保物权,包括浮动抵押权,因而能够最优先受偿。

(4)留置权人除外。买受人即浮动抵押人在其所负担的其他担保物权中,不包括留置权,因为留置权是法定担保物权,并非约定担保物权,因而超级优先抵押权的优先效力不能对抗留置权。

226. 集体所有土地的使用权抵押权实现须遵守限制性规则

《民法典》物权编第 418 条规定:“以集体所有土地的使用权依法抵押的,实现抵押权后,未经法定程序,不得改变土地所有权的性质和土地用途。”这一条文是关于集体所有土地的使用权抵押实现抵押权的限制性规则。与原《物权法》第 201 条相比,本条规定将对土地承包经营权或者乡镇、村企业的建设用地使用权抵押的特别规定修改为了对集体所有土地使用权的规定,用语更为准确精练。

集体所有土地的使用权,包括乡镇、村建设用地使用权、土地经营权等用益物权。这些使用权的抵押权在实现时,应当依照法定程序,对土地所有权的性质进行变更,如征收为建设用地使用权、签订出让合同、缴纳出让金等,然后才能拍卖、变卖变价,清偿债务。未经法定程序,就不得改变土地所有权的性质和土地用途,不能直接按照集体所有的土地使用权设置的抵押权实现债权。

227. 抵押权人已知或应知抵押财产被查封、扣押时最高额抵押权人的债权确定

《民法典》物权编第 423 条规定:“有下列情形之一的,抵押权人的债权确定:(一)约定的债权确定期间届满;(二)没有约定债权确定期间或者约定不明确,抵押权人或者抵押人自最高额抵押权设立之日起满二年后请求确定债权;(三)新的债权不可能发生;(四)抵押权人知道或者应当知道抵押财产被查封、扣押;(五)债务人、抵押人被宣告破产或者解散;(六)法律规定债权确定的其他情形。”这一条文是关于最高额抵押权人的债权确定事由的规定。与原《物权法》第 206 条的规定相比,本条规定完善了最高额抵押权人的债权确定事由。

最高额抵押权担保债权的确定,是指最高额抵押权担保的一定范围内的不特定债权,因一定事由的发生而归于具体特定。最高额抵押权设有确定制度的主要理由是:第一,优先受偿的债权及金额有确定的必要;第二,出于保护利害关系人利益的考虑。

最高额抵押权担保债权的确定事由是:第一,约定的债权确定期间届满;第

二,没有约定债权确定期间或者约定不明确,抵押权人或者抵押人自最高额抵押权设立之日起满二年后请求确定债权;第三,新的债权不可能发生;第四,抵押权人知道或者应当知道抵押财产被查封、扣押;第五,债务人、抵押人被宣告破产或者解散;第六,法律规定债权确定的其他情形。

最高额抵押权担保的债权确定后,发生下列效力:第一,只有在确定时已经发生的主债权属于最高额抵押权担保的范围,确定之后产生的债权即使来源于基础法律关系,也不属于担保的范围。至于确定时已经存在的被担保主债权的利息、违约金、损害赔偿金,只有在确定时已经发生而且与主债权合计数额没有超过最高债权额限度时,才可以列入最高额抵押权担保的债权范围。第二,最高额抵押权担保的债权一经确定,无论出于何种原因,担保债权的流动性随之丧失,该抵押权所担保的不特定债权变为特定债权,这时,最高额抵押权的从属性与普通抵押权完全相同。

本条新规则的要点如下:

(1)将抵押财产被查封、扣押修改为抵押权人知道或者应当知道抵押财产被查封、扣押。原《物权法》第206条规定抵押财产被查封、扣押是最高额抵押权人的债权确定事由之一,本条规定将这一内容修改为抵押权人知道或者应当知道抵押财产被查封、扣押,显然比原来的规定更为严谨且符合情理。这是因为,只有抵押权人知道或者应当知道抵押财产被查封、扣押时,抵押权担保债权的确定才有意义。

(2)将债务人、抵押人被撤销修改为解散。原《物权法》第206条规定债务人、抵押人被撤销是最高额抵押权人的债权确定的事由之一。《民法典》总则编关于法人一章将《民法通则》规定的撤销修改为解散后,为了保持与《民法典》总则编的统一,本条规定也修改为解散。

第三节 关于质权的新规则

228. 质押合同应当包括质押财产的名称、数量、交付方式等

《民法典》物权编第427条第1款、第2款分别规定:"设立质权,当事人应当采用书面形式订立质押合同。""质押合同一般包括下列条款:(一)被担保债权的种类和数额;(二)债务人履行债务的期限;(三)质押财产的名称、数量等情况;(四)担保的范围;(五)质押财产交付的时间、方式。"这一条文是对质押合同形式与内容的规定。与原《物权法》第210条的规定相比,本条规定修改了质押合同应当包含的内容。

质押合同为要式合同。设立质权,当事人应当采取书面形式订立质押合同。

质押合同一般应当包括下列条款:

(1)被担保的主债权的种类和数额。被担保的主债权的种类,是说质权担保的究竟是债权人享有的哪一项债权,特别是在债权人享有数项债权的情形下,更须确定被担保的债权的种类。被担保的主债权的数额,是说质权所担保的该项债权的特定数额,质权只对约定的该项债权的特定数额提供担保。

(2)债务人履行债务的期限。确定债权人履行的期限,主要解决的是质权人何时可以行使质权,只有债务履行期限届满而债权人未受清偿时,质权人才能行使质权。

(3)质押财产的名称、数量等情况。这是确定质物的范围,旨在将质物特定化。如果质物未经特定化,质权就无从产生。

(4)担保的范围。即质权对特定债权所担保的范围,只有在该范围内的债权,质权才对其进行担保,超出该范围的,质权不承担担保职能。

(5)质押财产交付的时间、方式。质物交付的时间、方式对于质权的设立非常重要,因为动产质权效力是从出质人交付质物时设立。因此,质押合同必须明确约定质押财产的交付时间、方式。

在上述质押合同的条款中,法律没有规定必要条款,被担保的主债权的种类和质押财产这两项条款是必要条款。具备这两个必要条款,质押合同就可以成立,其他内容可以继续完善。欠缺这两个必要条款,质押合同不能成立。

本条新规则的要点如下:

(1)简化了质押合同中将质押财产特定化所需要的内容。原《物权法》第210条规定质押合同中须载明质押财产的“名称、数量、质量、状况”。本条规定将其进行简化,修改为质押财产的“名称、数量等情况”,使得这一规定更加具有包容性,扩大了质押合同当事人的自主权。

(2)新增了质押财产交付方式作为质押合同的一般条款。质权作为担保物权的一种,相较于抵押权、留置权而言,其特殊性就在于需要“交付”。如果出质人不将质押财产交付给质权人占有,质权也就无从成立。对于交付而言,除了交付的时间影响质权何时成立,交付的方式也影响质权是否有效设立。申言之,质押财产的占有,即出质人应将质押财产的占有移转给质权人,不局限于现实的移转占有,也包括简易交付或指示交付,但出质人不得以占有改定的方式继续占有标的物。这是因为,动产质权以占有作为公示要件,如果出质人代质权人占有质押财产,则无法将该动产上所设立的质权加以公示;同时,由于出质人仍直接占有质押财产，质权人无法对质押财产加以留置，质权的留置效力无法实现。因而，质押财产的交付方式应当仅包括现实交付、简易交付或者指示交付。有鉴于此，本条规定在沿袭原《物权法》第 210 条规定的基础上，新增了质押财产交付方式作为质押合同的一般条款。

229. 订立流质条款不影响质权的优先受偿效力

《民法典》物权编第 428 条规定："质权人在债务履行期限届满前，与出质人约定债务人不履行到期债务时质押财产归债权人所有的，只能依法就质押财产优先受偿。"这一条文是关于流质条款效力的规定。与原《物权法》第 211 条的规定相比，本条规定明确了流质条款不影响质权的效力。这一新规则的要旨与第 401 条规定的流押条款不影响抵押权的效力是一致的。

流质，也称绝押，是指转移质物所有权的预先约定。订立质押合同时，出质人和质权人在合同中不得约定在债务人履行期限届满质权人未受清偿时，将质物所有权转移为债权人所有。

禁止流质的主要原因如下：

（1）体现民法的公平、等价有偿原则。如果债务人为经济上的困难所迫，自己提供或者请求第三人提供高价值的抵押财产担保较小的债权，债权人乘人之危，迫使债务人订立流质契约而获取暴利，会损害债务人或者第三人的利益，或者质权设定后质物价值减损以致低于所担保的债权，会对债权人不公平。

（2）避免债权人以胁迫或者乘人之危迫使债务人订立流质条款，或者债务人基于对质物的重大误解而订立显失公平的流质契约。

（3）禁止流质条款也是质权的本质属性的表现。质权是一种变价受偿权，质物未经折价或者变价，就预先约定质物转移抵押权人所有，违背了质权的价值权属性。

当事人在质押合同中约定流质条款的，流质条款无效，但是质押合同还是有效的。一经交付，质押权有效设立。因此，质权人依法就质押财产优先受偿。本条新增加的规则，就是要特别明确约定流质不影响质权的优先受偿效力。

230. 现有的以及将有的应收账款可以出质

《民法典》物权编第 440 条规定："债务人或者第三人有权处分的下列权利可以出质：（一）汇票、本票、支票；（二）债券、存款单；（三）仓单、提单；（四）可以转让的基金份额、股权；（五）可以转让的注册商标专用权、专利权、著作权等知识产权中的财产权；（六）现有的以及将有的应收账款；（七）法律、行政法规规定可以出质的其他财产权利。”这一条文是关于可以作为出质的权利范围的规定。与原《物权法》第 223 条的规定相比,本条规定调整了汇票、本票和支票的顺序,将应收账款限定为现有的以及将有的应收账款。

权利质权,是指以所有权以外的依法可转让的债权或者其他财产权利为标的物而设定的质权。权利质权的特征是:第一,权利质权的属性是质权。第二,权利质权是以所有权以外的财产权为标的物的质权。能够作为权利质权标的物的权利须符合以下几项条件:一是仅以财产权利为限;二是必须是依法可以转让的财产权利;三是必须是不违背现行法规定及权利质权性质的财产权利。第三,权利质权的设定以登记或者权利凭证的交付作为生效要件。

权利质权的性质为担保物权的。债务人或者第三人可以出质的有权处分的权利包括:第一,汇票、本票、支票;第二,债券、存款单;第三,仓单、提单;第四,可以转让的基金份额、股权;第五,可以转让的注册商标专用权、专利权、著作权等知识产权中的财产权;第六,现有的以及将有的应收账款;第七,法律、行政法规规定可以出质的其他财产权利。

本条新规则的要点如下:

(1)调整了汇票、本票和支票的顺序。原《物权法》第 223 条规定为汇票、支票和本票,本条规定将其调整为汇票、本票和支票。之所以作出这样的调整是因为,汇票与本票在实践中更为常用。汇票的出票人与付款人之间不需要有资金关系。本票的出票人与付款人均是自己,也不存在资金关系。支票的出票人与付款人则必须有资金关系。两相比较,汇票与本票比支票更利于权利质权人权利的实现。因此,《民法典》物权编将汇票、本票、支票的顺序作了统一的调整。与此相对应,《民法典》物权编第 441 条、第 442 条也对汇票、本票、支票的顺序作了调整。

(2)将应收账款限定为现有的以及将有的应收账款。《应收账款质押登记办法》第 2 条第 1 款规定:“本办法所称应收账款是指权利人因提供一定的货物、服务或设施而获得的要求义务人付款的权利以及依法享有的其他付款请求权,包括现有的和未来的金钱债权,但不包括因票据或其他有价证券而产生的付款请求权,以及法律、行政法规禁止转让的付款请求权。”本条规定借鉴了该立法经验,将现有以及将有的应收账款作为可以出质的权利范围,限定了应收账款的范围。

231. 删除权利质押具体的登记机构

《民法典》物权编第 441 条规定:“以汇票、本票、支票、债券、存款单、仓单、提单出质的,质权自权利凭证交付质权人时设立;没有权利凭证的,质权自办理出质登记时设立。法律另有规定的,依照其规定。”这一条文是关于票据权利出质的规则。与原《物权法》第224条的规定相比,本条删除了应当订立书面合同的要求以及具体的登记机构的规定,新增了转致性条款。

《民法典》物权编第443条规定:“以基金份额、股权出质的,质权自办理出质登记时设立。基金份额、股权出质后,不得转让,但是经出质人与质权人协商同意的除外。出质人转让基金份额、股权所得的价款,应当向质权人提前清偿债务或者提存。”这一条文是关于基金份额、股权出质的规则。与原《物权法》第226条的规定相比,也删除了应当订立书面合同的要求以及具体的登记机构的规定。

《民法典》物权编第444条规定:“以注册商标专用权、专利权、著作权等知识产权中的财产权出质的,质权自办理出质登记时设立。知识产权中的财产权出质后,出质人不得转让或者许可他人使用,但是出质人与质权人协商同意的除外。出质人转让或者许可他人使用出质的知识产权中的财产权所得的价款,应当向质权人提前清偿债务或者提存。”这一条文是关于知识产权出质的规则。与原《物权法》第227条的规定相比,也删除了应当订立书面合同的要求与具体的登记机构的规定。

《民法典》物权编第445条规定:“以应收账款出质的,质权自办理出质登记时设立。应收账款出质后,不得转让,但是出质人与质权人协商同意的除外。出质人转让应收账款所得的价款,应当向质权人提前清偿债务或者提存。”这一条文是关于应收账款出质的规则。与原《物权法》第228条的规定相比,也删除了上述内容。

根据上述规定,下述质权的设立规则如下:

(1)票据质权、债券质权、存款单质权、仓单质权、提单质权自权利凭证交付时设立;没有权利凭证,自办理出质登记时设立。法律另有规定的,依照其规定。比如,《票据法》第35条第2款规定汇票质押于背书时设立,即“汇票可以设定质押;质押时应当以背书记载‘质押’字样。被背书人依法实现其质权时,可以行使汇票权利”。

(2)以基金份额、股权出质的,质权自办理出质登记时设立。股权是由股份、股票来表彰的,股权质权也就表现为以股份、股票质押。基金份额是指基金管理人向不特定的投资者发行的,表示持有人对基金享有资产所有权、收益分配权和其他相关权利,并承担相应义务的凭证。基金份额、股权出质后,不得转让,但是,经出质人与质权人协商同意的可以转让。出质人转让基金份额、股权所得的变价款,应当向质权人提前清偿债务,也可以进行提存,实现质权。

(3)以注册商标专用权、专利权、著作权等知识产权中的财产权出质的,质权自办理出质登记时设立。知识产权中的财产权出质后,出质人不得转让或者许可他人使用商标、专利和著作权等的财产权,但是经过出质人与质权人协商同意的除外。出质人转让或者许可他人使用出质的知识产权中的财产权所得的变价款,应当向质权人提前清偿债务,或者进行提存,以实现质权。

(4)设立应收账款质权,须以应收账款出质,质权自办理出质登记时设立。登记由质权人办理,质权人也可以委托他人办理。登记的内容包括质权人和出质人的基本信息、应收账款的描述、登记期限,质权人应将在办理质押登记前与出质人签订的协议作为登记附件提交给登记公示系统。质权人可以与出质人约定将主债权金额等项目作为登记内容。应收账款出质后不得转让,但是经过出质人与质权人协商同意的除外。出质人转让应收账款,其所得的变价款,应当向质权人提前清偿债务,或者进行提存,实现质权。

本部分新规则的要点如下:

(1)上述规定都删除了当事人应当订立书面合同的要求。《民法典》物权编第446条规定:"权利质权除适用本节规定外,适用本章第一节的有关规定。"结合《民法典》物权编第427条有关设立质权应当订立质押合同的规定,权利质权设立时也应当签订书面的质押合同。[1] 为了避免民法典内部的重复,本部分删除了当事人应当订立书面合同的要求。

(2)上述规定都删除了权利质权具体登记机构的规定。目前权利质押登记机构相对分散,不能完全适应经济发展的需要。为了给设立统一登记制度留下空间,删除了权利质押的具体登记机构。

(3)本条关于票据质权设立的规定新增了转致性条款。原《物权法》第224条规定,票据出质自交付或者登记时设立。《票据法》第35条第2款则规定了票据质权需要背书设立。可见,原《物权法》第224条与《票据法》第35条之间形成了立法冲突。这导致了理论上和实践中都产生了争议,即汇票质押的设立究竟应当适用何种规则。为了解决这一问题,本条规定新增"法律另有规定的,依照其规定"的内容,明确了有关汇票质押的规则应当适用《票据法》。

---

〔1〕 参见邹海林:《论〈民法典各分编(草案)〉"担保物权"的制度完善——以〈民法典各分编(草案)〉第一编物权为分析对象》,载《比较法研究》2019年第2期。

第五章　有关占有的新规则

232. 占有损害赔偿请求权为侵权责任请求权

《民法典》物权编第 462 条第 1 款、第 2 款分别规定："占有的不动产或者动产被侵占的，占有人有权请求返还原物；对妨害占有的行为，占有人有权请求排除妨害或者消除危险；因侵占或者妨害造成损害的，占有人有权依法请求损害赔偿。""占有人返还原物的请求权，自侵占发生之日起一年内未行使的，该请求权消灭。"这一条文是关于占有保护请求权的规定。与原《物权法》第 245 条的规定相比，本条规定新增了"依法"二字，明确了占有损害赔偿请求权的性质。

占有保护请求权，是占有人对占有的公力救济，即请求国家有权机关通过运用国家强制力来保护其占有。具体的请求权有四种：

(1)返还原物请求权。当占有人的占有被侵夺时，占有人有权请求返还占有物。有权行使占有物返还请求权的人，不仅包括直接占有人，也包括间接占有人；不仅包括有权占有人，也包括无权占有人，但占有辅助人不能享有此项权利。占有物返还请求权所指向的对象是侵夺占有物的人及其继承人。但是善意的特定继承人在符合善意取得规定的情况下，其占有受到法律保护，该请求权不得针对他。此外，即使侵夺人对于占有物享有实体的权利，如所有人或出租人，占有人亦得针对其行使返还请求权。

(2)排除妨害请求权。当占有人的占有被妨害时，占有人有权行使排除妨害请求权，对妨害占有的行为，占有人有权请求排除妨害。享有排除妨害请求权的人是占有人，而相对人为妨害其占有的人。

(3)消除危险请求权。当占有人的占有虽未被现实的妨害,但是存在妨害危险时,占有人有权请求消除危险。

(4)损害赔偿请求权。因侵占或者妨害占有人的占有,造成损害的,占有人有权请求侵害人承担损害赔偿责任。

本条新规则的要点是:确认占有损害赔偿请求权是侵权责任请求权,而非物权请求权。原《物权法》第245条关于占有保护请求权的规定中包含了排除妨害请求权、消除危险请求权以及占有损害赔偿请求权,未对这三个请求权的性质作出区分,导致占有损害赔偿请求权被认定为是与排除妨害请求权、消除危险请求权一样的物权保护请求权。本条规定在损害赔偿请求权之前新增"依法"二字,说明了占有损害赔偿请求权的法律依据不是物权编,而是另有他法,以此将占有损害赔偿请求权的性质与排除妨害请求权、消除危险请求权区别开来。结合《民法典》侵权责任编规定了损害赔偿请求权,可以确认占有损害赔偿请求权的性质是侵权请求权。

第三编　合　　同

第一章　有关合同编通则规定的新规则

第一节　关于一般规定的新规则

233. 有关身份关系的协议可以根据其性质参照适用本编的规定

《民法典》合同编第464条第1款、第2款分别规定："合同是民事主体之间设立、变更、终止民事法律关系的协议。""婚姻、收养、监护等有关身份关系的协议，适用有关该身份关系的法律规定；没有规定的，可以根据其性质参照适用本编规定。"这一条文是对合同概念和本编适用范围的规定，与原《合同法》第2条规定相比，增加了新的规则。

(1)合同概念的定义

合同是民事主体之间设立、变更、终止民事法律关系的协议。

合同的法律特征如下：

第一，合同由双方或者多方当事人的法律行为引起。首先，合同的缔结必须由双方或者多方当事人构成，任何一种合同都不能由一方当事人作为合同的主体。即使赠与合同也是一种双方当事人的法律行为，须由双方当事人的协商一致才能发生。其次，合同发生的行为不仅要由各方当事人构成，而且还须由当事人的合法行为所发生，缔结合同的行为必须是合法的行为，非法的行为不能成为缔结合同的行为。如买卖毒品的行为是非法行为，尽管当事人之间的缔约行为是双方当事人的合意，但是由于其违反法律，而不是合同行为。故合同是一种民事法律行为，是平等主体的自然人、法人和其他组织实施的民事法律行为。

第二，合同因双方当事人的意思表示一致而成立。合同是双方当事人之间的法律行为，特点是合意，即双方当事人必须就双方协商的标的取得一致的意见,意思表示完全一致。意思表示没有达到完全一致的不是合同,不能发生合同的法律后果。合同当事人缔结合同的意思表示应当是自己的自由意思,不得予以强制或者欺诈、胁迫。任何违背当事人真实意思的行为,都不能成立合同。

第三,合同的债权债务必须相互对应。首先,一项合同必须有相应的债权和债务,债权和债务相互对应,不可能出现只有债权而没有债务的合同,也不可能只有债务没有债权的合同。其次,债权和债务在当事人之间是对应的,一方享有的债权必然是另一方当事人的债务;一方负有的债务必然是另一方当事人享有的债权,不论是双务合同,还是单务合同,都是一样的。在双务合同中,一方当事人与另一方当事人相互享有债权,相互负有债务;在单务合同中,一方当事人享有债权,另一方当事人负有债务。当事人之间的利益处于对立的状态,债权和债务相互对应。

第四,合同的缔结由当事人的自由意志支配。当事人缔结合同应当遵循合同自由原则,由当事人自主决定,任何人不得强制和干预。只要当事人之间订立的合同不违反法律的强制性规定和公序良俗,合同的内容完全依据当事人的自主意志决定。《民法典》关于合同的成立、形式和内容的规定,多数属于任意性的规定,由当事人依据自己的意志缔结合同,行使合同债权,履行合同义务。

(2)有关身份关系协议的法律适用

婚姻、收养、监护等有关身份关系的协议也是合同,但是由于其内容的性质不同,因而应当适用其他编或者其他法律的规定。例如,结婚、离婚、收养、解除收养、设置监护等协议,应当适用有关该身份关系的法律规定。这里的“等”字,包含的不仅是与婚姻、收养、监护等具有相同性质的身份关系协议,还包含了有关人格关系的协议,例如本法人格权编规定的肖像许可使用协议,处置死亡后尸体、支配自身身体组成部分的协议等,也在其中。对这些具有身份关系、人格关系的协议,应当适用本法总则编、人格权编、婚姻家庭编的规定;没有规定的,可以根据其性质参照适用本编关于合同的规定。

本条增加的新规则如下:

(1)将合同概念中的主体部分,删掉了“平等”的限制语,将“自然人、法人、其他组织”改称为“民事主体”。这些文字上的修改,使文字表述更加准确。

(2)本条第2款对身份关系协议,增加了可以根据其性质参照适用有关该身份关系的法律规定,没有规定的,适用本法合同编的规定。这样规定,给身份关系协议适用合同编的规定提供了法律依据。

234. 依法成立的合同具有法律约束力

《民法典》合同编第465条第1款、第2款分别规定："依法成立的合同，受法律保护。""依法成立的合同，仅对当事人具有法律约束力，但是法律另有规定的除外。"这一条文是对合同效力的规定，也规定了合同效力的相对性原则，是承认涉他合同效力的新规则。

(1)依法成立的合同的法律效力

依法成立的合同，受法律保护，说的是合同成立后所发生的法律效力，是在当事人之间发生了具有法律的效力，当事人必须受到合同约定效力的约束。如果当事人在合同依法成立后，不履行合同义务或者不完全履行合同义务，法律将强制其履行，并接受违约责任的制裁。因此，合同的法律效力，一方面是说依法成立的合同，对当事人具有的法律上的拘束力；另一方面是说不履行合同时，法律基于合同来保护当事人的债权实现。

合同效力就是合同的法律约束力，是指合同由法律赋予的并受法律保护的法律效力。我国合同法坚持"合同依法成立，即具有法律约束力"的表述，目的在于强调合同在当事人之间的效力是依照法律的规定产生的，效力就是合同对当事人的法律约束力。法律约束力即合同对当事人的法律强制力。首先，这种约束力是依照法律发生的。国家法律规定，合同一经法律所承认，当事人就必须履行。其次，约束力要求当事人严格履行合同，债权人依照法律行使权利，债务人依照法律履行义务。最后，这种要求是以国家的强制力作为保障的，当事人不按照合同的约定全面履行义务，法律将确认这种行为违反法律，并对行为人予以民法制裁，责令其承担民事责任。

(2)合同效力的相对性原则

合同的法律约束力是有限度的，即只对合同当事人发生，对合同以外的人不发生法律拘束力。这就是合同的相对性原则，是对合同的法律约束力不可扩张到合同当事人之外的其他民事主体的准则。

合同债权的相对性主要表现在三个方面：第一，合同主体的相对性，合同关系只能发生在特定的主体之间，只有合同当事人一方才能够向合同的另一方当事人基于合同提出请求。第二，合同内容的相对性，是指合同的权利义务相互对应，并为合同当事人所享有，超出合同约定和法律规定的债权和债务，不能约束合同当事人，其他任何人也不得主张合同规定的债权。在双务合同中，一方的债权就是对方的债务，而一方享有债权的基础在于其负担了合同的债务，债权和债务是相对应的。第三，合同责任的相对性，合同义务的相对性必然影响到合同责任，合同责任只能发生在特定的债务人之间，合同关系以外的人不承担违约责任,合同债务人也不对合同关系以外的第三人承担违约责任。

(3)合同相对性效力的突破

本条第2款规定的但书,含义是在法律另有规定的情况下,可以打破合同相对性原则,使合同的效力约束到第三人。当代合同法对合同的相对性原则有所突破,主要表现如下:

第一,涉他合同。合同的相对性表现在合同不能为他人设定权利、负担义务。但是,当代合同法准许单纯地为第三人设定利益的合同,以及由第三人履行的合同。在这里,尽管两种第三人都不是合同当事人,但它们毕竟依据该合同发生了权利或者负担了义务。这种涉他合同的出现,是债权相对性突破的一个表现。

第二,债权保全。合同的相对性还表现在,合同当事人不得向第三人主张权利。但是,在债的保全制度中,债权人撤销权和债权人代位权都是在法律规定的要件具备时,合同债权人可以向合同关系以外的第三人主张撤销权和代位权,对第三人主张债务人的债权或者撤销债务人与第三人实施的民事法律行为。这种债权人所享有的债权保全的权利,突破了债的相对性原则,目的就在于保全债务人的财产,保障债权人的债权实现。对此,本法合同编专门规定了第五章合同的保全,作出具体规范。

第三,侵害债权的侵权责任。债的相对性原则还表现在不得向第三人追究责任。但是,当代侵权法确认侵害债权的侵权责任,[1]如果第三人故意侵害债权人的债权,造成了债权不能实现的损害后果,债权人享有侵权损害赔偿权利人的地位,有权向第三人主张侵权责任,保护自己的债权。这也是债权相对性的一个突破。

235. 用两种文本订立的合同的解释规则

《民法典》合同编第466条第1款、第2款分别规定:"当事人对合同条款的理解有争议的,应当依据本法第一百四十二条第一款的规定,确定争议条款的含义。""合同文本采用两种以上文字订立并约定具有同等效力的,对各文本使用的词句推定具有相同含义。各文本使用的词句不一致的,应当根据合同的相关条款、性质、目的以及诚信原则等予以解释。"这一条文是对合同条款解释的规定,包括对合同条款理解不一致的解释和对不同文本合同条款的解释。

合同解释,是确定当事人双方的共同意思,是指对合同及其相关资料的含

〔1〕 参见本书对《民法典》第1164条规定的说明。

义所作的分析和说明,以确定双方当事人的共同意思。合同解释的根本目的在于使不明确、不具体的合同内容归于明确、具体,使当事人之间的纠纷得以合理解决。

(1)对合同条款理解不一致的解释

当事人对合同条款的理解有争议的,应当依照总则编第142条第1款关于意思表示解释的规定,确定争议条款的含义。本法总则编第142条规定的解释规则分为六种:一是文义解释规则,当事人对合同条款的理解有争议的,应当按照合同使用的词句确定该条款真实意思的解释规则。二是整体解释规则,也叫体系解释规则,是将合同的所有条款和构成部分视为一个统一整体,从合同的各条款之间以及各构成部分之间的相互联系和总体联系上,阐明争议条款含义的解释规则。三是习惯解释规则,是在合同条款的含义不明或发生争议时,可以参照交易习惯或者惯例予以明确的解释规则。四是诚信解释规则,是在合同用语有疑义时,应依诚实信用原则确定其正确意思,合同内容有漏洞时,应依诚实信用原则予以补充。当事人对合同条款的理解有争议的,应当按照诚实信用的原则确定该条款的真实意思。五是目的解释规则,是解释合同时应当首先判断当事人的目的。当事人对合同条款的理解有争议的,应当按照订立合同的目的确定该条款的真实意思。六是不利解释规则,是对合同的内容发生争议时,应当对起草者作不利解释的合同解释规则。这个解释规则主要是针对格式条款的解释,同时对其他非格式条款的解释也有作用。

(2)对不同文本合同条款的解释

合同文本是采用两种以上文字订立,并约定具有同等效力的,对各文本使用的词句推定具有相同含义,对此,不用进行解释。对各文本使用的词句不一致的,应当根据合同解释原则中的目的解释和诚信解释等规则予以解释。

本条新规则的要点如下:

(1)将合同条款的一般解释归结到适用本法总则第142条规定之中,适用该条规定的合同解释原则。

(2)对不同文本合同条款的解释,原《合同法》第125条只规定了目的解释,没有规定体系解释、诚信解释。本条增加对此的体系解释、诚信解释原则,能够更准确地对不同文本合同条款进行解释,确定当事人的权利义务关系。

236. 法律对非合同之债没有规定的,适用合同编通则的规定

《民法典》合同编第468条规定:"非因合同产生的债权债务关系,适用有关该债权债务关系的法律规定;没有规定的,适用本编通则的有关规定,但是根据

其性质不能适用的除外。”这一条文是对非合同之债法律适用的规定,是因为本法没有规定债法总则,须将无因管理、不当得利之债规定在合同编中所作的规定。

非合同之债,就是非因合同产生的债权债务关系,是合同以外的债权债务关系,依照本法总则编第 118 条第 2 款规定,包括无因管理之债、不当得利之债、侵权责任之债以及法律的其他规定确认的债,例如单方允诺之债。本条规定的主要含义,是为本编第三分编规定的无因管理之债和不当得利之债的法律适用,提供一般规则的法律依据,同时,也对侵权责任之债以及其他法律规定的债与合同编通则规定的关系予以明确。

对于非合同之债的法律适用规则如下:

(1)首先适用有关该债权债务关系的法律规定。本法对债权债务关系有规定的,应当适用有关该债权债务关系的规定。合同之债当然适用合同编的规则,这不必赘言。其他债权债务关系,例如侵权之债、无因管理之债、不当得利之债,都是非因合同关系产生的债权债务关系,应当适用该债权债务关系各自的法律规定,例如侵权之债适用侵权责任编的规定,无因管理之债适用本编第三分编第二十八章关于无因管理的规定,不当得利之债适用本编第三分编第二十九章关于不当得利的规定。

(2)没有有关债权债务关系的法律规定的,适用本编通则的有关规定。这一规定,是为非合同之债适用本编通则的一般性规定提供了法律依据,凡是非合同之债,只要没有特别规定,就可以适用合同编通则规定的一般性规则,如合同保全的规定,虽然规定的是合同保全,但是其他债权的保全也可以直接适用。这意味着,这些规定类似于债法总则的规定。本法虽然没有规定债法总则,但是并不意味着将来永远不会有债法总则,而且本法合同编通则中的很多规定都属于债法总则的规定,都是可以适用于所有债权债务关系的规则。其实,本法虽然没有形式上的债法总则,但是存在实质上的债法总则,合同编通则大体上相当于债法总则。

(3)根据债的性质不能适用合同编通则规定的除外。例如,无论是无因管理之债、不当得利之债还是侵权责任之债,根据其性质都不能适用有关合同编通则关于要约、承诺的规定,因此依照除外条款的规定,不予适用。

第二节 关于合同订立的新规则

237. 合同订立的不同形式

《民法典》合同编第 469 条各款分别规定:“当事人订立合同,可以采用书面形式、口头形式或者其他形式。”“书面形式是合同书、信件、电报、电传、传真等可以有形地表现所载内容的形式。”“以电子数据交换、电子邮件等方式能够有形地表现所载内容,并可以随时调取查用的数据电文,视为书面形式。”这一条文是对合同形式的规定,将原《合同法》第10条和第11条综合在一起,作了重大修改,对数据电文的合同形式视为书面形式作了专门规定。

合同分为书面形式、口头形式和其他形式。法律规定或者当事人约定合同形式的目的:一是证据目的,书面合同作为书证,可以避免纠纷发生;二是警告目的,通过形式要件,实际上是最后给缔约当事人一次深思熟虑的机会,以免作出草率的决定;三是境界线目的,通过合同形式,使合同磋商与合同缔结之间划定境界线;四是信息提供目的,合同对双方的交付义务,特别是就其中的关键事项,要求用明确的文字表示出来,以提供信息;五是其他目的,包括对合同缔结和内容的确认、对外的公示、企业对合同的管理,经过公证的合同还具有执行担保的功能,此外还有心理上的意义和仪式的要求等。[1]

(1)书面形式

合同的书面形式,是指以文字等有形的表现方式订立的合同形式。合同书和合同确认书是典型的书面形式合同,即“书面形式是合同书、信件、电报、电传、传真等可以有形地表现所载内容的形式”。书面形式的合同能够准确地固定合同双方当事人的权利义务,在发生纠纷时有据可查,便于处理。法律要求,凡是比较重要、复杂的合同,都应当采用书面形式订立合同,即要式合同。

使用数据电文,包括电子数据交换和电子邮件等订立的合同,都是能够有形地表现其所载内容,并且可以随时调取查用的电子数据,具有与文字等形式订立的合同相同的属性。因而,对于这一类用数据电文订立的合同视为书面合同,承认其书面合同的效力。

合同书面形式须符合下列要求:第一,书面合同必须以文字凭据的方式为内容载体;第二,书面合同在该文字载体上必须有双方当事人或者其代理人的签字或盖章;第三,书面合同必须包含当事人的权利义务,否则就不能成为合同的表现形式。

(2)口头形式

口头形式是以口头语言的方式订立合同,其意思表示都是用口头语言的形式表示的,没有用书面语言记录下来。当事人直接运用语言对话的形式确定合同内容,订立合同,是口头合同的基本特征。口头形式的合同简便易行,在人们

---

〔1〕 参见韩世远:《合同法总论》(第3版),法律出版社2011年版,第113～114页。

的日常生活中经常使用。其缺点在于,一旦发生纠纷,当事人面临举证的困难,司法机关很难查明事实的真相,当事人的合法权益得不到保护。所以,对于不能及时清结、标的较大的合同,不宜采用口头形式。

(3)其他形式

其他形式包括两种:一是当事人未以书面形式或者口头形式订立合同,但从双方从事的民事法律行为能够推定双方有订立合同意愿的,可以认定是以"其他形式"订立的合同。[1] 二是法律另有规定或者当事人约定采用公证形式、鉴证形式的,在当事人约定合同订立以后,应当采用公证或者鉴证的形式。

238. 合同订立可以采用要约承诺之外的其他方式

《民法典》合同编第 471 条规定:"当事人订立合同,可以采取要约、承诺方式或者其他方式。"这一条文是对订立合同方式的规定,与原《合同法》第 13 条规定相比,增加了订立合同的其他方式这一新规则。

合同订立,是缔约人为意思表示并达成合意的状态。合同订立是当事人为实现预期目的,作出意思表示并达成合意的动态过程,包含当事人各方为了进行交易,与对方进行接触、洽谈,最终达成合意的整个过程,是动态行为和静态协议的统一体。

合同订立与合同成立不同。这是两个既互相联系又互相区别的概念。合同的成立是合同订立的组成部分,标志着合同的产生和存在,属于静态的协议。合同订立既含合同成立,又包括缔约各方接触和洽商的动态过程,涵盖了交易行为的主要内容。

合同订立的意义是:第一,没有合同的订立就没有合同的存在;第二,合同的订立是合同权利义务得以实现的前提;第三,没有合同的订立就没有合同责任的发生。

合同订立的方式,就是要约和承诺。在订立合同中,一方当事人提出要约,另一方当事人予以承诺,双方就交易目的及其实现达成合意,合同即告成立。因此,要约和承诺既是合同订立的方式,也是合同订立的两个阶段,其结果是合同成立。

本条增加规定的新规则是:除要约与承诺方式订立合同之外,还有合同成立的其他方式。订立合同的其他方式,是指在订立合同中没有明显的要约、承诺的意思表示过程而订立合同的方式,主要是指格式条款、悬赏广告以及网络购物等。首先,多数格式条款在订立时,缺少明确的要约、承诺的外在形态,例

---

[1] 原《最高人民法院关于适用〈中华人民共和国合同法〉若干问题的解释(二)》第 2 条的规定。

如购票。其次,悬赏广告一经发出,即发生效力,行为人履行了悬赏广告要求的行为,即产生债的请求权,这种民事法律行为本来没有明显的要约、承诺过程,但是,由于本法已经将其纳入合同的性质,因此,悬赏广告合同的订立方式就是其他方式。最后,在网络购物和网络服务中,由于采取背靠背的交易方式,所有的要约、承诺行为都集中在网络交易平台的购物、服务交易的确认按键上,消费者一经按键,合同即告成立、即告生效、即告开始履行,因而也是要约、承诺方式不明显的其他交易方式。

239. 要约生效的时间适用总则编第137条的规定

《民法典》合同编第474条规定:"要约生效的时间适用本法第一百三十七条的规定。"这一条文是对要约生效时间的规定。

要约生效,是指要约从什么时间开始发生法律效力。要约生效,对要约人和受要约人都发生法律效力:一是对要约人发生拘束力,不得随意撤销或者对要约加以限制、变更或者扩张;二是受要约人在要约生效时,取得承诺的权利,取得了依其承诺而成立合同的法律地位。

按照《民法典》总则编第137条规定,我国的要约生效时间采用到达主义。理由是,要约是希望和他人订立合同的意思表示,要约的约束力不仅针对要约人也针对受要约人。非对话方式的要约,在要约脱离要约人后,到达受要约人之前,受要约人不可能知悉要约的内容。如果采取发信主义,受要约人还不知道要约的内容,要约发生法律效力对受要约人是不合乎情理的。只有受要约人收到要约后,要约才生效,要约人才能够对该要约针对变化的需求和市场情况,及时地撤回、撤销,而不负法律责任,也不会损害受要约人的利益或者危及交易安全。

具体的规则如下:

(1)以对话方式作出的要约,受要约人知道其内容时生效,即采了解主义或者知道主义立场。

(2)以非对话方式作出的要约,到达受要约人时生效,即采到达主义立场。

(3)以非对话方式作出的采用数据电文形式的要约,受要约人指定特定系统接收数据电文的,该数据电文进入该特定系统时生效;未指定特定系统的,相对人知道或者应当知道该数据电文进入其系统时生效。

(4)当事人对采用数据电文形式的要约的生效时间另有约定的,按照其约定。

240. 要约不可撤销的限制条件

《民法典》合同编第476条规定:"要约可以撤销,但是有下列情形之一的除外:(一)要约人以确定承诺期限或者以其他形式明示要约不可撤销;(二)受要约人有理由认为要约是不可撤销的,并已经为履行合同做了合理准备工作。"这一条文是对要约撤销的规定,与原《合同法》第19条规定相比,本条增加了一些具体要求。

要约撤销,是要约人在要约生效之后、受要约人作出承诺之前,宣布取消该项要约,使该要约的效力归于消灭的行为。要约撤销与要约撤回的区别在于,要约撤销发生在要约生效之后,受要约人可能已经作了承诺和履行的准备,允许要约人撤销要约,可能会损害受要约人的利益和交易安全。要约撤回没有这样的问题。

鉴于要约的本质要求,要约一旦生效,就不允许随意撤销的传统观点,本条在规定要约可以撤销的同时,规定了限制性的条件:

第一,要约人以确定承诺期限或者以其他形式明示要约不可撤销。一是要约中以确定承诺期限的形式明示要约不可撤销,就意味着要约人向受要约人允诺在承诺期限内要约是可以信赖的。在承诺期限内,发生不利于要约人的变化,应当视为商业风险,也意味着受要约人在承诺期限内取得了承诺资格和对承诺期限的信赖,只要在承诺期限内作出承诺就可以成立合同。即便受要约人没有发出承诺,但受要约人可能已经在为履约做准备,待准备工作就绪后再向要约人承诺,订立合同。因此,以确定承诺期限明示要约不可撤销的要约不得撤销。二是以其他形式明示要约不可撤销,当然就不可以撤销。其中,是以其他形式,而且这种其他形式是明示要约不可撤销。例如,在一定时间内不可撤销的,根据交易习惯等可以认为标明"保证现货供应""随到随买"等字样的要约,是不得撤销的要约。

第二,受要约人有理由认为要约不可撤销,并且已经为履行合同作了合理准备工作。判断的标准是:其一,要约中没有承诺期限,也没有通过其他形式明示要约是可撤销的;其二,受要约人有理由认为要约是不可撤销的,例如,要约使用的言辞足以使受要约人相信,在合理的时间内,受要约人可以随时承诺而成立合同;其三,受要约人在发出承诺的通知之前,已经为履行合同做了合理准备工作。

本条增加的新规则如下:

(1)整合要约撤销的规则。原《合同法》第18条规定了要约可以撤销,原《合同法》第19条规定了何种情形不得撤销。本条规定将二者整合为一条内容。这样的修改和强调,尽管在实质上是没有变化的,但是强调的重点不一样了,即一般原则是可以撤销,除外条款是不能撤销。

(2)在要约不得撤销的第一种情形中,将"确定承诺期限或者以其他形式明示要约不得撤销"修改为"以确定承诺期限或者以其他形式明示要约不可撤销"。这实际上是修改了确定承诺期限情形下要约不可撤销的标准,即确定承诺期限并不必然导致要约不可撤销,只有以确定承诺期限的形式明示要约不可撤销时,要约才不可撤销。

(3)在要约不得撤销的第二种情形中,将"并已经为履行合同作了准备工作",

改为“并已经为履行合同做了合理准备工作”,对准备工作增加了“合理”的要求,提高了这一要件的标准。准备工作须达到合理的标准,才符合不得撤销要约的要求。

241. 撤销要约的生效时间

《民法典》合同编第 477 条规定:“撤销要约的意思表示以对话方式作出的,该意思表示的内容应当在受要约人作出承诺之前为受要约人所知道;撤销要约的意思表示以非对话方式作出的,应当在受要约人作出承诺之前到达受要约人。”这一条文是对要约撤销生效时间的规定,与原《合同法》第 18 条规定相比,对要约撤销生效时间依照本法总则编第 137 条规定作了修改。

要约人行使要约撤销权,应当发生在要约生效之后,受要约人作出承诺之前作出。如果发生在受要约人收到要约之前或者收到要约的同时到达,为要约的撤回。如果受要约人已经发出承诺通知,即使承诺通知仍然在途中,要约人撤销要约也无异于撕毁合同,要约人应当承担违约责任或者缔约过失责任。

本条规定的要约撤销生效时间的具体要求如下:

(1)撤销要约的意思表示以对话方式作出的,该意思表示的内容应当在受要约人作出承诺之前为受要约人所知道,即仍然采取了解主义或者知道主义,且为在受要约人作出承诺之前为受要约人知道。

(2)撤销要约的意思表示以非对话方式作出的,应当在受要约人作出承诺之前到达受要约人,如果在承诺之后要约撤销的意思表示才到达受要约人的,就不再是要约撤销,而是违约行为,因为要约已经承诺,合同已成立。

本条对要约撤销生效时间修改的要点如下:

(1)撤销要约的意思表示以对话方式作出的,该意思表示的内容应当在受要约人作出承诺之前为受要约人所知道,即在受要约人口头承诺之前,要约人的撤销要约的口头表达应当为受要约人所知道。这样的要求,与本法总则编第 137 条第 1 款的规定相一致。

(2)撤销要约的意思表示以非对话方式作出的,应当在受要约人作出承诺之前到达受要约人。这样的要求与总则编第 137 条第 2 款规定相一致。采用数据电文方式作出的要约,要约人要撤回要约,本条未明确说明,但根据第 137 条规定,可以确定,应当在受要约人作出承诺之前,以数据电文或者其他更便捷的方式将撤销要约的意思表示达到受要约人。

242. 删除以对话方式作出要约时承诺期限的除外规则

《民法典》合同编第 481 条第 1 款、第 2 款分别规定:“承诺应当在要约确定的期限内到达要约人。”“要约没有确定承诺期限的,承诺应当依照下列规定到达:(一)要约以对话方式作出的,应当即时作出承诺;(二)要约以非对话方式作出的,承诺应当在合理期限内到达。"这一条文是对承诺期限的规定,与原《合同法》第23条规定相比,删除了以对话方式作出要约时承诺期限的除外规则。

承诺期限实际上是受要约人资格的存续期限,在该期限内受要约人具有承诺资格,可以向要约人发出具有拘束力的承诺。承诺资格是要约人依法赋予受要约人的有期限的权利。

确定承诺期限有两种方法:

(1)要约确定了承诺期限的,承诺应当在要约确定的期限内到达要约人。要约人在要约中明确规定承诺期限有方法:一是承诺期限为一个明确的时间终点,如6月30日,承诺期限为自要约生效到该时间终点;二是规定自收到要约之日起的一段时间内,例如收到要约起一个月内。

(2)要约没有确定承诺期限的,承诺应当依照下列规定到达方为有效承诺:一是要约对话方式作出的,应当即时作出承诺。有的要求即时作出承诺,有的商定另外约定承诺时间,有约定的依照约定,没有约定或者约定不明的,视为没有约定,应当即时作出承诺。二是要约以非对话方式作出的,承诺应当在合理期限内到达。确定合理期限考虑的因素是:其一,根据要约措辞的缓急;其二,根据要约的内容;其三,根据某种特定行业的习惯做法;其四,根据一个理智、善良、业务水平中等的交易人正常的考虑、准备时间;其五,根据合理的在途时间。

本条删除了以对话方式作出要约时承诺期限的除外规则,即不再适用"当事人另有约定的除外"的规定。这一删除的含义在哪里,值得斟酌。从表述上看,删除了除外条款,意味着要约以对话方式作出的,应当即时作出承诺,不是即时作出承诺,就不发生承诺的效果。这似乎说,以对话方式进行磋商,要约对方知道后,说三天内答复,就不符合这一要求。问题是,既然前提是要约没有确定承诺期限的,那就必须即时作出承诺,如果约定三天后答复,这就约定了承诺期限为三天,不适用即时承诺的规定。因此,删除以对话方式作出要约的除外条款,当事人另有约定无效,必须即时作出承诺。

243. 合同成立时间的除外条款

《民法典》合同编第483条规定:"承诺生效时合同成立,但是法律另有规定或者当事人另有约定的除外。"这一条文是对合同成立时间的规定,与原《合同法》第25条规定相比,增加了承诺生效时间的除外条款,即"法律另有规定或者当事人另有约定的除外"的新规则。

合同成立的时间,是双方当事人的磋商过程结束,达成共同意思表示的时间界限。

合同成立的时间标志是承诺生效。承诺生效,意味着受要约人完全接受要约的意思表示,订约过程结束,要约、承诺的内容对要约人和受要约人产生法律拘束力。承诺生效时,合同即告成立。如果当事人对合同是否成立存在争议,则以能够确定当事人名称或者姓名、标的和数量达成合意为认定合同成立的标准,其他内容依照本法第 510 条有关合同内容确定和第 142 条关于意思表示内容解释的规定予以确定。

合同承诺的时间是合同成立的时间。除外的情形如下:

(1)法律另有规定。法律另外规定了合同的生效时间的,应当依照法律规定确定合同的成立时间。例如,本法第 502 条规定,法律、行政法规规定应当办理批准等手续生效的,依照其规定等内容。

(2)当事人另有约定。当事人可以在合同中约定合同成立的时间或者条件,约定的时间未届至、条件未完成,尽管受要约人作出了承诺,合同也未成立。

244. 承诺生效时间适用总则编第 137 条的规定

《民法典》合同编第 484 条第 1 款、第 2 款分别规定:"以通知方式作出的承诺,生效的时间适用本法第一百三十七条的规定。""承诺不需要通知的,根据交易习惯或者要约的要求作出承诺的行为时生效。"这一条文是对承诺生效时间的规定,与原《合同法》第 26 条规定相比,明确适用总则编第 137 条规定。

承诺生效时间,是指承诺在何时发生法律拘束力。承诺生效时间在合同法的理论和实践中具有重大意义:一是由于承诺的时间就是合同成立的时间,因而承诺在什么时间生效,就直接决定了合同在什么时间成立。二是由于合同的成立时间和生效时间的一致性,因而承诺生效之时又是合同生效之日,是双方享有合同权利、承担合同义务之日。三是合同的生效时间又可能涉及诉讼时效、履行期限利益等问题。四是合同的成立还涉及合同签订地,以及法院管辖权、准据法的确定等问题。

承诺的生效时间依照需要通知和不需要通知的不同,确定方法如下:

(1)承诺是以通知方式作出的,承诺生效的时间依照本法总则编第 137 条规定确定,采用到达主义。

(2)承诺不需要通知的,应当根据交易习惯或者要约的要求作出承诺的行为时生效。一是根据交易习惯,某种承诺的性质可以确定用行为的方式承诺,该承诺行为实施的时间,就是承诺生效的时间。二是如果要约已经表明承诺可以由行为作出的意思表示,则实施该行为的时间就是承诺生效时间。

承诺需要以通知方式作出的,受要约人应当专门作出一个承诺的意思表示,尽管这个承诺的意思表示以通知的方式需按照到达主义确定承诺的生效时间,但是,由于以对话方式承诺的,并非采取到达主义而是知道主义,因而还是应当有所区分,故采用本法第 137 条规定的规则最为妥当。因此,本条作出的这一修改,是完全正确的。

245. 在承诺期限发出的承诺不能及时到达要约人的,视为新要约

《民法典》合同编第 486 条规定:"受要约人超过承诺期限发出承诺,或者在承诺期限内发出承诺,按照通常情形不能及时到达要约人的,为新要约;但是,要约人及时通知受要约人该承诺有效的除外。"这一条文是对逾期承诺与承诺迟到及效果的规定,与原《合同法》第 28 条规定相比,增加了在承诺期间发出承诺按照通常情形不能及时到达要约人(因受要约人原因的承诺迟到)视为新要约的新规则。

(1)逾期承诺

逾期承诺,是指受要约人在超过承诺期限发出承诺,或者在承诺期限内发出承诺,按照通常情形不能及时到达要约人的承诺。

逾期承诺的特点是:第一,逾期承诺须是受要约人向要约人发出的,完全接受要约的意思表示。第二,逾期承诺须是在承诺期限届满后发出,或者在承诺期限内发出承诺,按照通常情形不能及时到达要约人,因而不是合格的承诺。因受要约人原因的承诺迟到,是受要约人虽然在承诺期限内发出承诺,但是,按照通常情形,该承诺不能及时到达要约人,从而使承诺到达要约人时超过承诺期限。本条将因承诺人的原因承诺迟到纳入逾期承诺中,一并规定法律效果。

(2)因受要约人的原因承诺迟到

受要约人在承诺期间发出承诺,按照通常情形不能及时到达要约人,是因受要约人的原因造成的承诺迟到。对于这种情况,原《合同法》第 28 条没有规定,但是在条文中可以推出这一结论,就是因受要约人原因的承诺迟到,在本质上与逾期承诺是一致的,受要约人对其发出承诺的时间和要约人收到承诺的时间都有过失,因此,应当参照本条规定处理。故本条增加了这个内容。

(3)逾期承诺和因受要约人的原因承诺迟到的法律效果

逾期承诺和因受要约人的原因承诺迟到,在本质上是一样的,因而其效力规则也是一样的:第一,逾期承诺不发生承诺的法律效力。由于在承诺期限届满之后,受要约人不再有承诺的资格,因而逾期承诺的性质不是承诺,对要约人没有承诺的约束力,不能因此而成立合同。第二,逾期承诺是一项新要约。逾期承诺因时间因素而不具有承诺的性质，但它还是对要约人的要约内容作出了响应，故应视为新要约。该新要约须以原来的要约和逾期承诺的内容为内容。对方可以在合理的时间内给予承诺，即按照一般的承诺期限作出承诺的，合同成立。第三，在要约人及时通知受要约人该承诺有效的情况下，逾期承诺具有承诺的法律效力。逾期承诺到达要约人，要约人认为该逾期承诺可以接受的，应当按照当事人的意志，承认承诺的效力，合同成立。

246. 按指印具有与签字、盖章同等的法律效力

《民法典》合同编第 490 条第 1 款、第 2 款分别规定："当事人采用合同书形式订立合同的，自当事人均签名、盖章或者按指印时合同成立。在签名、盖章或者按指印之前，当事人一方已经履行主要义务，对方接受时，该合同成立。""法律、行政法规规定或者当事人约定合同应当采用书面形式订立，当事人未采用书面形式但是一方已经履行主要义务，对方接受时，该合同成立。"这一条文是对采用合同书订立合同成立时间的规定，是在原《合同法》第 32、36、37 条规定的基础上形成的新规则。

合同生效的原则是承诺生效时合同成立。合同成立的时间，是双方当事人的磋商过程结束，达成共同意思表示的时间界限。如果双方当事人约定签订合同书时，双方的协议就只是合同磋商的结果，还需要签订合同书，并且自当事人在合同书上签名、盖章或者按指印的时候成立，那么签名、盖章或者按指印，是订约人最终对合同书或者确认书的承认，是自愿接受其约束的意思表示，也是当事人签署合同书的三种形式，除非有特别约定，只要有其中一种签署形式，就发生合同成立的效力。双方签名、盖章或者按指印不在同一时间的，以最后一方签名、盖章或者按指印的时间为合同成立的时间。

有两个特殊情形：

（1）约定签名、盖章或者按指印为成立条件

在合同书签名、盖章或者按指印之前，如果当事人一方已经履行主要义务，对方予以接受时，该合同成立，对此主张合同未成立的，不予采信。这是因为，尽管约定的合同成立的条件尚未具备，但是，合同当事人已经在实际履行合同主要义务，以其实际行为确认合同已经成立，对双方具有了事实上的拘束力，并且已经自觉约束自己，当然应当承认这样的合同已经成立。

（2）要式合同

法律、行政法规规定或者当事人约定合同应当采用书面形式订立，当事人未采用书面形式，但是一方已经履行主要义务，对方接受时，该合同也成立，对

此主张合同未成立的,不予采信。这与前述情形是一样的道理,所应当申明的是,法律、行政法规规定合同应当采用书面形式,是法定的要式合同,既然法律、行政法规规定为要式合同,违反法律的规定,能认为已经履行和接受主要义务的行为是合同成立吗?回答应当是肯定的,本条也作出了这样的规定。

应当特别注意的一个问题是,在原《合同法》中,订立合同没有规定过缔约当事人可以按指印的规则。本条对此作了规定,确认签名、盖章和按指印具有相同的证明缔约人身份的作用。在农村和偏远地区,订立合同按指印还是存在的,并且当事人在按指印时还有一种庄重的仪式感。作出这样的规定,符合国情的需要。

247. 电子商务平台网络交易合同的成立时间

《民法典》合同编第 491 条第 1 款、第 2 款分别规定:"当事人采用信件、数据电文等形式订立合同要求签订确认书的,签订确认书时合同成立。""当事人一方通过互联网等信息网络发布的商品或者服务信息符合要约条件的,对方选择该商品或者服务并提交订单成功时合同成立,但是当事人另有约定的除外。"这一条文是对信件、数据电文合同签订确认书和网络合同成立时间的规定,与原《合同法》第 33 条规定相比,增加了第 2 款,规定了电子商务平台商品或者服务交易合同成立时间的新规则。

对于采用信件和电子数据订立合同的,实际上在符合要求的承诺作出之后,合同就成立了。不过,如果当事人约定还要签订确认书的,则在签订确认书时,该合同方成立。因此,双方签署确认书的时间,是信件、数据电文合同成立的时间。

本条第 2 款规定的规则是具有时代感的合同交易新规则。电子商务平台上进行的买卖合同和服务合同,通常是在线上签订合同,当事人进行背对背的交易,缺少明显的要约、承诺的标志。根据网络交易的特点,确认网络交易中的合同订立,一方在互联网等信息网络发布的商品或者服务信息,只要符合要约条件的,就认为是网络交易合同的要约。对方也就是消费者在网络上选择该商品或者服务,并提交订单,为承诺。当网络交易服务界面显示提交订单成功时,合同成立。因而,显示提交订单即"下单"成功时,就是网络交易合同的成立时间。

在网络交易中,"下单"不仅标志着网络交易合同的成立,而且也是网络交易合同的生效,特别是在网络购物的买卖合同中,下单会引起一系列后果,例如网络店铺会发货,消费者的价款会进入第三方支付平台的资金池,快递服务企业会快递购买的商品，等等，整个的合同成立、合同生效和合同履行都在同时运行起来。对此，无论是在理论研究上还是在司法实务上，都应当重视下单的功能和意义。

248. 采用合同书形式订立的合同的成立地点

《民法典》合同编第 493 条规定："当事人采用合同书形式订立合同的，最后签名、盖章或者按指印的地点为合同成立的地点，但是当事人另有约定的除外。"这一条文是对采用合同书形式签订合同成立地点的规定，与原《合同法》第 33 条规定相比，内容有较大变化。

合同的成立地点就是合同签订地。合同签订地在法律上具有重要意义，例如确定管辖、法律适用等问题。

以合同书形式（实际上也包括确认书形式）订立合同，当事人最后签名、盖章或者按指印的地点为合同成立的地点。双方当事人签名、盖章或者按指印的地点在同一处的，双方当事人的签名、盖章或者按指印同时、同地完成时，该地点即为承诺生效的地点，是合同成立的地点。签名、盖章或者按指印不在同一地点的，合同书和确认书上双方当事人的签名、盖章或者按指印完备时，合同成立。所以，当事人最后签名、盖章或者按指印的地点为合同成立地点。

在实践中，合同约定的签订地与实际签名、盖章或者按指印的地点不符的，应当认定约定的签订地为合同成立的地点；合同没有约定签订地，双方当事人签名、盖章或者按指印不在同一地点的，应当认定最后签名、盖章或者按指印的地点为合同的成立地点。

本条新增加的规则如下：

（1）增加规定当事人在合同上按指印的地点也是确定合同签订地的标志，如果当事人一方是采用按指印方式签署合同的，且又是最后一个签署合同的当事人，该方当事人按指印的地点，就是合同签订地。

（2）在确定最后签名、盖章、按指印的地点为合同成立地点时，当事人另有约定的，不适用上述规则。如果当事人既约定合同书应当签名、盖章或者按指印，又约定其他合同生效标志或者条件的，按照意思自治原则，当然约定有效，按照约定的标志或者条件成就的地点确定合同签订地。

249. 依国家订货任务或者指令性任务订立合同的法定义务

《民法典》合同编第 494 条各款分别规定："国家根据抢险救灾、疫情防控或者其他需要下达国家订货任务、指令性任务的，有关民事主体之间应当依照有关法律、行政法规规定的权利和义务订立合同。”“依照法律、行政法规的规定负有发出要约义务的当事人,应当及时发出合理的要约。”“依照法律、行政法规的规定负有承诺义务的当事人,不得拒绝对方合理的订立合同要求。”这一条文是对国家指令性计划或国家订货任务订立合同的规定,与原《合同法》第38条规定相比,本条规定不仅明确列举了国家是根据抢险救灾、疫情防控或者其他需要下达任务,而且增加了国家订货任务、国家指令性计划的合同当事人的法定义务。

国家订货任务,不同于国家指令性计划,是由国家下达的订货任务。国家指令性计划,是指国家根据国家的整体利益和社会公共秩序的需要,下达的要求有关部门和组织必须执行的任务的计划。直接依据国家指令性计划签订的合同是计划合同。在按照国家订货任务和国家指令性计划订立合同时,当事人应当依照国家法律和行政法规规定的权利和义务订立合同。

在实践中,按照国家指令性计划订立的合同越来越少,主要集中在国防军工、重点建设项目以及国家战略储备的需要这些方面。对于国家还必须掌握的一些重要物资,将以国家订货方式逐步取代重要物资分配的指令性计划管理。国家订货任务与国家指令性计划管理的主要区别是,订货的价格比过去进一步放开,国家也不再保证生产企业的生产条件,但可以做协调工作。在市场经济体制下,还必须针对市场自身的弱点和消极方面,保留和改善国家对经济的宏观调控。

国家订货任务和指令性任务合同的有关民事主体应当依照有关法律和行政法规规定的权利义务订立合同。强调这一点,一方面是维护国家计划的权威性和计划性,不得违背国家的意志,借口以企业自己的利益而损害国家的计划;另一方面,则是维护企业的合法权益,不因执行国家计划而损害当事人的权利。这样规定,兼顾了国家和当事人双方的利益。

需要注意的是,这里的“有关法律、行政法规”,是规定法人或者非法人组织在订立这些合同的权利义务的法律和行政法规,不包括行政规章、地方法规和其他规范性文件。

合同需要经历要约与承诺两个阶段。国家订货任务和指令性计划合同也不例外。不过,此时的要约和承诺具有一些特别的要求。一方面,是依照法律、行政法规的规定负有发出要约义务的当事人,应当及时发出合理的要约,不能拖延,更不能借机提出不合理的要约。另一方面,是依照法律、行政法规的规定负有承诺义务的当事人,不能拒绝对方合理的订立合同的要求。违反强制性缔约义务,应当承担民事责任。这是对应当发出要约和应当承诺的当事人发出要约和进行承诺的要求，属于民事主体对国家订货任务和国家指令性计划订立的合同的强制性缔约义务，是必须履行的。

本条新规则的要点如下：

（1）明确了国家订货任务、指令性任务订立合同的范围。原《合同法》第38条只规定了国家是根据需要下达订货任务以及指令性任务，但并未指出基于何种需要。本条规定将“需要”明确为抢险救灾、疫情防控或者其他需要，细化了“需要”的情形。

（2）新增了国家订货任务、国家指令性计划中当事人的法定义务。原《合同法》第38条只规定了国家指令性计划、国家订货任务中有关民事主体应当依法订立合同，而未规定具体的订立规则。本条规定新增了这一内容，明确了当事人负有及时提出要约和不得拒绝对方承诺的法定义务，补足了这一立法漏洞。这样一来，当有关民事主体的行为违背了及时提出要约或者不得拒绝承诺的法定义务时，国家可以以本条规定为规范依据，请求有关民事主体承担民事责任。

250. 预约的效力与责任

《民法典》合同编第495条第1款、第2款分别规定：“当事人约定在将来一定期限内订立合同的认购书、订购书、预订书等，构成预约合同。”“当事人一方不履行预约合同约定的订立合同义务的，对方可以请求其承担预约合同的违约责任。”这一条文是对预约及效力的规定，原《合同法》没有规定预约合同及其效力，本条根据实际情况增加了这一新规则。

预约合同，也叫预备合同或者预约，是指当事人之间约定在将来一定期限内应当订立合同的预先约定。按照预约约定在将来应当订立的合同叫本约或者本合同。预约是订立合同的意向，本约是订立的合同的本身。预约的表现形式通常是认购书、订购书、预定书等。

预约也是“约”，即是当事人的合意。预约成立之后，产生预约的法律效力，即当事人在将来的一定期限内订立本约的债权、债务。双方均负有债务的，为双务预约，单方负有债务的，为单务预约。预约的成立，应当遵循合同成立的一般规则。

预约成立，当事人即负有履行预约所规定的订立本约的义务，只要本约未订立，就是预约义务没有履行。因此，预约与附有生效条件的合同不同。附有生效条件的合同在合同订立之时已经成立，只是其履行效力待生效条件成就而已，附有生效条件的合同本身就是本约，而不是预约。预约的权利人只能请求对方履行订立本约的义务，不得直接依预定的本约内容请求履行。

判断一个约定是预约还是本约,应探求当事人的真意来确定,真意不明的,应当通观合同的全部内容确定:一是合同要素已经明确、合致,其他事项规定明确,已无另行订立合同必要的,为本约。二是如果将来系依所订合同履行而无须另订本约,即使名为预约,也应认定为本约。三是预约在交易上属于例外,当一个合同是预约还是本约有疑问时,应认定为本约。四是多为“初步协议”“意向性协议”等,只要不具有将来订立本约的法律效力,不认为是预约;具有将来订立本约的效力的,应当认定为预约。

预约成立,当事人即负有履行预约所规定的订立本约的义务,只要本约未订立,就是预约没有履行。预约的当事人一方不履行预约约定的订立合同义务的,对方当事人可以请求其承担预约的违约责任。预约违约责任的确定,依照预约的约定或者参照违约责任的法律规定。

251. 格式条款及提供格式条款一方的法定义务

《民法典》合同编第 496 条第 1 款、第 2 款分别规定:“格式条款是当事人为了重复使用而预先拟定,并在订立合同时未与对方协商的条款。”“采用格式条款订立合同的,提供格式条款的一方应当遵循公平原则确定当事人之间的权利和义务,并采取合理的方式提示对方注意免除或者减轻其责任等与对方有重大利害关系的条款,按照对方的要求,对该条款予以说明。提供格式条款的一方未履行提示或者说明义务,致使对方没有注意或者理解与其有重大利害关系的条款的,对方可以主张该条款不成为合同的内容。”这一条文是对格式条款及提供格式条款一方义务的规定,与原《合同法》第 39 条相比,有了较大修改。

格式条款合同,是指当事人为了重复使用而预先拟定,并在订立合同时未与对方协商的条款。采用格式条款合同与一般合同不同,主要特征是:第一,格式条款合同一般是由居于垄断地位的一方所拟订;第二,格式条款合同的对方当事人处于从属地位;第三,格式条款合同是完整、定型、持久的合同类型;第四,格式条款合同可以用不同的但是必须是明确的书面形式表达出来。

格式条款合同与示范合同不同。示范合同,是指通过有关的专业法规、商业习惯等确立的,为当事人订立合同时所参考的文本格式,对双方当事人没有强制约束力,当事人可以参照,也可以不参照;可以修改示范合同的条款和格式,也可以增减示范合同的条款。格式条款合同是对方当事人没有选择余地的、只能服从的合同。

格式条款的优势是便捷、易行、高效,缺点是无协商余地,双方地位不平等。故法律对提供格式条款的一方当事人规定了法定义务:一是遵循公平原则确定当事人权利义务的义务；二是采取合理的方式提示对方注意免除或者减轻其责任等与对方有重大利害关系条款的义务；三是按照对方的要求对该条款予以说明的义务。

提供格式条款的一方未尽上述第二项和第三项规定的提示义务和说明义务，致使对方当事人没有注意或者理解与其有重大利害关系的条款的，对方当事人可以提出主张，认为该条款不成为合同的内容，即不对当事人发生拘束力。对此，法院和仲裁机构应当支持对方当事人的这一主张。

本条规定新规则的内容如下：

(1)在“采取合理的方式提示对方注意免除或者减轻其责任”之后，增加“等与对方有重大利益关系的条款”的内容，这意味着，免除或者减轻提供格式条款一方责任的条款，并不是唯一需要提示对方注意的条款，而仅仅是与对方有重大利益关系的条款中的一种。这显然扩大了提请对方注意的内容，凡是与对方有重大利益关系的条款，都在提示注意的范围。

(2)增加未履行提示对方注意义务的后果。原《合同法》第 39 条规定中，没有规定不履行提示对方注意义务的法律后果，被称为“软义务”。本条对此作出补充，规定“提供格式条款的一方未履行提示或者说明义务，致使对方没有注意或者理解与其有重大利害关系的条款的，对方可以主张该条款不成为合同的内容”的法律后果。主张“与对方有重大利益关系的条款”不成为合同的组成部分，就等于宣布其不存在、没有效力，这样的法律后果足以威慑提供格式条款一方，须极尽谨慎义务，保护好对方的权益，也保护好自己的权益。

252. 格式条款无效的法定事由

《民法典》合同编第 497 条规定：“有下列情形之一的，该格式条款无效：(一)具有本法第一编第六章第三节和本法第五百零六条规定的无效情形；(二)提供格式条款一方不合理地免除或者减轻其责任、加重对方责任、限制对方主要权利；(三)提供格式条款一方排除对方主要权利。”这一条文是对格式条款无效事由的规定，与原《合同法》第 40 条规定相比，本条对格式条款无效的事由进行了调整。

按照本条规定，格式条款具有以下情形之一的无效：

(1)格式条款具备本法第一编第六章第三节和第 506 条规定的情形。也就是说，格式条款为无民事行为能力人实施的民事法律行为、虚假的民事法律行为、违反法律强制性规定的民事法律行为、违背公序良俗的民事法律行为、恶意串通的民事法律行为，以及造成对方人身损害、因故意或者重大过失造成对方财产损害的免责条款的,都一律无效。

(2)提供格式条款一方不合理地免除或者减轻责任、加重对方责任、限制对方主要权利。这些情形都不是合同当事人订立合同时所期望的,与当事人订立合同的目的相悖,严重地损害对方当事人的合法权益,明显违背公平原则等民法基本原则,因而,都是导致格式条款无效的法定事由,只要出现其中一种情形,格式条款就无效。

(3)提供格式条款一方排除对方主要权利。排除对方当事人的主要权利,将导致对方当事人订立合同的目的不能实现,双方当事人的利益关系不平衡,因而属于格式条款绝对无效的情形。

本条规定内容的主要变化如下:

(1)规定本法第一编和本编规定民事法律行为无效的都无效,包括:一是无民事行为能力人实施的民事法律行为;二是虚假的民事法律行为;三是违反法律强制性规定的民事法律行为;四是违背公序良俗的民事法律行为;五是恶意串通的民事法律行为;六是造成对方人身损害、因故意或者重大过失造成对方财产损害的免责条款。其实,还有总则编第 146 条第 2 款规定的隐藏的民事法律行为,如果被隐藏的行为被法律规定为无效的,也是无效的合同,例如合法形式掩盖非法目的的民事法律行为。

(2)在第 2 项格式条款无效事由中,加上了"不合理地"的限制语,增加了减轻责任的情形,也就是说,须达到不合理地免除或者减轻其责任、加重对方责任的,才使格式条款无效。

(3)第 2 项格式条款无效的内容中,将"排除对方主要权利"修改为"限制对方主要权利",同时增加了"不合理地"的限定语。这样一来,限制对方权利与免除或者减轻其责任、加重对方责任并列,构成同一个免责事由,即凡是不合理地免除或者减轻其责任、加重对方责任、限制对方主要权利的,将导致格式条款无效。

253. 悬赏广告的性质是合同之债

《民法典》合同编第 499 条规定:"悬赏人以公开方式声明对完成特定行为的人支付报酬的,完成该行为的人可以请求其支付。"这一条文是对悬赏广告及规则的规定,原《合同法》对此没有规定,本条借鉴原《最高人民法院关于适用〈中华人民共和国合同法〉若干问题的解释(二)》第 3 条的规定,将悬赏广告界定为合同。

悬赏广告,是指广告人以公开广告的形式允诺对完成指定行为并给付一定报酬,行为人完成该种行为后,有权获得该报酬的行为。其特征是:第一,悬赏广告是要式行为，悬赏广告一经发出，即产生悬赏要约的拘束力；第二，悬赏广告是有赏行为，即约定有报酬，对于完成悬赏行为的人，按照广告确定的数额给付酬金；第三，悬赏广告是向不特定的任何人发出，当悬赏行为完成之后，行为人就已经确定；第四，悬赏广告的悬赏行为是合法行为。

对悬赏广告的性质，有不同看法。一是契约说，认为悬赏广告的性质是契约，即合同性质。悬赏广告是广告人以不特定的多数人为对象发出的要约，只要某人完成指定的行为即构成承诺，双方成立合同。完成广告行为的人享有报酬请求权，广告人负有按照悬赏广告的约定支付报酬的义务。这种主张是多数学者的意见，在实务上，多数人采纳这样的主张。[1] 二是单方法律行为说，认为悬赏广告的性质是单方法律行为，而不是合同。广告人对完成一定行为的人单方面负有支付报酬的义务，而不需要完成行为的人作出有效的承诺。[2] 三是折中说，认为对悬赏广告的性质认定为合同性质或者认定为单独法律行为，均有不足。将符合合同调整的悬赏广告作为合同对待，将不符合合同特征的悬赏广告作为单独法律行为对待，就更能够处理好悬赏广告的各种纠纷。[3] 原《最高人民法院关于适用〈中华人民共和国合同法〉若干问题的解释（二）》第3条规定："悬赏人以公开方式声明对完成一定行为的人支付报酬，完成特定行为的人请求悬赏人支付报酬的，人民法院依法予以支持。但悬赏有合同法第五十二条规定情形的除外。"将悬赏广告明确解释为合同性质。

本条规定其实并没有明确说明悬赏广告的性质就是合同，而是在合同编中规定悬赏广告，因此，悬赏广告的性质属于合同。悬赏广告是广告人以不特定的多数人为对象所发出的要约，只要某人完成指定的行为就构成承诺，双方成立合同。

悬赏广告的效力是，完成广告行为的人享有报酬请求权，广告人负有按照悬赏广告的约定支付报酬的义务。悬赏人不履行或者不适当履行支付报酬义务的，构成违约行为，应当承担违约责任。

254. 合同当事人保密义务的范围包括其他应当保密的信息

《民法典》合同编第501条规定："当事人在订立合同过程中知悉的商业秘

[1] 参见《最高人民法院公报》1995年第2期。

[2] 参见杨立新：《债法总则研究》，中国人民大学出版社2007年版，第39页。

[3] 参见［日］我妻荣编：《新版新法律学辞典》，董璠舆译校，中国政法大学出版社1991年版，第246～247页。

密或者其他应当保密的信息,无论合同是否成立,不得泄露或者不正当地使用;泄露、不正当地使用该商业秘密或者信息,造成对方损失的,应当承担赔偿责任。"这一条文是对缔约当事人承担保密义务的规定,与原《合同法》第43条规定相比,将当事人应当对对方当事人商业秘密承担保密义务扩展到对其他应当保护的信息,扩大了保密义务的范围。

当事人在订立合同过程中,凡是知道对方当事人的商业秘密或者其他应当保密的信息,都必须负有保密义务,禁止向他人泄露,也禁止自己不正当使用。这是因为,商业秘密和其他应当保密的信息,对于当事人具有重要的财产价值,一旦失密,将会造成重大损失。基于缔约的需要,当事人开诚布公地进行谈判、缔约,一旦掌握了对方的上述秘密,就必须负有保密义务。

知悉对方当事人的商业秘密或者其他应当保密的信息的当事人,如果违反保密义务,向他人泄露该秘密或信息,或者自己不正当地使用该商业秘密或者信息,凡是造成对方损失的,都应当承担赔偿责任。

这种赔偿责任的性质,应当根据违反保密义务的发生或者合同发展的不同阶段来确认。如果发生在缔约过程中,为缔约过失责任;如果发生在合同无效阶段,构成合同无效责任;如果发生在合同履行阶段,构成违约责任;如果发生在合同履行完毕之后,则构成后契约责任。应当分别根据缔约过失责任、合同无效责任、违约责任、后契约责任等法律规定,确定具体的赔偿责任。当然,这也构成责任竞合,受到损害的一方可以主张侵权损害赔偿责任。

第三节 关于合同效力规定的新规则

255. 合同生效时间的确定

《民法典》合同编第502条各款分别规定:"依法成立的合同,自成立时生效,但是法律另有规定或者当事人另有约定的除外。""依照法律、行政法规的规定,合同应当办理批准等手续的,依照其规定。未办理批准等手续影响合同生效的,不影响合同中履行报批等义务条款以及相关条款的效力。应当办理申请批准等手续的当事人未履行义务的,对方可以请求其承担违反该义务的责任。""依照法律、行政法规的规定,合同的变更、转让、解除等情形应当办理批准等手续的,适用前款规定。"这一条文是对合同生效时间的规定,与原《合同法》第44条规定相比,增加的新规则,基本上是借鉴了原《最高人民法院关于适用〈中华人民共和国合同法〉若干问题的解释(一)》第9条规定的内容。

合同的效力是合同对当事人的法律强制力。合同一经法律所承认,当事人就必须履行。合同的生效,是指已经成立的合同在当事人之间产生了法律拘束力,即通常所说的法律效力。合同生效时间,是合同在什么样的时间发生法律的约束力。“同时成立之原则”,是确定合同生效时间的基本规则,即合同的成立与其效力同时发生。

合同生效时间包含两种情形:一是合同生效的一般时间界限,是合同依法成立。这里的“依法”,是承诺生效,合同即告成立。在这种情况下,合同成立和合同生效的时间是一致的。二是法律另有规定或者当事人另有约定的,按照法律规定或者当事人约定的合同生效时间发生法律效力。例如,当事人约定合同经过公证后生效,则在公证后合同生效。

本条第 2 款规定的就是法律规定的合同生效时间。按照法律、行政法规规定应当办理批准等手续的合同,应当办理相关的批准手续。如果没有办理批准等手续影响合同生效,仍然可以通过补办手续而使其生效。因此,未办理批准等手续,并不影响合同履行报批等义务条款以及相关条款的效力。这意味着:第一,这时的合同并非无效,而是未生效;第二,尽管合同未生效,但是这些条款的效力仍然不受影响,负有履行报批手续义务的一方仍然应当负担履行报批手续的义务,继续报批;第三,负有履行报批义务的当事人拒不履行报批等手续义务,使该合同无法生效的,应当承担赔偿责任,对对方当事人因此造成的损失,承担缔约过失责任。

本条第 3 款规定的是,法律、行政法规规定合同的变更、转让、解除等情形也须办理批准等手续的,与合同生效须批准的要求是相同的,因此,也应当按照第 2 款规定的上述规则处理。

本条新增加的规则如下:

(1)合同生效时间的除外条款。合同自成立时生效,但是法律另有规定或者当事人另有约定的除外。原《合同法》第 44 条没有这样的规定,但是在现实中实际上是存在的,属于立法遗漏,因而作了补充。

(2)增加规定未办理批准等手续的,不影响合同中履行报批等义务条款以及相关条款的效力,即该报批的应当继续报批;特别是规定了应当办理申请批准等手续的当事人未履行义务的,对方可以请求其承担违反该义务的责任。

(3)增加规定了法律、行政法规规定合同的变更、转让、解除等情形应当办理批准等手续的,应当依照前款规定处理,即该报批应当继续报批,违反报批义务的一方,应当承担违约责任。

256. 被代理人履行义务或者接受履行视为对无权代理合同的追认

《民法典》合同编第 503 条规定:“无权代理人以被代理人的名义订立合同,被代理人已经开始履行合同义务或者接受相对人履行的,视为对合同的追认。”这一条文是对无权代理人订立合同发生追认效力的规定,原《合同法》没有规定这一规则,本条规定衔接本法总则编第 171 条规定的规则,规定了这一新规则。

无权代理人以被代理人的名义订立的合同,本来受本法总则编第 171 条拘束,未被被代理人追认的,该合同就对被代理人不发生效力。本条规定的新规则是,对于无权代理人以被代理人的名义订立的合同,尽管被代理人没有明示确认予以追认,但是,被代理人已经开始履行该合同约定的义务,或者对对方当事人的履行行为予以受领的,就以被代理人的实际行为,表明他已经接受了该合同订立的事实,并且承认其效力,因而视为被代理人对该合同予以追认,对无权代理人订立的该合同,被代理人应当承受法律上的后果,负担应当履行的义务,享有应当享有的权利。对此,被代理人不得再主张该合同对其不发生效力,善意相对人也不得对该合同行使撤销权。

本条规定的新规则,核心内容在于被代理人对无权代理人订立的合同已经开始履行合同义务或者接受相对人履行的,视为追认。视为追认等同于追认,按照本法第 171 条无权代理的规则,虽然被代理人对无权代理人以被代理人名义订立的合同没有明示的追认,但是,却以其履行的行为或者接受履行的行为,表明了其追认的意思表示,因此,该合同就发生了拘束被代理人的效力。

257. 不得仅以当事人超越经营范围主张确认合同无效

《民法典》合同编第 505 条规定:“当事人超越经营范围订立的合同的效力,应当依照本法第一编第六章第三节和本编的有关规定确定,不得仅以超越经营范围确认合同无效。”这一条文是对超越经营范围订立合同效力的规定,衔接的是本法总则编第 65 条规定。

《民法典》总则编第 65 条规定:“法人的实际情况与登记的事项不一致的,不得对抗善意相对人。”这一规定,在当事人超越经营范围订立的合同的效力方面,仅仅是说法人不得以此对抗善意相对人,但是,在具体的合同效力上应当如何体现,需要进一步规定。

本条确定的规则是,当事人超越经营范围订立的合同的效力,应当依照本法总则编第六章关于民事法律行为效力问题的规定,以及本编关于合同效力的有关规定来确定,例如无民事行为能力人实施的民事法律行为、虚假的民事法律行为、违反法律强制性规定的民事法律行为、违背公序良俗的民事法律行为、恶意串通的民事法律行为，以及造成对方人身损害、因故意或者重大过失造成对方财产损害的免责条款，如果具有上述无效的事由，则应当确定合同无效。如果属于可撤销民事法律行为，则依照撤销权人的意志来确定撤销还是不撤销。如果是效力待定的民事法律行为，则应当依照具体规则处理。如果不存在这些方面的法定事由，那么，这个合同就是有效的，不能仅以订立的合同超越了该法人或者非法人组织的经营范围而主张确认合同无效。

这一新规则，体现了第65条规定的不得对抗善意相对人的要求。如果相对人为非善意，则应当依据上述民事法律行为效力的基本规则，来确定合同的效力。

258. 确定合同效力的规则适用总则编第六章的有关规定

《民法典》合同编第508条规定："本编对合同的效力没有规定的，适用本法第一编第六章的有关规定。"这一条文是对认定合同效力适用民事法律行为效力规则的规定。

在原《民法通则》和原《合同法》之间，曾经存在民事法律行为效力规则和合同效力规则进行双重规制的情形，并且在部分规定之间存在冲突。例如，有关欺诈或者胁迫的规定，原《民法通则》规定为无效的民事行为，原《合同法》则区分损害国家利益的欺诈、胁迫为无效合同，损害其他民事主体利益的为可撤销、可变更的合同。这是在类法典化的松散民法中不可避免地出现的问题，故只能采取新法优于旧法的法律适用原则处理。

编纂《民法典》，对这样的问题应当进行全面整合和调整，因此，在本法总则编规定了完整的民事法律行为效力的规则。对主要的合同无效事由，都适用总则编关于民事法律行为效力的规定，因为合同就是双方民事法律行为和多方民事法律行为，应当适用总则编关于民事法律行为效力的规定来确定合同效力。在合同编的本章，拾遗补缺，规定了部分合同效力的条款，例如第506条。因此，在确定合同效力上，首先要适用本编规定的规则，这是特别法；本编没有规定的，适用总则编关于民事法律行为效力的规则。二者综合起来，就是确定合同效力的完整规则。

第四节　关于合同履行的新规则

259. 合同履行须遵循绿色原则的要求

《民法典》合同编第509条各款分别规定："当事人应当按照约定全面履行

自己的义务。”“当事人应当遵循诚信原则,根据合同的性质、目的和交易习惯履行通知、协助、保密等义务。”“当事人在履行合同过程中,应当避免浪费资源、污染环境和破坏生态。”这一条文是对履行合同原则的规定,与原《合同法》第 60 条规定相比,增加了第 3 款关于合同履行须遵循绿色原则要求的新规则。

合同履行是合同债务人全面地、适当地完成其合同义务,使债权人的合同债权得到完全实现。

合同履行的原则,是指当事人在履行合同债务时所应遵循的基本准则。当事人在履行合同债务中,只有遵守这些基本准则,才能够实现债权人的债权,当事人期待的合同利益才能够实现。

本条规定了三个合同履行原则:

(1)遵守约定原则。亦称约定必须信守原则。依法订立的合同对当事人具有法律约束力。双方的履行过程一切都要服从于约定,信守约定,约定的内容是什么就履行什么,一切违反约定的履行行为都属于对该原则的违背。遵守约定原则包括:一是适当履行原则,合同当事人按照合同约定的履行主体、标的、时间、地点以及方式等履行,且均须适当,完全符合合同约定的要求。二是全面履行原则,要求合同当事人按照合同所约定的各项条款,全部而完整地完成合同义务。

(2)诚实信用原则。对于一切合同及合同履行的一切方面均应适用,根据合同的性质、目的和交易习惯履行合同义务。具体包括:一是协作履行原则,要求当事人要基于诚实信用原则的要求,对对方当事人的履行债务行为给予协助,包括及时通知、相互协助和予以保密。二是经济合理原则,要求当事人在履行合同时应当讲求经济效益,付出最小的成本,取得最佳的合同利益。

(3)绿色原则。本条规则的新意,就是规定了绿色原则作为合同履行的新要求。依照本法第 9 条规定,履行合同应当避免浪费资源、污染环境和破坏生态。在制定本法总则编讨论第 9 条规定的绿色原则时,就存在一个疑问,即规定了绿色原则,在《民法典》的具体规则中怎样才能体现绿色原则的要求呢? 本条对此作出了回答。这就是,在合同履行中贯彻绿色原则,就是避免浪费资源、污染环境和破坏生态,把避免浪费资源、污染环境和破坏生态作为合同当事人必须履行合同的一项义务。但是,当事人一旦违反了这一义务,应当承担什么样的法律后果,法律并没有规定。看起来,这一义务似乎还是一个“软义务”,是不真正义务。对此,应当贯彻到合同履行双方的责任上,例如,一方当事人违反了避免浪费资源、污染环境和破坏生态的义务,相应地在承担责任上应当有所体现,如适当加重其民事责任等。

260. 对质量要求不明确的继续确定标准

《民法典》合同编第 511 条规定:“当事人就有关合同内容约定不明确,依据前条规定仍不能确定的,适用下列规定:(一)质量要求不明确的,按照强制性国家标准履行;没有强制性国家标准的,按照推荐性国家标准履行;没有推荐性国家标准的,按照行业标准履行;没有国家标准、行业标准的,按照通常标准或者符合合同目的的特定标准履行。(二)价款或者报酬不明确的,按照订立合同时履行地的市场价格履行;依法应当执行政府定价或者政府指导价的,按照规定履行。(三)履行地点不明确,给付货币的,在接受货币一方所在地履行;交付不动产的,在不动产所在地履行;其他标的,在履行义务一方所在地履行。(四)履行期限不明确的,债务人可以随时履行,债权人也可以随时请求履行,但是应当给对方必要的准备时间。(五)履行方式不明确的,按照有利于实现合同目的的方式履行。(六)履行费用的负担不明确的,由履行义务一方负担;因债权人原因增加的履行费用,由债权人负担。”这一条文是对合同非主要条款没有约定或者约定不明确时继续确定的规定,与原《合同法》第 62 条的规定相比,增加了部分新规则。

所谓“继续确定”,是当事人就有关合同内容约定不明确,依照第 510 条规定仍不能确定的,应当进一步确定,以便使合同债务得到确定并履行。继续确定适用的方法如下:

(1)质量要求不明确的,按照强制性国家标准履行;没有强制性国家标准的,按照推荐性国家标准履行;没有推荐性国家标准的,按照行业标准履行;没有国家标准、行业标准的,按照通常标准或者符合合同目的的特定标准履行。编纂《民法典》中,有的学者提出,这个标准的顺序是应当倒过来的,即首先是通常标准、合同目的的特定标准,其次是行业标准,最后是国家标准;原因是,通常标准和行业标准通常高于国家标准。

(2)价款或者报酬不明确的,按照订立合同时履行地的市场价格履行;依法应当执行政府定价或者政府指导价的,按照规定履行。

(3)履行地点不明确,给付货币的,在接受货币一方所在地履行;交付不动产的,在不动产所在地履行;其他标的,在履行义务一方所在地履行。

(4)履行期限不明确的,债务人可以随时履行,债权人也可以随时请求履行,但是应当给对方必要的准备时间。

(5)履行方式不明确的,按照有利于实现合同目的的方式履行,例如按照标的物的性质确定履行方式。

(6)履行费用的负担不明确的,由履行义务一方负担;因债权人原因增加的履行费用,由债权人负担。

本条新增加的规则如下:

(1)对质量要求不明确的继续确定标准有所改变。原《合同法》第62条规定:“质量要求不明确的,按照国家标准、行业标准履行;没有国家标准、行业标准的,按照通常标准或者符合合同目的的特定标准履行。”将国家标准作为继续确定质量要求的最高标准,其实是错误的,因为国家标准是区分不同等级的,应当按照不同的标准的要求确定。因此,本条第1项修改为:“质量要求不明确的,按照强制性国家标准履行;没有强制性国家标准的,按照推荐性国家标准履行;没有推荐性国家标准的,按照行业标准履行;没有国家标准、行业标准的,按照通常标准或者符合合同目的的特定标准履行。”

(2)履行费用的负担不明确的,在由履行义务一方负担的基础上,增加了“因债权人原因增加的履行费用,由债权人负担”的新规则,这是完全符合公平原则要求的规定。

261. 网络买卖合同标的物的交付时间

《民法典》合同编第512条各款分别规定:“通过互联网等信息网络订立的电子合同的标的为交付商品并采用快递物流方式交付的,收货人的签收时间为交付时间。电子合同的标的为提供服务的,生成的电子凭证或者实物凭证中载明的时间为提供服务时间;前述凭证没有载明时间或者载明时间与实际提供服务时间不一致的,以实际提供服务的时间为准。”“电子合同的标的物为采用在线传输方式交付的,合同标的物进入对方当事人指定的特定系统且能够检索识别的时间为交付时间。”“电子合同当事人对交付商品或者提供服务的方式、时间另有约定的,按照其约定。”这一条文是对网络交易电子买卖合同的商品交付时间的规定,以前的法律对此没有规定,这是根据网络交易发展的实际情况规定的新规则。

确定网络交易合同的交付时间,分为三种情形:

(1)网络买卖合同的商品交付,采用快递物流方式交付标的物的,应当以收货人的签收时间为交付时间,因为签收时间准确记载了买受人受领交付的标的物的时间。网络服务合同,由于没有明显的交付标志,因此,以生成的电子凭证或者实物凭证中载明的时间为提供服务时间,例如,约车服务行为的交付时间,就是电子凭证记载的时间;如果前述凭证没有载明时间或者载明时间与实际提供服务时间不一致的,以实际提供服务的时间为准。

(2)电子合同的标的采用在线传输方式交付的,例如,网络咨询服务合同,合同标的为咨询报告,在该报告进入对方当事人指定的特定系统并且能够检索识别的时间为交付时间。例如,发送的邮件打不开,另行发送并且能打开的时间为交付时间。

(3)电子合同当事人对交付商品或者提供服务的方式、时间另有约定的,按照其约定。例如,网络买卖合同的买受人主张自己选择快递物流取货的,将买卖标的物交付给买受人自己选择的快递物流单位的时间为交付时间。

262. 以实际履行地的法定货币为履行金钱债务的货币

《民法典》合同编第514条规定:"以支付金钱为内容的债,除法律另有规定或者当事人另有约定外,债权人可以请求债务人以实际履行地的法定货币履行。"这一条文是对金钱债务履行方式的规定,以前的法律对此没有规定。

金钱债务,又称金钱之债、货币之债,是指以给付一定数额的金钱为标的的债务。金钱债务是最典型的债务,我国"债"的概念就来源于"责"字,从"贝",表示与财产有关,专指金钱债务,后来将这个意义的"责"用"债"表示,专指金钱债务。发生"债"的原因为"假"(借)或"贷",因此,"债,谓假贷人财物,未偿者也"。[1] 因而我国固有的债的概念,范围比较狭窄,差不多就是指金钱债务。

金钱债务的履行,涉及清偿时用何种货币支付的问题。本条规定的规则如下:

(1)法律规定或者当事人有约定的,依照法律规定或者当事人约定的货币种类予以支付。例如,法律规定在境内不能以外币支付而应当以人民币结算;当事人约定的支付币种不违反国家法律规定的,当然也没有问题。

(2)债权人可以请求债务人以实际履行地的法定货币履行。法定货币是指不代表实质商品或货物,发行者亦没有将货币兑现为实物的义务,只依靠政府的法令使其成为合法通货的货币。法定货币的价值来自拥有者相信货币将来能维持其购买力。例如,我国内地的法定货币是人民币,香港特区是港币,澳门特区是澳门币。当金钱债务涉及这些地区的时候,债权人可以提出用实际履行地的法定货币清偿债务。

263. 选择之债及选择之债债务人的选择权

《民法典》合同编第515条第1款、第2款分别规定:"标的有多项而债务人只需履行其中一项的,债务人享有选择权;但是,法律另有规定、当事人另有约

---

〔1〕《汉书·淮阳宪王钦传》。

定或者另有交易习惯的除外。”“享有选择权的当事人在约定期限内或者履行期限届满未作选择,经催告后在合理期限内仍未选择的,选择权转移至对方。”这一条文是对选择之债及债务人选择权的规定,以前的法律没有对此作出规定,这是对选择之债规定的新规则。

在债的种类中,根据债是否具有数个标的,而由当事人于事后在数个给付中确定一个履行为标准,债可以分为简单之债和选择之债。选择之债,是指债的关系在成立之时,确定的标的有数个,当事人在履行时可以选定其中一个而为给付的债。其要件是:第一,须预定数种给付债务;第二,须于数种给付债务中选定其一为给付。凡在债的给付标的、履行时间、方式、地点等诸方面可供选择的债,都为选择之债。与选择之债对应的是简单之债。简单之债也称单纯之债,〔1〕是指具有确定的单一标的的债,是债的关系的常态,在实际生活中发生的债大多都是简单之债,债法的一般性规则均可适用于简单之债。这种区分的意义在于,简单之债应当全面履行,选择之债在履行之前必须确定履行数个标的中的一个,将其变为简单之债,才能够履行。

各种债的关系的标的一般为单一给付,债务人对其全面履行即可使债权实现,从而构成清偿,债务人并无选择的空间。但考虑债务履行过程中的各种商业风险,当事人也可能约定多个给付,允许债务人履行其中之一即可构成清偿。在此种情形,在债的关系成立时标的并未确定,但在履行之前必须依据一定的规则对其加以确定,使选择之债成为简单之债,从而使其能够履行。

选择之债在债的成立之始就有两种以上的履行可供选择。可供选择的数种履行,可以是选择不同的履行义务,如选择给付金钱或提供劳务;也可以是选择标的物;还可以是履行时间的不同,履行方式的不同,履行地点的不同。凡在债的给付标的、履行时间、方式、地点等诸方面可供选择的债,都为选择之债。正因为选择之债的数个给付具有不同的特点,选择之债的标的在债成立时确定为数个,数个标的具有不同的内容,因此,有选择的必要。设定选择之债的目的,是为确保债务履行,或者为将来的需要,或者为当事人一方或者双方的便宜。

选择之债因选择权的行使,而最终确定一个给付为债的标的,并因此产生溯及既往的效力。在数种给付中,确定其一为给付,就是选择之债的确定。选择权也叫择定权,是指在选择之债中,一方当事人享有的因自己的意思表示而

〔1〕 参见张广兴:《债法总论》,法律出版社1997年版,第132页。

引起选择之债变更为简单之债的形成权。

选择权以属于债务人为原则,因为债务毕竟是要由债务人实际履行的,债务人在履行债务之前,如果选择之债规定的数种选择不能确定,债务人不能作履行的准备,从而也就不能很好地履行债务。将选择权归属于债务人,既有利于保护债务人的利益,也有利于债务的履行。如果法律另有规定或者当事人另有约定,则从其规定或者约定。

选择权可以转移。转移的条件是,享有选择权的当事人在约定期限内或者履行期限届满时未作选择,经催告后在合理期限内仍未选择的。选择权转移至对方的,由新的选择权人行使。

264. 选择之债选择权的行使方法和规则

《民法典》合同编第516条第1款、第2款分别规定:"当事人行使选择权应当及时通知对方,通知到达对方时,标的确定。标的确定后不得变更,但是经对方同意的除外。""可选择的标的发生不能履行情形的,享有选择权的当事人不得选择不能履行的标的,但是该不能履行的情形是由对方造成的除外。"这一条文是对选择之债选择权行使规则的规定,以往的法律对此没有规定。

选择权是形成权,一经行使,即发生选择的效力,被选择的债务就被特定化,其他选项的债务即消灭。故享有选择权的当事人行使选择权时,以对相对人作出意思表示而发生效力,即及时通知对方;通知到达对方时,债务标的确定,从而使该选择之债自始成为简单之债。

基于该意思表示的此种效力,通知选择的意思表示非经相对人同意,不得变更,也不得撤销,只有在对方当事人同意的情况下才除外。

如果在选择之债的数种给付中,其中一个或数个因不可抗力等原因而履行不能时,则选择权人只能就剩余的给付进行选择。当只有一种可以履行而其他均发生履行不能时,则当事人丧失选择的余地,只能按可以履行的标的履行,选择之债变更为简单之债,无须另行选择。此种不能履行应当以不可归责于无选择权的当事人为限。如果该履行不能是由于无选择权的当事人的行为所致,则选择权人仍然有权就该不能履行的给付加以选择。如果选择权人为债务人,可以通过选择不能履行的给付而免予承担自己的债务;如果选择权人为债权人,则其可以通过选择不能履行的给付而解除合同,追究对方的违约责任。

265. 按份之债的债权债务份额的确定方法

《民法典》合同编第517条第1款、第2款分别规定:"债权人为二人以上,标的可分,按照份额各自享有债权的,为按份债权;债务人为二人以上,标的可分,按照份额各自负担债务的,为按份债务。”“按份债权人或者按份债务人的份额难以确定的,视为份额相同。”这一条文是对可分之债及规则的规定,与原《民法通则》第 86 条规定相比,本条是从可分债务的角度规定的新规则,第 86 条则是从按份债务的角度规定的。

可分之债,是指在债的关系中,债权或者债务是可以分割的债。与可分之债相对应的是不可分之债。不可分之债,是指在债的关系中,债的给付标的不能分割的债。既然债的给付为不可分,故各债权人只能享有同一的给付标的,其自然也只能为全体债权人请求履行。不可分债务本质上系复数债务,因其给付不可分,故在其履行上应当准用连带债务的规定,各债务人均应当承担全部给付义务。

可分之债的性质为复数之债,且只是因为标的的同一而联系在一起,各债权或者债务并无共同目的,故各债权人或者债务人发生的事项,原则上不对其他债权人或者债务人产生效力。

债权或者债务是否可以分割的标准是:第一,债权或者债务的分割是否损害债的目的。分割不损害债的目的的,为可分给付,否则为不可分给付。第二,债权或者债务的分割是否在约定中予以禁止,有禁止分割的约定的,为不可分之债。第三,债权或者债务分割是否符合交易习惯和标的物的用途,如钥匙与锁的关系,不能仅交付其一。

可分之债分为可分债权和可分债务。债权人为二人以上,标的可分,按照份额各自享有债权的,为按份债权;债务人为二人以上,标的可分,按照份额各自负担债务的,为按份债务。

可分之债的效力是:第一,对于可分之债,能够形成为按份之债。债务人可以依其份额向债权人分别作出履行。第二,可分之债可以实行部分免除、抵销等。

可分债务的不履行,发生按份责任,应当适用本法总则编第 177 条规定的按份责任规则。

266. 连带债权和连带债务的基本规则

《民法典》合同编第 518 条第 1 款、第 2 款分别规定:“债权人为二人以上,部分或者全部债权人均可以请求债务人履行债务的,为连带债权;债务人为二人以上,债权人可以请求部分或者全部债务人履行全部债务的,为连带债务。”“连带债权或者连带债务,由法律规定或者当事人约定。”这一条文是对连带债权和连带债务的规定,与原《民法通则》第 87 条规定相比,本条规定的主要是连带债权和连带债务的区分,以及连带债权和连带债务产生的基础。

连带之债,是指在一个债的关系中,债权人或者债务人有数人时,各个债权人均得请求债务人履行全部债务,各个债务人均负有履行全部债务的义务,且全部债务因一次全部履行而归于消灭的债。其中,具有连带关系的数个债权人为连带债权人,享有的债权为连带债权;具有连带关系的数个债务人为连带债务人,所负的债务为连带债务。

与连带之债相对应的是单独之债。单独之债,是指债的关系中债务人为一人的债。单独之债是债的常态,绝大多数债的关系都是单独之债。单独之债由单一的债务人自己承担清偿债务,自负其责。

连带之债产生于两种原因:一是法定连带之债,例如合伙债务、代理上的连带债务,共同侵权行为的损害赔偿责任为连带之债以及法律规定的其他连带之债。二是意定连带之债,当事人通过协议,约定为连带债权或者连带债务,如数个借款合同债务人就同一借贷,约定各负清偿全部债务的义务。

成立连带之债须具备的要件是:第一,债的一方或者双方当事人为二人以上;第二,债的标的须为同一;第三,数个债的目的须具有同一性;第四,连带债权人之间或者连带债务人之间须有连带关系,即对于数个债权人或者债务人中的一个人发生的非关于个人利益的事项,对于其他债权人或者债务人也发生同样的效力。

连带债权的部分或者全部债权人均可以请求债务人履行债务,其债权实现的,消灭债务人的债务;连带债务的部分或者全部债务人,都有义务满足债权人对部分或者全部债务人履行全部债务的请求,部分债务人履行全部债务的,连带债权全部消灭。

本法仍然没有规定不真正连带之债。不真正连带债务,是与连带之债最相类似却有不同的多数人之债,是指多数债务人就基于不同发生原因而偶然产生的同一内容的给付,各负全部履行之义务,并因债务人之一的履行而使全体债务人的债务均归于消灭的债务。[1] 不真正连带之债与连带之债不同。以不真正连带债务为例,连带债务最终分担在数个连带债务人之间,各自按照应当承担的内部份额分担责任,因此,每一个连带债务人都是最终债务人。而不真正连带债务的债务人分为中间债务人和最终债务人,履行债务的最终结果,是最

---

〔1〕 参见王利明主编:《中国民法案例与学理研究》(债权篇修订本),法律出版社 2003 年版,第 3 页。

终债务人承担全部债务,中间债务人即使承担了债务清偿义务,也对最终债务人享有追偿权。例如,在连带责任保证之债中,很多人认为是连带债务,在书面表达上也叫作连带责任保证,但是,其实不是连带债务,而是不真正连带债务。原因在于,保证合同中的保证人负有清偿债务的保证责任,但其仅仅是中间债务人,而主债务人才是最终债务人,连带保证人承担了保证责任之后,产生对主债务人的求偿权,有权就其全部履行进行追偿,最终的清偿责任是债务人承担,而非债务人和保证人分担。因此,所谓的连带保证之债,实际上是不真正连带责任的保证之债。

连带债务不履行,发生连带责任。对于连带责任的承担规则,适用本法总则编第 178 条规定的规则。

267. 连带债务人内部份额的确定方法及追偿权

《民法典》合同编第 519 条各款分别规定:"连带债务人之间的份额难以确定的,视为份额相同。""实际承担债务超过自己份额的连带债务人,有权就超出部分在其他连带债务人未履行的份额范围内向其追偿,并相应地享有债权人的权利,但是不得损害债权人的利益。其他连带债务人对债权人的抗辩,可以向该债务人主张。""被追偿的连带债务人不能履行其应分担份额的,其他连带债务人应当在相应范围内按比例分担。"这一条文是对连带债务之债务份额的规定,规则与本法总则编第 178 条第 2 款规定的连带责任规则基本相同。不同的是,本条详细规定了连带债权人之间内部追偿的规则。

连带债务对外不分份额,只有对内才分份额,连带债务人在内部对自己的份额承担最终责任。

连带债务人可以事先约定份额,或者根据实际情况确定份额。债务份额难以确定的,视为份额相同,各个债务人以同等份额承担最终责任。

在连带债务,对外由于每一个债务人均负有履行全部债务的义务,债权人有权向连带债务人中的数人或者全体请求履行。被请求的债务人不得以还有其他债务人而互相推诿,也不得以自己仅负担债务中的一定份额为由而拒绝履行全部债务。连带债务人这时承担的清偿责任,是连带债务的中间性清偿责任。

在承担中间性清偿责任中,如果实际承担债务的连带债务人承担了超过自己份额的,有权就超出部分在其他连带债务人未履行的份额范围内向其追偿。在行使追偿权时,承担了超出自己份额的中间性清偿责任的债务人,实际上相应地享有了债权人的权利,但是,行使这种债权不得损害债权人的利益。连带债务人在行使追偿权时,如果其他连带债务人对连带债务的债权人享有抗辩权的,可以向该债务人主张对债权人的抗辩,对抗该债务人的追偿权。

连带债务与连带责任的连接点,在于连带债务的不履行。连带债务不履行,发生连带责任。至于连带债务和连带责任的规则,是相同的,并没有质的差别。

部分连带债务人承担了中间责任之后,承担中间责任的连带债务人对未承担债务的连带债务人享有追偿权。在这个规则里,存在的问题是,如果未承担债务的连带债务人不能履行其应当分担的债务份额即自己的最终债务的,不能让承担了中间债务的连带债务人独自负担该债务,只要还有其他有清偿能力的连带债务人,就应当分担不能履行其债务的连带债务人不能履行的债务。究竟应当如何负担,方法是,其他连带债务人在相应范围内按比例分担。例如,共有五名连带债务人,每个连带债务人的最终份额为20%;当一名连带债务人承担了全部清偿债务后,在追偿中,其中一名连带债务人不能履行自己的债务份额,其他四名连带债务人对不能负担最终债务份额的这20%债务,每人应当分担1/4,已经承担连带清偿责任的连带债务人可以向这三名连带债务人每人追偿1/4债务,自己负担1/4。

这里其实还有问题,就是分担不能履行连带债务的债务人的债务后,就其分担的这部分债务,对未履行债务的连带债务人仍然享有追偿权。这种情形,尽管本条没有规定,但在理论上和实践中是应当如此的。

268. 连带债务人之一所为事项具有涉他效力

《民法典》合同编第520条各款分别规定:“部分连带债务人履行、抵销债务或者提存标的物的,其他债务人对债权人的债务在相应范围内消灭;该债务人可以依据前条规定向其他债务人追偿。”“部分连带债务人的债务被债权人免除的,在该连带债务人应当承担的份额范围内,其他债务人对债权人的债务消灭。”“部分连带债务人的债务与债权人的债权同归于一人的,在扣除该债务人应当承担的份额后,债权人对其他债务人的债权继续存在。”“债权人对部分连带债务人的给付受领迟延的,对其他连带债务人发生效力。”这一条文是对连带债务人之一所为事项具有涉他效力的规定,是以前的法律中没有规定的连带债务规则。

在连带债务中,就一债务人所生的事项,效力有的及于其他债务人,有的不及于其他债务人。前者称为有涉他效力的事项,后者称为无涉他效力的事项。

在连带债务中,有涉他效力的事项包括:

(1)部分连带债务人履行、抵销债务或者提存标的物的,其他债务人对债权人的债务在相应范围内消灭。这就是连带债务涉他效力的典型表现,即部分连带债务人的清偿行为效果及于其他连带债务人。已经履行了债务的债务人可以依照追偿权的规则,向其他未清偿债务的连带债务人进行追偿。

(2)部分连带债务人的债务被债权人免除的,在该连带债务人所应承担的份额范围内,其他债务人对债权人的债务消灭。这是债权人免除连带债务人之一的债务效果及于全体连带债务人的规则。例如,连带债务人之一对债权人的连带债务被债权人免除的,免除的虽然是连带债务人的部分债务,但是对全体债务人有效果。

(3)部分连带债务人的债务与债权人的债权同归于一人的,在扣除该债务人所应承担的份额后,债权人对其他债务人的债权继续存在。这是连带债务的部分连带债务混同对连带债务的效果,即发生混同的部分债务消灭,其他部分的连带债务仍然存在。

(4)债权人对部分连带债务人的给付受领迟延的,对其他连带债务人发生效力。主要是指债权人对部分连带债务人的给付受领迟延引发的后果,如发生的抗辩等,全体连带债务人均可以以此进行抗辩。

还有一个涉他效力的事项是,当部分债务人得到法院的有利判决,且其判决非基于该债务与债权人个人关系的,其他债务人可以援用该判决而拒绝履行,但该债务人受败诉的判决,其效力不及于其他债务人。

269. 连带债权的债权份额与债权受领的返还义务

《民法典》合同编第521条各款分别规定:“连带债权人之间的份额难以确定的,视为份额相同。”“实际受领债权的连带债权人,应当按比例向其他连带债权人返还。”“连带债权参照适用本章连带债务的有关规定。”这一条文是对连带债权的债权份额及债权受领的返还义务的规定,是以前的法律没有规定过的新规则。

在对外关系上,连带债权的债权人是不分份额地享有债权的。但是,在连带债权人的内部,每个人都有自己的份额。连带债权人的债权份额,应当按照约定或者实际情况确定。连带债权人之间的份额难以确定的,视为份额相同,按照相同的份额享有债权。

由于连带债权的债权人都可以向债务人主张债权,债务人都有满足连带债权人部分或者全部的权利主张,因而会出现实际受领超过自己份额的连带债权人。当出现这种情形时,该债权人应当按照份额的比例向其他连带债权人返还,其他债权人按照份额的比例享有债权利益的返还请求权。

连带债权的规则多数与连带债务的规则相同。因此,对连带债权准用本章关于连带债务的有关规定。

270. 向第三人履行的债务人未履行或履行不合约定时的第三人请求权

《民法典》合同编第 522 条第 1 款、第 2 款分别规定:"当事人约定由债务人向第三人履行债务,债务人未向第三人履行债务或者履行债务不符合约定的,应当向债权人承担违约责任。""法律规定或者当事人约定第三人可以直接请求债务人向其履行债务,第三人未在合理期限内明确拒绝,债务人未向第三人履行债务或者履行债务不符合约定的,第三人可以请求债务人承担违约责任;债务人对债权人的抗辩,可以向第三人主张。"这一条文是对向第三人履行债务的规定,与原《合同法》第 64 条规定的向第三人履行规则相比,增加了第 2 款,即第三人可以请求债务人承担违约责任的新规则。

向第三人履行,也叫第三人代债权人受领。合同当事人约定向第三人履行合同的,只要该第三人符合法律或合同规定的接受履行资格,能够受领的,该第三人就成为合同的受领人,是合格的受领主体,有权接受履行。第三人接受履行时,第三人只是接受履行的主体,而不是合同当事人。第三人替债权人接受履行不适当或因此给债务人造成损失的,应由债权人承担民事责任。第三人替债权人接受履行,通常是因为第三人与债权人之间存在一定关系,但第三人并不是债权人的代理人,不应当适用关于代理的规定。

当构成向第三人履行债务时,债务人应当向第三人履行清偿义务,履行增加的费用,应当由债权人负担。当债务人未向第三人履行债务或者履行债务不符合约定的,构成违约行为,债务人应当向债权人承担违约责任。

在向第三人履行中,如果法律规定或者当事人约定第三人可以直接请求债务人向其履行债务的,第三人可以直接向债务人请求履行债务,债务人应当向其履行。第三人只要未在合理期限内对其有请求债务人向其履行债务的意思予以明确拒绝的,债务人未向第三人履行债务或者履行债务不符合约定的,第三人就可以请求债务人承担违约责任;债务人如果对债权人享有抗辩的权利时,可以直接向第三人主张其对债权人的抗辩予以抗辩,发生向债权人抗辩的效力。

本条规定的向第三人履行的新规则,实际上扩大了向第三人履行的范围。原《合同法》第 64 条规定的是当事人约定由债务人向第三人履行债务,本条第 2 款增加了法律规定的情形,法律规定或者当事人约定的内容,不仅是向第三人履行,而且第三人可以直接请求债务人向其履行债务。这显然与原《合同法》

第 64 条的规定不同。例如,货物运输合同的收货人,其实就是第三人,该第三人就是法律规定的可以直接向债务人要求其履行债务的情形。对此,债务人不履行债务或者履行债务不符合约定,第三人当然可以主张债务人承担违约责任。

271. 第三人代为履行债务及后果

《民法典》合同编第 524 条第 1 款、第 2 款分别规定:"债务人不履行债务,第三人对履行该债务具有合法利益的,第三人有权向债权人代为履行;但是,根据债务性质、按照当事人约定或者依照法律规定只能由债务人履行的除外。""债权人接受第三人履行后,其对债务人的债权转让给第三人,但是债务人和第三人另有约定的除外。"这一条文是对第三人代为履行债务及后果的规定,原《合同法》对此没有规定,这是本条对第三人代为履行规定的新规则。

当一个债务已届履行期,债务人不履行债务,有可能损害第三人的利益,即第三人对履行该债务具有合法利益的,第三人产生代为履行债务的权利,有权向债权人代为履行,以使自己的合法利益得到保全。如果根据债务的性质、按照当事人约定或者依照法律规定,该债务只能由债务人履行的,不适用第三人代为履行的规则。

第三人代债务人为履行之后,债权人已经接受第三人的履行的,产生请求权让与的后果,债权人对债务人的债权就转让给了第三人,第三人对债务人享有该债权,可以向债务人主张该债权。如果债务人和第三人对如何确定他们之间的债权债务关系另有约定的,则按照约定办理,不受这一债权转让规则的拘束。

例如,本租合同的当事人是出租人和承租人,转租合同的次承租人对出租人而言,就是本租合同的第三人。如果承租人拖欠租金,其后果将会使出租人解除本租合同,这必然涉及次承租人的合法利益。次承租人为保全自己的合法利益,即本租合同不被解除,即有权向债权人代承租人履行给付租金的债务。次承租人作为第三人向出租人支付租金,保全了本租合同,实际上也就保全了自己的转租合同,自己的利益受到保护。由于次承租人代承租人向出租人给付租金,债权人享有的给付租金的债权就转移给次承租人,次承租人有权向承租人主张这一请求权。如果承租人与次承租人之间另有约定,如次承租人对出租人给付的租金抵扣次承租人对承租人转租租金,依照其约定处理。

272. 中止履行后未恢复履行能力且未提供担保的视为根本违约

《民法典》合同编第 528 条规定:"当事人依据前条规定中止履行的,应当及时通知对方。对方提供适当担保的，应当恢复履行。中止履行后，对方在合理期限内未恢复履行能力且未提供适当担保的，视为以自己的行为表明不履行主要债务，中止履行的一方可以解除合同并可以请求对方承担违约责任。”这一条文是对行使不安抗辩权后的效果的规定，与原《合同法》第69条相比，增加了债务人未恢复履行能力且未提供担保视为根本违约，并应承担违约责任的新规则。

不安抗辩权是指在双务合同中有先履行义务的一方当事人，在有确切证据证明对方当事人有丧失或者可能丧失履行能力因而不能履行合同义务时，享有的暂时中止履行的抗辩权。双务合同的一方当事人依约定应先履行其债务时，应先履行义务的一方当事人不享有同时履行抗辩权。但是，在合同成立以后，当其发现后履行一方当事人财产状况显形减少，可能危及先履行一方当事人的债权实现时，如仍强迫先履行义务一方当事人先为给付，则可能出现先履行的一方当事人履行了债务，其债权却无法实现的情形。这有悖于公平原则。法律为贯彻公平原则，避免一方当事人蒙受损害，特设不安抗辩权制度。不安抗辩权的性质是一时性抗辩权，属于间接保障债权的手段。[1]

法律为求双务合同当事人双方利益的平衡，规定主张不安抗辩权的当事人对后履行一方当事人负担通知义务。法律要求主张不安抗辩权的一方当事人在提出权利主张的同时，应当立即通知另一方。不安抗辩权的行使取决于权利人一方的意思，无须取得另一方同意的必要。法律使其负即时通知义务，是为了避免另一方当事人因此受到损害。

通知的另一个目的在于，经过通知，便于后履行一方在获此通知后，及时提供充分的履行债务担保，以消灭不安抗辩权。不安抗辩权消灭后，先履行一方应当恢复履行。

不安抗辩权行使后产生的法律后果是：第一，先履行一方已经发出通知后，在后履行一方当事人如果没有提供适当担保之前，有权中止自己的履行。第二，后履行一方当事人接到通知后，向对方提供了适当担保的，不安抗辩权消灭，合同应当恢复履行，主张不安抗辩权的当事人应当承担先履行的义务。第三，先履行债务的当事人中止履行并通知对方当事人后，对方当事人在合理期限内没有恢复履行能力，也没有提供适当担保的，视为其根本违约，不仅先履行债务的一方当事人产生法定解除权，可以单方解除合同，而且还可以主张追究后履行一方的违约责任。

---

〔1〕 参见韩世远：《合同法总论》（第3版），法律出版社2011年版，第308页。

本条规定的新规则在于前述的第三项,即原《合同法》第69条规定,先履行一方当事人中止履行之后,对方在合理期限内未恢复履行能力并且未提供适当担保的,直接规定的后果就是解除合同。本条新增加的规定是,将后履行一方的上述行为视为根本违约,其产生的后果,不仅是先履行义务一方当事人产生法定解除权,而且还产生违约责任请求权,可以行使法定解除权解除合同,并且可以同时主张其承担违约损害赔偿责任。

273. 情势变更规则及效力

《民法典》合同编第533条第1款、第2款分别规定:"合同成立后,合同的基础条件发生了当事人在订立合同时无法预见的、不属于商业风险的重大变化,继续履行合同对于当事人一方明显不公平的,受不利影响的当事人可以与对方重新协商;在合理期限内协商不成的,当事人可以请求人民法院或者仲裁机构变更或者解除合同。""人民法院或者仲裁机构应当结合案件的实际情况,根据公平原则变更或者解除合同。"这一条文是对情势变更原则的规定,原《合同法》没有规定情势变更原则,最高人民法院的司法解释作过规定,本条从民法基本法的角度规定了情势变更原则的行使规则及效力。

情势变更原则,是指在合同成立后,合同的基础条件发生了当事人在订立合同时无法预见的、不属于商业风险的重大变化,仍然维持合同效力、履行合同对于当事人一方明显不公平,受不利影响的当事人可以与对方重新协商,变更或解除合同并免除责任的合同效力规则。在原《合同法》立法时,很多人对情势变更原则忧心忡忡,导致最终没有规定这一原则。原《最高人民法院关于适用〈中华人民共和国合同法〉若干问题的解释(二)》第26条规定:"合同成立以后客观情况发生了当事人在订立合同时无法预见的、非不可抗力造成的不属于商业风险的重大变化,继续履行合同对于一方当事人明显不公平或者不能实现合同目的,当事人请求人民法院变更或者解除合同的,人民法院应当根据公平原则,并结合案件的实际情况确定是否变更或者解除。"这条规定了在司法实践中可以适用情势变更规则。本条借鉴司法解释规定的规则,确认情势变更规则是合同法的重要规则。

在合同领域,对情势变更原则的适用条件是相当严格的,应当具备的条件是:第一,须有应变更或解除合同的情势,即合同的基础条件发生了变动,在履行时成为一种新的情势,与当事人的主观意思无关。第二,变更的情势须发生在合同成立后至消灭前。第三,情势变更的发生不可归责于双方当事人,当事人对于情势变更的发生没有主观过错。第四,情势变更须未为当事人所预料且不能预料,而且不属于商业风险。第五,继续维持合同效力,将会产生显失公平的结果。

情势变更原则适用的法律效力是:第一,当事人重新协商,即再协商,再协商达成协议的,按照协商达成的协议确定双方当事人的权利义务关系。第二,再协商达不成协议的,可以变更或解除合同并免除当事人责任。人民法院或者仲裁机构应当结合案件的实际情况,根据公平原则确定变更或者解除合同。

可见,情势变更原则发生两次效力:第一次效力,是维持原法律关系,只变更某些内容。第一次效力多用于履行困难的情况,变更方式包括增减给付、延期或分期给付、变更给付标的或者拒绝先为给付。第一次效力不足以消除显失公平的结果时,发生第二次效力,是采取消灭原法律关系的方法以恢复公平,表现为终止合同、解除合同、免除责任或者拒绝履行。

第五节 关于合同保全的新规则

274. 债权人代位权的行使条件

《民法典》合同编第 535 条各款分别规定:"因债务人怠于行使其债权或者与该债权有关的从权利,影响债权人的到期债权实现的,债权人可以向人民法院请求以自己的名义代位行使债务人对相对人的权利,但是该权利专属于债务人自身的除外。""代位权的行使范围以债权人的到期债权为限。债权人行使代位权的必要费用,由债务人负担。""相对人对债务人的抗辩,可以向债权人主张。"这一条文是对债权人到期债权行使债权人代位权的规定,与原《合同法》第 73 条规定相比,增加了债权人代位权行使条件的新规则。

债权人代位权,是指债权人依法享有的为保全其债权,以自己的名义行使属于债权人权利的实体权利。当债务人怠于行使属于自己的债权或者与该债权有关的从权利,而损害债权人的权利实现时,该债权人可以自己的名义代位行使债务人怠于行使的债权。其特征是:第一,债权人代位权是债权的从权利;第二,债权人代位权是债权人以自己的名义代债务人之位行使的权利;第三,债权人代位权的目的是保全债权;第四,债权人代位权的性质是管理权。

本条规定的是债权人债权到期的代位权的行使要件。与原《合同法》第 73 条规定相比,新的规则如下:

(1)将"因债务人怠于行使其到期债权",改为"因债务人怠于行使其债权或者与该债权有关的从权利",这一债务人行为要件发生了重大变化。原《合同法》第 73 条规定不仅是债权,而且还须为到期债权,本条规定的只是"债权或者与该债权有关的从权利”,没有性质为债权、形态为到期的要求,只要该权利不是专属于债务人自身的,就可以代位行使。

(2)将“对债权人造成损害”的要件,改为“影响债权人的到期债权实现”,这也发生了重大变化。原《合同法》第73条规定为已经对债权人造成损害的客观后果,而本条则规定为影响债权人到期债权的实现。“损害”与“影响”,显然是不一样的,其轻重自明。

(3)债权人行使代位权的范围,以“债权人的到期债权为限”,改变了原《合同法》第73条规定的“以债权人的债权为限”的要求,行使代位权范围的规定更为合理,有利于更好地保护双方当事人的权益。

(4)将代位权行使的对方当事人称为“相对人”,并增加“相对人对债务人的抗辩,可以向债权人主张”的规定。如果相对人即次债务人对债务人享有合法的抗辩,例如债务人违约等,相对人可以持这种抗辩向债权人主张。又如,相对人因债务超过诉讼时效而取得抗辩权,该抗辩权可以直接向债权人行使,可以对抗债权人代位权。

275. 债权人有权对部分未到期的债权行使代位权

《民法典》合同编第536条规定:“债权人的债权到期前,债务人的债权或者与该债权有关的从权利存在诉讼时效期间即将届满或者未及时申报破产债权等情形,影响债权人的债权实现的,债权人可以代位向债务人的相对人请求其向债务人履行、向破产管理人申报或者作出其他必要的行为。”这一条文是对未到期债权行使债权人代位权的规定,原《合同法》对此没有规定,是债权人代位权的一个新规则。

债权人行使代位权的条件之一,就是债权人的债权已经到期。债权人对债务人享有的债权在履行期届满之前,债权人原则上不能行使代位权。本条规定,如果债权人在债权到期之前行使代位权,须有法定事由。该法定事由如下:

(1)债务人对相对人享有的债权或者与该债权有关的从权利存在诉讼时效期间即将届满,影响债权人的债权实现。债务人对相对人享有的权利存在诉讼时效期间即将届满的危险,如果不及时行使该权利,将会因该权利由于诉讼时效期间届满而使相对人产生永久性抗辩权,影响债务人的债权实现的,债权人的债权虽未到期,也可以主张行使代位权。

(2)债务人对相对人享有的债权或者与该债权有关的从权利因未及时申报破产债权,影响债权人的债权实现的。如果债务人的债务人即相对人濒于破产,或者正在破产过程中,如果债务人未及时申报破产债权,影响债权人的债权实现的，债权人也可以在自己对债务人的债权到期前，主张行使代位权。

在上述两种情况下，债权人可以行使债权人代位权，方法是：第一，可以以债务人的名义，代位向相对人请求履行。这是典型的代位权行使方法，主要针对的是第一种情形。第二，相对人在破产程序中的，债权人可以代债务人之位，向破产管理人申报债权，将该债权纳入破产财产清偿范围，期待在破产清算中实现债权。这是针对第二种情形行使代位权的方法。第三，作出其他必要的行为，例如符合条件的，可以请求查封、冻结财产等。后两种方法，超出了传统债权人代位权的范围，其目的仍然是保全债务人的财产以保护自己的债权，是针对实际情况所作的规定，对于保全债权人的债权具有重要意义。

276. 债权人接受债务人相对人的履行后，三方相应的权利义务终止

《民法典》合同编第 537 条规定："人民法院认定代位权成立的，由债务人的相对人向债权人履行义务，债权人接受履行后，债权人与债务人、债务人与相对人之间相应的权利义务终止。债务人对相对人的债权或者与该债权有关的从权利被采取保全、执行措施，或者债务人破产的，依照相关法律的规定处理。"这一条文是对债权人代位权行使方法及结果的规定，原《合同法》没有这一规定，本条是在最高人民法院有关司法解释的基础上进行完善而规定的新规则。

债权人行使代位权，应当向人民法院起诉，由人民法院确认是否可以行使代位权。人民法院经过审理，认定债权人主张的代位权成立的，就可以判决由债务人的相对人直接向债权人履行债务。债权人接受相对人的履行后，债权人与债务人、债务人与其相对人之间相应的权利义务全部消灭。

原《合同法》没有这样的规定。原《最高人民法院关于适用〈中华人民共和国合同法〉若干问题的解释（一）》第 20 条规定："债权人向次债务人提起的代位权诉讼经人民法院审理后认定代位权成立的，由次债务人向债权人履行清偿义务，债权人与债务人、债务人与次债务人之间相应的债权债务关系即予消灭。"本条在这一司法解释的基础上，完善而成。

事实上，这样的结果不是传统的债权人代位权的行使方法和结果。债权人代位权是保全债务人的财产，行使代位权的后果是使债务人对相对人的债权得以保全，以增加债务人履行债务的财产资力，即"入库规则"。我国在《合同法》立法中，采取了相对人直接向债权人履行债务的做法，可以节省司法资源，避免债权人多次起诉，造成讼累；尽管有悖于传统制度，但是，在实践中的效果较好，因此继续保留下来。

在行使债权人代位权中，如果债务人对相对人的债权或者与该债权有关的从权利被采取保全、执行措施,或者债务人破产的,则应当依照相关法律的规定处理,例如,被采取保全或者执行措施的,依照《民事诉讼法》的规定进行;债务人破产的,依照《破产法》的规定进行。

277. 债权人撤销权的行使条件

《民法典》合同编第 538 条规定:"债务人以放弃其债权、放弃债权担保、无偿转让财产等方式无偿处分财产权益,或者恶意延长其到期债权的履行期限,影响债权人的债权实现的,债权人可以请求人民法院撤销债务人的行为。"这一条文是对债务人无偿处分财产行使债权人撤销权条件的规定,与原《合同法》第 74 条规定相比,调整了债权人撤销权的行使要件。

债权人撤销权,是指债权人依法享有的为保全其债权,对债务人无偿或者低价处分作为债务履行资力的现有财产以及放弃其债权或者债权担保、恶意延长到期债权履行期限的行为,请求法院予以撤销的权利。本条规定是对债务人无偿处分财产行为的撤销权。

债权人撤销权的目的在于保全债务人的一般财产,否定债务人不当减少一般财产的行为(欺诈行为),是将已经脱离债务人一般财产的部分恢复为债务人的一般财产为目的的权利。当债务人实施减少其财产或者放弃其到期债权而损害债权人债权的民事法律行为时,债权人可以依法行使这一权利,请求法院对该民事法律行为予以撤销,使已经处分了的财产恢复原状,以保护债权人债权实现的物质基础。

传统民法理论认为,债权人对债务人无偿处分行为行使撤销权的要件是:第一,债权人与债务人之间有债权债务关系;第二,债务人实施了处分财产的积极行为或者放弃债权、放弃债权担保的消极行为;第三,债务人的行为须有影响债权的实现;第四,非共同要件的主观恶意,无偿处分行为不必具备这一要件。

本条规定,债权人行使撤销权的要件如下:

(1)债务人实施了无偿处分财产的行为。具体包括:一是放弃其债权,即债务人放弃对自己作为债权人的相对人享有的债权,无论是到期还是未到期债权,均可行使撤销权。二是放弃债权担保,债务人对自己的债务人对自己负有的债务,由相对人或者第三人设置的担保予以放弃,使债务人享有的债权失去担保的财产保障,对债权人的债权构成威胁,可以行使撤销权。三是无偿转让财产,债务人无偿将自己的财产转让给他人,使债权人的债权实现构成威胁,可以行使撤销权。四是恶意延长其到期债权的履行期限,债务人对相对人享有的债权已经到期,为逃避债务延长履行期限,也是对债权构成威胁,可以行使撤销权。与原《合同法》第74条规定相比，原来只规定了放弃到期债权或者无偿转让财产，本条将“到期债权”改变为“债权”，增加了放弃债权担保和恶意延长其到期债权的履行期限，扩大了债权人撤销权的适用范围。

(2)对无偿处分财产行为的主观要件。上述四种情形，前三种都无须主观要件，即放弃其债权、放弃债权担保、无偿转让财产等方式无偿处分财产权益的行为，都无须具备主观的恶意要件，只有第四种情形即恶意延长其到期债权的履行期限，须具备恶意的主观要件。

(3)影响债权人的债权实现。具备上述四种情形之一，尚不足以使债权人有权行使撤销权，还须具备影响债权人的债权实现要件时，才使债权人发生行使撤销权的全部要件。原《合同法》第74条对此规定的是“对债权人造成损害”。相比之下，影响债权人的债权实现，显然比对债权人造成损害的要求要低，更有利于保护债权人的债权。

符合上述三个要件的要求，债权人可以行使债权人撤销权。

278. 债务人不合理地增加债务负担，债权人享有撤销权

《民法典》合同编第539条规定：“债务人以明显不合理的低价转让财产、以明显不合理的高价受让他人财产或者为他人的债务提供担保，影响债权人的债权实现，债务人的相对人知道或者应当知道该情形的，债权人可以请求人民法院撤销债务人的行为。”这一条文是对债务人有偿处分财产行使债权人撤销权的规定，是在原《合同法》第74条第1款后段规定的基础上，增加规定的新规则。

债务人有偿处分自己财产的行为，原本与债权人的利益无关，但是如债务人为逃避债务，恶意低价处分，就影响了债权人的债权实现。如果受让人对债务人低价处分财产行为知道或者应当知道该情形的，构成恶意，因此，债权人可以行使撤销权，撤销债务人与受让人的低价处分行为，保存债务人履行债务的财产资力。

债务人有偿处分其财产，债权人行使撤销权的要件如下：

(1)不合理价格处分其财产的行为。债权人对债务人不合理价格处分财产行为包括：一是债务人以明显不合理的低价转让财产，即债务人以明显低于正常的合理价格转让自己的财产；二是以明显不合理的高价受让他人财产，债务人以明显超过正常的价格受让他人的财产，相当于转移自己的资产；三是为他人的债务提供担保，债务人在应当履行对债权人的债务情形下，将自己的财产为他人提供担保，将减少自己承担债务的财产资力。对于不合理价格的认定，可以按照司法实践掌握的标准,即对明显不合理的低价,应当以交易当地一般经营者的判断,并参考交易当时交易地的物价部门指导价或者市场交易价,结合其他相关因素综合考虑予以确认。转让价格达不到交易时交易地的指导价或者市场交易价70%的,一般可以视为明显不合理的低价;对转让价格高于当地指导价或者市场交易价30%的,一般可以视为明显不合理的高价。债务人以明显不合理的高价收购他人财产,可以根据债权人的申请,参照法律的规定予以撤销。

(2)债务人的行为须影响债权人的债权实现。这三种行为,如果是在不对债权人负有债务的情况下,债务人如何处理与他人无涉,自不会予以干预。但是在债务人对债权人负有债务,又做上述处理,就有悖情理,影响债权人的债权实现。如果不存在影响债权人的债权实现的可能时,债权人不得行使撤销权。

(3)债务人的相对人明知或者应知的主观要件。具体的表现是债务人以不合理的价格处分财产行为,受让人须知道或者应当知道该情形,因而受让人存在过错。

与原《合同法》第74条第1款后段规定相比:第一,增加了以明显不合理的高价受让他人的财产和为他人的债务提供担保的行使撤销权的情形;第二,将对债权人造成损害改为影响债权人的债权实现;第三,将受让人知道该情形改为受让人知道或者应当知道该情形。这样的规定,使债权人撤销权的适用范围适当加宽,有利于保护债权人的合法债权。

279. 债权人撤销权行使的法律效力

《民法典》合同编第542条规定:"债务人影响债权人的债权实现的行为被撤销的,自始没有法律约束力。"这一条文是对债权人撤销权行使效果的规定,原《合同法》对此没有规定。

债权人撤销权的目的是保全债务人的财产,而不是直接用债务人的财产清偿债务。因此,债权人向法院起诉主张撤销债务人损害债权的财产处分行为,人民法院支持其主张,撤销了债务人损害债权人利益的行为,其后果是该处分行为自始没有法律约束力,处分的财产回归债务人手中,成为履行对债权人债务的财产资力。

在《民法典》草案中,本条曾设置第2款,规定债权人在撤销债务人的财产处分行为后,行使自己债权的行为。这意味着,对于债务人处分财产行为中有关债务人的债权的部分,撤销处分行为后,就可以行使代位权,直接向相对人请求行使债务人的债权，以满足自己的债权。这实际上是将行使撤销权和代位权合并进行。对于债务人无偿处分或者明显不合理的低价或者高价处分或者受让财产的行为，不能行使代位权，而是在将撤销权行使后的财产"入库"，另行起诉请求债务人用该财产清偿债务，实现债权。《民法典》删除了第 2 款是完全正确的。

第六节　关于合同的变更和转让的新规则

280. 当事人关于债权不得转让的约定对第三人的效力

《民法典》合同编第 545 条第 1 款、第 2 款分别规定："债权人可以将债权的全部或者部分转让给第三人，但是有下列情形之一的除外：（一）根据债权性质不得转让；（二）按照当事人约定不得转让；（三）依照法律规定不得转让。""当事人约定非金钱债权不得转让的，不得对抗善意第三人。当事人约定金钱债务不得转让的不得对抗第三人。"这一条文是对债权转让及范围的规定，与原《合同法》第 79 条规定相比，有两点比较重要的修改和完善。

债权转让是债的移转的一种形式。债的移转，是指通过债的关系当事人与第三人协议的方式，在不改变债的客体和内容的情况下，对债的主体进行变更的债的转移形态。故债的移转就是债的主体之变更，包括债权转让、债务转移以及债权债务概括转移三种形式。

债权转让，也叫债权让与，是指债权人通过协议将其享有的债权全部或者部分转让给第三人的行为。债权转让是债的关系主体变更的一种形式，是在不改变债的内容的情况下，通过协议将债的关系中的债权人进行变更。债权转让的构成要件是：一是须有有效的债权存在；二是债权的转让人与受让人应达成转让协议；三是转让的债权必须是依法可以转让的债权；四是债权的转让协议须通知债务人。

债权转让的范围，原则上是可以转让的债权都可以转让。不可以转让的债权，本条规定了三种情形：第一，根据债权性质不得转让，主要是合同是基于当事人的身份关系订立的，合同权利转让给第三人，违反当事人订立合同的目的，例如收养合同。第二，按照当事人约定不得转让，当事人在订立合同时约定禁止将合同债权转让给第三人的，当然该债权不得转让。第三，依照法律规定不得转让，如果法律对某种合同债权规定禁止转让，转让就违反了法律规定，自然不得转让。

如果当事人在合同中约定非金钱债权不得转让的，当事人应当遵守约定，对该非金钱债权不得转让。债权人一旦转让非金钱债权,原则上应当是无效的,但是,这种约定不得对抗善意第三人,如果受让债权的第三人是善意,即对合同当事人约定的非金钱债权不得转让不知情且无过失的,第三人主张转让有效的,发生债权转让的效果。如果当事人在合同中约定金钱债务不得转让,债权人一旦转让金钱债务,原则上也是无效的,但是在对第三人的效果上,与转让非金钱债权不同,不是不得对抗善意第三人,而是不得对抗所有的第三人,这种影响范围显然更宽。

本条规定的新规则的主要变化如下:

(1)将转让的权利由"合同的权利"改为"债权",这意味着不仅合同的债权可以转让,非合同的债权也可以转让,这正是《民法典》合同编通则的规定具有债总性质的体现。

(2)当事人约定非金钱债权不得转让、不得对抗善意第三人的规则,是以前的法律中没有规定的,这个规则是正确的,是保护善意第三人原则的典型体现。

(3)当事人约定金钱债权不得转让、不得对抗第三人的规则,也是以前的法律中没有规定的,也是正确的,是保护第三人利益的重要规则。例如,约定借贷之债不得转让,但是债权人将借贷之债的债权转让第三人后,债务人主张债权转让无效,则不能对抗受让的第三人,而不论第三人是否为善意。

281. 债权受让人取得从权利不因未登记或者未转移占有而受影响

《民法典》合同编第 547 条第 1 款、第 2 款分别规定:"债权人转让债权的,受让人取得与债权有关的从权利,但是该从权利专属于债权人自身的除外。""受让人取得从权利不因该从权利未办理转移登记手续或者未转移占有而受到影响。"这一条文是对债权转让从随主原则的规定,与原《合同法》第 81 条规定相比,增加了第 2 款规定的新规则。

从随主原则,是债权转让的重要规则。主债权发生转移时,其从权利应随之一同转移,但是,该从权利专属于债权人自身的除外。随同债权转移而一并转移的从权利包括担保物权和其他从权利。

债权的从权利,是指与主债权相联系的,但自身并不能独立存在的权利。债权的从权利大部分是由主债权债务关系的从合同所规定的,也有的本身就是主债权内容的一部分。如通过抵押合同所设定的抵押权、以质押合同设定的质权、以保证合同设定的保证债权、定金合同设定的定金债权等,都属于由主债权的从合同设定的从权利。违约金债权、损害赔偿请求权、留置权、债权解除权、债权人撤销权、债权人代位权等,则属于由主债权或者依照法律的规定所产生的债权的从权利。

债权的从权利作为债权的一部分内容,债权人转让其债权的,附属于主债权的从权利也一并由受让人取得。如果转让双方在转让协议中明确规定了债权的从权利与主债权一并转让的,在主债权转让的同时,从权利一并转移。即使债权的从权利是否转让没有在转让协议中作出明确规定,也与主债权一并转移于债权的受让人。例外情况是,如果债权的从权利是专属于债权人的权利,不会发生与主债权同时转移的效力。

本条规定的新规则是:在债权转让中,从权利的随主债权的转移具有法定性。如果受让人取得了主债权,但是,该主债权的从权利未履行权利变更登记或者未转移占有的,并不影响债权转让的从权利随同主债权一起转移的效力,从权利仍然跟随着主债权一并转移给受让人,使受让人既成为主债权人,同时也成为从权利人。换言之,不论从权利是否经过变更登记或者是否转移占有,从权利都跟随主债权的转让而转让。这样规定,有利于统一行为标准和裁判尺度。

另外,本条还将原条文的"权利"改为"债权",使概念更加准确。

282. 债务人的债权与转让的债权基于同一合同产生,债务人有权主张抵销

《民法典》合同编第 549 条规定:"有下列情形之一的,债务人可以向受让人主张抵销:(一)债务人接到债权转让通知时,债务人对让与人享有债权,并且债务人的债权先于转让的债权到期或者同时到期;(二)债务人的债权与转让的债权是基于同一合同产生。"这一条文是对债权转让后原债抵销权仍然有效的规定,与原《合同法》第 83 条规定相比,增加了可以抵销的情形。

债务抵销是合同法的重要制度,是债的消灭方式之一,在债权转让中同样适用。被转让的债权如果存在债权人与债务人互负债务的情形,各以其债权充当债务的清偿,可以主张抵销。即使该债权被转让,债务人接到债权转让通知,债权发生转移,如果债务人对原债权人享有的债权先于转让的债权到期或者同时到期的,债务人可以向债权的受让人即新的债权人主张抵销,而使其债务与对方的债务在相同数额内互相消灭,不再履行。

本条规定了两种可以抵销的情形:

(1)债务人接到债权转让通知时,债务人对让与人享有债权,并且债务人的债权先于转让的债权到期或者同时到期的。行使要件是:①债务人接到债权转让通知时,债权转让已经完成;②债务人对让与人享有债权,即债权人和债务人相互负有债务、享有债权;③债务人的债权先于转让的债权到期或者同时到期

的,即债权人转让债权时,债务人对债权人的债权已经到期或者同时到期,不包括没有到期的债权。符合这三个要件的要求,债务人可以对新债权人行使抵销权。这一规定是原《合同法》第83条规定的规则。

(2)债务人的债权与转让的债权是基于同一合同产生。债务人的债权与转让的债权都是基于同一个合同产生,就具有债权的关联性,因此可以抵销。这一规定,是《民法典》合同编规定的新规则。

283. 债权让与人负担因债权转让增加的费用

《民法典》合同编第550条规定:"因债权转让增加的履行费用,由让与人负担。"这一条文是对债权转让增加履行费用负担的规定,是增加的新规则。

债权转让无须由债务人同意,只要通知送达即可。因为这是债权人转让自己的权利,对债务人而言,对债权人的变更于自己的利益关系并不大。如果债权人转让债权,使债务人履行债务增加了新的费用,显然是对债务人的不利益,这样增加的履行费用,应当由让与债权的让与人负担,是公平合理的。

增加这一新规则,是避免就债权转让增加费用的负担发生争议。在司法实践中,对这样的问题是存在争论的,规定了这一规则,就解决了这个问题。

284. 债务人或第三人享有催告债权人同意债务转移的权利

《民法典》合同编第551条第1款、第2款分别规定:"债务人将债务的全部或者部分转移给第三人的,应当经债权人同意。""债务人或者第三人可以催告债权人在合理期限内予以同意,债权人未作表示的,视为不同意。"这一条文是对债务转移的规定,与原《合同法》第84条规定相比,增加了第2款规定的新规则。

债务转移,也称债务让与,是指债务人将其负有的债务转移给第三人,由第三人取代债务人的地位,对债权人负责给付的债的转移形态。

债务转移的要件是:第一,须有有效的债务存在,自然债务不能转移;第二,转让的债务应具有可转让性,法律规定不得转移、当事人约定不得转移以及依照性质不得转移的债务不得转移;第三,须有债务转移的内容,债务受让人成为债权人的债务人;第四,须经债权人同意,如果债权人不同意债务转让,则债务人转让其债务的行为无效,不对债权人产生拘束力。

债务转移分为全部转移和部分转移。债务的全部转移,是债务人与第三人达成协议,将其在债的关系中的全部债务一并转移给第三人。债务的部分转移,是债务人将债的关系中债务的一部分转移给第三人,由第三人对债权人承担一部分债务。

本条增加的新规则是，债务人转移债务，须征求债权人的同意。由于债务移转关系债权人的重大利益，因而，如果债权人不同意债务人转让债务的，债务人不得转让债务。但是，在现实生活中，债务人要转移债务，向债权人征求意见，但是债权人不回复意见，同意还是不同意的态度不明确，长期拖延，债务人不知是否应当转让债务，关系到债务人的利益问题。因此，本条增加的第 2 款规定，即债务人或者拟受让债务的第三人享有催告权，可以催告债权人在合理期限内予以同意。该合理期限届满，债权人仍未作表示的，视为不同意，不发生债务转移的效果。

这样的规则，就能够确定在债权人对债务转移未表示是否同意的情况下，是否可以进行债务转移，平衡了双方的利益关系，对债权债务关系的当事人都有利。这样的规则是适当的。

另外，本条将原来的“合同的义务”改为“债务”，使概念更为准确。

285. 第三人加入债务

《民法典》合同编第 552 条规定：“第三人与债务人约定加入债务并通知债权人，或者第三人向债权人表示愿意加入债务，债权人未在合理期限内明确拒绝的，债权人可以请求第三人在其愿意承担的债务范围内和债务人承担连带债务。”这一条文是对第三人债务加入的规定，原《合同法》对此没有规定，是本法增加的新规则，填补了合同立法的一项规则空白。

第三人债务加入，简称为债务加入，也称并存的债务承担，指原债务人并没有脱离原债务关系，第三人又加入原存的债务关系中，与债务人共同承担债务。

构成债务加入的要件是：第一，第三人与债务人约定，第三人加入债务，与债务人共同承担债务；第二，第三人或者债务人通知债权人，或者第三人向债权人表示愿意加入债务，与债务人共同承担债务；第三，债权人同意，或者未在合理期限内明确拒绝。符合这三个要件要求的，构成债务加入。

债务加入的效果如下：

(1)对债权人的效力。债务加入使债权人的债权进一步得到保障，债权人可以向原债务人主张权利，也可以向第三人主张清偿；但是，债权人仍然仅享有一个债权，而不是两个债权。

(2)对原债务人的效力。第三人承诺履行，仅为第三人加入原债务，原债务人并不脱离原债权债务关系，仍对债权人负履行合同的义务，依然享有对债权人的合理抗辩权。

(3)对第三人的效力。第三人成为债务人,与原债务人一起向债权人承担义务,可以行使原债务人对债权人的抗辩。

(4)对第三人与原债务人关系的影响。第三人与原债务人一起向债权人并列承担清偿责任,责任性质是连带责任,即第三人在其愿意承担的债务范围内和债务人承担连带债务。

侵权责任并合与债法的债务加入有相似之处,都是在原有的债务人范围内,又增加新的债务人,与原债务人共同承担同一个债务。[1] 不过,债务加入是新债务人为原债务人承担债务,当新加入的债务人不能履行债务或者履行债务不符合债的本质要求时,原债务人还应当承担债务履行责任。侵权责任并合并不是仅有新的侵权人加入为侵权人承担侵权责任,而是既有新的侵权人加入侵权人之中,又要与原债务人(侵权人)共同承担债务(侵权责任),同时,法律还规定新加入的侵权人应当承担何种责任形态,而不是仅仅为原侵权人承担责任而已。可见,侵权责任并合与债务人加入的区别很明显。

286. 新债务人不得主张原债务人对债权人的债权抵销权

《民法典》合同编第 553 条规定:“债务人转移债务的,新债务人可以主张原债务人对债权人的抗辩;原债务人对债权人享有债权的,新债务人不得向债权人主张抵销。”这一条文是对债务转移中债务人抗辩权和抵销权的规定,与原《合同法》第 85 条规定相比,增加了有关抵销权的新规则。

债务人转移其债务后,新的债务人取得原债务人的一切法律地位,有关对债权人的一切抗辩和抗辩权,新债务人都有权对债权人主张。债务的受让人取得的抗辩权的内容主要包括:第一,依据法定的抗辩事由取得的抗辩,例如不可抗力。第二,在实际发生债的关系以后发生的债务人,可据以对抗债权人的一切事由,新债务人可以以之对抗债权人。例如,可撤销的合同原债务人享有的撤销权、债权人的违约行为、债权人有关免责的意思表示、债权人的履行债务的行为以及原债务人对债权人已为的履行行为,新债务人都可以其对抗债权人。

本条增加的新规则是:债务转移后,原债务人享有的对债权人的抵销权不发生转移,即原债务人对债权人享有债权的,新债务人不得向债权人主张抵销。增加这一新规则的原因是,在现实生活中,有的债务转移后,新债务人

---

[1] 参见史尚宽:《债法总论》,中国政法大学出版社 2000 年版,第 750 页。

主张原债务人对债权人享有的抵销权,认为这是从权利,按照从随主原则应当一并转让,并且因此发生争议。应当明确的是,债务转移是特定债务的主体变更,原债务人在转让自己的债务时,并没有转让自己对债权人享有的债权,因而,不属于从随主原则调整的范围,债务人转让对债权人的债务,并未转移其对债权人的债权。既然如此,新债务人没有取得原债务人的债权,当然也就没有取得原债务人的抵销权。原债务人对债权人享有的债权,仍然可以向债权人主张抵销。

第七节　关于合同权利义务终止的新规则

287. 合同解除是合同权利义务终止的特别事由

《民法典》合同编第 557 条第 1 款、第 2 款分别规定:“有下列情形之一的,债权债务终止:(一)债务已经履行;(二)债务相互抵销;(三)债务人依法将标的物提存;(四)债权人免除债务;(五)债权债务同归于一人;(六)法律规定或者当事人约定终止的其他情形。”“合同解除的,该合同的权利义务关系终止。”这一条文是对债的终止及事由的规定,与原《合同法》第 91 条规定相比,是将合同解除从合同权利义务终止的法定事由中移出,单独作为一种合同权利义务关系终止的规则。

债的终止,也叫债权债务关系终止或者债的消灭,是指债的当事人之间,债的关系在客观上已经不复存在,债权与债务归于消灭。

债的消灭原因,本条规定为 7 种:债务已经按照约定履行,即清偿;债务相互抵销;提存;免除;混同;其他原因;解除。这些债的消灭原因综合起来分为以下三种:一是基于债的目的达到而消灭,即债权人的预期利益得到了满足。二是基于当事人的意思而消灭,当事人一致意思要消灭债的关系可以消灭债。三是基于法律的直接规定而消灭,例如合同的法定解除、当事人死亡或丧失行为能力、法人的终止等。

债权债务消灭后发生的效力是:第一,债的当事人之间的债权债务关系消灭,债权人不再享有债权,债务人不再负担债务。第二,债权的担保及其他从属的权利义务消灭。第三,负债字据的返还,有负债字据的债的关系消灭后,债务人可以请求返还或者涂销负债字据;债的关系部分消灭的,或者负债字据上载有债权人其他权利的,债务人可以请求将债的消灭的事由记入负债字据。债权人主张不能返还或者不能记入的,债务人可以请求债权人出具债的消灭证书。第四,附随义务的履行。第五,不影响债的关系中结算和清理条款的效力。

本条规定的新规则是:合同解除,使该合同的权利义务关系终止,但是,这种合同终止与其他合同权利义务关系终止的性质不同。

在原《合同法》第 91 条规定中,合同解除是合同权利义务终止的事由之一,与其他合同权利义务的终止事由是规定在一起的。但是细究起来,合同的解除与其他合同权利义务终止的事由是不同的,清偿、抵销、提存、混同等都是因合同的权利实现、义务履行而消灭,而合同解除是合同的债权债务关系被解除,从根本上将合同债权债务关系消灭掉,而不是权利实现和义务履行。因此,本条将合同解除单独规定一款,区别于清偿、抵销等合同债权债务关系终止事由的性质和界限。这样的规定,使逻辑关系更清晰,性质更加明确。

288. 债权债务终止的“从随主”原则

《民法典》合同编第 559 条规定:“债权债务终止时,债权的从权利同时消灭,但是法律另有规定或者当事人另有约定的除外。”这一条文是对债权债务终止后债权的从权利一并消灭的规定,原《合同法》没有这一规定,这是新增加的规则。

债消灭之后,债的当事人之间的债权债务关系消灭,债权人不再享有债权,债务人不再负担债务。在债的主债权债务关系消灭后,附随于主债权债务关系的从债权债务关系也随之一并消灭。例如,担保物权、保证债权、违约金债权、利息债权等,在债的关系消灭时一并消灭。如果法律另有规定或者当事人另有约定,则依照法律规定和当事人约定,不予消灭。

增加这一新规则的原因是,“从随主”原则是民法的一个基本规则,债权债务消灭,附随于主债权债务关系的从债权债务关系也一并随之消灭。尽管原《合同法》没有这样的明确规定,但是,在现实中也是这样做的。对此,无论是在理论上还是在实践中,看法都是一致的。可以说,这一规则是隐藏在法律背后的规则。将这一规则从“潜规则”变为“明规则”,更有利于合同规则的统一,实行统一的裁判尺度,有利于实际操作,有利于纠纷的解决。

289. 数个同种类债务的清偿抵充顺序

《民法典》合同编第 560 条第 1 款、第 2 款分别规定:“债务人对同一债权人负担的数项债务种类相同,债务人的给付不足以清偿全部债务的,除当事人另有约定外,由债务人在清偿时指定其履行的债务。”“债务人未作指定的,应当优先履行已经到期的债务;数项债务均到期的,优先履行对债权人缺乏担保或者担保最少的债务;均无担保或者担保相等的,优先履行债务人负担较重的债务;负担相同的,按照债务到期的先后顺序履行;到期时间相同的,按照债务比例履行。”这一条文是对数个同种类债务清偿抵充的规定,原《合同法》对此没有规定,本条补充了这一新规则。

清偿抵充,是指对同一债权人负担数宗债务的债务人,其给付的种类相同,其所提出的给付不足以清偿全部债务时,决定其清偿抵充何种债务的债法制度。例如,债务人欠银行数宗欠款,设置担保、利息高低各不相同,在其不能清偿全部债务时,该次清偿系偿还哪笔欠款,就是清偿抵充。清偿抵充的成立条件是:第一,债务人须对同一债权人负担数宗债务;第二,债务人负担的数宗债务的种类相同;第三,债务人提出的给付不足以清偿全部债权。

最早规定债务抵充规则的是原《最高人民法院关于适用〈中华人民共和国合同法〉若干问题的解释(二)》第 20 条的规定,内容是:“债务人的给付不足以清偿其对同一债权人所负的数笔相同种类的全部债务,应当优先抵充已到期的债务;几项债务均到期的,优先抵充对债权人缺乏担保或者担保数额最少的债务;担保数额相同的,优先抵充债务负担较重的债务;负担相同的,按照债务到期的先后顺序抵充;到期时间相同的,按比例抵充。但是,债权人与债务人对清偿的债务或者清偿抵充顺序有约定的除外。”本条借鉴了这一司法解释的规定,规定了同种类数宗债务清偿抵充的具体规则。

清偿抵充分为约定抵充、指定抵充和法定抵充。

约定抵充,是指当事人之间事先约定债务人的清偿系抵充何宗债务。如果当事人之间就债务人的清偿系抵充何宗债务有约定时,应从其约定。约定抵充的显著特点是双方约定,按照意思自治原则确定抵充的债务及顺序。

指定抵充,是指当事人一方以其意思指定清偿人的清偿应抵充的债务。指定抵充的显著特点,是债务人作为抵充的指定权人,由该方当事人确定抵充的对象和顺序。指定抵充应当具备两个条件:一是指定应于清偿时为之,并且一经指定不得撤回;二是指定抵充的指定权人为清偿人。

法定抵充,是指当事人在未指定抵充时,依据法律规定决定清偿人的清偿应抵充的债务。当没有约定抵充和指定抵充时,应当按照法定抵充的规定进行。

本条第 2 款规定的法定抵充顺序如下:

(1)到期债务优先。债务人未作指定的,在数笔债务中,应当优先履行已到期的债务。

(2)缺少担保或者担保不足的债务优先。在数笔债务中,几项债务均到期的,优先履行对债权人缺乏担保或者担保最少的债务。

(3)债务负担较重的债务优先。数笔债务担保数额相同的,优先履行债务负担较重的债务。

(4)时间在先的债务优先。数笔债务的负担相同的,按照债务到期的先后顺序履行。

(5)比例清偿规则。在数笔债务中,在到期时间上也相同的,按比例履行。

290. 利息之债与费用之债的清偿抵充顺序

《民法典》合同编第561条规定:"债务人在履行主债务外还应当支付利息和实现债权的有关费用,其给付不足以清偿全部债务的,除当事人另有约定外,应当按照下列顺序履行:(一)实现债权的有关费用;(二)利息;(三)主债务。"这一条文是对利息之债与费用之债清偿抵充的规定,司法解释对此作了规定,本条借鉴司法解释的规则制定了这一新规则。

由于原《合同法》对债务抵充没有规定,对费用之债和利息之债与主债务的关系也没有规定,在司法实践中没有可以遵循规则的现实情况,原《最高人民法院关于适用〈中华人民共和国合同法〉若干问题的解释(二)》第21条规定:"债务人除主债务之外还应当支付利息和费用,当其给付不足以清偿全部债务时,并且当事人没有约定的,人民法院应当按照下列顺序抵充:(一)实现债权的有关费用;(二)利息;(三)主债务。"这一规定解决了这个现实问题,规则符合法理和实际,故本条予以借鉴。

债务人除了原本的主债务之外,还应支付利息之债和费用之债的,如果债务人的清偿不足以清偿全部债务时,应当按照清偿抵充的约定顺序进行;没有约定的,应当依照法定抵充顺序进行:

(1)约定抵充。当事人对利息之债和费用之债的清偿抵充顺序有约定的,依照约定抵充的内容进行抵充。

(2)法定抵充。对费用之债和利息之债与主债务的法定抵充顺序是:第一,实现债权费用优先。对实现债权的有关费用处于优先地位,即费用之债排在最优先的位置。第二,利息之债优先。利息之债,是排在费用之债之后的次优先之债。第三,主债务排在最后的清偿地位,没有优先顺序。

上述抵充顺序,均具有前一顺序对抗后一顺序的效力。

291. 持续履行债务的不定期合同的当事人解除权

《民法典》合同编第563条第1款、第2款分别规定:"有下列情形之一的,当事人可以解除合同:(一)因不可抗力致使不能实现合同目的;(二)在履行期限届满前,当事人一方明确表示或者以自己的行为表明不履行主要债务;(三)当事人一方迟延履行主要债务，经催告后在合理期限内仍未履行；(四)当事人一方迟延履行债务或者有其他违约行为致使不能实现合同目的；(五)法律规定的其他情形。""以持续履行的债务为内容的不定期合同，当事人可以随时解除合同，但是应当在合理期限之前通知对方。"这一条文是对合同的法定解除的规定，与原《合同法》第94条规定相比，增加了第2款的规定。

法定解除，是指合同在有效成立后尚未履行或未完全履行完毕前，由于法律规定的事由，行使解除权而使合同归于消灭的行为。

法定解除的条件是：第一，因不可抗力致使不能实现合同目的，须具备不可抗力并导致不能实现合同目的两个条件；第二，在履行期限届满之前，当事人一方明确表示或者以自己的行为表明不履行主要债务，即明示的预期违约和默示的预期违约；第三，当事人一方迟延履行主要债务，经催告后在合理期限内仍未履行，表明债务人根本就没有履行合同的诚意，或者根本就不可能履行合同；第四，当事人一方迟延履行债务或者有其他违约行为致使不能实现合同目的，即根本违约。第五，法律规定的其他情形，如当事人在行使不安抗辩权而中止履行的情况下，如果对方在合理期限内未恢复履行能力并且未提供适当的担保，则中止履行的一方可以解除合同。又如，《消费者权益保护法》第25条规定的七天无理由退货，就是法律规定的其他情形的法定解除事由。

本条规定的新规则如下：

以持续履行的债务为内容的不定期合同当事人的解除权。不定期的持续性合同，例如房屋租赁合同，当事人都可以在合理期限之前通知对方后，解除合同。持续性的不定期合同，由于没有确定的期限，因此，要解除合同，须提前提出解除合同的主张，在提出主张时，应当给对方一个合理的期限，使其做好准备，该期限届至时才能正式解除合同。实际上就是提出解除合同，确定合理期限，该合理期限届至时合同解除。

292. 没有约定解除权行使期限的，解除期限为一年

《民法典》合同编第564条第1款、第2款分别规定："法律规定或者当事人约定解除权行使期限，期限届满当事人不行使的，该权利消灭。""法律没有规定或者当事人没有约定解除权行使期限，自解除权人知道或者应当知道解除事由之日起一年内不行使，或者经对方催告后在合理期限内不行使的，该权利消灭。"这一条文是对解除权行使期限的规定，与原《合同法》第95条规定相比，对没有约定解除权行使期限的，在适用催告确定合理期间的基础上，增加了适用除斥期间的新规则。

对某种约定解除权或者法定解除权,法律规定或者当事人约定了解除权行使期限的,适用法定或者约定的解除权解除期限。期限届满后当事人不行使的,该解除权消灭。

对约定解除权或者法定解除权,法律没有规定或者当事人没有约定解除权行使期限的,用两种方法确定其行使期限:

(1)以除斥期间确定,即除斥期间为一年,自解除权人知道或者应当知道解除事由之日起一年内不行使,解除权消灭。

(2)通过催告确定,即经对方催告后,在合理期限内解除权人不行使解除权的,该解除权消灭。

无论是约定的解除权行使期限,还是法定的解除权行使期限,都是不变期间,不适用中止、中断和延长的规定。

本条规定的新规则如下:

(1)法律没有规定或者当事人没有约定解除权行使期限,增加规定适用除斥期间的规定。自解除权人知道或者应当知道解除事由之日起一年内不行使,该权利消灭。这是因为,解除权是形成权,按照本法总则编第 199 条规定,应当适用除斥期间的规定。因此,本条在原《合同法》第 95 条的基础上,增加了除斥期间适用的规定。

(2)法律没有规定或者当事人没有约定解除权行使期限的,适用除斥期间的规定还是经过催告确定合理期限的规定,是选择性规定,选择权在于解除权人,解除权人选择哪个期间,就适用哪个期间。不过,在实践中通常不是解除权人选择,而是在解除权人行使解除权后,确定其行使解除权究竟是否在解除权行使期限之内,只要解除权是在本条规定的法定期限、约定期限、除斥期间、合理期限四种情形之内,就是在一个合法的期限范围内行使的,就为有效地行使解除权,因而解除合同。当然,应当符合那种解除权行使期限要求的条件。

293. 解除合同通知载明解除期限到期自动解除与诉讼、仲裁解除合同自起诉状或仲裁申请书送达之日解除

《民法典》合同编第 565 条第 1 款、第 2 款分别规定:"当事人一方依法主张解除合同的,应当通知对方。合同自通知到达对方时解除;通知载明债务人在一定期限内不履行债务则合同自动解除,债务人在该期限内未履行债务的,合同自通知载明的期限届满时解除。对方对解除合同有异议的,任何一方当事人均可以请求人民法院或者仲裁机构确认解除行为的效力。""当事人一方未通知

对方,直接以提起诉讼或者申请仲裁的方式依法主张解除合同,人民法院或者仲裁机构确认该主张的,合同自起诉状副本或者仲裁申请书副本送达对方时解除。”这一条文是对解除权生效时间的规定,与原《合同法》第 96 条的规定相比,有了很大的改变,规定了新规则。

解除权的性质是形成权,行使解除权的方式是通知。行使解除权的通知到达对方当事人的,解除权生效,合同即行解除。

确定解除权生效时间的基本规则如下:

(1)通知到达生效。当事人采取直接行使解除权通知的,解除权生效的时间是:第一,解除权人在行使解除权时,只要将解除合同的意思表示通知对方,即产生解除的效力,解除权生效的时间采到达主义,即合同自通知到达对方时解除。第二,通知载明债务人在一定期限内不履行债务则合同自动解除,债务人在该期限内未履行债务的,合同自通知载明的期限届满时解除。

对方如果对行使解除权解除合同有异议,任何一方当事人都可以向法院提起诉讼或者申请仲裁机构仲裁,请求确认解除合同的效力。人民法院或者仲裁机构确认请求权成立的,按照上述解除权生效时间的规定裁判。

(2)诉讼、仲裁生效。如果当事人一方不采取通知方式行使解除权,而是不通知对方,直接向法院或者仲裁机构起诉或者申请,以诉讼或者仲裁方式依法主张解除合同的,人民法院或者仲裁机构支持该方当事人行使解除权主张的,合同自起诉状副本或者仲裁申请书副本送达对方时为合同的解除时间。有的认为,应当在判决书、调解书或者裁决书确定生效时解除权开始生效,这是不对的。因为解除权是形成权,解除权人向法院起诉、向仲裁机构提出申请,诉状或者申请书副本送达对方当事人,就已经行使了解除权,当然要把这个时间确定为解除权行使期间。

本条确定的新规则如下:

(1)增加规定“通知载明债务人在一定期限内不履行债务则合同自动解除,债务人在该期限内未履行债务的,合同自通知载明的期限届满时解除”的规则。

(2)增加规定“当事人一方未通知对方而直接以诉讼或者仲裁方式主张解除合同,人民法院或者仲裁机构确认该主张的,合同自起诉状副本或者仲裁申请书副本送达对方时解除”的规则。

增加了这两个规则,再加上原来规定的解除权通知到达对方当事人生效的规则,我国合同法律的解除权生效规则就全面了,完全能够适应司法实践的需要,发挥规范合同解除的民事法律活动。

294. 解除合同不影响违约责任和担保责任的承担

《民法典》合同编第566条各款分别规定:“合同解除后,尚未履行的,终止履行;已经履行的,根据履行情况和合同性质,当事人可以请求恢复原状或者采取其他补救措施,并有权请求赔偿损失。”“合同因违约解除的,解除权人可以请求违约方承担违约责任,但是当事人另有约定的除外。”“主合同解除后,担保人对债务人应当承担的民事责任仍应当承担担保责任,但是担保合同另有约定的除外。”这一条文是对合同解除效力的规定,与原《合同法》第97条的规定相比,增加了第2、3款规定的新规则。

解除效力,是指合同之债解除后所产生的法律后果,主要涉及解除的溯及力和解除与损害赔偿责任的关系问题。

解除的直接法律后果,是使合同关系消灭,合同不再履行。问题是,解除之前的债权债务关系应当如何处理,涉及解除的溯及力问题。如果具有溯及力,则对解除之前已经履行的部分,就要发生恢复原状的法律后果;如果解除不具有溯及力,则解除之前所为的履行仍然有效存在,当事人无须恢复原状。

本条规定的规则如下:

(1)尚未履行的,履行终止,不再继续履行。已经履行的,一是根据履行情况和合同性质,二是根据当事人是否请求的态度决定,当事人可以请求恢复原状,也可以不请求,完全取决于当事人的意志。请求恢复原状的,这种合同之债解除就具有溯及力;反之,就不具有溯及力。当事人也可以采取其他补救措施,并有权要求赔偿损失。根据合同的履行情况和合同性质,能够恢复原状,当事人又予以请求的,则可以恢复原状。如果根据履行情况和合同性质是不可能恢复原状的,即使当事人请求,也不可能恢复原状。例如,租赁、借贷、委托、中介、运输等合同,都是不能恢复原状的。至于损害赔偿,合同的解除不影响当事人要求损害赔偿的权利。只要合同不履行已经造成了债权人的财产利益损失,违约方要进行赔偿,就应当予以赔偿。如果解除合同的原因是不可抗力,则不发生损害赔偿责任。

(2)合同是因违约解除的,未违约的一方当事人可以请求违约方承担违约责任。这是因为,因违约而解除,本身就是因一方违约而解除合同,是违约方不诚信的表现,因此,尽管解除了合同,但是违约方仍须承担违约责任,解除权人有权请求其承担违约责任。如果当事人对解除合同是否承担违约责任另有约定的,则按照当事人的约定办理。

(3)主合同解除后,尽管主合同的债权债务关系消灭,但是其担保人对债权人的担保权利并不一并消灭,担保人(包括第三人担保和债务人自己担保)对债务人应当承担的民事责任并不消灭,仍应承担担保责任。例如,保证合同在主合同解除后,尽管保证合同已经消灭,但是仍需承担过错的赔偿责任。但是,如果担保合同另有约定的,则除外。

本条规定的新规则是上述第2项和第3项规则。原《合同法》第97条规定的只是本条的第1款的内容,其实是解除效力的一般规则。增加规定了第2项和第3项规则,就把合同解除效力的规则体系化、完善化了,全面规范了合同解除效力的规则。

295. 提存的成立条件及法律效果

《民法典》合同编第571条第1款、第2款分别规定:"债务人将标的物或者将标的物依法拍卖、变卖所得价款交付提存部门时,提存成立。""提存成立的,视为债务人在其提存范围内已经交付标的物。"这一条文是对提存成立及效果的规定,原《合同法》对此没有规定,本条借鉴司法解释的规定确立这一新规则。

提存,是指债务人于债务已届履行期时,将无法给付的标的物提交给提存机关,以消灭债务的债的消灭方式。原《最高人民法院关于适用〈中华人民共和国合同法〉若干问题的解释(二)》第25条规定:"依照合同法第一百零一条的规定,债务人将合同标的物或者标的物拍卖、变卖所得价款交付提存部门时,人民法院应当认定提存成立。""提存成立的,视为债务人在其提存范围内已经履行债务。"

提存制度建立的最初目的,在于平衡债权人和债务人双方的利益冲突。债权是一种请求权,债权人的利益必须通过义务人的积极行为方能实现,因而在债的关系中,债务的履行主要是债务人的义务。然而,合同毕竟是双方交易行为,单有债务人的履行行为,有时并不能实现合同的完全履行,还必须有债权人的协助。倘若债权人无正当理由不为受领或延迟受领,其债权仍然有效存在,而债务人的清偿义务并不能因此而消灭。法律以提存为清偿方式,即使债权人不为协力,亦可使债务人的债务得以早日消灭。提存制度的设置,可使债务人将无法交付给债权人的标的物交付给提存机关,消灭债权债务关系,从而免除债务人为债务履行的困扰,为保护债务人的利益提供了一项行之有效的措施。

本条确立的新规则如下:

(1)提存成立的标志,是债务人将标的物或者将标的物依法拍卖、变卖所得价款交付提存部门。在将标的物或者标的物拍卖、变卖的价款交付提存部门时,提存成立。

(2)提存成立的,发生提存的法律效果,即视为债务人在其提存范围内已经交付标的物。标的物的所有权在提存成立时发生物权变动,由债务人享有转变为由债权人享有。

296. 提存的债务人享有提存物取回权

《民法典》合同编第574条第1款、第2款分别规定:"债权人可以随时领取提存物。但是,债权人对债务人负有到期债务的,在债权人未履行债务或者提供担保之前,提存部门根据债务人的要求应当拒绝其领取提存物。""债权人领取提存物的权利,自提存之日起五年内不行使而消灭,提存物扣除提存费用后归国家所有。但是,债权人未履行对债务人的到期债务,或者债权人向提存部门书面表示放弃领取提存物权利的,债务人负担提存费用后有权取回提存物。"这一条文是对债权人提取提存物权利和期限的规定,与原《合同法》第104条规定相比,增加了本条的但书规定。

(1)债权人对提存物享有领取权。债权债务关系的标的物提存后,发生债权消灭、标的物所有权转移的后果,提存物的权属归原债权人享有。因此,债权人有权提取提存物,可以随时领取提存物。例外的情形是,如果债权人对债务人负有到期债务的,即债务人对债权人享有债权的,在债权人未履行债务或者提供担保之前,债务人可以向提存部门提出要求,拒绝债权人领取提存物,提存部门根据债务人的要求,应当拒绝其领取提存物。实际上,这等于扣押债权人享有权属的提存物作为担保。不过,既然债务人将其标的物提存,存在这种情形的比较少见。

(2)债权人领取提存物权利的时限。债权人领取提存物的权利,自提存之日起五年内不行使而消灭。领取权消灭后,提存物扣除提存费用后归国家所有。

本条规定的新规则是:在两种情况下,提存物的权属回转给债务人:一是债权人未履行对债务人的到期债务;二是债权人向提存部门书面表示放弃领取提存物权利。出现这两种情形之一的,债权人对提存物的权属消灭,标的物的权属回转给债务人,享有取回权,债务人在负担了提存费用后,有权取回提存物。

增加这样的新规则,体现的是私法保护私权利的原则,在标的物提存之后,并不都因为超过提存期间之后而收归国家所有,在债务人有正当理由的情况下,可以取回提存物,恢复对提存物的所有权,使之成为自己的财产。

297. 债务人对债权人免除债务的拒绝权

《民法典》合同编第575条规定:"债权人免除债务人部分或者全部债务的,债权债务部分或者全部终止,但是债务人在合理期限内拒绝的除外。"这一条文是对免除的规定,与原《合同法》第105条规定相比,增加了但书规定。

免除,是指债权人抛弃债权,从而全部或者部分消灭债的关系的单方法律行为。理由是,债务人被免除债务,只不过是债权人抛弃债权的间接效果,债务人受此利益,没有必要征得其同意。同时,如果免除必须征得债务人的同意,那么,在债务人不同意时,就会发生债权人不得抛弃债权的效果,这也违反债权人的权利要求。此外,免除还具备以下性质:首先,免除是一种无因行为,债权人究竟为什么原因而免除债务,在所不问。其次,免除是一种无偿行为,并不以债权人取得相应对价为条件。最后,免除是一种不要式行为,免除的意思表示无须特定的方式。

免除应当具备的条件是:第一,免除的意思表示须向债务人为之,免除的意思表示到达债务人或其代理人时生效。第二,债权人须具有对债权的处分能力,法律禁止抛弃的债权不得免除。第三,免除不得损害第三人利益,如已就债权设定质权的债权人,不得免除债务人的债务而对抗质权人。

免除的效力是使债的关系消灭。债务全部免除的,债的关系全部消灭;债务部分免除的,债的关系于免除的范围内部分消灭。主债务因免除而消灭的,从债务随之消灭。但从债务免除的,不影响主债务的存在,但其他债务人不再负担该份债务。

债权人作出免除的意思表示后,债务人可以拒绝。债务人拒绝债务免除的意思表示,应当在合理期限内为之,超出合理期限的,视为免除已经生效,消灭该债权债务关系。

本条规定的新规则是:尽管债权人对债务人的债务可以部分或者全部予以免除,但是,债务人在合理期限内享有拒绝权,行使拒绝权的,债务人的债务不免除。这里的问题是:第一,免除债务人的债务是对债务人有利的情形,是否会有债务人拒绝债权人的债务免除,不无疑问。其实,如果债务人特别遵守诚信观念和诚信秩序,并不愿意接受债权人的免除,应当尊重其意愿,准许其拒绝免除债务而自觉履行债务。第二,没有规定合理期限应当是多长。按照一般规则,合理期限一般是3个月,这样的期限对于拒绝免除是否过长是有疑问的,况且债务人作出拒绝免除债务的意思表示并非特别难,因而是法官自由裁量的范围。笔者所见,拒绝免除债务的合理期限为30天比较稳妥。第三,债权人免除债务人的债务,债务人予以拒绝,后果将会怎样,值得研究。大体的情形是:债权人予以免除,债务人予以拒绝;债务人向债权人履行债务,债权人拒绝受领;债务人将履行的标的予以提存,债权人还是不受领;提存机构要求债务人取回提存物,债务人不取回;最后,提存物收归国有。

第八节　关于违约责任的新规则

298. 租金、利息等其他金钱债务违约人应承担继续履行的责任

《民法典》合同编第579条规定:“当事人一方未支付价款、报酬、租金、利息,或者不履行其他金钱债务的,对方可以请求其支付。”这一条文是对不履行金钱债务违约责任的规定,与原《合同法》第109条的规定相比,扩大了金钱债务应当承担继续履行责任的范围。

金钱债务,又称为金钱之债、货币之债,是指以给付一定数额的金钱为标的的债务。非金钱债务,是指除了以金钱作为标的的债务之外的债务,其标的包括金钱以外的物、行为和智力成果。

金钱债务与非金钱债务的违约责任承担不同。从条文的表述上看,金钱债务的违约责任承担:当事人一方未支付的,对方可以请求其支付。非金钱债务的违约责任承担:当事人一方不履行非金钱债务或者履行非金钱债务不符合约定的,对方可以要求其履行,但是有除外条款。

未支付价款、报酬、租金、利息以及不履行其他金钱债务的违约行为,都是金钱债务的违约行为。这些不履行金钱债务的行为,都构成违约责任,对方当事人可以请求其支付。这种请求权,是债权人行使金钱债务的二次请求权,是继续履行的违约责任方式,债务人应当继续履行。

继续履行是主要的合同责任方式,即继续按照合同的约定进行履行,适用范围是一切生效合同没有实际履行或者没有完全履行的场合,并且该合同能够履行、合同也有继续履行的必要。

对于金钱债务的债务人迟延履行的,除继续履行之外,还可以请求债务人承担违约金、赔偿逾期利息等违约责任。

本条规定的新规则是,扩大了金钱债务违约承担继续履行责任的范围。在原《合同法》第109条,只规定了支付价款或者报酬的金钱债务,没有规定其他金钱债务,导致这一规定的范围较窄,对其他金钱债务的债务人须承担继续履行责任的,只能类推适用。本条不仅在支付价款、报酬的基础上,增加规定了租金、利息的金钱债务,还规定了弹性的范围,即其他金钱债务。因而,这一规则就适用于全部的金钱债务,扩大了这一规则的适用范围,涵盖了全部的金钱债务违约承担继续履行责任的适用范围。

299. 非金钱债务不能继续履行致使不能实现合同目的，当事人可以请求终止合同

《民法典》合同编第 580 条第 1 款、第 2 款分别规定："当事人一方不履行非金钱债务或者履行非金钱债务不符合约定的，对方可以请求履行，但是有下列情形之一的除外：(一)法律上或者事实上不能履行；(二)债务的标的不适于强制履行或者履行费用过高；(三)债权人在合理期限内未请求履行。""有前款规定的除外情形之一，致使不能实现合同目的的，人民法院或者仲裁机构可以根据当事人的请求终止合同权利义务关系，但是不影响违约责任的承担。"这是对非金钱债务继续履行及除外条款，以及不能继续履行致使合同目的不能实现的情况下当事人请求终止合同的规定。与原《合同法》第 110 条规定相比，本条增加了不能继续履行致使合同目的不能实现的，当事人有权请求终止合同的新规则。

除金钱债务之外的其他合同债务，都是非金钱债务。债务人对非金钱债务不履行或者履行债务不符合约定的，是违约行为，应当承担继续履行的责任。

本条但书规定的例外情形如下：(1)法律上或者事实上不能履行，即履行不能，是指债务人在客观上已经没有履行能力，或者法律禁止该种债务的履行。法律不能，是指基于法律的规定而构成的履行不能，如出卖禁止流通物合同的履行不能；事实不能，是指基于自然法则而构成的履行不能，如特定物的灭失造成的履行不能。(2)债务的标的不适于强制履行或者履行费用过高，不适于强制履行是无法继续履行，履行费用过高是在成本上不合算。(3)债权人在合理期限内未请求履行，继续履行成为不必要。在合同履行中出现上述三种情形，债权人不能再请求继续履行，但是并不妨碍债权人请求债务人承担其他违约责任。

本条增加的新规则是：有前款规定的除外情形之一，致使不能实现合同目的的，人民法院或者仲裁机构可以根据当事人的请求终止合同权利义务关系，但是不影响违约责任的承担。

《民法典合同编(草案二审稿)》第 353 条第 2 款也有类似规定："合同不能履行致使不能实现合同目的，有解除权的当事人不行使解除权，构成滥用权利对对方显失公平的，人民法院或者仲裁机构可以根据对方的请求解除合同，但是不影响违约责任的承担。"这是守约方在其享有解除权却故意不行使解除权而致使合同陷入僵局时，违约方可以请求解除合同的规定，受到一些民法学者的反对。立法机关在 2019 年 12 月的民法典草案合体审议稿中，将其删除。但是，又有很多学者不同意将其删除，认为应当对滥用权利侵害违约方合法权益

使合同陷入僵局的行为提供救济方法。立法机关在本条增加第 2 款,表述更为和缓,但是仍然被很多学者批评。

非金钱债务合同中,违约方存在本条第 1 款规定的三种情形之一,无法继续履行债务,致使合同目的无法实现,当事人可以请求人民法院或者仲裁机构裁决终止合同权利义务关系。这一规则的含义如下:

(1)出现上述情形,当事人可以行使终止合同的请求权,将不能继续履行的非金钱债务合同予以消灭,不能让该合同陷入僵局。

(2)享有请求权的不仅是守约方,也包括违约方,通常应当是守约方提出终止合同的请求,但是,如果守约方拒不请求终止合同,违约方也可以行使终止合同的请求权,请求终止合同。

(3)无论是守约方行使终止合同解除权,还是违约方行使终止合同请求权,合同终止的,都不影响违约责任的承担,违约方该承担的违约责任,必须承担。

(4)这种终止合同的请求权,不是单纯的形成权,不能一经请求权人行使即发生形成权的后果,而是须向人民法院或者仲裁机构提出请求,由人民法院或者仲裁机构裁决是否应当终止合同。

300. 不得强制履行的非金钱债务可以由第三人替代履行

《民法典》合同编第 581 条规定:"当事人一方不履行债务或者履行债务不符合约定,根据债务的性质不得强制履行的,对方可以请求其负担由第三人替代履行的费用。"这一条文是对不得强制履行的非金钱债务由第三人替代履行的规定,原《合同法》没有对非金钱债务不得强制履行的特别履行方法作出规定,本条规定了这一新规则,与金钱债务履行方法相配合,形成完整的体系。

如前所述,非金钱债务是指除了金钱作为标的的债务之外的债务,其标的包括金钱以外的物、行为和智力成果。与金钱债务的履行不同,有些非金钱债务不像金钱债务那样可以强制履行,一旦强制履行,可能会发生损害当事人人身权益的后果,因此,有必要规定特别的履行方法。对此,原《合同法》和司法解释都没有规定过。

本条确定的新规则是:既然非金钱债务不能强制履行,就可以由第三人替代履行的方法所代替。

非金钱债务由第三人替代履行的要件是:第一,债务人承担的债务不履行或者履行债务不符合约定,须继续履行;第二,该债务为非金钱债务,而不是金钱债务;第三,该非金钱债务的履行不得进行强制,一旦强制履行将会损害债务人的合法权益。符合这三个要件要求的,可以适用由第三人替代履行。

第三人替代履行的方法是:首先,债权人可以请求债务人负担由第三人替代履行的费用。这里规定的是债权人对债务人享有的请求权,属于债权的二次请求权。债权人行使该请求权,条件符合要求的,法院应当予以支持。其次,寻找并委托合适的第三人,由第三人替代债务人履行该非金钱债务,实现债权人的债权。例如,委托合同的受托人不履行受托义务,又无法强制其履行,可以请求受托人支付费用,另行委托受托人替代其履行受托义务。

301. 定金成立时间与不产生定金效力和视为变更定金约定数额

《民法典》合同编第 586 条第 1 款、第 2 款分别规定:“当事人可以约定一方向对方给付定金作为债权的担保。定金合同自实际交付定金时成立。”“定金的数额由当事人约定;但是,不得超过主合同标的额的百分之二十,超过部分不产生定金的效力。实际交付的定金数额多于或者少于约定数额的,视为变更约定的定金数额。”这一条文是对定金及其数额的规定,与原《合同法》第 115 条规定相比,增加了定金成立的时间和超过限额的部分不产生定金效力等新规则。

定金,是指以担保债权实现为目的,依据法律规定或双方当事人约定,由一方在合同订立时或订立后至合同履行之前,按照合同标的额的一定比例,预先给付对方一定数额的货币的担保形式。其特征:第一,定金的权利义务关系产生于定金合同;第二,定金是典型的债的担保形式;第三,定金担保是一种双方当事人担保;第四,定金的支付须在合同履行前进行。

我国的定金是担保债权实现的方式,基本性质是违约定金,也具有证约定金、成约定金、解约定金、立约定金的性质,与违约金、预付款、押金都有明显的区别。

定金基于定金合同而产生,因而定金的成立是指定金合同的成立。定金合同,是指依附于主合同,为担保债权实现而设定定金权利义务关系的从合同。定金合同是实践性合同,自其交付定金之时起成立。定金合同并不仅限于在买卖合同中适用,在承揽合同、建设工程勘察设计合同中都有适用。

定金均以货币交付,且定金的数额以合同标的额的比例作为根据。确定定金数额的原则是:第一,定金数额由当事人约定,当事人可以自由约定定金数额。第二,定金数额受最高限额的限制,即不得超过主合同标的额的 20%,超过该限额部分的定金无效。第三,实际交付的定金数额多于或者少于约定的定金数额的,视为变更约定的定金数额,以实际交付的定金数额为准。

本条规定的新规则如下:

(1)明确规定定金合同是实践性合同,自实际交付定金之时成立。

(2)定金的法定最高限额为20%,超过部分,即使已经实际交付,也不发生定金的效力,对超过最高定金限额的给付部分,只能视为预付款。

(3)实际交付的定金数额多于或者少于约定数额的,视为变更了约定的定金数额,也以不高于20%的定金最高数额为限,超过的部分仍然不具有定金的效力。

302. 履行债务不符合约定致使不能实现合同目的,适用定金罚则

《民法典》合同编第587条规定:"债务人履行债务的,定金应当抵作价款或者收回。给付定金的一方不履行债务或者履行债务不符合约定,致使不能实现合同目的的,无权请求返还定金;收受定金的一方不履行债务或者履行债务不符合约定,致使不能实现合同目的的,应当双倍返还定金。"这一条文是对定金效力的规定,与原《合同法》第115条规定相比,增加了履行债务不符合约定致使不能实现合同目的应当适用定金罚则的内容。

定金的主要效力是抵作价款或收回以及定金罚则。

定金的主要效力,是在主合同履行后,定金应当抵作价款或者收回。抵作价款是以定金抵销货币给付义务,应当优先适用,只有在不能抵作价款时,才考虑退还定金的办法。

定金的另一个主要效力是定金罚则。当一方当事人违约时,定金罚则发生效力。给付定金的一方不履行约定的债务或者履行债务不符合约定,致使不能实现合同目的的,无权要求返还定金;收受定金的一方不履行约定的债务或者履行债务不符合合同约定,致使不能实现合同目的的,应当双倍返还定金。适用定金罚则的条件是不履行债务,即违约。违约的归责事由属于哪一方当事人,就由哪一方当事人承担定金罚则的后果。违约的归责事由属于给付定金一方,则由给付定金一方承担;属于收受定金一方,则由收受定金一方承担。具体的违约行为,既可以是主观上的原因,也可以是客观上的原因,具体原因不论,只要不履行债务即可适用定金罚则。

当合同债务不能履行是因不可归责于双方当事人的事由时,不履行者当然不应承担民事责任,定金作为合同的担保也就不再发生效力,应当使其恢复原状,收受定金一方应当将定金返还给付定金的一方当事人。

在原《合同法》规定的定金效力中,只规定适用定金罚则的情形是不履行约定的债务。本条规定的新规则,是增加了不论支付定金的一方还是收受定金的一方,尽管履行了债务但是履行债务不符合约定,致使不能实现合同目的,构成根本违约,因而也适用定金罚则,给付定金的一方无权请求返还定金,收受定金的一方应当双倍返还定金,进而实现定金的担保作用。

303. 约定的定金不足以弥补违约造成的损失,可以请求补足

《民法典》合同编第 588 条第 1 款、第 2 款分别规定:“当事人既约定违约金,又约定定金的,一方违约时,对方可以选择适用违约金或者定金条款。”“定金不足以弥补一方违约造成的损失的,对方可以请求赔偿超过定金数额的损失。”这一条文是对违约金与定金竞合选择权的规定,与原《合同法》第 116 条规定相比,本条增加了约定的定金不足以弥补一方违约造成的损失,对方可以请求赔偿超过定金数额的损失的新规则。

违约金和定金可能发生竞合,例如当事人在合同中既约定违约金,又约定定金的,当一方违约时,就发生了违约金和定金的竞合。

定金与违约金的区别是:第一,交付的时间有区别。定金是在合同履行之前交付的,而违约金是在发生违约行为之后交付的。第二,根本目的不同。定金的目的是担保债权实现;而违约金是民事责任方式,是合同当事人违反合同所应承担的财产责任。第三,作用不同。定金有证约作用和预先给付的作用,在合同已经履行的情况下,定金还可以抵作价款;违约金根本没有这些作用。尽管如此,当一方违约同时触发违约金条款和定金罚则时,就会发生违约金和定金的竞合。

当出现违约金和定金竞合时,非违约方享有选择权,可以选择适用违约金或者定金条款,请求违约方承担这两种责任中的一种违约责任,或者是给付违约金,或者是执行定金条款,不能合并适用违约金和定金条款。

本条规定的新规则是:如果非违约方选择适用定金条款,而约定的定金不足以弥补违约方违约给非违约方造成的损失的,非违约方可以请求违约方赔偿超过定金数额的损失。这是因为,定金作为对违约方的罚金,是有数额限制的,因而在违约造成的损失在定金罚则的数额之下时,定金虽然是罚则,但是也具有补偿的性质。

但是,对违约损失在定金数额之上的部分,无法通过定金罚则补偿受损失一方的损害,应当通过具有补偿性质的救济方法进行补充。在定金与违约金竞合的情况下,违约金就是补偿定金罚则救济不足部分的损害。在出现这种情况时,即约定的定金不足以弥补一方违约造成损失的,对方可以请求赔偿超过定金部分的损失,甚至是约定的违约金也不足以补偿的,直接请求违约方承担违约损害赔偿责任。

304. 债权人拒绝受领和受领迟延的赔偿责任

《民法典》合同编第589条第1款、第2款分别规定:“债务人按照约定履行债务,债权人无正当理由拒绝受领的,债务人可以请求债权人赔偿增加的费用。”“在债权人受领迟延期间,债务人无须支付利息。”这一条文是对债权人拒绝受领和受领迟延赔偿责任的规定,原《合同法》对此没有规定,本条规定了新规则。

原《合同法》在规定违约责任时,侧重关注的是债务人的违约,对债权人的受领违约关注不够,甚至对其没有规定。事实上,在合同履行过程中,债权人受领违约也是常见的违约行为。本条对此规定了具体的规则。

(1)拒绝受领。在债法中,债权人拒绝受领有两种形式:一是放弃债权的拒绝受领,拒绝受领是债权人行使自己的债权处分权,做出放弃债权的决定,因此拒绝受领。这种拒绝受领是合法的,是行使权利的行为。后果是因免除了债务人的债务而使债权消灭,债务人永远地消灭债务,不必再予给付;债权人也永远消灭债权,不得反悔。二是行使受领权的拒绝受领,是债权人认为债务人的给付不符合债的本旨,不符合债的要求,因此予以拒绝。这种拒绝,是行使受领权的表现,是对债务人的履行不满意而采取的行动。这种拒绝受领,如果确实存在债务履行不符合债的本旨的情形,应当是合法行使权利的行为,债务人应当继续履行并且适当履行。本条规定的拒绝受领,与上述两种拒绝受领不同,是指对于已经提供的给付,债权人无理由地拒绝接受。债权人无正当理由而对债务人的给付拒绝受领,则构成违约行为,应当承担违约责任。

(2)受领迟延。受领迟延,也叫债权人迟延,是指债权人对债务人已经提供的履行未为受领,或者未为其他给付完成所必要的协力的违约行为。广义的受领迟延,包括上述两种情形,即受领拒绝和狭义受领迟延。本条规定的受领迟延是狭义的概念。

受领的性质是合同履行的义务,是债的效力的表现。构成受领迟延应当具备的要件是:第一,债务内容的实现须以债权人的受领或者其他协助为必要;第二,债务人依照债务的本旨提供了履行;第三,债权人拒绝受领或者受领不能,后者是指债权人不能为给付完成所必需的协助的事实,包括受领行为不能和受领行为以外的协助行为不能,是债权人不为受领或者协助的消极状态,是否基于债权人的主观意思,在所不问。

(3)拒绝受领和受领迟延的后果。对无正当理由的拒绝受领和受领迟延,本条规定了两个法律效果:第一,债务人可以请求债权人赔偿履行所增加的费用,债务人提出增加费用请求权的,法院和仲裁机构应当支持。这是因为,无正当理由的拒绝受领,会给债务人增加经济负担,因而要求增加费用是合理的、正当的。第二,在债权人受领迟延期间,债务人无须支付利息,债权人请求的,予以驳回。这是因为,受领迟延是违约行为,对违约造成的后果,对方当事人不承担不利于自己的责任。

305. 违反合同的行为适用过失相抵规则

《民法典》合同编第 592 条第 1 款、第 2 款分别规定:“当事人都违反合同的,应当各自承担相应的责任。”“当事人一方违约造成对方损失,对方对损失的发生有过错的,可以减少相应的损失赔偿额。”这一条文是对双方违约和违约过失相抵规则的规定,原《合同法》第 120 条只规定了双方违约,没有规定一方违约的过失相抵,本条增加了这一新规则。

在合同履行过程中,当事人都违反合同的,构成双方违约,即一个合同的不履行或者不适当履行,是双方都有违约行为,每一方的违约行为都对违约后果的发生具有原因力。双方违约的法律后果,是双方当事人应当按照各自的过错程度和违约行为的原因力,各自承担相应的后果责任。

在合同履行过程中,受损害一方对损失的扩大具有原因力,是一种与有过失的特殊表现形式,原《合同法》第 119 条规定的一方违约,对方当事人没有采取适当措施致使损失扩大的,也是与有过失,也要各自承担相应的责任,即不得就扩大的损失要求赔偿。但是,原《合同法》第 119 条没有规定违约责任中最典型的与有过失的情形,本条第 2 款规定的新规则正是补充这一缺漏规则的新规则。

在合同履行过程中,只是当事人一方的违约行为造成对方损失,但是,受损害的一方对损失的发生也有过错的,构成合同责任中的与有过失,应当实行过失相抵。过失相抵的法律后果是,按照受损害一方当事人对自己损害发生的过错程度,对违约方减少相应的损失赔偿额。

本条没有规定双方违约的过失相抵规则。即在双方当事人都有违约行为,每一个违约行为的受害一方都有过失、对损害的发生都有原因力的,构成双方违约的过失相抵。其规则是,双方违约行为的过失相抵分别计算,之后进行抵销,就不能抵销的部分履行即可。

第二章　有关典型合同的新规则

第一节　关于买卖合同的新规则

306. 出卖人无权处分，买受人可以解除合同并请求承担违约责任

《民法典》合同编第597条第1款、第2款分别规定："因出卖人未取得处分权致使标的物所有权不能转移的，买受人可以解除合同并请求出卖人承担违约责任。""法律、行政法规禁止或者限制转让的标的物，依照其规定。"这一条文是对买卖合同标的物的规定，与原《合同法》第132条规定相比，增加了因无权处分致使标的物所有权不能移转的，受让人可以解除合同，并请求其承担违约责任的新规则。

买卖合同的标的物，是指买卖合同中买或者卖的某物。买卖合同的标的物附着于所有权，故对标的物的买卖，其实就是对标的物所有权的买卖。在买卖合同中，取得标的物的所有权是买受人的交易目的，将标的物的所有权转移给买受人，是出卖人的主要义务。转移标的物的所有权是在交付标的物的基础上，实现标的物所有权的转移，使买受人获得标的物的所有权。

出卖标的物及其所有权，是出卖人在买卖合同中负有的主要义务，因而，必须享有对标的物的所有权或者处分权。出卖人出卖享有所有权的标的物，当然可以转让标的物的所有权。出卖人不享有标的物的所有权，而是享有标的物的处分权，同样可以通过买卖合同出让标的物的所有权，完成买卖合同的主要义务。如果因出卖人未取得标的物的所有权或者处分权，致使标的物的所有权不能转移的，就不能实现转让标的物及其所有权的义务，买受人也无法取得标的物的所有权，出卖人构成根本违

约,因而,买受人享有法定解除权,可以解除买卖合同,并要求出卖人承担违约责任。

买卖合同转让的标的物须具有合法流通性,如果是法律、行政法规禁止或者限制转让的标的物,依照其规定,不能转让或者限制转让。

本条是对原《合同法》第 132 条第 1 款进行的修改和完善。原条文第 1 款主要强调的是出卖人转让买卖合同标的物,应当对标的物享有所有权或者处分权。本条第 1 款改变这种写法,着眼于出卖人出让其标的物未取得处分权,致使标的物所有权不能移转的后果,即受让人首先是可以解除合同,使该合同不复存在,其次是要求出卖人承担合同不能履行的违约责任,如支付违约金等。

这一修改和完善,改变了原《合同法》第 132 条第 1 款的内容,将对买卖合同标的物无所有权、无处分权而无法转移标的物所有权的后果,规定得十分清楚,使立法、司法和理论对这一问题的认识统一起来,具有重要的价值。

307. 标的物运送至买受人指定地点并交付后的毁损灭失风险由买受人承担

《民法典》合同编第 607 条第 1 款、第 2 款分别规定:“出卖人按照约定将标的物运送至买受人指定地点并交付给承运人后,标的物毁损、灭失的风险由买受人承担。”“当事人没有约定交付地点或者约定不明确,依据本法第六百零三条第二款第一项的规定标的物需要运输的,出卖人将标的物交付给第一承运人后,标的物毁损、灭失的风险由买受人承担。”本条是对出卖人将标的物交付给承运人后,标的物意外灭失的风险负担的规定。与原《合同法》第 145 条规定相比较,增加了第 1 款规定的“标的物运送至买受人指定地点并交付给承运人后,标的物毁损、灭失的风险由买受人承担”的新规则。这个规则原来规定在《民法典合同编草案》第 604 条第 2 款中,《民法典》将其移至本条第 1 款规定。

对于双方约定由出卖人将买卖合同标的物运送至买受人指定的地点,交由承运人运送的,标的物的毁损灭失风险如何承担,原《合同法》没有规定,只是规定了本条第 2 款中的规则。从逻辑上说,这种情形必须有一个意外灭失风险负担规则,否则,将无法确定由谁承担风险。本条补充规定的这条新规则,就是解决这个问题的。在合同中,出卖人一方按照约定,只要将标的物运送至买受人指定的地点,并且一经交付给承运人后,标的物的毁损、灭失风险就由买受人承担。这里存在一个意外风险转移的标志点,就是将标的物交付给承运人。在交付给承运人之前,意外灭失风险由出卖人负担;交付承运人之后,买受人承担意外灭失风险。

买卖合同的当事人没有约定标的物的交付地点或者约定不明确的，如果属于《民法典》第603条第2款第1项关于"标的物需要运输的，出卖人应当将标的物交付给第一承运人以运交给买受人"规定的情形，则自出卖人将标的物交付第一承运人之后，就完成了标的物的交付义务，该标的物的所有权发生转移，由买受人享有。交付之后的标的物毁损、灭失的风险发生了转移，也由出卖人转移给买受人，交付之后的标的物发生毁损、灭失的，由买受人承担后果。

308. 出卖人故意或者重大过失不告知标的物瑕疵，不得减免违约责任

《民法典》合同编第618条规定："当事人约定减轻或者免除出卖人对标的物瑕疵承担的责任，因出卖人故意或者重大过失不告知买受人标的物瑕疵的，出卖人无权主张减轻或者免除责任。"这一条文是对出卖人不告知标的物瑕疵造成损害不得减免责任的规定，原《合同法》没有对此作出规定，本条是新增加的规定。

在买卖合同中，当事人如果在合同中约定交付的标的物出现瑕疵可以减轻或者免除出卖人应当承担的责任的，属于标的物瑕疵担保责任的减免。当代合同法对买卖合同标的物瑕疵担保，通行的是默示瑕疵担保责任，即瑕疵担保责任无须明示，不规定也要承担这一责任。如果当事人约定减免瑕疵担保责任，则须明文规定，以对抗默示瑕疵担保规则的适用。例如，买卖有瑕疵的残次商品，双方明文约定瑕疵担保责任的减免，是有效的约定，具有法律拘束力。因此，根据当事人之间的约定，出卖人已经向买受人告知标的物存在瑕疵，或者对标的物的瑕疵不知情在主观上没有过失，或者在主观上只有一般过失，都不影响标的物瑕疵担保减免条款的效力，可以按照合同的约定，减轻或者免除出卖人的违约责任。

在买卖合同中，当事人约定了标的物瑕疵担保责任减免条款，但是，出卖人故意或者重大过失不向买受人告知标的物存在瑕疵的，属于隐瞒标的物瑕疵，构成产品欺诈，出卖人无权主张减轻或者免除责任，应当承担违约责任，采取补救措施或者赔偿责任，符合法律规定的还要承担惩罚性赔偿责任，例如，《消费者权益保护法》第55条和《食品安全法》第148条规定的产品欺诈、食品欺诈的惩罚性赔偿责任。

309. 出卖人应当采取有利于节约资源、保护生态环境的包装方式

《民法典》物权编第619条规定："出卖人应当按照约定的包装方式交付标的物。对包装方式没有约定或者约定不明确，依据本法第五百一十条的规定仍不能确定的,应当按照通用的方式包装;没有通用方式的,应当采取足以保护标的物且有利于节约资源、保护生态环境的包装方式。”这一条文是对出卖人标的物包装方式确定方法的规定。与原《合同法》第 156 条规定相比,本条规定新增了出卖人应当采用绿色包装的要求。

包装方式,是指在交付标的物时对标的物的包装方法,既包括包装物的材料,也包括对标的物进行包装的操作方式。包装方式对标的物的品质保护具有重要作用,特别是对那些易腐蚀、易碎、易潮、易变质的标的物,包装方式更为重要。因此,出卖人在交付标的物时,必须按照约定的包装方式交付标的物。

具体方法如下:

(1)买卖合同对标的物包装方式有明确约定的,出卖人应当按照约定的包装方式交付标的物。

(2)买卖合同对包装方式没有约定或者约定不明确的,可以依照《民法典》第 510 条的规定,进行补充协商,达成补充协议的,依照补充协议约定的包装方式交付标的物。

(3)经过补充协商仍然不能达成包装方式的补充协议的,应当按照合同有关条款或者交易习惯确定。

(4)按照合同的有关条款或者交易习惯仍不能确定的,应当按照通用的方式包装。

(5)该类标的物没有通用的包装方式的,应当采取足以保护标的物且有利于节约资源、保护生态环境的包装方式包装。

本条新规则的要点是,增加规定了出卖人的绿色包装要求。《民法典》总则编第 9 条规定了绿色原则之后,各编都在积极贯彻落实这一基本原则的要求。在买卖合同这一章中,绿色原则就具体体现为出卖人对标的物的包装方式。我们认为,这一包装方式的要求主要是针对电商。目前,越来越多的人选择网购,这导致大量的货物都需要进行包装,然后通过快递进行运输。在收货人一一拆快递包装的过程中,纸箱、胶带等资源已经被很大程度地浪费,环境也受到了不同程度的污染。为了减少这种情形的发生,出卖人应当改变包装方式,比如循环回收、包装减量等。可以相信,通过绿色包装的规定,将很大程度上改善现状,为打造资源节约型、环境友好型社会助力。

310. 约定检验期限、质量保证期间过短的补救方法

《民法典》合同编第 622 条第 1 款、第 2 款分别规定:“当事人约定的检验期间过短,根据标的物的性质和交易习惯,买受人在检验期限内难以完成全面检

验的,该期限仅视为买受人对标的物的外观瑕疵提出异议的期限。”“约定的检验期限或者质量保证期短于法律、行政法规规定期限的,应当以法律、行政法规规定的期限为准。”这一条文是对约定检验期间、质量保证期间过短对补救方法规定的新规则,原《合同法》对此没有规定。

在买卖合同中,会出现当事人约定的检验期限、质量保证期间过短的问题。当出现这样问题时,应当依照本条规定的办法处理,保护好双方当事人的利益:

(1)当事人在买卖合同中约定的检验期限过短,根据标的物的性质和交易习惯,买受人在检验期限内难以完成全面检验的,该期限仅视为买受人对外观瑕疵提出异议的期限。这样的规则意味着,只要是标的物存在内在瑕疵,实际上等于没有约定。对于标的物的外观瑕疵,适用约定过短的检验期限,须在该期限内提出异议,超过该期限,对于外观瑕疵不得再提出异议。对于标的物的内在瑕疵的检验期限,在方法上,因为视为没有约定,由于本条没有明确规定应当怎样处理,应当按照本法第 510 条规定进行补充协议,协议不成的,按照第 511 条规定确定适当的期限。在实践中,在约定的过短的检验期限完成后,只要发现内在瑕疵的,都可以依照本条提出异议,确定是否构成违约责任。但是,这个期限最长不应当超过质量保证期间。

(2)在买卖合同中,双方当事人约定的检验期限或者质量保证期间短于法律、行政法规规定期间的,应当以法律、行政法规规定的期限为准,与法律规定的检验期限或者质量保证期间“拉齐”。这个标准简便易行,标准明确。例如,法律规定的质量保证期间为 2 年的,双方当事人在合同中约定的质量保证期间为 1 年,应当以法律规定的 2 年为准。

311. 买受人签收相关单据,推定已经对数量和外观瑕疵进行了检验

《民法典》合同编第 623 条规定:“当事人对检验期限未作约定,买受人签收的送货单、确认单等载明标的物数量、型号、规格的,推定买受人已经对数量和外观瑕疵进行检验,但是有相关证据足以推翻的除外。”这一条文是对买受人签收送货单、确认单等推定对数量和外观瑕疵进行检验的新规则,原《合同法》对此没有规定。

标的物数量和外观瑕疵推定,是指虽然买受人对标的物的数量、质量未进行检验,但是根据法律规定的情形,推定其进行了数量和外观瑕疵检验的规则。对这一规则的适用条件是:第一,在买卖合同中,当事人对标的物的检验期限未作约定;第二,出卖人已经将买卖标的物交付买受人;第三,买受人对出卖人送交的标的物签收了送货单、确认单,这些单据载明了标的物的数量、型号、规格

等内容。符合这三个要件要求的,就可以推定买受人对标的物的数量和外观瑕疵进行了检验,并认为其符合数量和外观瑕疵的要求。

由于这是一种推定,需要对被推定的买受人予以救济的机会,如果买受人能够举证证明自己对标的物的数量和外观瑕疵未做检验的事实属实的,则可以推翻推定,不受上述推定的影响。推翻标的物数量和外观瑕疵检验推定的后果是,买受人并未确认标的物的数量和外观瑕疵,因而,仍然可以提出标的物的数量和外观瑕疵异议,请求出卖人承担相应的责任。

312. 向第三人交付标的物标准不一致的,以出卖人和买受人的约定为准

《民法典》合同编第 624 条规定:"出卖人依照买受人的指示向第三人交付标的物,出卖人和买受人约定的检验标准与买受人和第三人约定的检验标准不一致的,以出卖人和买受人约定的检验标准为准。"这一条文是对向第三人交付标的物标准不一致规定的新规则,原《合同法》对此也没有规定。

在买卖合同中,如果买受人依照本编第 522 条关于向第三人履行的规定,指示出卖人向第三人履行合同义务交付标的物的,出卖人应当向第三人交付标的物。当出现了出卖人与买受人约定的检验标准与买受人与第三人约定的检验标准不一致,发生争议的,应当有一个确定的方法来确定标的物的检验标准。

对此,本条规定的新规则是,当出现这两个检验标准不一致,即出卖人和买受人约定的检验标准与买受人和第三人约定的检验标准不一致的,应当以出卖人和买受人约定的检验标准为准。理由是,出卖人与买受人约定的检验标准,是双方当事人确定的检验标准,买受人与第三人约定的检验标准不能改变出卖人与买受人约定的检验标准,也不能约束出卖人和买受人之间的权利义务关系。如果第三人坚持其与买受人约定的检验标准,则应由买受人负责,不能因此责令出卖人承担买受人与第三人约定的检验标准,增加自己的负担。

313. 出卖人在标的物有效使用年限届满时负有回收标的物的义务

《民法典》合同编第 625 条规定:"依照法律、行政法规的规定或者按照当事人的约定,标的物在有效使用年限届满后应予回收的,出卖人负有自行或者委托第三人对标的物予以回收的义务。"这一条文是对买卖标的物有效使用年限届满出卖人负有回收义务的新规则。

依照法律、行政法规的规定或者根据当事人的约定,标的物在有效使用年限届满后应予回收的买卖合同,是附回收条件的买卖合同。在附回收条件的买卖合同中,回收的条件通常是对标的物在有效使用年限届满后应当回收。附回

收条件的合同包括：一是法律、行政法规规定应当回收；二是当事人在买卖合同中约定应当回收。无论当事人在合同中对回收义务人有约定还是无约定，回收的义务人都是出卖人，而不是买受人。

在附回收条件的买卖合同的履行中，当标的物在有效使用年限届满后，出卖人承担回收义务，可以自行进行回收，也可以委托第三人进行回收。回收标的物的费用，有约定的依照其约定，没有约定的，由出卖人负担，因为出卖人是负责回收的义务人，理应由其承担回收标的物的费用。

314. 买受人应当按照约定的支付方式支付价款

《民法典》合同编第 626 条规定："买受人应当按照约定的数额和支付方式支付价款。对价款的数额或者支付方式没有约定或者约定不明确的，适用本法第五百一十条、第五百一十一条第二项和第五项的规定。"这一条文是对买受人支付价款数额和支付方式的规定，与原《合同法》第 159 条规定相比，在规范价款数额的基础上，增加了对支付方式的规范。

支付价款是买受人的主要义务，是出卖人交付标的物并转移所有权的对价条件，出卖人必须依约履行。

(1)买受人按照约定的数额和支付方式支付价款的义务。买受人的义务之一，就是按照约定的数额支付价款。价款的数额由总价和单价构成。总价为单价乘以标的物的数量。合同约定的总价与单价不一致的，又不能证明总价为折扣价的，原则上应当按照单价计算总价。当事人对价款的确定，须遵守国家物价法规的强制性规定。在买卖合同中，买受人应当按照约定的数额支付价款，支付的价款数额不符合约定，构成违约行为。对价款支付方式，也应当依照约定的支付方式进行支付，例如一次给付还是分期给付。违反价款支付方式的支付，也构成违约行为。

(2)对价款的数额和支付方式没有约定或者约定不明的补救。如果在买卖合同中，当事人对价款数额和支付方式没有约定或者约定不明确，其确定的方法是：第一，应当按照本编第 510 条规定，进行补充协议，按照补充协议确定的数额和支付方式履行；第二，不能达成补充协议的，依照本编第 511 条第 2 项和第 5 项规定确定。

适用本编第 511 条第 2 项和第 5 项规定的方法如下：

(1)价款数额，依据本编第 511 条第 2 项规定，按照订立合同时履行地的市场价格履行；依法应当执行政府定价或者政府指导价的，按照规定履行。具体的办法是：当事人在合同中约定执行政府定价的，在合同约定的交付期限内政府价格调整时,按照交付时的价格计价。逾期交付标的物的,遇价格上涨时,按照原价格执行;价格下降时,按照新价格执行。逾期提取标的物或者逾期付款的,遇价格上涨时,按照新价格执行;价格下降时,按照原价格执行。

(2)支付方式,依照本编第511条第5项规定,按照有利于实现合同目的的方式履行。当事人关于价款支付方式的约定,不得违反国家关于现金管理的规定。

315. 买卖标的物孳息归属的除外规则

《民法典》合同编第630条规定:"标的物在交付之前产生的孳息,归出卖人所有;交付之后产生的孳息,归买受人所有。但是,当事人另有约定的除外。"这一条文是对买卖标的物孳息归属(买卖合同利益承受规则)的规定,与原《合同法》第163条规定相比,增加了对买卖标的物孳息的归属当事人另有约定的除外规定。

买卖合同的利益承受,也叫买卖标的物孳息归属规则,是指标的物于买卖合同订立前后所生孳息归哪一方当事人享有的规则。标的物于合同订立前后所生孳息的归属,即利益承受,与买卖合同的标的物风险负担密切相联,二者遵循同一原则,即权利归谁所有,利益和风险就归谁享有或者负担。

标的物的孳息,是指标的物在合同履行期间产生的增值或者收益,既包括天然孳息,也包括法定孳息。买卖合同利益承受中的孳息,主要是天然孳息,但是也包括有些法定孳息。前者如树木的果实、牲畜的幼畜;后者为买卖正在出租房屋的租金。

利益承受的规则如下:

(1)标的物在交付之前产生的孳息,归出卖人所有。例如买卖牲畜,在交付之前出生的幼畜,归出卖人所有。

(2)标的物交付之后产生的孳息,由买受人承受。例如交付之后的出租房屋,收取的租金归买受人所有。

(3)合同另有约定的,依其约定,不适用上述规则。这是《民法典》合同编的新规则,在买卖合同中,如果当事人对买卖合同的标的物的归属另有约定的,当然应当按照约定办理。

316. 标的物为数物,其中一物不符合约定影响他物价值时,买受人享有解除权

《民法典》合同编第632条规定:"标的物为数物,其中一物不符合约定的,买受人可以就该物解除。但是,该物与他物分离使标的物的价值显受损害的,

买受人可以就数物解除合同。”这一条文是对交付的数物之一不符合约定时的解除权的规定。原《合同法》第165条规定,当该物与他物分离使标的物的价值显受损害的,该解除权属于当事人;本条规定的新规则是,该解除权只属于买受人,出卖人不享有该解除权。

在买卖合同中,买卖的标的物为数物,有的物符合约定,有的物不符合约定,受让人的解除权应当如何确定?本条规定的第一个规则是:其中一物不符合约定的,买受人可以就该物解除。例如,购买大米、面粉若干,大米符合约定,面粉不符合约定,可以就面粉的买卖部分予以解除,大米部分的买卖不能解除。

本条规定的第二个规则,改变了原《合同法》第165条规定的规则。原《合同法》第165条但书规定:“但是,该物与他物分离使标的物的价值显受损害的,当事人可以就数物解除合同。”该物与他物分离使标的物的价值明显受损害的,当事人可以就数物解除合同,此处的“当事人”就包括买受人和出卖人。买受人显受损害,当然可以解除合同。可是,如果在这种情况下,也准许出卖人解除合同,在逻辑上是讲不通的,即出卖人出卖的数物出现与约定不符的情形,还可以解除合同,显然不合情理。例如出卖人出卖对联,上联符合约定,下联不符合约定,可以一并解除应当是买受人的权利,而不是出卖人的权利。本条这个新规则改变了原《合同法》第165条存在的这个逻辑错误,是完全有道理的。

317. 分期付款未支付到期价款达到1/5,须经催告方可解除合同

《民法典》合同编第634条第1款、第2款分别规定:“分期付款的买受人未支付到期价款的数额达到全部价款的五分之一,经催告后在合理期限内仍未支付到期价款的,出卖人可以请求买受人支付全部价款或者解除合同。”“出卖人解除合同的,可以向买受人请求支付该标的物的使用费。”这一条文是对分期付款买卖违约责任的规定,与原《合同法》第167条规定相比,增加了分期付款未支付到期价款数额达到1/5,须经催告方可解除合同的新规则。

分期付款买卖合同,是指买受人将其应付的总价款按照一定期限分批向出卖人支付的买卖合同关系。按照最高人民法院司法解释,买受人将应付的总价款在一定期间内至少分三次向出卖人支付的,才是分期付款买卖合同。

分期付款买卖是一种特殊形式的买卖,通常用于房屋、高档消费品的买卖。由于买受人的分期支付价款影响了出卖人的资金周转,故分期付款的总价款可略高于一次性付款的价款。

在分期付款买卖中,出卖人须先交付标的物,买受人在受领标的物后分若干次付款,因而出卖人存在不能实现价款债权的风险。在交易实践中,当事人

双方就分期付款买卖通常有以下特别约定:第一,所有权保留特约,是指买受人虽先占有、使用标的物,但在双方当事人约定的特定条件(通常是价款的部分或者全部清偿)成就之前,出卖人保留标的物的所有权,待条件成就后,再将所有权转移给买受人。第二,请求支付全部价款或者解除合同,买受人未付到期价款的数额达到全部价款的1/5的,出卖人可以要求买受人支付全部价款或者解除合同,该选择权在买受人,可以选择支付全部价款或者解除合同。第三,出卖人解除合同可以请求买受人支付该标的物的使用费,买受人应当向出卖人支付的该标的物的使用费,按照市场价格计算。使用费可以从已经支付的价款中扣除,剩余部分应当返还。标的物有毁损的,买受人应当支付损害赔偿金。

本条增加的新规则是:原《合同法》第167条规定的是,只要分期付款的买受人未支付到期价款的数额达到全部价款的1/5的,出卖人就可以要求买受人支付全部价款或者解除合同。本条在这一基础上,增加了新的条件,即不仅分期付款的买受人未支付到期价款的数额达到全部价款的1/5,而且还应当由出卖人进行催告,并且给出合理期限,在此基础上,买受人仍未支付到期价款的,才可以要求买受人支付全部价款或者解除合同。

318. 试用买卖的试用期限届满,买受人未作表示视为同意购买

《民法典》合同编第638条第1款、第2款分别规定:“试用买卖的买受人在试用期内可以购买标的物,也可以拒绝购买。试用期限届满,买受人对是否购买标的物未作表示的,视为购买。”“试用买卖的买受人在试用期内已经支付部分价款或者对标的物实施出卖、出租、设定担保物权等行为的,视为同意购买。”这一条文是对试用买卖合同买受人对标的物购买选择权的规定,与原《合同法》第171条规定相比,增加了第2款规定的新规则。

试用买卖合同在试用期限,买受人对购买还是拒绝购买试用的标的物享有选择权,决定购买该标的物或者拒绝购买该标的物。该权利属于买受人,他人不得干涉。买受人认可的意思表示就是选择权的行使。该意思表示可以是口头的,也可以是书面的。

在有些情况下,尽管买受人未作出认可的意思表示,即未作出购买该标的物的意思表示,法律规定应当视为认可:

(1)买受人在试用期限届满后未作出是否认可的意思表示,既不表示购买,也不表示拒绝购买的,视为认可购买该标的物。这是由于标的物已经交付给买受人占有、使用,试用期限已经届满,又不表示拒绝购买,当然是期待继续占有、使用,因而成为一般的买卖合同,买受人应当履行买受人的义务。

（2）买受人对试用买卖的标的物在试用期限支付部分价款，或者对标的物实施出卖、出租、设定担保物权等行为的，视为同意购买，由于标的物已经交付、占有甚至有处分行为，买受人应当履行其义务。

买受人同意购买标的物或者视为同意购买标的物的，买卖合同即发生效力，双方当事人应按约定履行合同。在试用期限买受人作出拒绝购买的意思表示的，该买卖合同不产生效力。

本条增加的新规则是前述第 2 项内容，试用买卖标的物在试用期限，买受人支付部分价款，或者对标的物实施出卖、出租、设定担保物权等行为的，视为同意购买。在这种情况下，买受人还主张自己对试用买卖标的物拒绝购买，是没有道理的。这个新规则是明确的，是正确的。

319. 试用买卖合同对标的物使用费未约定或约定不明，出卖人无权主张买受人支付

《民法典》合同编第 639 条规定："试用买卖的当事人对标的物使用费没有约定或者约定不明确的，出卖人无权请求买受人支付。"这一条文是对试用买卖合同标的物使用费规定的新规则。

试用买卖合同，按照其本来的含义，是将标的物交给买受人试用，在试用期间，买受人可以购买，也可以不购买。在试用期间，买受人对试用标的物的使用就是试用，而不是购买。具体规则如下：

（1）在试用期间，买受人对试用的标的物是否需要交纳使用费，一般性规则是无须缴纳使用费即无偿试用；如果需要缴纳使用费，须在试用买卖合同中作出明确约定。

（2）当事人在试用买卖合同中的约定应当缴纳使用费的，买受人应当按照约定缴纳使用费；约定不缴纳使用费的，买受人不缴纳使用费。

（3）当事人在合同中对标的物使用费没有约定或者约定不明确的，应当按照无偿使用原则，确定买受人不缴纳使用费，因而，出卖人无权要求买受人缴纳标的物使用费。

320. 试用买卖的标的物在试用期内意外灭失的风险由出卖人负担

《民法典》合同编第 640 条规定："标的物在试用期内毁损、灭失的风险由出卖人承担。"这一条文是对试用买卖标的物在试用期间毁损、灭失风险负担规定的新规则。

在买卖合同中，都存在买卖标的物意外毁损、灭失风险的问题，原则上是由

对标的物享有所有权的一方负担意外灭失风险的后果。

在试用买卖合同中同样适用这样的规则,本条对此作出的规则是:在标的物试用期间标的物意外毁损、灭失的风险,都由出卖人负担。这是因为,试用买卖合同的标的物在试用期间,所有权并未转移,即所有权未实际交付,买受人仅仅是占有、试用,而不是取得了标的物的所有权,因而,由对标的物享有所有权的出卖人负担意外灭失风险的后果,符合法理要求。

321. 出卖人保留的所有权未经登记不得对抗善意第三人

《民法典》合同编第 641 条第 1 款、第 2 款分别规定:"当事人可以在买卖合同中约定买受人未履行支付价款或者其他义务的,标的物的所有权属于出卖人。""出卖人对标的物保留的所有权,未经登记,不得对抗善意第三人。"这一条文是对买卖合同所有权保留的一般性规定,与原《合同法》第 134 条规定相比,增加了第 2 款规定的新规则。

在分期付款买卖合同中,所有权保留特约,是指买受人虽先占有、使用买卖合同的标的物,但是,在双方当事人约定的特定条件(通常是价款的部分或者全部清偿)成就之前,出卖人保留标的物的所有权,待条件成就后,再将所有权转移给买受人的特别约定。这种特约一般适用于动产买卖,不动产买卖不适用这种方法。

所有权保留,既是分期付款买卖合同的特别约定,也是一种担保物权。从担保物权的角度解释,所有权保留是指在转移财产所有权的商品交易中,根据法律规定或者当事人约定,财产所有权人转移财产占有于对方当事人,而保留其对该财产的所有权,待对方当事人交付全部价金或者完成特定条件时,所有权才发生转移的担保物权。

从这两方面的意义上说,当事人在买卖合同中关于买受人未履行支付价款或者其他义务的,标的物的所有权属于出卖人的约定,就是所有权保留,既是分期付款买卖合同的特别约定,也是分期付款买卖合同的出卖人为保护自己的价款债权而设置的物权担保,用保留的标的物的所有权对债权进行担保。所有权保留的担保物权,可以进行担保物权的登记,出卖人对标的物保留的所有权未经登记的,不得对抗善意第三人。

本条增加规定的新规则,就是出卖人对标的物保留的所有权未经登记的,不得对抗善意第三人。从字面上看,本条说的是对标的物保留的所有权未经登记,似乎登记的是所有权,而所有权保留通常适用于动产而不适用于不动产,那么,动产的所有权如何进行登记呢?对此,应当登记的不是标的物的所有权,要登记的是所有权保留的担保物权登记,即以分期付款买卖标的物设置的所有权保留的担保物权应当进行登记,以对抗善意第三人。

322. 所有权保留买卖合同的出卖人享有取回权

《民法典》合同编第 642 条第 1 款、第 2 款分别规定:"当事人约定出卖人保留合同标的物的所有权,在标的物所有权转移前,买受人有下列情形之一,造成出卖人损害的,除当事人另有约定外,出卖人有权取回标的物:(一)未按照约定支付价款,经催告后在合理期限内仍未支付;(二)未按照约定完成特定条件;(三)将标的物出卖、出质或者作出其他不当处分。""出卖人可以与买受人协商取回标的物;协商不成的,可以参照适用担保物权的实现程序。"这一条文是对所有权保留的担保物权人取回权规定的新规则,借鉴了有关司法解释的规定。

所有权保留作为担保物权的一种,最重要的担保价值,就在于出卖人将分期付款的标的物交付买受人后,还保留自己对标的物的所有权,正是基于该所有权保留,出卖人享有买卖合同标的物的取回权。当出现危及其价款债权的情形时,出卖人行使取回权,追回交付给买受人占有的买卖标的物。

对此,《最高人民法院关于审理买卖合同纠纷案件适用法律问题的解释》(2012 年)第 35 条规定:"当事人约定所有权保留,在标的物所有权转移前,买受人有下列情形之一,对出卖人造成损害,出卖人主张取回标的物的,人民法院应予支持:(一)未按约定支付价款的;(二)未按约定完成特定条件的;(三)将标的物出卖、出质或者作出其他不当处分的。取回的标的物价值显著减少,出卖人要求买受人赔偿损失的,人民法院应予支持。"与上述司法解释规定相比,本条增加了"出卖人可以与买受人协商取回标的物;协商不成的,可以参照适用担保物权的实现程序"的规定;删除了"取回的标的物价值显著减少,出卖人要求买受人赔偿损失的,人民法院应予支持"的规定。

本条规定的出卖人取回权的规则是,当事人约定出卖人保留合同标的物的所有权,在标的物所有权转移前,买受人有下列情形之一,造成出卖人损害的,除当事人另有约定外,出卖人有权取回标的物,即取回权的产生原因是:第一,买受人未按照约定支付价款,经催告后在合理期限内仍未支付;第二,买受人未按照约定完成特定条件;第三,买受人将标的物出卖、出质或者作出其他不当处分。

实现取回权的方法是:第一,出卖人行使取回权,取回标的物。第二,协商确定,出卖人可以采取与买受人协商取回标的物的办法。第三,当事人协商不成的,可以参照适用担保物权的实现程序,例如拍卖或者变卖标的物,用价款优先偿还未支付的价金等。

本条规定的新规则,是出卖人可以与买受人协商实现取回权;协商不成的,可以参照适用担保物权的实现程序,实现担保物权。这是因为,所有权保留就是担保物权,依据其保留的所有权,当然地产生取回权。双方当事人作为担保物权人和担保人,如果协商实现取回权,就保护了所有权人即担保物权人的权利。如果买受人不同意,协商不成的,由于保留的所有权是担保物权,因而可以依照担保物权的实现方法,即拍卖、变卖、折价等方法将担保物变价,以其变价款加上已经支付的价款,扣除标的物使用费,用以清偿债务,多退少补,实现债权。

323. 所有权保留买卖合同的买受人享有回赎权

《民法典》合同编第 643 条第 1 款、第 2 款分别规定:"出卖人依照前条第一款的规定取回标的物后,买受人在双方约定或者出卖人指定的合理回赎期限内,消除出卖人取回标的物的事由的,可以请求回赎标的物。""买受人在回赎期限内没有回赎标的物,出卖人可以以合理价格将标的物出卖给第三人,出卖所得价款扣除买受人未支付的价款以及必要费用后仍有剩余的,应当返还买受人;不足部分由买受人清偿。"这一条文是对出卖人取回标的物后买受人享有回赎权规定的新规则。

在分期付款买卖合同中,如果出现了出卖人享有取回权的事由,出卖人取回买卖标的物之后,买受人享有回赎权,可以在回赎期限内回赎买卖标的物。取回权和回赎权的权利配置,能够保持出卖人和买受人之间的利益平衡,同时也兼顾了双方当事人的实际需要。在分期付款合同中,买受人未履行应当履行的付款义务,出卖人依照所有权保留的担保物权,享有对标的物的取回权,保护自己的权益。可是,标的物取回后,如果买受人有继续占有、使用甚至购买的意愿和需求,且能够支付价款的,将标的物由买受人赎回,当然是物尽其用的最好选择。因此,保护好买受人的赎回权也是很重要的措施。

买受人回赎权的规则如下:

(1)回赎权的产生,是在出卖人依照本法第 642 条第 1 款的规定取回标的的物之后,出卖人取回买卖标的物,买受人即产生回赎权。这时,出卖人对标的物既有所有权,也有占有权,实现了所有权权能的统一。为保护买受人对标的物的需求,法律规定其取得对标的物的回赎权,可以行使回赎权而回赎标的物。回赎权行使的后果,是取得标的物的所有权。

(2)确定回赎期间,即双方当事人可以约定回赎期间,或者出卖人指定合理的回赎期间。买受人应当在约定或者指定的回赎期间内，行使回赎权，超过回赎期间的，回赎权消灭，不能再主张回赎分期付款的标的物。

(3)回赎权的行使要件，是买受人消除了出卖人取回标的物的事由，即买受人支付了未按照约定支付的价款，或者买受人按照约定完成了特定条件，或者买受人将出卖、出质或者作出其他不当处分的标的物收回。

符合上述三个要求的，买受人可以行使回赎标的物的权利，出卖人应当将取回的标的物及其所有权交付给买受人，买受人取得标的物的所有权。

买受人取得回赎权，但是在回赎期间内没有回赎标的物的，出卖人可以以合理价格出卖标的物，出卖所得价款在扣除原买受人未支付的价款及必要费用后仍有剩余的，应当返还原买受人；不足部分，由原买受人清偿。

第二节 关于供用电、水、气、热力合同的新规则

324. 供电人承担强制缔约义务

《民法典》合同编第 648 条第 1 款、第 2 款分别规定："供用电合同是供电人向用电人供电，用电人支付电费的合同。""向社会公众供电的供电人，不得拒绝用电人合理的订立合同要求。"这一条文是对供用电合同概念和缔约方式的规定，与原《合同法》第 176 条规定相比，增加了第 2 款规定的新规则。

供用电合同是指供电人向用电人供电，用电人支付电费的合同。其法律特征是：第一，供用电合同的标的物是无形物，民法通常将其称为自然力。因电能供应对保障社会正常运转具有十分重要的作用，供用电合同在履行中对供电质量及连续性的要求非常高，故国家对供电人应连续供电的义务作出了严格要求。第二，供用电合同是强制缔约合同，供电一方负有强制缔约义务，没有正当理由，不得拒绝用电人的缔约请求。第三，供用电合同是双务、有偿合同，供电人有义务按合同约定向用电人供应符合合同要求的电能，违约应承担相应责任；用电人有义务按合同约定向供电人及时、足额交付电费，否则亦应承担相应责任。第四，供用电合同通常是格式条款，实行统一价格。

本条第 2 款规定的是新规则，规定了供电单位的强制缔约义务。

强制缔约义务也叫强制性合同，是指在若干特殊情形下，个人或者企业负有应相对人的请求与其订立合同的义务，负有强制性缔约义务的人非有正当理由不得拒绝。这种强制性力量来源于法律的规定，旨在保护消费者，限制居于垄断地位的公用事业单位的一方当事人。因为一旦消费者的要约被拒绝，要约人将无法从他处获得该种服务或商品。供电企业就是这样的公用事业单位，负

有强制缔约义务,故向社会公众供电的供电人,不得拒绝用电人合理的订立合同要求。违反者,应当承担法律责任。

负有强制缔约义务的一方当事人违反强制缔约义务,不构成违约责任,因为这时合同还没有成立,不能认定为违约责任。但是,违反强制缔约义务的行为发生在缔约的过程中,对方当事人完全可以基于强制缔约义务的法律规定建立信赖,违反强制缔约义务会造成信赖利益的损害。因此,违反强制缔约义务的行为也构成缔约过失责任。

325. 中止供电应当事先通知用电人

《民法典》合同编第 654 条第 1 款、第 2 款分别规定:“用电人应当按照国家有关规定和当事人的约定及时支付电费。用电人逾期不支付电费的,应当按照约定支付违约金。经催告用电人在合理期限内仍不支付电费和违约金的,供电人可以按照国家规定的程序中止供电。”“供电人依据前款规定中止供电的,应当事先通知用电人。”这一条文是对用电人应当及时支付电费义务的规定,与原《合同法》第 182 条规定相比,增加了第 2 款规定,即中止供电应当事先通知用电人。

用电人既然使用电能,就应履行交付电费的义务。用电人应当按照国家有关规定和当事人的约定及时向供电人交付电费;如双方当事人在合同中约定了交费时间,用电人应当按约定时间交费。

用电人逾期不交电费,应当承担的责任是:第一,如果合同中有违约金条款,用电人应按照约定向供电人支付违约金;第二,如果没有约定违约金,则用电人应支付电费的逾期利息;第三,经催告用电人在合理期限内仍不支付电费和违约金的,供电人可以按照国家规定的程序中止供电。

本条增加的新规则是:供电人按照本条的上述规定中止供电的,应当事先通知用电人。供电人负有上述义务的理由是:第一,对用电人停止供电,尽管是有正当理由和法律依据,但是,由于电力对用电人的重要性,中止供电将对其造成重大影响。提前通知,就是要使用电人提前做好准备,以减少损失。第二,在供用电合同中,供电人属于强势一方,用电人属于弱势一方,在具体实施依法停止供电惩罚性措施时,也不应当成为“电霸”,依照法律的规定进行,目的是使用电人按时支付电费和违约金,建立正常的供用电秩序,而不是强加于人。

326. 节约和计划用电是用电人应当遵守的义务

《民法典》合同编第 655 条规定:“用电人应当按照国家有关规定和当事人

的约定安全、节约和计划用电。用电人未按照国家有关规定和当事人的约定用电,造成供电人损失的,应当承担赔偿责任。”这一条文是对用电人安全用电义务与违约责任的规定,与原《合同法》第138条规定相比,增加了用电人负有节约和计划用电义务的新规则。

用电人对电力设施的安全负有保持义务。用电人按照国家有关规定和双方当事人的约定用电,是其应尽的义务,这也是《民法典》总则编的绿色原则的体现。用户用电不得危害供电、用电安全和扰乱供电、用电秩序。用户不得有下列危害供电、用电安全,扰乱正常供电、用电秩序的行为:第一,擅自改变用电类别;第二,擅自超过合同约定的容量用电;第三,擅自超过计划分配的用电指标;第四,擅自使用已经在供电企业办理暂停使用手续的电力设备,或者擅自启用已经被供电企业查封的电力设备;第五,擅自迁移、更动或者擅自操作供电企业的用电计量装置、电力负荷控制装置、供电设施以及约定由供电企业调度的用户受电设备;第六,未经供电企业许可,擅自引入、供出电源或者自备电源擅自并网。用电人实施了上述行为,会打乱电力生产的供需平衡,极易影响整个电网的稳定运转,引起不必要的拉闸限电、停电,给供电人和其他用户造成不应有的损失。

用电人未按照国家有关规定和当事人的约定安全用电,擅自改动供电人的用电计量装置和供电设施、擅自超负荷用电等,造成供电人损失的,应当承担赔偿责任。

本条规定的新规则要求,用电人应当节约和计划用电。尽管我国目前电力供应比较充裕,不存在电荒的问题,而且还在鼓励用电,但是,节约和计划用电还是用电人必须负担的义务。因为电力并非凭空而来,是重要的资源,节约和计划用电,不仅可以节省发电的资源,防止资源浪费,保护好环境,符合绿色原则的要求,而且还会使供电部门和发电部门的发电、供电保持更好的计划性,使发电、供电和用电都在和谐的秩序中进行,满足生产和生活的需要。

第三节　关于赠与合同的新规则

327. 具有助残性质的公益赠与合同不得撤销

《民法典》合同编第658条第1款、第2款分别规定:“赠与人在赠与财产的权利转移之前可以撤销赠与。”“经过公证的赠与合同或者依法不得撤销的具有救灾、扶贫、助残等公益、道德义务性质的赠与合同,不适用前款规定。”这一条文是对赠与的任意撤销及其限制的规定,与原《合同法》第186条规定相比,将助残性质的赠与纳入公益性赠与合同范围。

赠与的任意撤销,是指无须具备法定情形,可以由赠与人依其意思而任意撤销的赠与合同。撤销的时间应当在赠与财产的权利转移之前进行。赠与已经撤销,视为没有赠与合同,双方当事人之间不再存在赠与的权利义务关系。赠与人任意撤销赠与合同,没有期限的限制,即不存在除斥期间的约束。赠与合同允许任意撤销并且不受除斥期间的限制,是因为赠与是单务的无偿行为,赠与人当然可以任意撤销。

不过,对赠与合同的撤销并不是绝对的,在一定的情形下,赠与人作出赠与的意思表示之后,不得撤销赠与。不得撤销赠与的情形如下:

(1)赠与合同订立后,已经经过公证证明,表明赠与的意思表示已经经过慎重考虑,并且提交公证机关证明,因此不得任意撤销。

(2)依法不得撤销的具有救灾、扶贫、助残等具有公益、道德义务性质的赠与合同,由于具有公益或者道德义务性质的赠与,与社会公益有关,与道德义务有关,因而做出赠与的意思表示之后,不能撤销;特别是有的人借公益捐赠打广告,打完广告之后就不再赠与,借机行骗,如果允许赠与人任意撤销,与公益和道义不符,也应该不得撤销赠与。

本条新增加的内容是,在公益性赠与的列举中,增加了"助残"性质的赠与也是公益性质赠与,适用不得任意撤销的规则。

328. 不可撤销赠与合同的赠与人故意或重大过失致标的物受损应负赔偿责任

《民法典》合同编第 660 条第 1 款、第 2 款分别规定:"经过公证的赠与合同或者依法不得撤销的具有救灾、扶贫、助残等公益、道德义务性质的赠与合同,赠与人不交付赠与财产的,受赠人可以请求交付。""依据前款规定应当交付的赠与财产因赠与人故意或者重大过失致使毁损、灭失的,赠与人应当承担赔偿责任。"这一条文是对受赠人的交付请求权及赠与人责任的规定,与原《合同法》第 188、189 条规定相比,修改了赠与人承担赔偿责任的适用范围。

一般的赠与合同是无偿行为,因此,在订立赠与合同后,赠与人是可以撤销合同的。但是,经过公证的赠与合同或者依法不得撤销的具有救灾、扶贫、助残等公益、道德义务性质的赠与合同,赠与人的赠与目的,是履行公益、道德义务。履行公益、道德义务的赠与对赠与人的约束力较强,不仅不能任意撤销,而且具有公益、道德义务性质的赠与合同或者经过公证的赠与合同的赠与人必须履行赠与义务,交付赠与物,对赠与物的所有权予以转移给受赠与人。赠与人不履行赠与合同义务的，受赠人享有赠与请求权，请求赠与人交付赠与物义务，承担继续履行的违约责任。

本条修改了原《合同法》第189条规定的规则。第189条规定："因赠与人故意或者重大过失致使赠与的财产毁损、灭失的，赠与人应当承担损害赔偿责任。"这样的规定，显然不能适用于一般性的赠与，只能适用于依法不得撤销的公益或者道德性赠与合同。但是，该条文对此规定不明确，似乎可以适用于所有的赠与合同。本法将这一条文纳入本条第2款，确定的损害赔偿责任适用范围缩小，只适用经过公证的赠与合同或者依法不得撤销的具有救灾、扶贫、助残等公益、道德义务性质的赠与合同。只有在这种不得撤销的赠与合同中，这样性质的赠与财产因赠与人的故意或者重大过失致使毁损、灭失的，赠与人才应当承担赔偿责任。这样的修改是完全有道理的，符合情理，也符合法理。

第四节　关于借款合同的新规则

329. 借款合同自贷款人提供借款时成立

《民法典》合同编第679条规定："自然人之间的借款合同，自贷款人提供借款时成立。"本条是对自然人之间借款合同性质的规定。与原《合同法》第210条规定相比，本条改变了"自贷款人提供借款时生效"的规则，改为"自贷款人提供借款时成立"的新规则。

自然人之间的借款合同，就是民间借贷，其性质是实践性合同，即自贷款人提供借款时成立，也就是贷款人将借款交付给借款人时，借款合同成立。规定自然人之间的借款合同自贷款人提供借款时生效，虽然也能够解释为实践性合同，但是存在这样一个问题。申言之，由于借款合同自贷款人提供借款时生效，也就表明自贷款人作出贷款承诺时借款合同已经成立。依法成立的合同具有法律约束力。据此，借款人可以请求贷款人提供借款以使合同生效。这样一来，自然人难免向法院起诉请求贷款人履行提供借款的义务。本条规定将其修改为自贷款人提供借款时成立，不仅表明了借款合同的实践性，还明确了达成合意时借款合同并不成立，而是直至提供借款时才成立，就会使自然人之间的民间借贷减少不必要的纠纷。

本条规定的言外之意，是除了自然人之间的借款合同之外，其他法人、非法人组织之间，以及法人或者非法人组织与自然人之间的借款合同，都是诺成合同，而不是实践合同。

330. 禁止高利放贷和借款合同对利率约定不明时的确定方法

《民法典》合同编第680条各款分别规定:“禁止高利放贷,借款的利率不得违反国家有关规定。”“借款合同对支付利息没有约定的,视为没有利息。”“借款合同对支付利息约定不明确,当事人不能达成补充协议的,按照当地或者当事人的交易方式、交易习惯、市场利率等因素确定利息;自然人之间借款的,视为没有利息。”这一条文是对借款合同利息之债的规定,与原《合同法》第211条规定相比,有较大改变。

对于借款合同的利息之债,本条确立的基本规则如下:

(1)禁止高利放贷。借款合同分为本金之债和利息之债。利息之债是否存在,依据当事人的约定。但是,禁止高利放贷,是国家的一贯立场。这是因为,高利放贷不仅破坏国家的金融政策,而且会给借款人造成重大的负担,引起严重的后果。

(2)借款合同约定支付利息之债的,借款的利率应当遵守国家的有关规定,不得违反国家关于利息之债的有关规定进行约定。例如,自然人之间的借款合同可以约定支付利息,但约定利息不得违反国家有关限制高利贷的规定,即月息二分为上限,月息超过二分不满三分的,为自然债务,不予强制保护,月息三分以上的为非法利息,就是高利贷。

(3)如果借款合同对支付利息之债没有约定,视为没有利息,为无息借款;不过,如果借款的主合同上没有约定利息,但是在补充合同上规定有利息之债,则为有息借款。

(4)借款合同对支付利息约定不明确的,对于法人、非法人组织之间的借贷,以及法人、非法人组织与自然人之间的借贷,应当按照当地或者当事人的交易方式、交易习惯、市场利率等因素确定利息;对于自然人之间的借款,支付利息约定不明确的,视为没有利息,为无息借款。

本条规定的新规则是,借款合同对支付利息约定不明确的,应当按照不同性质的借款合同确定:

(1)禁止高利放贷。对于超过国家规定的利率约定的,超过部分无效,不予以支持,实际上还应当规定制裁的措施。

(2)一般的借款合同,即非自然人之间的借款合同,按照当地或者当事人的交易方式、交易习惯、市场利率等因素确定利息。这是由于我国没有规定法定利率,不能按照法定利率确定利息之债的利率,只能按照这样的方法确定。

(3)自然人之间借款的,视为没有利息。这是因为,原本自然人之间的借款,通常是互通有无、互利互惠的性质,因而不应当认定为有利息。如果自然人之间的借贷有利息之债,必须双方在借款合同中有约定,且须约定明确。

第五节 关于保证合同的新规则

331. 发生保证合同约定的情形时保证人也要承担保证责任

《民法典》合同编第 681 条规定:"保证合同是为保障债权的实现,保证人和债权人约定,当债务人不履行到期债务或者发生当事人约定的情形时,保证人履行债务或者承担责任的合同。"这一条文是对保证合同概念的规定,与原《担保法》第 6 条规定相比,在保证概念的定义中,增加了发生保证合同约定的情形是保证人承担保证责任的新规则。

保证合同是为保障债权的实现,保证人与债权人约定,当债务人不履行到期债务或者发生当事人约定的情形时,保证人履行债务或者承担责任的合同。保证的特征是:第一,保证合同是依附于主合同的从合同,以主合同的存在为基础和前提,是从属于主债的从债。第二,保证合同具有人身性,其担保的属性称为"人保",是以保证人的信誉作为担保的基础,保证合同的建立与保证人的人格、身份密不可分。第三,保证合同具有补充性,其功能表现在通过保证担保以督促债务人的债务履行;也表现在保证的补充性,当债务期限届满债务人不履行主债务或者约定的情形发生时,保证人才履行保证债务,即保证合同系主要以主债务的不履行为生效条件的合同。第四,保证合同具有相对独立性,尽管依附于主债而存在,却是区别于主债的从债,具有相对独立性。

保证合同是为保障债权的实现,当债务人不履行到期债务或者发生当事人约定的情形时,保证人履行债务或者承担责任的合同。保证合同的当事人为主债权人和保证人,保证人是接受主债务人的委托,为债权人的债权提供担保,与债权人之间构成保证合同关系,与主债务人之间不存在保证合同关系。

对于保证合同概念的定义,原《担保法》第 6 条规定为,是指保证人和债权人约定,当债务人不履行债务时,保证人按照约定履行债务或者承担责任的行为。本条改变的内容如下:

(1)保证合同的目的是保障债权的实现,体现了保证的担保性质和作用,而不是为了其他目的。

(2)担保债权实现的条件,除了坚持债务人不履行到期债务,还规定了发生当事人约定的情形也是担保债权实现的条件。如果在保证合同中约定了其他承担保证债权责任的情形时,当这个约定的情形出现后,也应当承担保证责任。

332. 保证合同的表现形式

《民法典》合同编第 685 条第 1 款、第 2 款分别规定:“保证合同可以是单独订立的书面合同,也可以是主债权债务合同中的保证条款。”“第三人单方以书面形式向债权人作出保证,债权人接收且未提出异议的,保证合同成立。”这一条文是对保证合同的形式的规定,是原《担保法》没有规定的新规则。

保证合同是要式合同,必须采取书面形式作出。本条规定,保证合同的具体表现形式有三种:

(1)保证合同。单独订立的书面合同,即在主合同之外,另行订立保证合同。这是最正规的保证合同,通过单独的保证合同,列明双方当事人和合同的具体约定内容,是最典型的书面保证合同。

(2)保证条款。保证人和债权人没有订立书面的单独保证合同,而是在主债权债务合同中设定保证条款,写明保证的内容。这也是保证合同的表现形式,但是,如果有保证条款的主债权债务合同,须在合同当事人中,将保证人列明,并且要在主债权债务合同上签字、盖章或者按指印。有的保证条款,主债权债务合同的当事人项目中没有列明保证人,但是,保证人在签署部分签名盖章的,该保证条款有效。

(3)保证书或者保函。保证书或者保函,是第三人单方以书面形式向债权人出具承担保证责任的意思表示。这也是保证合同的表现形式。保证人应当在保证书或者保函上签字、盖章或者按指印。保证人出具保证书或者保函后,债权人接收且未提出异议的,保证合同即告成立。

这些不同的保证合同的表现形式,只要是当事人的真实意思表示,均为有效的保证合同。

333. 保证方式未约定或者约定不明推定为一般保证

《民法典》合同编第 686 条第 1 款、第 2 款分别规定:“保证的方式包括一般保证和连带责任保证。”“当事人在保证合同中对保证方式没有约定或者约定不明确的,按照一般保证承担保证责任。”这一条文是对保证方式的规定,与原《担保法》第 16 条和第 19 条规定相比,本条将保证方式没有约定或者约定不明确的保证,由认定为承担连带保证责任改为承担一般保证责任。

保证方式,是指保证人承担保证责任的具体方式。保证只有两种保证方式,一是一般保证,二是连带责任保证。保证人承担何种保证方式,依照保证合同约定,保证合同约定保证人承担何种保证方式,就应当承担何种保证方式。

当事人在保证合同中如果没有对保证方式作出约定,或者约定不明确的,原《担保法》第19条规定的方法是,应当推定为承担连带责任保证。这样的规定是不正确的,因为保证人承担保证责任,一般没有特别的利益,因而对保证人不能要求过高,当事人在保证合同中没有约定保证方式或者约定不明确的,应当按照就低不就高的原则,而不宜推定保证人承担的是连带责任保证,使保证人的权利义务及利益关系发生不平衡。因此,本条改变了这个规则,确立了新规则,即就低不就高,当事人在保证合同中对保证方式没有约定或者约定不明确的,推定为承担一般保证,而不是连带责任保证。

一般保证的突出特点,是保证人享有先诉抗辩权,于债权人未就主债务人的财产强制执行无效果前,对债权人得拒绝清偿的抗辩权。债权人仅仅向债务人请求履行,并不能阻止先诉抗辩权的行使,保证人可以行使先诉抗辩权予以抗辩。

连带责任保证,是指债务人在债务履行期届满时未履行债务的,债权人既可以请求债务人履行债务,也可以请求保证人在其保证范围内履行保证债务的保证方式。连带责任保证中的保证人不享有先诉抗辩权。因此,只要债务履行期届满,债务人未履行债务的,不问其原因如何,也不问债务人有无履行能力,债权人均可以不请求债务人履行债务,而直接向保证人请求履行保证债务。连带责任的保证属于不真正连带债务。尽管在保证人和债务人之间存在债权人可以选择的连带关系,但是最终的债务承担必定是由债务人承担的,而不是分为份额,各自承担自己的份额,因此,连带责任保证不是真正的连带责任,而是不真正连带责任。

在这个问题上,有一个一般保证和连带责任保证究竟哪一个是保证常态的问题。原《担保法》第19条规定是将连带责任保证作为保证的常态,因而优先选择适用连带责任保证。实际上,一般保证才是保证的常态,连带责任保证是加重的保证责任方式。本条恢复了正常的一般保证和连带责任保证之间的关系,对于平衡债权人和保证人之间的利益关系,具有重要价值。

334. 一般保证的保证人拒绝保证的除外事由

《民法典》合同编第687条第1款、第2款分别规定:"当事人在保证合同中约定,债务人不能履行债务时,由保证人承担保证责任的,为一般保证。""一般保证的保证人在主合同纠纷未经审判或者仲裁,并就债务人财产依法强制执行仍不能履行债务前,有权拒绝向债权人承担保证责任,但是有下列情形之一的除外:(一)债务人下落不明,且无财产可供执行;(二)人民法院已经受理债务人破产案件;(三)债权人有证据证明债务人的财产不足以履行全部债务或者丧失履行债务能力;(四)保证人书面表示放弃本款规定的权利。”这一条文是对一般保证与先诉抗辩权的规定,与原《担保法》第17条规定相比,增加了主张先诉抗辩权除外事由的范围。

一般保证,是指当事人在保证合同中约定,在债务人不能履行债务时,由保证人承担保证责任,代为履行债务的保证方式。一般保证其实就是附条件的保证,即以债务人不履行债务为条件,条件具备时,保证人才承担保证责任。

一般保证的突出特点是保证人享有先诉抗辩权。先诉抗辩权也叫检索抗辩权,是指保证人基于其一般保证的特定地位所享有的,于债权人未就债务人的财产强制执行无效果前,对债权人得拒绝代债务人履行清偿义务的抗辩权。保证人一旦行使先诉抗辩权,即可对抗债权人的履行债务的请求,拒绝承担保证责任。

先诉抗辩权行使的条件是,主合同纠纷未经审判或者仲裁,并就债务人的财产强制执行仍不能履行债务,实际上就是债务人已经无财产可供强制执行。

不得行使先诉抗辩权的事由,是在出现法定事由时,保证人不得以先诉抗辩权对抗债权人清偿债务的请求。这些事由是:第一,债务人下落不明,且无财产可供执行,保证人不得行使先诉抗辩权;第二,人民法院已经受理债务人破产案件,保证人不得行使先诉抗辩权;第三,债权人有证据证明债务人的财产不足以履行全部债务或者丧失履行债务能力,保证人不得以先诉抗辩权对抗债权人的请求;第四,保证人书面表示放弃本款规定的权利,即放弃先诉抗辩权,愿意为债务人承担保证责任。

本条确定的新规则如下:

(1)增加了“债务人下落不明,且无财产可供执行”的先诉抗辩权行使的除外事由。对债务人下落不明且无财产可供执行的,保证人不得主张先诉抗辩权。

(2)增加了“债权人有证据证明债务人的财产不足以履行全部债务或者丧失履行债务能力”的除外事由。财产不足以履行全部债务,或者丧失履行债务能力,确有证据证明的,保证人不得主张先诉抗辩权。

335. 最高额保证准用最高额抵押的规则

《民法典》合同编第690条第1款、第2款分别规定:“保证人与债权人可以协商订立最高额保证的合同,约定在最高债权额限度内就一定期间连续发生的债权提供保证。”“最高额保证除适用本章规定外,参照适用本法第二编最高额抵押权的有关规定。”这一条文是对最高额保证的规定,与原《担保法》第14条的规定相比,增加了第 2 款规定,即最高额保证准用最高额抵押规定的新规则。

最高额保证是保证的一种特殊形式,是在最高债权额的限度内,对一定期间连续发生的不特定同种类债权提供的保证,是银行融资业务中一种较为常用的担保方式。其特征:一是最高额保证所担保的债务在保证设立时可能已经发生,也可能没有发生,最高额保证的生效与被保证的债务是否实际发生无关。二是最高额保证所担保的债务为一定期间内连续发生的债务。三是最高额保证约定有保证人承担保证责任的最高限额。四是最高额保证所担保的不是多笔债务的简单累加,而是债务整体,各笔债务的清偿期仅对债务人有意义,并不影响保证人承担保证责任。

最高额保证通常适用于债权人与债务人之间具有经常性的、同类性质的业务往来,多次订立合同而产生的债务,如经常性的借款合同或者某项商品交易合同关系等。对一段时期内订立的若干合同,以订立一份最高额保证合同为其担保,可以减少每一份主合同订立一个保证合同所带来的不便,同时仍能起到债务担保的作用。

最高额保证的期间与普通保证的期间不同。最高额保证在设定时,其担保的债权尚未发生或虽已发生却仍处于变动的不特定状态之中,债权额是不确定的,只有在一定期间届满,被担保的债权确定时,债权额才能确定,保证人的保证责任才能产生。因此,在最高额保证合同中,保证期间虽然从性质上也是保证人承担保证责任的责任期间,但其存在两个期间:一是保证人应对一系列债权承担责任的范围期间;二是在不特定债权额确定之后,债权人向保证人主张权利的期间。

本条规定的新规则是,最高额保证与最高额抵押的基本规则相同,因此规定,最高额保证除了适用本章规定外,参照适用物权编最高额抵押权的有关规定。这个规定是必要的,因为在原《担保法》规定最高额保证中,没有规定最高额保证的适用规则,需要有可以适用的规则。在担保中,无论是最高额质押,还是最高额保证,其基本规则都与最高额抵押规则相似,因此,都准用本法物权编第 420 ~ 424 条关于最高额抵押基本规则的规定。

336. 删除保证范围不明对全部债务承担保证责任规则

《民法典》合同编第 691 条规定:“保证的范围包括主债权及其利息、违约金、损害赔偿金和实现债权的费用。当事人另有约定的,按照其约定。”这一条文是对保证范围的规定,与原《担保法》第 21 条规定相比,删除了“当事人对保证担保的范围没有约定或者约定不明确的,保证人应当对全部债务承担责任”

的规定。

保证范围,是指保证人对债权人债权实现应当承担保证责任的范围。确定保证范围的规则如下:

(1)有约定的,按照约定确定保证责任范围。依照合同自由原则,确定保证责任的具体范围,应按照保证合同的约定确定。约定的保证责任范围可能与主债务的范围并不一致,应当允许,但约定的保证责任范围只能比主债务为轻,不能比主债务为重,否则应当缩减至主债务的限度。

(2)没有约定的保证责任的确定,依照本条规定,保证担保的范围包括主债权及利息、违约金、损害赔偿金和实现债权的费用。不过,在保证债务成立后,主债务人与债权人约定的或约定增加的利息、违约金,属于新增加的债务,保证人未同意担保的,不应列入保证范围。

本条之所以删除"当事人对保证担保的范围没有约定或者约定不明确的,保证人应当对全部债务承担责任"的内容,是因为第1款把保证范围都已经规定清楚了,不需要再作规定。如果出现保证合同对保证范围没有约定或者约定不明的,就按照本条规定确定就是了。

337. 约定或者法定的保证期间计算方法

《民法典》合同编第692条各款分别规定:"保证期间是确定保证人承担保证责任的期间,不发生中止、中断和延长。""债权人与保证人可以约定保证期间,但是约定的保证期间早于主债务履行期限或者与主债务履行期限同时届满的,视为没有约定;没有约定或者约定不明确的,保证期间为主债务履行期限届满之日起六个月。""债权人与债务人对主债务履行期限没有约定或者约定不明确的,保证期间自债权人请求债务人履行债务的宽限期届满之日起计算。"这一条文是对保证期间的规定,原《担保法》对此没作规定,原担保法司法解释作过规定。

保证期间,是确定保证人承担保证责任的期间。换言之,保证人只在保证期间内对其担保的主债务负保证责任,而于保证期间届满后不再负保证责任。保证期间只能是在保证人的保证责任发生后的一定期间,而不能是保证责任发生前的一定期间。保证期间是不变期间,不发生中止、中断、延长的情形。

保证期间的确定,分为约定的保证期间和法定的保证期间:

(1)约定的保证期间。按照合同自由原则,双方当事人对于保证期间有约定的,按照约定的期间确定。约定的保证期间早于主债务履行期限或者与主债务履行期限同时届满的,视为没有约定。

(2)法定的保证期间。一般保证的保证人与债权人未约定保证期间或者约定不明确的,保证期间为主债务履行期届满之日起6个月。

(3)连带责任保证的保证人与债权人未约定保证期间或者约定不明确的,债权人有权自主债务履行期届满之日起6个月内要求保证人承担保证责任。债权人与债务人对主债务履行期限没有约定或者约定不明确的,保证期间自债权人要求债务人履行义务的宽限期届满之日起计算。

由于原《担保法》对保证期间没作规定,本条借鉴原担保法司法解释的规定,对保证期间作了详细规定,统一裁判适用尺度,对于统一适用法律具有重要价值。

338. 债权人未在保证期间主张权利,丧失保证债权

《民法典》合同编第693条第1款、第2款分别规定:"一般保证的债权人未在保证期间对债务人提起诉讼或者申请仲裁的,保证人不再承担保证责任。""连带责任保证的债权人未在保证期间请求保证人承担保证责任的,保证人不再承担保证责任。"这一条文是对债权人未在保证期间主张权利丧失保证债权的规定,与原《担保法》第25、26条规定相比,内容进行了较大修改。

债权人对保证人主张权利,应当在保证期间内进行。如果债权人在保证期间没有主张权利,将会发生法律后果,是债权人丧失对保证人的保证债权,保证人不再承担保证责任。

由于一般保证和连带责任保证规则不同,因此债权人未主张保证债权的形式也有所不同。按照本条规定:

(1)一般保证的债权人未在保证期间内对债务人提起诉讼或者申请仲裁,因而丧失保证债权,保证人不再对其承担保证责任。

(2)连带责任保证的债权人未在保证期间对保证人主张承担保证责任,既包括未提起诉讼或者申请仲裁,也包括未直接向保证人主张。债权人丧失保证债权,保证人也不再对债权人承担保证责任。

上述两个规定,后果都是保证人不再对债权人承担保证责任,但是条件并不相同。在一般保证,债权人须在保证期间对债务人提起诉讼或者申请仲裁,否则保证人不再承担保证责任,原因在于保证人享有先诉抗辩权,债权人不在保证期间对债务人提起诉讼或者申请仲裁,不能穷尽债务人履行债务的可能,保证人当然就有权不再对债权人承担保证责任。而连带责任保证,债权人既可以向债务人主张清偿债务,也可以向保证人主张承担保证责任,因而须在保证期间向保证人主张承担保证责任。未在保证期间对保证人主张承担保证责任的(包括直接向保证人主张,或者向法院起诉、向仲裁机构申请仲裁),保证人都不再对债权人承担保证责任。

339. 保证债务诉讼时效的计算规则

《民法典》合同编第 694 条第 1 款、第 2 款分别规定:“一般保证的债权人在保证期间届满前对债务人提起诉讼或者申请仲裁的,从保证人拒绝承担保证责任的权利消灭之日起,开始计算保证债务的诉讼时效。”“连带责任保证的债权人在保证期间届满前请求保证人承担保证责任的,从债权人请求保证人承担保证责任之日起,开始计算保证债务的诉讼时效。”这一条文是对保证债务诉讼时效起算的规定,原《担保法》对保证合同的诉讼时效没有规定,本条借鉴担保法司法解释的有关规定,对此作了新规定。

保证期间和诉讼时效是不同的期间。保证期间是保证债权人可以主张保证债权的期间。债权人在保证期间请求保证人承担保证责任,是债权人对保证债务的第一次请求权的行使。当债权人主张保证债务,保证人拒绝履行保证债务之时起,债权人产生了保证债权的二次请求权。

由于一般保证和连带责任保证的规则不同,因此,计算诉讼时效也有所不同。依照本条规定:

(1)一般保证的债权人在保证期间届满前对债务人提起诉讼或者申请仲裁的,如果债权人在此期间主张保证人承担保证责任,保证人主张拒绝承担保证责任的先诉抗辩权消灭之日起,保证人就须承担保证责任,从这时起,开始计算保证债务的诉讼时效。

(2)连带责任保证的债权人在保证期间届满前,请求保证人承担保证责任主张保证债权的,从债权人请求保证人承担保证责任之日起,开始计算保证债务的诉讼时效。

340. 未经保证人同意变更主债权债务合同对保证责任的影响

《民法典》合同编第 695 条第 1 款、第 2 款分别规定:“债权人和债务人未经保证人书面同意,协商变更主债权债务合同内容,减轻债务的,保证人仍对变更后的债务承担保证责任;加重债务的,保证人对加重的部分不承担保证责任。”“债权人和债务人变更主债权债务合同的履行期限,未经保证人书面同意的,保证期间不受影响。”这一条文是对变更主合同对保证责任发生影响的规定,在原《担保法》第 24 条规定的基础上,进行了重要修改,规定了具有可操作性的新规则。

任何合同在订立之后,都可以经过当事人协商而对合同内容和期限进行变更。主合同和保证合同是两个合同,尽管有主合同和从合同之别,但毕竟是两个独立的合同。因此,主合同变更须当事人合意,从合同即保证合同的变更亦须债权人与保证人达成合意。债权人与债务人协商变更主债权债务合同，债权人与保证人协商变更保证合同，使主、从合同的变更相一致，当然没有问题。

问题是，债权人与债务人变更主债权债务合同，保证人不知情，不知道主债权债务合同的变更，则只有主债权债务合同发生变更，原则上从合同并未发生变更。原《担保法》第 24 条对此的规定是："债权人与债务人协议变更主合同的，应当取得保证人书面同意，未经保证人书面同意的，保证人不再承担保证责任。保证合同另有约定的，按照约定。"这里采纳的规则是，只要主合同变更未经保证人书面同意的，保证人就都不承担保证责任。这样的规定比较绝对，不利于保护债权人的债权。

本条采取的新规则如下：

(1)债权人和债务人在保证期间未经保证人同意，协商变更主合同内容，减轻债务人的债务的，尽管保证合同并未变更，但是这一变更对保证人有利，可以减少保证责任范围，因而保证人须对变更后的债务承担保证责任；加重债务人的债务的，保证人对加重的部分不承担保证责任，因为保证人并未对变更后的债务承诺提供保证，不在其保证范围之内，不能要求其承担超出其承诺部分的保证责任。

(2)债权人与债务人对主合同履行期限作了变更，未经保证人书面同意的，也是由于保证合同并未变更，因而其保证期间仍然为原合同约定的期间或者法律规定的期间，保证期间不变。其含义是，在保证合同约定的保证期间，保证人仍然承担保证责任；超过保证合同约定的保证期间的，对超过保证期间的保证，保证人不承担保证责任。

341. 债权转让未通知保证人，对保证人不发生效力

《民法典》合同编第 696 条第 1 款、第 2 款分别规定："债权人转让全部或者部分债权，未通知保证人的，该转让对保证人不发生效力。""保证人与债权人约定禁止债权转让，债权人未经保证人书面同意转让债权的，保证人对受让人不再承担保证责任。"这一条文是对债权人转让主债权对保证责任效力的规定，与原《担保法》第 22 条规定相比，本条规定了新规则。

原《担保法》第 22 条规定："保证期间，债权人依法将主债权转让给第三人的，保证人在原保证担保的范围内继续承担保证责任。保证合同另有约定的，按照约定。"这样的规定，是将主债权和保证债权一体化了，不符合债权转让基本规则的要求。本条根据实际情况，规定了新规则，主要如下：

(1)债权人在保证期间内转让全部债权或者部分债权，实际上是在转让两

个债权,一是主合同的债权,二是保证合同的债权。债权人转让这两个债权,都应当符合债权转让的规则,即通知债务人后才发生转让的效力,否则转让债权不发生债权转让的后果。因此,债权人在保证期间内将主债权的全部或者部分债权转让给第三人,不仅要通知债务人,而且要通知保证人。在通知了保证人后,就将保证合同的保证债权也一并予以转移,转让债权的通知到达保证人后,保证人即成为受让人即新债权人的保证人,对受让人即新债权人承担保证责任。债权人转让主债权未通知保证人的,保证合同的保证债权就不发生转让的后果,因此,该转让主债权的行为对保证人不发生效力,保证人对受让人不承担保证责任,因为原债权人的债权已经消灭或者部分消灭,保证债权亦随之消灭或者部分消灭。

(2)如果保证人与债权人在保证合同中约定禁止债权转让,债权人在保证期间内未经保证人同意而转让债权的,因债权人违反保证合同的约定,保证债权没有转让,保证人就受让人即新债权人的债权不再承担保证责任。

342. 第三人加入债务不影响保证人的保证责任

《民法典》合同编第 697 条第 1 款、第 2 款分别规定:“债权人未经保证人书面同意,允许债务人转移全部或者部分债务,保证人对未经其同意转移的债务不再承担保证责任,但是债权人和保证人另有约定的除外。”“第三人加入债务的,保证人的保证责任不受影响。”这一条文是对主合同债务人转让债务对保证责任效力的规定,与原《担保法》第 23 条规定相比,本条增加了新规则。

主合同的债务人转让债务,转让的是对主合同债权人的债务,须债权人同意方可。就一般的规则而言,主合同的债务人转让债务,并不是转让保证合同的债务,对保证人的利益似乎并不发生影响,因为保证人的债权人是主合同的债权人,保证合同并未发生变化。但是,保证人成为债权人的保证债务人,一般都是由于与债务人有相当的利益关系,才肯为其向债权人提供保证,债务人一旦发生变化,就会改变保证人与债务人的关系,对保证人会发生不利益的后果。所以,主合同的债务人转让债务,也应当经过保证人的同意,即债权人应当征得保证人的书面同意。

本条第 1 款规定的规则是,债权人未经保证人书面同意,允许债务人转移全部或者部分债务,保证人对未经其同意转移的债务不再承担保证责任,但是债权人和保证人另有约定的除外。例如,在保证合同中债权人和保证人约定同意债务人转让债务,或者债务人转让债务保证人也承担保证责任的,应当依照约定。这是原《担保法》第 23 条规定的基本规则,本条只是增加了“但是保证合同另有约定的除外”的规定。这样的增加,也是正确的。

本条第2款规定的是新规则。第三人加入债务的,是指第三人加入主债务人的债务,作为债权人的共同债务人,尽管是债务人的情况有所变化,但只是增加了新的债务人,原债务人并未脱离主合同债务人的地位,因而对保证人的利益并不发生影响。因此,第三人加入债务,保证人对债权人的保证责任不受影响,应当继续承担保证责任。这一新增加的第三人加入债务不影响保证人对债权人的保证责任的规定,是不同于原《担保法》第23条规定的。这一规定也与《民法典》合同编第552条规定债务加入的规则相衔接,规定了第三人加入债务时对保证合同的后果。

343. 一般保证的债权人放弃或怠于行使权利,保证人不再承担保证责任

《民法典》合同编第698条规定:“一般保证的保证人在主债务履行期限届满后,向债权人提供债务人可供执行财产的真实情况,债权人放弃或者怠于行使权利致使该财产不能被执行的,保证人在其提供可供执行财产的价值范围内不再承担保证责任。”这一条文是对一般保证的债权人放弃或怠于行使权利保证人不再承担保证责任的规定,原《担保法》没有规定这样的规则,本条借鉴担保法司法解释的相关规定,规定了这一新规则。

在一般保证中,保证人享有先诉抗辩权,债务人在未穷尽其财产履行债务之前,债权人不得向一般保证人主张保证债权。正因为如此,一般保证的保证人在主债务履行期限届满后,可以向债权人提供债务人可供执行财产的真实情况,使债权人及时行使自己的债权,向债务人主张债权。在这样的情况下,债权人如果放弃或者怠于行使自己的债权,致使债务人的该财产不能被执行的,债权人如果向一般保证人主张保证债权,让保证人承担保证债务,保证人可以拒绝债权人的请求,但是应在其提供可供执行财产的价值范围内免除保证责任。

规定这一新规则的理由是:一般保证的保证人承担的保证责任是补充清偿责任,即在主债务人尽其财产所能仍未履行清偿义务时,才承担清偿责任。只要债务人还有可供执行的财产以及执行能力,保证人就不承担这种补充责任。当主债务履行期限届满后,保证人向债权人提供债务人的可供执行的财产的真实情况,债权人如果能够及时主张债权,其债权就会在提供财产的范围内得到清偿。正因为债权人得知这一可供执行财产的信息后,放弃或者怠于行使债权,致使该财产不能被执行,其责任完全在于债权人,是其放弃或者怠于行使权利而使自己的债权不能实现,应当自己承担就该可供执行的财产而清偿不能的后果。因此,保证人在其提供可供执行财产的价值范围内,不再承担保证责任。

至于超出提供的可供执行财产部分的债务,仍然要承担保证责任。

344. 共同保证人未约定保证份额,仅在各自保证范围内承担责任

《民法典》合同编第699条规定:"同一债务有两个以上保证人的,保证人应当按照保证合同约定的保证份额,承担保证责任;没有约定保证份额的,债权人可以请求任何一个保证人在其保证范围内承担保证责任。"这一条文是对共同保证的规定,与原《担保法》第12条规定相比,本条作了较大的修改。

两个以上的保证人共同为同一债务人的同一债务提供保证的,是共同保证。共同保证分为按份保证和连带保证。

按份保证,是数个共同保证人与债权人约定保证的各自份额,按照约定的保证份额承担保证责任的共同保证。在按份保证中保证人不承担连带责任。不过,按份保证必须由保证人与债权人特别约定,如无特别约定,则数个保证人应负共同保证责任,共同对债权人负连带责任。

连带保证是数个共同保证人与债权人没有约定保证份额或者约定不明确,共同作为债务人的保证人,并对全部债务负连带责任的共同保证。在连带保证中,债权人可以要求任何一个保证人承担全部保证责任,保证人都负有担保全部债权实现的义务。连带保证的特点在于他们彼此之间是连带关系,都要向债权人负连带责任。

本条对此规定的规则有重大变化:

(1)共同保证人应当按照保证合同约定的保证份额承担保证责任。在共同保证中,通常都有保证人之一在何种范围内承担保证责任。对此,依照合同的约定承担保证责任,是最好的选择。

(2)共同保证人没有确定保证份额的,承担自己承诺的保证范围的保证责任。共同保证人没有确定各自的保证份额,但是,会有自己承诺承担的保证范围。这时,债权人可以要求任何一个保证人在其保证的范围内承担保证责任,是适当的。

上述这两种新规则,第1项规则与原《担保法》第12条前段规定的规则相比,没有变化。第2项规则与该条后段的规定是不同的,因为该条后段规定的基础性规则,是推定没有约定的保证合同推定为连带责任保证,因而是按照连带保证责任的规则设计的。在这个规则已经被本法修改后,这样的推定就不存在了。而在事实上,同一个债务有两个以上的保证人的,并非两个以上的主体共同商量好为债权人提供担保,而是各自向债权人承诺提供保证责任,也不会协商究竟是按份责任的担保还是连带责任的担保。因此,按照保证人在其保证

范围内承担保证责任,是正确的规则。

这里存在对“请求任何一个保证人在其保证范围内承担保证责任”的理解问题。“其保证范围内”,是每一个保证人的保证范围内,还是在整个保证合同的保证范围内,有分歧见解。其中“其”所指代的,是“任何一个保证人”,任何一个保证人的保证范围,应当是一个保证人的保证范围。因此,本书作如上的解释。但是,“其保证范围”也可以解释为全部保证范围,恰好符合连带保证要求,因而这样解释也有道理。笔者倾向于前一种解释。

345. 保证人承担保证责任后行使追偿权不得损害债权人的利益

《民法典》合同编第 700 条规定:“保证人承担保证责任后,除当事人另有约定外,有权在其承担保证责任的范围内向债务人追偿,享有债权人对债务人的权利,但是不得损害债权人的利益。”这一条文是对保证人承担保证责任后享有追偿权的规定,与原《担保法》第 31 条规定相比,规则更加细致、具体。

保证人承担保证责任后,对债务人产生追偿权。该追偿权是请求权,追偿权人即保证人成为债务人的新债权人,债务人对保证人负有债务。

保证人对债务人即被保证人行使追偿权的条件(追偿权产生的条件)是:第一,保证人向债权人履行了保证债务;第二,因保证人的履行而使债务人对债权人免责;第三,保证人履行保证债务无过错。

保证人基于承担了保证责任后享有对债务人的追偿权,究竟是依据何种理由取得,学说见解不一。一种主张认为求偿关系基于让与请求权,让与请求权指履行了债务的债务人可以请求债权人让与其对终局债务人的请求权。另一种主张认为求偿关系基于清偿代位,清偿代位则指法律直接规定履行了债务的债务人当然地取得债权人对终局债务人的请求权,不需经当事人的意思表示。在实践中,有的采用赔偿代位说理论,有的采用请求权让与说理论。根据本条关于“享有债权人对债务人的权利”的规定,确定采用的是请求权让与立场,以充分保护债权人的债权实现。

保证人取得追偿权,就成为债务人的债权人,享有债权人的权利,具体如下:

(1)有权在其承担保证责任的范围内向债务人追偿。保证人依据其承担保证责任而使债权人的债权让与自己,因而成为债务人的债权人。不过,就具体范围而言,应当依照自己承担的保证责任范围确定,承担多少保证责任,就取得多少债权。

(2)享有债权人对债务人的权利。这个规则不仅是说保证人取得的债权是债权人对债权的让与,取得了债权人的地位;同时,也为本法第 702 条规定打下基础。

(3)保证人在行使债权时不得损害债权人的利益。尽管保证人受让债权人对债务人的债权,而成为债务人的债权人,但是在行使债权时,由于自己是保证人的身份,因而保护好债权人的权益,不得损害债权人的利益。

346. 保证人有权援用债务人的抵销权或撤销权拒绝承担保证责任

《民法典》合同编第 702 条规定:"债务人对债权人享有抵销权或者撤销权的,保证人可以在相应范围内拒绝承担保证责任。"这一条文是对保证人享有债务人抵销权或者撤销权的规定,原《担保法》对此没有规定,这是规定的新规则。

保证合同是主合同的从合同,保证人是为债务人的利益向债权人提供保证的,与主合同的债务人具有一体性,因此,债务人对债权人享有抵销权或者撤销权的,保证人享有相应的利益。同时,保证人是为债务人提供担保,保证债务人履行债务,如果债务人享有对债权人的相应的权利,行使这些权利之后,会减轻其对债权人负担的债务,当然就会减轻保证人的保证责任。基于以上原因,当债权人向保证人主张保证债权时,保证人可以在债务人享有的抵销权和撤销权相应的范围内,拒绝承担保证责任,减轻自己的保证责任。例如,债务人对债权人享有债权,对自己承担的对债权人的债务符合抵销的规定,享有抵销权,就该可以抵销范围内的债务,保证人可以拒绝承担保证责任。又如,债务人对债权人负有债务的债权债务关系,具有使债务人产生撤销权的法定事由,如欺诈、胁迫、显失公平等,可以行使撤销权撤销该民事法律行为,保证人可以就该撤销的债权不承担保证责任。

第六节　关于租赁合同的新规则

347. 租赁合同未按照规定办理登记备案不影响合同效力

《民法典》合同编第 706 条规定:"当事人未依照法律、行政法规规定办理租赁合同登记备案手续的,不影响合同的效力。"这一条文是对租赁合同登记备案的规定,原《合同法》对此没有规定,是一个新规则。

有些租赁合同在订立之后,需要依照法律、行政法规的规定进行登记备案,特别是不动产租赁合同关系更是如此。不过,这种租赁合同的登记备案,不对租赁合同的效力发生影响,即使不登记备案,也不影响租赁合同的效力,不能因为该合同没有依照法律、行政法规规定办理登记备案手续,而认为其无效。

如果当事人在租赁合同中约定备案登记才生效的,则为附条件的合同,备案登记是生效条件,因而应当进行登记备案,否则租赁合同无效。如果约定了备案登记生效,没有备案登记当事人就交付了租赁物,并且实际使用、收取租金的,该租赁合同仍然有效。

348. 未采用书面形式且无法确定租赁期限的租赁为不定期租赁

《民法典》合同编第707条规定:"租赁期限六个月以上的,应当采用书面形式。当事人未采用书面形式,无法确定租赁期限的,视为不定期租赁。"这一条文是对租赁合同形式的规定,与原《合同法》第215条规定相比,增加了"无法确定租赁期限"的限制条件。

租赁合同并不是绝对的要式合同。确定租赁合同究竟是要式合同还是非要式合同,标准在于租赁期限的长短。本条规定:第一,租赁期限为6个月以上的租赁合同,应当使用书面形式,为要式合同;第二,无论是何种租赁合同,如果未采用书面形式而无法确定租赁期限的,就不认为是有期限的租赁合同,而视为不定期租赁合同,适用不定期租赁合同的规则。

本条的新规则是:原《合同法》第215条规定,凡是未采用书面形式的6个月以上期限的,都视为不定期租赁。这样的规定未免过于极端,对于那些虽然没有采用书面形式订立的租赁合同,但是能够确定租赁期限的,不能认定为不定期租赁合同。本条增加了这一限制性条件,解决了这个规则中存在的问题。

349. 因承租人过错致租赁物需要维修的,出租人不承担违约责任

《民法典》合同编第713条第1款、第2款分别规定:"承租人在租赁物需要维修时可以请求出租人在合理期限内维修。出租人未履行维修义务的,承租人可以自行维修,维修费用由出租人负担。因维修租赁物影响承租人使用的,应当相应减少租金或者延长租期。""因承租人的过错致使租赁物需要维修的,出租人不承担前款规定的维修义务。"这一条文是对出租人不履行维修义务承租人可自行维修的规定,与原《合同法》第221条规定相比,增加了第2款关于因承租人的过错致使租赁物需要维修的,出租人不承担维修义务的新规则。

承租人在租赁物需要维修时,可以发出通知,要求出租人在合理期限内维修。如果出租人接到通知后,不履行维修义务,承租人可以对租赁物自行进行维修,其维修费用应当由出租人负担,承租人出具维修费用单据,出租人据实予以承担。同时,如果因维修租赁物而影响承租人使用的,承租人享有减少租金或者延长租期的请求权,出租人应当依照其请求,相应减少出租人的租金或者相应延长租期,以弥补承租人的损失。

在承租过程中,因承租人的过错致使租赁物需要维修的,按照过错责任原则的要求,承租人对因自己的过错造成的损失,应当自己承担责任,出租人不承担维修义务。

本条增加的这一新规则,明确了租赁合同中维修租赁物、承担维修费用义务的归属,同时也能确定违反该义务的责任人。

350. 转租期限不得超过剩余租赁期限

《民法典》合同编第717条规定:"承租人经出租人同意将租赁物转租给第三人,转租期限超过承租人剩余租赁期限的,超过部分的约定对出租人不具有法律约束力,但是出租人与承租人另有约定的除外。"这一条文是对转租期限规定的新规则,原《合同法》对此没有规定。

出租人同意转租的,转租合同约定的租赁期限应当在承租人的剩余租赁期限内,即转租期限不能超过本租所剩期限,超出承租人于本租所剩余租赁期限的转租期间无效,对出租人不发生法律上的拘束力。不过,转租期限超过本租的期限部分,如果出租人与承租人另有约定,予以同意的,等于对本租又约定了新的租赁期限,当然超出本租期限的转租期限就成为本租期限,对各方当事人都具有法律效力。这里体现的还是约定优先规则。

转租合同的次承租人在本租当事人即出租人和承租人之间发生争议提起诉讼时,可以请求参加诉讼,次承租人的身份是无独立请求权的第三人。

351. 出租人知道转租后在6个月内未提出异议视为同意转租

《民法典》合同编第718条规定:"出租人知道或者应当知道承租人转租,但是在六个月内未提出异议的,视为出租人同意转租。"这一条文是对出租人对转租默示同意的规定,是借鉴司法解释规定的新规则。

出租人对承租人转租的默示同意,是指出租人知道或者应当知道承租人转租,超过异议期限而不反对,即发生同意转租的意思表示。承租人已经构成擅自转租,自出租人知道或者应当知道之日起,出租人享有6个月的异议期,在6个月内可以提出异议。一经提出异议,转租即为无效。超出6个月异议期,出租人没有提出异议的,推定出租人默示同意转租,该转租合同有效,认可承租人和次承租人之间的转租合同的效力。

原《合同法》对此没有规定。《最高人民法院关于审理城镇房屋租赁合同纠纷案件具体应用法律若干问题的解释》(2009 年)第 16 条第 1 款规定:“出租人知道或者应当知道承租人转租,但在六个月内未提出异议,其以承租人未经同意为由请求解除合同或者认定转租合同无效的,人民法院不予支持。”本条采纳了这个司法解释的精神,制定了本条,内容更精练、更准确。

352. 次承租人可以代承租人支付的欠付租金和违约金

《民法典》合同编第 719 条第 1 款、第 2 款分别规定:“承租人拖欠租金的,次承租人可以代承租人支付其欠付的租金和违约金,但是转租合同对出租人不具有法律约束力的除外。”“次承租人代为支付的租金和违约金,可以充抵次承租人应当向承租人支付的租金;超出其应付的租金数额的,可以向承租人追偿。”这一条文是对承租人拖欠租金次承租人可以代缴的规定,借鉴的是最高人民法院相关的司法解释规定。

在转租合同的法律关系中,承租人对出租人承担缴纳租金义务,次承租人对转租人承担缴纳租金义务。承租人对出租人拖欠租金,属于根本违约,出租人当然可以起诉承租人要求解除合同。但是,由于存在转租关系,涉及次承租人的转租合同利益,如果因为承租人未缴纳租金而解除租赁合同,次承租人的转租合同将无处依附而消灭。因此规定,次承租人可以代承租人缴纳拖欠的租金和违约金,并可以以此作为抗辩理由进行抗辩,主张出租人不得解除合同。次承租人交纳的租金和违约金,其实是替承租人履行义务,因此,可以充抵次承租人应当向承租人支付的租金;超出次承租人应付的租金数额的,可以向承租人追偿。

原《合同法》对此没有规定。《最高人民法院关于审理城镇房屋租赁合同纠纷案件具体应用法律若干问题的解释》(2009 年)第 17 条规定:“因承租人拖欠租金,出租人请求解除合同时,次承租人请求代承租人支付欠付的租金和违约金以抗辩出租人合同解除权的,人民法院应予支持。但转租合同无效的除外。次承租人代为支付的租金和违约金超出其应付的租金数额,可以折抵租金或者向承租人追偿。”本条借鉴这一司法解释的要旨,制定了本条新规则,突出了次承租人可以代承租人支付其欠付的租金和违约金的权利,以及次承租人代承租人支付租金和违约金后享有追偿权的规则。

353. 承租人享有法定解除权的事由

《民法典》合同编第 724 条规定:“有下列情形之一,非因承租人原因致使租赁物无法使用的,承租人可以解除合同:(一)租赁物被司法机关或者行政机关依法查封、扣押;(二)租赁物权属有争议;(三)租赁物具有违反法律、行政法规关于使用条件的强制性规定情形。”这一条文是对承租人法定解除权事由的规定,对此,原《合同法》和最高人民法院有关司法解释都没有规定。

承租人产生法定解除权的原因是,非因承租人的原因使租赁物无法使用,构成根本违约,因此承租人产生法定解除权。

承租人产生法定解除权的事由如下:

(1)在租赁过程中,司法机关或者行政机关依法查封、扣押了租赁物,承租人无法使用,承租人可以请求解除。租赁物因依法查封、扣押而使承租人无法使用租赁物,使其合同目的不能实现,因而属于出租人根本违约,当然承租人可以解除合同。

(2)租赁物出现了权属争议,租赁物到底是谁的都不知道,承租人当然可以要求解除合同。这样的争议,也会使承租人订立的合同目的不能实现,可以解除合同,另寻他法解决自己的租赁物使用问题,而不是静等权益争议的发展。

(3)租赁物违反《建筑法》《消防法》等法律、行政法规的强制性规定。

在上述三种情况下,租赁物没有适住条件,承租人享有解除权,可以行使解除权,解除租赁合同。

354. 承租人优先购买权的除外事由与推定放弃事由

《民法典》合同编第726条第1款、第2款分别规定:“出租人出卖租赁房屋的,应当在出卖之前的合理期限内通知承租人,承租人享有以同等条件优先购买的权利;但是,房屋按份共有人行使优先购买权或者出租人将房屋出卖给近亲属的除外。”“出租人履行通知义务后,承租人在十五日内未明确表示购买的,视为承租人放弃优先购买权。”这一条文是对出租人出卖租赁房屋,承租人享有优先购买权的规定,与原《合同法》第230条规定相比,增加了新的规则。

承租人的优先购买权,是指当出租人出卖承租人租赁的房屋时,承租人在同等条件下,依法享有优先于其他人而购买房屋的权利。承租人的优先购买权依法产生,只属于特定人享有,具有专属性,承租人不能将该权利转让给他人享有。

承租人只有在特定的法律事实出现时才可以行使:一是承租人的优先购买权发生于出租人转让房屋所有权时。二是出租人出卖租赁房屋应为通知义务,承租人应当在接到通知的15天之内行使优先购买权。三是承租人仅在同等条件下享有优先购买权。同等条件是指价格的同一,主要是指出价,包括价格、交付房价期限、方式等,至于所出售房屋的部位、数量应无区别。如果出租人基于某种特殊原因给予了其他买受人一种较优惠的价格，而此种优惠能以金钱计算，则应折合金钱加入价格中；如果不能以金钱计算，则应以市场价格来确定房价。

对抗承租人优先购买权的事由是：第一，房屋按份共有人行使优先购买权的，依照物权优先原则，可以对抗承租人的优先购买权。第二，出租人将房屋出卖给其近亲属，包括配偶、父母、子女、兄弟姐妹、祖父母、外祖父母、孙子女、外孙子女的，其近亲属的购买权优先。第三，承租人放弃优先购买权，即出租人履行通知义务后，承租人在 15 日内未明确表示购买的，视为承租人放弃优先购买权。

本条增加的新规则如下：

(1)房屋按份共有人行使优先购买权，可以对抗承租人优先购买权。原因是，按份共有人的优先购买权是基于物权产生的优先购买权，承租人的优先购买权是基于债权产生的优先购买权。根据物权优先于债权的效力规则，按份共有人的优先购买权优先于承租人的优先购买权。

(2)出租人的近亲属享有优先购买权，优先于承租人优先购买权。出租人将房屋出卖给近亲属的，由于出租人与其近亲属的亲情关系，《最高人民法院关于审理城镇房屋租赁合同纠纷案件具体应用法律若干问题的解释》(2009 年)第 24 条第 2 项规定，出租人的近亲属具有优先购买权。亲情关系产生的优先购买权与租赁关系产生的优先购买权相比较，当然亲情更为优先，故出租人的近亲属优先购买权可以对抗承租人的优先购买权。

(3)承租人优先购买权的行使期限。出租人履行通知义务后，承租人在 15 日内未明确表示购买的，视为承租人放弃优先购买权。这一期限是除斥期间，是不变期间，期限届满，权利人未行使权利的，权利消灭。

出租人近亲属的优先购买权，是对抗承租人的优先购买权的权利。值得研究的是，出租人近亲属的优先购买权能否对抗共有人的优先购买权，目前未见有规定。笔者认为，近亲属的优先购买权可以对抗承租人的优先购买权，是因为承租人的优先购买权是债权性质，相比之下，近亲属的优先购买权更重要；可是，共有人的优先购买权属于物权性质，如果以近亲属的亲情相对抗，显然不具有对抗性，因此，近亲属的优先购买权不能对抗共有人的优先购买权。

355. 租赁房屋在拍卖时对承租人优先购买权的保护

《民法典》合同编第 727 条规定："出租人委托拍卖人拍卖租赁房屋的，应当在拍卖五日前通知承租人。承租人未参加拍卖的，视为放弃优先购买权。"这一条文是对拍卖租赁物承租人行使优先购买权的规定,原《合同法》对此没有规定,本条借鉴有关司法解释的规定,制定了这一新规则。

出租人委托拍卖人拍卖租赁房屋时,无法像用一般买卖方式出让租赁房屋那样,以通知的方式通知承租人。对此,《最高人民法院关于审理城镇房屋租赁合同纠纷案件具体应用法律若干问题的解释》(2009 年)第 23 条规定:"出租人委托拍卖人拍卖租赁房屋,应当在拍卖 5 日前通知承租人。承租人未参加拍卖的,人民法院应当认定承租人放弃优先购买权。"本条借鉴这一司法解释规定的意旨,作出本条新规则。

出租人委托拍卖行对出租房屋进行拍卖时,应当在拍卖的 5 日前,以通知方式通知承租人,承租人主张购买出租房屋的,应当参加拍卖,通过竞买的方式实现自己的权利。由于在竞买中不存在优先购买权的问题,仍然是出价高者获得购买的资格,因而通知了优先购买权人参加拍卖,就是进行了通知;优先购买权人参加了竞买,就是行使了自己的优先购买权。如果经通知后承租人未参加拍卖,应当认定承租人放弃优先购买权,该权利消灭,不得再主张优先购买权。

356. 承租人优先购买权受到侵害的,有权获得救济

《民法典》合同编第 728 条规定:"出租人未通知承租人或者有其他妨害承租人行使优先购买权情形的,承租人可以请求出租人承担赔偿责任。但是,出租人与第三人订立的房屋买卖合同的效力不受影响。"这一条文是对出租人侵害承租人优先购买权救济的规定,原《合同法》对此没有规定,本条借鉴有关司法解释的相关规定,制定了这一新规则。

出租人违反义务侵害承租人的优先购买权的,主要是未通知承租人,以及其他妨害承租人行使优先购买权的行为。当构成出租人侵害承租人优先购买权时,其救济方式是对抗出租人与买受人买卖合同的效力,还是其他形式的后果,在实践中存在争议。

最高人民法院在司法解释中规定其救济方式是损害赔偿,而不是必须保障承租人优先购买。《最高人民法院关于审理城镇房屋租赁合同纠纷案件具体应用法律若干问题的解释》(2009 年)第 21 条规定:"出租人出卖租赁房屋未在合理期限内通知承租人或者存在其他侵害承租人优先购买权情形,承租人请求出租人承担赔偿责任的,人民法院应予支持。但请求确认出租人与第三人签订的房屋买卖合同无效的,人民法院不予支持。"这样规定的理由是,承租人的优先购买权基于租赁债权而产生,与基于物权而产生的共有人的优先购买权不同。

本条采纳了这种做法,如果出租人未通知承租人,或者有其他妨害承租人

行使优先购买权的情形，构成侵害承租人的优先购买权。对这种侵权后果的救济方式，是承租人可以请求出租人承担赔偿责任，对承租人造成的实际损失承担赔偿责任。对出租人与第三人订立的房屋买卖合同，由于对承租人受损害采取赔偿责任的方式进行救济，而不是保障承租人优先购买，因此，出租人与第三人买卖合同的效力不受影响。

357. 承租人死亡后共同经营人可以承继租赁权

《民法典》合同编第 732 条规定："承租人在房屋租赁期限内死亡的，与其生前共同居住的人或者共同经营人可以按照原租赁合同租赁该房屋。"这一条文是对房屋租赁权主体变更的规定，与原《合同法》第 234 条规定相比，增加了共同经营人也享有按照原租赁合同承继租赁权的新规则。

房屋租赁权的主体变更，是指在房屋租赁合同存续期限内，承租人死亡后，租赁权的主体可以依照本条规定进行变更的规则，包括租赁权的法定让与和租赁权的承继：第一，租赁权的法定让与，是承租人在房屋租赁期限内死亡，与其生前共同居住的人可以按照原租赁合同继续租赁该房，租赁合同期限届满为止。第二，租赁权的承继，是承租人租赁房屋后，以个体工商户或者个人合伙方式从事经营活动，承租人在租赁期限内死亡后，其共同经营人或者其他合伙人承继租赁权的地位，请求按照原租赁合同租赁房屋，发生承租人的变更，可以继续租赁该房屋进行经营活动，至原房屋租赁合同租赁期限届满为止。

本条增加的新规则，是在共同居住的人对租赁房屋享有承继租赁权的基础上，增加了共同经营者也享有承继租赁权。原《合同法》第 234 条规定共同居住的人享有承继租赁权，将租赁房屋主要限定在居住使用，而忽视了商业租赁。增加了共同经营人也享有承继租赁权，则扩大到商业租赁房屋的范围。这样的规定是有道理的，不仅扩大了这一规则的适用范围，而且能够保护共同经营者的合法权益。

358. 租赁期限届满承租人享有优先租赁权

《民法典》合同编第 734 条第 1 款、第 2 款分别规定："租赁期限届满，承租人继续使用租赁物，出租人没有提出异议的，原租赁合同继续有效，但是租赁期限为不定期。""租赁期限届满，房屋承租人享有以同等条件优先承租的权利。"这一条文是对租赁期限满承租人可以续租和优先承租权的规定，与原《合同法》第 236 条规定相比，本条增加了第 2 款关于承租人享有优先承租权的新规则。

租赁合同约定的租赁期限届满后,承租人享有两项权利:

(1)续租权。在租赁合同约定的租赁期限届满后,如果承租人继续使用租赁物,出租人没有提出异议的,就继续续租,原租赁合同继续有效,实际上是成立了新的租赁合同。这个新成立的租赁合同是不定期租赁合同,适用不定期租赁合同的规定以确定双方当事人的权利义务关系。

(2)优先承租权。房屋租赁合同约定的租赁期限届满后,承租人要求续租,他人也要求承租的,原承租人享有优先续租权,在同等条件下,优先承租,订立新的租赁合同。优先续租权的基本条件是同等条件,主要是租金数额,也包括租赁期间等。在订立新的租赁合同时,只要约定条件是一样的,原承租人就优先承租。

本条增加承租人优先承租权这一新规则,是很重要的。当一个不动产的租赁合同租赁期限届满,出租人继续出租该房屋,而出租人与原承租人没有续订出租合同,出现了数个当事人主张承租的情形。规定原承租人享有优先承租权,就会在同等条件下,由原承租人承租,不仅会使原承租人对承租房屋的改造、使用都符合其使用目的,使之更加方便,保障原承租人的权益,而且对出租人并无损害且原有的租赁关系可以继续,因而是一个最好的选择。

第七节　关于融资租赁合同的新规则

359. 虚构租赁物方式订立的融资租赁合同无效

《民法典》合同编第 737 条规定:“当事人以虚构租赁物方式订立的融资租赁合同无效。”这一条文是对禁止虚构租赁物订立融资租赁合同的规定,原《合同法》和以往的司法解释对此都没有规定。

所谓当事人以虚构租赁物方式订立融资租赁合同,就是以虚构的租赁物作为标的签订虚假的融资租赁合同。按照本条规定,这种虚构租赁物订立的融资租赁合同,是无效的合同。

在融资租赁合同中,扣除了虚构的租赁物,不存在租赁物和购买租赁物的法律关系,其实剩下的就是融资法律关系了。

依照本法总则编第 146 条第 2 款关于“以虚假的意思表示隐藏的民事法律行为的效力,依照有关法律规定处理”的规定,融资法律关系是隐藏行为,应当根据被隐藏的行为的性质适用法律。当形式上的融资租赁合同掩盖的是非法的融资行为时,融资行为是非法的,则该融资法律关系当然是无效的。

如果融资租赁合同所隐藏的融资行为,其实就是民间借贷,而民间借贷的行为是合法行为,那么,这种融资法律关系应当是合法行为,应当按照民间借贷的法律规定确定行为的效力。

360. 特定租赁物经营未经行政许可不影响融资租赁合同效力

《民法典》合同编第 738 条规定:"依照法律、行政法规的规定,对于租赁物的经营使用应当取得行政许可的,出租人未取得行政许可不影响融资租赁合同的效力。"这一条文是对特定租赁物经营未经行政许可对合同效力影响的规定,原《合同法》对此没有规定,本条是借鉴《最高人民法院关于审理融资租赁合同纠纷案件适用法律问题的解释》(2014 年)第 3 条规定的精神,规定的新规则。

在融资租赁合同中,一般的租赁物的经营,是不需要经过行政许可的。但是,对于一些特定的机器设备等融资租赁经营,出租人在经营这类需要经过行政许可的租赁物时,如果没有经过政府的行政许可,是否影响融资租赁合同的效力问题,有不同的看法。原《合同法》对此没有规定。《最高人民法院关于审理融资租赁合同纠纷案件适用法律问题的解释》(2014 年)第 3 条规定:"根据法律、行政法规规定,承租人对于租赁物的经营使用应当取得行政许可的,人民法院不应仅以出租人未取得行政许可为由认定融资租赁合同无效。"

本条借鉴上述规定,确定的规则是:依照法律、行政法规的规定,对于租赁物的经营使用应当取得行政许可,出租人未取得行政许可的,并不影响融资租赁合同的效力,该合同对双方当事人具有拘束力。至于对出租人的违规行为,则应当依照相应的法律、行政法规的规定,可以予以处罚,制裁其违规行为,但是不能使订立融资租赁合同的当事人因此受到影响。这样的规则,最大限度地尊重当事人的意思自治,并不因为租赁物的适用违反行政许可而使合同无效。

361. 承租人对出卖人交付的标的物可以行使拒绝受领权

《民法典》合同编第 740 条第 1 款、第 2 款分别规定:"出卖人违反向承租人交付标的物的义务,有下列情形之一的,承租人可以拒绝受领出卖人向其交付的标的物:(一)标的物严重不符合约定;(二)未按照约定交付标的物,经承租人或者出租人催告后在合理期限内仍未交付。""承租人拒绝受领标的物的,应当及时通知出租人。"这一条文是对承租人对出卖人交付标的物行使拒绝受领权的规定,原《合同法》对此没有规定,本条借鉴司法解释的有关规定,在实体上和程序上制定的新规则。

在买卖合同中,买受人享有拒绝受领权,当出卖人交付的标的物不符合约定等情形出现时,就可以拒绝受领交付的标的物。例如,对于出卖人不按合同约定条件交付的标的物,如多交付、提前交付、交付的标的物有瑕疵、超过交付期限的给付等,买受人都有权拒绝受领。可以说,拒绝受领权是买卖合同的买受人对出卖人违约交付的一种对抗性权利。

在融资租赁合同中,承租人具有买受人的地位,因此,也享有买受人所享有的拒绝受领权。对此,《最高人民法院关于审理融资租赁合同纠纷案件适用法律问题的解释》(2014 年)第 5 条规定:“出卖人违反合同约定的向承租人交付标的物的义务,承租人因下列情形之一拒绝受领租赁物的,人民法院应予支持:(一)租赁物严重不符合约定的;(二)出卖人未在约定的交付期间或者合理期间内交付租赁物,经承租人或者出租人催告,在催告期满后仍未交付的。承租人拒绝受领租赁物,未及时通知出租人,或者无正当理由拒绝受领租赁物,造成出租人损失,出租人向承租人主张损害赔偿的,人民法院应予支持。”

本条借鉴这一规定,规定承租人行使拒绝受领权的事由是:第一,标的物严重不符合约定,承租人可以拒绝受领;第二,未按照约定交付标的物,经承租人或者出租人催告后在合理期限内仍未交付,这是出卖人迟延交付标的物,构成根本违约,承租人有权拒绝受领。

承租人行使买受人的拒绝受领权,拒绝受领租赁物的,应当及时通知出租人。符合上述规定的条件的,出卖人构成违约行为,应当取回租赁物,采取补救措施或者承担其他违约责任。

362. 承租人在索赔期间应向出租人支付租金

《民法典》合同编第 742 条规定:“承租人对出卖人行使索赔权利,不影响其履行支付租金的义务。但是,承租人依赖出租人的技能确定租赁物或者出租人干预选择租赁物的,承租人可以请求减免相应租金。”这一条文是对承租人索赔期间向出租人支付租金的规定,原《合同法》对此没有规定,本条借鉴司法解释规定的新规则。

对于这个问题,由于原《合同法》没有规定,《最高人民法院关于审理融资租赁合同纠纷案件适用法律问题的解释》(2014 年)第 6 条规定:“承租人对出卖人行使索赔权,不影响其履行融资租赁合同项下支付租金的义务,但承租人以依赖出租人的技能确定租赁物或者出租人干预选择租赁物为由,主张减轻或者免除相应租金支付义务的除外。”实践证明,这个司法解释规定的规则是正确的,本条在该条司法解释的基础上制定了这一条新规则。

融资租赁合同的租赁物是出租人按照承租人的选择向出卖人购买的,并且直接交给承租人使用,因而,只要出卖人将租赁物交付给承租人,承租人就应当向出租人支付租金。所以,承租人因买卖合同的标的物有瑕疵或者出卖人有其他违约行为,在向出卖人主张索赔权的期间,也应当向出租人支付租金,没有理由拒付租金的,承租人应当承担违约责任。即索赔和支付租金并行,互不妨碍。这是因为,出租人对租赁物的选择,是按照承租人的选择向出卖人购买并交给承租人使用的,租赁物有瑕疵或者出卖人有其他违约行为,承租人尽管可以主张索赔,但是并不妨碍其继续支付租金的义务履行。

除外的情形是,承租人是依赖出租人的技能确定租赁物,或者出租人干预选择租赁物的,由于对租赁物并非真正由承租人所选择,是依赖于出租人的专业技能等作出的选择,因此,承租人在索赔期间,可以向出租人请求减少或者免除租金。出租人应当根据实际情况,对承租人的减免租金的请求进行协商,达成合意。如果不能达成合意而发生争议,法院和仲裁机构应当根据实际情况确定租金的减免数额。

363. 出租人对承租人行使索赔权失败承担赔偿责任

《民法典》合同编第 743 条第 1 款、第 2 款分别规定:"出租人有下列情形之一,致使承租人对出卖人行使索赔权利失败的,承租人有权请求出租人承担相应的责任:(一)明知租赁物有质量瑕疵而不告知承租人;(二)承租人行使索赔权利时,未及时提供必要协助。""出租人怠于行使只能由其对出卖人行使的索赔权利,造成承租人损失的,承租人有权请求出租人承担赔偿责任。"这一条文是关于出租人对承租人索赔失败承担责任的规定,原《合同法》对此没有规定,有关司法解释对此有规定。

《最高人民法院关于审理融资租赁合同纠纷案件适用法律问题的解释》(2014 年)第 18 条规定:"出租人有下列情形之一,导致承租人对出卖人索赔逾期或者索赔失败,承租人要求出租人承担相应责任的,人民法院应予支持:(一)明知租赁物有质量瑕疵而不告知承租人的;(二)承租人行使索赔权时,未及时提供必要协助的;(三)怠于行使融资租赁合同中约定的只能由出租人行使对出卖人的索赔权的;(四)怠于行使买卖合同中约定的只能由出租人行使对出卖人的索赔权的。"本条对司法解释规定的规则进行整理,制定了本条新规则。

在融资租赁合同中,对于出卖人交付买卖合同标的物违约的索赔权,原则上属于承租人,因此,承租人索赔失败,应当由承租人自己负担后果责任。只有在出租人违反义务,致使承租人对出卖人索赔失败的,出租人才应当承担责任,承租人有权要求出租人承担赔偿责任。

出租人承担索赔失败责任的事由是:第一,明知租赁物有质量瑕疵而不告知承租人,将会使承租人因出租人的不作为而使自己无法查知标的物质量瑕疵,因而不能及时行使索赔权,导致索赔失败;第二,承租人行使索赔权利时,未及时提供必要协助,违反出租人对承租人索赔的协助义务,也是索赔失败的原因。出现这两种情形之一的,承租人有权向出租人主张承担赔偿责任,以弥补自己的损失。这里规定的两种情形,出租人故意不告知租赁物瑕疵或者不履行协助义务,对于承租人索赔失败的后果具有因果关系的,才构成出租人的赔偿责任。

在融资租赁合同或者买卖合同中,约定只能由出租人对出卖人行使的索赔权利,承租人无权行使,只能由出租人行使。如果出租人怠于行使这种索赔权,导致承租人的利益受到损害的,承租人有权要求出租人承担相应的赔偿责任。在确定这些责任时,由于这些权利只能由出租人行使,出租人怠于行使这些权利,因而造成了承租人的损失,二者之间具有因果关系,出租人构成违约责任。

364. 出租人对租赁物的所有权未经登记不得对抗善意第三人

《民法典》合同编第 745 条规定:“出租人对租赁物享有的所有权,未经登记,不得对抗善意第三人。”这一条文是对融资租赁合同租赁物所有权的规定,与原《合同法》第 242 条规定相比,增加了未经登记不得对抗善意第三人的新规则,删除了“承租人破产的,租赁物不属于破产财产”的规定。

融资租赁合同的租赁物的所有权,归属于出租人。这是因为,融资租赁合同毕竟是租赁合同,租赁物的所有权只有属于出租人,承租人才能够依据租赁合同,对自己没有所有权的标的物进行占有、使用和收益。如果租赁物归属于承租人所有,就失去了租赁合同的意义,也就不成为融资租赁合同了。

融资租赁的租赁物多数是大型的机器设备等,属于准不动产,需要依照法律或者行政法规的规定进行登记。出租人对租赁物未按照规定进行登记的,不得对抗善意第三人。对此,出租人应当善尽所有权人的注意义务,因为租赁物尽管属于自己所有,但是占有和使用、收益权能均脱离了自己而在承租人手中,为避免意外,应当善尽登记手续,避免发生意外,造成自己的损失。

本条增加的不得对抗善意第三人的规定,替代了原《合同法》第 242 条规定的“承租人破产的,租赁物不属于破产财产”的规定,是有重要意义的:第一,出租人对租赁物享有所有权,承租人只有使用权而无所有权,因而在承租人破产时,当然不属于破产财产,而是出租人的财产。这一规则不言自明。将其删除,不会引发歧义。第二,在实践中,由于出租人并未占有租赁物,一旦出现租赁物的转让符合善意取得的规定要求的,善意受让人原始取得该租赁物的所有权,如果出租人未对租赁物进行登记,就不能对抗善意第三人取得该租赁物所有权的效果。第三,出租人为避免这样的后果出现,必须善尽登记手续,防止出现不能对抗善意第三人效力的情形。

365. 出租人违反保证承租人占有、使用租赁物的义务应当承担责任

《民法典》合同编第748条第1款、第2款分别规定:"出租人应当保证承租人对租赁物的占有和使用。""出租人有下列情形之一,承租人有权请求其赔偿损失:(一)无正当理由收回租赁物;(二)无正当理由妨碍、干扰承租人对租赁物的占有和使用;(三)因出租人的原因致使第三人对租赁物主张权利;(四)不当影响承租人对租赁物占有和使用的其他情形。"这一条文是对出租人违反保证承租人占有、使用租赁物义务及其违约责任的规定,原《合同法》第245条规定的是本条第1款规定的义务,对第2款的内容没有规定,本条借鉴司法解释的规定,规定了第2款的新规则。

在融资租赁合同存续期间,出租人不履行保证承租人对租赁物的占有和使用的义务,造成承租人损失的,应当承担违约责任。

《最高人民法院关于审理融资租赁合同纠纷案件适用法律问题的解释》(2014年)第17条规定:"出租人有下列情形之一,影响承租人对租赁物的占有和使用,承租人依照合同法第二百四十五条的规定,要求出租人赔偿相应损失的,人民法院应予支持:(一)无正当理由收回租赁物;(二)无正当理由妨碍、干扰承租人对租赁物的占有和使用;(三)因出租人的原因导致第三人对租赁物主张权利;(四)不当影响承租人对租赁物占有、使用的其他情形。"这些规定都是正确的,本条予以借鉴。

本条规定的新规则是,出租人承担不履行保证承租人对租赁物占有使用义务违约责任的情形是:第一,无正当理由收回租赁物,违反了上述义务,构成根本违约;第二,无正当理由妨碍、干扰承租人对租赁物的占有和使用,如组织人员对租赁物的占有和使用进行阻挠、干扰、破坏、封锁等,也违反了上述义务;第三,因出租人的原因致使第三人对租赁物主张权利,例如出租人将租赁物转让他人或者设置抵押;第四,不当影响承租人对租赁物占有和使用的其他情形。当出现上述情形之一,致使承租人无法正常使用租赁物,不能正常发挥租赁物的效益,造成承租人损失的,承租人有权向出租人行使损害赔偿请求权,出租人应当承担赔偿责任。

366. 融资租赁物意外灭失,承租人应当继续支付租金

《民法典》合同编第751条规定:"承租人占有租赁物期间,租赁物毁损、灭失的,出租人有权请求承租人继续支付租金,但是法律另有规定或者当事人另有约定的除外。"这一规定是对融资租赁物意外灭失后承租人应当继续支付租金的规定,原《合同法》对此没有规定,本条借鉴了司法解释的规定。

《最高人民法院关于审理融资租赁合同纠纷案件适用法律问题的解释》(2014年)第7条规定:"承租人占有租赁物期间,租赁物毁损、灭失的风险由承租人承担,出租人要求承租人继续支付租金的,人民法院应予支持。但当事人另有约定或者法律另有规定的除外。"这样规定的理由是,融资租赁合同与一般租赁合同的不同之处,就在于其融资性,等于是承租人向出租人融资,购买自己需要的标的物,出租给自己使用。因此,融资租赁的租赁物在出租人占有期间,因不可归责于当事人的原因而使租赁物毁损、灭失的,需要对不利益进行妥当分配,意外灭失的风险当然要由所有权人承担,出租人虽然是租赁物的所有权人;但是,由于租赁物是为承租人所购买,且为承租人占有、使用、收益,因而,出租人不承担租赁物的意外灭失风险责任。正因为如此,即使承租人要承担标的物意外灭失风险,也不能因此而免除租金支付义务,而是要继续依照合同的约定支付租金。

本条借鉴司法解释的规定确定的规则是:首先,融资租赁合同的租赁物的意外灭失风险由承租人负担,承受其后果;其次,租赁物即使因意外毁损、灭失,承租人须承担意外灭失风险,但是出租人仍然有权要求承租人继续支付租金,承租人应当继续履行支付租金的义务;最后,如果法律另有规定或者当事人另有约定的,则按照法律规定或者当事人的约定处理,不适用前述的规则。

367. 融资租赁合同的出租人享有单方法定解除权

《民法典》合同编第753条规定:"承租人未经出租人同意,将租赁物转让、抵押、质押、投资入股或者以其他方式处分的,出租人可以解除融资租赁合同。"这一条文是对出租人法定解除权的规定,原《合同法》对此没有规定,本条借鉴司法解释的有关规定制定的新规则。

在融资租赁合同中,承租人对租赁物有权占有、使用、收益,出租人应当予以保证。但是,承租人对租赁物不享有处分权,如果承租人对租赁物行使处分权,就是对出租人的租赁物所有权的侵害。由于原《合同法》对此没有规定,《最高人民法院关于审理融资租赁合同纠纷案件适用法律问题的解释》(2014年)第12条规定:"有下列情形之一,出租人请求解除融资租赁合同的,人民法院应予支持:(一)承租人未经出租人同意,将租赁物转让、转租、抵押、质押、投资入股或者以其他方式处分租赁物的;……”在融资租赁合同中,承租人将自己没有所有权的租赁物转让、转租、抵押、质押、投资入股或者以其他方式进行处分,不仅是根本违约行为,而且是侵害出租人的所有权的侵权行为,对此,赋予出租人以法定解除权,是完全正确的。

本条借鉴这一司法解释的规定,确认的新规则是:出租人一旦未经出租人的同意而处分租赁物,将租赁物转让、抵押、质押、投资入股或者以其他方式进行处分的,不仅侵害了出资人的所有权,而且构成根本违约,所以出租人享有单方的法定解除权,可以行使解除权,解除该融资租赁合同,收回自己的租赁物。值得注意的是,本条规定虽未同司法解释一样提及“转租”作为出租人的法定解除权事由之一,但是不可据此否定这种情形下出租人的法定解除权。理由是,转租也是法律上的处分,包含在本条的“其他方式处分”之内。因而,承租人未经出租人同意转租的,出租人仍然有权以本条规定为依据,请求解除融资租赁合同。

368. 融资租赁合同的出租人或承租人双方享有法定解除权

《民法典》合同编第 754 条规定:“有下列情形之一的,出租人或者承租人可以解除融资租赁合同:(一)出租人与出卖人订立的买卖合同解除、被确认无效或者被撤销,且未能重新订立买卖合同;(二)租赁物因不可归责于当事人的原因毁损、灭失,且不能修复或者确定替代物;(三)因出卖人的原因致使融资租赁合同的目的不能实现。”这一条文是对融资租赁合同双方当事人法定解除权的规定,原《合同法》对此没有规定,本条借鉴司法解释的规定确立了新规则。

在融资租赁合同成立之后,当出现的情形使融资租赁合同无法继续履行的时候,出租人或者承租人都产生法定解除权,都可以解除融资租赁合同。《最高人民法院关于审理融资租赁合同纠纷案件适用法律问题的解释》(2014 年)第 12 条规定:“有下列情形之一,出租人请求解除融资租赁合同的,人民法院应予支持:……(二)承租人未按照合同约定的期限和数额支付租金,符合合同约定的解除条件,经出租人催告后在合理期限内仍不支付的;(三)合同对于欠付租金解除合同的情形没有明确约定,但承租人欠付租金达到两期以上,或者数额达到全部租金百分之十五以上,经出租人催告后在合理期限内仍不支付的;(四)承租人违反合同约定,致使合同目的不能实现的其他情形。”

本条借鉴司法解释这一规定,确认的新规则如下:

(1)当出现以下事由时,出租人或者承租人都可以解除融资租赁合同:第一,出租人与出卖人订立的买卖合同解除、被确认无效或者被撤销,且未能重新订立买卖合同。出现这种情形,失去了融资租赁合同存在的意义,当然可以解除合同。第二,租赁物因不可归责于当事人的原因毁损、灭失,且不能修复,融资租赁合同无法继续履行,合同继续存在对双方都没有意义,因而可以解除合同。第三,因出卖人的原因致使融资租赁合同的目的不能实现,例如出卖人破产无法交付标的物等。

(2)本条规定的法定解除权,是出租人和承租人都享有的解除权,各方都可以行使该解除权,而使融资租赁合同解除。

369. 出租人根据承租人的选择签订买卖合同致使融资租赁合同解除的,有权请求承租人承担赔偿责任

《民法典》合同编第 755 条第 1 款、第 2 款分别规定:"融资租赁合同因买卖合同解除、被确认无效或者被撤销而解除,出卖人、租赁物系由承租人选择的,出租人有权请求承租人赔偿相应损失;但是,因出租人原因致使买卖合同解除、被确认无效或者被撤销的除外。""出租人的损失已经在买卖合同解除、被确认无效或者被撤销时获得赔偿的,承租人不再承担相应的赔偿责任。"这一条文是对承租人承担出租人损失赔偿责任的规定,原《合同法》对此没有规定,本条借鉴司法解释的规定确立新规则。

在融资租赁合同履行过程中,如果融资租赁合同因买卖合同解除、被确认无效或者被撤销而解除,对于造成的损失承担责任的基本标准是,究竟是谁选择的出卖人及租赁物。对此,《最高人民法院关于审理融资租赁合同纠纷案件适用法律问题的解释》(2014 年)第 16 条规定:"融资租赁合同因买卖合同被解除、被确认无效或者被撤销而解除,出租人根据融资租赁合同约定,或者以融资租赁合同虽未约定或约定不明,但出卖人及租赁物系由承租人选择为由,主张承租人赔偿相应损失的,人民法院应予支持。出租人的损失已经在买卖合同被解除、被确认无效或者被撤销时获得赔偿的,应当免除承租人相应的赔偿责任。"这一规定较好地解决了这个问题。

本条借鉴司法解释的这一规定,对融资租赁合同因买卖合同解除、被确认无效或者被撤销的,究竟应当由谁承担责任,确定的规则是:第一,出卖人及租赁物系由承租人选择的,出租人有权要求承租人赔偿相应损失。第二,出卖人及租赁物是由出租人选择的,出租人自己承担损失后果,不得向承租人主张赔偿责任。这是因为,融资租赁合同的买卖合同,是租赁合同的基础,租赁物是谁选择的,谁就应当对租赁物的买卖合同的效力负责。承租人选择租赁物,并据此由出租人与出卖人签订买卖合同,进行交易,取得租赁物,租赁合同的效力发生问题，承租人当然要承担责任。故规定出租人有权要求承租人赔偿相应的损失。但是，因出租人原因致使买卖合同解除、被确认无效或者被撤销的，不适用前述的规则，出租人不能请求承租人承担赔偿损失的责任。

在上述前一种情形下，即承租人选择租赁物，如果出租人的损失已经在买卖合同解除、被确认无效或者被撤销时，从出卖人那里获得了赔偿的，根据“同一来源规则”，应当免除承租人应当承担的赔偿责任中相应的部分。

370. 租赁物在承租期间意外毁损灭失，承租人应当对出租人补偿

《民法典》合同编第 756 条规定：“融资租赁合同因租赁物交付承租人后意外毁损、灭失等不可归责于当事人的原因解除的，出租人可以请求承租人按照租赁物折旧情况给予补偿。”这一条文是对租赁物意外毁损灭失承租人应当对出租人承担补偿损失责任的规定，原《合同法》对此没有规定，本条借鉴司法解释的规定确立新规则。

融资租赁合同存续期间，租赁物交付承租人后，因意外毁损、灭失等不可归责于当事人的原因，融资租赁合同被解除的，按照融资租赁合同的租赁物意外灭失风险负担规则，应当由租赁物的承租人承受损失。依照本法第 751 条规定，出租人还可以继续请求承租人支付租金。在融资租赁合同解除后，出租人不能再继续主张支付租金，对出租人的合法权益如何进行保护呢？《最高人民法院关于审理融资租赁合同纠纷案件适用法律问题的解释》(2014 年)第 15 条规定：“融资租赁合同因租赁物交付承租人后意外毁损、灭失等不可归责于当事人的原因而解除，出租人要求承租人按照租赁物折旧情况给予补偿的，人民法院应予支持。”这一司法解释解决了这一问题。

由于融资租赁合同的特殊性，特别是承租人在租赁物意外毁损、灭失之前已经占有、使用、收益租赁物，获得利益，承担租赁物意外灭失风险，当该融资租赁合同被解除后，出租人无法继续要求承租人继续支付租金。因而，本条规定，出租人可以要求承租人按照租赁物折旧情况给予补偿，承租人应当在此范围内，对出租人的损失予以补偿。具体办法是，按照意外风险发生时标的物的折旧情况，例如当时的折旧是五成，则承租人补偿出租人损失的范围就是 50% 左右。

371. 租赁期限届满租赁物不能返还，承租人应当给予合理补偿

《民法典》合同编第 758 条第 1 款、第 2 款分别规定：“当事人约定租赁期限届满租赁物归承租人所有，承租人已经支付大部分租金，但是无力支付剩余租

金,出租人因此解除合同收回租赁物的,收回的租赁物的价值超过承租人欠付的租金以及其他费用的,承租人可以请求相应返还。”“当事人约定租赁期限届满租赁物归出租人所有,因租赁物毁损、灭失或者附合、混合于他物致使承租人不能返还的,出租人有权请求承租人给予合理补偿。”这一条文是对租赁期限届满租赁物归属及处理办法的规定,与原《合同法》第249条的规定相比,本条增加了第2款规定。

融资租赁合同的租赁期限届满,租赁物的归属应当依照融资租赁合同的约定确定。对于租赁物权属归属出现的不同情况,应当根据约定租赁期限届满租赁物权利归属的不同,确定具体的办法:

(1)当事人约定租赁期限届满租赁物归承租人所有的,如果承租人已经支付了大部分租金,无力支付剩余租金,出租人因此解除合同收回租赁物的,应当解决承租人欠付的租金及其他费用与租赁物价值之差。是否可以请求部分返还的问题,具体方法是,如果出租人收回的租赁物的价值超过承租人欠付的租金以及其他费用的,承租人可以要求相应返还;反之,承租人不可以要求返还。

(2)当事人约定租赁期限届满租赁物归出租人所有,因租赁物毁损、灭失或者附合、混合于他物,致使承租人不能返还的,应当解决的问题是如何处理出租人不能收回租赁物的损失问题。解决的办法是,既然承租人不能返还租赁物,则出租人有权要求承租人对于不能返还的租赁物给予合理补偿。

其中第二种情形,原《合同法》第249条并未规定,借鉴的是《最高人民法院关于审理融资租赁合同纠纷案件适用法律问题的解释》(2014年)第10条关于“当事人约定租赁期间届满后租赁物归出租人的,因租赁物毁损、灭失或者附合、混同于他物导致承租人不能返还,出租人要求其给予合理补偿的,人民法院应予支持”的规定,作出了本条第2款的规定。本条第1、2款相互配合,分别从租赁物归承租人所有、归出租人所有的不同情形,规定了出租人收回租赁物的不同情形,形成了一个完整规定体系。

372. 租赁期限届满承租人支付象征性价款取得租赁物所有权

《民法典》合同编第759条规定:“当事人约定租赁期限届满,承租人仅需向出租人支付象征性价款的,视为约定的租金义务履行完毕后租赁物的所有权归承租人。”这一条文是对租赁期限届满租赁物所有权归属于承租人的规定,原《合同法》和司法解释都对此没有规定,本条制定了新规则。

在融资租赁合同中,如果当事人约定租赁期限届满,承租人仅需向出租人支付象征性价款的,尽管没有明确约定租赁物应当归属于承租人,但是,约定承租人仅需向出租人支付象征性价款,就足以证明支付了象征性价款的后果,就是取得租赁物的所有权。例如,约定在租赁期限届满时,承租人需向出租人支付1元人民币,这就意味着,租赁期限届满,承租人已经支付了租金,再支付若干价款,如果不取得租赁物的所有权,是没有道理的。因此,本条规定,对此视为约定的租金义务履行完毕后,租赁物的所有权归承租人。其理由是,融资租赁合同的特殊性在于,租赁物是根据承租人的需要购买的,并且将其租赁给承租人使用,之所以如此,是因为承租人缺少购买该租赁物的资金,因而采用融资加租赁的方法以满足自己的需要。在通常情况下,融资租赁合同的租金总价,差不多相当于租赁物的价金。当融资租赁合同履行完毕,租赁期届满时,有约定的依照其约定,没有约定或者约定不明确的,依照本法第757、510条规定仍然不能确定的,租赁物的所有权归属于出租人。当融资租赁合同虽然没有约定租赁期限届满,租赁物的所有权归属于承租人,但是如果约定了承租人仅需向出租人支付象征性价款的,基于租赁合同期限届满还须向出租人支付价款,尽管是象征性的,也能够证明租赁物的所有权归属于承租人。

373. 规定融资租赁合同无效后租赁物的权利归属

《民法典》合同编第760条规定:"融资租赁合同无效,当事人就该情形下租赁物的归属有约定的,按照其约定;没有约定或者约定不明确的,租赁物应当返还出租人。但是,因承租人原因致使合同无效,出租人不请求返还或者返还后会显著降低租赁物效用的,租赁物的所有权归承租人,由承租人给予出租人合理补偿。"这一条文是对融资租赁合同无效租赁物权利归属的规定,原《合同法》对此没有规定,借鉴了司法解释的有关规定制定本条的新规则。

《最高人民法院关于审理融资租赁合同纠纷案件适用法律问题的解释》(2014年)第4条规定:"融资租赁合同被认定无效,当事人就合同无效情形下租赁物归属有约定的,从其约定;未约定或者约定不明,且当事人协商不成的,租赁物应当返还出租人。但因承租人原因导致合同无效,出租人不要求返还租赁物,或者租赁物正在使用,返还出租人后会显著降低租赁物价值和效用的,人民法院可以判决租赁物所有权归承租人,并根据合同履行情况和租金支付情况,由承租人就租赁物进行折价补偿。"

借鉴司法解释的经验,本条规定的新规则是,融资租赁合同无效,解决合同无效后的租赁物权利归属问题,应当根据原合同是否有约定而确定:

(1)合同有约定的,依照合同的约定处理,自无问题。

(2)如果合同没有约定,或者有约定而约定不明确,基本规则是租赁物应当返还出租人。

(3)如果合同没有约定或者约定不明确,是因为承租人的原因而导致合同无效的,本应将租赁物归属于出租人所有,但是出租人不要求返还租赁物或者返还出租人后会显著降低租赁物效用的,租赁物的所有权归承租人所有,并由承租人给予出租人合理补偿。

第八节　关于保理合同的新规则

374. 保理合同及其客体应收账款的概念界定

《民法典》合同编第 761 条规定:“保理合同是应收账款债权人将现有的或者将有的应收账款转让给保理人,保理人提供资金融通、应收账款管理或者催收、应收账款债务人付款担保等服务的合同。”这一条文是对保理合同和应收账款概念的规定,原《合同法》没有规定保理合同,本法对保理合同的规定都是新规则。

保理业务最早起源于 18 世纪的英国,并在 20 世纪 50 年代的美国和西欧国家发展成型,成为新型的贸易融资方式,近 20 年来得到广泛应用。我国的保理业务发展较晚,发展也比较慢。本法对保理合同的规定将会促进我国保理业务的发展。

保理合同,也称为财物代理、应收账款承购、应收账款融资,均为保付代理之意,是应收账款债权人将现有的或者将有的应收账款转让给保理人,保理人提供资金融通、应收账款管理或者催收、应收账款债务人付款担保等服务的合同。

保理合同的法律特征是:第一,保理合同是以货物贸易合同和服务贸易合同所产生的应收账款的转让为前提;第二,基于应收账款的转让,受让方为转让方提供综合型的金融服务;第三,提供金融服务的内容是提供资金融通、应收账款管理或催收、应收账款债务人的付款担保等服务。

在保理合同中,转让应收账款债权的一方是应收账款债权人,接受应收账款债权并提供金融服务的一方是保理人。对于应收账款的债务人是否作为保理合同的当事人,有不同看法。应收账款债务人是应收账款债权人的债务人,双方是应收账款债权债务关系的当事人。从严格意义上说,应收账款的债务人不是保理合同的当事人,是由于应收账款债权人将应收账款债权转移给保理人而融资,而使其成为保理人的债务人。从这个意义上说,应收账款债务人是由于应收账款的债权转移,而成为保理人的债务人,是广义上的保理合同的当事人。

以保理人对应收账款是否享有追索权为标准，保理合同分为有追索权保理和无追索权保理。有追索权保理是指不承担买方信用风险，只提供其他服务的保理。保理公司承做有追索权保理，若有提供卖方预付款服务，在应收账款到期45天后，任何情况下，保理公司均有权向卖方进行追索。无追索权保理是指承担买方信用风险的保理。保理公司在承做无追索权保理时，发生买方信用风险，从应收账款到期90天起，若发生非商业纠纷的卖方信用风险，由保理公司向卖方履行担保付款的责任。

应收账款，是指企业在正常的经营过程中因销售商品、产品、提供劳务等业务，应向购买单位收取的款项，包括应由购买单位或接受劳务单位负担的税金、代购买方垫付的各种运杂费等。应收账款是伴随企业的销售行为发生而形成的一项债权。应收账款包括已经发生的和将来发生的债权。前者如已经发生并明确成立的债权，后者是现实并未发生但是将来一定会发生的债权。对于未来的应收账款能否转让，争论较大。

对此，《国际保理公约》第5条规定："未来应收账款是指债权转让合同订立后产生的应收款。保理协议中对将来应收款进行让与的规定，在应收款产生时，而不需要任何新的让与行为即实现让与，将应收账款转让至保理商。"美国《统一商法典》也规定："未来的权利可以转让，此种权利的受让人可以获得优先于大多数权利要求人的权利，只要有关的文书是适当填写的。"[1]对此，本条对应收账款概念的界定中，作出了应收账款包括现有的和将有的应收账款债权。

375. 保理合同应当包括的主要内容及形式

《民法典》合同编第762条第1款、第2款分别规定："保理合同的内容一般包括业务类型、服务范围、服务期限、基础交易合同情况、应收账款信息、保理融资款或者服务报酬及其支付方式等条款。""保理合同应当采用书面形式。"这一条文是对保理合同主要内容和形式规定的新规则。

首先，保理合同是要式合同，必须采用书面形式订立，不能以口头形式订立。

其次，保理合同的主要内容如下：

(1)业务类型。保理分为三类：一是商业保理，指由非银行保理人开展的保理业务。二是国内保理，指保理人为在国内贸易中的买方、卖方提供的保理业务。三是国际保理，指保理人为在国际贸易中的买方、卖方提供的保理业务。

---

〔1〕 参见田浩为：《保理法律问题研究》，载《法律适用》2015年第5期。

保理的立法分类是,有追索权的保理和无追索权的保理,合同应当写清楚是哪一种保理。

(2)服务范围。即保理人为应收账款债权人承担的是何种保理服务,确定提供的服务是融资、对应收账款管理或者催收,还是为应收账款债务人的付款担保,明确约定具体的服务范围是什么。

(3)基础交易合同情况。基础交易合同是应收账款债权人据以产生应收账款债权的交易合同,合同中应当记载清楚。

(4)应收账款信息。合同应当写明交给保理人的应收账款债权的具体信息,便于保理人按照约定对该应收账款债权提供服务,获得利益等。

(5)保理融资款。应收账款债权人将应收账款债权交给保理人应当支付的价款。

(6)服务报酬及支付方式。保理人为应收账款债权人进行保理,应当得到的服务报酬的数额及支付的方式。

376. 应收账款债务人不得以虚构的应收账款不存在为由对抗保理人

《民法典》合同编第763条规定:"应收账款债权人与债务人虚构应收账款作为转让标的,与保理人订立保理合同的,应收账款债务人不得以应收账款不存在为由对抗保理人,但是保理人明知虚构的除外。"这一条文是对虚构应收账款设置保理的效力的规定。

在保理合同中,设置保理的应收账款应当是真实存在的应收账款债权,保理人基于转让的应收账款债权,为应收账款债权人提供融资服务。如果应收账款债权人和应收账款债务人以虚构的应收账款作为转让标的,与保理人订立应收账款转让合同,其实质是骗取保理人的融资等服务。如果保理人是善意且无过失的,在订立了保理合同之后,就实际取得了应收账款债权,有权对应收账款债务人主张债权。如果应收账款债务人以应收账款债权是虚构的、并不存在的债权为由对抗保理人,将会使保理人接受转让的应收账款债权落空,失去保理合同订立的基础,使善意的保理人受到损失。

因此,本条规定,应收账款债务人不得以应收账款不存在为由对抗保理人。具体的解决办法:一是应收账款债务人必须承担应收账款的清偿债务,使保理人实现债权;二是应收账款债权人和债务人对保理人承担连带赔偿责任,赔偿因债权人和债务人欺诈造成保理人的损失。这两种方式都可以选择,保理人可以依照自己的利益选择具体的请求权。只有在应收账款债权人和应收账款债务人虚构应收账款,保理人明知其转让的应收账款为虚构时,才不受这一规则的约束,法律不保护不具有善意的保理人的利益。

377. 保理人向债务人行使权利的方式是通知并表明保理人身份

《民法典》合同编第 764 条规定:“保理人向应收账款债务人发出应收账款转让通知的,应当表明保理人身份并附有必要凭证。”这一条文是对保理人向债务人行使权利的规定。

在保理合同中,保理人接受了应收账款债权人转让的应收账款,并支付了提供融资服务的对价之后,就取得了应收账款债权,成为应收账款债权的实际债权人,因而有权利请求应收账款债务人对其清偿债务,自己受领应收账款债务人清偿给付。

保理人对应收账款债务人行使应收账款债权,应当遵守的规则是:第一,向应收账款债务人发出转让通知,说明对其行使债权;第二,表明自己是保理人的身份,说明自己取得保理人身份的事实依据;第三,在通知中,须负有转让应收账款债权以及自己取得保理人身份的必要凭证。

这是因为,保理合同的当事人是应收账款债权人和保理人,并不包括应收账款债务人,保理人依据保理合同向应收账款债务人主张债权,须向应收账款债务人履行通知义务,在通知中明确保理人的身份、地位以及事实依据和法律依据,使应收账款债务人明确其债权人已经发生变化,保理人成为其新的债权人。

按照合同法的一般规则,债权转移应当由债权人向债务人发出通知,债务人收到通知,即发生债权转让的效果,债务人的债权人发生变化。在保理合同中,由于转让的应收账款基本上是债务人众多的债权,并且包含着未来发生的应收账款债权,由债权人向债务人发出通知存在一定的困难,因此,在保理合同中,债权人和保理人都可以履行通知义务,且多以保理人通知居多。当保理人履行通知义务时,由于债务人不知道债权转让的事实,因而保理人必须向应收账款债务人发出转让通知的,应当表明保理人身份并附有必要凭证,使债务人知道自己应当履行的债务的债权人发生了变化,确定向新债务人履行债务的法律依据。保理人仅仅是通知,而未向应收账款债务人表明保理人身份并附有必要凭证的,债务人可以拒绝履行债务。

378. 应收账款转让通知后对应收账款债务人发生的效果

《民法典》合同编第 765 条规定:“应收账款债务人接到应收账款转让通知后,应收账款债权人与债务人无正当理由协商变更或者终止基础交易合同,对保理人产生不利影响的,对保理人不发生效力。”这一条文是对应收账款转让通知后对应收账款债务人发生效果的规定,是新规则。

应收账款债权人订立保理合同,将应收账款债权转让给保理人后,保理人向应收账款债务人发出应收账款转让的通知,就完成了应收账款转让的行为,保理人取得应收账款债权人的地位。应收账款债务人收到应收账款转让通知后,该通知对应收账款债务人发生法律效力,即保理人成为应收账款债务人的债权人,应收账款债务人负有对保理人履行应收账款债务的义务。如果应收账款债权人和债务人无正当理由协商变更或者终止基础交易合同,对保理人产生不利影响,由于应收账款债权人将债权转让给保理人后,已经无权对已经转让的应收账款进行变更或者终止,因此,对保理人不发生效力,保理人仍然按照保理合同的约定行使保理的权利。

379. 有追索权的保理人对返还融资款本息或者回购应收账款债权享有选择权

《民法典》合同编第 766 条规定:“当事人约定有追索权保理的,保理人可以向应收账款债权人主张返还保理融资款本息或者回购应收账款债权,也可以向应收账款债务人主张应收账款债权。保理人向应收账款债务人主张应收账款债权,在扣除保理融资款本息和相关费用后有剩余的,剩余部分应当返还给应收账款债权人。”这一条文是对有追索权的保理人行使权利及后果的规定。

在保理合同中,如果当事人约定为有追索权保理的,保理人享有追索权,具体的办法如下:

(1)行使追索权。保理人行使追索权,有两种办法:一是可以选择向应收账款债权人主张返还保理融资款的本息;二是可以向应收账款债权人主张回购应收账款债权。保理人享有的追索权,就是有权选择向应收账款债权人主张返还保理的融资款,或者主张应收账款债权人回购应收账款债权。选择其中之一,向应收账款债权人行使了追索权,保理人就可以保障自己的合法权益不受损害。

(2)不行使追索权。保理人享有追索权,可以行使也可以不行使。如果保理人不行使追索权,可以直接向应收账款债务人主张实现债权。保理人向应收账款债务人主张应收账款债权,实现其债权的,在获得的利益中,扣除保理融资款的本息和相关费用后有剩余的,剩余部分应当返还给应收账款债权人。

380. 无追索权的保理人只能向债务人主张权利

《民法典》合同编第 767 条规定:“当事人约定无追索权保理的,保理人应当向应收账款债务人主张应收账款债权,保理人取得超过保理融资款本息和相关费用的部分,无需向应收账款债权人返还。”这一条文是对无追索权保理合同的保理人行使权利的规定。

在保理合同中,如果当事人约定为无追索权保理的,保理人对应收账款债权人不享有追索权,不能选择向应收账款债权人主张返还保理融资款本息或者回购应收账款债权。保理人剩下的唯一出路,就是按照保理合同的约定,只能向应收账款债务人主张应收账款债权,应收账款债务人应当向保理人履行债务。

保理人在实现应收账款债权中取得的利益,为自己合法所得,即使取得了超过保理融资款本息和相关费用部分的,也无须向应收账款债权人返还,应收账款债权人无权请求保理人返还超过保理融资款本息和相关费用剩余的部分利益,因为在保理合同中,约定了保理人无追索权,就减免了应收账款债权人对保理人的担保责任,是其理应付出的代价。

381. 多个保理人权利实现的顺位

《民法典》合同编第 768 条规定:“应收账款债权人将同一应收账款订立多个保理合同,致使多个保理人主张权利的,已经登记的先于未登记的取得应收账款;均已经登记的,按照登记时间的先后顺序取得应收账款;均未登记的,由最先到达应收账款债务人的转让通知中载明的保理人取得应收账款;既未登记也未通知的,按照保理融资款或者服务报酬的比例取得应收账款。”这一条文是对多个保理人主张权利顺序的规定。

应收账款债权人将同一应收账款与数个保理人订立多个保理合同,形成多重保理合同。多重保理与多重买卖相似,后果都是出现多个债权人就同一个债务人的债务主张权利,形成权利的重合,必须确定行使权利的先后顺序,按序进行清偿。

就同一应收账款债务重复设置保理合同后,致使多个保理人主张行使应收账款债权的,确定行使保理权利顺序的方法如下:

(1)登记在先权利优先。这一规则是,已经登记的保理权利先于未登记的保理权利优先取得应收账款。保理合同可以登记,也可以不登记。登记是重要的权利宣示方法,经过登记的保理合同,其应收账款债权具有更好的公示性,因此优先受偿。

(2)时间在先权利优先。多重保理合同的保理权利均已登记的,按照登记的先后顺序取得应收账款。多重的保理合同权利都登记了,只能以登记时间在先的权利优先,具有公平性。

(3)通知在先权利优先。多重保理合同的保理权利均未登记的,由应收账款债务人最先收到转让通知中载明的保理人优先取得应收账款。

(4)既未登记也未通知的,按照保理融资款或者服务报酬的比例取得应收账款。

382. 保理合同一章没有规定的,适用债权转让的有关规定

《民法典》合同编第769条规定:“本章没有规定的,适用本编第六章债权转让的有关规定。”这一条文是对保理合同准用债权转让有关规则的规定。

保理合同在以往的法律中没有规定,《民法典》只是将保理合同的基本规则作了规定,缺少细节的规定。由于保理的实质就是应收账款债权的转让,因此,本章没有规定的,准用合同编第六章关于合同债权转让的具体规则,补充立法的不足。

第九节　关于承揽合同的新规则

383. 定作人可以合理选择请求承揽人承担修理、重作等违约责任

《民法典》合同编第781条规定:“承揽人交付的工作成果不符合质量要求的,定作人可以合理选择请求承揽人承担修理、重作、减少报酬、赔偿损失等违约责任。”这一条是对承揽人交付工作成果不符合质量要求时承担违约责任的规定。与原《合同法》第262条规定相比,本条规定新增了定作人合理选择违约责任的要求。

承揽合同的基本内容是承揽人按照定作人的请求完成承揽工作,交付工作成果。对工作成果的最主要要求,是符合定作人在合同中约定的质量标准。承揽人交付的工作成果不符合约定的质量标准,要承担违约责任。

构成该违约责任的要件如下:

(1)承揽人交付的工作成果不符合质量要求。承揽合同对工作成果的质量有约定的,依照其约定确定是否符合质量要求;对工作成果的质量没有要求或者约定不明确的,应当补充协商,或者按照工作成果的性质和交易习惯确定质量标准。

(2)定作人在合理期限内提出质量异议。合同约定异议期的,应当在异议期内提出;没有约定异议期的,应当在接收成果后的合理期限内提出。

承揽人交付的工作成果不符合质量要求,应当承担修理、重作、减少报酬的责任；造成定作人损失的，还应当承担赔偿损失的违约责任。承揽人究竟应当承担何种违约责任，定作人根据承揽人所交付工作成果存在的不同瑕疵进行合理选择。比如，承揽人交付的工作成果存在微小瑕疵，定作人可以请求承揽人承担修理或者减少报酬的责任，而不应请求其重作。

本条新规则的内容是，定作人可以合理选择承揽人承担的违约责任。承揽人交付的工作成果不符合质量要求，属于瑕疵履行。关于瑕疵履行的违约责任，《民法典》合同编第 582 条作出了一般性的规定，即"履行不符合约定的，应当按照当事人的约定承担违约责任。对违约责任没有约定或者约定不明确，依据本法第五百一十条的规定仍不能确定的，受损害方根据标的的性质以及损失的大小，可以合理选择请求对方承担修理、重作、更换、退货、减少价款或者报酬等违约责任"。与此相一致，本条在规定承揽人瑕疵履行的违约责任时，也增加了定作人可以合理选择的内容。这样一来，不仅实现了与《民法典》合同编第 582 条规定的内部统一，而且实现了对定作人选择承揽人违约责任承担方式的限制，避免其对承揽人科以过重的负担。

384. 定作人不支付报酬或者材料费，承揽人有权拒绝交付

《民法典》合同编第 783 条规定："定作人未向承揽人支付报酬或者材料费等价款的，承揽人对完成的工作成果享有留置权或者有权拒绝交付，但是当事人另有约定的除外。"这一条文是对承揽人留置权和拒绝交付权的规定，与原《合同法》第 264 条的规定相比，增加了承揽人在定作人不支付报酬或者材料费时有权拒绝交付的新规则。

定作人未向承揽人支付报酬或者材料费等价款的，构成违约行为。对此，承揽人享有两项权利：第一个权利是留置权。承揽人可以留置定作物，并应当向定作人催告，给予合理的宽限期，宽限期届满仍未支付报酬或者材料费等价款的，可以拍卖或者变卖加工物，实现留置权。第二个权利是拒绝交付权。承揽人拒绝交付工作成果，直至定作人支付报酬或者材料费等价款后交付，或者责令其承担违约责任。如果当事人在承揽合同中另有约定的，则应当依照约定处理。

本条新增加"有权拒绝交付"的规则，究竟是指何种情况，值得研究。事实上，留置权本身就包含了拒绝交付的留置的权利，或言之，留置就包含了拒绝交付。从另一个角度上说，承揽人除行使留置权之外，还有直接的拒付的权利，而不是留置权的留置。拒绝交付是对不支付报酬或者材料费的抗辩，拒绝交付之后，定作人支付了报酬或者材料费，就交付工作成果；定作人不支付报酬或者材

料费,则直接追究定作人的违约责任。后一种理解比较准确。

385. 定作人须在承揽人完成工作前行使任意解除权

《民法典》合同编第 787 条规定:“定作人在承揽人完成工作前可以随时解除合同,造成承揽人损失的,应当赔偿损失。”这一条文是对定作人任意解除权的规定,与原《合同法》第 268 条规定相比,对定作人的任意解除权增加了“在承揽人完成工作前”为限制条件的新规则。

本法规定的合同解除权有协商解除、约定解除和法定解除。在承揽合同中,定作人享有的是任意解除权,即在承揽合同成立后至承揽人完成承揽工作前,定作人随时可以行使任意解除权,解除承揽合同。这是承揽合同特有的解除权,是由承揽合同的性质决定的。

承揽合同是按照定作人的要求完成定作工作,当定作人出现了定作工作已经没有必要的情况时,再继续完成定作工作,会造成双方的损失,因此,解除合同就是必要的,可以避免更大的损失。定作人行使任意解除权的要求是:第一,定作人在合同有效期间内提出解除合同,行使解除权,即在承揽合同成立后至承揽人完成定作工作之前。第二,定作人行使解除权,应当通知承揽人,通知到达承揽人时,承揽合同解除。第三,定作人解除合同给承揽人造成损失的,应当承担全部损失的赔偿责任,包括已经完成的工作部分的保持、支出的材料费、解除合同的实际损失。

承揽合同解除后,双方各自负有返还义务。承揽人应当将已经完成的部分工作成果交付定作人;定作人提供材料有剩余的,返还定作人;定作人预先支付报酬的,在扣除已完成部分的报酬外,承揽人应当将剩余部分返还定作人。

本条增加定作人任意解除权的限制条件,是十分重要的。原《合同法》第 268 条规定:“定作人可以随时解除承揽合同,造成承揽人损失的,应当赔偿损失。”对定作人的任意解除权不规定“完成工作前”的限制条件,当然也没有问题,因为一旦承揽人已经完成了工作,定作人行使解除权,在解除合同之后,可以将定作造成的损失认定为承揽人的损失,由定作人进行赔偿,可以做到利益关系的平衡。但是,增加了定作人任意解除权的限制条件,在承揽人完成工作之前才享有任意解除权,一旦完成工作,定作人就不能享有解除权,就从根本上杜绝了出现这样的情形,不仅防止定作人在完成工作之后任意解除合同造成承揽人的损失,而且可以避免完成的工作成果的浪费,符合效益原则。

第十节 关于建设工程合同的新规则

386. 建设工程合同无效,工程验收合格与不合格的处理方法

《民法典》合同编第 793 条各款分别规定:“建设工程施工合同无效,但是建设工程经验收合格的,可以参照合同关于工程价款的约定折价补偿承包人。”“建设工程施工合同无效,且建设工程经验收不合格的,按照以下情形处理:(一)修复后的建设工程经验收合格的,发包人可以请求承包人承担修复费用;(二)修复后的建设工程经验收不合格的,承包人无权请求参照合同关于工程价款的约定折价补偿。”“发包人对因建设工程不合格造成的损失有过错的,应当承担相应的责任。”这一条文是对建设工程合同无效建设工程验收合格或者不合格的规定,原《合同法》没有对此作出规定,这是借鉴司法解释制定的一个新规则。

对于在司法实践中存在的这个问题,由于原《合同法》没有规定,为应司法实践急需,原《最高人民法院关于审理建设工程施工合同纠纷案件适用法律问题的解释》第 2 条规定:“建设工程施工合同无效,但建设工程经竣工验收合格,承包人请求参照合同约定支付工程价款的,应予支持。”第 3 条规定:“建设工程施工合同无效,且建设工程经竣工验收不合格的,按照以下情形分别处理:(一)修复后的建设工程经竣工验收合格,发包人请求承包人承担修复费用的,应予支持;(二)修复后的建设工程经竣工验收不合格,承包人请求支付工程价款的,不予支持。因建设工程不合格造成的损失,发包人有过错的,也应承担相应的民事责任。”

本条确认最高人民法院的上述解释是正确的,根据本条规定:

(1)建设工程合同无效,应当是自始无效,不具有法律的拘束力。但是,尽管建设工程合同本身无效,但是建造的建筑工程已经完成,且经过验收合格,应当本着实事求是、物当其用的效益原则,对施工者予以折价补偿。因此,建设工程施工合同无效,但是建设工程经验收合格的,可以参照合同关于工程价款的约定折价补偿承包人,实际上还是要实事求是地给付承包人应当给付的工程费用。

(2)对于建设工程施工合同无效,建设工程经验收不合格的,不适用上述原则,处理的方法是:第一,修复后的建设工程经验收合格的,发包人可以要求承包人承担修复费用,尽管可以参照合同关于工程价款的约定补偿承包人,但是承包人要负担修复的费用。第二,修复后的建设工程经验收不合格的,承包人

无权要求参照合同关于工程价款的约定折价补偿,应当自负其责。

(3)本条第3款特别强调,如果是发包人对因建设工程不合格造成的损失有过错的,应当依照过错责任原则的要求,自己承担相应的责任,而不是把责任都推给承包人。这里的损害,是因为建设工程不合格造成的损害,例如建设工程不合格,无法使用,因而需要拆除重建,这个损失就是建设工程不合格造成的损害。这种损害赔偿责任是违约损害赔偿,应当按照《民法典》关于违约损害赔偿责任的规定确定责任。

这一新规则的意义在于,处理好建设工程施工合同无效的善后工作。基本原则是,只要是建好的工程验收合格,或者经过修复后验收合格的,尽管合同无效,但可以参照合同约定的工程价款折价补偿承包人。只有修复后的建设工程验收不合格的,才存在损害赔偿责任的适用。

387. 发包人、承包人享有法定解除权

《民法典》合同编第806条各款分别规定:"承包人将建设工程转包、违法分包的,发包人可以解除合同。""发包人提供的主要建筑材料、建筑构配件和设备不符合强制性标准或者不履行协助义务,致使承包人无法施工,经催告后在合理期限内仍未履行相应义务的,承包人可以解除合同。""合同解除后,已经完成的建设工程质量合格的,发包人应当按照约定支付相应的工程价款;已经完成的建设工程质量不合格的,参照本法第七百九十三条的规定处理。"这一条文是对发包人、承包人法定解除权的规定,原《合同法》对此没有规定。

(1)发包人法定解除权。发包人产生法定解除权的事由,是承包人将建设工程转包、违法分包。法律规定禁止承包人转包工程,从中获利。法律准许在符合条件的情况下,承包人分包部分工程,但违法进行分包也构成严重违约行为。所以,凡是承包人进行转包或者违法进行分包的,发包人产生法定解除权,可以通知承包人解除建设工程合同。

(2)承包人法定解除权。承包人产生法定解除权的要件是:第一,发包人提供的主要建筑材料、建筑构配件和设备不符合强制性标准,或者不履行协助义务;第二,上述原因须致使承包人无法施工;第三,承包人进行了催告,在催告后的合理期限内仍未履行相应义务。符合上述三个要件的要求,承包人产生法定解除权,可以通知发包人解除建设工程合同。

(3)建设工程合同解除后的善后事宜。建设工程合同解除后,应当处理好的善后事宜是:第一,已经完成的建设工程质量合格的,发包人应当按照约定支付相应的工程价款;第二,已经完成的建设工程质量不合格的,参照本法第793

条的规定处理:一是修复后的建设工程经验收合格的,发包人可以要求承包人承担修复费用;二是修复后的建设工程经验收不合格的,承包人不能要求参照合同关于工程价款的约定补偿。发包人对因建设工程不合格造成的损失有过错的,应当承担相应的责任。

值得研究的是,本条规定的发包人法定解除权和承包人法定解除权,与本法第563条规定的法定解除权的关系问题。笔者认为,本条规定的是建设工程施工合同的法定解除权,与第563条规定的一般的法定解除权并不冲突,是建设工程施工合同适用的特别法。在建设工程施工合同中,符合本条规定的,发包人、承包人有权解除合同;符合第563条规定的,发包人和承包人当然也有权解除合同。

第十一节 关于运输合同的新规则

388. 客运合同自承运人向旅客出具客票时成立

《民法典》合同编第814条规定:"客运合同自承运人向旅客出具客票时成立,但是当事人另有约定或者另有交易习惯的除外。"这一条文是对客运合同成立时间的规定。与原《合同法》第293条的规定相比,本条规定将"交付"修改为"出具"。

客运合同也叫旅客运输合同,是指承运人与旅客关于承运人将旅客及其行李安全运送到目的地,旅客为此支付运费的运输合同。其特征是:第一,客运合同的标的是运输旅客的行为;第二,客运合同为格式合同,旅客只能选择购票或者不购票,没有讨价还价的余地。

一般而言,客运合同自承运人向旅客出具客票时成立。旅客提出购票的请求为要约,承运人出具客票的行为为承诺。在当事人另有约定或者另有交易习惯的情形下,客运合同成立的时间点并不是承运人出具客票时。比如,旅客先上交通工具而后补票,承运人准许其乘用交通工具的,客运合同成立的时间点是承诺之时,只不过乘用交通工具时尚未有书面合同而已。这属于另有约定。

客运合同何时生效,本条没有规定,一般认为是客票剪口、办理登机或乘船手续时生效,开始约束双方当事人。实行电子客票的,按照交易习惯确定生效时间。

本条新规则的要点是,将原《合同法》第293条规定的"交付"修改为"出具"。在当前实行的电子客票形式中,交付客票的形式基本不存在。通常是网上申请购票付款后,就会显示电子票据购买成功,此时合同即告成立。为了顺应电子商务的趋势,本条规定调整了表述,将“交付”修改为“出具”。

389. 实名制客票丢失可以补办,不得再次收取票款和其他不合理费用

《民法典》合同编第 815 条第 1 款、第 2 款分别规定:“旅客应当按照有效客票记载的时间、班次和座位号乘坐。旅客无票乘坐、超程乘坐、越级乘坐或者持不符合减价条件的优惠客票乘坐的,应当补交票款,承运人可以按照规定加收票款;旅客不交付票款的,承运人可以拒绝运输。”“实名制客运合同的旅客丢失客票的,可以请求承运人挂失补办,承运人不得再次收取票款和其他不合理费用。”这一条文是对旅客须持有效客票乘坐的规定,与原《合同法》第 294 条的规定相比,主要是增加了实名制客票丢失可以补办并不得收取费用的新规则。

在客运合同中,客票是表示承运人负有运送其持有人义务的书面凭证,是旅客乘运费用的收据,是旅客和承运人双方当事人之间存在客运合同的有效债权文书。旅客必须出示有效客票,按照有效客票记载的时间、班次和座位号乘坐,不能无票乘坐。旅客无票乘坐、持不符合减价条件的优惠客票乘坐,都是逃票行为;旅客超程乘坐、越级乘坐,属于违约行为,应当承担违约责任。旅客违反须持有效客票承运义务的违约责任,主要方式是补交票款,承运人可以按照规定加收票款。旅客不交付票款的,承运人可以拒绝运输。

当前多数客运合同都实行实名制,对此,原《合同法》没有规定。本条第 2 款作出新规定,实名制客运合同的旅客丢失客票的,可以要求承运人挂失、补办,承运人不得再次收取票款和其他不合理费用。这样的规定合情合理,有利于保护旅客的合法权益。

本条增加规定的新规则如下:

(1)原《合同法》第 294 条规定旅客应当持有效客票承运,不够准确,本条增加了“旅客应当按照有效客票记载的时间、班次和座位号乘坐”。这样的规定更加准确、具体,能够避免或者减少纠纷发生。

(2)本条规定将原《合同法》第 294 条规定的“失效”客票修改为“不符合减价条件的优惠”客票,主要是为了规范实践中持不符合儿童优惠、学生优惠、残疾人优惠、军人优惠条件客票的乘坐行为。

(3)实名制客运合同的旅客丢失客票,可以要求补办,不得再次收取票款和其他不合理费用。近年来,实行实名制客运合同的单位,基于原来的规定,对旅客丢失客票的,要求补办客票,并重新收取票款。在客票系统没有联网的情况下是可以的,但是客票系统一旦联网,就不存在这样的问题了,因此,确定对此不得重新收取票价款,也不得收取其他不合理费用。

390. 旅客随身携带行李超出限量或违反品类要求时应当办理托运手续

《民法典》合同编第 817 条规定："旅客随身携带行李应当符合约定的限量和品类要求；超过限量或者违反品类要求携带行李的，应当办理托运手续。"这一条文是对旅客随身携带行李的规定，与原《合同法》第 296 条的规定相比，本条增加了新规则。

旅客在运输中随身携带行李，既是权利也是义务，可以随身携带行李是权利，随身携带行李须受到数量和品类要求的限制则是义务。客运合同准许旅客随身携带行李一同乘运，为保障旅客旅行安全需要而限制旅客随身携带行李的数量和品类要求，旅客应当履行义务，原因是客运合同毕竟不是货运合同。旅客随身携带行李超出限量的，旅客应当凭客票办理行李托运手续，承运人应当向旅客出具行李票。

这里包括两种情形：①可以随身携带行李超出限量和品类要求的，要托运；②超出免费托运行李的限量和品类要求的，超量部分的托运实际上是订立了货运合同，应当缴纳托运费用。

本条新规则的要点是，原《合同法》第 296 条规定只要求按照限量携带行李，超过限量携带的行李应当办理托运手续，本条还规定了按照品类要求携带行李，违反品类要求携带的行李，应当办理托运手续。

391. 旅客应当积极协助和配合承运人进行安全运输

《民法典》合同编第 819 条规定："承运人应当严格履行安全运输义务，及时告知旅客安全运输应当注意的事项。旅客对承运人为安全运输所作的合理安排应当积极协助和配合。"这一条文是对承运人承担安全运输义务的规定。与原《合同法》第 298 条只规定了"承运人应当向旅客及时告知有关不能正常运输的重要事由和安全运输应当注意的事项"的内容相比，本条规定明确了承运人的安全运输义务，并增加了旅客的积极协助和配合义务。

在客运合同承运人应当履行的义务中，安全运输义务是重要内容。承运人在履行安全运输义务时，应当及时告知旅客安全运输应当注意的事项，要求旅客按照要求进行，如乘坐飞机要系好安全带。

旅客对承运人为安全运输所作的合理安排，负有积极协助和配合的义务，按照承运人的要求做好。比如，疫情防控期间乘客上车应当配合司机的要求，出示健康码。

除此之外，旅客也有义务不干扰司机，尤其是不能实施类似于抢方向盘的严重危害公共安全的行为。

392. 承运人不能正常运输时应负的义务和造成损失的赔偿责任

《民法典》合同编第 820 条规定:“承运人应当按照有效客票记载的时间、班次和座位号运输旅客。承运人迟延运输或者有其他不能正常运输情形的,应当及时告知和提醒旅客,采取必要的安置措施,并根据旅客的要求安排改乘其他班次或者退票;由此造成旅客损失的,承运人应当承担赔偿责任,但是不可归责于承运人的除外。”这一条文是对承运人迟延运输应负义务和赔偿损失责任的规定,与原《合同法》第 299 条的规定相比,增加了新规则。

客票上载明的时间、班次和座位号,是客运合同双方当事人的合意。承运人应当按照客票载明的时间、班次和座位号运输,将旅客安全运送到约定地点。承运人迟延运输或者有其他不能正常运输的情形,应当承担的责任是:第一,对旅客承担及时履行告知和提醒义务,满足旅客的知情权。第二,采取必要的安置措施。承运人不能按照约定的内容履行运输义务,除需要满足旅客的知情权外,还需要妥善安置旅客,而不是放任旅客不管。例如,因承运人的原因或者天气原因引起的车次、航班迟延、取消的,应当及时告知,并且安排住宿等必要的安置措施,保障旅客的安全。第三,根据旅客的要求安排改乘其他班次或者退票,即变更或者解除合同,这是旅客的权利,承运人负有予以满足的义务。第四,因承运人迟延运输或者出现了其他不能正常运输的情形而给旅客造成损失的,承运人应当承担赔偿责任,但是不可归责于承运人的除外,如天气原因以及其他不可抗力导致的运输迟延,承运人不承担赔偿责任。

本条增加的新规则如下:

(1)承运人迟延运输或者有其他不能正常运输的情形,应当及时告知和提醒乘客,采取必要的安置措施,也应当同时履行原来规定的安排改乘其他班次或者退票的义务。这些义务不履行,应当承担后果责任。

(2)不能正常运输时,承运人不履行上述义务的后果责任是,给旅客造成损失的,应当承担赔偿责任,只有属于不可归责于承运人的除外,如暴雨、雷电所致航班延误等。

393. 承运人对旅客随身携带行李的毁损灭失承担赔偿责任

《民法典》合同编第 824 条第 1 款、第 2 款分别规定:“在运输过程中旅客随身携带物品毁损、灭失,承运人有过错的,应当承担赔偿责任。”“旅客托运的行李毁损、灭失的,适用货物运输的有关规定。”这一条文是对旅客随身携带行李毁损、灭失损害赔偿责任的规定。与原《合同法》第 303 条的规定相比,第 1 款将“自带物品”改为“随身携带物品”,“损害赔偿责任”改为“赔偿责任”。

在客运合同中,承运人对运输过程中旅客随身携带物品毁损、灭失承担赔偿责任。这种行李损害赔偿责任分为两种情形:

(1)旅客随身携带的行李毁损、灭失的,承运人应当承担过错责任的损害赔偿责任。承运人对行李的毁损、灭失有过错的,承担赔偿责任,没有过错不承担责任。

(2)旅客托运行李的毁损、灭失,适用货物运输的有关规定,即《民法典》合同编第832条关于"承运人对运输过程中货物的毁损、灭失承担赔偿责任,但是承运人证明货物的毁损、灭失是因不可抗力、货物本身的自然性质或者合理损耗以及托运人、收货人的过错造成的,不承担赔偿责任"的规定,确定赔偿责任。

将"自带物品"改为"随身携带物品",用语更为准确。不过,随身携带物品的定义,还需要明确。例如,在乘坐飞机时,随身携带物品究竟是指旅客随身携带进机舱的物品,还是包括免费托运的行李。通常理解,随身携带物品是旅客没有缴纳托运费的物品,而不管是携带进机舱还是在货舱托运的物品。说到底,是有偿托运还是无偿携带的区别,无偿携带适用本条第1款规定,有偿托运适用第2款规定。

394. 货物因不可抗力灭失的运费处理,法律另有规定的,依照其规定

《民法典》合同编第835条规定:"货物在运输过程中因不可抗力灭失,未收取运费的,承运人不得请求支付运费;已经收取运费的,托运人可以请求返还。法律另有规定的,依照其规定。"这一条文是对不可抗力致托运货物灭失情形下的运费负担规则的规定。与原《合同法》第314条的规定相比,本条规定新增了转致性条款,即"法律另有规定的,依照其规定"。

一般而言,在货运合同中,货物在运输过程中因不可抗力灭失,因货物的所有权归托运人或者收货人,因而托运人或者收货人应当承担意外灭失风险,不得向承运人主张赔偿责任。如何处理该货物的运费,关系当事人之间的利益平衡问题,确定的规则是:第一,未收取运费的,承运人不得请求支付运费;第二,已收取运费的,托运人可以请求返还,承运人应当返还。

本条增加的新规则是,法律另有规定的,依照其规定。这主要指的是其他法律对于货物因不可抗力灭失时的运费处理有特别规定的情形,此时应当依照其规定。比如,《海商法》第90条规定:"船舶在装货港开航前,因不可抗力或者其他不能归责于承运人和托运人的原因致使合同不能履行的,双方均可以解除合同,并互相不负赔偿责任。除合同另有约定外,运费已经支付的,承运人应当将运费退还给托运人;货物已经装船的,托运人应当承担装卸费用。已经签发提单的,托运人应当将提单退还承运人。”据此,当合同另有约定时,货物因不可抗力灭失毁损时,运费的处理应当按照合同的约定。

第十二节　关于技术合同的新规则

395. 删除妨碍技术进步为技术合同无效的事由

《民法典》合同编第 850 条规定:“非法垄断技术或者侵害他人技术成果的技术合同无效。”这一条文是对技术合同无效的特别事由的规定,与原《合同法》第 329 条的规定相比,删除了妨碍技术进步为技术合同无效的法定事由。

我国法律一方面采取必要的措施保障技术合同当事人在合法的范围内行使自己的权利,另一方面又不允许当事人滥用这种权利损害社会公共利益。故技术合同除适用民事法律行为无效的一般规定之外,本条特别规定以下两种技术合同一律无效:①涉及非法垄断技术的技术合同;②侵害他人技术成果的技术合同。

本条不再认可妨碍技术进步的技术合同为合同无效的法定事由。妨碍技术进步与非法垄断技术和侵害他人技术成果不同,因为获得的专利就是独享技术成果,禁止他人非法侵害。有时候,妨碍技术进步恰好就是保护自己专利的需要。例如,将禁止他方根据市场需求充分合理地实施专利和使用非专利技术的合同,认定为妨碍技术进步的合同,就与保护专利的立法宗旨相违背。因此,不再将妨碍技术进步作为技术合同无效的法定事由,是正确的。

396. 委托开发合同的当事人都须对违约后果承担违约责任

《民法典》合同编第 854 条规定:“委托开发合同的当事人违反约定造成研究开发工作停滞、延误或者失败的,应当承担违约责任。”这一条文是将原《合同法》第 333、334 条两个条文合并到一起,用一个条文规定了对委托开发合同当事人的违约责任。

原《合同法》第 333 条规定的是委托开发合同的委托人违反约定造成研究开发工作停滞、延误或者失败的违约责任,第 334 条规定的是该种合同研究开发人违反约定造成研究开发工作停滞、延误或者失败的违约责任。这两种违约责任的构成要件相同、责任后果相同,只是合同的当事人不同,分为两条规定浪费了立法资源,故本条将其合并成为一个条文。

委托开发合同的当事人违反约定造成研究开发工作停滞、延误或者失败的,应当承担违约责任。构成违约责任的要件是:第一,一方当事人违反委托开发合同约定的行为,包括违反本法第852条和第853条规定的委托人义务和研究开发人义务的行为。第二,研究开发工作停滞、延误或者失败,停滞是一时性无法继续进行,延误是超出约定的研究开发时间,失败是研究开发目的无法实现。第三,一方当事人违约行为与研究开发工作停滞、延误或者失败之间具有因果关系。具备上述要件,违约一方当事人应当承担违约责任。确定违约责任,应当依照合同约定和本法规定进行。

委托开发合同的当事人包括委托人和研究开发人承担违约责任,应当依照本法合同编通则关于违约责任的规定进行。

397. 合作开发完成的发明创造权属规则的除外规则

《民法典》合同编第860条各款分别规定:"合作开发完成的发明创造,申请专利的权利属于合作开发的当事人共有;当事人一方转让其共有的专利申请权的,其他各方享有以同等条件优先受让的权利。但是,当事人另有约定的除外。""合作开发的当事人一方声明放弃其共有的专利申请权的,除当事人另有约定外,可以由另一方单独申请或者由其他各方共同申请。申请人取得专利权的,放弃专利申请权的一方可以免费实施该专利。""合作开发的当事人一方不同意申请专利的,另一方或者其他各方不得申请专利。"这一条文是对合作开发研究成果权属的规定,与原《合同法》第340条的规定相比,修改了合作开发完成的技术成果权属规则的除外规则。

(1)合作开发所完成的技术成果属可以申请专利的,申请专利的权利属于合作开发的当事人共有。如属不可以申请专利,或虽可以申请专利但当事人不欲申请专利的,对于此项技术秘密成果,合作开发的各方当事人均有使用、转让和收益的权利。确定共有后,当事人一方转让专利申请权的,其他各方当事人在同等条件下享有优先受让权,其他各方当事人都行使优先受让权的,应当按原有份额共同受让。此项优先受让权的行使,在本质上系属准共有关系中共有人所享有的优先购买权。原《合同法》第340条所规定的"另有约定",限制的是当事人共有,即如果当事人约定归其中一方或几方所有,而不是共有的,从其约定。本条将当事人另有约定的除外规则放置在这一款的结尾处,"另有约定"约束的就不只是共有权属,也约束共有的技术成果。共有人之一出让其份额,其他各方享有的优先购买权,也是可以另有约定的,另有约定可以对抗其优先购买权,按照约定处理。

(2)在合作开发合同中,当事人有放弃专利申请的权利。一方如果声明放弃其共有的专利申请权,除当事人另有约定之外,可以由另一方单独申请或者由其他各方共同申请;另有约定的,按照约定处理。申请人取得专利权的,由于放弃专利申请权的一方也是该专利的合同研发者,因而可以免费实施该专利。

(3)在合作开发合同中,当事人对申请专利享有否决权,任何一方如果不同意对研发成果申请专利,另一方或者其他各方则不得申请专利。

398. 提供相关设备材料及咨询服务的约定属于技术合同的组成部分

《民法典》合同编第 862 条各款分别规定:"技术转让合同是合法拥有技术的权利人,将现有特定的专利、专利申请、技术秘密的相关权利让与他人所订立的合同。""技术许可合同是合法拥有技术的权利人,将现有特定的专利、技术秘密的相关权利许可他人实施、使用所订立的合同。""技术转让合同和技术许可合同中关于提供实施技术的专用设备、原材料或者提供有关的技术咨询、技术服务的约定,属于合同的组成部分。"这一条文是对技术转让合同和技术许可合同概念的规定,原《合同法》对技术转让合同和技术许可合同的概念未作规定,本条作了规定。

技术转让合同有广、狭义之分,广义的技术转让合同包括技术转让合同和技术许可合同,狭义的技术转让合同单指技术转让合同。本条将两种合同并列,技术转让合同采狭义概念。

技术转让合同是合法拥有技术的权利人,将现有特定的专利、专利申请、技术秘密的相关权利让与他人所订立的合同。其法律特征:一是技术转让合同的标的是现有的技术成果;二是技术转让合同为双务合同、有偿合同、诺成合同、要式合同;三是依技术转让合同所转移的是技术成果的使用权、所有权。

技术许可合同是合法拥有技术的权利人,将现有特定的专利、技术秘密的相关权利许可他人实施、使用所订立的合同。其与技术转让合同的基本区别是,技术转让合同的技术让与方法,是将特定的专利、技术秘密的相关权利让与他人,本人不再作为权利主体;技术许可合同的技术让与,则是许可他人使用,只转让使用权,不转让其他权属。

技术转让合同和技术许可合同的特殊问题是,关于提供实施技术的专用设备、原材料或者提供有关的技术咨询、技术服务的约定,属于合同的组成部分,具有合同的法律效力。

本条借鉴了有关司法解释的规定。《最高人民法院关于审理技术合同纠纷案件适用法律若干问题的解释》(2004 年)第 22 条规定:"合同法第三百四十二条规定的'技术转让合同',是指合法拥有技术的权利人,包括其他有权对外转让技术的人,将现有特定的专利、专利申请、技术秘密的相关权利让与他人,或者许可他人实施、使用所订立的合同。但就尚待研究开发的技术成果或者不涉及专利、专利申请或者技术秘密的知识、技术、经验和信息所订立的合同除外。技术转让合同中关于让与人向受让人提供实施技术的专用设备、原材料或者提供有关的技术咨询、技术服务的约定,属于技术转让合同的组成部分。因此发生的纠纷,按照技术转让合同处理。当事人以技术入股方式订立联营合同,但技术入股人不参与联营体的经营管理,并且以保底条款形式约定联营体或者联营对方支付其技术价款或者使用费的,视为技术转让合同。”理解本条规定,可以参考该司法解释的这一条规定。

399. 技术秘密让与人和许可人承担的保密义务与申请专利的权利不冲突

《民法典》合同编第 868 条第 1 款、第 2 款分别规定:“技术秘密转让合同的让与人和技术秘密使用许可合同的许可人应当按照约定提供技术资料,进行技术指导,保证技术的实用性、可靠性,承担保密义务。”“前款规定的保密义务,不限制让与人或者许可人申请专利,但是当事人另有约定的除外。”这一条文是对技术秘密转让合同让与人和技术秘密使用许可合同许可人主要义务的规定,与原《合同法》第 347 条的规定相比,增加规定了技术秘密使用许可合同许可人的义务以及保密义务与申请专利的权利不冲突的新规则。

技术秘密转让合同让与人与技术秘密使用许可合同许可人应当履行的主要义务是:第一,按照约定提供技术资料;第二,进行技术指导;第三,保证技术的实用性、可靠性;第四,承担保密义务。违反上述义务构成违约行为,应当承担违约责任。

前款规定的保密义务,不限制让与人与许可人申请专利,但是当事人另有约定的除外。让与人和许可人承担技术秘密转让合同和技术秘密使用许可合同的保密义务,因为一旦泄露该技术秘密,受让人所受让的或者许可使用的技术秘密将不再成为秘密,将会使其合同约定的权利受到严重损害。不过,让与人和许可人承担保密义务,并不限制让与人、许可人申请专利,可以向专利管理机构申请专利。但是,如果当事人在合同中另有约定,例如约定在技术秘密转让或者使用期间让与人不得申请专利的,则应当按照约定办理,让与人即技术秘密的所有人不得申请专利。

本条新规则的要点如下:

(1)新增了技术秘密许可合同的许可人的义务。在技术转让合同中,技术秘密转让合同的让与人应当遵守提供技术资料,进行技术指导,保证技术的适用性、可靠性以及保密的义务。技术秘密使用许可合同的许可人的法律地位与技术秘密转让合同的让与人本质上是一致的,同样应当履行这些义务。

(2)新增了保密义务与申请专利权不冲突的规则。原《合同法》第347条未规定让与人或者许可人承担的保密义务是否影响其专利申请。考虑到技术秘密的转让和技术秘密的许可使用并未转让专利申请权,且在技术秘密的申请专利中,并不会损害受让人的合法权益,本条规定新增了保密义务与申请专利权不冲突的规则。不过,本条同样基于意思自治的考虑,允许让与人或者许可人与受让人或者被许可人之间达成一致的意思表示,排除这一规定的适用。

400. 技术秘密使用许可合同的被许可人应当承担的合同义务

《民法典》合同编第869条规定:"技术秘密转让合同的受让人和技术秘密使用许可合同的被许可人应当按照约定使用技术,支付使用费,承担保密义务。"这一条文是对技术秘密转让合同受让人和技术秘密使用许可合同的被许可人主要义务的规定。与原《合同法》第348条的规定相比,增加了技术秘密使用许可合同的被许可人也应当承担保密义务的新规则。

技术秘密转让合同的受让人和技术秘密使用许可合同的被许可人应当承担的主要义务是:①按照约定使用技术;②支付使用费;③承担保密义务。违反上述义务,构成违约行为,应当承担违约责任。

本条新规则的要点是:在技术转让合同中,技术秘密转让合同的受让人应当遵守的按照约定使用技术、支付使用费和承担保密的义务,技术秘密使用许可合同的被许可人同样应当履行这些义务。

401. 技术许可合同的许可人亦负有保证技术合法的义务

《民法典》合同编第870条规定:"技术转让合同的让与人和技术许可合同的许可人应当保证自己是所提供的技术的合法拥有者,并保证所提供的技术完整、无误、有效,能够达到约定的目标。"这一条文是对技术转让合同让与人和技术许可合同的许可人负有保证义务的规定,与原《合同法》第349条的规定相比,增加了技术许可合同的许可人亦负有保证技术合法的义务的规定。

技术转让合同和技术许可合同转让或者许可使用的是技术,受让人支付费用,换取的是使用该技术的效益,为自己创造价值。在技术转让合同和技术许可合同中,让与人必须对自己提供的技术提出保证,并且应当履行自己的保证义务,使受让人能够实现技术转让合同或者技术许可合同的预期利益。

技术转让合同或者技术许可合同的让与人负有两项保证义务:

(1)保证自己是所提供技术的合法拥有者,而不是剽窃、冒充、仿造的技术,自己有权转让或者有权许可他人使用、实施该技术。

(2)保证所提供的技术是完整的、无误的、有效的,通过受让人对受让技术的使用,能够达到约定的目标,实现技术转让合同和技术许可合同的预期利益。

原《合同法》第349条只规定了技术转让合同的让与人负有上述义务,事实上,技术许可合同的许可人同样应当负有这样的义务,因此,民法典对此进行了补充规定。

402. 技术许可合同的被许可人亦对未公开的秘密负有保密义务

《民法典》合同编第871条规定:"技术转让合同的受让人和技术许可合同的被许可人应当按照约定的范围和期限,对让与人、许可人提供的技术中尚未公开的秘密部分,承担保密义务。"这一条文是关于技术转让合同的受让人和技术许可合同的被许可人对转让或者许可使用的未公开的秘密负有保密义务的规定,与原《合同法》第350条规定相比,增加了技术许可合同的被许可人对未公开的秘密负有保密义务的新规则。

技术转让合同的受让人受让的技术,或者技术许可合同的被许可人被许可使用的技术,有的尚处于秘密状态并未公开,有的技术虽然已经公开,但是相关的背景资料、技术参数等仍未公开,需要保密。由于这些秘密对当事人利益重大,一旦泄露,将会造成重大影响,因此,技术转让合同的受让人和技术许可合同的被许可人应当履行的主要义务,是按照约定的范围和期限,对让与人和许可人提供的技术中尚未公开的秘密部分,承担保密义务,不得泄露。一旦泄露,造成让与人和许可人损失的,应当承担赔偿责任。

原《合同法》第350条只规定了技术转让合同的受让人负有该保密义务,没有规定技术许可合同的被许可人负有该保密义务,有所疏漏,本条予以补充,完善了技术许可合同的权利义务关系,有利于保护许可人的合法权益。

403. 技术转让合同让与人的违约责任参照适用技术许可合同许可人的规定

《民法典》合同编第872条第1款、第2款分别规定:"许可人未按照约定许可技术的,应当返还部分或者全部使用费,并应当承担违约责任;实施专利或者使用技术秘密超越约定的范围的,违反约定擅自许可第三人实施该项专利或者使用该项技术秘密的,应当停止违约行为,承担违约责任;违反约定的保密义务的,应当承担违约责任。""让与人承担违约责任,参照适用前款规定。"这一条文是对技术许可合同许可人以及技术转让合同让与人违约责任的规定。原《合同法》第 351 条规定的是技术转让合同中让与人的违约责任。本条规定将主体修改为技术许可合同中的许可人,同时规定了技术转让合同让与人参照适用技术许可合同许可人违约责任的规定。

在技术许可合同中,许可人未履行其应当承担的义务,应当承担违约责任。本条规定了许可人三种违约责任:

(1)许可人未按照约定许可技术的,应当承担的违约责任是返还部分或者全部使用费,并应当承担继续履行、采取补救措施、支付违约金、损害赔偿等违约责任。

(2)实施专利或者使用技术秘密超越约定的范围的,违反约定擅自许可第三人实施该项专利或者使用该项技术秘密的,是两种不同的违约行为,都应当停止违约行为,承担支付违约金、损害赔偿等违约责任。

(3)违反约定的保密义务的,应当承担采取补救措施、支付违约金、损害赔偿等违约责任。

本条新规则的要点是:将主体由技术转让合同中的让与人修改为技术许可合同中的许可人,并且新增了技术转让合同让与人参照适用技术许可合同许可人违约责任的规定。原《合同法》第 351 条规定的是让与人未按照约定转让技术时的违约责任。技术许可合同中的许可人承担的违约责任性质与转让人是相同的。因而,2019 年 12 月 22 日民法典草案第 872 条在沿袭原《合同法》第 351 条的基础上,增加了"许可人应当承担违约责任的,参照前款规定"的新规则。但是,考虑到相对于转让而言,许可是程度较低的处分方式。基于举轻以明重的原理,《民法典》合同编第 872 条对原《合同法》第 351 条规定的主体修改为许可人,同时新增了让与人参照适用的规则。这样一来,技术许可合同和技术转让合同违约责任更为体系化。

404. 技术转让合同受让人的违约责任参照适用技术许可合同被许可人的规定

《民法典》合同编第 873 条第 1 款、第 2 款分别规定:"被许可人未按照约定支付使用费的,应当补交使用费并按照约定支付违约金;不补交使用费或者支付违约金的,应当停止实施专利或者使用技术秘密,交还技术资料,承担违约责任;实施专利或者使用技术秘密超越约定的范围的,未经许可人同意擅自许可第三人实施该专利或者使用该技术秘密的,应当停止违约行为,承担违约责任;违反约定的保密义务的,应当承担违约责任。""受让人承担违约责任,参照适用前款规定。"这一条文是对技术许可合同被许可人以及技术转让合同受让人违约责任的规定。原《合同法》第 352 条规定的是技术转让合同中受让人的违约责任。本条规定将主体修改为技术许可合同中的被许可人,同时规定了技术转让合同受让人参照适用技术许可合同被许可人违约责任规定。

技术许可合同的被许可人违反自己应当承担的义务,构成违约行为,应当承担违约责任。被许可人违约行为及责任有四种情形:

(1)被许可人未按照约定支付使用费的,可能有很多种原因,但无论因何种原因,都是违约行为,应当承担的违约责任方式是补交使用费,并按照约定支付违约金,只要被许可人补交使用费并按照约定支付违约金的,许可人没有理由解除合同。

(2)不补交使用费或者支付违约金的,构成根本违约,许可人有权行使解除权,应当停止实施专利或者使用技术秘密,交还技术资料,承担违约责任。

(3)实施专利或者使用技术秘密超越约定的范围的,未经许可人同意擅自许可第三人实施该专利或者使用该技术秘密的,也是两种违约行为,都应当停止违约行为,按照约定的范围使用,以及禁止第三人继续使用,并承担违约责任。

(4)违反约定的保密义务的,应当承担违约责任,该支付违约金的支付违约金,该承担赔偿责任的承担赔偿责任。

本条新规则的要点是:将主体由技术转让合同的受让人修改为技术许可合同中的被许可人,同时规定了技术转让合同受让人参照适用技术许可合同被许可人违约责任规定。原《合同法》第 352 条规定的是受让人未按照约定使用技术时的违约责任。技术许可合同中的被许可人承担的违约责任性质与受让人也是相同的。因而,2019 年 12 月 22 日民法典草案第 873 条在沿袭原《合同法》第 352 条的基础上,增加了“被许可人应当承担违约责任的,参照前款规定”的新规则。但是,相对于转让而言,许可是程度较低的处分方式。基于举轻以明重的考虑,《民法典》合同编第 873 条对原《合同法》第 352 条作出了全面的改造,不仅将主体修改为被许可人,而且新增了受让人参照适用的规则。该规定与《民法典》合同编第 872 条共同构成了完整的技术转让合同以及技术许可合同违约责任规则体系。

405. 许可人承担因使用专利和技术秘密造成他人损害的责任

《民法典》合同编第 874 条规定:“受让人或者被许可人按照约定实施专利、使用技术秘密侵害他人合法权益的,由让与人或者许可人承担责任,但是当事人另有约定的除外。”这一条文是对实施专利、使用技术秘密侵害他人合法权益责任的规定,原《合同法》第 353 条仅规定了让与人承担这一责任,本条将其扩展为让与人和许可人均应承担这一责任。

在技术转让合同和技术许可合同的履行中,如果受让人或者被许可人按照约定实施专利、使用技术秘密,却侵害了他人合法权益的,构成侵权行为。造成这种实施专利或者使用技术秘密行为构成侵权的原因,一般应当是让与人或者许可人对转让的专利或者技术秘密的权属出现了问题,即有权利瑕疵,该侵权责任应当由让与人或者许可人承担。如果当事人对此情形如何承担侵权责任另有约定的,则不受此规则的限制,应当依照约定办理。

本条规定的新规则是:在技术转让合同和技术许可合同中,对于按照约定实施专利、使用技术秘密侵害他人合法权益的,可能发生在受让人的身上,也可能发生在被许可人身上。原《合同法》第 353 条规定只是由让与人承担这种侵权责任,没有概括技术许可合同的情形。因此,对于实施专利或者使用技术秘密侵害他人合法权益,在技术转让合同中,承担责任的就是让与人;在技术许可合同中,承担责任的就是许可人。

406. 其他知识产权转让和许可准用技术转让和技术许可合同的规则

《民法典》合同编第 876 条规定:"集成电路布图设计专有权、植物新品种权、计算机软件著作权等其他知识产权的转让和许可,参照适用本节的有关规定。"这一条文是对其他知识产权转让和许可准用技术转让合同和技术许可合同规则的规定,原《合同法》对此没有规定,本条是根据总则编第 123 条规定的新型知识产权规定的新规则。

《民法典》总则编第 123 条规定的集成电路布图设计专有权、植物新品种权、计算机软件著作权等其他知识产权,与专利权等具有同样的性质,都属于新型的知识产权,都可以转让实施或者许可使用。对于这些知识产权的转让和许可使用,参照适用《民法典》关于技术转让合同和技术许可使用合同的规定,调整让与人与受让人之间的权利义务关系。

407. 技术服务合同不包括承揽合同和建设工程合同

《民法典》合同编第 878 条第 1 款、第 2 款分别规定:"技术咨询合同是当事人一方以技术知识为对方就特定技术项目提供可行性论证、技术预测、专题技术调查、分析评价报告等所订立的合同。""技术服务合同是当事人一方以技术知识为对方解决特定技术问题所订立的合同,不包括承揽合同和建设工程合同。"这一条文是对技术咨询合同和技术服务合同概念的规定,与原《合同法》

第356条的规定相比，适当作了修改。

技术咨询合同，是当事人一方以技术知识为对方就特定技术项目提供可行性论证、技术预测、专题技术调查、分析评价报告等所订立的合同。技术咨询合同的特征是：第一，技术咨询合同的调整对象是合同当事人完成一定的技术项目的可行性论证、技术预测、专题技术调查；第二，履行技术咨询合同的目的，在于受托方为委托方进行科学研究、技术开发、成果推广、技术改造、工程建设、科技管理等项目提出建议、意见和方案；第三，技术咨询合同的风险责任承担原则是实施咨询报告而造成的风险损失，义务人可免于承担责任。

技术服务合同，是指当事人一方以技术知识为另一方解决特定技术问题所订立的合同。不包括建设工程的勘察、设计、施工合同和承揽合同。技术服务合同的种类包括：第一，技术辅助服务合同，是指当事人一方利用科技知识为另一方解决特定专业技术问题所订立的合同。第二，技术中介合同，又称技术中介服务合同，是指一方当事人为另一方当事人提供订立技术合同的机会或者作为订立技术合同的媒介的合同。第三，技术培训合同，又称技术培训服务合同，是指一方当事人为另一方当事人所指定的人员进行特定技术培养和训练的合同。

本条对原《合同法》第356条规定所进行的修改如下：

(1)原《合同法》第356条对技术咨询合同所作的定义式规定，语法上存在一定的问题。本条第1款作了适当调整，使之成为"一方以技术知识为对方就特定技术项目提供可行性论证、技术预测、专题技术调查、分析评价报告等所订立的合同"，内容完整，语句通顺。

(2)原《合同法》第356条对技术服务合同中是否包括建设工程合同和承揽合同的规定中，调整了语序，先规定承揽合同，后规定建设工程合同，这不仅符合本法合同编有名合同的排列顺序，而且也符合两种合同的性质。由于这两种合同《民法典》都有专门规定，因此不适用技术服务合同的规则。

408. 技术咨询合同和技术服务合同的受托人自行负担工作费用

《民法典》合同编第886条规定："技术咨询合同和技术服务合同对受托人正常开展工作所需费用的负担没有约定或者约定不明确的，由受托人负担。"这一条文是对技术咨询合同和技术服务合同受托人工作费用的规定，原《合同法》对此没有规定，本条借鉴了司法解释的相关规定。

技术咨询合同和技术服务合同都是有偿合同，在规定委托人的义务中，都有支付报酬的规定，但是，对受托人进行工作所需费用应当由谁负担，没有明确规定。在实践中,很多技术咨询合同和技术服务合同的当事人在合同中对此也没有约定或者约定不明确,因而发生纠纷。对此,《最高人民法院关于审理技术合同纠纷案件适用法律若干问题的解释》(2004 年)第 31 条第 1 款规定:“当事人对技术咨询合同受托人进行调查研究、分析论证、试验测定等所需费用的负担没有约定或者约定不明确的,由受托人承担。”第 35 条第 1 款规定:“当事人对技术服务合同受托人提供服务所需费用的负担没有约定或者约定不明确的,由受托人承担。”这两条司法解释完整地解决了这个问题。在此基础上,本条将这两个规定合并为一条,形成了这一新规则。

既然技术咨询合同和技术服务合同的报酬中不包括受托人正常开展工作所需费用,因而,当事人在技术咨询合同或者技术服务合同中对受托人正常开展工作所需费用的负担在合同中没有约定或者约定不明确的,受托人正常开展工作所需费用就应当由受托人负担。具体规则是:第一,遵守约定,在合同中约定由谁负担,就由哪一方负担。第二,合同中没有约定或者约定不明确的,由受托人负担,这与委托方支付报酬的规定是一致的。

第十三节　关于保管合同的新规则

409. 从事购物等活动将物品存放在指定场所视为保管

《民法典》合同编第 888 条第 1 款、第 2 款分别规定:“保管合同是保管人保管寄存人交付的保管物,并返还该物的合同。”“寄存人到保管人处从事购物、就餐、住宿等活动,将物品存放在指定场所的,视为保管,但是当事人另有约定或者另有交易习惯的除外。”这一条文是对保管合同概念的规定,与原《合同法》第 365 条的规定相比,增加了第 2 款规定的新规则。

保管合同,又称寄托合同、寄存合同,是指保管人保管寄存人交付的保管物,并返还该物的合同。交付物品保管的一方为寄存人,保管物品的一方为保管人,其所保管的物品为保管物。保管合同包括一般保管合同和仓储合同,《民法典》分别作出规定。

保管合同的特征是:第一,保管合同为实践合同,寄托人交付保管物是保管合同成立的要件。第二,保管合同为不要式合同、双务合同。第三,保管合同的标的是保管行为,是由保管人保管物品,保管人的主要义务是保管寄存人交付其保管的物品。第四,保管合同移转保管物的占有,但不是以保管人获得保管物的所有权或使用权为目的,只是将保管物交由保管人保管。

本条第 2 款规定的是新规则,是对特殊保管合同作出的规定,即到商店、饭店、旅店等购物、就餐、住宿等活动的人，将自己的物品存放在这些单位的指定场所，例如将行李交付给饭店寄存、洗浴中心将衣物放在保管箱内、将汽车停放在停车场等，都视为保管，构成保管合同关系，保管人和寄存人产生保管合同的权利义务。但是，当事人如果另有约定或者另有交易习惯的除外，例如将贵重物品交付宾馆未作声明，通常认为超出保管范围，不承担保管物遗失的责任。

规定这一新规则的意义在于：在社会实际生活中，随着社会生活的不断丰富，越来越多的人到商店、饭店、旅店从事购物、就餐、住宿等活动，将物品存放在指定场所后，发生丢失、损坏等事件，使消费者受到损害，因而发生争议。由于这些存放物品的保管行为，有的收费、有的不收费，经营者对消费者的索赔要求很多都置之不理，形成纠纷。本条将其界定为“视为保管”，就使这类纠纷应当适用保管合同的规则解决。这样，就明确了纠纷的性质、适用的法律以及解决纠纷的基本规则。例如，在将汽车停放指定的停车场后遭受损坏的，适用保管合同的规定，可以依照有偿保管和无偿保管的不同，分别适用相关规则，解决纠纷。

410. 无偿保管合同的保管人承担因故意或重大过失致损的责任

《民法典》合同编第 897 条规定：“保管期内，因保管人保管不善造成保管物毁损、灭失的，保管人应当承担赔偿责任。但是，无偿保管人证明自己没有故意或者重大过失的，不承担赔偿责任。”这一条文是对保管物毁损灭失责任的规定，与原《合同法》第 374 条的规定相比，本条作了一般性的修改。

保管物毁损、灭失责任，是保管物在保管期内毁损、灭失，应当由哪一方当事人承担责任的规则。本条规定了两个规则：第一，在一般情况下，保管物在保管期内，因保管人保管不善造成毁损、灭失的，保管人应当承担损害赔偿责任。这是保管人的职责所在，必须承担这样以一般过失为基础的违约责任。第二，如果保管行为是无偿的，只要保管人能够证明自己没有故意或者重大过失，即使存在一般过失，也不承担损害赔偿责任；不能证明自己没有故意或者重大过失的，应当承担赔偿责任。两者的区别是，有偿保管的保管人承担保管物毁损灭失责任，以一般过失为标准，有过失就有责任。无偿保管的保管人承担保管物毁损灭失责任，以有故意或者重大过失为标准，一般的过失不承担赔偿责任。

本条的修改在于：原《合同法》第 374 条规定，无偿保管合同保管人证明自己没有重大过失的，不承担保管物毁损、灭失的损害赔偿责任。这一规定没有错误,本条只是在“重大过失”之前增加了“故意或者”的表述。这个修改并无实际的必要,因为立法的规则是举轻以明重,无偿保管的保管人因重大过失要承担责任,故意的程度更甚,当然更要承担责任。不过,从更容易使人民群众理解的角度来看,这样的修改也还是有积极意义的。

第十四节 关于仓储合同的新规则

411. 仓储合同自保管人和存货人意思表示一致时生效

《民法典》合同编第 905 条规定:“仓储合同自保管人和存货人意思表示一致时成立。”本条是对仓储合同成立时间的规定,与原《合同法》第 382 条的规定相比,明确了仓储合同自保管人和存货人意思表示一致时成立。

仓储合同是诺成性合同,尽管在学说上有主张为实践性合同的,但立法采取的立场是诺成性合同,以此区别仓储合同与保管合同之间的区别。既然仓储合同是诺成性合同,那么,仓储合同的成立就是保管人和存货人就货物进行仓储的意思表示一致的时间,而无须以仓储物交付给保管人时为成立时间。

本条规定的实际意义是,确认仓储合同是诺成性合同,当保管人和存货人的意思表示一致时,合同就成立。仓储合同成立后,仓储物入库、保管人验收、给付仓单、入库单等,就是在履行合同,而不是入库才成立合同。

412. 存货人交付仓储物,保管人应当出具相关凭证

《民法典》合同编第 908 条规定:“存货人交付仓储物的,保管人应当出具仓单、入库单等凭证。”这一条文是对仓单、入库单的规定,与原《合同法》第 385 条的规定相比,本条增加了保管人应当出具入库单的规定。

仓单,是指保管人在收到仓储物时,向存货人出具的表示收到了一定数量的仓储物的法律文书。存货人交付了仓储物的,保管人应当向存货人开具由其签名的仓单。仓单的作用是:第一,证明保管人已经收到仓储物,保管人与存货人之间仓储关系客观存在。第二,是有价证券,是记名的物权证券,存单可以背书转让。第三,是提取仓储物的凭证,存货人或者仓单持有人可以凭仓单提取仓储物。

仓单的立法例是:第一,以法国为代表的两单主义,又称复券主义,保管人同时填发两张仓单,一是提取仓单,用以提取保管物,并可转让;二是出质仓单,可用为担保。第二,以德国商法为代表的一单主义,保管人仅填发一张仓单,该仓单既可用以转让,又可用于出质。第三,以日本商法为代表的两单与一单并

用主义，保管人应存货人的请求填发两单或者一单。我国立法采取一单主义，保管人应存货人的请求仅填发一单仓单，而不能填发两单仓单。

入库单，是仓储合同的保管人收到存货人的仓储物给付存货人的凭证，是对仓储实物入库数量的确认，也是对保管人和存货人的一种监控，如果缺乏仓储物入库的控制，有可能出现虚报数量、实物短少的风险。将入库单也作为保管人对存货人应当出具的凭证，使仓单和入库单相一致，对仓储合同的实际履行和增强仓单的权威性有更好的价值。

第十五节　关于委托合同的新规则

413. 委托人享有对转委托的追认权

《民法典》合同编第 923 条规定："受托人应当亲自处理委托事务。经委托人同意，受托人可以转委托。转委托经同意或者追认的，委托人可以就委托事务直接指示转委托的第三人，受托人仅就第三人的选任及其对第三人的指示承担责任。转委托未经同意或者追认的，受托人应当对转委托的第三人的行为承担责任；但是，在紧急情况下受托人为了维护委托人的利益需要转委托第三人的除外。"这一条文是对受托人亲自处理委托事务和转委托的规定，与原《合同法》第 400 条的规定相比，增加了对转委托追认权的新规则。

由于委托合同的当事人之间有相互信赖关系，故原则上受托人应亲自处理受托事务，意在防止出现受托人有负委托人信任致委托人利益受损的情形。这是法谚"委托的结果，不得再委托"的精神。

如果委托人同意转委托，或者有紧急情况发生，受托人可以转委托。

转委托有两种原因：

(1)经委托人同意，受托人可以转委托。转委托经委托人同意的，委托人可以就委托事务直接指示转委托的第三人，受托人仅就第三人的选任及其对第三人的指示承担责任。转委托未经委托人同意的，受托人应当对转委托的第三人的行为承担责任。

(2)经委托人追认，发生转委托效果。这是本条规定的新规则，即受托人事先未经委托人同意而进行转委托，如果委托人在转委托发生后进行追认的，该转委托发生效力。这就是说，本条确认委托人对受托人擅自进行的转委托有追认权，未经委托人同意的转委托一旦被委托人追认，发生与委托人同意的同样后果，转委托对委托人发生拘束力。

414. 无偿委托和有偿委托任意解除合同时的赔偿范围

《民法典》合同编第 933 条规定:“委托人或者受托人可以随时解除委托合同。因解除合同造成对方损失的,除不可归责于该当事人的事由外,无偿委托合同的解除方应当赔偿因解除时间不当造成的直接损失,有偿委托合同的解除方应当赔偿对方的直接损失和合同履行后可以获得的利益。”这一条文是对委托合同当事人任意解除权的规定,与原《合同法》第 410 条的规定相比,增加了无偿委托合同和有偿委托合同任意解除的不同赔偿范围。

在委托合同中,合同的当事人双方均享有任意解除权,可任意解除合同。这是因为,委托基于信任关系而产生主观任意性。如果当事人在信念上对对方的信任有所动摇时,就应不问有无确凿的理由,均允许其随时终止合同。

因解除合同给对方造成损失的,属于不可归责于该当事人的事由的,该当事人不承担赔偿责任。

除此之外,承担赔偿责任的规则如下:

(1)无偿委托合同的解除方应当赔偿因解除时间不当给对方造成的直接损失。由于是无偿委托合同,因而只对解除时间不当造成的损失承担责任,其他原因均不为赔偿责任的根据。

(2)有偿委托合同的解除方应当赔偿对方的直接损失和合同履行后可以获得的利益的损失,包括直接损失和间接损失。理由是,既然是有偿委托,就应当承担行使任意解除权所造成的后果。

上述这两种不同的赔偿责任,主要区别是:第一,无偿委托合同行使任意解除权,只对解除时间不当造成的损害负责赔偿;而有偿委托合同的委托人行使任意解除权,应当对所造成的损害负责赔偿,并非只限于解除合同时间不当这种情况。第二,无偿委托合同的赔偿,只赔偿直接损失;而有偿委托合同的赔偿,须赔偿直接损失和间接损失。

415. 删除委托人丧失民事行为能力为委托合同终止事由

《民法典》合同编第 934 条规定:“委托人死亡、终止或者受托人死亡、丧失民事行为能力或者终止的,委托合同终止;但是,当事人另有约定或者根据委托事务的性质不宜终止的除外。”这一条文是对委托合同终止原因的规定,与原《合同法》第 411 条的规定相比,删除了委托人丧失民事行为能力作为委托合同终止的事由,将委托人或者受托人破产而使委托合同终止,修改为委托人或者受托人终止而使委托合同终止。

在委托法律关系存续期间,委托关系终止的事由是:第一,委托人或者受托人一方死亡;第二,委托人或者受托人一方终止;第三,受托人一方丧失民事行为能力。

除外的情形是:第一,双方当事人另有约定,例如委托律师诉讼的委托合同约定不因委托人死亡而停止代理诉讼。第二,根据委托事务的性质不宜终止。

本条新规则的要点如下:

(1)删除了委托人丧失民事行为能力为委托合同的当然终止事由。受托人丧失民事行为能力,会直接导致其不能处理委托事务;委托人丧失民事行为能力,不影响受托人处理委托事务。基于此种考虑,本条规定删除了原《合同法》第 411 条规定的委托人丧失民事行为能力时委托合同当然终止的情形。

(2)将委托人或者受托人终止规定为委托合同终止的事由,改变的是原《合同法》第 411 条规定的"破产"。破产,是法人或者非法人组织消灭的一种事由,但不是全部事由。而法人和非法人组织因其他事由而消灭,同样也导致委托合同终止。故原《合同法》的规定过于狭窄,改成"终止"显然更为准确。

这两个方面修改之后,就与本法第 173 条第 3 ~ 5 项的规定相一致。在本条之下,第 935、936 条也作了这样的修改。

416. 委托人死亡、被宣告破产或清算时,受托人承担后合同义务

《民法典》合同编第 935 条规定:"因委托人死亡或者被宣告破产、清算,致使委托合同终止将损害委托人利益的,在委托人的继承人、遗产管理人或者清算人承受委托事务之前,受托人应当继续处理委托事务。"这一条文是对委托合同终止后受托人继续处理委托事务的规定。与原《合同法》第 412 条的规定相比,本条规定删除了委托人丧失民事行为能力的情形,增加了委托人清算的情形。

因委托人死亡或者被宣告破产、清算,根据《民法典》合同编第 934 条的规定,委托合同当然终止。但是,如果出现致使委托合同终止将损害委托人利益的情形,委托人负有继续处理委托事务的义务,即在委托人的继承人、遗产管理人或者清算人承受委托事务之前,受托人应当继续处理委托事务,不能停止委托事务的处理。继续处理委托事务义务的期间,是自委托人死亡或者被宣告破产、清算之时起,至委托人的继承人、遗产管理人或者清算组织承受委托事务时止。超过这个期间的,受托人不再承担继续处理委托事务的义务。

本条新规则的要点如下:

(1)删除了委托人丧失民事行为能力的情形。原《合同法》第 414 条规定了委托人丧失民事行为能力时,委托合同当然终止。《民法典》合同编第 934 条修改了这一规则,不再将委托人丧失民事行为能力作为委托合同当然终止的事由。与此相对应,本条规定也删除了此种情形。据此,当委托人丧失民事行为能力时,受托人继续处理委托事务属于履行合同主要义务,而非履行后合同义务。委托人死亡时则相反,此时委托合同当然终止,受托人继续处理委托事务属于履行后合同义务。

(2)增加了清算的情形。清算期间,法人需要对其财产进行清理,对债权债务关系进行了结。如果在清算组织承受委托事务之前,受托人不再处理委托事务,则会使委托人的利益遭受严重的损害。因而,本条规定新增了清算时受托人继续处理委托合同事务的义务。

此外,《民法典》继承编增加了遗产管理人一章后,本条规定与《民法典》合同编第 936 条保持一致,新增了委托人的遗产管理人为委托事务承受主体。

417. 遗产管理人于受托人死亡时应当采取必要措施

《民法典》合同编第 936 条规定:"因受托人死亡、丧失民事行为能力或者被宣告破产、解散,致使委托合同终止的,受托人的继承人、遗产管理人、法定代理人或者清算人应当及时通知委托人。因委托合同终止将损害委托人利益的,在委托人作出善后处理之前,受托人的继承人、遗产管理人、法定代理人或者清算人应当采取必要措施。"这一条文是对受托人的继承人、遗产管理人、法定代理人或者清算人采取必要措施的规定。与原《合同法》第 413 条的规定相比,及时通知义务的义务人增加了遗产管理人的新规则。

在委托合同关系存续期间,因受托人死亡、丧失民事行为能力或者被宣告破产、解散,致使委托合同终止的,受托人的继承人、遗产管理人、法定代理人或者清算人应当负担的义务如下:

(1)及时通知义务。将委托人死亡、丧失民事行为能力或者被宣告破产、解散的情形,及时通知委托人,便于委托人尽快选择新的受托人,作出善后处理。

(2)采取必要措施义务。如果因委托合同终止将损害委托人利益的,在委托人作出善后处理之前,受托人的继承人、遗产管理人、法定代理人或者清算人应当依照诚实信用原则,采取必要措施。必要措施包括消极的保存行为和积极的对委托事务的处理,例如保存好委托事务有关的单证和资料、保管好委托事务的财产,以便交付给委托人。采取措施的期间是,自受托人死亡、丧失民事行为能力或者被宣告破产、解散之时起,至委托人作出善后处理之前。

本条新规则的要点是,遗产管理人在受托人死亡时,对委托人负有及时通知的义务,以便处理委托人和受托人之间的债权债务关系。

第十六节　关于物业服务合同的新规则

418. 物业服务合同和物业服务人的概念界定

《民法典》合同编第937条第1款、第2款分别规定："物业服务合同是物业服务人在物业服务区域内，为业主持续提供建筑物及其附属设施的维修养护、环境卫生和相关秩序的管理维护等物业服务，业主支付物业费的合同。""物业服务人包括物业服务企业和其他物业管理人。"这一规定是对物业服务合同和物业服务人概念的规定，原《合同法》没有规定物业服务合同，因而本法有关物业服务合同的规定都是新规则。

物业服务合同，是物业服务人在物业服务区域内，为业主持续提供建筑物及其附属设施的维修养护、环境卫生和相关秩序的维护等物业服务，业主支付报酬的合同。其法律特征是：第一，物业服务合同的主体是享有建筑物区分所有权的业主和物业服务人，互为权利义务主体。第二，合同的内容是物业服务，即在物业服务区域内，为业主持续提供建筑物及其附属设施的维修养护、环境卫生和相关秩序的维护等物业方面的服务。第三，物业服务合同是双务、有偿合同，业主负有支付物业费等报酬的义务。

物业服务人是通过物业服务合同承担区分所有建筑物管理服务的民事主体，既包括具有专业资质和法人资格的物业服务企业，也包括其他物业管理人，例如单个的具有专业物业管理技能的自然人或者非法人组织。

419. 规定物业服务合同的内容与形式

《民法典》合同编第938条各款分别规定："物业服务合同的内容一般包括服务事项、服务质量、服务费用的标准和收取办法、维修资金的使用、服务用房的管理和使用、服务期限、服务交接等条款。""物业服务人公开作出的有利于业主的服务承诺，为物业服务合同的组成部分。""物业服务合同应当采用书面形式。"这一条文是对物业服务合同内容和形式的规定。

物业服务合同的内容包括：

(1)服务事项。是双方约定的物业服务的具体事项，包括区分所有建筑物的维护、管理、修缮等内容。

(2)服务质量。是物业服务事项应当达到的质量标准和要求。

(3)服务费用的标准和收取办法。约定按照什么样的标准收费，如每平方米应当收取多少钱，月交、季交还是年交等。

(4)维修资金的使用。约定在何种项目、何种情况下使用维修基金。

(5)服务用房的管理和使用。对属于业主共有的服务用房,物业公司如何进行管理、如何使用等。

(6)服务期限。约定物业服务合同的起止时间。

(7)服务交接。约定在终止服务合同时如何移交管理业务。

(8)其他条款。例如违约条款、纠纷解决办法等合同应有的条款。

对物业服务合同内容的特别规定是:物业服务人无论是在宣传、广告以及以其他形式所作的承诺,究竟是否具有拘束力,应当区分具体内容。对于物业服务人通过这些形式公开作出的有利于业主的服务承诺,属于物业服务合同的组成部分,对物业服务人具有合同拘束力;对于那些不利于业主的承诺,以及其他不利于业主的服务承诺的内容,不具有合同的拘束力,不是物业服务合同的内容。

物业服务合同是要式合同,应当采用书面形式,目的是将双方当事人的权利义务关系用书面合同固定下来,避免发生争议。

420. 不同主体订立的物业服务合同对业主都有法律约束力

《民法典》合同编第 939 条规定:“建设单位依法与物业服务人订立的前期物业服务合同,以及业主委员会与业主大会依法选聘的物业服务人订立的物业服务合同,对业主具有法律约束力。”这一条文是对不同主体订立物业服务合同对业主效力的规定。

从物业服务合同订立主体的角度为标准,可以将物业服务合同分为建设单位与物业服务人订立的前期物业服务合同和业主委员会、业主大会依照法律规定选聘的物业服务人订立的物业服务合同。前一种物业服务合同之所以称为前期物业服务合同,是因为在区分所有建筑物的建设和销售过程中,尚未成立业主大会和业主委员会,建设单位只能先指定自己的物业公司或者与其他物业服务公司签订物业服务合同,对区分所有建筑物进行物业管理。当区分所有建筑物的业主成立了业主大会或者业主委员会后,该业主大会或者业主委员会才是选聘物业管理人的法定主体,由他们代表全体业主选聘物业管理人签订的物业服务合同,是正式的、有效的物业服务合同。

两相比较,前期物业服务合同的签订并没有体现业主的意志,后者才是根据全体业主的意志选聘物业服务人订立的物业服务合同。不过,无论是建设单位依法与物业服务人订立的前期物业服务合同,还是业主委员会与业主大会依法选聘的物业服务人并订立的物业服务合同,都是合法的、有效的物业服务合同,签订之后都具有合同的法律效力,对双方当事人都具有法律效力。

本条之所以特别规定两种物业服务合同对业主都具有法律约束力,除强调这一点之外,还特别强调的是,前期物业服务合同尽管没有业主参与,但是也对业主具有同样的法律拘束力。

421. 前期物业服务合同于新物业服务合同生效时终止

《民法典》合同编第 940 条规定:"建设单位依法与物业服务人订立的前期物业服务合同约定的服务期限届满前,业主委员会或者业主与新物业服务人订立的物业服务合同生效的,前期物业服务合同终止。"这一条文是对前期物业服务合同与业主选聘订立的物业服务合同效力的规定。

对于区分所有建筑物的管理和维护是一个持续不断的专业管理事业,既关系到区分所有建筑物的安全和寿命问题,更关系到全体业主的根本利益问题,无论哪一种物业服务合同及聘任的物业管理人,都必须对此认真负责,不可以在物业服务人的交替中出现衔接不上的问题,损害业主的利益。因此,前期物业服务合同与业主代表订立的物业服务合同在交替中,须实现无缝对接。

不仅如此,在业主选任的物业服务人订立的物业服务合同生效,建设单位依法与物业服务人订立的前期物业服务合同约定的服务期限尚未届满的,业主委员会或者业主与新物业服务人订立的物业服务合同效力优先,一经生效的,前期物业服务合同即行终止,新的物业服务合同的物业管理人即时取得物业管理权,履行物业管理职责,前期物业服务合同的物业管理人不得以任何理由拒绝移交管理的物业。即使双方以何理由发生争执,都不得违背新的物业服务合同效力优先、可以对抗前期物业服务合同的这一规则。理由就是新的物业服务合同具有业主的意志,而前期物业服务合同没有业主的意志,因而才出现效力上的先后之分。

422. 物业服务人可以委托第三人管理部分专项服务事项

《民法典》合同编第 941 条第 1 款、第 2 款分别规定:"物业服务人将物业服务区域内的部分专项服务事项委托给专业性服务组织或者其他第三人的,应当就该部分专项服务事项向业主负责。""物业服务人不得将其应当提供的全部物业服务转委托给第三人,或者将全部物业服务支解后分别转委托给第三人。"这一条文是对物业服务人委托第三人管理部分专项服务事项的规定。

从性质上看,物业服务合同类似于承揽合同,受到承揽人亲自履行承揽业务规则的约束。这是因为,物业服务人是业主大会或者业主委员会以及建设单位根据其资质和管理业务水平等因素选聘的,物业服务人如果在接受选聘后,不是亲自进行物业管理业务而是转包给他人,就失去了选聘的意义。不过,这一规则并不意味着物业管理人不得将任何物业管理事项委托给他人进行。例如有些专项服务事项具有专业性质,是物业管理人无法胜任或者须委托他人进行的,法律允许委托第三人负责。所以,物业服务人将物业服务区域内的部分专项服务事项委托给专业性服务组织或者其他第三人的,是可以的,不违反自己管理原则。不过,这不是转委托,而是部分委托,并且对于部分委托的事项,物业管理人仍然不能推脱责任,应当就该部分的专项服务事项向业主负责,而不是由接受部分委托的专业性服务组织或者第三人向业主负责。

正因为如此,本条第2款规定,物业服务人必须自己亲自履行,不得违反。违反该规则的行为如下:

(1)将其应提供的全部物业服务转委托给第三人,这是公然违反亲自管理原则的严重违约行为;

(2)将全部物业服务支解后分别转委托给第三人,这是变相违反亲自履行原则的违约行为。

出现这些情况,物业服务人都须承担违约责任。

423. 物业服务人的物业服务职责范围

《民法典》合同编第942条第1款、第2款分别规定:"物业服务人应当按照约定和物业的使用性质,妥善维修、养护、清洁、绿化和经营管理物业服务区域内的业主共有部分,维护物业服务区域内的基本秩序,采取合理措施保护业主的人身、财产安全。""对物业服务区域内违反有关治安、环保、消防等法律法规的行为,物业服务人应当及时采取合理措施制止、向有关行政主管部门报告并协助处理。"这一条文是对物业服务人物业服务职责范围的规定。

物业管理人履行物业管理职责的依据是物业服务合同的约定和物业的使用性质。物业服务人应当履行的主要管理职责如下:

(1)妥善维修、养护、清洁、绿化和经营管理物业服务区域内的业主共有部分。维修、养护是对建筑物及其附属设施的本身功能、寿命而言;清洁、绿化是对物业内环境的美化和保持,使业主的生活环境能够保持适宜;经营是对共有部分的利用并获得收益,如用公共空间刊登广告等,使业主获得利益。对于这里提到的共有部分,不可作为狭义理解,对于建筑物的基础部分、外墙部分等,都应解释为共有部分。

(2)维护物业服务区域内的基本秩序。包括公共生活秩序、道路交通秩序、环境管理秩序等。

(3)采取合理措施保护业主的人身、财产安全。即负有安全保障义务,防止建筑物对业主的危害,防范违法犯罪人员实施侵害业主的人身和财产的行为;对于业主之外接近或者进入物业管理区域的人员的人身安全,也应负有职责,防止建筑物的脱落物致害他人。在此,应当特别强调物业服务企业应当依照《民法典》第1254条第2款的规定,对所管理的建筑物抛掷物、坠落物承担的安全保障义务。

本条第2款规定的是物业管理人纠正违法违规行为的职责范围。对物业服务区域内违反有关治安、环保、消防等法律法规的行为,其行为主体不仅有外来人员,也包括自己物业管理区域的业主,只要是在物业管理区域之内的人员实施上述行为,物业服务人都有权及时采取合理措施予以制止、防止损害全体业主的利益。在对违法违规的上述行为进行制止的同时,物业管理人应当及时向相关行政管理部门报告并协助处理,特别是需要采取相应措施而物业管理人并无此种权利的制止措施,物业管理人自己不得实施。

424. 物业服务人应当公开履行管理职责情况

《民法典》合同编第943条规定:"物业服务人应当定期将服务的事项、负责人员、质量要求、收费项目、收费标准、履行情况,以及维修资金使用情况、业主共有部分的经营与收益情况等以合理方式向业主公开并向业主大会、业主委员会报告。"这一条文是对物业服务人公开履行管理职责情况的规定。

说到底,物业服务人是全体业主的"管家",应当按照业主的意志和利益管理物业,对业主负责。物业服务人在履行管理职责的同时,负有报告的义务,将履行管理职责的情况及时报告和公开,使全体业主掌握物业管理的实际情况,以便根据业主自己的利益,决定自己的行为。

需要定期报告和公开的事项如下:

(1)服务的事项。在物业服务合同中须将服务事项一一列明。

(2)负责人员。应将物业服务企业的人员列明,包括总负责人和各项事项的负责人。

(3)质量要求。在定期报告和公开的信息中,对每一种具体管理事项的质量要求应当明确规定。

(4)收费项目。应在报告服务事项中,明确规定哪些项目是收费项目,哪些项目不是收费项目。

(5)收费标准。应说明服务收费执行的是何种标准,是否超出约定的标准。

(6)履行情况。对各项服务事项的履行情况,应当一一进行说明。

(7)维修资金使用情况。维修资金依据何种根据使用、使用标准、使用数额、结余数额等,都应明确作出报告和说明。

(8)业主共有部分的经营与收益情况。应如实报告和公开,特别是如何处置的结果。

(9)其他情况。

对于上述物业管理事项的情况,物业服务人应以合理方式向业主公开或者向业主大会、业主委员会报告,以便接受业主的监督,改进工作。

425. 业主应当按照约定向物业服务人支付物业费,物业服务人不得采取停止供电、供水等方式催交物业费

《民法典》合同编第944条各款分别规定:"业主应当按照约定向物业服务人支付物业费。物业服务人已经按照约定和有关规定提供服务的,业主不得以未接受或者无需接受相关物业服务为由拒绝支付物业费。""业主违反约定逾期不支付物业费的,物业服务人可以催告其在合理期限内支付;合理期限届满仍不支付的,物业服务人可以提起诉讼或者申请仲裁。""物业服务人不得采取停止供电、供水、供热、供燃气等方式催交物业费。"

这一条文是对业主向物业服务人支付物业费的规定。

物业服务合同是双务合同、有偿合同,物业服务人提供物业服务,接受物业服务的业主应当支付物业费。业主应当按照约定向物业服务人支付物业费,是业主的义务,是必须履行的。业主违反支付物业费的义务,应当强制履行。

对业主履行支付物业费义务的强制性,包括两个方面:

(1)不得无理拒绝

物业服务人进行物业服务,是按照合同的约定和有关规定进行的,只要提供了这些服务,就是对全体业主提供的服务。如果业主以自己未接受或者无需接受相关物业服务为由,拒绝支付报物业费,就是无理拒绝支付物业费,构成违约行为,应当承担违约责任。

(2)逾期支付物业费

业主违反约定逾期不支付物业费的,首先,物业服务人可以对业主进行催告,并且确定宽限期,要求其在合理宽限期限内支付物业费。但是,物业服务人不得采取停止供水、供电、供热、供燃气等方式催交物业费。其次,业主超过宽限期仍不支付物业费的,物业服务人可以提起诉讼或者申请仲裁,由法院或者仲裁机构进行裁决，对支付物业费的义务赋予强制执行力，当业主拒不履行裁决确定的支付物业费义务，法院可以强制执行。

426. 业主装饰装修、转让、出租等应事先告知物业服务人

《民法典》合同编第945条第1款、第2款分别规定："业主装饰装修房屋的，应当事先告知物业服务人，遵守物业服务人提示的合理注意事项，并配合其进行必要的现场检查。""业主转让、出租物业专有部分、设立居住权或者依法改变共有部分用途的，应当及时将相关情况告知物业服务人。"这一条文是对业主装饰装修、转让、出租等应事先告知的规定。

业主是建筑物区分所有权专有部分的所有权人，对其专有部分享有与所有权几乎没有区别的支配权。但是，在区分所有的建筑物中，不仅有专有部分，还有共用部分的共有权和共同管理的成员权，特别是全体业主共居同一个小区，一举一动都关涉其他业主的利益。所以，业主在对自己专有部分的房屋进行装饰装修、转让、出租、设立居住权、依法改变共有部分用途的，都应当事先向物业服务人告知，使物业服务人知悉并掌握情况，便于行使管理职责。

对于业主的上述事项，本条分为两个层次作出规定：

(1)业主装饰装修房屋，原则上是自己的事情，自己做主，但是业主进行装饰、装修虽然是行使支配权的行为，但是一家装修，会影响其他业主的安宁生活，处理不当，还会影响建筑物的安全和寿命，关乎全体业主的利益。所以，业主应当事先告知物业服务人，物业服务人提示的合理注意事项，业主应当遵守，不得违反，物业服务人还有权进行必要的现场检查。

(2)业主转让、出租物业专有部分、设立居住权，也是业主行使支配权的行为，他人无权干涉。即使依法改变共有部分用途而不违反物业管理公约的，也应当及时将相关情况告知物业服务人，使物业服务人掌握情况，便于行使管理职责。

427. 业主解聘物业服务人应当依照法定程序共同决定

《民法典》合同编第946条第1款、第2款分别规定："业主依照法定程序共同决定解聘物业服务人的，可以解除物业服务合同。决定解聘的，应当提前六十日书面通知物业服务人，但是合同对通知期限另有约定的除外。""依据前款规定解除合同造成物业服务人损失的，除不可归责于业主的事由外，业主应当赔偿损失。"这一条文是对业主解聘物业服务人的规定。

业主以及业主大会、业主委员会与物业服务人的关系,是合同关系。业主有权依照自己的意志选聘物业服务人订立物业管理合同,也有权解除物业管理合同,解聘物业服务人。

业主对物业服务人行使解聘权的方法如下:

(1)解聘程序和方法。业主行使解聘权,依照法定程序共同决定。按照本法物权编第278条的规定,选聘和解聘物业服务企业或者其他管理人是全体业主共同决定的事项,应当由专有部分面积占比2/3以上的业主且人数占比2/3以上的业主参与表决,应当经参与表决专有部分面积过半数的业主且参与表决人数过半数的业主同意。按照这样的程序作出解聘决定后,行使解聘权的方法是,通过解除物业服务合同,解聘物业服务人。

(2)行使解聘权的时间要求。决定解聘物业服务人的,应当提前60日书面通知物业服务人,如果物业管理合同对通知期限另有约定,应当依照其约定,不适用60日的规定。

(3)行使解聘权的损害赔偿责任。解聘物业服务人是单方解除合同,因解除物业管理合同造成物业服务人损失,是否承担赔偿责任,标准在于解除合同是否具有可归责于业主的事由。如果解除合同不可归责于业主的决定,而是物业服务人的责任,业主不承担赔偿责任;否则,业主应当赔偿损失。例如,业主无正当理由解除物业管理合同而解聘物业服务人的。

428. 业主依法共同决定续聘和物业服务人有权拒绝续聘

《民法典》合同编第947条第1款、第2款分别规定:"物业服务期限届满前,业主依法共同决定续聘的,应当与原物业服务人在合同期限届满前续订物业服务合同。""物业服务期限届满前,物业服务人不同意续聘的,应当在合同期限届满前九十日书面通知业主或者业主委员会,但是合同对通知期限另有约定的除外。"这一条文是对业主续聘或物业服务人不同意续聘的规定。

续聘物业服务人,实际上相当于选聘,是选聘已聘的物业服务人继续作为物业服务人。续聘的程序是:第一,时间要求,是在物业服务期限届满前进行续聘。第二,依照物权编第278条规定的业主共同决定的程序作出续聘的决定,须符合前述2/3和1/2规定作出续聘决议的,方为有效。第三,续订物业服务合同由代表业主的业主委员会或者业主大会(业主人数少的可以是全体业主)与原物业服务人在合同期限届满之前,续订物业服务合同,双方履行新的合同。

物业服务人在合同到期不同意续聘的,原物业服务合同消灭,双方当事人的权利义务终止,双方不再受到该合同的约束。物业服务合同不续聘,存在与新的物业服务人进行交接和原物业服务人的利益问题。故物业服务人不同意续聘的程序如下：

(1)物业服务人有不同意续聘的权利。不再续聘的主张,可以是业主提出,也可以由物业服务人提出。物业服务人提出不再续聘,可以是自己主动提出,也可以是业主主张续聘而物业服务人不同意续聘,都是物业服务人行使权利的行为。

(2)不同意续聘的时间要求在物业服务期限届满前。物业服务人应当在物业服务合同期限届满前的 90 日,用书面通知的形式,通知业主或者业主委员会,但是,合同对通知期限另有约定的除外。

(3)不同意续聘的后果。是物业服务合同期限届满时物业服务合同消灭,双方不再受该合同的约束,物业服务人不再承担管理职责。

429. 物业服务人在期限届满后继续服务的服务期限变为不定期

《民法典》合同编第 948 条第 1 款、第 2 款分别规定:"物业服务期限届满后,业主没有依法作出续聘或者另聘物业服务人的决定,物业服务人继续提供物业服务的,原物业服务合同继续有效,但是服务期限为不定期。""当事人可以随时解除不定期物业服务合同,但是应当提前六十日书面通知对方。"这一条文是对物业服务人在期限届满后继续提供服务,物业服务合同的服务期限变为不定期的规定。

物业服务合同在具备一定条件时,会由定期合同转变为不定期合同。物业服务合同通常是定期合同,只有具备必要条件时,方能转变为不定期合同。转变的条件是:第一,物业服务期限已经届满;第二,业主没有依法作出续聘或者另聘物业服务人的决定;第三,物业服务人按照原合同继续提供物业服务。具备上述三个条件,物业服务合同就由定期合同转变为不定期合同。其后果是,原物业服务合同继续有效,双方当事人仍然受到该合同的拘束,只是合同的服务期限变为不定期。

物业服务合同转变为不定期合同后,适用不定期合同的规则。不论是哪一方的当事人,都可以随时解除该不定期物业服务合同。行使不定期合同解除权的要求是:第一,应当提前通知行使解除权,通知的方式是要式行为,即用书面形式行使通知权通知对方。第二,给予对方 60 日的准备时间,该期限届满,不定期合同归于消灭。

430. 物业服务合同终止后物业服务人承担后合同义务

《民法典》合同编第 949 条第 1 款、第 2 款分别规定:"物业服务合同终止后,原物业服务人应当在约定期限或者合理期限内退出物业服务区域,将物业服务用房、相关设施、物业服务所必需的相关资料等交还给业主委员会、决定自行管理的业主或者其指定的人,配合新物业服务人做好交接工作,并如实告知物业的使用和管理状况。”“原物业服务人违反前款规定的,不得请求业主支付物业服务合同终止后的物业费;给业主造成损失的,应当赔偿损失。”这一条文是对物业服务人后合同义务的规定。

在物业服务合同终止后,物业服务人应当做好善后工作,完成自己应当完成的义务。这些义务如下:

(1)退出义务。应当在约定期限或者合理期限内退出物业服务区域,不能继续占用这些区域。

(2)交还资料义务。原物业服务人应当将物业服务用房、相关设施、物业服务所必需的相关资料等交还给业主委员会、决定自行管理的业主或者其指定的人(如新的物业服务人)。

(3)配合新的物业服务人做好交接工作。使物业管理的新旧交替正常进行。

(4)如实告知物业的使用和管理状况。便于业主账务情况,便于新的物业服务人做好物业管理工作。

如果原物业服务人违反前款规定的后合同义务,其后果是:第一,不得请求业主支付物业服务合同终止后的物业费,即使物业服务合同终止后提供了物业服务的,也不得请求支付该物业费;第二,原物业服务人不履行上述义务,给业主造成损失的,应当对业主的损失承担赔偿责任。

431. 原物业服务人于交接前负有继续服务义务及报酬请求权

《民法典》合同编第950条规定:“物业服务合同终止后,在业主或者业主大会选聘的新物业服务人或者决定自行管理的业主接管之前,原物业服务人应当继续处理物业服务事项,并可以请求业主支付该期间的物业费。”这一条文是对物业服务合同终止后原物业服务人继续处理物业服务事项的规定。

物业服务事项是专业服务事项,应当是连续行为,不能中断,一旦物业服务中断,业主的权利将受到重大损害,甚至酿成危险。物业服务合同终止,如果没有新的物业服务人接替,就会形成物业服务行为中断,上述后果就会发生。为了避免出现这样的问题,本条要求物业服务人负有继续提供物业服务行为的义务。即物业服务合同终止后,在业主或者业主大会选聘的新物业服务人或者决定自行管理的业主接管之前,原物业服务人应当继续处理物业服务事项,不得推辞和推诿。按照权利义务相一致原则,继续处理物业服务事项的物业服务人,享有请求业主支付该期间物业费的权利,其标准应当与已经消灭的物业服务合同的约定相一致。如果原物业服务人拒不履行继续处理物业服务事项的义务,给业主造成损害的,应当承担赔偿责任。

第十七节　关于中介合同的新规则

432. 中介人未促成合同成立可按照约定请求支付中介活动费用

《民法典》合同编第 964 条规定:“中介人未促成合同成立的,不得请求支付报酬;但是,可以按照约定请求委托人支付从事中介活动支出的必要费用。”这一条文是对中介人未促成合同成立可请求支付中介活动费用的规定,与原《合同法》第 427 条的规定相比,将要求委托人支付从事中介活动必要费用加上“按照约定”的限制性规定。

中介费用一般包含在报酬中,中介成功时,中介费用未经约定不得请求委托人支付,应由中介人自己负担。在中介人已尽报告义务或者媒介义务,但仍不能使合同成立,未达到委托人预期目的的,由于中介人获得报酬的前提是完成中介活动并达到中介目的,因而就未完成委托人的委托不得请求支付报酬。但是,中介人在从事中介活动中支出的必要费用,由于没有支付报酬而使其无法获得。对此,可以按照约定要求委托人支付从事中介活动支出的必要费用,例如中介人在实施中介活动中的旅差费等。

这里规定的是中介失败是否可以请求委托人支付必要费用的规则。就是中介人请求委托人支付从事中介活动支出的必要费用的义务,由原来的法定性改变为约定性,如果原来的合同没有约定的,则不能请求支付这样的费用。实际上,在中介合同中约定必要费用的请求权,是在报酬中没有包括必要费用的基础上的约定,因而可以在终结失败依约请求支付必要费用;在没有约定中介失败可以另行请求给付必要费用的,则必要费用包含在报酬之中,既然中介失败,就没有报酬的请求权,当然也就没有必要费用的请求权。

433. 委托人“恶意跳单”应当支付中介报酬

《民法典》合同编第 965 条规定:“委托人在接受中介人的服务后,利用中介人提供的交易机会或者媒介服务,绕开中介人直接订立合同的,应当向中介人支付报酬。”这一条文是对委托人“跳单”后应支付中介报酬的规定。

“跳单”行为,也叫“跳中介”,是指合同的一方或者双方当事人已经与中介人订立了合同,中介公司已经按照协议履行了提供中介信息并促使买卖双方见面洽谈等促进交易的义务,一方或双方为了规避或减少按照协议约定履行向中介人交付中介费的义务,跳过中介而私自直接签订合同的行为。"跳单"主要发生在新的中介业务员身上,一方面,他们的服务可能不到位,使委托人对中介服务的质量产生怀疑;另一方面,委托人存在侥幸心理,对交易过程中的风险了解不多,通过"跳单"而逃避中介费的支出。"跳单"是严重的中介合同违约行为。中介人的业务员在进行中介活动中,付出了自己的劳动,由于委托人的不诚信和欺诈,导致自己的劳动付诸东流,使其合同利益受到损害,违约的委托人应当承担违约责任。

只要委托人接受了中介人的中介,利用中介人提供的交易机会,却绕开中介人直接与第三人订立合同的,仍然应当承担支付中介报酬的义务,满足中介人的权利请求。在实践中,委托人"跳单",中介人向委托人主张报酬权利,委托人不认可的,可以直接向法院起诉,请求法院依照本条规定满足报酬请求权。中介人在中介活动中,应当注意保存证据,避免委托人的"跳单"行为损害自己的利益。

434. 中介合同准用委托合同规则

《民法典》合同编第 966 条规定:"本章没有规定的,参照适用委托合同的有关规定。"这一条文是对中介合同准用委托合同规则的规定,原《合同法》对此没有规定,本条作出这一新规则。

中介合同与委托合同有所区别:第一,中介人仅为委托人报告订约机会或为订约媒介,并不参与委托人与第三人之间的关系;委托合同则受托人以委托人的名义和费用活动,代委托人与第三人订立合同,参与并可决定委托人与第三人之间的关系内容。第二,中介合同虽为有偿合同,但只有在有中介结果时才可以请求报酬,并且在为订约媒介居间时可从委托人和相对人的双方取得报酬;而委托合同既可以是有偿合同,也可以是无偿合同。第三,中介人没有将处理事务的后果移交给委托人和报告的义务,而在委托合同中的委托人应将委托事务处理结果及时向委托人报告的义务。

不过,中介合同尽管与委托合同有上述区别,但是其基本性质仍然属于委托。因此,对中介合同适用法律,除本章规定的中介合同的特有规则之外,其他方面都可以适用委托合同的规定。故本条规定,中介合同在本章没有规定的,适用委托合同的有关规定。

第十八节　关于合伙合同的新规则

435. 合伙合同的概念界定

《民法典》合同编第 967 条规定："合伙合同是两个以上的合伙人为了共同的事业目的，订立的共享利益、共担风险的协议。"这一条文是对合伙合同概念的规定，与原《民法通则》规定的合伙概念有所区别。

原《民法通则》第 30 条对个人合伙概念的规定是："个人合伙是指两个以上的公民按照协议，各自提供资金、实物、技术等，合伙经营、共同劳动。"对个人合伙概念的这个界定不够准确，仅仅提到合伙经营、共同劳动，而没有提到共享利益、共担风险的合伙合同典型特征。这样的概念界定应当改变。

合伙合同，是两个以上的合伙人为了共同的事业目的，订立的共享利益、共担风险的协议。本条对合伙合同概念的这一界定是准确的。

合伙合同的特征是：第一，当事人为两人以上，包括自然人、法人、非法人组织，但通常是自然人，都是合伙人。第二，合伙合同的设立目的是两个以上的合伙人为实现共同的事业目的，主要是经营性的目的，而不是其他目的。第三，合同的内容是约定合伙人共同投资、共同经营、共享利益、共担风险。第四，合伙合同设立的是普通合伙，不包括设立合伙企业的合伙合同，合伙企业属于非法人组织，不按照本章合伙合同的规定适用法律，应当适用本法总则编第 102 ~ 108 条关于非法人组织的规定。

通过合伙合同设立的是合伙，即两个以上的合伙人按照合伙合同的约定，为了共同的事业目的，各自提供资金、实物、技术等，合伙经营、共同劳动、共享收益、共担风险的营利性组织。

合伙的法律特征是：第一，合伙由两个以上的自然人、法人或者非法人组织组成，以合伙人的意思表示一致为基础。第二，合伙由合伙人共同投资成立，其财产属于合伙人共有。第三，合伙由合伙人共同经营管理，共享经济利益，共担经营风险。第四，合伙有字号的，可以以其名义独立从事民事活动，合伙人对外承担无限连带责任。

436. 合伙人负有出资义务

《民法典》合同编第 968 条规定："合伙人应当按照约定的出资方式、数额和缴付期限，履行出资义务。"这一条文是对合伙人出资义务的规定，原《民法通则》第 31 条规定了个人合伙的合伙人对出资数额的规定，借鉴《合伙企业法》第

17 条的部分规定,本条规定了出资义务的完整规则。

《合伙企业法》第 17 条规定:“合伙人应当按照合伙协议约定的出资方式、数额和缴付期限,履行出资义务。以非货币财产出资的,依照法律、行政法规的规定,需要办理财产权转移手续的,应当依法办理。”本条借鉴的是该条前段规定。

合伙人的出资是合伙财产的最初来源。合伙人在合伙合同中应当约定合伙人的出资方式、数额和交付期限,履行出资义务。各合伙人应当按照约定向合伙投资,投资财产构成合伙的财产基础。投资可以是资金,也可以是设备;可以是财产,也可以是其他用益物权,如将建设用地使用权、土地经营权等投资入股;可以是知识产权,也可以是技术。合伙财产一经发生,合伙即可进行经营活动。

合伙人应当按照约定的出资方式、数额和缴付期限,履行出资义务。出资方式,是指出资的具体方式,例如是以资金、设备还是物权等方式出资。出资数额是指出资的具体数额,不仅关系到合伙人的出资义务的履行,而且关系到合伙人在合伙中享有的权益。交付期限,是指在何时缴付出资,即出资的具体时间。合伙人不能按照上述要求履行出资义务,构成违约,应当继续履行,并应当承担违约责任。

437. 合伙财产的范围及分割合伙财产的限制

《民法典》合同编第 969 条第 1 款、第 2 款分别规定:“合伙人的出资、因合伙事务依法取得的收益和其他财产,属于合伙财产。”“合伙合同终止前,合伙人不得请求分割合伙财产。”这一条文是对合伙财产及禁止分割合伙财产的规定,与原《民法通则》第 32 条的规定相比,借鉴《合伙企业法》的规定,增加了具体规则。

《合伙企业法》第 20 条规定:“合伙人的出资、以合伙企业名义取得的收益和依法取得的其他财产,均为合伙企业的财产。”第 21 条规定:“合伙人在合伙企业清算前,不得请求分割合伙企业的财产;但是,本法另有规定的除外。合伙人在合伙企业清算前私自转移或者处分合伙企业财产的,合伙企业不得以此对抗善意第三人。”借鉴这两条规定,制定了合伙财产的具体规则。

合伙财产,是指由合伙人依照合伙协议向合伙投资的财产和合伙在共同经营中积累的财产构成的,由全体合伙人共有的财产所有关系。合伙财产的特征是:第一,合伙财产依合伙关系而发生,依法律规定基于合伙关系的存在而必然发生。第二,合伙财产具有组合性,包括合伙人的投资、合伙经营的收益积累以及其他财产。第三,合伙财产体现全体合伙人的共有权,全体合伙人都是共有人,平等地享受权利、分担义务。第四,合伙人对合伙财产对外享有连带权利、承担连带义务,每个合伙人都是连带债权人,每个合伙人都是连带债务人。

对合伙财产的要求是:首先,合伙财产同各合伙人自己所有的其他财产是分开的,投入合伙之后,就属于全体合伙人共有。各合伙人出资虽然都是个人财产,但它们聚集在一起,形成新的共有权,就构成了合伙基础财产的团体性、共同性,使合伙可以利用这一财产去经营事业、应付风险、创造财富、承担责任。缺乏这样的财产基础,合伙难以发展它的事业。其次,因合伙事务依法取得的收益也是共有财产和其他财产,属于全体合伙人共同共有。故合伙财产的出资与积累构成的合伙财产是一个统一整体,必须按照共有的法律要求,由全体合伙人对合伙财产进行统一管理和使用。[1]

共同共有财产的基本属性是,形成共同共有的基础关系没有消灭之前,共同共有的财产不得分割,因为合伙财产一经分割,将破坏共同共有的基础。合伙关系是合伙财产的基础关系,在合伙没有散伙之前,当然不能分割合伙财产。同样,基于合伙财产的组合性和整体性,合伙财产不得分割的规则并不妨碍合伙人对合伙收益进行分红。

438. 合伙事务可以选择共同执行或委托执行

《民法典》合同编第 970 条各款分别规定:"合伙人就合伙事务作出决定的,除合伙合同另有约定外,应当经全体合伙人一致同意。""合伙事务由全体合伙人共同执行。按照合伙合同的约定或者全体合伙人的决定,可以委托一个或者数个合伙人执行合伙事务;其他合伙人不再执行合伙事务,但是有权监督执行情况。""合伙人分别执行合伙事务的,执行事务合伙人可以对其他合伙人执行的事务提出异议;提出异议后,其他合伙人应当暂停该项事务的执行。"这一条文是对合伙事务执行的规定,对此,原《民法通则》第 34 条有所规定,但是不具体、不全面,本条借鉴《合伙企业法》第 26 ~ 29 条规定了新规则。

合伙事业经营,包括合伙的经营决策、合伙事务执行和合伙负责人三个方面的内容。

(1)合伙人对合伙事务作出决定,除合伙合同另有约定外,应当经全体合伙人一致同意。合伙的经营决策,包括经营计划、经营项目、经营收益分配等,这些都须由全体合伙人共同协商决定,但也不排除按照多数合伙人或多数份额原则来决定。

---

[1] 参见佟柔主编:《民法典总则编》,中国人民公安大学出版社 1990 年版,第 142 页。

(2)合伙人有执行和监督的权利。合伙事务执行的基本规则是:按照合伙合同的约定或者按照全体合伙人的决定,可以委托一个或者数个合伙人执行合伙事务。将合伙事务交由部分合伙人执行时,其他合伙人不再执行该合伙事务,但是有权监督执行情况。

合伙事务执行的具体规则是:合伙事务执行,是合伙事业经营中的一个环节,是指合伙事业经营决策确定之后,究竟由哪些合伙人负责执行,执行人之外的合伙人有哪些权利实现合伙经营目的的活动。合伙的经营决策作出后,具体的执行方式有三种:一是共同执行,即由全体合伙人共同执行,通常是在较为单纯、简单的合伙事务中只用共同执行的方式执行合伙事务。二是代表执行,即按照合伙合同的约定或者全体合伙人的决定,可以委托一个或者数个合伙人执行合伙事务;其他合伙人不再执行,但是有权监督执行情况。三是分别执行,即合伙人分别执行合伙事务的,执行事务合伙人可以对其他合伙人执行的事务提出异议;提出异议后,其他合伙人应当暂停该项事务的执行。在合伙事务执行中,代表执行和分别执行的,其他合伙人不再执行,对执行人的执行活动享有监督权,监督代表执行人和分别执行人的执行情况。在分别执行中对合伙人分别执行合伙事务的,执行事务合伙人可以对其他合伙人执行的事务提出异议;提出异议后,其他合伙人应当暂停该项事务的执行。

合伙事务执行不论采取哪种方式执行,都应由全体合伙人共同承担责任,而不是由合伙事务执行人个人承担民事责任。无论采取何种执行方式,所有的合伙人或者没有执行合伙事务的合伙人都对合伙事务执行享有监督权,监督合伙事务执行人的执行活动,发现问题,都有权提出监督意见,提交全体合伙人讨论,由全体合伙人作出决定。

(3)合伙人可以推举负责人。合伙负责人是由全体合伙人推举产生的对外代表全体合伙人的利益,对内组织经营管理的合伙人。合伙负责人执行合伙的经营决策所产生的经营亏损、意外损失和所欠债务等民事责任,由全体合伙人承担。但是,如果能够证明这些义务和责任是由合伙负责人超越合伙的经营决策引起的,则由合伙负责人个人承担民事责任。对其他人员的经营活动,由全体合伙人承担民事责任。

439. 合伙人执行合伙事务不得请求支付报酬

《民法典》合同编第 971 条规定:“合伙人不得因执行合伙事务而请求支付报酬,但是合伙合同另有约定的除外。”这一条文是对合伙人执行合伙事务不支付报酬的规定,原《民法通则》和《合伙企业法》对此都没有规定。

合伙人与合伙雇佣的人不同。合伙雇佣的人员不是合伙的成员,而是合伙的工作人员,其向合伙提供劳务,合伙对其给付报酬。合伙人是合伙的共有人之一,是合伙组织的成员,其在合伙中的经济利益是通过合伙盈利进行分红实现的,而不是在执行合伙事务中取得报酬。同样,合伙人执行合伙事务,是为了共同的事业目的而共同经营的行为,是合伙人对于合伙应尽的义务。因此,合伙人在执行合伙事务时,不得请求合伙对其另行支付报酬。如果合伙合同对执行合伙事务的合伙人计算报酬另有约定,体现的是合伙的意志,另当别论。

440. 合伙分配利润和负担亏损方法

《民法典》合同编第 972 条规定:"合伙的利润分配和亏损分担,按照合伙合同的约定办理;合伙合同没有约定或者约定不明确的,由合伙人协商决定;协商不成的,由合伙人按照实缴出资比例分配、分担;无法确定出资比例的,由合伙人平均分配、分担。"这一条文是对合伙利益分配和亏损分担的规定,原《民法通则》第 31 条仅对合伙规定了盈余分配的概念,没有具体规定,本条借鉴《合伙企业法》第 33 条规定了具体规则。

《合伙企业法》第 33 条规定:"合伙企业的利润分配、亏损分担,按照合伙协议的约定办理;合伙协议未约定或者约定不明确的,由合伙人协商决定;协商不成的,由合伙人按照实缴出资比例分配、分担;无法确定出资比例的,由合伙人平均分配、分担。合伙协议不得约定将全部利润分配给部分合伙人或者由部分合伙人承担全部亏损。"本条借鉴的是该条的前段,后段没有借鉴。

合伙的宗旨是共同出资,共同经营,共享利益,共担风险。按照这一宗旨,合伙利益分配和亏损负担的规则如下:

(1)利益分配。合伙人享有合伙共同财产的分取红利权,实际上就是共同共有中共有人的收益权。在合伙经营中,对于经营盈余,合伙除留下足够的积累以供发展外,其余盈余按红利分配给合伙人,各合伙人均享此权利。

(2)分担风险。合伙遭遇经营风险,造成亏损,是合伙财产发生的经营亏损,也应当由合伙人即共有人共同分担。

(3)利益分配和亏损分担的确定方法。具体办法是:第一,应当依照合伙合同的约定办理。第二,合伙合同对利益分配和亏损分担的方法没有约定或者约定不明确的,由合伙人协商决定,按照协商达成的协议办理。第三,协商不成的,由合伙人按照实缴的出资比例分配、分担。第四,无法确定出资比例的,由合伙人平均分配、分担。

在合伙的盈余分配和风险分担规则中有一个重要的问题,是合伙公有财产中存在明显的潜在"应有部分"。共同共有是基于共同关系而共有一物,其所有权属于共有人全体,而非按照应有部分享有所有权,故对该共同共有物的全部,共有人并无应有部分存在。但是,在共同共有关系中,没有应有部分但潜在的应有部分又在暗中发挥影响,决定着盈余分配和风险负担的规则。这说明,合伙财产虽然是共同共有没有应有部分,但并不是说就绝对没有任何形式的应有部分。在市场经济条件下,共同共有不能是绝对的不分份额,那样就没有各个共有人的利益了。在合伙财产中,其潜在应有部分其实是公开表露出来的,这就是参加合伙的每一个人都有固定的出资份额,每一个合伙人都有相应的股份,就是每一个共有人的应有部分。在约定的期限到来时,要按照这个应有部分分配红利或者承担亏损。正是由于合伙财产存在这种潜在的应有份额,才在决定合伙的盈利分配和风险负担规则时,直接影响着合伙合同关于盈利分配和风险分担的约定,影响着对利益分配和亏损分担的方法没有约定或者约定不明确时合伙人协商决定的达成,在协商不成时,由合伙人按照实缴的出资比例分配、分担。只有在出资比例无法确定时,才能平均分配、分担。

441. 合伙人对合伙财产不足以清偿的合伙债务承担连带清偿责任

《民法典》合同编第 973 条规定:"合伙人对合伙债务承担连带责任。清偿合伙债务超过自己应当承担份额的合伙人,有权向其他合伙人追偿。"这一条文是对合伙债务清偿的规定,与原《民法通则》第 35 条的规定相比,本条借鉴《合伙企业法》第 38 ~ 40 条规定的规则更准确。

《合伙企业法》第 38 条规定:"合伙企业对其债务,应先以其全部财产进行清偿。"第 39 条规定:"合伙企业不能清偿到期债务的,合伙人承担无限连带责任。"第 40 条规定:"合伙人由于承担无限连带责任,清偿数额超过本法第三十三条第一款规定的其亏损分担比例的,有权向其他合伙人追偿。"这三个条文的主要内容都概括在本条之中。

合伙债务属于合伙的消极财产,是合伙对他人所负的债务。合伙债务产生于合伙关系存续期间,产生债务的原因是合伙人对第三人的合同行为或侵权行为,以及不当得利和无因管理等发生的债务。对于合伙债务,承担债务的主体是合伙,履行债务的担保或承担债务的财产范围是合伙财产和每个合伙人的个人财产。

合伙债务与合伙人的个人债务不同。合伙人的个人债务是合伙人个人对他人所欠的债务,合伙人个人与债权人是债权债务关系的当事人,与合伙事务和合伙毫无关系，因此，应当由合伙人个人承担清偿责任。

合伙债务清偿责任的形式是无限连带责任。具体规则如下：

(1)合伙债务由合伙财产承担，合伙财产足以清偿债务的，不适用本条规定。

(2)合伙财产对所欠债务清偿不足的，由各合伙人以自己的全部个人财产连带承担，对此，应当按照连带责任规则的要求，债务人向合伙人中的每一个人请求清偿债务，每一个合伙人都应当对全部合伙财产清偿不足的合伙债务承担全部清偿责任。

(3)被请求清偿合伙债务的合伙人，以其个人财产清偿不足的部分，由其他合伙人承担，仍然承担连带责任。

(4)各合伙人以个人财产偿还合伙债务时超过自己合伙份额的合伙人，有权向其他合伙人追偿，其他合伙人应当按照自己的份额满足其追偿权的要求。

当合伙人应当以自己个人财产承担无限连带责任时，又负有个人债务应当清偿的，哪一个债权优先，没有规定。通常认为合伙负担的债务和合伙人负担的个人债务都是债权，具有同等的效力。能够清偿的，分别清偿；不足清偿的，按比例清偿。

442. 合伙人对外转让合伙份额须经其他合伙人一致同意

《民法典》合同编第 974 条规定："除合伙合同另有约定外，合伙人向合伙人以外的人转让其全部或者部分财产份额的，须经其他合伙人一致同意。"这一条文是对限制合伙人转让合伙份额的规定，原《民法通则》对此没有规定，借鉴《合伙企业法》第 22 条规定制定了本条新规则。

《合伙企业法》第 22 条规定："除合伙协议另有约定外，合伙人向合伙人以外的人转让其在合伙企业中的全部或者部分财产份额时，须经其他合伙人一致同意。合伙人之间转让在合伙企业中的全部或者部分财产份额时，应当通知其他合伙人。"本条借鉴的是该条文的前段。

合伙人向合伙投资取得的合伙份额，属于本法总则编第 125 条规定的股权和其他投资性权利。这个权利属于合伙人享有，有权进行支配。但是，合伙具有人合性，合伙人支配其财产份额并非绝对自由。当然，法律并非绝对禁止合伙人转让其财产份额，只是对其转让加以适当的限制。如果合伙人将其财产份额转让给其他合伙人，由于没有影响到合伙的人合性，因而法律不予以限制。

对合伙人将其股份转让给合伙人以外的人，由于合伙具有人合性，尤其是合伙人相互之间具有信赖关系，如果对合伙人转让自己的合伙份额不加以任何限制，将会使受转让人加入合伙，成为新的合伙人，破坏合伙人相互之间的信赖关系,造成合伙关系的损害。因此,法律适当限制合伙人转让合伙的全部或者部分财产份额。适当限制,并非绝对禁止合伙人转让,只是对转让加以限制:合伙人将其合伙份额转让给合伙人以外的人,须经全体合伙人一致同意,否则不得转让。这是因为合伙人之间具有人格信赖关系,而合伙份额的转让具有入伙和退伙的双重性质,属于一种人的变动,应当严格履行程序。

443. 限制合伙人的债权人对合伙人的合伙权利行使债权人代位权

《民法典》合同编第 975 条规定:“合伙人的债权人不得代位行使合伙人依照本章和合伙合同享有的权利,但是合伙人享有的利益分配请求权除外。”这一条文是限制合伙人的债权人对合伙人的合伙权利行使债权人代位权的规定,原《民法通则》对此没有规定,主要借鉴的是《合伙企业法》第 41 条规定的内容。

《合伙企业法》第 41 条规定:“合伙人发生与合伙企业无关的债务,相关债权人不得以其债权抵销其对合伙企业的债务;也不得代位行使合伙人在合伙企业中的权利。”本条借鉴这一条文,进行了适当修改。

债权人为保全其债权,可依债权人代位权,代位行使债务人对他人行使的权利,本法第 535 条等对此有明确规定。合伙人的债权人对合伙人的合伙权利行使代位权予以禁止,是合伙人的债权人在合伙关系存续期间,对该合伙人对合伙享有的权利,不得代该合伙人之位行使债权人代位权。这是因为,合伙人对合伙的权利有专属权性质,不能与合伙人的地位相分离,一旦合伙人的债权人对合伙人享有的对合伙的权利行使代位权,将会损害全体合伙人的利益,所以法律予以禁止。

所不同的是,对合伙人享有的分取红利权,因其已成为合伙人自己独立享有的权利,并无专属性,所以,合伙人的债权人可以对其行使债权人代位权,以保全自己的债权。

444. 合伙期限的认定方法与不定期合伙人的任意解除权

《民法典》合同编第 976 条各款分别规定:“合伙人对合伙期限没有约定或者约定不明确,依照本法第五百一十条的规定仍不能确定的,视为不定期合伙。”“合伙期限届满,合伙人继续执行合伙事务,其他合伙人没有提出异议的,原合伙合同继续有效,但是合伙期限为不定期。”“合伙人可以随时解除不定期合伙合同,但是应当在合理期限之前通知其他合伙人。”这一条文是对合伙期限的规定,其他法律对此没有规定。

本条文确定的合伙期限的主要规则如下:

(1)合伙期限的确定。合伙成立之后,不可能永久存在,故合伙存在合伙期限问题。对于合伙期限的确定方法是:第一,定期合伙。合伙人在合伙合同中对合伙期限有约定的,依照其约定确定合伙期限,合伙在合伙合同约定的存续期间始终存在。第二,合伙人对合伙期限没有约定或者约定不明确,应当依照本法第510条的规定进行补充协议,按照补充协议约定的合伙期限确定。第三,补充协议仍然不能确定合伙期限的,视为该合伙的合伙期限为不定期合伙。

(2)定期合伙合同期满。合伙合同约定的合伙期限届满,合伙应该散伙。合伙散伙应当依照散伙的规则进行清算。合伙合同约定的合伙期限届满,虽然没有明确约定,但是合伙人还在继续执行合伙事务,其他合伙人对此也没有提出异议的,合伙人是以其各自的行为确认合伙合同继续履行,该合伙继续存在,原合伙合同继续有效,只是该合伙的合伙期限变为不定期,成为不定期合伙。

(3)合伙人对不定期合伙行使解除合伙合同的权利。对于不定期合伙,包括约定为不定期合伙、确定为不定期合伙以及推定为不定期合伙,合伙人都可以随时解除不定期合伙合同,包括散伙和退伙。合伙人一致主张解除合伙合同的,合伙散伙;除了一个合伙人不主张解除合伙,其他合伙人都主张解除合伙合同的,后果也是散伙。在合伙中如果有两个以上的合伙人不主张解除合伙合同,其他人都主张解除合伙合同,主张解除合伙合同的合伙人其实就是退伙。不论是退伙还是散伙,都应当按照退伙和散伙的规则处理。合伙人主张解除不定期合伙合同的,应当通知其他合伙人,并且留出合理期限,以便其他合伙人做好退伙或者散伙的准备。

445. 合伙合同因合伙人死亡或者终止而终止

《民法典》合同编第977条规定:“合伙人死亡、丧失民事行为能力或者终止的,合伙合同终止;但是,合伙合同另有约定或者根据合伙事务的性质不宜终止的除外。”这一条文是对合伙人死亡、丧失民事行为能力或者终止导致合伙散伙的规定,原《民法通则》对此没有规定。

散伙是指合伙的解散。合伙合同的权利义务终止,其实就是散伙。

在通常情况下,散伙的事由是:第一,合伙合同约定的合伙经营期限届满,合伙人不愿意继续经营的;第二,合伙合同约定散伙的事由出现;第三,全体合伙人决定解散;第四,合伙人已经不具备法定人数,例如只剩下一个合伙人;第五,合伙合同约定的合伙目的已经实现或者不能实现;第六,出现法律、行政法规规定的合伙解散的其他原因。当合伙出现上述事由时,合伙应当散伙。

本条规定的合伙人死亡、丧失民事行为能力或者终止的,合伙合同的权利义务终止,是说合伙人是自然人,合伙人已经死亡或者丧失民事行为能力,或者合伙人是法人、非法人组织,该法人或者非法人组织已经终止的,都导致合伙合同的权利义务终止,合伙应当解散。

事实上,实际情况其实并不像规定的这样简单:如果是合伙人为多人,其中之一死亡或者终止,其他合伙人仍然健在或者存在,只要没有达到只剩一人的条件的,该合伙其实并不必然散伙;如果所有的合伙人都死亡、终止的,合伙合同关系当然消灭;当合伙人还有一人没有死亡或者终止的,这个合伙合同关系其实也已经消灭,变成一人经营了。因此,这一条文规定的内容不够准确,只是从合同的角度进行的规定,没有从合伙关系的角度作出规定。

正确的规则应当是:有两个合伙人组成的合伙,其中合伙人之一死亡、丧失民事行为能力或者终止的,合伙合同的权利义务终止,该合伙散伙。由三个以上的合伙人组成的合伙,其中一个合伙人死亡、丧失民事行为能力或者终止的,该合伙人在合伙中的权利义务终止,其他合伙人同意其继承人继承其财产份额的,可以成为新的合伙人;如果不同意其继承人作为新的合伙人,应当进行清算,由其继承人或者承继其权利义务的主体继承或者接受其财产利益。

446. 合伙散伙时财产利益的分配方法

《民法典》合同编第 978 条规定:“合伙合同终止后,合伙财产在支付因终止而产生的费用以及清偿合伙债务后有剩余的,依照本法第九百七十二条的规定进行分配。”这一条文是对合伙散伙时财产利益分配的规定,借鉴了《合伙企业法》第 89 条规定的内容。

《合伙企业法》第 89 条规定:“合伙企业财产在支付清算费用和职工工资、社会保险费用、法定补偿金以及缴纳所欠税款、清偿债务后的剩余财产,依照本法第三十三条第一款的规定进行分配。”本条借鉴了这一条文的基本内容。

合伙散伙的财产利益分配规则,就是合伙散伙时的清算规则。合伙散伙时,必须进行清算。合伙的清算,是对企业的债权、债务、资产进行清理的过程,是合伙退出市场的必经程序,合伙未经清算不得散伙。

合伙财产关系消灭的原因分为两种:一是合伙解散,即散伙,引起合伙财产的全部消灭;二是合伙人退伙,引起合伙财产的部分消灭。合伙财产全部消灭,应当对合伙财产进行清算;合伙财产部分消灭,应当对退伙人的应有份额进行结算。这种清算和结算,都是对共有财产的分割。

合伙解散,是合伙财产全部消灭的原因。合伙一经解散,发生合伙财产的必要前提即不存在,合伙财产关系当然终止,因此发生合伙财产的清算后果。

合伙至清算结束时,为完全消灭。清算的办法如下:

(1)了结现务。即了结现存的合伙事务。这种事务,应以已着手者为限,未着手的事务,不再执行。已着手的合伙事务至合伙解散时尚未完结,应在清算中执行完结,或采取其他办法了结。

(2)收取债权。即将已届清偿期的债权予以实现。尚未届清偿期的债权,可以采取转让他人或换价的方法收取,也可以划入剩余财产之中。

(3)清偿债务。对于已届清偿期的债务,用合伙财产予以清偿。对未届清偿期的债务,应将其清偿所必需的数额,由合伙财产中划分出来予以保留,或者进行提前清偿。

(4)返还出资。在清偿债务后所余的合伙财产中,应先返还各合伙人的出资。偿还出资应以财物出资为限,出资为现物并尚存在的,应返还原物。金钱出资或原物已无法返还者,以金钱返还。若清偿债务后所余的合伙财产不足以偿还全部出资者,则以各合伙人的出资比例平均返还。

(5)分配剩余财产。该剩余财产,是合伙财产在清偿合伙债务、返还出资以后所剩的财产。对于此剩余财产,由全体合伙人分配,而无论各合伙人以何种方式出资。分配的原则,是本法第 972 条规定的按各合伙人应受分配利益的比例进行分配。经过清算,如全部合伙财产不足以清偿合伙债务的,就是亏损,对内由各合伙人按比例分担,对外连带负责清偿。

合伙人退伙是合伙财产部分消灭的原因。退伙分为:一是声明退伙,是合伙人以其一方通过声明的意思表示退出合伙的行为。二是法定退伙,不须任何声明,遇有法定事由的发生即当然发生的退伙,如合伙人死亡、合伙人丧失民事行为能力、合伙人被开除。合伙人无论是声明退伙还是法定退伙,都使该合伙人丧失合伙人的资格,在合伙财产关系上失去共有人的资格,应对其在合伙财产中的份额进行结算,分配其应得的损益。除此之外,整个合伙关系及合伙财产继续存在。

第三章　有关准合同的新规则

第一节　关于无因管理的新规则

447. 无因管理人可以请求受益人补偿损失

《民法典》合同编第979条第1款、第2款分别规定："管理人没有法定的或者约定的义务，为避免他人利益受损失而管理他人事务的，可以请求受益人偿还因管理事务而支出的必要费用；管理人因管理事务受到损失的，可以请求受益人给予适当补偿。""管理事务不符合受益人真实意思的，管理人不享有前款规定的权利；但是，受益人的真实意思违背法律或者公序良俗的除外。"这一条文是对无因管理概念的规定，与原《民法通则》第93条的规定相比，本条对无因管理的基本规则作了规定。

无因管理，是指没有法定的或者约定的义务，为避免他人利益受损失而管理他人事务的一种法律事实。在无因管理中，管理人和本人之间发生的法律关系，就是无因管理之债，为他人进行管理或者服务的人为管理人，其事务受到管理或者服务的人为受益人，也叫作本人。

无因管理的法律特征是：第一，无因管理是债的发生根据之一；第二，无因管理是管理人的自愿行为；第三，无因管理是有益于他人的行为，是法律应当予以鼓励和表彰的行为。本法总则编第121条规定了无因管理之债。

构成无因管理须具备以下条件：

(1)管理人须对他人事务进行管理或者服务。构成无因管理首先必须具备管理人对他人的事务进行管理或者服务的要件。无因管理制度本是调整因管理他人的事务而发生关系而设立的一项债的制度，因此管理自己的事务当然也就不能成立无因管理。无因管理的管理人所管理的事务须为他人的事务,即管理人是管理他人的事务。管理人管理的事务只要是他人的事务而不是自己的事务,就可以成立无因管理,而不论这种管理的时间长短。

(2)管理人没有法定的或者约定的义务。无因管理之无因,是指管理人对他人事务的管理没有法律上的原因。管理他人事务的法律原因也就是管理人进行管理的法律根据。没有法律上的原因而管理他人的事务,原本是违法的,但是,社会共同生活规则又要求社会成员之间应互相关心、互相帮助,一个人的事务在许多情况下又需要他人主动予以管理。因此,法律规定无因管理制度,规定在一定条件下虽无权利而对他人事务进行管理的,就在于赋予管理人管理他人事务的合法性,使“无因”的管理行为阻却违法,成为合法行为,并且为鼓励这种行为,还赋予管理人得请求本人偿还其所支出的必要费用的权利。

(3)管理人须为避免他人利益受损失而管理。管理人须为避免他人利益受损失而管理,是无因管理成立的主观要件,也是无因管理制度的目的所在。这就是管理人须具有为他人管理事务的意思,简称为“管理意思”。管理人管理他人事务是为避免他人利益受损失,这就要求管理人的管理是为他人谋利益而不是为自己谋利益。因为管理所取得的利益最终应归于本人,而不能由管理人自己取得。

无因管理之债当事人的权利、义务是:第一,管理人有权请求受益人偿还因管理事务而支出的必要费用,受益人负有支付管理人因管理事务而支出的必要费用的义务;第二,管理人因管理行为受到损失的,可以请求受益人给予适当补偿,受益人应当对此损失予以补偿;第三,管理行为不符合受益人真实意思的,管理人不享有上述权利,但是,受益人的真实意思违背法律或者公序良俗的除外。

448. 受益人于获益范围内对不适法无因管理人承担义务

《民法典》合同编第 980 条规定:“管理人的管理事务不符合前条规定的情形,但是受益人享有管理利益的,受益人应当在其获得的利益范围内向管理人承担前条第一款规定的义务。”这一条文是对不适法无因管理及后果的规定,以前的法律对此没有规定。

不适法无因管理是不真正无因管理中的一种,是指管理事务不利于本人,违反本人明示或可得推知的意思而为管理。[1] 为他人管理事务的行为。

---

〔1〕 参见王泽鉴:《债法原理》(第1册),中国政法大学出版社 2001 年版,第 350 页。

不适法无因管理的特征是：第一，管理的是他人的事务；第二，管理人的管理出于主观上的原因，是管理人在主观上出现了认识上的不当，或者是误将他人的事务当成自己的事务，或者是明知他人的事务而作为自己的事务进行管理；第三，管理人将他人的事务作为自己的事务进行管理；第四，不真正无因管理仍然产生债的关系，但内容有所不同，仍然享有补偿的请求权，但以受益人所得的利益为限。对于不真正无因管理，只要受益人受有管理利益，准用无因管理的规定。

不适法无因管理的构成要件如下：

(1)须成立无因管理，具备无因管理的所有要件，即管理人须对他人事务进行管理或者服务、管理人没有法定的或者约定的义务、管理人须为避免他人利益受损失而管理。不成立无因管理，无从构成不适法无因管理，因为不适法无因管理的构成前提就是成立无因管理。

(2)管理事务不利于本人。不利于本人是从客观后果上看，管理事务的后果不利于本人，给本人造成利益的损害。

(3)管理事务违反本人的意思。不适法无因管理的主观方面，是管理人管理本人事务违反本人的意思，或者违反明示的意思，或者本人没有明示则可得推知的意思违反。

当管理人实施管理行为为不适法无因管理，不产生无因管理之债。但是，受益人受有管理利益的，构成不真正无因管理，其管理人享有的权利是：第一，受益人对于因管理所生的利益，仍然可以享有。第二，管理人对受益人享有费用及利息的偿还请求权、债务代偿请求权和损害赔偿请求权，但以受益人所得利益为限，超过受益部分的，受益人不负责任。

449. 管理人实施适当管理义务不得无理由中断

《民法典》合同编第981条规定："管理人管理他人事务，应当采取有利于受益人的方法。中断管理对受益人不利的，无正当理由不得中断。"这一条文是对管理人适当管理义务的规定，以往的立法对此没有规定。

管理人对管理事务负有适当管理的义务，应当尽到与管理自己的事务为同一注意。适当管理义务表现在：

(1)管理人应不违背受益人的意思进行管理。受益人有明确意思表示的，应依受益人明示的意思管理，或者应依受益人可得推知的意思管理。

(2)管理人应依有利于受益人的方法进行管理。管理方法是否有利于受益人，应以客观上能否避免受益人利益受损失为标准。

(3)应根据受益人利益的需要进行继续管理,在受益人、受益人的继承人或法定代理人得以进行管理之前进行的管理。

(4)紧急管理义务。如果是为了免除受益人的生命、身体或者财产上的急迫而为事务的管理的,对于因其管理所生的损害,除有恶意或者重大过失者外,不负赔偿责任。管理人尽到这种管理义务的,即为适当管理。如果管理人在管理他人事务时未尽到与处理自己的事务为同一注意者,采取的方法不利于受益人,则为有过失,对造成的受益人损害,应当承担赔偿责任。

管理人在开始管理受益人的事务后,实行管理不得中断原则,即管理人对管理事务中断管理对受益人更为不利的,在无正当理由的情况下,管理人不得中断管理,否则造成受益人的损害后果,应当承担赔偿责任。

450. 管理人管理他人事务时对受益人的通知义务

《民法典》合同编第 982 条规定:“管理人管理他人事务,能够通知受益人的,应当及时通知受益人。管理的事务不需要紧急处理的,应当等待受益人的指示。”这一规定是对管理人管理他人事务时对受益人负有通知义务的规定,是以前没有规定的新规则。

在无因管理中,管理人于管理开始后,应当将管理开始的事实通知受益人,如果没有急迫情形,应当等待受益人的指示。如果不能进行通知,例如管理人不知受益人是谁,或不知受益人的住址,或交通断绝,或因其他原因无法通知,则不负通知义务;如果受益人已知管理开始的事实,则没有必要进行通知,依可得推知受益人的意思,以有利于受益人的方法进行管理。

管理人通知受益人之后,应当听候受益人的处置。如果等候受益人的指示会使受益人的利益受到损失,则不应坐等指示而应直接管理。管理人违反通知义务,应负债务不履行的责任,但是继续管理的部分仍成立无因管理,而不是不适法管理;如果受益人反对继续管理,管理人仍继续管理者,则为管理人违反受益人的意思而进行管理,对于造成的损害,管理人应负无过失赔偿责任。

451. 管理人于管理结束后负有报告和结算义务

《民法典》合同编第 983 条规定:“管理结束后,管理人应当向受益人报告管理事务的情况。管理人管理事务取得的财产,应当及时转交给受益人。”这一条文是对管理人管理结束后报告和结算义务的规定,以前的法律对此没有规定。

无因管理的管理人在管理结束后,负有向受益人报告管理事务的义务。无因管理的管理人实施管理行为,是为维护受益人的利益。在无因管理的管理行为结束之后,无因管理所得的利益最终须归属于受益人。因而,在无因管理的管理行为结束后,管理人应当及时将管理的情况报告给受益人。

同时,管理人应当进行结算,将管理所得的财产及时转交给受益人。管理人为了自己的需要而使用的部分,除了应交付给受益人之外,还应当自使用之日起支付利息。

452. 无因管理经受益人追认后转化为委托关系

《民法典》合同编第 984 条规定:"管理人管理事务经受益人事后追认的,从管理事务开始时起,适用委托合同的有关规定,但是管理人另有意思表示的除外。"这一条文是对无因管理转化为委托关系的规定,以前的法律对此没有规定。

无因管理的最显著特征是管理的无因性和受益人的未知性,据此构成无因管理。在现实中,如果管理人为他人管理事务的行为一旦经过受益人的事后追认,无因管理的特征就发生了变化,管理就从无因变为有因、受益人的未知改变为已知。在管理事务行为的受益人已经明确,并且得到受益人的追认后,管理行为就从无因管理变为委托关系,双方当事人实际上形成了委托人和受托人的关系,因而从管理事务开始时起,就应当适用委托合同的有关规定,确定双方当事人的权利和义务。只有在管理人另有意思表示时,才不适用委托合同的规则,例如管理人坚持认可无因管理,而不主张适用委托合同关系规则的,仍然可以适用无因管理之债的规则处理。

第二节　关于不当得利的新规则

453. 不属于不当得利的具体情形

《民法典》合同编第 985 条规定:"得利人没有法律根据取得不当利益的,受损失的人可以请求得利人返还取得的利益,但是有下列情形之一的除外:(一)为履行道德义务进行的给付;(二)债务到期之前的清偿;(三)明知无给付义务而进行的债务清偿。"这一条文是对不当得利一般规则和不属于不当得的具体情形的规定,与原《民法通则》第 92 条的规定相比,本条规定的规则更为具体。

不当得利,是指没有法律根据,取得不当利益,他人财产因此受到损失的法律事实。不当得利的特征是:第一,不当得利是债的发生根据之一;第二,得利人不具有产生债的关系的效果意思;第三,不当得利具有使受损人受到损害的不正当性。没有法律根据而取得利益的一方当事人叫作得利人(也叫作受益人),受有损害的一方叫作受损人。受损人依据不当得利之债所享有的权利,是不当得利返还请求权。

不当得利的性质是法律事实,其意义在于,法律规定不当得利的目的,并不是对人或者行为的非难,而在于消除不当得利由于没有法律上的原因而取得利益,并同时造成他人受到损害的当事人之间利益的不当变动的事实状态,恢复正常的民法秩序。只有当受领不当得利非法利益之人明知是不当得利,仍然将不当利益据为己有的,才应当受到法律谴责。

构成不当得利的要件如下:

(1)一方受有财产利益。没有一方的利益取得,也就不会发生该方当事人得利的结果,不会发生不当得利之债。一方受有财产利益,是指得利人因与他方当事人之间的利益的不当变动,而取得的财产利益。

(2)他方受有损失。即使一方受有财产利益,但他方没有受到损失,也不发生不当得利。他方受有损失,是指受损人因有一定的事实发生而使其财产或财产权益总额减少或者可得增加而没有增加。受有损失包括直接损失和间接损失。

(3)受有损失与取得利益之间须有因果关系。是指受损人的损失是得利人获得利益所造成的结果,得利人获得利益是受损人受有损失的原因,二者之间具有引起与被引起的客观联系。

(4)须无合法根据。是指造成他方损失而使自己取得利益,不存在受损人自己的让与意思或者法律上的原因作为法律依据。如果得利人取得利益是基于受损人让与权利或者出于法律上的正当原因,则得利人就是合法取得,法律应予保护,当然没有请求得利人返还利益于受损人之理。只有取得利益与受有损失均无法律上的原因,才能产生不当得利之债。

具备上述构成要件,发生不当得利之债的后果,即因不当得利受到损失的人成为债权人,享有请求得利人返还所获利益的请求权,得利人成为债务人,负有返还所获利益的义务,构成债的关系。

按照本条规定,有下列情形之一的,不构成不当得利之债:

(1)为履行道德义务进行的给付。虽然受领人无合法根据而受领,但给付人不得请求返还。

(2)债务到期之前的清偿。期限系为债务人的利益而设,清偿期未届至,债务人并无清偿义务,如果其不存在提前清偿的目的而为清偿,属于欠缺给付目的的清偿。受领人受领并非无合法根据,并且这种清偿也发生债务消灭的后果,所以债务人清偿之后,为避免增繁法律关系考虑,受损人不得以不当得利为由请求返还。

(3)明知无给付义务而进行的债务清偿。如债务人对诉讼时效完成的债务本可以拒绝给付而故意给付时,推定其有意抛弃给付返还请求权,不能再请求返还。

454. 善意得利人的返还范围不包括已经不存在的利益

《民法典》合同编第986条规定:“得利人不知道且不应当知道取得的利益没有法律根据,取得的利益已经不存在的,不承担返还该利益的义务。”这一条文是对善意得利人返还范围的规定。

善意得利,是指得利人在取得利益之时不知道其受益没有法律上的原因。确认善意得利的依据是:第一,在取得利益时得利人不知其没有法律上的原因;第二,其不知得利人应当以没有故意为标准。

善意得利人不当得利返还的范围,以现存利益为限。法律之所以对于善意得利人给予照顾,意义在于,不当得利制度不是以补偿受损人的损失为目的,而在于恢复利益不平衡的状态,因而仅使善意得利人返还其现存的不当利益,对已经不存在的利益不承担返还义务,不使得利人的财产状况受到不利影响。

判断现存利益应以受损人行使返还请求权之时尚存的利益为限。这种判断标准是差额说,即利益是否存在应依得利人整个财产是否较受益前有所增加而为判断。有增加的为既存利益,没有增加的为无既存利益。但是,现存利益并不是指其所受领利益的物质形态现在仍然存在;得利人因消灭其受领的利益而取得的对价,无论其对价是否低于原物的通常价值,其利益也为存在。所得利益受到侵权行为的侵害而灭失的,如果得利人因此取得赔偿金或者补偿金,应当将其认定为所得利益。

利益已经消灭的,不问消灭的原因如何,善意得利人均不必返还原物或者偿还价额。得利人主张其所得利益已经不存在的,应当由其举证,不能证明者,不认为现存利益不存在。

返还现存利益时,得利人在受益过程中所受到的损失和支出,应当予以扣除。

455. 恶意得利人应当返还取得的全部利益并且赔偿损失

《民法典》合同编第987条规定:“得利人知道或者应当知道取得的利益没有法律根据的,受损失的人可以请求得利人返还其取得的利益并依法赔偿损失。”这一条文是对恶意得利人返还范围的规定,以前的法律对此没有规定。

恶意得利,是指得利人在受益时明知没有法律上的根据,或受领后知道得利没有法律上的根据的不当得利。

基于过失而不知的不属于明知,因而不构成恶意。在具有无效或者得撤销原因的民事法律行为中,该民事法律行为被宣告无效或者被撤销的,得利人在受领时明知其无效或者得撤销的,也属于明知没有法律上的原因。得利人明知时间的确定,一般应当在受领利益之时,即自始恶意。在受领时不知,但在其后知道的,自其知晓之时成为恶意得利人,即嗣后恶意。得利人在成立恶意之前,仍适用关于善意得利人返还义务的规则。受领人为法人机关的,例如法定代表人,则该机关明知即为法人明知,代理人明知即由本人负责。得利人是未成年人的,其善意与否,根据其法定代理人是否知道无法律上的原因而确定,因为法定代理人对未成年人的财产有管理的权利和义务。

恶意得利人的返还利益范围,为加重责任,即其返还的不当利益不仅包括受领时的所得利益,还包括本于该利益所生的利益。例如,所受领利益为金钱时,应附加利息。返还利益不足以弥补损失的,不足部分须另行损害赔偿。这是因为,恶意得利人明知没有法律根据而获得利益,主观上有致他人利益损害的目的,具有可谴责性,故在返还不当利益时,对其没有必要加以照顾,而应给予其较重的返还义务,以示制裁,同时,给受损人以更周全的保护,使其不因他人的恶意而受损失。恶意得利人不得主张所受利益不存在而免予返还,对因受领利益所支出的费用,恶意得利人不得主张扣除,但为保持或者增加标的物的价值而支出的必要费用和有益费用,受损人应予补偿。

嗣后恶意得利人的返还义务分两个阶段,在知道无法律上的原因以前,仅返还现存利益,取得利益时所支出的费用也可以请求扣除;在知道无法律上的原因之后,负加重责任,即将现存利益附加利息一并偿还,如有损害仍应当予以赔偿。

456. 无偿取得利益的第三人负有在相应范围内的返还责任

《民法典》合同编第 988 条规定:“得利人已经将取得的利益无偿转让给第三人的,受损失的人可以请求第三人在相应范围内承担返还义务。”这一条文是对得利人将利益无偿转让给第三人的规定,以往的法律对此没有规定。

无论是善意得利人还是恶意得利人,在取得不当利益之后,将已经获得的利益无偿转让给第三人的,受损人的债权所指向的债务人变更为第三人,第三人成为不当得利的债务人。这就是受损人对第三人产生不当得利之债。其原因在于,第三人获得的利益是无偿取得,而非有偿取得。

受损人对第三人取得不当得利之债的构成要件是:第一,得利人取得受损人的财产利益构成不当得利。第二,得利人将从受损人处获得的不当利益转让给第三人。第三,第三人对受让的不当利益是无偿取得。

具备上述要件,构成受损人与第三人之间的不当得利之债,后果是,受损人是不当得利之债的债权人,有权向第三人主张在相应范围内承担返还责任;第三人取得债务人的地位,负有向受损人在相应范围内返还利益的责任。

如果第三人取得的利益并非无偿,而为支付对价的,则构成善意取得,受损人不得向其主张返还利益,而应当向得利人主张承担损害赔偿责任。

第四编　人　格　权

第一章 有关一般规定的新规则

457. 民事主体享有人格权和一般人格权

《民法典》人格权编第 990 条第 1 款、第 2 款分别规定:“人格权是民事主体享有的生命权、身体权、健康权、姓名权、名称权、肖像权、名誉权、荣誉权、隐私权等权利。”“除前款规定的人格权外,自然人享有基于人身自由、人格尊严产生的其他人格权益。”这一条文规定了两个人格权的新规则,一是人格权的概念,二是一般人格权的概念。

(1)人格权

人格权,是指民事主体专属享有,以人格利益为客体,为维护民事主体独立人格所必备的固有民事权利。

人格权的法律特征如下:

第一,人格权是民事主体的固有权利。人格权的固有性,是人格权与其他民事权利的基本区别之一。人格权的固有性还表现在它与民事主体的存在共始终,自然人、法人、非法人组织只要具有法律上的人格,只要还在社会上存在,就享有人格权。人格权的固有性也表现在它脱离民事主体的个人意志而存在。人格权所谓固有,实际上表明人格权为专属性权利,它是与个人的人格始终伴随而不可分离的权利。[1]

第二,人格权是民事主体的专属权。这种专属性表现在两个方面:一是人格权由民事主体专属享有,非为其他组织所享有。二是人格权由民事主体专属享有,只能由每个民事主体单独享有,不得转让、抛弃、继承,也不受他人非法限制,不可与民事主体的人身相分离。人格权的这种专属性,使其区别于继承

---

〔1〕 参见陈民:《论人格权》,载台湾地区《法律评论》第 28 卷第 8 期、第 9 期。

权等民事权利。

第三,人格权是维护民事主体独立人格的必备权利。民事主体享有人格权的目的,就是要维护其作为法律上的人必须具有的资格,保障民事主体在人格上的依法独立。民事主体不享有人格权就不可能具有独立的人格,根本不可能作为主体存在。丧失人格权,就丧失法律上的人格,人就不成其为人。

第四,人格权是以人格利益为客体的民事权利。这一点使人格权与身份权有严格区别。身份权与人格权同为人身权,但是,身份权是以身份利益为客体,而不是以人格利益为客体。

本条第1款界定人格权的概念,是从人格权的外延上定义的,包括生命权、身体权、健康权、姓名权、名称权、肖像权、名誉权、荣誉权、隐私权、个人信息权等权利。这里列举的不是人格权的全部,而是主要的人格权。除此之外,还有人身自由权、性自主权、声音权、信用权等。

(2)一般人格权

一般人格权,是指自然人享有的,概括人格独立、人格自由和人格尊严全部内容的一般人格利益,并由此产生和规定具体人格权,并对具体人格权不能保护的其他人格利益进行保护的抽象人格权。一般人格权的核心内容是人格尊严(不是人身自由),具体内容是基于人格尊严而产生的其他人格利益。

通常认为,一般人格权有创造功能(创造新的人格权)、解释功能(解释具体人格权的内容)和补充功能(保护具体人格权不能保护的人格利益),但是实际发挥的最重要功能是补充功能,即在具体的人格权之外基于人格尊严产生的其他人格利益,当这些人格利益受到侵害时,一般人格权予以保护。一般人格权具有高度的包容性,将尚未被具体人格权确认保护的其他人格利益概括在一般人格利益之中,以一般人格权进行法律保护。当这些没有被具体人格权所概括的人格利益受到侵害时,即可依侵害一般人格权确认其为侵权行为,追究行为人的侵权责任,救济其人格利益损害。一般人格权的这种补充功能与其概括功能、创造功能相比较,具有更强的实用性,法院可以据此直接作出侵害一般人格利益的判决,保护公民、法人的一般人格权。此外,在社会生活中的许多违法行为,究竟侵害的是何种具体的人格权,很难界定,如惊吓、恐吓、电话骚扰、语言骚扰等。对此,发挥一般人格权的补充功能,就能使其他人格利益得到一般人格权的法律保护。这正是本条第2款关于"除前款规定的人格权外,自然人享有基于人身自由、人格尊严产生的其他人格权益"规定的基本内容。

458. 人格权受法律保护原则

《民法典》人格权编第991条规定:“民事主体的人格权受法律保护,任何组织或者个人不得侵害。”人格权法律保护原则,是《民法典》总则编第3条规定的民事权利依法保护原则的组成部分,任何民事权利及合法利益都受法律保护,人格权当然也不例外。

人格权是所有的民事权利中最重要的民事权利,是第一位的、关于自己的人格的民事权利,当然更应当加强法律保护。自1940年代之后,人格权保护的原则就被世界各国所确认,各国民法典都加强对人格权的保护,以维护人的尊严。

人格权的民法保护,就是通过人格权请求权和侵权请求权的方法,赋予人格权的权利主体在其人格权和人格利益受到侵害之后,依法行使人格权请求权或者侵权请求权,救济损害,恢复权利,使其人格权受到保护。所以,人格权的民法保护方法,是指用民法在人格权中规定人格权请求权和在受到侵权行为侵害后产生侵权请求权的方法,权利人通过行使人格权请求权或者侵权请求权,制裁违法行为人,保护权利人的权利,救济其损害,使权利恢复到没有受到侵害前的状态的法律保护方法。

前一个系统的保护请求权即人格权请求权,与物权请求权一样,是民事权利本身固有的保护请求权,随着原权利的产生而产生,原权利的消灭而消灭,因此,也叫作权利保护请求权,包括人格权请求权。

后一个系统的人格权保护请求权是基于权利被侵害而发生的侵权请求权,它不是原权利本身的权利内容,而是基于侵权法的规定而产生的新的请求权,是基于原权利受到损害而新生的权利,因此是次生请求权。

人格权保护的两个权利保护请求权的关系是,以权利相互之间的关系为标准,人格权请求权是原权利的固有救济权,人格权的侵权请求权是新生的救济权。

459. 人格权具有固有性及专属性

《民法典》人格权编第992条规定:“人格权不得放弃、转让或者继承。”这一条文是对人格权固有权利属性的规定,即人格权由自然人专属享有,不得放弃、转让和继承。

人格权的固有性特征,是说自然人生而具有的权利,而不是后天依据何种原因而取得的权利。人格权和身份权都是基于出生的事实产生,但是人格权基于出生而获得该固有权利,身份权却是基于出生的事实而取得的权利。人格权由于具有固有性特征,因而是专属权、必备权,与权利主体不可须臾离开,终身为权利主体所享有,人格权一旦与权利主体分离,人将不成其为人,就丧失了做人的资格。

正因为人格权是固有权、专属权、必备权,因而在任何民事活动中,权利主体都不得放弃人格权、不能转让人格权、不能继承人格权,不能通过这些行为将人格权与权利主体分离。对此,必须分清,有些人格利益是可以许可他人使用的,如肖像、姓名、隐私、个人信息等,但是,不能把这些人格权予以放弃、转让或者继承。

人格权虽然具有固有性,但是,也不是说在所有的情况下,人格权都不能基于法律规定而转让、放弃、继承。以下三种情形例外:

(1)名称权可以转让。因为名称权的客体是法人或者非法人组织的名称,转让、放弃都可以,只不过法人或者非法人组织转让自己的名称之后,自己就须解散而已。

(2)某些人格权的客体即人格利益可以转让,甚至可以继承,这些规则在本法第 993 条作了规定。

(3)当人格利益受到损害提起诉讼时,权利人死亡,这些人格利益的归属,可以由其继承人继承。

460. 民事主体对人格权的客体即人格利益享有公开权

《民法典》人格权编第 993 条规定:"民事主体可以将自己的姓名、名称、肖像等许可他人使用,但是依照法律规定或者根据其性质不得许可的除外。"这一条文是对自然人基于人格权的某些客体享有公开权的规定。

公开权也称为商品化权、人格利益商业利用权、商事人格权等,是指民事主体包括自然人、法人、非法人组织对其具有一定声誉或吸引力的人格标识利益进行商品化利用并享有利益的抽象人格权。

公开权产生于美国。美国知识产权学家尼莫教授 1954 年发表了《论公开权》的论文,认为公开权是每个人对其创造和购买的公开的价值享有控制或获取利益的权利。[1] 他还认为,名人需要的不是对于隐私的保护而是对于自己身份的商业价值的保护。"尽管名人不愿意将自己隐藏在隐私的盾牌之后,但他们也绝不愿意让他人未经自己的许可或者未向自己支付报酬而使用、公开自己的姓名、肖像或形象。"这一定义在 1977 年得到了美国最高法院的支持。在法官和

---

〔1〕 Nimmer, The right of publicity, 19law & contemp/prob/203, 216(1954).

学者的共同推动下,美国公开权从传统的隐私权中独立出来,形成一种新的权利类型。

可见,在人的人格利益中,有些特殊的人格利益能够引起他人的关注和兴趣,当将这种人格利益用于市场经济中,将会产生财产利益。公开权的主旨,就是权利人可以将自己享有的这种人格利益许可他人使用,并获得相应的收益。因此,公开权的核心价值是某些人格利益的市场价值,基本方法是许可他人使用,所得收益归权利人所有,使用人可以分享。

公开权所保护的人格利益包括自然人的肖像、形象、姓名、声音,法人或非法人组织的名称以及以上“可指示性要素”综合而成的整体形象。

(1)肖像。肖像是通过影像、雕塑、绘画等方式在一定载体上所反映的特定自然人可以被识别的外部形象。对肖像进行商品化利用,属于公开权保护的范围。

(2)形象。即自然人面部之外的身体形象。包括人的形体特征、侧影、背影等。如媒体上出现“手形广告”中的手形,“内衣广告”中的形体都应属于公开权的保护范围。

(3)姓名。包括真实姓名、笔名、别名、绰号,姓名是标表主体身份的重要标识,也是商品化利用的主要对象。[1]

(4)声音。声音是自然人人格标识之一,具有唯一性、稳定性的特征。一个人独特的声音或声音风格,如演唱者独特的演唱声音、朗诵声音也可以指示该演唱者或朗诵者的身份,因此,声音也应成为公开权的保护对象。

(5)名称。法人或非法人组织的名称是一定主体的标识,具有将被标识的对象从同类中区别出来和宣传该被标识对象的作用。名称以文字组成。但名称所表达的信息远远多于组成名称的文字本身所包含的信息,往往包含了主体的信用、信誉以及一个法人或组织的整体形象,因此也应成为公开权的保护对象。

(6)各种形象因素的综合。在某些情况下一些可以指示特定身份的因素,如富有特色的装扮、特有的道具等,综合起来,可明确指向某一特定的人,或者能让公众意识到某一特定的人。这些综合因素就是主体的人格标识并可加以

---

〔1〕 但是,在重名的情况下,原告必须证明被告所使用的就是他的姓名,或者说被告所用的姓名是指向自己,否则就不能证明被告使用了自己的人格标识。

商品化利用。[1]

这些人格利益都能够脱离权利人的本身而独立存在,能够发生声誉和吸引力,具有相当的市场价值,经过使用能够获得经济利益。在人格利益中,凡是具有这样属性的,都是公开权的客体。

并不是所有的人格利益都能成为公开权的客体,因此,本条规定,依照法律规定或者根据其性质不得许可的除外。当法律规定某种人格利益不得许可他人使用时,权利人不得许可他人使用;当权利性质不得许可他人使用的,也不得许可他人使用,如生命、健康、名誉、人身自由等,都不得或者不能许可他人使用。

461. 死者的近亲属对死者的人格利益有权进行保护

《民法典》人格权编第 994 条规定:"死者的姓名、肖像、名誉、荣誉、隐私、遗体等受到侵害的,其配偶、子女、父母有权依法请求行为人承担民事责任;死者没有配偶、子女并且父母已经死亡的,其他近亲属有权依法请求行为人承担民事责任。"这一条文是对死者人格利益保护及方法的规定,原《民法通则》以前对死者人格利益的保护没有规定,但在最高人民法院的司法解释中有过规定。

自然人死亡,其民事权利能力消灭,因而主体消灭。不过,一个人死亡后,虽然主体消灭了,但并不是其人格利益一并都予以消灭,这些仍然存在的死者人格利益仍须依法进行保护;否则,社会秩序将会出现混乱,道德观念受到损害,故对死者的这些人格利益必须予以保护。原《民法通则》只是规定了公民享有姓名权、肖像权、名誉权、隐私权,没有规定死者的人格利益受到损害的保护方法。最高人民法院通过"荷花女"案的审判,发布司法解释,确认死者的名誉应当受到法律保护。2002 年《最高人民法院关于确定民事侵权精神损害赔偿若干问题的解释》第 3 条规定,死者的姓名、肖像、名誉、荣誉、隐私以及遗体、遗骨受法律保护;第 7 条规定,死者的第一顺位保护人为配偶、父母和子女,第二顺位保护人为其他近亲属。这些规定在司法实践中效果良好,也受到各界的

---

[1] 1992 年,美国的"怀特"一案是将各种因素综合起来判定是否侵犯他人身份特征的典型判例。原告怀特是著名的电视娱乐节目"幸运之轮"(Wheel of Fortune)的女主持人,收看该节目的电视观众非常广泛。被告三星电子公司为新上市的盒式磁带制作了一则广告,画面为一个拟人的机器人形象,头戴金色假发,身着晚礼服,佩戴珍珠项链。这是广告设计者刻意模仿怀特穿着的结果。除此之外,这个类似机器人的形象还站立在一块竞赛牌子(牌子上写有各种英文字母)的旁边,就像怀特主持"幸运之轮"节目时所做的那样。第九巡回上诉法院认为,如果将广告中的各个要素分开来看,不能说被告侵犯了原告的权利。但如果将其中的各个要素综合起来,毫无疑问广告所描绘的就是原告。因此,被告显然使用了原告的身份。

好评。

《民法典》总则编第185条规定了英雄烈士的姓名、肖像、名誉、荣誉受到侵害应当予以保护，本条全面列举对死者姓名、肖像、名誉、荣誉、隐私、遗体等受到侵害的，死者的近亲属有权进行保护。这一条文中规定的范围还是过窄，如死者的声音、个人信息等，也都需要依法予以保护，这些死者的人格利益可以概括在“等”字当中。

对死者人格利益的保护，采取由死者近亲属保护的方式进行。对此，仍然采用司法解释确定的方法，即当死者的人格利益受到侵害时，死者的第一顺位近亲属即配偶、父母、子女有权向法院起诉，请求行为人承担民事责任，保护死者的人格利益。死者没有第一顺位近亲属的，其他近亲属即第二顺位的近亲属，即祖父母、外祖父母、孙子女、外孙子女、兄弟姐妹有权行使这种保护权利。

关于保护死者人格利益的请求权是否有期限限制的问题，本条采用司法实践的习惯，不规定期限，而是以死者的近亲属健在为限，死者没有近亲属的，法律不再予以保护；如果有涉及公序良俗需要特别保护的，应当由有关机关予以保护，例如，《英雄烈士保护法》第25条规定，对侵害英雄烈士的姓名、肖像、名誉、荣誉的行为，英雄烈士的近亲属可以依法向人民法院提起诉讼。英雄烈士没有近亲属或者近亲属不提起诉讼的，检察机关依法对侵害英雄烈士的姓名、肖像、名誉、荣誉，损害社会公共利益的行为向人民法院提起诉讼。负责英雄烈士保护工作的部门和其他有关部门在履行职责过程中发现第一款规定的行为，需要检察机关提起诉讼的，应当向检察机关报告。

462. 民事主体享有人格权请求权且不受诉讼时效限制

《民法典》人格权编第995条规定：“人格权受到侵害的，受害人有权依照本法和其他法律的规定请求行为人承担民事责任。受害人的停止侵害、排除妨碍、消除危险、消除影响、恢复名誉、赔礼道歉请求权，不适用诉讼时效的规定。”这一条文是对人格权请求权的规定，以前的法律对人格权请求权没有规定。

对于人格权的法律保护，除了可以适用侵权请求权的方法进行保护之外，还可以适用人格权请求权的方法进行保护，这正像对物权的保护存在侵权请求权保护方法和物权请求权的保护方法一样。

人格权请求权，是人格权本身包含的保护自己的请求权。这正像人体之内包含着保护自己防御疾病的抵抗力一样，人格权请求权就是人格权自己所包含的保护自己的救济权利。而保护人格权的外部力量，则是侵权请求权，是用外部的请求权保护人格权，就像感冒采取吃药、打针的方法进行治疗一样。

人格权请求权对保护人格权的最大价值,就在于弥补侵权请求权保护人格权的不足,因而使人格权的法律保护系统更为完善和完备。第一,人格权请求权的行使不以过错为构成要件,只要人格权受到侵害就可以行使,有利于保护权利人的权利完满状态。第二,人格权请求权对权利保护不受诉讼时效期间的限制,保护力度大,有利于对人格权的长期保护。第三,人格权请求权也是请求权体系中的重要内容之一,缺乏其存在,请求权体系将不完整。第四,侵权损害赔偿请求权的局限性,要求人格权请求权予以弥补,更好地保护受害人的利益。损害赔偿作为救济损害的基本责任方式不是万能的,耶林曾说:“罗马法官使用的金钱判决制度是正确评价权利侵害的理念上利益的充分手段。这一制度给我们的近代证据理论带来灾难,变成司法为防止不法而曾使用过的手段之中尤为绝望的一个。”[1]

可见,在对人格权的保护中,侵权请求权保护的目的主要集中在要求加害人履行损害赔偿之上,其目的是填补权利人无法通过行使人格权请求权来恢复的损失,是以金钱的方式填补被损害的权利。而人格权请求权保护的目的,主要集中在对人格权的防范和预防,以及造成损害的权利恢复。人格权请求权与侵权请求权是两种不同的权利保护方法,是从不同的角度对权利损害予以不同的救济,两者可以独立适用也可以结合适用。那些认为人格权编规定本条等内容,就是与侵权责任编规定的责任方式相重复的看法,是不正确的。

人格权请求权的具体方法,应当是除了损害赔偿方法之外的救济人格权被侵害的方式,如停止侵害、排除妨碍、消除危险、赔礼道歉、消除影响、恢复名誉、赔礼道歉等请求权。损害赔偿是侵权法救济损害的一般方法,不属于人格权请求权的内容。

正是由于人格权请求权是人格权本身包含的救济权利,因此,人格权请求权不受诉讼时效的限制,因而规定“停止侵害、排除妨碍、消除危险、消除影响、恢复名誉、赔礼道歉请求权,不适用诉讼时效的规定”。而侵权请求权救济人格权的损害,则受诉讼时效的拘束。

463. 民事主体享有违约精神损害赔偿请求权

《民法典》人格权编第 996 条规定:“因当事人一方的违约行为,损害对方人

---

〔1〕[德]耶林:《为权利而斗争》,载梁慧星主编:《民商法论丛》(第 2 卷),法律出版社 1994 年版,第 53 页。

格权并造成严重精神损害,受损害方选择请求其承担违约责任的,不影响受损害方请求精神损害赔偿。”这一条文是对违约行为造成精神损害可以直接适用精神损害赔偿责任救济的规定,这是一项新规则,因为以前的司法解释是禁止在违约责任中适用精神损害赔偿责任救济的。

一个违约行为造成两种损害的形成机制是,对合同约定的义务,债务人未履行,造成了债权人的可得利益损害,而该合同履行利益对债权人而言,不仅具有财产利益,而且具有人身意义,该人身意义又包含着精神利益。当违约行为发生时,一方面造成了债权人的财产利益的损害,另一方面又造成了债权人的精神利益的损害,也侵害了债权人的人格利益造成严重精神损害。例如,旅行社组织的旅行团混进严重的传染病人,其他团员面临感染疾病的威胁,造成严重精神损害。

长期以来,我国采取违约行为不得请求适用精神损害赔偿责任的做法,当事人如果坚持主张,则应通过民事责任竞合的方法,选择侵权诉讼方可获得支持。这个规则是《最高人民法院关于确定民事侵权精神损害赔偿责任若干问题的解释》确立的,并一直为司法实践所坚持。[1] 这样的做法虽然有一定道理,但是对当事人却形成讼累,一个违约行为既造成债权人财产利益的损害,又造成精神利益的损害,却须提起两个诉讼,并且可能还不是由同一个法院管辖。本条规定,因违约造成严重精神损害的,受害人可以直接起诉要求承担精神损害赔偿责任,就可以解决这个问题,有利于受害人方便、及时地行使权利,保护自己。

适用本条的要件是:第一,双方当事人存在合同等债的关系;第二,一方当事人违反合同构成违约行为;第三,在侵害了债权人债权的同时,还侵害了债权人的人格权造成严重精神损害;第四,既造成了债权人财产利益的损害,也造成了精神利益的严重损害。具备上述要件,受损害一方请求其承担违约责任,也可以一并请求违约方精神损害赔偿。

本条与侵权责任编第 1183 条第 1 款关于精神损害赔偿责任一般性规定的关系是,第 1183 条是普通规定,本条是特别规定,在违约责任领域,本条具有优先适用的效力。

464. 民事主体享有对侵害人格权行为的禁令请求权

《民法典》人格权编第 997 条规定:“民事主体有证据证明他人正在实施或

---

〔1〕 最高人民法院这一司法解释确定的这个规则,是通过该司法解释的标题体现出来的,即“确定民事侵权精神损害赔偿责任”,不适用于违约责任范围。

者即将实施侵害其人格权的违法行为,不及时制止将会使其合法权益受到难以弥补的损害的,有权依法向人民法院申请采取责令行为人停止有关行为的措施。”这一条文是对民事主体享有的对侵害人格权禁令请求权的规定。

禁令就是禁止实施某种行为的命令。侵害人格权的禁令,是人民法院发出的禁止行为人实施有可能侵害他人人格权的违法行为的命令。这种命令有强制性,受禁令禁止的行为人,必须遵从禁令的要求,不实施被禁令禁止的行为。违反者,应当承担民事责任。

在具体的诉讼中,禁令须由法律作出明确规定。我国长期以来没有与人格权请求权相协调的禁令规则,立法存在较大缺陷。具体表现在:第一,《民事诉讼法》用先予执行替代禁令的做法存在局限。“先予执行”的作用与禁令的作用相似。对因情况紧急需要先予执行的案件,法院可以根据当事人的申请裁定先予执行,紧急情况包括需要立即停止侵害、排除妨碍以及立即制止某项行为的情形。但是,先予执行和禁令是不能相互代替的,因为先予执行是法院在诉讼过程中采取的措施,不能完全起到禁令的作用。[1] 第二,没有规定被告不执行禁令,人民法院仍有可能无法强制执行时的相应措施。充当强制执行的客体仅仅是作为,而不包括不作为,在作为中仅指可替代的行为,而不包括不可替代的作为。即使人民法院作出了命令或者禁止的裁定,被申请人不履行裁定时,人民法院仍然有可能无法强制执行。[2] 第三,没有考虑到应该对不执行禁止令状的自然人和法人的不同的处理措施。

本条作出保护人格权的禁令的规定,就弥补了这一立法缺陷,不仅使权利人保护自己的人格权有了请求法院发布禁令的规定,而且使人民法院采取禁令措施有了法律依据。

对行为人发出禁令的要件是:第一,民事主体有证据证明行为人正在实施,或者即将实施某种违法行为;第二,该种行为能够侵害受害人的人格权;第三,不及时制止将会使受害人的合法权益受到难以弥补的损害;第四,受害人须向人民法院请求发布禁令。符合上述要件要求的,人民法院应当对行为人发布禁令,行为人受到该禁令的拘束。

本条没有规定的有两个问题:一是申请发布禁令的请求人对禁令应当提供担保,一旦请求的禁令错误,使受禁令禁止的行为人受到损害的,应当承担侵权

---

〔1〕 参见江伟、王景琦:《WTO 协议与中国民事司法制度的完善》,载《中国法学》2001 年第 1 期。

〔2〕 参见江伟、肖建国:《民事诉讼中的行为保全初探》,载《政法论坛》(中国政法大学学报)1994 年第 3 期。

责任;未提供担保的,人民法院可以拒绝发布禁令。二是被禁令禁止的行为人违反禁令,继续实施被禁止的行为的,应当承担造成损害的赔偿责任,违反禁令的行为也应当同时受到民事诉讼强制措施的制裁。这些立法的不足,法院在积累足够的司法经验之后,应当作出司法解释,统一执法尺度。

465. 认定侵害精神性人格权责任应当考虑的因素

《民法典》人格权编第998条规定:"认定行为人承担侵害除生命权、身体权和健康权外的人格权的民事责任,应当考虑行为人和受害人的职业、影响范围、过错程度,以及行为的目的、方式、后果等因素。"这一条文是对认定侵害生命权、身体权、健康权以外的精神性人格权承担民事责任的新规则。

人格权通常分为物质性人格权和精神性人格权,前者如生命权、身体权和健康权,后者如姓名权、名称权、肖像权、声音权、名誉权、荣誉权、隐私权和个人信息权等。尽管侵害人格权后产生人格权请求权,由于侵害的人格权的类型不同,因此,仍有人身损害赔偿的人格权请求权和精神损害赔偿的人格权请求权之分。行为人承担侵害除生命权、身体权和健康权外的人格权的民事责任,就是指权利人享有的侵害精神性人格权的精神损害赔偿责任。

之所以对确定侵害精神性人格权的民事责任要考虑特定因素,是因为精神性人格权的客体均为无形的人格利益,在客观上没有实在的外在表象。例如,名誉权的客体是他人对自然人、法人、非法人组织的属性所给予的社会评价;隐私权的客体是与公共利益、群体利益无关私人生活安宁及不愿为他人知晓的私密空间、私密活动和私密信息;人身自由权的客体则是人的行为、意志不受他人约束的状态,等等。对这些精神性人格权的无形人格利益造成损害,其损害形态也是无形的。在具体认定侵害精神性人格权的民事责任中,应当看到侵害精神性人格权造成的人格利益无形损害可能表现为三种形态,一是财产利益损失,包括人格权本身包含的财产利益损失和为恢复受到侵害的人格而支出的必要费用;二是一般人格利益的损害,即人格评价的降低、隐私被泄露、自由被限制、肖像或名称被非法使用等;三是受害人的精神创伤和精神痛苦。这三种形态,以一般人格利益的损害为主要形态,其他两种形态均由该种损害所引起。人格利益无形损害的三种形态,决定了对这种损害的赔偿责任,既有可计算的一面,也有不可计算的一面,与人格有形损害形成鲜明对照。

这些无形的精神性人格利益的损害,很难像财产损害那样只计算财产利益的损失,也不像人身损害那样只计算造成人身伤害后引起的财产损失,必须借助于行为人和受害人的职业、影响范围、过错程度、行为目的、方式、后果等因素,确定造成的实际损害范围。这正是无形损害转化为有形赔偿的计算方法,也是精神性人格利益转化为用财产计量的精神损害赔偿责任应当斟酌的内容。

确定侵害精神性人格权的精神损害赔偿责任,应当考虑的因素是:第一,行为人和受害人的职业;第二,侵权行为的影响范围;第三,行为人的过错程度;第四,行为人的行为目的、方式;第五,行为所造成的后果。例如,恶意诽谤他人的侵害名誉权的行为,与记者调查事实进行新闻报道因过失而使事实失实的侵害名誉权,虽然都是侵害名誉权,但是在职业、影响范围、过错程度以及行为人的行为目的、方式和后果等方面都有不同。认定侵害精神性人格权的民事责任,应当斟酌这些不同情节,确定适当的精神损害赔偿责任,而不能一概而论。

466. 合理使用他人的人格要素与不合理使用的民事责任

《民法典》人格权编第999条规定:“为公共利益实施新闻报道、舆论监督等行为的,可以合理使用民事主体的姓名、名称、肖像、个人信息等;使用不合理侵害民事主体人格权的,应当依法承担民事责任。”这一条文是对合理使用他人人格要素及不当使用应当承担责任规定的新规则。

新闻报道,是媒体告诉公众正在发生事实的信息,是对新近发生的事实的报告。新闻的本源是用事实说话,是对客观事实进行报道和传播而形成的信息,是对事实真实的传达。客观事实本身不是新闻,被报道出来的新闻是在报道者对客观事实进行主观反映之后形成的观念性的信息,是记者把自己对客观事实的主观认识传达出来而产生的信息。

舆论监督,是媒体以及其他舆论通过发表新闻、评论等,对社会的政治生活、经济生活、文化生活等方面进行批评,实行监督的权利和功能。原本意义上的舆论监督,涵括在权力监督体系之中。如今舆论监督被进一步扩展,其含义已经超出了对权力监督的职能,几乎成了无所不能的权利和功能。舆论监督属于新闻自由的范畴,是新闻批评的自由和权利,媒体通过行使新闻批评的自由和权利,实现对社会生活的监督功能。

新闻批评自由是新闻自由的一个组成部分。批评是媒体公共职能之一,是一种权利,新闻的采写、出版者有权通过新闻媒体对不正当的社会生活现象提出批评,形成舆论,督促其改进,推动社会文明的进步。

正因为如此,新闻报道和舆论监督不可避免地要涉及被报道和监督的人物的人格利益。为保障媒体的公正性和媒体职能的实现,新闻性就是抗辩承担侵害人格权民事责任的正当事由。具有新闻性的合理抗辩事由,能够阻却新闻报道、舆论监督侵害人格权的违法性,成为正当的合法行为。

因正当事由合理使用他人人格要素的行为,不构成侵害人格权的民事责任。其要件包括:第一,为公共利益实施新闻报道、舆论监督等行为;第二,使用的是民事主体的姓名、名称、肖像、个人信息等人格要素;第三,须符合正当使用的范围,即为时事新闻报道、舆论监督的目的,不得超出该范围。符合上述要件要求的,对他人人格要素的使用为正当使用,不承担民事责任。例如,拍摄新闻事件中人物的肖像进行报道,不构成侵害肖像权。

行为人对他人的人格要素进行不合理使用,应当依法承担民事责任。不合理使用的行为包括:一是没有正当事由而使用,例如为个人创作而使用;二是使用的人格要素超出了法律规定的范围,例如揭露个人隐私;三是超出了正当使用的范围,即在正当使用的范围之外进行使用。这些对他人人格要素的使用都是非法使用,构成侵害人格权的民事责任。

467. 行为人承担侵害人格权责任应与行为方式和影响范围相适应

《民法典》人格权编第 1000 条第 1 款、第 2 款分别规定:"行为人因侵害人格权承担消除影响、恢复名誉、赔礼道歉等民事责任的,应当与行为的具体方式和造成的影响范围相当。""行为人拒不承担前款规定的民事责任的,人民法院可以采取在报刊、网络等媒体上发布公告或者公布生效裁判文书等方式执行,产生的费用由行为人负担。"这一条文是对行为人依照人格权请求权人的权利请求承担的民事责任,应当与其行为方式和影响范围相适应的新规则。

与人格权请求权相对应的是民事责任,包括消除影响、恢复名誉、赔礼道歉等,都是人格权请求权的内容。这里提到的几种民事责任,也都是精神性的民事责任,而不是侵权损害赔偿责任。当精神性人格权受到侵害后,救济该种精神损害的民事责任,就是侵害精神性人格权请求权的具体内容。

确定消除影响、恢复名誉、赔礼道歉等精神性民事责任方式应当考虑以下因素:

(1)应当与行为的具体方式相当。要求行为人承担消除影响、恢复名誉、赔礼道歉责任,如果与行为人的行为方式不相适应,就会引起损害扩大的后果。例如,在互联网上造成的损害,不能要求到传统媒体上消除影响。

(2)与行为造成的影响范围相当。不能扩大范围进行消除影响、恢复名誉、赔礼道歉,例如,在本地报刊上进行诽谤,不能责令行为人在全国性传统媒体进行消除影响等。不相适应的消除影响、恢复名誉、赔礼道歉,将会扩大损害后果,给人格权造成新的侵害。

消除影响、恢复名誉、赔礼道歉责任方式,可以通过口头方式,也可以通过书面方式进行,其内容不得违反法律规定和社会公德,书面材料需要公布的,必须经人民法院审核同意。消除影响、恢复名誉、赔礼道歉的范围,应当防止借此扩大侵权影响。如果采用停止侵害的责任方式,在媒体侵权中一般是禁止刊有侵权新闻的报纸、杂志继续发行。对此,应采慎重态度。在判决时采用须确有必要;在诉讼中,原告申请侵权禁令的,应当事先提供担保。

确定了上述民事责任,责任人拒不承担民事责任的,人民法院可以对这些民事责任方式进行强制履行,方法是,人民法院可以采取在报刊、网络等媒体上发布公告或者公布生效裁判文书等方式执行,对于强制履行方式而产生的费用由行为人负担。这本身也是一种制裁方式。

468. 身份权请求权准用人格权请求权规则

《民法典》人格权编第 1001 条规定:"对自然人因婚姻家庭关系等产生的身份权利的保护,适用本法第一编、第五编和其他法律的相关规定;没有规定的,可以根据其性质参照适用本编人格权保护的有关规定。"这一条文是对身份权请求权规定的新规则。

身份权请求权,是身份权本身包含的保护自己的请求权,在配偶权、亲权、亲属权受到侵害后,为救济身份权的损害,权利人请求行为人承担民事责任,以恢复身份权完满状态的请求权。

与物权请求权、人格权请求权一样,身份权请求权是身份权包含的权利,而不是身份权的本身,是身份权包含的手段性权利,系属权利保护请求权的一种。它的功能是预防、保全母体权利即身份权不受非法妨害,恢复身份权的圆满状态。德国学者拉伦茨认为,人身亲属权(即身份权)请求权实际上具有服务的功能。[1] 当遭遇妨害或者有妨害行为之虞时,绝对性转化为相对性,身份权法律关系中对于任意第三人的绝对义务就转变为直接针对加害人的相对义务。权利人可以向加害人直接行使,也可以向人民法院起诉。

需要进一步明确的是:第一,行使身份权请求权的前提是民事主体的身份权受到妨害。妨害是没有构成损害的侵害,妨害是对权利人之于其客体意思支配力的侵害;而损害则是造成权利之于其主体的物质上和精神上的有用性减损

---

〔1〕 参见[德]卡尔·拉伦茨:《德国民法通论》(上册),王晓晔等译,谢怀栻校,法律出版社 2003 年版,第 325 页。

的侵害。[1] 第二,身份权请求权通常涉及三方主体,而其他绝对权请求权的主体一般只涉及两方当事人。这是因为作为身份权请求权基础的身份权的权利主体具有共生性,此类主体的权利能力可以称为身份性人格。第三,在民事责任体系中,身份权请求权单独对应的一类责任方式,称为状态责任,或者存续保障责任。[2] 第四,近亲属(甚至包括其他亲属)侵害身份权的时候,受害人原谅的概率往往很大,身份权请求权的适用通常是当事人退而求其次的选择。正是基于这些考虑,身份权请求权才往往让位于伦理规范。

本条规定的重大意义是:第一,确认身份权的概念。在以往的民事法律中,没有明确使用过身份权的概念,本法总则编第 112 条使用的是"自然人因婚姻家庭关系等产生的人身权利"的概念,而本条是第一次正式使用身份权的概念。第二,确认身份权请求权的概念。在以往的民事法律中,将身份权请求权与侵权请求权相混淆,未加严格区分,立法正式确认身份权请求权,在民事权利保护体系中是一件大事。第三,对于身份权请求权的具体规则,适用本法总则编、婚姻家庭编和其他法律的相关规定;没有规定的,可以根据其性质参照适用人格权请求权的具体规则,因而不再具体规定身份权请求权的具体规则。

有些意见认为,这个条文应当放在婚姻家庭编中规定。其实规定在哪里并不重要,关键是一定要对身份权请求权作出规定。即使在人格权编中规定身份权请求权,其性质也不会改变,不会发生逻辑的混乱。

---

〔1〕 参见徐晓峰:《请求权概念批判》,载《月旦民商法学·法学方法论》,清华大学出版社 2004 年版,第 134 页。

〔2〕 "状态责任"的提法,参见[德]鲍尔、施蒂尔纳:《德国物权法》(上册),张双根译,法律出版社 2004 年版,第 233 页。"存续保障责任"的提法,参见徐晓峰:《请求权概念批判》,载《月旦民商法学·法学方法论》,清华大学出版社 2004 年版,第 140 页。

第二章　有关生命权、身体权和健康权的新规则

469. 生命权的内容包括生命安全和生命尊严

《民法典》人格权编第 1002 条规定："自然人享有生命权。自然人的生命安全和生命尊严受法律保护。任何组织或者个人不得侵害他人的生命权。"这一条文是对生命权和生命权内容的规定。

生命权，是自然人享有的维持其生命存在，保证其生命安全和生命尊严为基本内容的具体人格权。本条规定，生命权的基本内容，一是维护生命安全，二是维护生命尊严。

维护生命安全，是权利人保持其生命，防止他人危害其生命的权利内容。可以依据维护生命安全的权利，防止他人对自己生命的非法侵害，在环境对生命构成危险尚未发生时，可以要求改变生命危险环境，保护生命安全。

生命尊严是人格尊严的重要组成部分，生命尊严包括生的尊严和死的尊严。不过，由于人没有选择出生的权利，因而对于个人维护自己的生的尊严而言，是难以做到的，通常由社会和其父母予以保障。人只有在出生之后，在具有民事权利能力后，享有人格尊严，才有权得到最起码的社会的尊重和他人的尊重，维护自己活的尊严。在自然人临近死亡时，有权保障自己死也要有死的尊严，有权选择自己有尊严的死去，这才能真正实现自然人的生命尊严。所以，死的尊严就包括在生命尊严之中。

可见，生命的终极价值在于维护人自己的人格尊严，而人格尊严在于人的自我决定，人因为能够自我决定，所以才具有尊严。基于自然人对自己的人格尊严的维护，就当然地对其生命具有决定力。尽管自杀不是合法的行为，不属于生命权的自我

决定范畴,但是,当出现病痛使生命不能发挥维护人格尊严的作用,反而成为人格尊严的负累时,人就应当有权决定终止它,使自己有尊严地死去。如果只有活的尊严,而没有死的尊严,那么一个人的人格尊严就不完整,就无法保护自己最后的尊严。从这个意义上讲,生命尊严的核心价值,不在于维护生的尊严,而在于维护死的尊严。因此,维护生命尊严,特别是维护人的死的尊严,才是维护其人格尊严的最终价值,生命尊严是实现人的尊严的最终环节。

维护生命尊严最重要的是维护死的尊严,包括选择尊严死、生前预嘱和临终关怀等内容。当自然人的生命濒临终结、疾病不可治愈且采取延命措施会有巨大痛苦时,权利人有权选择生前预嘱等方式,选择尊严死,接受临终关怀和减轻痛苦的医疗措施。维护生命尊严是否包括可以采取安乐死,是一个争论的问题。从原则上说,生命尊严是安乐死的上位概念,尽管本条并未明确规定积极安乐死,但是,消极安乐死应当包括在其中。不过,规定了生命尊严,将会给安乐死立法设定法律依据,有利于安乐死立法的进一步展开。

生命权的义务主体是权利人以外的其他任何组织或者个人,即“任何组织或者个人不得侵害他人的生命权”。生命权是绝对权,一个自然人是生命权的权利主体,其他任何自然人、法人或者其他组织都是该生命权的义务主体,都负有不得侵害生命权权利主体的生命的义务。生命权的权利主体之外的所有的自然人、法人和非法人组织,都概括在“任何组织或者个人”的概念之中,作为生命权的义务主体,都负有“不得侵害他人生命权”的法定义务。

470. 身体权包括维护身体组成部分的完整和行动自由

《民法典》人格权编第1003条规定:“自然人享有身体权。自然人的身体完整和行动自由受法律保护。任何组织或者个人不得侵害他人的身体权。”这一条文是对自然人身体权及其内容的规定。原《民法通则》规定的是生命健康权,没有直接规定身体权,因此,身体权是否为人格权曾经被怀疑,直至最高人民法院司法解释规定了身体权,[1]才确认身体权是人格权。

身体权,是自然人享有的维护其身体完整并支配其肢体、器官和身体组织的具体人格权。本条将行动自由纳入身体权的内容,其实是一个误读,行动自由不是身体权的内容,而是人身自由权的内容。

---

〔1〕《最高人民法院关于审理人身损害赔偿案件适用法律若干问题的解释》(2003年)第1条第1款规定:“因生命、健康、身体遭受侵害,赔偿权利人起诉请求赔偿义务人赔偿财产损失和精神损害的,人民法院应予受理。”

身体权的客体是身体。身体是自然人的生理组织的整体,包括两个部分:一是主体部分,即头颅、躯干、肢体的总体构成,包括肢体、器官和其他组织;二是附属部分,毛发、指(趾)甲等附着于身体的其他人体组织。

以下问题值得研究:

(1)移植的器官和其他组织是否为身体的组成部分。随着现代医学科学的发展,人类对自身身体的认识不断发展,目前可以做多种器官和其他人体组织的移植手术。最简单的如输血、植皮,复杂的如肾脏移植、心脏移植、角膜移植等。移植以后的器官和其他人体组织与受移植人成为一体即成功移植的,成为受移植人身体的组成部分,他人包括原来的身体权人都不能再主张这些器官、组织的身体权。

(2)镶装、配置的人工制作的残缺身体部分的代替物,如假肢、假牙、义眼、人工心脏瓣膜、助听器等,能否构成身体的组成部分,应当区别情况。通常认为,已构成躯体不可分离的一部分的,应属于身体,可以自由装卸的部分则不属于身体。[1] 这是一个比较准确的标准,但还不够,还应对自由装卸加以限制,即虽然可以自由装卸,但需专业医学人员依照严格的医学操作规程进行,否则,可造成健康损害或生命丧失的人工装置,视为身体的组成部分。如固定的身体引流管、种植牙等。因而,自由装卸是指普通人可以自由装卸,而非指专业人员的自由装卸。

身体权的内容如下:

(1)维护身体的完整性。保持身体完整权,是自然人对自己的身体的完整性享有保持的权利,禁止任何人侵害身体,破坏身体的完整性。身体的完整性包含两层含义:一是身体的实质性完整,是指身体的实质组成部分不得残缺。对身体实质性完整的维护,就是禁止他人非经本人同意,而取得自己身体的组成部分。二是身体的形式完整性,是指对身体的组成部分不得非法接触。任何人非法侵害自然人的身体,造成了身体的形式完整性的损害,也是侵害自然人的身体权。在我国国民意识中,身体权的观念较差,似乎认为对身体的非法接触并非侵权。国民应当提高对身体形式完整性的认识,保护好自己的身体不受非法侵害。

(2)身体利益支配权。是指自然人对自己的身体组成部分在法律准许的情况下,有适当的支配权,对自己的身体组成部分进行适当的处置。首先,自然人对自己的血液、体液、毛发等附属部分,有处置的权利,依照自己的意志进行支

〔1〕 参见王利明主编:《人格权法新论》,吉林人民出版社 1994 年版,第 303 页。

配。例如,义务献血,捐献脊髓等,是将自己的身体组成部分予以支配,救助他人,奉献社会。将自己的精液捐献给精子库,为人工授精提供资源。这些都是对自己身体组成部分的支配。其次,自然人对自己的器官,也可以有限度地捐献给他人,救助他人的生命。这也是行使身体权的行为。例如,将自己的肾脏捐赠他人进行器官移植,将自己的角膜捐献给眼库,为他人带来健康和光明,都是高尚行为,是正当行使身体权的行为。最后,生前留下遗嘱,死后将自己的遗体或者角膜等捐献给医疗机构、医疗教学机构和眼库,进行医学研究教学或者为他人救治疾病。这些也都是对自己身体组成部分的合理支配,是合法行使身体权的行为。

自然人支配自己的身体组成部分,包括身体的附属部分和器官,应当合法并符合社会善良风俗。自愿捐献、救助他人的行为,是值得赞赏的。但是,出于营利目的,进行非法的器官买卖、非法卖血等行为,超出了身体合理支配权的范围,法律是禁止的,不是正当行使身体权的行为。

身体权的义务主体是权利人以外的其他自然人、法人和非法人组织。"任何组织和个人不得侵害他人的身体",就是对义务主体负有义务的规定。

471. 健康权包括身体健康与心理健康

《民法典》人格权编第 1004 条规定:"自然人享有健康权。自然人的身心健康受法律保护。任何组织或者个人不得侵害他人的健康权。"这一条文是对自然人享有健康权及其内容的规定。

健康权,是指自然人以自己的机体生理机能正常运作和功能完善发挥,维持人体生命活动的利益为内容的具体人格权。健康权与身体权的区别是:健康权维护的是自然人的机体生理机能正常运作和功能的完善发挥,身体权维护的是自然人身体组成部分的完整。简言之,健康权保护的是身体机能的完善性,身体权保护的是身体组成部分的完整性。

健康权的客体是健康。健康,是指维持人体生命活动的生理机能的正常运作和功能的完善发挥,这两个要素协调一致发挥作用,达到维持人体生命活动的最终目的。规定身心健康是健康权的客体,有不同看法,有的观点认为,心理健康并不是健康权的内容,本条规定心理健康也是健康权保护的内容。

健康权的内容如下:

(1)健康利益支配权。人格权均为对人格利益的支配性权利,健康权也具有支配权的性质。在实务上,有人认为健康权不具有支配性,原因是自然人不能随意支配其健康,更不能依其支配权而放弃健康。权利的放弃并不是支配权的唯一内容,健康权的支配权也是如此。为了医学进步和人类发展,需要以人体进行新药、新技术的试验,不可避免地会危及受试人的健康。权利人接受临床试验的行为是高尚的行为,是为了全体人民的福利而进行的活动,是值得尊重的,且这种选择不违反法律和公共道德。

(2)对健康利益支配权应适当限制。健康利益支配权不是绝对的支配权,应当受到适当的限制:第一,强制治疗、强制戒毒等强制性改善自然人健康状况的行政措施,不是对健康权这种支配权的强制干涉和侵犯,而是维护个人健康和公共利益的必要手段,是对权利人健康利益支配权的适当限制。从人道主义立场出发,对拒绝接受治疗的严重病人进行强制性治疗是适当的,不过应当尽量进行说服,在必须进行强制治疗时,也应和平进行,不应采取暴力手段。第二,订立处分健康权的合同,或者订立免除侵害健康权责任的免责条款,或者设立已将健康毫无意义地置于危险状态为内容的合同,应当无效,[1]但是,在体育运动以及其他有关场合,这样的行为为有效。例如,日本福岛核电站因海啸发生事故,抢修工人为了更多人的利益而冒着健康损害危险进行抢修,不能认为他们处分健康权的行为是不正当的或者违法的。第三,健康利益不得利用和转让。健康利益不具有财产利益,不得将健康利益商品化,应用于商业交易之中。同样,健康权是权利人的人格权,具有固有性,不得转让他人或者被他人利用。

健康权的义务主体是权利人之外的所有的自然人、法人和非法人组织。"任何组织或者个人不得侵害他人的健康权",规定的就是健康权的义务主体及负有的法定义务。

472. 负有法定救助义务的组织和个人负有及时施救的义务

《民法典》人格权编第1005条规定:"自然人的生命权、身体权、健康权受到侵害或者处于其他危难情形的,负有法定救助义务的组织或者个人应当及时施救。"这一条文是对自然人处于危难时特定主体负有救助义务的规定。

当自然人的人身受侵害或者处于危难情形时,负有法定救助义务的组织和个人应当及时履行救助义务。这一规定与本法侵权责任编第1220条关于医疗机构紧急救助义务的规定相衔接,也与本法总则编第184条的规定相衔接。

负有法定救助义务的组织和个人,是指医疗机构、院前急救机构以及负有法定救助义务的单位和个人等,这些机构和个人依照法律的规定,负有对处于

---

〔1〕 参见尹田:《自然人具体人格权的法律探讨》,载《河南省政法管理干部学院学报》2004年第3期。

危难之中的自然人的救助义务。院前急救是指在医院之外对急危重症病人的急救,广义的院前急救是指患者在发病时由医护人员或目击者在现场进行的紧急抢救,而狭义的院前急救是指由具有通信器材、运输工具和医疗基本要素所构成的专业急救机构,在病人到达医院前所实施的现场抢救和途中监护的医疗活动。专业的急救机构就是院前急救机构,例如"120"等机构。医疗机构对送到本医疗机构或者自己接到本医疗机构的危急重症患者负有救助义务,院前急救机构对送到或者接到医疗机构之前的危急重症患者负有救助义务。其他负有法定救助义务的机构如消防队、矿山救援队等,在发生火灾、矿难中,对处于危难情形的人,负有紧急救助义务。

应当实施法定救助义务的情形:一是自然人的生命权、身体权、健康权受到侵害之时;二是自然人的生命权、身体权、健康权处于其他危难情形。当出现这样的情形之时,负有法定救助义务的机构和个人,必须担负起紧急救治的责任,对该自然人进行紧急救治。没有及时实施相应的医疗措施,应当依照《民法典》侵权责任编第 1220 条和第 1218 条的规定,承担过错责任的侵权责任,赔偿受害人的损失。

本条规定的负有法定救助义务的主体是组织和个人。如果不属于负有法定救助义务的组织或者个人,发现自然人的生命权、身体权、健康权受到侵害或者处于其他危难情形,依据道德也是应当予以救助的,造成被救助人的损害,应当适用总则编第 184 条的规定,免除责任。

473. 完全民事行为能力人自主捐赠人体组成部分的范围与方式

《民法典》人格权编第 1006 条各款分别规定:"完全民事行为能力人有权依法自主决定无偿捐献其人体细胞、人体组织、人体器官、遗体。任何组织或者个人不得强迫、欺诈、利诱其捐献。""完全民事行为能力人依据前款规定同意捐献的,应当采用书面形式,也可以订立遗嘱。""自然人生前未表示不同意捐献的,该自然人死亡后,其配偶、成年子女、父母可以共同决定捐献,决定捐献应当采取书面形式。"这一条文是对自然人捐献人体组成部分及具体方式的规定。

自然人捐献自己的身体组成部分或者遗体,是行使身体权的行为,受《民法典》总则编第 130 条规定的自我决定权约束,须自主决定。捐献自己人体组成部分的行为,是有利于他人的高尚行为,在不影响或者不严重影响自己健康的情况下,依照权利人自己的意志进行。捐献行为不得有偿进行,但是,并不妨碍受益人给予一定的补偿或者营养费等费用,以弥补权利人健康受到的损害。捐献的对象既可以是身体的组成部分,也可以是自己死亡后的遗体,但是,不得捐献影响生命或者严重健康损害的人体组成部分。

对于捐献自己身体组成部分的行为,任何组织和个人都不得进行强迫、欺诈、利诱,不能通过这样的方法强令自然人进行上述人体组成部分的捐献。实施强迫、欺诈、利诱的方法使自然人违背其真实意志而实施捐献行为的,构成侵害身体权的侵权行为,应当依照过错责任原则的规定,承担侵权责任。

完全民事行为能力人同意捐献自己的人体细胞、人体组织、人体器官、遗体的,应当依照民事法律行为的方式进行,采用书面形式或者遗嘱形式。以书面形式捐献身体组成部分或者遗体,应当签订书面捐赠合同,将捐献的内容和方式以及受赠人明确约定好。采用遗嘱方式捐赠的,遗嘱应当合法有效。

自然人生前未表示不同意捐献的,不等于其拒绝捐献。自然人生前没有表示拒绝捐献自己的身体组成部分或者遗体的,在该自然人死亡后,其配偶、成年子女、父母可以采用书面形式共同决定捐献。有人对此有异议,认为这样有可能违背死者生前的意愿。自然人死亡之后,其遗体变成具有人格利益因素的物,其近亲属取得所有权,因而也可以处置这种具有所有权的特殊物。这种对死者遗体的处置,只要不违背公序良俗,不违反法律的强制性规定,就是合法的,况且死者捐献尸体以及组成部分,是有利于他人和公益的行为,是值得鼓励的行为。民法典作本条规定,是完全有道理的。

474. 禁止以任何形式买卖人体组成部分

《民法典》人格权编第 1007 条第 1 款、第 2 款分别规定:“禁止以任何形式买卖人体细胞、人体组织、人体器官、遗体。”“违反前款规定的买卖行为无效。”这一条文是对禁止买卖人体组成部分的规定。

任何人体细胞、人体组织、人体器官以及遗体,都是人的身体组成部分,或者是人的身体的变异物,都不是交易的对象。出于救助他人的高尚目的,自然人可以将自己的身体组成部分或者遗体捐献给他人或者公益组织,但这不是买卖,而是施惠于他人的高尚行为。进行人体细胞、人体组织、人体器官或者遗体的买卖行为,是违法行为。任何买卖人体细胞、人体组织、人体器官以及遗体的行为,都是无效的行为,都在被禁止之列。

买卖合同是指出卖人转移标的物的所有权于买受人,买受人支付相应价款的合同,是商品交换发展到一定阶段的产物,是商品交换的最基本、最重要、最有代表性的法律形式。其法律特征是转移标的物的所有权的合同,是双务合同,是有偿合同,是诺成性合同,一般是不要式合同。非法买卖人体组成部分的行为尽管也是转移标的物的所有权,对方给予报酬的行为,但是由于其违反法律的强制性规定、违反公序良俗,因而是无效的民事法律行为。

赠与合同是指赠与人将自己的财产及权利无偿给予受赠人,受赠人表示接受赠与的合同。在赠与合同中,转让财产的一方为赠与人,接受财产的一方为受赠人。赠与人依法处分自己财产,要求赠与人须有民事行为能力,须享有赠与标的物的所有权或者处分权。接受赠与是一种纯获利的行为,法律承认无民事行为能力人和限制民事行为能力人的受赠人法律地位,由其法定代理人或者监护人代理接受并管理受赠财产。捐献身体组成部分的行为,是无对价的无偿行为,因而是赠与而不是买卖行为。即使在捐献身体组成部分或者遗体时会有一定的补偿费用,但这不是赠与物的对价,而是对捐献者奉献自己的身体组成部分而使身体受损的补偿,且通常是由医疗机构给付的。

可见,买卖人体组成部分和捐赠人体组成部分这两种行为的性质完全不同,一种是法律所严格禁止的行为,另一种是法律所支持保护的行为。

475. 自然人进行临床试验的范围和程序

《民法典》人格权编第1008条第1款、第2款分别规定:“为研制新药、医疗器械或者发展新的预防和治疗方法,需要进行临床试验的,应当依法经相关主管部门批准并经伦理委员会审查同意,向受试者或者受试者的监护人告知试验目的、用途和可能产生的风险等详细情况,并经其书面同意。”“进行临床试验的,不得向受试者收取试验费用。”本条规定是对自然人进行临床试验的范围和程序的规定。

为了提高医学科学水平,维护人类的健康,法律准许对自愿受试者进行临床试验,经过临床试验后,取得医疗经验,将成熟的医疗技术和药品应用于临床,使更多的患者采用同样的医疗技术或者药品进行治疗而受益,恢复健康,生活得更好。

在现实生活中,临床试验的积极性来源于两个方面:一方面,提高医学科学水平、维护人类健康的要求,因而企业积极进行研发,创造新药,造福人民。当然也存在利润的驱使和企业创收的问题。另一方面,接受临床试验的人为了医学进步和人类健康,勇于奉献自己的身体和健康,进行试验,取得科研数据,推动医学研究发展,当然也有刚好病症相符而愿意接受临床试验,改善自己健康状况的情况。不论来源于哪一方面,临床试验对于医学发展和人类健康的重要性都是不言而喻的,法律积极支持和鼓励进行临床试验。

不过,凡是临床试验就会存在风险,而临床试验的目的之一,就是探索新的医疗技术和药品的风险所在,以及如何改进。因此,进行临床试验必须经过严格的批准程序,要符合法律规定的范围,否则就是违法的,是侵害受试者的身体权、健康权的行为。

本条规定临床试验的范围有四种:一是研制新药;二是研制新的医疗器械;三是发展新的预防方法;四是发展新的治疗方法。只有在这个范围内的行为,才是法定的临床试验范围,超出这个范围进行的试验,都是违法的,都是侵害受试者的身体权、健康权的行为。

进行临床试验的程序是:第一,依法经过相关主管部门的批准;第二,经过医疗机构的伦理委员会审查同意;第三,须向受试者或者受试者的监护人履行告知义务,告知的内容是实验目的、用途和可能发生的风险等,告知的要求是要详细;第四,接受临床试验的受试者或者受试者的监护人须有书面同意,口头同意不发生效力,以避免日后发生纠纷。

符合上述规定的试验范围和试验程序的临床试验,是合法的临床试验,法律予以保护。违反者,为侵权行为,须承担民事责任。

本条第 2 款规定,进行临床试验的,不得向受试者收取试验费用。之所以规定这一内容,是因为临床试验的出发点与目的是推动科学进步与医学发展。如果向受试者收取试验费用,非但无法提高他人接受临床试验的积极性,反而会强化他人对临床试验的排斥心理,这不利于临床试验的推广,并极有可能阻碍医学水平的提高。因此,在具体操作临床试验的过程中,禁止科研机构、医疗机构等单位及其人员向受试者收取费用。

476. 从事人体基因、人体胚胎等有关医学科研活动应依法进行

《民法典》人格权编第 1009 条规定:"从事与人体基因、人体胚胎等有关的医学和科研活动,应当遵守法律、行政法规和国家有关规定,不得危害人体健康,不得违背伦理道德,不得损害公共利益。"这一条文是对从事与人体基因、人体胚胎的医学和科研活动须依法进行的规定,是为人体基因和人体胚胎有关医学和科研活动划出的一条不可逾越的红线。

人体基因,是 DNA 分子上携带有遗传信息的功能片段,是生物传递遗传信息的物质。人体基因主宰生命,是人生老病死的根源。研究人体基因,就是通过体液、血液检测,经提取和扩增其基因信息后,通过基因芯片技术或超高通量 SNP 分型技术,对被检测者细胞中的 DNA 分子的基因信息进行检测,分析所含有的各种疾病易感基因的情况,使人们能及时了解自己的基因信息,预测身体患病的风险,从而有针对性地主动改善自己的生活环境和生活习惯,预防和避免重大疾病的发生。

人体胚胎,是人体早期发生,从受精至第八周末的发育时期,即胚前期和胚期的胚胎。

随着当代医学科学的发展,对人体基因的研究和生殖技术的发展已经达到了相当的水平,并且仍在继续发展。因此,涉及人体基因和人体胚胎的医学和科研活动都在深入进行,这些活动都是有益于人类健康的,符合社会发展的需要。不过,凡是进行高科技研究,都会存在风险,处置不当就会对人类造成危害。

已经发生了人体基因编辑的研究和试验。2018 年 11 月 26 日,南方科技大学贺建奎副教授宣布,一对经过基因编辑的婴儿于 11 月健康诞生,这对双胞胎的一个基因(CCR5)经过了修改,能天然抵抗艾滋病病毒 HIV。社会舆论对此反应激烈。同日,国家卫健委回应要依法依规处理。次日,科技部徐南平副部长表示,本次"基因编辑婴儿"如果确认已出生,属于被明令禁止的,将按照中国有关法律和条例进行处理。中国科协生命科学学会联合体发表声明,坚决反对有违科学精神和伦理道德的所谓科学研究与生物技术应用。现已初步查明,该事件系贺建奎为追逐个人名利,自筹资金,蓄意逃避监管,私自组织有关人员,实施国家明令禁止的以生殖为目的的人类胚胎基因编辑活动。

这些研究是突破研究底线的危险做法,应当禁止。本条对此作出规定,凡是从事人体基因、人体胚胎等有关医学和科研活动的,都必须遵守法律规定的红线,即:第一,必须遵守法律、行政法规和国家有关规定;第二,不得危害人体健康;第三,不得违背伦理道德;第四,不得损害公共利益。违反这些红线之一,就是突破了研究和医学的底线,就是违法行为,就在禁止之列。

本条规定人体胚胎还有一个重要意义,即在司法实践中出现的人体冷冻胚胎权属争议的案件,对人体冷冻胚胎的民法属性不明确。有了本条规定,尽管仍然没有规定其属性,但是,法律既然对此做出了规定,就可以以此作为法律依据,对其权属争议进行判决。

477. 实施性骚扰行为应当承担民事责任

《民法典》人格权编第 1010 条第 1 款、第 2 款分别规定:"违背他人意愿,以言语、文字、图像、肢体行为等方式对他人实施性骚扰的,受害人有权依法请求行为人承担民事责任。""机关、企业、学校等单位应当采取合理的预防、受理投诉、调查处置等措施,防止和制止利用职权、从属关系等实施性骚扰。"这一条文是对自然人享有性自主权和规制性骚扰行为的规定。

本条直接规定的是对性骚扰行为的规制办法,但是其中包含着自然人享有的性自主权,是规定性自主权的一个变通办法。

(1)性自主权

性自主权是自然人保持其性纯洁的良好品行,依照自己的意志支配其性利益的具体人格权。未成年人尚未性成熟,不能行使性自主权,自18周岁起方可行使该权利,支配自己的性利益。性自主权不是身体权的组成部分,而是独立的具体人格权。

性自主权的客体是性利益,是权利人在自己的性的问题上所享有的利益。性,被弗洛伊德定义为,指由异性的身体(尤其是性的器官)所得到的快感和满足;最狭义的概念,意即指性器官的接触和性的动作的完成。[1] 性利益具有三位一体的内涵,即具有生理因素、心理因素和法律因素。就生理因素而言,性利益是指自然人的性自由,即任何人不能以暴力、胁迫或其他手段违背其意志实施性行为;就心理因素而言,性利益是权利主体因其保有性自由,通过性交往对象的选择,而获得内心快乐体验和美的享受;就法律因素而言,性自由的行使必须在法律范围内进行,超越法律范围的性行为即是不法性行为。

性利益的法律特征是:第一,性利益是自然人的性的品行;第二,男女享有平等的性利益;第三,性利益包括性的不可侵犯性;第四,性利益的实质是自然人的性自由,当权利主体为支配自己的性利益而为承诺,与其发生性关系(包括性交和性的其他关系)的人,因其并未违背权利人的意愿而不构成对性自主权的侵害。

(2)性骚扰行为

性骚扰行为,是行为人违背权利人的意愿,与权利人强制实施性交之外的性行为,侵害权利人性自主权的行为。对他人实施侵害性自主权的性骚扰行为,应当承担侵权责任。对性骚扰予以法律规制的中心价值,就是保护性自主权的权利本身。一切以言语、文字、图像、肢体行为等方式施加违背他人意愿的有关性的关系的行为,都是侵害性自主权的行为。法律禁止以任何不当方式干预对性利益的自主决定权。对于任何一个人,除了生存权本身以外,几乎没有其他的个人权利和自由比性自主权更重要。因而,性自主权更加需要法律保护,依法制裁性骚扰行为。

(3)对性骚扰行为的法律规制

规制性骚扰行为有两种立法模式:一是权利保护主义,即以保护性自主权人的权利为主,追究性骚扰行为人的民事责任。二是职场保护主义,即对性骚扰行为的制裁,以制裁职场负责人未尽保护义务的违法行为为主,以保护权利

---

[1] 转引自陈运华:《论作为人格权的性权利及其法律限制》,载《政治与法律》2008年第8期。

人的性利益安全。我国采取以权利保护主义为主,职场保护主义为辅的对策,既追究实施性骚扰行为的行为人的责任,也辅之以追究职场负责人未尽保护义务的责任。

本条第1款规定的是权利保护主义的规则,第2款暗含的是职场保护主义的规则,但只规定了机关、企业、学校等单位的职场责任,在工作场所采取合理的预防、接受投诉、调查处置等措施,防止和制止对职场工作人员进行性骚扰。本条虽然没有直接规定责任条款,但是只要上述单位没有尽到上述义务,发生性骚扰行为,侵害了员工的性自主权,就可以依照《民法典》侵权责任编关于违反安全保障义务的责任(第1198条)或者用人单位的责任(第1191条第1款)的规定,追究单位的民事责任。

478. 侵害人身自由权应当承担民事责任

《民法典》人格权编第1011条规定:“以非法拘禁等方式剥夺、限制他人的行动自由,或者非法搜查他人身体的,受害人有权依法请求行为人承担民事责任。”这一条文是对人身自由权以及侵害人身自由权的行为及责任的规定,原《民法通则》没有规定人身自由权,在司法解释中规定了这一人格权。《民法典》总则编和人格权编将人身自由权规定在一般人格权的内容中,是一个不正确的做法。本条规定是从具体人格权的意义上,规定了人身自由权的基本内容。

人身自由权与人格自由不同,不是抽象人格权,而是指自然人在法律规定的范围内,按照自己的意志和利益进行行动和思维,不受约束、控制和妨碍的具体人格权。人身自由权是自然人享有的具体人格权,权利人之外的其他任何人,包括任何自然人、法人和非法人组织,都对权利人的人身自由权负有不可侵义务。

人身自由权的基本内容包括两种自由权:

(1)身体自由权。也称作运动的自由权,是指自然人按照自己的意志和利益,在法律规定的范围内进行身体运动的作为和不作为的权利。身体自由权所包含的是自然人自由支配自己外在身体运动的权利。非法限制或剥夺自然人的身体自由,为侵权行为。

(2)思维自由权。也称作精神自由权,自然人按照自己的意志和利益从事正当的思维活动,观察社会现象,是进行正确的民事活动的前提,法律应当予以保障。思维自由权是自然人按照自己的意志和利益,在法律规定的范围内,自主思维的权利,是自然人自由支配自己内在思维活动的权利。非法限制、妨碍自然人的精神自由,为侵权行为。

本条规定了两种侵害身体自由即行动自由的行为：一是以非法拘禁等方式剥夺、限制他人的行动自由；二是非法搜查他人身体的行为。前一种行为的范围比较广泛，不仅包括非法拘禁，而且包括其他剥夺、限制他人行动自由的行为，都属于侵害人身自由权的行为。其实，在侵害人身自由权的行为中，非法拘禁等方式并不重要，重要的是剥夺、限制他人的行动自由，凡是非法剥夺、限制他人行动自由的行为，都是侵害人身自由权的行为。至于非法搜查他人身体，则比较单纯，没有合法手续搜查他人身体的，就是侵害人身自由权的行为，都应当承担民事责任。

本条没有规定侵害思维自由的行为及责任，是一个缺陷。故意以使他人陷入错误为目的，或者故意以不当的目的和手段预告凶险而使人产生恐怖的行为，妨碍、干涉、限制他人正当的思维，使其陷于错误的观念，是侵害思维自由的违法行为，也应当承担民事责任。例如，杨某收到一封电报，收报人是住在浙江某县的杨某的父母。电报称：杨某的哥哥被汽车撞成重伤，正在抢救。杨某的父母悲痛万分，立即从浙江乘车赶到，见杨某的哥哥安然无恙。原因是杨兄的一个同事谢某因怀恨以此诈欺方法愚弄杨某的父母，进行报复。[1] 谢某虚构事实，使杨某的父母陷入其子身负重伤的错误思维之中，不仅损失财产，精神上也造成了巨大的痛苦，其思维自由权受到了侵害。这正是原《最高人民法院关于贯彻执行〈中华人民共和国民法通则〉若干问题的意见（试行）》第149条关于“盗用、假冒他人名义，以函、电等方式进行欺骗或者愚弄他人，并使其财产、名誉受到损害的，侵权人应当承担民事责任”所述情形，是以诈欺方法侵害他人意志自由权的行为。

---

〔1〕 该案案情参见《以诈术损害他人财产应该承担什么责任》，载《人民日报》1990年10月23日，第5版。

第三章　有关姓名权和名称权的新规则

479. 自然人有权许可他人使用自己的姓名

《民法典》人格权编第 1012 条规定："自然人享有姓名权，有权依法决定、使用、变更或者许可他人使用自己的姓名，但是不得违背公序良俗。"这一条文是对自然人享有的姓名权及内容的规定，与原《民法通则》第 99 条第 1 款规定相比，增加了有权许可他人使用自己的姓名以及不得违背公序良俗的新规则。

姓名是以确定和代表个体自然人并与其他自然人相区别的文字符号和标识。姓名权，是指自然人决定、使用和依照规定改变自己的姓名，并维护其姓名利益的具体人格权。

姓名远在氏族社会就存在，一直延续至今。但姓名原不具事实及社会的意义，故每个人原得任意使用而不受法律之束缚。19 世纪初叶的立法，如普鲁士法、奥地利民法、萨克逊民法，有的也仅仅是关于姓名取得方法的规定，并未承认性质上为私权的姓名权。[1]《德国民法典》在历史上最早确认姓名权为民事权利。

在中国古代，立法不承认姓名权为民事权利。至近代，《大清民律草案》不仅承认姓名权为私权，而且在其第一编总则中以第 52～55 条共 4 条的篇幅，详加规定。

我国原《民法通则》第 99 条和第 120 条，规定了自然人姓名权和姓名权保护的法律制度。原《侵权责任法》第 2 条第 2 款明确规定姓名权受侵权责任法保护。

两千多年来，姓名权在不断经历着自身的演进和发展，正发

〔1〕 参见龙显铭：《私法上人格权之保护》，中华书局 1948 年版，第 87 页。

挥着其积极的社会功能并反映着历史的变迁。[1]

姓名权的内容如下:

(1)决定权。决定权也叫命名权,即自然人对自己的姓名的决定权。由于人出生即要命名,而权利人无法自己行使这一权利,因而由其亲权人行使命名权。

(2)使用权。姓名权人有权使用自己的姓名,用以区别自己与其他自然人的不同,确定自己的主体地位,实施民事法律行为。

(3)变更权。自然人对自己的姓名可以进行变更,不过通常变更的是名,而不是姓。变更姓氏须有特别理由,且变更姓名时须进行变更姓名的登记。

(4)许可他人使用自己姓名的权利。由于姓名权具有专属性,准许他人使用须为正当,如委托代理、法定代理、意定代理对本人姓名的使用是正当的许可使用,未经本人同意,又没有行使他人姓名权的免责事由的,则构成侵害姓名权的侵权行为。比如,“乔丹”案件就是未经许可将他人姓名申请注册为商标并进行使用的行为,需要承担侵权责任。

自然人在行使姓名权时,不论是决定、使用、变更,还是许可他人使用,均不得违背公序良俗。

本条新规则的要点如下:

(1)新增自然人姓名的许可使用权。姓名权是具有一定财产利益因素的人格权。如利用著名著作家的笔名发表作品,可以赚取稿费,利用著名演艺员的艺名可以提高票房价值。为了充分发挥姓名权的价值,本条规定新增了自然人姓名的许可使用权,允许自然人许可他人使用自己的姓名,并从中获得经济利益。

(2)新增自然人行使姓名权不得违背公序良俗的要求。之所以在姓名权的行使规则中特别强调不得违背公序良俗,是因为姓名权具有鲜明的伦理性。姓名权的客体是姓名,姓名包括姓和名两部分,姓是一定血缘遗传关系的记号,标志着个体自然人从属于哪个家族血缘系统;名则是特定的自然人区别于其他自然人的称谓。姓和名的组合,表现了个人对社会团体或血缘家族或某一类人的归属,也表现了从个体到群体的关系。[2] 不论是从家族出发,还是从群体出发,都强烈要求自然人行使姓名权时不得违背公序良俗。

---

〔1〕 参见葛少华等:《论姓名权法律属性的发展变迁之路》,载《法学论丛》2008 年第 6 期。

〔2〕 参见王利明:《人格权法研究》,中国人民大学出版社 2005 年版,第 405 ~ 406 页。

480. 非法人组织享有名称权

《民法典》人格权编第1013条规定："法人、非法人组织享有名称权，有权依法决定、使用、变更、转让或者许可他人使用自己的名称。"这一条文是对法人、非法人组织享有名称权及其内容的规定，与原《民法通则》第99条第2款的规定相比，增加了非法人组织享有名称权的新规则。

名称，是指法人、非法人组织在社会活动中，用以确定和代表自身，并区别于他人的文字符号和标记。名称并不是自然人的文字符号和标记，而是法人、非法人组织的文字符号和标记。

名称权，是指法人和非法人组织依法享有的，决定、使用、变更或者依照法律规定转让或者许可他人使用自己名称，并排除任何组织和个人非法干涉、盗用或者冒用的具体人格权。

名称权的主体是法人和非法人组织，自然人享有的是姓名权，而不是名称权。除了法人和非法人组织，有些自然人组合也有名称，例如没有民事主体地位的合伙。对于这些没有主体地位的自然人组合的字号、商号，比照适用名称权的规则进行保护。字号不仅局限于商店的名称，还扩展到个体工商户、个人合伙使用的名称；此外，字号往往具有"厂店合一"的特点，通常采取前店后厂的形式，店、厂使用同一字号。商号亦称商业名称，是商业主体依法申请登记，用以表示自己营业之名称，亦即商业主体在营业上所使用的名称。[1] 它的特征是由商业主体享有，依法登记，在营业上使用。字号和商号均为名称之一种，并不是名称的全部。名称除字号和商号以外，还包括非商业主体法人的名称，如机关法人、事业法人以及其他社团法人等。

名称权的具体内容如下：

(1)决定权。即决定自己的名称，法人、非法人组织在设立时，享有命名权，对法人或者非法人组织决定名称，并依法进行登记，即享有名称权。

(2)使用权。即使用自己的名称，法人、非法人组织取得名称就是为了使用，以标表自己的人格与其他主体在人格上的区别，进行民事活动，取得民事权利，履行民事义务。

(3)变更权。即变更自己的名称，法人、非法人组织认为确有必要，可以变更自己的名称，但须依照法律规定进行变更登记。

(4)全部转让和部分转让权。名称权与其他人格权的最大不同，是其他人格权都不能转让或者不能全部转让，而名称权不仅可以部分转让，而且还可以

---

〔1〕 参见刘清波：《商事法》，台湾"商务印书馆"1986年版，第31页。

全部转让。本条所说的转让,是全部转让;本条说的许可他人使用自己的名称,是部分转让。名称权全部转让的,一般须将营业一并转让,例如将自己的饭店盘给他人,名称和营业须一并转让。

481. 任何组织和个人负有不得侵害姓名权、名称权的义务

《民法典》人格权编第1014条规定:"任何组织或者个人不得以干涉、盗用、假冒等方式侵害他人的姓名权或者名称权。"这一条文是对姓名权和名称权的义务主体负有义务的规定,与原《民法通则》第99条的规定相比,将姓名权的强制性义务应用于对名称权的保护中。在本条的前两个条文中,规定姓名权和名称权时,都没有规定义务主体负有的强制性义务,本条一并作了规定。

姓名权和名称权也都是绝对权,在自然人享有姓名权,法人、非法人组织享有名称权时,其他任何民事主体都是权利人的义务主体。本条所说的"任何组织或者个人",就是对姓名权、名称权义务主体的规定,包括权利人以外的所有的自然人、法人、非法人组织。

姓名权、名称权的义务主体负有的法定义务,都是不可侵义务,即不得以任何方式侵害他人的姓名权和名称权。违反法定义务,侵害姓名权、名称权的方式有如下几种:

(1)干涉。包括对民事主体行使姓名权、名称权的命名权、使用权、变更权和许可他人使用权的干涉行为。干涉民事主体行使姓名权、名称权,是对自然人、法人、非法人组织行使姓名权的无理干预,阻碍对其姓名权、名称权的行使。换言之,干涉命名权、使用权、改名权,都是侵害姓名权的行为。

(2)盗用。盗用他人姓名表现为未经民事主体授权,擅自以民事主体的名义进行民事活动,或者从事不利于姓名权、名称权人的行为。盗用名称同样如此。

(3)假冒。假冒他人姓名、名称,是冒名顶替,非法使用他人姓名、名称,并冒充该主体参加民事活动或其他行为。冒用名称同样如此。

盗用和假冒这两种行为的相同点是:都是行为人在受侵害人不知情的情况下进行的;行为人在主观心理上都是故意的,并且具有一定的目的;都会造成一定的损害后果;都违反法律。不同之处是:第一,盗用是未经权利人同意而擅自使用,而假冒是专指冒名顶替;第二,盗用只是擅自使用他人姓名、名称,行为人并未直接以权利人的身份进行民事活动,假冒则是以权利人的身份直接进行活动;第三,盗用只是以他人的姓名、名称进行民事活动,假冒则不仅假冒他人姓名、名称,还包括故意利用自己的姓名、名称与权利人姓名、名称相同或相近的

特点,冒充他人进行民事活动。

(4)故意混同。姓名和名称的故意混同,并非使用权利人的姓名、名称,而是使用可能与权利人的姓名、名称混同的姓名、名称,造成与使用权利人的姓名、名称有同样效果的事实。使用与他人姓名、名称在外观上、称呼上和观念上相类似之姓名、名称,如变更拼音、变更笔画、全然不变更文字而发音类似,以及虽有语音不同而观念上则属同一者,均成立对姓名权、名称权的侵害。[1] 这是因为行为人利用姓名在外观上、称呼上或观念上的与他人姓名相类似的特点,故意与权利人的姓名相混同,以达到自己的目的。

没有遵守上述姓名权、名称权义务的民事主体应负的法定义务,对权利人姓名权、名称权进行干涉、盗用或者冒用的,违反了法定义务,构成侵害姓名权或者名称权的行为,行为人应当承担民事责任。

482. 自然人在特定情况下有权选取父姓和母姓之外的姓氏

《民法典》人格权编第 1015 条第 1 款、第 2 款分别规定:“自然人应当随父姓或者母姓,但是有下列情形之一的,可以在父姓和母姓之外选取姓氏:(一)选取其他直系长辈血亲的姓氏;(二)因由法定扶养人以外的人扶养而选取扶养人姓氏;(三)有不违背公序良俗的其他正当理由。”“少数民族自然人的姓氏可以遵从本民族的文化传统和风俗习惯。”这一条文是对自然人姓氏选取规则的规定,来源于原《婚姻法》第 22 条和原《全国人大常委会关于〈中华人民共和国民法通则〉第九十九条第一款、〈中华人民共和国婚姻法〉第二十二条的解释》,合并成为一个新规则。

姓名是用以确定和代表个体自然人并与其他自然人相区别的文字符号和标识。姓名包括姓和名两部分,姓是一定血缘遗传关系的记号,标志着个体自然人从属于哪个家族血缘系统;名则是特定的自然人区别于其他自然人的称谓。姓和名组合在一起,才构成一个个体自然人的完整的文字符号和标记,因而,姓名是自然人的人身专用文字符号和标记,是自然人姓名权的客体。其意义在于,姓名在法律上使特定的自然人与其他自然人区别开来,便于参加社会活动,行使法律赋予的各种权利和承担相应义务。人被社会命名(通过社会化的其他人),而他自己从诞生那天起,也是一个社会人。[2] 姓和名的组合,表现

---

〔1〕 参见龙显铭:《私法上人格权之保护》,中华书局 1948 年版,第 90 页。

〔2〕 参见纳日碧力戈:《姓名论》,社会科学文献出版社 2002 年版,第 1 页。

了个人对社会团体或血缘家族或某一类人的归属,也表现了从个体到群体的关系。[1]

自然人的姓氏,原则上应当随父姓或者母姓。这是因为,姓氏与名字不同,姓氏标表的是一个自然人的血缘传承,至于随父姓的血缘传承,还是随母姓的血缘传承,则可以选择。

自然人选择父姓、母姓之外的第三姓,须符合以下法定条件:

(1)选取其他直系长辈血亲的姓氏。例如,祖父母、外祖父母的姓氏与父母姓氏不一致,而选择祖父母、外祖父母的姓氏。

(2)因由法定扶养人以外的人扶养而选取扶养人姓氏。例如,长期被父母以外的人扶养但未形成收养关系而随扶养人的姓氏。

(3)有不违背公序良俗的其他正当理由。例如,本家族原姓氏为"萧",而错误简化为"肖",而恢复姓萧。

我国少数民族的姓一般出现较晚,姓名制度有三种情形,一是有姓有名,二是无姓有名,三是连名制(父子等名字相连接)。[2] 故少数民族自然人的姓氏,依据民族自治原则,遵从本民族的文化传统和风俗习惯。

483. 民事主体可以依法决定、变更姓名、名称或者转让名称

《民法典》人格权编第1016条第1款、第2款分别规定:"自然人决定、变更姓名,或者法人、非法人组织决定、变更、转让名称的,应当依法向有关机关办理登记手续,但是法律另有规定的除外。""民事主体变更姓名、名称的,变更前实施的民事法律行为对其具有法律约束力。"这一条文是对民事主体决定、变更姓名、名称及转让名称的规定,以往的民法没有这样的规定。

自然人享有姓名权,包括命名权、使用权、变更权和许可他人使用权。法人、非法人组织享有名称权,包括命名权(决定权)、使用权、变更权、转让权和许可他人使用权。无论是自然人还是法人、非法人组织,决定还是变更自己的姓名或者名称,以及转让自己的名称,都应当依照本条的规定,向有关机关办理登记手续。例如,自然人决定和变更自己的姓名,应当在公安机关的户籍管理部门进行登记,并且在自己的户口簿上进行登记和变更。法人、非法人组织决定和变更名称,以及转让自己的名称,应当在有关管理机关进行登记,例如营利法人应当在工商管理部门登记,非营利法人应当在民政部门或者其他相关部门进行登记。

---

〔1〕 参见王利明:《人格权法研究》,中国人民大学出版社2005年版,第405~406页。

〔2〕 参见纳日碧力戈:《姓名论》,社会科学文献出版社2002年版,第240页。

本条所说的转让自己的名称,是法人、非法人组织全部转让自己的名称,这不仅是转让自己的名称,而且是让与自己的名称权,因此,必须依照法律规定进行登记。这里的转让名称,不包括部分转让,即不是许可他人使用自己的名称。部分转让名称,适用许可使用合同确定的,依照许可使用合同的约定,确定转让方和受让方的权利义务关系。

484. 对笔名、艺名、网名、译名、字号、简称参照适用姓名权、名称权保护的有关内容

《民法典》人格权编第 1017 条规定:“具有一定社会知名度,被他人使用足以造成公众混淆的笔名、艺名、网名、译名、字号、姓名和名称的简称等,参照适用姓名权和名称权保护的有关规定。”这一条文是对笔名、艺名、网名、译名、字号及简称予以保护的规定。

广义的姓名,包括姓名本名以及笔名、艺名、网名、译名、字号、姓名和名称的简称等自然人、法人、非法人组织的具有人身特征的文字符号。在我国,自然人的字、号已很少见,但别名、笔名、艺名、网名的使用则很普遍,且为多数人所熟知,乃甚于本名,如鲁迅、茅盾、红线女等。这些本名之外的别号,在某些活动中有比本名更为重要的意义。因此也应当用姓名权、名称权的保护方法进行保护。

笔名,是写作者在发表作品时使用的作者标表自己人格特征的署名,如鲁迅、二月河等。艺名,是艺术家在艺术领域使用的标表自己人格特征的署名,如红线女、小白玉霜等。网名,是自然人以及其他主体在互联网等网络上使用的署名,也叫昵称。译名,是翻译过来的名称。字号,是法人、非法人组织的名号。姓名的简称,通常是只称谓姓或者只称谓名,或者其他简称例如字、号;法人、非法人组织名称的简称比较普遍,如北京大学称为北大、南京大学称为南大,西南政法大学称为西政大,西北政法大学称为西法大等。对此,发生争议的并不少见。

上述这些对自然人、法人或者非法人组织的称谓,只有在具备法定条件时,才适用姓名权和名称权的保护方法进行同等保护:一是具有一定知名度,即这些称谓必须达到一定的社会知名度,否则不予以保护,例如鲁迅、金庸这样的笔名具有相当的知名度,应当适用姓名权的保护方法予以保护;二是被他人使用足以造成公众混淆,例如,对北方工业大学或者北京交通大学,如果称其为“北大”,就会与北京大学相混淆。

不遵守对这些自然人、法人或者非法人组织的称谓的保护规则,进行干涉、盗用或者冒用,参照适用姓名权、名称权保护的规定,行为人应当承担民事责任。

第四章　有关肖像权的新规则

485. 肖像权的内容及其权利客体

《民法典》人格权编第1018条第1款、第2款分别规定："自然人享有肖像权，有权依法制作、使用、公开或者许可他人使用自己的肖像。""肖像是通过影像、雕塑、绘画等方式在一定载体上所反映的特定自然人可以被识别的外部形象。"这一条文是对自然人享有的肖像权的内容及其客体的规定，与原《民法通则》第100条的规定相比，增加肖像权的客体以及肖像权内容的新规则。

肖像权，是指自然人以在自己的肖像上所体现的人格利益为内容，享有的制作、使用、公开以及许可他人使用自己肖像的具体人格权。

肖像权的法律特征是：第一，肖像权的基本利益是精神利益，保护的是人之所以为人的肖像人格利益。第二，肖像权具有明显的财产利益，自然人的肖像作为艺术品，具有美学价值。在市场经济条件下，这种美学价值能够转化为财产上的利益，享有肖像权，就可以获得财产上的利益。第三，肖像权是自然人专有的民事权利，体现在形象再现的专有性，即自然人享有是否允许他人再现自己的形象的权利，体现在肖像使用的处分性。第四，肖像权的主体只是特定的自然人，反映的是自然人的外部形象。肖像权只能由自然人所享有，且须特定的自然人享有。

肖像的概念，本条第2款明确界定为"是通过影像、雕塑、绘画等方式在一定载体上所反映的特定自然人可以被识别的外部形象"。这个界定比较准确。肖像的要素是：第一，表现方法是艺术手段，如影像、雕塑、绘画等；第二，须固定在一定的载体之上，而不是镜中影、水中月；第三，可以被识别，肖像具有人格标识的作用,可以通过固定在载体上的形象以区别本人与他人人格特征的不同,不具有可识别性的形象就不是肖像;第四,自然人的外部形象,这个要素有些宽泛,因为通常界定肖像是“以面部形象为主的形象”,这里使用外部形象,并不专指肖像,而且也包含了“形象权”的概念。例如,可供识别的自然人的手、脚、背等的外部形象被侵害,算不算是侵权呢?曾经讨论过的“半张脸”是否为肖像,在这个条文里就能够得到答案。

肖像权的内容包括以下几项:

(1)制作权。权利人可以依照自己的意愿,通过多种艺术表现形式制作自己的肖像,如自拍。

(2)使用权。权利人对于自己的肖像,依照自己的意愿决定如何使用,如自我欣赏。

(3)公开权。权利人有权依照自己的意愿决定自己的肖像是否可以公开,怎样进行公开。

(4)许可他人使用权。权利人可以与他人协商,签订肖像许可使用合同,准许他人使用自己的肖像,这实际上是对肖像权使用权的部分转让,也是对自己的肖像准许他人使用而获得利益。这些行为,只要符合法律的规定,不违反法律规定和公序良俗,都是正当的行为,是行使本编第 993 条规定的公开权的合法行为。

486. 任何组织和个人对肖像权人的肖像权负有不可侵义务

《民法典》人格权编第 1019 条第 1 款、第 2 款分别规定:“任何组织或者个人不得以丑化、污损,或者利用信息技术手段伪造等方式侵害他人的肖像权。未经肖像权人同意,不得制作、使用、公开肖像权人的肖像,但是法律另有规定的除外。”“未经肖像权人同意,肖像作品权利人不得以发表、复制、发行、出租、展览等方式使用或者公开肖像权人的肖像。”这一条文是对不得非法使用肖像权人肖像的规定,这是对肖像权的义务人所负不可侵义务的规定。

肖像权是绝对权,其权利主体是肖像权本人,其义务主体是其他任何自然人、法人和非法人组织,即任何组织或者个人。绝对权义务人负有的义务是不可侵的不作为义务,肖像权义务人所负的义务就是不可侵义务。肖像权的义务主体负有的义务是不可侵义务,包括:

(1)不得以丑化、污损,或者利用信息技术手段伪造等方式侵害他人的肖像权。丑化、污损他人肖像,或者利用信息技术手段“深度伪造”他人的肖像,都属于侵害他人肖像权的行为,丑化和污损肖像应当具有恶意;深度伪造肖像可能为恶意,也可能为善意,只要未经本人同意,都是侵害肖像权的行为。

(2)未经肖像权人同意,不得制作、使用、公开他人的肖像。制作、使用和公开肖像,是肖像权人本人的权利,他人不得实施,经过权利人授权的,当然不为侵权。只要未经本人同意,制作、使用和公开他人的肖像,都是侵权行为。所谓法律另有规定的除外,是指合法使用他人肖像的行为,例如缉拿犯罪嫌疑人发布的通缉令使用被通缉人的肖像,寻人启事使用走失者的肖像等,均为合法使用。

(3)在肖像权保护中,有一种特殊的义务主体,即肖像作品的权利人。由于肖像是通过艺术方式固定在特定的载体之上,构成作品,因而就存在作品的著作权人,除非权利人本人自己作为作者,如自画像。从原则上说,肖像的作者虽然享有肖像作品的著作权,但是受到肖像权的拘束,只要是未经权利人的同意,肖像作品的权利人也不得以发表、复制、发行、出租、展览等方式使用或者公开肖像权人的肖像。因此,本条第 2 款的规定是很重要的,需要特别强调。

本条没有提到肖像权保护的两个问题:

(1)没有提到人体模特的肖像权问题。艺术品是基于艺术家的创作而再现生活的作品,它的生命力在于社会的承认,它的价值在于公众对它的评价和认可。一件艺术品,如果创作出来只能锁在画室里,供创作者一人观赏,那就永远也得不到公众的评价和社会的承认,也就失去了它的艺术价值,只有将它公之于世,让人们公开地进行观察、欣赏,才能评价出它的真实价值。从艺术品的这一基本特性出发,人体模特同意供艺术家临摹、创作,就应当首先推定其同意以其肖像创作的作品进行展览、复制和买卖。如果肖像权人即人体模特不同意上述对艺术品进行处分的活动,需要双方在肖像使用合同中作特别约定,这种特别的约定应以明示的方式作出,作为合同的禁止条款规定下来。如果没有禁止条款的特约,应当推定为同意公开使用。

(2)没有提到肖像权人死亡后的保护期限问题。对死者肖像权益的保护期限,就肖像作品的作者而言,一般保护 10 年,10 年之后肖像著作权人可以使用、公开,不受本编第 994 条规定的限制。

487. 民事主体有权对他人的肖像合理使用且不承担民事责任

《民法典》人格权编第 1020 条规定:"合理实施下列行为的,可以不经肖像权人同意:(一)为个人学习、艺术欣赏、课堂教学或者科学研究,在必要范围内使用肖像权人已经公开的肖像;(二)为实施新闻报道,不可避免地制作、使用、公开肖像权人的肖像;(三)为依法履行职责,国家机关在必要范围内制作、使用、公开肖像权人的肖像;(四)为展示特定公共环境,不可避免地制作、使用、公开肖像权人的肖像;(五)为维护公共利益或者肖像权人合法权益,制作、使用、公开肖像权人的肖像的其他行为。”这一条文是对肖像合理使用的规定,实际上是对肖像权侵权主张的抗辩事由的规定。

符合本条规定的特定事由,可以不经过肖像权人的同意,直接制作、使用、公开肖像权人的肖像,不构成侵害肖像权,阻却行为的违法性。

合理使用的事由如下:

(1)为个人学习、艺术欣赏、课堂教学或者科学研究,在必要范围内使用肖像权人已经公开的肖像。合理使用的方式是,个人学习、艺术欣赏、课堂教学、科学研究。合理使用的范围是必要范围,在上述方式的可控范围内,不得超出该范围。使用的须是肖像权人已经公开的肖像,而不是没有公开的肖像,更不是自己擅自制作的他人肖像。

(2)为实施新闻报道,不可避免地制作、使用、公开肖像权人的肖像。这种合理使用的抗辩事由被称为“新闻性”,当一个人的肖像出现在新闻事件里时,对这种新闻照片,肖像权人不得主张肖像权。例如,在新闻事件中拍摄的肖像,不得认为是侵害肖像权。新闻性作为抗辩事由,主要在于两个方面:一是在公众视野中具有新闻性的人物,如元首、政治家等,凡具有新闻性的人皆不得主张肖像权和姓名权。[1] 二是具有新闻性的事件,例如在公众视野中参加集会、游行、仪式、庆典或者其他活动的人,由于这类活动具有新闻报道价值,任何人在参加这些社会活动时,都允许将其肖像和姓名、名称用于宣传报道,[2]不得主张肖像权。

(3)为依法履行职责,国家机关在必要范围内制作、使用、公开肖像权人肖像。最典型的方式是对逃犯使用、公开其肖像进行刑事通缉。

(4)为展示特定公共环境,不可避免地制作、使用、公开肖像权人肖像。例如,为了拍照天安门城楼而不可避免地将现场的路人拍摄在画面之中,路人对此不得主张肖像权。

(5)为维护公共利益或者肖像权人合法权益,制作、使用、公开肖像权人肖像的其他行为。例如,在寻人启事中使用走失者的肖像,是为了肖像权人的合法权益而合法使用。

---

〔1〕 参见史尚宽:《债法总论》,台北,荣泰印书馆1978年版,第150页。

〔2〕 参见王利明、杨立新主编:《人格权与新闻侵权》(第2版),中国方正出版社2000年版,第680页。

488. 肖像权的公开权行使方式为肖像许可使用合同及解释方法

《民法典》人格权编第1021条规定："当事人对肖像许可使用合同中关于肖像使用条款的理解有争议的，应当作出有利于肖像权人的解释。"这一条文是对肖像许可使用合同以及对合同争议解释方法的规定。

肖像许可使用合同，是肖像权人行使公开权，与授权使用人签订的肖像使用范围、方式、期限、报酬等进行约定的合同。对此，双方当事人应当遵守约定，行使约定的权利和履行约定的义务，实现各自的利益。

确认合法的肖像许可使用行为的性质为肖像许可使用合同，为肖像权的法律保护提供有益的启发。在排除阻却违法事由之外，依照有效的肖像许可使用合同的约定使用肖像权人的肖像，为合法的肖像使用行为，法律予以保护；没有有效的肖像许可使用合同作为依据而使用肖像权人的肖像，或者超出肖像许可使用合同约定范围而使用肖像权人的肖像，是违法行为，法律不予保护，且须依法承担民事责任。因此，肖像许可使用合同是肖像权人行使肖像权公开权的基本方式。

肖像许可使用合同可以对肖像使用的范围、方式、报酬等进行约定。双方当事人如果对这些约定发生争议，应当依照本法合同编规定的合同解释原则进行解释。由于肖像许可使用合同是支配人格利益的合同，因此，在解释时，应当作出有利于肖像权人的解释，以保护肖像权人的合法权益。例如，关于使用方式约定的不够明确，双方发生争议，为保护肖像权人的合法权益，应当采用有利于肖像权人的理解作出解释。

本条虽然未对肖像许可使用合同作出具体规定，但是肖像许可使用合同的概念对确定侵害肖像权的行为认定具有重要价值：第一，肖像权人许可他人使用其肖像的，应当依据肖像许可使用合同的约定确定是否存在违约行为。第二，人格权公开权的行使方式，就是采用许可使用合同的方式进行。

对于前者，主要的内容如下：

(1)以约定的使用用途为标准，超出使用用途的占定，将肖像用作他途，构成侵权行为。

(2)以确定约定的使用期限为标准，在约定的肖像使用期限内使用的，为合法使用，超出约定的使用期限的，为侵权行为。

(3)以欺诈方式签订肖像使用合同，该约定无效，该肖像无论作何使用，均为侵权。

(4)承诺使用而反悔的不构成侵权，肖像权人已就肖像使用人的肖像使用行为表示承诺的，不得再以侵权为由起诉，使用人不构成侵权。不仅如此，如果使用肖像的承诺是肖像权人的法定代理人作出的，对于权利人亦有拘束力，也不应反悔,不得追究肖像使用人的侵权责任。

489. 当事人对肖像许可使用合同的解除权

《民法典》人格权编第 1022 条第 1 款、第 2 款分别规定:“当事人对肖像许可使用期限没有约定或者约定不明确的,任何一方当事人可以随时解除肖像许可使用合同,但是应当在合理期限之前通知对方。”“当事人对肖像许可使用期限有明确约定,肖像权人有正当理由的,可以解除肖像许可使用合同,但是应当在合理期限之前通知对方。因解除合同造成对方损失的,除不可归责于肖像权人的事由外,应当赔偿损失。”这一条文是对肖像许可使用合同解除权及其行使规则的规定。

肖像许可使用合同的解除权分为两种。

(1)对肖像许可使用合同没有约定期限或者约定不明确的解除权

对于肖像许可使用合同,当事人对使用期限没有约定或者约定不明确的,采用通常的规则,即任何一方当事人都可以随时解除肖像许可使用合同,终止合同的履行。唯一的要求是,解除合同之前要留出适当的合理期限,并应当在合理期限之前通知对方。

这种解除权是任意解除权,不受法定解除权、约定解除权、协商解除的限制,只要一方提出行使解除权,通知对方之后,该合同即解除。原因在于,这是有关人格利益的许可使用合同,不是一般的交易关系,因而尊重肖像利益使用各方的意志,如果一方提出行使解除权,该合同立即解除,没有给对方留出合理期间做好解除合同的准备工作,将会使对方的利益受到损害。另外,肖像许可使用合同没有约定期限或者约定期限不明确,等于没有期限,当然可以随时解除。

这种肖像许可使用合同的解除权是任意解除权,在性质上属于法定解除权,是本法合同编第 563 条第 5 项规定的“法律规定的其他情形”的内容,没有附加任何解除合同的条件,只要行使解除权的一方给对方留出合理期限,该解除权即发生效力。

(2)肖像许可使用合同对期限有明确约定的解除权

当事人对肖像许可使用期限有明确约定,在合同约定的肖像许可使用期限内,只有肖像权人享有单方解除权。这种肖像权人的单方解除权,不属于任意解除权,须有正当理由,才可以解除肖像许可使用合同。在行使合同解除权时,解除权人也应当在合理期限之前通知对方,给对方当事人留出准备时间。

这种肖像权人单方享有的解除权与没有约定使用期限或者约定不明确的解除权的区别在于:一是使用期限有明确约定;二是在使用期限内行使解除权;

三是解除权是肖像权人的单方权利；四是须肖像权人有正当理由。使用肖像的一方当事人没有这种解除权。

肖像权人单方解除要有正当理由，没有正当理由也不得行使解除权。正当理由的确定，应当根据具体情形判断，例如肖像使用权人有违约行为等。肖像权人没有正当理由而解除合同的，构成违约行为，应当承担违约责任。

肖像权人行使解除权，因解除合同造成对方损失的，应当承担赔偿责任，但是，对于不可归责于肖像权人的事由而行使解除权的，不承担赔偿责任。

(3)怎样确定合理期限

在这两种解除权的行使要求中，都规定要在合理期限之前通知对方。考虑合理期限，应当斟酌四个要素：一是肖像许可使用的通常事理；二是肖像许可使用的通常习惯；三是原合同的许可使用期限；四是当事人的认可程度。根据上述应当考虑的要素进行斟酌，由法官确定合理期限。一般不应超过 3 个月，如果是因为使用权人的原因而解除合同的，确定为 1 个月比较适宜。

490. 其他人格利益的许可使用与对声音权的保护

《民法典》人格权编第 1023 条第 1 款、第 2 款分别规定："对姓名等的许可使用，参照适用肖像许可使用的有关规定。""对自然人声音的保护，参照适用肖像权保护的有关规定。"这一条文是对其他人格利益许可使用和声音权保护的规定。

本条规定了两个准用条款：一是对姓名等其他人格权行使公开权，参照适用肖像许可使用合同规则的准用条款；二是对声音权的保护，参照适用肖像权保护的规则。

(1)对姓名等人格利益行使公开权准用肖像许可使用合同规则

公开权是本编第 993 条规定的权利，包括姓名、名称、肖像等，"等"字里包含了诸如隐私和个人信息等。对于公开权的具体行使规则，本编只在对肖像权的规定中规定了肖像许可使用合同规则，没有对其他人格利益的公开使用作出具体规定。实际上，人格权人行使公开权，具体规则基本上都是一样的，因此，本法采取了只规定肖像许可使用合同规则，然后再规定本条的准用条款，规定对其他人格利益的许可使用，准用肖像许可使用合同的规则。这样，就使公开权的规则明确、简洁，既便于操作，又节省立法的篇幅。

对姓名、名称、隐私、个人信息等行使公开权，其规则准用的条款是本编第 1021 条和第 1022 条。

(2)对声音权的保护准用肖像权保护的规则

在所有的人格利益中,与肖像权的肖像利益最相似的就是声音,其与姓名一样,都能够标表特定自然人主体的人格特征,不仅便于识别,而且具有相当的财产利益。在人格权编立法过程中,笔者一直主张应当规定声音权,并且提出应当比照适用肖像权保护规则的准用条款。立法者在二审稿中采纳了这个建议,增加了这个准用条款。

在现实生活中确定不变的事实是,一个人的声音可以和姓名、肖像一样起到人格标识的作用。同样,科技的进步与人格权的发展密切相关,科技的每一次进步都促进了人格权的发展。近代以来,是在照相机发明之后,肖像权才日益受到重视的。声音也是随着窃听器、录音机的广泛使用而日益增加了保护的需要,从而被认可为一种特别的人格利益,[1]进而认定个人对声音的自主权利。电脑和互联网技术的发展,更是加剧了对声音侵害的现实性,凸显了对其保护的必要性。更重要的是,人的声纹和人的指纹、掌纹等身体特征一样,都具有唯一性、稳定性的特征,每个人的这些特征都与别人不同,且终生不变。由于人的身体特征不可复制,基于这些特征衍生了多种生物识别手段,比如指纹识别、声纹识别、掌纹识别等,并已被广泛应用于诸多领域。其中声纹识别是通过仪器对人的声音所作的等高线状记录,根据声音波形中反映讲话人的生理及行为特征的声音参数,进行身份识别的技术。[2] 目前,声纹识别技术已广泛应用于诸多领域,其产品的市场占有率仅次于指纹识别和掌形识别。在刑侦工作中,对于侦破电话勒索、绑架及电话人身攻击案件,声纹证据都可发挥其特有的作用,帮助警方确定犯罪嫌疑人。在刑事案件中,强制被告人提供声音标本并不违背其反对自我归罪的特权。[3]

这些都说明,从当前的技术来看,声音和个人的姓名、肖像在逻辑上属于同一层次的人格特征,都是个体的人格标识,它能起到姓名和肖像作为人格标识同样的作用。

因此,在姓名和肖像分别作为文字类人格标识和图像类人格标识成为人类历史上的具体人格权的种类之后,声音也可以因为科技的迅速发展而上升为听

〔1〕 参见 Helle, Besondere Pesonlichkeitchte im Privatrecht, 1991, S. 229 – 334; Hubmann, Das Personlichkeitrecht, 1967, S. 309f。转引自王泽鉴:《侵权行为法》(第1册),中国政法大学出版社2001年版,第138页。

〔2〕 参见张亮:《声纹证据的应用》,载《公安大学学报》2002年第4期;薛波主编:《元照英美法词典》,法律出版社2003年版,第1046页。

〔3〕 参见薛波主编:《元照英美法词典》,法律出版社2003年版,第1046页。

觉类的人格权即声音权的客体,即听觉类人格标识。

自然人的声音是声音权的客体,声音权是指自然人自主支配自己的声音利益,决定对自己的声音进行使用和许可他人使用的具体人格权。

声音权的主要内容如下:

一是录制专有权。声音除依著作权法,发唱片受保护外,应受人格权的保护。未得允许,不得滥行录制他人声音。滥为唱片的复制,一方为著作权之侵害,他方为人格权之侵害。[1] 声音的录制有如肖像的摄取,正是有了可以再现的科技,声音权和肖像权才有了保护的必要性。和肖像权一样,声音权的首要内容体现在对声音的录制上。

二是自我使用权。即声音权人对自己的声音可以进行使用,利用声音表达自己的意志,也可以利用自己的声音创造财产利益,这些全凭权利人本人自主决定。首先,精神利益的使用权。权利人对自己的声音如何使用具有支配权,这又可以分为作为和不作为两种方式。比如,朗诵、歌唱等都会给人带来精神上的愉悦、享受,这就是以作为的方式支配声音利益。有人想保持生活的低调,不想让其他人知悉自己的生活,不愿意将自己的声音公之于众,这就是以不作为的方式支配声音利益。其次,财产利益的使用权。权利人可以将自己的声音进行商业化的利用,并因此而获得收益。这可以视为是权利人积极利用声音权的表现。当权利人自己没有积极地将声音利益运用于商业领域,而其他人盗用或者模拟其声音运用于商业领域时,声音权人可以依据不当得利请求权或者侵权损害赔偿请求权请求救济。准用的条款是本编第 1018 ~ 1020 条。

三是许可他人使用权。声音权人可以将自己的声音许可他人使用,并从中获得利益或者不获得利益,许可他人使用就是行使公开权,准用的是本编第 1021 条和第 1022 条。在声音财产利益的许可使用上,许可使用有排他性许可使用和非排他性许可使用之分。在排他性许可使用的情况下,许可人和被许可人之间的合同具有物权效力,被许可人在不违背许可人利益的前提下具有专属使用权。在非排他性许可使用的情况下,许可使用合同仅具有债权效力。

---

〔1〕 参见史尚宽:《债法总论》,中国政法大学出版社 2000 年版,第 157 页。

第五章 有关名誉权和荣誉权的新规则

491. 名誉权和名誉概念的内涵界定

《民法典》人格权编第 1024 条第 1 款、第 2 款分别规定："民事主体享有名誉权。任何组织或者个人不得以侮辱、诽谤等方式侵害他人的名誉权。""名誉是对民事主体的品德、声望、才能、信用等的社会评价。"这一条文是对名誉权及客体名誉概念内涵界定的规定,与原《民法通则》第 101 条的规定相比,删除了人格尊严的规定,增加规定了名誉的定义。

名誉权,是指自然人和法人、非法人组织就其自身属性和价值所获得的社会评价,享有的保有和维护的具体人格权。名誉权的基本内容是对名誉利益的保有和维护的权利。名誉权的义务主体是权利主体之外的其他任何自然人、法人、非法人组织,即"任何组织或者个人",负有的义务是不可侵义务,即"不得以侮辱、诽谤等方式侵害他人的名誉权"。名誉权的义务主体违反这一不可侵义务,造成权利人损害的,应当承担民事责任。

名誉是名誉权的客体,本条第 2 款是对名誉概念的界定。应当区别的是,名誉分为主观名誉和客观名誉,作为名誉权客体的名誉是客观名誉,即独立于权利主体之外的"对民事主体的品德、声望、才能、信用等的社会评价",其既不是权利人对自己的自我评价,也不是权利人的本身,而是社会对权利人的客观评价。主观名誉也叫名誉感,是主体对自己品德、声望、才能、信用等的自我评价和感受,对此,名誉权不予以保护,只保护主体的客观名誉不为他人的非法行为侵害而降低。

名誉作为法律上的概念,具有以下特征:一是社会性。名誉是一种社会评价,无论在内容上还是形式上都具有社会的属性。评价的内容,源于特定主体在社会生活中的行为表现,出自公众的社会舆论,都是社会生活的反映。二是客观性。名誉是客观的评价,即外部社会对特定主体的评价,而不是个人的自我认识。三是特定性。名誉是公众对特定主体的社会评价,表现为社会评价的是"这一个"主体,而非"这些个"主体。四是观念性。名誉虽具客观性特征,但它的表现形态却是观念的形态,存在于公众的观念形态之中,其客观性是相对于特定民事主体主观认识而言,其评价具有客观的属性。因此,名誉的观念性与名誉的客观性并不矛盾。

按照本条第2款的规定,信用也是名誉权客体的组成部分。如果不将信用权作为一个独立的人格权,这样规定是可以的,自原《民法通则》以来就是这样规定的。不过,在本章中,对信用列出专条予以保护,特别是在当代社会,对信用的保护具有特别重要的价值和意义,因此,将信用权作为单独的人格权,对信用的保护具有必要性。笔者认为,信用权是独立的人格权,其客体是信用利益。

492. 为公共利益实施新闻报道、舆论监督行为不承担侵害名誉权责任

《民法典》人格权编第1025条规定:"行为人为公共利益实施新闻报道、舆论监督等行为,影响他人名誉的,不承担民事责任,但是有下列情形之一的除外:(一)捏造、歪曲事实;(二)对他人提供的严重失实内容未尽到合理核实义务;(三)使用侮辱性言辞等贬损他人名誉。"这一条文是对新闻报道、舆论监督等影响他人名誉免责以及除外条款的规定。

为公共利益实施的新闻报道和舆论监督等行为具有社会正当性,是合法行为,也是履行媒体新闻报道和新闻批评职责的正当行为。随着对人格权的保护越来越进步,很多人对名誉权等人格权产生了一种虚幻、膨胀的感觉,认为对自己的任何批评都是侵害名誉权,膨胀的人格权观念使人们接受批评的能力大大地减弱了,经受不住任何正当批评。因此,在观念上对名誉权等人格权也应当有一个"瘦身"的过程,其中包括对个人感觉的观念"瘦身"。应当肯定的是,即使是尖锐、尖刻的批评,也还是批评,并非侵害名誉权。所以,要给舆论和媒体以"喘息的空间",让媒体能够更多地干预公共事务,干预社会生活,这样才能够使社会更加和谐地发展。牺牲一点个人膨胀的名誉权观念,给媒体一个喘息的空间,就能够使社会更加进步。即使媒体在新闻报道和舆论监督等正当的新闻行为中,发生了对他人名誉造成影响的后果,也不构成侵害名誉权,不承担民事责任。例如,批评食品企业卫生条件不好督促其改进,虽然对其名誉有一定的影响,但是并不构成侵害名誉权,而是正当的舆论监督行为。

在新闻报道和舆论监督等新闻行为中,如果存在本条规定的情形,则不具有正当性,而是构成侵害名誉权。具体有以下情形:

(1)捏造、歪曲事实。这是故意利用新闻报道、舆论监督而侵害他人名誉权的行为。捏造事实是无中生有,歪曲事实是不顾真相而对客观事实进行篡改。这些都是故意所为,性质恶劣,构成侵害自然人、法人或者非法人组织的名誉权。

(2)对他人提供的严重失实内容未尽到合理核实义务。这种情形是新闻事实严重失实,是因未尽合理核实义务而使事实背离真相,是重大过失所为。传统媒体对所报道事实的真实性负责,因而负有事实真实性的核实义务。传统媒体不只是对他人提供的事实负有核实义务,即使对媒体自己采制的新闻,也应当尽到核实义务。无论是对他人即通讯员提供的新闻,还是对自己记者采制的新闻,只要是未尽必要注意而使新闻事实失实,同样构成侵害名誉权的行为。

(3)使用侮辱性言辞等贬损他人名誉。在新闻报道、舆论监督中,虽然没有上述两种情形,报道和批评的都是客观事实,但是,在其中有侮辱性言辞,以及其他贬损他人名誉的内容,对被报道人或者被批评人的名誉有损害的,也构成侵害名誉权的行为。

493. 新闻媒体负有合理核实义务

《民法典》人格权编第1026条规定:"认定行为人是否尽到前条第二项规定的合理核实义务,应当考虑下列因素:(一)内容来源的可信度;(二)对明显可能引发争议的内容是否进行了必要的调查;(三)内容的时限性;(四)内容与公序良俗的关联性;(五)受害人名誉受贬损的可能性;(六)核实能力和核实成本。"这一条文是对新闻媒体承担合理核实义务的规定。

本条解释"合理核实义务",是本编第1025条第2项规定的传统媒体负有的义务。网络媒体对自己采制的报道负有合理核实义务,对于他人在自己的网络服务平台上发布的信息,原则上不承担合理核实义务,只负有侵权责任编第1194~1197条规定的义务。

确定传统媒体在新闻报道和舆论监督中合理核实义务的因素如下:

(1)内容来源的可信度。如果是权威消息来源,则不必进行核实。权威消息来源作为媒体侵权的抗辩事由,仅指消息来源具有权威性,新闻媒体报道的事实即使不真实,如果具有权威消息来源的理由,也不构成媒体侵权责任。构成权威消息来源的条件:一是发布消息的机关是权威的;二是消息的真实性由发布消息的权威机关负责,媒体不必进行调查核实,可以直接进行报道,即使出现事实不真实的情况,新闻媒体也不负媒体侵权责任;三是媒体报道时未添加其他不实事实或者诽谤、侮辱性文字,或者没有删减事实,如果在事实上进行删改、增减,致使发生侵权后果的,则构成侵权。具备以上三个要件,可以对抗媒体侵权责任的主张。

(2)对明显可能引发争议的内容是否进行了必要的核实。如果应当进行核实而未核实,为未尽合理核实义务。进行了必要的核实,则不认为构成侵害名誉权。

(3)内容的时效性。即是否须及时报道,如果不及时报道将会损害公众的知情权。如果必须及时报道,进行必要的核实将无法及时向公众报道,即使存在一定的缺陷,也不认为是侵害名誉权。

(4)内容与公序良俗的关联性。与公序良俗具有相当关联性的,应当履行合理核实义务,如果事实失实,则构成侵害名誉权。如果内容与公序良俗关联性不大,些许的差错则不认为构成侵害名誉权。

(5)受害人名誉受贬损的可能性。新闻报道或者舆论监督的内容即使发表,受害人名誉的贬损可能性不大的,不认为是未尽核实义务。贬损的可能性大的,未尽核实义务,构成侵害名誉权。

(6)核实能力和核实成本。一是媒体的核实能力,例如,需要专业核实甚至侦查才能核对属实的新闻,媒体显然做不到;二是核实成本过高,得不偿失,也不必苛求媒体必须核实。

不符合上述任何一个要求的新闻报道、舆论监督,未尽合理核实义务,造成事实失实,侵害了受害人的名誉权的,都应当承担民事责任。

494. 文学、艺术作品侵害名誉权的认定标准及免责情形

《民法典》人格权编第1027条第1款、第2款分别规定:“行为人发表的文学、艺术作品以真人真事或者特定人为描述对象,含有侮辱、诽谤内容,侵害他人名誉权的,受害人有权依法请求该行为人承担民事责任。”“行为人发表的文学、艺术作品不以特定人为描述对象,仅其中的情节与该特定人的情况相似的,不承担民事责任。”这一条文是对文学、艺术作品侵害名誉权责任的规定。

文学、艺术作品侵害名誉权责任,应当依照本条前后两款规定的不同来确定。

(1)以真人真事或者特定人为描述对象的作品

任何人发表的文学、艺术作品,凡是以真人真事或者特定人为描述对象的,由于其描述对象确定,只要在作品的内容中包含侮辱、诽谤等内容,对被描述的对象名誉权有损害的,就构成侵害名誉权,受害人享有名誉权请求权,可以请求作者承担侵害名誉权的民事责任。

对此,关键之处是确定作品是否描述真人真事或者特定人。描述真人真事或者特定人,包括以下几种情况:其一,指名道姓,确有其人;其二,虽未指名道姓,但侵权人的描述足以使人认定为某人,如描述某人的相貌特征、语言特征、行为特征及生活和工作环境等,与现实中的人一致;其三,指向某个极小的组织,如个体工商户、个人合伙等组织等,该组织成员都应视为特定的人;其四,以真人真事为素材加工的文学作品,如果作品所描述的人物的相貌特征、生活经历、工作环境等,足以使他人认定为某人,则作者的行为应视为指向特定的人。

(2)不以特定人为描述对象的作品

如果行为人发表的文学、艺术作品不是以特定人为描述对象,仅是其中的情节与该特定人的情况相似的,不符合主要人格特征和主要生活工作经历的一致性原则,就不属于描述的是真人真事,不认为是对所谓受害人的名誉权侵害,不应当承担民事责任。

这里的情况,一是根本与现实的人无关,是他人自己对号入座。"对号入座",是指作品中所报道或者描写的人物本不是原告,而原告强硬地根据自己的特点和特征与作品中人物的特点和特征"挂钩"("对号"),主张文中描述的人物就是本人("入座"),诉求新闻媒体承担媒体侵权责任。二是描写的人物以现实人物为模特,经过加工,已经不再是现实人物的再现,而是经过艺术加工的文学人物。这两种情况都属于"仅其中的情节与该特定人的情况相似",因而不构成侵害名誉权,行为人不承担民事责任。

495. 媒体对失实作品负有更正和删除失实内容的义务

《民法典》人格权编第 1028 条规定:"民事主体有证据证明报刊、网络等媒体报道的内容失实,侵害其名誉权的,有权请求该媒体及时采取更正或者删除等必要措施。"这一条文是对媒体报道内容失实负有更正和删除义务的规定。

这一规定与本编第 1025 条第 2 项的规定相衔接。报刊、网络等媒体报道的内容失实,侵害他人名誉权的,不适用第 1025 条第 2 款的规定,负有的义务是更正和删除(还应当包括道歉义务)。这是媒体必须承担的作为义务,目的在于保护被报道人的合法权益不受侵害,并且使受到侵害的名誉得到恢复。更正、道歉义务分为两种:一是对报道的事实未尽核实义务,造成媒体侵权的后果,新闻媒体应当承担的更正、道歉义务。二是新闻媒体或者其他出版单位报道或者出版的著作物,发表或者出版的行为没有构成侵权行为,但是,由于发表或者出版的行为造成侵权后果而产生更正、道歉的义务。这两种更正、道歉的义务不同,产生的法律责任也不同。已经更正、道歉,是媒体侵权的正当抗辩事由。但是,由于更正、道歉义务的性质不同,因此已经更正、道歉作为抗辩事由的效果不同。

规定这一条文的必要性在于,媒体的更正、道歉义务原本是新闻媒体法应当规定的内容,由于我国没有制定这种法律,因此,对于媒体行为的法律调整只能由民法承担。本编规定了第1025条、第1026条和本条,等于给媒体的行为规范划出了界限,起到了新闻媒体法的作用,有利于保护民事主体的合法权益,保护好媒体的新闻报道和新闻批评的权利,平衡权利保护和媒体监督的利益关系,有利于推动社会的进步。

496. 信用权人对信用评价的权利及信用评价人的义务

《民法典》人格权编第1029条规定:"民事主体可以依法查询自己的信用评价;发现信用评价不当的,有权提出异议并请求采取更正、删除等必要措施。信用评价人应当及时核查,经核查属实的,应当及时采取必要措施。"这一条文是对信用权的变通规定。对信用权,自原《民法通则》以来就没有规定,而是采取适用名誉权的规定进行间接保护,即用保护名誉权的方法保护信用权。2002年《民法(草案)》规定了信用权,本法没有直接规定信用权,而是采用本条的立法方式对信用权作规定。

信用,是民事主体包括自然人、法人、非法人组织对其所具有的经济能力在社会上的评价获得的信赖与评价。信用与名誉不同,虽然都是一种社会评价,广义的名誉包括信用在内,但是,信用也有名誉不能包含的内容,其中不含侮辱或贬损人格之意者,不能一律以名誉律之。[1]

信用与名誉的区别是:名誉是对民事主体品德、才能以及其他素质的社会评价,为人格的社会评价;信用则是对民事主体经济能力的社会评价。信用包括对特定主体的信赖,名誉则不要求必须有信赖的成分。概言之,信用是将关于主体经济能力的社会评价从一般的社会评价中分离出来,确认为一种独立的人格利益,并以之与名誉相区别。

信用权,是指自然人、法人、非法人组织就其所具有的经济能力在社会上获得的相应信赖与评价,所享有的保有和维护的具体人格权。信用权是一个独立的具体人格权,与名誉权不仅基本内容不完全相同,保护的程度和方法也有所不同。

信用权与名誉权有很多相似之处,如权利性质、权利主体、权利客体的客观

---

〔1〕 参见史尚宽:《债法总论》,台北,荣泰印书馆1978年版,第147页。

属性等,都是相同的,但信用权也有自己的特点:一是信用权的客体即对主体的社会评价具有单一性,信用的基本内容是关于经济能力的社会评价,名誉权的客体则是关于主体的人格的综合评价,范围宽泛,内容复杂,即信用权和名誉权"前者系经济上的评价,后者为社会上的评价"。[1] 二是信用权包含对主体的信赖因素,而名誉权则只包含对主体的一般社会评价。信用权受到侵害,有时并不表现为名誉利益受到侵害,只表现为公众信赖的降低,即只损害信用而不损害名誉。三是信用权包含明显的财产利益因素,信用利益包含两部分,一部分是精神利益,另一部分则是财产利益。该种财产利益并非为直接的财产利益,而是含于其信用利益之中,在具体的经济活动中能够转化为财产利益,损害信用利益,也会造成严重的财产利益的损失。名誉权则不具有财产性,只是与财产利益有关联。本编虽然没有直接规定信用权,但是,通过本条的变通规定,实际上规定了信用权。

本条主要是针对征信机构及信用权人的权利作出的规定。我国是重礼仪、守信用的国家,"仁义礼智信"是传统道德。但是,近100年来,诚信道德和诚信秩序受到破坏,必须加强征信系统建设,维护诚信道德和诚信秩序。征信机构就是征集民事主体信用,进行加工,提供他人使用的机构,其有权征集民事主体的信用信息,进行加工,提供他人使用。这是加强诚信建设所必需的。每一个主体在接受征信机构征集信用信息的同时,也享有权利。

本条规定的是信用权人对征信系统享有的权利:一是民事主体可以依法查询自己的信用评价,征信机构不得拒绝;二是发现信用评价不当的,有权提出异议,并要求采取更正、删除等必要措施,以保持对信用权人信用评价资料和评价结论的正确性。

征信机构(也就是信用评价人)的义务:一是接受权利人对自己的信用评价的查询;二是对权利人提出的异议,应当及时核查;三是对异议经核查属实的,应当及时采取必要措施,予以纠正,对权利人保持正常的客观、准确评价。

497. 民事主体与征信机构的关系准用个人信息保护规则

《民法典》人格权编第1030条规定:"民事主体与征信机构等信用信息处理者之间的关系,适用本编有关个人信息保护的规定和其他法律、行政法规的有关规定。"这一条文是对民事主体与征信机构利益关系的规定。

本条之所以要规定民事主体与征信机构的权利义务关系,是因为征信机构

---

[1] 参见王泽鉴:《侵权行为法》(第1册),中国政法大学出版社2001年版,第125页。

的建立和发展都必须依赖于民事主体的信用信息,因而形成了信用机构征集民事主体信用信息的权利,以及民事主体作为信用权人对自己的信用信息占有、支配的权利。这两个权利形成冲突。在立法上,立场更多是站在征信机构一方,因为征信机构的价值在于建立社会的诚信秩序,维护社会的和民事主体的诚信观念,因而涉及社会公共利益问题。正是由于立法立场的偏重,因而更要保护好民事主体的信用权,保护好民事主体的信用信息,故本条在规定民事主体与征信机构的关系时,侧重强调民事主体的权利和征信机构的义务。

关于信用权和信用权人与征信机构之间的关系,本编除了第 1029 条规定之外,没有作进一步规定。由于信用权人和征信机构之间的权利义务关系与个人信息权人和个人信息处理者的权利义务关系基本相同,因此规定准用条款,准用本编有关个人信息保护的规定,以及其他法律、行政法规的有关规定。其他法律如《网络信息安全法》《全国人民代表大会常务委员会关于加强网络信息保护的决定》等,最重要的是正在制定的《个人信息保护法》,以及国务院关于保护个人信息的行政法规的规定。

征信机构征集信用信息准用的法律规定,在本编中,如第 1035 条规定的处理原则和条件,第 1037 条规定的自然人对信息处理者的权利,第 1036 条规定的关于处理个人信息的免责条款,第 1038 条规定的信息处理者的义务等,在个人信用信息的处理中都可以适用。

498. 荣誉权人享有不被诋毁、贬损荣誉的权利及错误更正请求权

《民法典》人格权编第 1031 条第 1 款、第 2 款分别规定:“民事主体享有荣誉权。任何组织或者个人不得非法剥夺他人的荣誉称号,不得诋毁、贬损他人的荣誉。”“获得的荣誉称号应当记载而没有记载的,民事主体可以请求记载;获得的荣誉称号记载错误的,民事主体可以请求更正。”这一条文是对荣誉权的规定,与原《民法通则》第 102 条的规定相比,增加了荣誉权的义务人不得诋毁、贬损他人荣誉以及权利人对荣誉记载的权利。

对荣誉权,很多人都认为不是一个人格权,也不能规定为人格权,因为它不具有人格权的基本特征。不过,我国自 1986 年《民法通则》就规定了荣誉权,尽管适用较少,但是,毕竟还是有保护的必要,且国外民法也有保护的立法例。故本法还是将其规定为具体人格权。

荣誉,是指特定民事主体在社会生产、社会活动中有突出表现或者突出贡献,政府、单位、团体等组织所给予的积极、肯定性的正式评价。在荣誉利益中,不仅包括精神利益,而且包括财产利益,例如给予特定民事主体荣誉,不仅包括

精神嘉奖,还包括物质奖励。荣誉也是一种评价,但是,与名誉是社会评价相比,两者的区别为:第一,荣誉是社会组织给予民事主体的评价而不是一般的社会评价,而名誉这种评价是社会评价,它的来源是公众,或者是一般的舆论;第二,荣誉是社会组织给予的积极评价而不是消极评价,而名誉这种社会评价既包括积极的褒奖,也包括消极的批评、贬损,还包括不含有褒贬色彩的中性评价;第三,荣誉是社会组织给予的正式评价而不是随意性评价,而名誉是公众的自由评价、随意评价,不受政府、组织和团体的意志所左右;第四,荣誉是民事主体依据自己的模范行为而取得的评价而不是自然产生的评价,而名誉是自然产生的,无须民事主体依自己的积极行为而取得,如人一出生就被他人评价其胖瘦、黑白、丑俊等,这是由名誉这种社会评价的非专门性、非正式性等特点所决定的。

荣誉权,是指民事主体对其获得的荣誉及其利益所享有的保持、支配、维护的具体人格权。荣誉权的特征是:第一,荣誉权的客体是荣誉本身及荣誉所包含的利益,包括物质利益和精神利益。第二,荣誉权不是获得权而是保持权。荣誉的获得包括两个因素,一是主体的突出贡献或突出表现,二是组织的承认并授予。荣誉权的基本含义在于对已经取得的荣誉的占有和保持。如果认可荣誉权是获得权或者包括获得权,就等于任何民事主体都有权获得荣誉,当组织没有授予其荣誉时,就可以依其获得权而主张荣誉。荣誉的获得在于组织的授予,而组织授予荣誉是行政行为或者组织行为,不是民事主体个人依其行为而取得的。因而,认为“荣誉权是获得荣誉称号的权利”,显然是不正确的。第三,荣誉权既是绝对权,也是对荣誉及其利益的支配权。因此,对于荣誉利益的精神利益,权利人的权利内容主要是保持和维护的权利,对于荣誉利益的财产利益,权利人对该财产利益与其他物的权利一样,享有支配权。

荣誉权的义务主体是权利人之外的所有自然人、法人和非法人组织,他们都负有不得非法剥夺他人的荣誉称号,不得诋毁、贬损他人的荣誉的法定义务。违反这种不可侵的法定义务,构成侵害荣誉权的行为,应当承担民事责任。

本条第 2 款规定的是荣誉权人的权利,即获得的荣誉称号应当记载而没有记载或者记载错误的,民事主体可以要求记载或者更正。这是荣誉权人对所获得的荣誉享有的保持和维护权利的体现。

第六章　有关隐私权和个人信息保护的新规则

499. 隐私权及隐私的概念界定

《民法典》人格权编第 1032 条第 1 款、第 2 款分别规定："自然人享有隐私权。任何组织或者个人不得以刺探、侵扰、泄露、公开等方式侵害他人的隐私权。""隐私是自然人的私人生活安宁和不愿为他人知晓的私密空间、私密活动、私密信息。"这一条文是对隐私权和隐私概念的规定，以往的法律尽管有对隐私权的规定，但是没有对隐私的概念作出过界定。

隐私权是自然人享有的人格权，是指自然人享有的私人生活安宁和对与公共利益无关、不愿为他人知晓的私密空间、私密活动、私密信息等的自主支配和控制，不得他人侵扰的具体人格权。

隐私权的法律特征是：第一，隐私权的主体只能是自然人，不包括法人、非法人组织。第二，隐私权的客体包括私人生活安宁和私密活动、私密信息、私密领域等，也称为个人私生活秘密。第三，隐私权的保护范围受公共利益的限制。当隐私权与公共利益发生冲突时，应当依公共利益的要求进行调整，与公共利益有关的范围不得为隐私的内容。

隐私权的内容是：第一，对自己的隐私进行隐瞒，不为他人所知的权利；第二，对自己的隐私享有积极利用，以满足自己的精神、物质等方面需要的权利；第三，对自己的隐私享有支配权，只要不违背公序良俗即可。

隐私，一为私，二为隐，前者指纯粹是个人的，与公共利益、群体利益无关，后者指权利人不愿意将其公开。因此，隐私是指与公共利益、群体利益无关的私人生活安宁，以及当事人不愿他人知道或他人不便知道的信息,当事人不愿他人干涉或者他人不便干涉的个人私事,以及当事人不愿他人侵入或者他人不便侵入的私人领域。因此,本条第2款规定:“隐私是自然人的私人生活安宁和不愿为他人知晓的私密空间、私密活动、私密信息。”除了私人生活安宁之外,隐私的内容,一是私密领域,也称作私人空间,分为具体的私人空间和抽象的私人空间。私密空间,是指个人的隐秘范围,如身体的隐私部位,个人居所、旅客行李、学生的书包、口袋、通信等,均为私密领域。抽象的私密空间是指思想的空间,专指个人的日记。二是私密活动,是一切个人的、与公共利益无关的活动,如日常生活、社会交往、夫妻的两性生活、婚外恋和婚外性活动。其中婚外恋和婚外性生活,考虑到当事人和相关人员的人格尊严,不得向社会公布,但并不排除对当事人进行批评教育,[1]如构成犯罪,还应依法追究刑事责任。三是私密信息,即个人的隐私情报资料、资讯,包括所有的个人情况、资料。诸如身高、体重、女性三围、病史病历、身体缺陷、健康状况、生活经历、财产状况、社会关系、家庭情况、婚恋情况、学习成绩、缺点、爱好、心理活动、未来计划、政治倾向、宗教信仰等。

隐私权的义务主体是权利人以外的其他所有自然人、法人和非法人组织。这些义务主体负有的是对自然人的隐私不可侵义务,即不得以刺探、侵扰、泄露、公开等方式侵害他人的隐私权。违反这些不可侵义务,构成对隐私权的侵害,应当承担民事责任。

500. 侵害隐私权的具体行为

《民法典》人格权编第1033条规定:“除法律另有规定或者权利人明确同意外,任何组织或者个人不得实施下列行为:(一)以电话、短信、即时通讯工具、电子邮件、传单等方式侵扰他人的私人生活安宁;(二)进入、拍摄、窥视他人的住宅、宾馆房间等私密空间;(三)拍摄、窥视、窃听、公开他人的私密活动;(四)拍摄、窥视他人身体的私密部位;(五)处理他人的私密信息;(六)以其他方式侵害他人的隐私权。”这一条文是对侵害隐私权行为的列举性规定。

本条列举的6种侵害隐私权的行为,排除了不构成侵害隐私权的行为,即获得权利人的明确同意的。无论何种隐私,都因隐私权人同意而构成对侵害隐私权的抗辩,不成立侵害隐私权的行为。

任何组织或者个人作为隐私权的义务主体,都不得实施下列有关个人的私人生活安宁、私密空间、私密活动、私密信息等的侵害隐私权的行为:

---

〔1〕 参见张新宝:《隐私权研究》,载《法学研究》1990年第3期。

(1)以电话、短信、即时通讯工具、电子邮件、传单等方式侵扰他人的私人生活安宁。私人生活安宁,是自然人享有的维持安稳宁静的私人生活状态,并排除他人不法侵扰,保持无形的精神需要的满足。电话、短信、即时通讯工具、电子邮件、传单等方式侵扰个人的生活安宁,通常称为骚扰电话、骚扰短信、骚扰电邮等,侵害个人的生活安宁,构成侵害隐私权。

(2)进入、拍摄、窥视他人的住宅、宾馆房间等私密空间。隐私权保护的私密空间包括具体的私人空间和抽象的私人空间。前者如个人住宅、宾馆房间、旅客行李、学生书包、个人通信等,后者专指日记,即思想空间。凡是对私密空间进行搜查、进入、拍摄、窥视等,都构成对隐私的侵害。

(3)拍摄、窥视、窃听、公开他人的私密活动。私密活动是一切个人的,与公共利益无关的活动,如日常生活、社会交往、夫妻生活、婚外恋等。对此进行拍摄、窥视、窃听、公开,都构成侵害私人活动。

(4)拍摄、窥视他人身体的私密部位。身体的私密部位也属于隐私,是身体隐私,如生殖器等私密部位。拍摄或者窥视他人身体的私密部位,构成侵害隐私权。

(5)处理他人的私密信息。私密信息是关于自然人个人的隐私信息,获取、删除、公开、买卖他人的私密信息,构成侵害隐私权。

(6)以其他方式侵害他人的隐私权。这是兜底条款,凡是侵害私人生活安宁、私密信息、私密活动、私密空间、身体私密等的行为,都构成侵害隐私权。

上述行为都是法律所禁止的行为,都是侵害隐私权的行为,都应当承担民事责任,以救济权利人隐私权损害的后果。

501. 个人信息的概念及其保护范围

《民法典》人格权编第 1034 条各款分别规定:“自然人的个人信息受法律保护。”“个人信息是以电子或者其他方式记录的能够单独或者与其他信息结合识别特定自然人的各种信息,包括自然人的姓名、出生日期、身份证件号码、生物识别信息、住址、电话号码、电子邮箱、健康信息、行踪信息等。”“个人信息中的私密信息,适用有关隐私权的规定;没有规定的,适用有关个人信息保护的规定。”这一条文是对个人信息保护的规定。

与总则编第 111 条的规定相对应,本条首先规定自然人的个人信息受法律保护。之后对个人信息概念的内涵和外延进行界定,并区别于隐私权保护的私人信息。

个人信息的内涵,是以电子或者其他方式记录的,能够单独或者与其他信息结合而识别特定自然人的各种信息。其特点:一是电子信息的记录方式是电子方式或者其他记录方式;二是能够单独或者与其他信息结合发挥作用;三是个人信息的表现形式是音讯、消息、通讯系统传输和处理的对象,泛指人类社会传播的一切内容;四是个人信息的基本作用是识别特定自然人的人格特征,因而个人信息的基本属性是个人身份信息,而不是个人私密信息。

从学术的角度上界定个人信息,即个人信息是对客观世界中特定自然人的身份状况和变化的反映,是特定自然人在与他人和客观事物之间活动的联系的表征,表现的是特定自然人的身份属性和人格特征的实质内容。

个人信息的外延是:自然人的姓名、出生日期、身份证件号码、个人生物识别信息、住址、电话号码、电子邮箱、健康信息、行踪信息等。

本条对于个人信息的保护规定,与本法总则编第 111 条的规定相一致,即只规定"个人信息",而未加"权"字。因而疑问是,本法规定的"个人信息"究竟是法益抑或权利呢? 这是对个人信息解读的焦点,也是民法对个人信息保护立场的根本性问题。本法仅仅对"个人信息"作出规定,不能认为规定的就不是个人信息权,对个人信息的保护仅仅是一种法益保护。对于个人信息权是一种民事权利这个结论,无论是语焉不详,还是根本予以否认,都没有充分的法理和法律的根据。对法律没有明确规定为权利抑或法益的,例如"个人信息",究竟应当认定为权利还是法益,有以下标准:

(1)确认法律规定保护的利益是否具有独立性,与其相近的民事权利所保护的利益是否存在明显的界分。主要问题是个人信息权和隐私权在客体上的关联紧密,但是,并非浑然一体,而是在性质等方面存在明确的界分。

(2)在实践中,对于法律保护的某种具体民事利益,用权利保护抑或用法益保护,对于主体的保护是否存在较大差别。在个人身份信息日益受到威胁,电信诈骗愈演愈烈的情形下,对于个人身份信息以个人信息权予以保护更为重要,而以隐私权的保护救济则显然不够。

(3)在比较法上,有无权利保护或者法益保护的立法例支持。在当代社会,把个人信息权作为独立的权利,其发展趋势越来越明显;更重要的是,不管是用隐私权保护个人信息,还是用个人信息权保护个人信息,都是用权利来保护,而没有用法益方法对个人信息予以保护的立法例。在这样的比较法基础上,来观察对个人信息权保护的法律模式,显然不能用法益保护方式,而应以权利保护方式进行。

因而,笔者认为,个人信息是权利,而不是法益。

本条第 3 款关于"个人信息中的私密信息,适用有关隐私权的规定;没有规定的，适用有关个人信息保护的规定”的规定，表明在个人信息中的那些涉及个人私密的信息，既有个人信息的属性，又有隐私权保护的私密信息的属性，在保护时，适用有关隐私权的规定；没有规定的，适用个人信息的保护方法进行保护。

502. 处理个人信息应当遵循的原则和条件

《民法典》人格权编第1035条第1款、第2款分别规定：“处理个人信息的，应当遵循合法、正当、必要原则，不得过度处理，并符合下列条件：（一）征得该自然人或者其监护人同意，但是法律、行政法规另有规定的除外；（二）公开处理信息的规则；（三）明示处理信息的目的、方式和范围；（四）不违反法律、行政法规的规定和双方的约定。”“个人信息的处理包括个人信息的收集、存储使用、加工、传输、提供、公开等。”这一条文是对处理个人信息的规定。

处理个人信息的原则是：第一，合法原则，即必须依照法律规定处理，不得非法进行；第二，正当原则，即处理自然人个人信息，必须有正当的目的；第三，必要原则，即使合法、正当处理个人信息，也不得超出必要范围。在这些原则的约束下，对个人信息不得过度处理。违反上述原则，过度处理个人信息的，为侵害个人信息的行为。

处理个人信息，除了须符合上述原则之外，还应当符合下列条件：

（1）征得该自然人或者其监护人同意，但是法律、行政法规另有规定的除外。其中征得自然人监护人的同意，是指处理无民事行为能力人或者限制民事行为能力人的个人信息，须征得其监护人的同意。例如，未成年人、丧失或者部分丧失民事行为能力的成年人，未经其监护人同意的处理，构成侵害个人信息的行为。

（2）公开处理个人信息的规则。处理个人信息，须将处理的规则予以公开，以判明是否符合处理的规则。

（3）明示处理个人信息的目的、方式和范围。明示处理信息的目的、方式，在其明示的范围内进行处理，便于权利人和公众进行监督。

（4）不违反法律、行政法规的规定和双方的约定。违反法律、行政法规的规定和双方的约定的处理，构成侵害个人信息。

按照本条规定，处理个人信息，须符合合法、必要原则和4个条件的要求，这也是处理个人信息的主体应当履行的法定义务。不符合上述原则、条件要求，处理的个人信息，违反了自己的法定义务，构成违法收集、处理，应当承担民事责任。

本条第2款对个人信息的处理作出了界定，即个人信息的处理包括个人信息的收集、存储使用、加工、传输、提供、公开等。收集作为个人信息的处理方式之一,比较常见,例如让客户填写有关信息的登记表、征信机构征集民事主体的信用信息等。除此之外,对个人信息的使用、加工、传输、提供、公开等,都属于处理的范畴。处理自然人个人信息须遵守上述原则和条件。对个人信息进行收集、存储使用、加工、传输、提供、公开等,符合上述要求的,为合法行为,不符合上述要求的,属于违法对个人信息进行的处理行为,构成侵害个人信息。

503. 行为人合理处理个人信息不承担民事责任

《民法典》人格权编第 1036 条规定:"处理个人信息,有下列情形之一的,行为人不承担民事责任:(一)在该自然人或者其监护人同意的范围内合理实施的行为;(二)合理处理该自然人自行公开的或者其他已经合法公开的信息,但是该自然人明确拒绝或者处理该信息侵害其重大利益的除外;(三)为维护公共利益或者该自然人合法权益,合理实施的其他行为。"这一条文对合理处理个人信息的规定,是对处理个人信息构成侵害个人信息的法定抗辩事由的规定。

对个人信息合法的收集、处理,尽管在有些时候未经个人信息权人的同意,但也不构成侵害个人信息权,不承担侵害个人信息权的民事责任,被处理个人信息的自然人不得主张侵害其个人信息权的责任。对处理个人信息行为构成侵害个人信息民事责任的指控,相对人可以提出合法的理由予以抗辩。抗辩事由,是指被告针对原告的侵害权利的指控提出的证明原告的诉讼请求不成立或不完全成立的事实。[1] 侵害个人信息权的抗辩,是指个人信息的处理者作为被告对原告的侵害个人信息指控提出的证明原告的指控不成立或者不完全成立的主张。而个人信息处理者的抗辩事由,则是对侵害个人信息权进行抗辩的特定的具体事实。对此,本条作出了明确的规定。

这些个人信息处理者对侵害个人信息权的抗辩事由如下:

(1)在该自然人或者其监护人同意的范围内合理实施的行为。收集、处理自然人个人信息,如果经过权利人的同意,并且在其同意的范围内合理实施的行为,不构成侵害个人信息。这与第 1025 条第 3 项关于"明示处理信息的目的、方式和范围"的规定相关,对此进行判断,符合明示的上述使用范围的,不构成侵害个人信息,超出范围的行为构成侵害个人信息。只要个人信息处理者在该自然人或者其监护人同意的范围内实施收集、处理个人信息的,就是合法的

---

[1] 参见王利明、杨立新:《侵权行为法》,法律出版社 1997 年版,第 76 页。

抗辩事由,阻却其行为的违法性。

(2)合理处理该自然人自行公开的或者其他已合法公开的信息,但是该自然人明确拒绝或者处理该信息侵害其重大利益的除外。这一事由包括三个方面:首先,自然人自行公开或者其他已经合法公开的信息,是可以处理的,一般情况下不构成侵害个人信息;其次,处理自然人个人信息必须遵循合理处理的规则,不得超出必要的范围;最后,除外条款,即尽管如此,如果自然人已经明确拒绝他人收集、处理,仍然处理这样的信息,或者处理这种信息关乎自然人的个人重大利益,而予以处理的,仍然构成侵害个人信息。

(3)为维护公共利益或者该自然人合法权益,合理实施的其他行为。处理自然人的个人信息,如果具有维护公共利益的目的,或者是为了维护该自然人自身的合法权益,则具有正当性,为合理实施,不构成侵害个人信息。

具有上述三种抗辩事由之一的,为合理实施处理自然人个人信息的行为,不构成侵害个人信息的行为,不承担民事责任。

504. 个人信息权人享有查阅、复制及异议更正、及时删除的权利

《民法典》人格权编第1037条第1款、第2款分别规定:"自然人可以依法向信息处理者查阅或者复制其个人信息;发现信息有错误的,有权提出异议并请求及时采取更正等必要措施。""自然人发现信息处理者违反法律、行政法规的规定或者双方的约定处理其个人信息的,有权请求信息处理者及时删除。"这一条文是对个人信息权人享有权利的规定,与前一条文相衔接,第1035条是对有权处理个人信息的处理者的规定,本条规定的是权利人对合法处理个人信息的处理者享有的权利。

个人信息权的权利人对合法处理其个人信息的处理者享有的权利主要如下:

(1)个人信息权人享有查阅或者复制的权利。自然人可以向信息控制者依法查阅或者复制其个人信息。这是因为,自己是个人信息的权利人,其信息就是自己的身份信息,即使被个人信息控制者处理,该信息的归属权不变,仍然为权利人所拥有。

(2)发现信息错误有提出异议并要求更正的权利。权利人在查阅或者复制自己的个人信息时发现自己的信息有错误的,有权提出异议,并要求信息处理者及时采取更正等必要措施。信息的处理者仍负有更正的义务。

(3)自然人发现信息处理者违反法律、行政法规的规定或者双方的约定处理其个人信息的,有权要求信息处理者及时删除其个人信息。这里还应当包括对被收集的、已经过时的、对自己可能造成不好影响的个人信息的删除权,即被遗忘权的删除权,以保护自己的合法权益。被遗忘权,是指信息主体对已被发布在网络上的,有关自身的不恰当的、过时的、继续保留会导致其社会评价降低的信息,要求信息处理者予以删除的权利。被遗忘权作为个人信息权的一项权利内容,我国法律有必要对其作出专门规定,以利于维护人格尊严、促进人格平等。被遗忘权作为个人信息权的具体内容性的权利,是人格权新类型样态丰富的重要体现。在一个高速发展的信息社会,负面信息的存在、流转,会使权利人的人格尊严受到贬损,甚至会给权利人带来严重的纷扰。全面确认个人信息权,并规定被遗忘权是其权利内容,是对权利人进行全面保护、提供有效救济的最佳途径。本条虽未明确规定被遗忘权,但是可以解释在本条规定的删除其个人信息的内容之中,以更好地保护个人信息。

个人信息的权利人享有上述权利,合法处理其个人信息的处理者负有满足权利人行使权利要求的义务。不履行上述义务,个人信息处理者应当承担侵害个人信息的民事责任。

505. 信息处理者负有法定的保密义务

《民法典》人格权编第 1038 条第 1 款、第 2 款分别规定:"信息处理者不得泄露或者篡改其收集、存储的个人信息;未经自然人同意,不得向他人非法提供个人信息,但是经过加工无法识别特定个人且不能复原的除外。""信息处理者应当采取技术措施和其他必要措施,确保其收集、存储的个人信息安全,防止信息泄露、篡改、丢失;发生或者可能发生个人信息泄露、篡改、丢失的,应当及时采取补救措施,按照规定告知自然人并向有关主管部门报告。"这一条文是关于信息处理者对个人信息负有保密义务的新规则。

个人信息的处理者,是指合法收集并控制自然人个人信息的主体。个人信息处理者对自然人个人信息负有的保密义务,包括两个方面:

(1)信息处理者负有的守约义务。首先,须履行对收集、存储的自然人个人信息保持由自己占有的状态,保持信息真实性的义务,不得将个人信息泄露给他人,不得对个人信息进行篡改。其次,须履行不得向他人非法提供的义务,未经自然人同意,不得将自己合法收集、存储的个人信息向他人非法提供。最后,例外的是,对经过处理无法识别特定个人,且不能复原的个人信息,属于衍生信息,称为"已经经过脱敏处理"的个人信息,不再具有个人身份信息的属性,已经进入可以公开使用的领域。对于衍生信息的处理,不构成侵害个人信息。

(2)信息处理者负有的保密义务。首先,信息处理者对已经收集、存储的个人信息,应当采取技术措施和其他必要措施,确保其收集、存储的个人信息安全,防止信息泄露、篡改、丢失。其次,如果发生或者可能发生个人信息泄露、篡改、丢失的,应当及时采取补救措施,依照规定告知自然人,并向有关主管部门报告,防止损失的扩大,并挽回已经造成的损失。

信息处理者违反上述对收集、存储的自然人个人信息负有的义务,构成侵害个人信息的行为,应当承担民事责任。

506. 国家机关、承担行政职能的法定机构及其工作人员对他人的隐私及个人信息负有保密义务

《民法典》人格权编第 1039 条规定:"国家机关、承担行政职能的法定机构及其工作人员对于履行职责过程中知悉的自然人的隐私和个人信息,应当予以保密,不得泄露或者向他人非法提供。"这一条文是对国家机关、承担行政职能的法定机构及其工作人员对自然人隐私和个人信息应当保密规定的新规则。

国家机关、承担行政职能的法定机构及其工作人员有多种渠道收集和知悉自然人隐私与个人信息。例如,出生登记、查处违章、办理护照、出具身份证明等,都必须提供个人信息,甚至涉及个人隐私。可以说,国家机关、承担行政职能的法定机构及其工作人员是掌握个人隐私和个人信息最主要的机构和人员。对此,国家机关、承担行政职能的法定机构及其工作人员必须对个人负有保密义务,不得泄露或者非法向他人提供。曾经有个案例,某男士驾车,某女士乘坐在副驾驶位置上,在高速公路行驶中,男士将手伸进女士的胸部做亲密动作,被高速公路探头拍摄到。高速公路管理部门的管理人员将该视频公布在网上,泄露了个人私密活动,侵害了个人的隐私权。[1]

本条规定了国家机关、承担行政职能的法定机构及其工作人员对于知悉的个人隐私和个人信息的保密义务,但是,没有规定应当承担责任的规范。对此,应当适用本编第 995 条规定,受害人有权依照本法和其他法律的规定请求行为人承担民事责任。有人主张这是国家赔偿责任,是不对的,这里明确规定的是承担民事责任,不是国家赔偿责任。

---

〔1〕 参见杨立新:《"速度与激情"事件引发的民法思考》,载《河北法学》2012 年第 2 期。

第五编　婚 姻 家 庭

第一章　有关一般规定的新规则

507. 婚姻家庭受国家保护且不再实行计划生育

《民法典》婚姻家庭编第1041条各款分别规定："婚姻家庭受国家保护。""实行婚姻自由、一夫一妻、男女平等的婚姻制度。""保护妇女、未成年人、老年人、残疾人的合法权益。"这一条文规定的是婚姻家庭编的基本原则，与原《婚姻法》第2条的规定相比，本条规定新增了婚姻家庭受国家保护的基本原则，删除了实行计划生育作为婚姻家庭编基本原则的规定。

婚姻家庭受国家保护原则，最初来源于《宪法》第49条规定的"婚姻、家庭、母亲和儿童受到国家的保护"。本条规定了这一基本原则，是对《宪法》规定的具体落实。婚姻和家庭是社会的细胞，是社会的最基础形态。调整好婚姻关系和家庭关系，保障婚姻家庭稳定和发展，将在社会安定、和谐、团结、发展中发挥巨大的作用。

婚姻自由原则，是指自然人依照法律规定行使结婚或者离婚不受拘束、不受控制、不受非法干预的权利。婚姻自由是近现代婚姻家庭立法努力推进的一项基本原则，以人格的独立、平等、自由、尊严为基础，是自然人的一项基本权利，是亲属法的基本原则。一夫一妻原则，是一男一女结为夫妻的婚姻制度，也是我国亲属法规定的婚姻关系的基本原则。男女平等原则，两性平等、男女平权，是现代社会的一项基本人权，表现为在亲属身份关系中，无论男女，都享有一样的权利，负担一样的义务。保护妇女、儿童、老人、残疾人的合法权益原则，是社会公德的要求，婚姻家庭法特别强调对妇女、儿童、老人、残疾人合法权益的保护，将其作为亲属法的基本原则，以更好地保护亲属中的弱势群体，防止他们的合法权益受到侵害。

本条新规则的要点如下:

(1)新增婚姻家庭受国家保护的基本原则。制定原《婚姻法》时,所规定的基本原则有婚姻自由、一夫一妻、男女平等、计划生育等。可以看到,这其中主要规范的是婚姻关系,对家庭关系的重视不够。家庭是亲属的基本单位。家庭关系的稳固对于家庭成员乃至社会都具有重要意义。本条规定借鉴原《民法通则》第104条关于"婚姻、家庭、老人、母亲和儿童受法律保护"的规定新增了这一内容,强调了婚姻家庭受法律保护,成为处理婚姻家庭问题的准绳,有利于实现家庭关系的稳定和谐。

(2)删除实行计划生育的基本原则。本条之所以删除"实行计划生育",不再将其作为婚姻家庭法基本原则,是因为国家长时间实行独生子女的计划生育政策,限制了人口增长,使后备劳动力大大减少,出现了较大的社会问题,需要适当调整计划生育政策,以改变目前的状况。因此,在原《婚姻法》第2条的基础上,本条删除了"实行计划生育"的规定,不再将其作为《民法典》婚姻家庭编的基本原则。

508. 家庭应当树立优良家风,弘扬家庭美德,重视家庭文明建设

《民法典》婚姻家庭编第1043条第1款、第2款分别规定:"家庭应当树立优良家风,弘扬家庭美德,重视家庭文明建设。""夫妻应当互相忠实,互相尊重,互相关爱;家庭成员应当敬老爱幼,互相帮助,维护平等、和睦、文明的婚姻家庭关系。"这一条是对家庭建设和夫妻关系、家庭成员关系的规定。与原《婚姻法》第4条的规定相比,本条规定新增了对家庭建设的要求以及夫妻互相关爱的要求。

民法典重视家庭建设,要求家庭树立优良家风,弘扬家庭美德,重视家庭文明建设,把家庭建设好,使之成为社会和谐稳定的基础。

夫妻之间应当互相忠实。忠实义务是指配偶的专一性生活义务,也称不为婚外性生活的义务。广义解释,还包括不得恶意遗弃配偶以及不得为第三人的利益而牺牲、损害配偶的利益。忠实义务要求配偶之间相互负不为婚外性交的不作为义务,是为保持爱情专一、感情忠诚而负担的义务,目的是忠实于配偶的对方当事人,不仅约束配偶双方当事人,而且约束配偶权的义务人。配偶权的权利主体以外的其他任何人,负有对配偶权的不可侵义务,与配偶一方通奸,破坏一方配偶的忠实义务,构成对配偶权的侵害。确立配偶互负忠实义务的重要意义有:(1)体现婚姻的本质要求,保持一夫一妻制的实质。(2)体现婚姻道德的要求,以性爱为基础的婚姻,具有排他性和专一性。(3)夫妻相互忠实,可以

保证子女血缘纯正,避免乱伦,防止造成血缘混乱。(4)对夫妻行为的评断提供标准,有评断是非的标准。同时,夫妻之间还要互相尊重、互相关爱,建立家庭和睦的基础。

本条新规则的要点如下:

(1)新规定了家庭建设的要求。与其他民法部门法相比较,婚姻家庭法具有两方面的特性。第一,伦理的色彩极为浓厚。无论何种亲属地位和权利义务关系,都须在必要的伦理范围之内,亲属上的权利必须与义务密切结合,体现纲常伦理。第二,婚姻家庭法是团体性的法律。婚姻、家庭都是超越个人而结合的亲属团体,在法律关系存续期间固定亲属的身份地位,发生权利义务关系。因而,婚姻家庭法更注重团体关系,重点考虑特定亲属之间的全体成员的利害祸福。基于婚姻家庭法鲜明的伦理性和团体性,本条规定强调了家庭建设的重要性,不仅要树立优良的家风,弘扬家庭的美德,而且需要注重家庭文明的建设。通过家庭建设来实现婚姻家庭关系的稳定,为社会进步和社会发展提供保障,让人民安居乐业,享受幸福安康的生活。

(2)新规定了夫妻互相关爱的要求。夫妻共同生活,互相依靠,相互扶助,是最紧密的团体之一。为了维护夫妻间的感情,要求夫妻之间按照感情的基本需要,互相关爱,共同体验人类最亲密的情感。

509. 收养应当保障被收养人和收养人的合法权益

《民法典》婚姻家庭编第 1044 条第 1 款、第 2 款分别规定:"收养应当遵循最有利于被收养人的原则,保障被收养人和收养人的合法权益。""禁止借收养名义买卖未成年人。"这一条文是因将原《婚姻法》《收养法》统一编为"婚姻家庭编",因而将原《收养法》第 2 条和第 20 条的规定合并为一条,作为收养子女的一般性原则。

收养,是指自然人领养他人的子女为自己的子女,依法创设拟制血亲亲子关系的身份法律行为。依收养身份法律行为创设的收养关系,就是拟制血亲的亲子关系,是基于收养行为的法律效力而发生的身份法律关系。其中,收养人为养父或养母,被收养人为养子或养女。[1] 这种拟制血亲的亲子关系,具有与自然血亲同样内容的权利义务关系。

收养行为在法律上具有以下特征:第一,收养是身份法律行为,是要式行为;第二,收养的行为人应当是具有特定法律身份的人;第三,收养行为是产生

〔1〕 参见陶汇曾:《民法亲属论》,上海法学编译社 1937 年版,第 170 页。

法律拟制血亲关系的行为;第四,收养行为消灭养子女与生父母的权利义务关系,但自然血缘关系仍然存在。

收养通常是为了满足收养人没有子女而渴望收养子女的愿望,组建完整的家庭。但是,收养即使具有这样的目的,也必须依照收养的法律要求进行,这就是,收养的宗旨应当是最有利于被收养人的原则,保障被收养人和收养人的合法权益。这是因为,任何被收养人都是独立的个体,都是具有人格尊严的民事主体,应当受到尊重;由于被收养人多数都是未成年人,是祖国和民族的未来和希望,必须最有利于他们的健康成长,使他们的合法权益得到保障。只有符合这样要求的收养行为,才是法律承认的收养。

依照民法公序良俗原则的要求,实施收养行为必须依法办事,尊重当事人的意志,遵守社会公德,不能违反善良风俗。对收养当事人的行为应当加以必要的约束,不能妨害社会公德和社会秩序。在现实生活中,存在借口收养而买卖未成年人的现象,这是社会的丑恶现象,必须严厉禁止,严厉打击借收养名义买卖未成年人的违法犯罪行为。

510. 亲属、近亲属和家庭成员的概念界定

《民法典》婚姻家庭编第 1045 条各款分别规定:“亲属包括配偶、血亲和姻亲。”“配偶、父母、子女、兄弟姐妹、祖父母、外祖父母、孙子女、外孙子女为近亲属。”“配偶、父母、子女和其他共同生活的近亲属为家庭成员。”这一条文第一次规定了我国的亲属概念和种类,同时还规定了近亲属和家庭成员的概念。

1949 年以来,我国婚姻家庭领域的立法没有使用过亲属的概念,民法典第一次规定了亲属的概念。

亲属,是指因婚姻、血缘和法律拟制而产生的人与人之间的特定身份关系,以及具有这种特定身份关系的人相互之间的称谓。亲属的含义是:第一,亲属是一种人与人之间的社会关系,这种社会关系因婚姻、血缘和拟制血缘而产生。在这个含义上使用“亲属”概念,实际上是指“亲属身份关系”,是亲属之间的权利义务构成的法律关系。第二,亲属标志着具有亲属身份关系的人的特定身份。亲属是人与人之间的一种特定身份,具有特定亲属身份关系的人就具有特定的身份。这种身份是固定的,只要亲属身份关系存在,这种特定身份就不会改变,亲属之间不能相互更换位置而改变身份。在这个含义上的亲属概念,标志着亲属之间的不同身份地位及亲属身份关系的远近亲疏。第三,亲属也是具有亲属身份关系的人相互之间的共同称谓。亲属因其身份的不同,因其亲属身份关系的远近亲疏不同而有不同的称谓。在这个含义上使用的“亲属”,实际上

指的是亲属之间的共同称谓。

"亲属包括配偶、血亲和姻亲。"亲属概念概括了亲属的三个种类：

(1)配偶。配偶是亲属，是关系最为密切的亲属，是因男女双方结婚而形成的亲属，是血亲的源泉、姻亲的基础。配偶的亲属身份始于结婚，终于配偶一方死亡或离婚。

(2)血亲。血亲是指有血缘联系的亲属，是亲属中的主要部分。血亲分为自然血亲和拟制血亲。自然血亲是指出于同一祖先有血缘联系的亲属，如父母与子女、祖父母与孙子女、外祖父母与外孙子女、兄弟姐妹等。拟制血亲，是指本无血缘联系或者没有直接的血缘联系，但法律确认与自然血亲有同等权利义务的亲属。拟制血亲一般因收养而产生，在养父母和养子女之间产生父母子女的权利义务关系。血亲还分为直系血亲和旁系血亲：直系血亲是指有直接血缘关系的亲属，包括生育自己和自己生育的上下各代的亲属；旁系血亲是指有间接血缘关系的亲属，即与自己同出一源的亲属。

(3)姻亲。姻亲，是指以婚姻为中介而形成的亲属，配偶一方与另一方的血亲之间为姻亲关系。如公婆与儿媳、岳父母与女婿等。我国的姻亲分为三类：一是血亲的配偶，是指己身的血亲包括直系血亲和旁系血亲的配偶。二是配偶的血亲，是指配偶的直系血亲和旁系血亲。三是配偶的血亲的配偶，是指自己配偶的血亲的夫或者妻。

亲属之间存在亲疏远近的区别，国外通常用亲等表示。我国没有这样的制度，而是使用"近亲属"的概念，确认配偶、父母、子女、兄弟姐妹、祖父母、外祖父母、孙子女、外孙子女为近亲属，在他们之间发生权利义务关系。超出这个范围的亲属，不发生亲属的权利义务关系，不受婚姻家庭法的调整。我国这个近亲属的概念，相当于"配偶＋三代以内的血亲"。这个近亲属的概念过于狭窄，例如曾祖父母、外曾祖父母与曾孙子女、曾外孙子女都不是近亲属，都不具有法律规定的权利义务关系，这与民间习惯不符，显然是不当的。

本法没有规定家制，虽然有家庭的概念，但却没有对家庭概念作出界定，仅规定了家庭成员的概念。配偶、父母、子女和其他共同生活的近亲属，是家庭成员，即家庭的组成人员。

第二章　有关结婚的新规则

511. 患有医学上认为不应当结婚的疾病不再被认为是禁婚事由

《民法典》婚姻家庭编第 1048 条规定:“直系血亲或者三代以内的旁系血亲禁止结婚。”这一条文是对禁婚亲的规定,值得重视的是删除了原《婚姻法》第 7 条“患有医学上认为不应当结婚的疾病”为禁婚疾病的内容。

禁婚亲是禁止结婚的血亲,是指法律规定的禁止结婚的亲属范围。禁止一定范围的亲属结婚,在原始社会就存在,称为结婚禁忌,是人类在群婚制中逐渐发现两性近亲结合的危害,因而禁止一定范围的亲属的两性结合。进入个体婚时期,人类有意识地通过立法禁止近亲结婚,考虑的是优生学的原因和伦理道德以及身份上和继承上的原因。现代亲属法尽管对禁止结婚的亲属范围有所区别,但是确定禁婚亲的制度则是相同的。

在我国,直系血亲和三代以内的旁系血亲为禁婚亲。具体的禁婚亲是:第一,以世代计算法规定,凡是出自于同一祖父母、外祖父母的血亲,都是禁婚亲;第二,三代以内的旁系血亲,一是兄弟姐妹,二是伯、叔、姑与侄、侄女,舅、姨与甥、甥女,三是堂兄弟姐妹和表兄弟姐妹。

拟制血亲是否属于禁婚亲,各国规定不同,我国民法没有明文规定。在实务中的做法是,直系的拟制血亲之间不准结婚;旁系的拟制血亲关系未经解除,禁止结婚;拟制旁系血亲关系已经解除的,则准许结婚。

原《婚姻法》第 7 条第 2 项规定了“患有医学上认为不应当结婚的疾病”“禁止结婚”。这样的规定过于严厉,限制了当事人的权利。因此,本编增设第 1053 条,把一方患有重大疾病作为可撤销婚姻的事由,把是否认可婚姻效力交给对方当事人决定。

512. 当事人完成结婚登记时确立婚姻关系

《民法典》婚姻家庭编第 1049 条规定:“要求结婚的男女双方应当亲自到婚姻登记机关申请结婚登记。符合本法规定的,予以登记,发给结婚证。完成结婚登记,即确立婚姻关系。未办理结婚登记的,应当补办登记。”这一条文改变了原《婚姻法》第 8 条关于“取得结婚证,即确立夫妻关系”的规定,确定“完成结婚登记,即确立婚姻关系”的基本规则。

婚姻是社会制度,男女的结合必须经过社会的承认,才能正式成立婚姻关系。结婚的程序是结婚的形式要件,是法律规定的缔结婚姻关系必须履行的法律手续。

我国结婚实行登记制,要求结婚的男女双方必须亲自到婚姻登记机关进行结婚登记。符合本民法典婚姻家庭编规定的,予以登记,发给结婚证。可见,结婚登记是我国婚姻关系成立的唯一形式要件,是结婚的法定程序。其意义在于,只有在履行了法律规定的结婚程序,即进行结婚登记之后,婚姻才具有法律上的效力,才能得到国家和社会的承认。同时,加强结婚登记制度的管理,对保障婚姻自由、一夫一妻、男女平等婚姻制度的实施,保护婚姻当事人的合法权益,都具有重要意义。

结婚的具体程序要求是:第一,要求结婚的男女双方亲自到婚姻登记机关申请结婚登记。第二,符合本法规定的,婚姻登记机构予以登记,发给结婚证。男女双方完成结婚登记,即确立婚姻关系,双方当事人成为配偶,相互之间产生配偶权。第三,未办理结婚登记的男女如果要得到法律的承担,即使在一起同居甚至形成事实婚姻关系,也应当补办登记。

本条规定与原《婚姻法》第 8 条的区别在于,既然结婚(包括离婚)要经过登记,登记以后要向当事人颁发结婚(离婚)证书,结婚的效力究竟是产生于登记行为,还是颁证的行为,这是一个重要的问题。颁证是基于登记行为,须在登记之后才能够颁证。这说明,结婚的效力发生于登记行为,而不是颁证行为,颁证仅仅是对登记行为的证明。在这一点上,婚姻登记与物权变动登记的情形是一样的。原《婚姻法》第 8 条规定结婚效力发生于颁证行为,是不正确的,应当发生于登记行为。正是由于结婚、离婚是民事法律行为,民事法律行为规定须经登记,因此,结婚、离婚这种民事法律行为生效的形式就是登记。本条作出这样的重大修改,体现了民法的基本规则,强调了结婚是民事法律行为,是应当充分肯定的。

513. 受胁迫方有权自胁迫终止之日起 1 年内请求法院撤销婚姻

《民法典》婚姻家庭编第 1052 条各款分别规定："因胁迫结婚的，受胁迫的一方可以向人民法院请求撤销婚姻。""请求撤销婚姻的，应当自胁迫行为终止之日起一年内提出。""被非法限制人身自由的当事人请求撤销婚姻的，应当自恢复人身自由之日起一年内提出。"这一条文是对胁迫作为可撤销婚姻的法定事由的规定。与原《婚姻法》第 11 条的规定相比，本条规定删除了向婚姻登记机关请求撤销的规则，并将撤销权的除斥期间修改为自胁迫行为终止之日起 1 年内提出。

可撤销婚姻亦称可撤销婚，是指已经成立的婚姻关系因欠缺婚姻合意，受胁迫的一方当事人可以向人民法院申请撤销的违法两性结合。可撤销婚姻是婚姻的基础合意没有达成，其法理基础在于尊重当事人的意思基础，确定相对性的无效状况，赋予当事人撤销婚姻关系或者维持婚姻关系的权利，让其根据自己的意愿自由选择。这样的规定有利于保护婚姻当事人的利益，有利于维护婚姻家庭的稳定，而不至于将更多的违法婚姻推入绝对无效的范围，造成社会的不稳定，损害妇女、儿童的权利。

胁迫是可撤销婚姻的法定事由。婚姻胁迫行为，是指行为人以给另一方当事人或者其近亲属以生命、健康、身体、名誉、财产等方面造成损害为要挟，迫使另一方当事人违背自己的真实意愿而结婚的行为。构成婚姻胁迫，须具备以下要件：一是行为人为婚姻当事人或者第三人。至于受胁迫者，则既可以是婚姻关系当事人，也可以是婚姻关系当事人的近亲属。二是行为人须有胁迫的故意，是通过自己的威胁而使一方当事人产生恐惧心理，并基于这种心理而被迫同意结婚。三是行为人须实施胁迫行为，使其产生恐惧心理。四是受胁迫人同意结婚与胁迫行为之间须有因果关系。符合上述要件要求的，构成婚姻胁迫行为，受胁迫一方享有撤销权。

撤销婚姻的请求权受除斥期间的约束，除斥期间为 1 年。《民法典》总则编第 152 条第 2 项规定了"当事人受胁迫，自胁迫行为终止之日起 1 年内没有行使撤销权"的，撤销权才消灭。依照这样的规定，本条明确规定，撤销婚姻关系的申请人应当自胁迫行为终止之日计算，在 1 年内提出撤销婚姻请求的，都可以支持其撤销婚姻关系的请求。

应当明确的是，依照本条规定自胁迫行为终止之日起，已经超过了 5 年的最长除斥期间的，是否受总则编第 152 条关于"当事人自民事法律行为发生之日起五年内没有行使撤销权的，撤销权消灭"的规定。对此有两种理解，一是婚姻家庭编没有规定，因而不适用总则编第 152 条的这一规定，这是考虑了婚姻胁迫行为的特殊性。二是既然都是撤销权,都是形成权,分则没有规定的,应当统一适用总则的规定。依照笔者所见,总则编规定第 152 条第 2 款,对胁迫行为超过 5 年的实际需求考虑不周,因而对胁迫行为超过 5 年的,应当适用“自胁迫行为终止之日起没有行使撤销权”的规定,不适用第 2 款的规定,理由是第 152 条第 1 款第 2 项规定是特别法,第 2 款规定是普通法,依照特别法优先于普通法规定的原则,应当适用第 1 款第 2 项规定。同理,第 1052 条是特别法,因而排斥第 152 条第 2 款规定的适用。

被非法限制人身自由的当事人请求撤销婚姻的,则应当自恢复人身自由之日起一年内提出。在其恢复人身自由之日起一年内还没有提出撤销婚姻关系请求的,为超过除斥期间,撤销权消灭,不得再提出撤销婚姻的请求。

本条新规则的要点如下:

(1)删除了受胁迫方向婚姻登记机关申请撤销的规则。确认婚姻无效和撤销婚姻的权力,应专属于司法机关,不应属于行政机关。因而,本条与第 1053 条都只规定了法院为确认撤销婚姻的机关。

(2)修改撤销权除斥期间的起始点。按照原《婚姻法》第 11 条的规定,只要登记结婚,就要按照结婚登记之日起开始计算除斥期间,期间届满,就消灭该撤销权。这样的做法不利于保护婚姻中的被胁迫者,如果胁迫行为没有终止,受胁迫一方尚无条件行使撤销权,除斥期间一旦完成,就无法依法撤销这种婚姻关系。为了充分救济受胁迫一方的权益,本条规定将其修改为自胁迫终止之日起计算除斥期间。

514. 未告知患有重大疾病的婚姻为可撤销婚姻

《民法典》婚姻家庭编第 1053 条第 1 款、第 2 款分别规定:“一方患有重大疾病的,应当在结婚登记前如实告知另一方;不如实告知的,另一方可以向人民法院请求撤销婚姻。”“请求撤销婚姻的,应当自知道或者应当知道撤销事由之日起一年内提出。”这一条文修改了原《婚姻法》第 7 条、第 10 条的规定,删除了关于禁婚疾病为无效婚姻的内容后,作出了新规则。

究竟应当怎样理解“重大疾病”的范围,没有明确规定。在原《婚姻法》规定禁婚疾病时,通常认为,为了防止和避免疾病的传染和遗传,禁止结婚的疾病分为两类:一类是精神性疾病,如精神病、痴呆症等;另一类是传染性或者遗传性疾病,如艾滋病、麻风病等。前者考虑的是夫妻之间权利义务的行为能力和精神性疾病的遗传,后者则是避免传染和遗传。至于究竟哪些疾病不得结婚,法律没有明文规定,应以医学上的鉴定为准。对于重大疾病,在医学上没有统一说法之前，应当按照上述范围理解，即精神性疾病和传染性、遗传性疾病，都属于重大疾病的范围。

在缔结婚姻关系时，如果一方患有重大疾病，虽然不再属于禁止结婚的疾病，但是，在结婚时负有向对方当事人的告知义务，在结婚登记前如实告知另一方，如果对方当事人同意的，当然可以缔结婚姻关系。患病一方当事人如果不尽告知义务，或者不如实告知的，即不告知或者虚假告知，另一方当事人享有撤销权，可以向人民法院行使该撤销权，请求撤销该婚姻关系。

这样的规则变化，体现的是尊重当事人在对方当事人患有重大疾病时的自主选择，如果对方当事人患有重大疾病，但是，愿意缔结婚姻关系的，法律并不生硬地认定为无效婚姻，而是将权利交给未患病一方当事人，该方当事人仍然愿意保持婚姻关系的，法律并不干涉，该方当事人不愿意保持婚姻关系而主张撤销的，法律予以支持。

因一方患有重大疾病未告知而提出撤销婚姻关系请求的撤销权，受除斥期间的限制，除斥期间为 1 年，权利人自知道或者应当知道撤销事由之日起 1 年内提出。超过除斥期间，撤销权消灭，不得再提出撤销婚姻的请求。如果权利人一直不知道或者不应当知道，则适用总则编第 152 条第 2 款关于“当事人自民事法律行为发生之日起五年内没有行使撤销权的，撤销权消灭的”规定，超过 5 年，不得再主张撤销该婚姻关系。

515. 无效及可撤销婚姻中的无过错方有权请求损害赔偿

《民法典》婚姻家庭编第 1054 条第 1 款、第 2 款分别规定：“无效的或者被撤销的婚姻自始没有法律约束力，当事人不具有夫妻的权利和义务。同居期间所得的财产，由当事人协议处理；协议不成的，由人民法院根据照顾无过错方的原则判决。对重婚导致的无效婚姻的财产处理，不得侵害合法婚姻当事人的财产权益。当事人所生的子女，适用本法关于父母子女的规定。”“婚姻无效或者被撤销的，无过错方有权请求损害赔偿。”这一条文是对婚姻无效或者被撤销的后果的规定。与原《婚姻法》第 12 条的规定相比，本条规定新增了无过错方的损害赔偿请求权。

婚姻被确认无效或者被撤销，其直接的法律后果是当事人间的不合法婚姻关系溯及既往地消灭，即自始没有法律约束力。宣告婚姻无效与从来没有婚姻的逻辑相同，法庭对无效婚姻和可撤销婚姻所作的判决，至少从表面上看，其效力可被追溯至婚姻关系成立之时。由此发生的法律后果如下：

（1）对当事人的法律后果。婚姻无效和婚姻被撤销，对当事人的法律后果是婚姻关系自始没有法律约束力。无效或者被撤销的婚姻在依法被宣告或者被撤销时,才确定该婚姻自始不受法律保护。所以,婚姻无效或者被撤销的效力溯及既往,从婚姻关系开始时起就不具有婚姻的效力,当事人不具有夫妻的权利义务,相互不享有配偶权,并且自始不享有配偶权。

(2)对子女的法律后果。婚姻无效或者被撤销,其婚姻关系为自始无效,而对无效婚姻关系或者可撤销婚姻关系中父母所生育的子女却不认为是非婚生子女。这是为了保护子女利益,法律应当规定子女的婚生地位并不因父母婚姻被宣告无效或者被撤销而改变。在婚姻被宣告无效或者被撤销后,当事人必须妥善处理子女的抚养和教育问题;当事人不能就子女的抚养和教育达成协议的,由人民法院依法判决。

(3)对财产的法律后果。由于无效婚姻关系不具有婚姻的法律效力,因而原则上不能适用夫妻财产制的有关规定。同居期间所得的财产,由当事人协议处理;协议不成时,由人民法院根据照顾无过错方的原则判决。同居期间的财产已经形成共有的,应当按照共有的一般规则处理;没有形成共有的,则按照各自的财产归个人的原则处理;无法确认财产所有的性质的,按照共有处理。

(4)对重婚导致的无效婚姻的财产处理,应当保护好合法婚姻关系当事人的权益,妥善处理,不得侵害合法婚姻当事人的财产权益。

(5)婚姻无效或者被撤销的,无过错方有权向人民法院起诉请求损害赔偿。

本条增加的新规则是,无效或者可撤销婚姻中无过错方有权请求损害赔偿。当婚姻被认定为无效或者被撤销后,无过错方不论是在精神层面还是物质层面,往往都受到了很严重的损害。原《婚姻法》只规定了无效和可撤销婚姻中的人身关系和财产关系的处理方式,而忽略了无过错方的损害,不利于无过错方权益的保护。因而,本条规定新增了无过错方的损害赔偿请求权,对无过错方提供了侵权行为意义上的保护。如果发生类似的案件,当事人即可援引本条规定请求损害赔偿。

第三章　有关家庭关系的新规则

第一节　关于夫妻关系的新规则

516. 夫妻双方对未成年子女享有共同亲权

《民法典》婚姻家庭编第 1058 条规定："夫妻双方平等享有对未成年子女抚养、教育和保护的权利，共同承担对未成年子女抚养、教育和保护的义务。"这一条文是对共同亲权的规定，在本法总则编第 26 条规定父母对未成年子女亲权的基础上，进一步规定夫妻双方对未成年子女享有共同亲权。这是以前的立法从来没有规定过的新规则。

亲权，是指父母对未成年子女在人身和财产方面的管教和保护的权利和义务。在近代法上，在亲子关系中最重要、最核心的部分就是亲权。

共同亲权原则之前的亲权原则是父亲专权原则。父亲专权原则是男女不平等原则的产物，体现了亲属法上的人格不平等。这一原则不只是古代父权、家父权的原则，就是在近代资产阶级民事立法中，父亲专权原则也是亲权的原则。后来基于子女利益的观点，认为最需要亲权保护的幼儿，与母之关系较其与父之关系更为密切，母之亲权遂受承认，但初时仍以父亲为第一亲权人，母为第二亲权人。直至近代，因男女平等观念的兴起，各国立法才以共同亲权原则取代了父亲专权原则，[1] 在亲权领域中真正实现了男女平等。以《法国民法典》为例，1804 年《法国民法典》第 373 条规定："父母婚姻关系存续中，亲权由父单独行使之。"根据 1970 年 6 月 4 日第 70～459 号法律，第 9 章"亲

---

〔1〕 参见林菊枝：《亲属法新论》，五南图书出版股份有限公司 2006 年版，第 312 页。

权”进行了重新修订,修订后的第372条第1款为亲权行使的基本原则,规定“父与母共同行使亲权”,[1]确定了共同亲权原则。《德国民法典》原第1627条和第1634条规定,原则仅以父亲为亲权人;根据1979年7月18日《亲权照顾权新调整法》修订,将该法典第1626条规定为“父母有照顾未成年子女的义务和权利(父母照顾)”,[2]也确定了共同亲权原则。

共同亲权,是指亲权的共同行使,即亲权内容的行使,应由父母共同的意思决定,并对外共同代理子女。共同亲权原则之前的亲权原则是父亲专权原则,是男女不平等原则的产物,体现了亲属法上的人格不平等。近代以来,因男女平等观念的兴起,各国立法以共同亲权原则取代了父亲专权原则,在亲权领域中真正实现了男女平等。

共同亲权的内容如下:

(1)亲权为父母平等的权利,无孰高孰低之分。

(2)亲权为父母共同的权利,是一个整体的权利,父和母是共同亲权人,而不是将亲权分割,由父和母分别享有。

(3)亲权的行使由父母共同为之,行使时应由父母共同的意思决定,单独行使符合配偶权的相互代理权的,认其有效,但父母的一方违背另一方意思表示的亲权行为,则为无效。

父母共同行使亲权原则,以父母间有婚姻关系存在为前提。因而在父母离婚后,亲权由与未成年子女共同生活的一方行使;对非婚生子女,亲权由母亲行使,当其被认领后,亲权才为其父母共同行使。

父母共同行使亲权,当意思表示不一致时的规则是:首先,一般事务,父母的意思表示一致,或者一方违反他方的意思,虽有争议,但不致引起法律上的问题。其次,重要事项,如果父母的意思表示不一致,无法共同行使亲权时,必须采取妥善的对策解决。在实务中,应当坚持父母协商原则,在重大问题上父母争议无法统一时,应当准许亲权人一方向法院起诉,法院依子女利益原则作出判决。

517. 夫妻一方的日常事务代理权

《民法典》婚姻家庭编第1060条第1款、第2款分别规定:“夫妻一方因家庭日常生活需要而实施的民事法律行为,对夫妻双方发生效力,但是夫妻一方

---

[1] 《法国民法典》(上册),罗结珍译,法律出版社2005年版,第349~350页。

[2] 《德国民法典》(第2版),陈卫佐译,法律出版社2006年版,第509页。

与相对人另有约定的除外。”“夫妻之间对一方可以实施的民事法律行为范围的限制,不得对抗善意相对人。”本条是对夫妻日常事务代理权的规定,原《婚姻法》对此没有规定,这是本法规定的新规则。

原《婚姻法》未规定夫妻日常事务代理权。有人认为,原《婚姻法》第 17 条第 2 款关于“夫妻对共同所有的财产,有平等的处理权”的规定,包含有配偶家事代理权的内容。这种看法是不正确的。共同财产的平等处理权是共同财产权的具体内容,不包含家事代理权。家事代理权是配偶权中的一项重要内容,不仅关系夫妻平等权利问题,而且关系善意第三人的合法利益问题,立法必须明确。本条对夫妻日常事务代理权作出了规定。

日常事务代理权,亦称家事代理权,是指配偶一方在与第三人就家庭日常事务为一定法律行为时,享有代理对方行使的权利。日常事务代理权行使的法律后果是,配偶一方代表家庭所为的行为,对方配偶须承担后果责任,配偶双方对其行为应当承担连带责任。家事代理权与表见代理相似,适用表见代理的原理,其目的在于保护无过失第三人的利益,有利于保障交易的动态安全。在英美法国家,规定妻以夫的信用与商人交易,只要夫未表示反对者,法律即认为妻有代理权。《瑞士民法典》第 166 条第 1 款对此的规定最为典型:“配偶双方中任何一方,于共同生活期间,代表婚姻共同生活处理家庭日常事务。”〔1〕

家事代理权的性质,为法定代理权之一种,非有法定的原因不得加以限制,妻因其身份当然有此项代理权。日常家务的范围,包括夫妻、家庭共同生活中的一切必要事项,诸如购物、保健、衣食、娱乐、医疗、雇工、接受馈赠等,皆包括在内。一般认为,家庭对外经营活动不包括在内。

家事代理权的行使,应以配偶双方的名义进行。配偶一方以自己的名义进行的,仍为有效,行为的后果及于配偶双方。夫妻实行共同财产制的,夫妻共同承担行为的后果,取得权利或承担义务;夫妻有其他约定的,从其约定。对于配偶一方超越日常事务代理权的范围,或者滥用该代理权,另一方可以因违背其意思表示而予以撤销,但行为的相对人如为善意无过失的,则不得撤销,因为法律保护善意第三人的合法权益。

家事代理权的行使规则如下:

(1)代理的事务限于家庭日常事务。诸如一家的食物、服饰等用品的购买,保健、娱乐、医疗,子女的教养,家具及日常用品的购置,保姆、家庭教师的聘用,亲友的馈赠,报纸、杂志的订阅,皆包含在内。对于这类事务,夫妻间均有代理

〔1〕《瑞士民法典》,殷生根、王燕译,中国政法大学出版社 1999 年版,第 45 页。

权,一方不得以不知情而推卸共同的责任。

(2)紧迫情形处理的代理权推定。该代理权的范围可以适当扩张,推定有代理权。对于夫妻一方在紧迫情形下,如果为婚姻共同生活的利益考虑,某业务不容延缓,并且他方配偶因疾病、缺席或者类似原因,无法表示同意时,推定夫妻一方对超出日常事务代理权范围的其他事务的代理,为有代理权。

(3)其他事务的共同决定。超出上述范围的婚姻事务,应当由夫妻双方共同决定,不得一方决定。

(4)第三人无法辨别配偶一方是否有代理权的责任。如果配偶中任何一方实施的行为为个人责任,但该行为无法使第三人辨别是否已经超越日常事务代理权的,他方配偶应当承担连带责任。

夫妻一方滥用日常事务代理权的,他方可以对其代理权加以限制。为了保障交易的安全,保护善意第三人的合法利益,该种限制不得对抗善意第三人。

家事代理权依一定的事实而消灭。这种消灭分为一时消灭和永久消灭。日常家务代理权的一时消灭,例如,无正当理由拒绝同居而分居者,分居期间无代理权,恢复共同生活即恢复代理权;因一方滥用代理权而被对方予以限制的期间,该代理权亦一时消灭。日常家务代理权的永久消灭,如离婚、婚姻因无效而被撤销、一方配偶死亡,均永久消灭家事代理权。

518. 夫妻一方因受到人身损害获得的赔偿或者补偿为个人财产

《民法典》婚姻家庭编第1063条规定:“下列财产为夫妻一方的个人财产:(一)一方的婚前财产;(二)一方因受到人身损害获得的赔偿或者补偿;(三)遗嘱或者赠与合同中确定只归一方的财产;(四)一方专用的生活用品;(五)其他应当归一方的财产。”这一条文是对夫妻个人财产范围的规定,其中增加了一个新规则,即一方因受到人身损害获得的赔偿或者补偿属于夫妻个人财产,不属于夫妻共同财产。

法律保护夫妻个人财产,属于配偶一方的财产属于个人财产,不认为是夫妻共同财产。本条规定确定的夫妻个人财产的范围如下:

(1)婚前个人财产。婚前个人所有的货币及一般的生产资料、生活资料归个人所有,不属于夫妻共同财产。

(2)一方因人身伤害获得的赔偿或者补偿。这些财产具有明显的人身性,不属于夫妻共同财产。

(3)遗嘱或赠与合同中确定只归夫或妻一方的财产。赠与人或被继承人明确以赠给、继承给个人为条件,所赠与或者所继承的物品具有鲜明的个人属性,也体现了财产所有人支配财产的真实意志，完全是所有权应有的内容。

(4)一方专用的生活物品。个人衣物、书籍、资料等都是极具个人属性的财产，为个人财产。在离婚纠纷中争夺这些财产的也不在少数。在生活物品中，贵重物品和其他奢侈品应当除外，因为这些物品中有些价值极大，完全归一方所有并不公平。

(5)其他应当归一方所有的财产。包括：一是婚前个人财产增值部分。婚前个人财产在婚后增值，应当分为两个部分：经过夫妻共同管理、经营部分的增值，为夫妻共同财产；自然增值和未经共同管理、经营部分的增值，为个人财产。二是复员、转业军人的复员费、转业费、医疗补助费和回乡生产补助费，永远归个人所有。三是夫妻一方的人身保险金。人寿保险金、伤害保险金等具有人身性质，只能作为个人财产。四是其他个人财产。如与个人身份密切相关的奖品、奖金，国家资助优秀科学工作者的科研津贴，一方创作的手稿、文稿、艺术品设计图、草图等，永远为个人所有。

在上述夫妻个人财产中，一方因受到人身损害获得的赔偿和补偿，是因受到人身伤害而得到的人身损害赔偿金、精神损害赔偿金和相关的补偿费。该种财产具有人身性质，是救济人身损害而获得的财产，赔偿和补偿的是该方当事人人身伤害的损失，是用于保障受害人生活的基本费用，须归个人所有，不能作为夫妻共有财产。笔者最早接触的这类案件，是在1990年代，福建的一个女当事人因伤害得到40多万元的赔偿金，当时其丈夫已经有离婚的意向，她认为这笔赔偿金是其个人财产，不能作为夫妻共同财产，因而将这笔赔偿金隐藏起来。其丈夫主张是夫妻共同财产，被法院驳回了这一请求。这个案例形象地说明，一方因受到人身损害获得的赔偿和补偿，应当界定为夫妻个人财产，这一规则是正确的。

519. 夫妻共同债务的认定规则

《民法典》婚姻家庭编第1064条第1款、第2款分别规定："夫妻双方共同签名或者夫妻一方事后追认等共同意思表示所负的债务，以及夫妻一方在婚姻关系存续期间以个人名义为家庭日常生活需要所负的债务，属于夫妻共同债务。""夫妻一方在婚姻关系存续期间以个人名义超出家庭日常生活需要所负的债务，不属于夫妻共同债务；但是，债权人能够证明该债务用于夫妻共同生活、共同生产经营或者基于夫妻双方共同意思表示的除外。"这一条文是对夫妻共同债务的规定，新规则借鉴了有关司法解释的内容，对夫妻共同债务的认定提供了标准。

夫妻共同债务,是以夫妻共同财产作为一般财产担保,在夫妻共有财产的基础上设定的债务,包括夫妻在婚姻关系存续期间为解决共同生活所需的衣、食、住、行、医、履行法定扶养义务、必要的交往应酬,因共同生产经营活动等所负之债,以及为抚育子女、赡养老人,夫妻双方同意而资助亲朋所负债务。夫妻共同债务与夫妻个人债务相对应。

本条规定的确定夫妻共同债务的规则是:夫妻双方共同签字或者夫妻一方事后追认等共同意思表示确认的所负债务,以及夫妻一方在婚姻关系存续期间以个人名义为家庭日常生活需要所负的债务,属于夫妻共同债务。具体标准如下:

(1)夫妻双方共同签名或者夫妻一方事后追认等共同意思表示所负的债务。法律准许夫妻双方对财产的所有关系进行约定,也包括对债务的负担进行约定,双方约定归个人负担的债务,为个人债务。约定个人债务,可以与财产所有的约定一并约定,也可以单独就个人债务进行约定。举债时没有夫妻的共同约定,但是,在举债之后对方配偶追认是夫妻共同债务的,当然也是夫妻共同债务。

(2)夫妻一方在婚姻关系存续期间以个人名义为家庭日常生活需要所负的债务。包括为保持配偶或其子女的生活发生的债务,为了履行配偶双方或一方的生活保持义务产生的债务。例如,购置家庭生活用品、修缮房屋、支付家庭生活开支、夫妻一方或双方乃至子女治疗疾病、生产经营,以及其他生活必需而负的债务。为抚育子女、赡养老人,夫妻双方同意而资助亲朋所负债务,亦为夫妻共同债务。

对于夫妻一方在婚姻关系存续期间以个人名义超出家庭日常生活需要所负的债务,不属于夫妻共同债务。例如,一方未经对方同意擅自资助与其没有扶养义务的亲朋所负的债务,一方未经对方同意独自筹资从事经营活动,其收入确未用于夫妻共同生活所负的债务,以及因个人实施违法行为所欠债务,婚前一方所欠债务,婚后一方为满足个人欲望确系与共同生活无关而负的债务等。为保护债权人的合法权益,本条特别规定,债权人能够证明该债务用于夫妻共同生活、共同生产经营或者基于夫妻双方共同意思表示的除外。

这一条文规定的规则存在一个有可能被利用逃债的问题。当夫妻一方为经营活动举债,原本对方配偶是知情的,或者经营活动的所得用于家庭共同生活等,但是在债权人主张清偿债务时,该方配偶主张不知情,或者主张没有将经营活动所得用于夫妻共同生活,因而认为是夫妻一方债务,而不是夫妻共同债务。对于这个问题,应当从三个方面解决:第一,向夫妻一方出借借款,出借人应当对借贷的一方提出要求,即要求对方的配偶签字,需要其承诺借款,避免推脱债务;第二,出借人应当尽可能地保留夫妻共同债务的证据,例如,将经营所得收入用于夫妻共同生活的证据，以对抗借款人否认夫妻共同债务；第三，法官审查这类案件应当查清事实，避免借款人借故逃避债务，保护好债权人的权益。

520. 夫妻享有婚内分割共同财产的请求权

《民法典》婚姻家庭编第 1066 条规定："婚姻关系存续期间，有下列情形之一的，夫妻一方可以向人民法院请求分割共同财产：（一）一方有隐藏、转移、变卖、毁损、挥霍夫妻共同财产或者伪造夫妻共同债务等严重损害夫妻共同财产利益的行为；（二）一方负有法定扶养义务的人患重大疾病需要医治，另一方不同意支付相关医疗费用。"这一条文是对夫妻享有婚内分割共同财产请求权的规定，是本法增加的新规则，是根据司法实践中总结的经验归纳出的民法新规范。

夫妻共同财产是共同共有的财产，在共同共有关系发生的原因没有消灭前，共同共有财产一般不能分割，目的在于保持共有关系的基础和稳定性，保护共有人的合法权益。但是，在实践中存在婚内分割夫妻共同财产的需求。原《最高人民法院关于适用〈中华人民共和国婚姻法〉若干问题的解释（三）》第 4 条规定："婚姻关系存续期间，夫妻一方请求分割共同财产的，人民法院不予支持，但有下列重大理由且不损害债权人利益的除外：（一）一方有隐藏、转移、变卖、毁损、挥霍夫妻共同财产或者伪造夫妻共同债务等严重损害夫妻共同财产利益行为的；（二）一方负有法定扶养义务的人患重大疾病需要医治，另一方不同意支付相关医疗费用的。"这一规定坚持夫妻共同财产不能分割，在婚姻关系存续期间，夫妻一方请求分割共同财产的，人民法院不予支持的基础上，对于特别情形作为例外，准许在婚姻关系存续期间分割夫妻共同财产，以保护婚姻当事人的合法权益，明确有规定的重大理由且不损害债权人利益的，可以分割共有财产。其重大理由，一是一方有隐藏、转移、变卖、毁损、挥霍夫妻共同财产或者伪造夫妻共同债务等严重损害夫妻共同财产利益的行为。这里概括了 6 个理由，具备其中之一，就可以请求进行分割，而不是这些条件都具备才可以请求分割。二是一方负有法定扶养义务的人患重大疾病需要医治，另一方不同意支付相关医疗费用。例如，妻子的父母患重大疾病，需要进行医治，但丈夫不同意以夫妻共同财产支付医疗费用，这时，就可以请求分割共有财产，用自己分割得到的财产支付费用。[1]

---

〔1〕 参见杨立新：《最高人民法院〈关于适用《婚姻法》若干问题的解释（三）〉解读》，载《东南学术》2012 年第 1 期。

这样的做法符合本法第 303 条关于“共有人有重大理由需要分割的,可以请求分割”的规定,其中有重大理由可以对共同共有财产进行分割,就包括了夫妻共同财产的婚内部分分割情形。

本条确认上述司法解释的意见,规定以下情形属于重大理由(删除了“不损害债权人利益”的除外情形),可以请求人民法院予以分割:

(1)一方有隐藏、转移、变卖、毁损、挥霍夫妻共同财产或者伪造夫妻共同债务等严重损害夫妻共同财产利益的行为。这里概括了隐藏、转移、变卖、毁损、挥霍夫妻共同财产或者伪造夫妻共同债务等严重损害夫妻共同财产利益行为的 6 种情形,都需要具备严重损害夫妻共同财产利益的要件。具备 6 种行为之一,并且具备严重损害夫妻共同财产利益要件的,就可以请求分割夫妻共同财产。

(2)一方负有法定扶养义务的人患重大疾病需要医治,另一方不同意支付相关医疗费用。符合这种情形,一方当事人可以请求分割共有财产,用自己分割得到的财产支付费用。例如,原告苟某与被告李某结婚 20 余年,所生子女已成年。二人自 1992 年起外出经营,积蓄由李某独自掌管。后来,李某独自去成都,不再顾及苟某的生活。苟某没有经济来源生活无着,遂向法院起诉,要求使用李某掌管的夫妻共同存款 10 万元中的一半。法院查实李某名下存款 1.5 万元,认为原、被告对此款均享有平等的权利,现原告没有生活来源,被告独占存款的行为剥夺了原告对夫妻共同财产享有行使支配、处分的权利,判决被告将存款 1.5 万元在判决生效后一日内分给原告 8000 元,由原告自主支配。这个案例是最初促使作出前述司法解释的典型案例之一,很有说服力。

夫妻共同财产经过婚内分割之后,分割出来的财产成为个人财产,主张分割的一方对分割所得的部分,享有所有权,可以依照自己的意志处分该财产。

第二节 关于父母子女关系和其他近亲属关系的新规则

521. 亲子关系确认与亲子关系否认

《民法典》婚姻家庭编第 1073 条第 1 款、第 2 款分别规定:“对亲子关系有异议且有正当理由的,父或者母可以向人民法院提起诉讼,请求确认或者否认亲子关系。”“对亲子关系有异议且有正当理由的,成年子女可以向人民法院提起诉讼,请求确认亲子关系。”这一条文增加规定的新规则,即亲子关系确认和亲子关系否认规则。

(1)确认亲子关系

确认亲子关系,也称为非婚生子女认领,是指生父对于非婚生子女承认为其父而领为自己子女的行为。

非婚生子女认领分为：

①任意认领，也称为自愿认领，是生父的单独行为，无须非婚生子女或母之同意，以父的意思表示为已足。认领的权利归于父享有，其父的家庭其他成员不享有此权利。该权利的性质为形成权，原则上对此权利的行使无任何限制。认领权可直接行使，亦可经法院判决确认其父子关系的存在。

任意认领权的构成要件包括：第一，须为非婚生子女的生父本人认领。不具有生父身份的人不得认领，其法定代理人不得代理认领。生父认领非婚生子女，须在其生存期间为之，生父死亡后，他人不得认领。认领权归于生父，非婚生子女或其母可请求认领，但最终认领应由生父同意或经法院裁判。第二，须为非婚生子女被认领。婚生子女及已经自己认领的非婚生子女，不得再为认领。已经他人认领的，非经判决确认其父子关系不存在，也不得认领。他人被推定为婚生子女，非经否认之诉经法院判决后，不得认领。[1] 对胎儿、已死亡之非婚生子女、乱伦子女，是否可以认领，以保护非婚生子女的合法权益考虑，应采肯定说，认其可以被认领。第三，须认领人与被认领人间有事实上的父子关系。无父子关系不得为认领行为。该父子关系，应为客观上能够证明属实的事实，仅有认领人与非婚生子女之母同居的事实并不能作为足证。经认领人及被认领人之母共同确认，或经亲子鉴定属实，才可确认此父子关系。生理特征、种族特征，对于确认父子关系有重要作用，但须配以其他证据证明属实者，方可认定。以上事实证明，对已受他人婚生子女推定者，非经婚生子女否认之诉的判决确定，认领人不得认领。具备以上要件构成认领权，享有认领权的生父才可以对非婚生子女认领。

②强制认领，也叫亲之寻认，是指应被认领人对于应认领而不为认领的生父，向法院请求确定生父关系存在的行为。强制认领适用于生父逃避认领责任，而母及子女要求认领的场合，以国家进行干预，体现了国家的强制力。父不为任意认领时，非婚生子女及其他法定代理人得据事实，诉请其父认领。

强制认领的事实，以与生父有父子关系的事实证据证明为已足。具体事实包括：一是受胎期间生父与生母有同居事实的；二是由生父所作的文书可证明其为生父的；三是生母为生父强奸、奸污、诱奸所生子女的；四是生母因生父滥用权势奸污的；五是有其他证据证明认领人与要求认领人为亲子关系的。要求认领人提出认领主张后，被告应举出反证证明认领请求不存在事实上的依据，

---

〔1〕 参见史尚宽：《亲属法论》，台北，荣泰印书馆1980年版，第502页。

否则即可确认强制认领。

非婚生子女一经认领,即为婚生子女,产生父亲与子女间的权利义务关系,无论任意认领还是强制认领,均与婚生子女相同。经父认领的非婚生子女对于生父之配偶,母之非婚生子女对于生母的配偶,均为姻亲关系,而无父母子女的血亲关系。

(2)亲子关系否认

否认亲子关系,也叫婚生子女否认,是父或者母对推定为婚生子女的婚生性,提供否定性证据推翻婚生性推定的证明,否定其为婚生子女的制度。否认亲子关系的前提是婚生子女推定,即子女系生母在婚姻关系存续期间受胎或出生,该子女被法律推定为生母和生母之夫的子女。即凡是在婚姻关系存续期间女方分娩的子女,就直接认定为婚生子女。婚生子女推定实际上是在以婚姻关系的存续期间来推定子女的父亲,确定婚生子女身份,而不是靠血缘关系,因此,有可能出现错误,可以被客观事实推翻。法律允许利害关系人提出婚生子女否认之诉,推翻婚生子女推定。父或者母如果确有证据证明婚生子女的非婚生性,即可提出证据,向法院主张否定亲子关系。正如学者所说:子女是否为婚生子女,对于子女固有重大之关系,就社会公益而论,亦不失为重要事项,若得任意颠覆婚生子女推定的规定,否认其为婚生子女,则弊害自不在小。因此,法律既赋予夫以否认权,但又规定须以诉之方法为之,以免有轻视之虞。[1]

婚生子女否认权的构成要件是:第一,婚生子女否认的权利人必须适格。应当包括夫、妻、子女中的任何一方。只要是现存夫妻、子女关系的主体,均为婚生子女否认确认之诉的权利主体,可以提起这种否认身份关系的诉讼。不过,本条规定,只有父和母才有权否认亲子关系。由夫起诉者,以妻及子女为共同被告;由妻起诉者,以夫及子女为共同被告。[2] 第二,须有婚生子女的推定。在婚姻关系存续期间妻受胎,如无反证,不会有人否认妻所生之子女的婚生子地位。故凡是在婚姻关系中出生的子女,即为婚生子女。第三,须有否认婚生子女的客观事实。真正事实与法律上的推定相反,即构成此要件。该客观事实仅以妻与人通奸尚不能构成,因该事实不足以推翻婚生子女的推定。否认婚生子女的客观事实包括:一是性交不能,包括外在的不能和内在的心理不能,前者如空间阻隔,一方出差远离另一方相当的期间,后者如夫妻反目分居。二是与受胎无因果关系,如夫无生殖能力等。三是子女外在特征非与种族相同或相

---

〔1〕 参见李宜琛:《现行亲属法论》,商务印书馆1944年版,第110页。

〔2〕 我国台湾地区“民事诉讼法”第589条之一。

似,如皮肤颜色,子女与妻之情人特征相似等。四是亲子鉴定否认为婚生子女。上述4项客观事实,必须有充分的证据确实证明的,才能推翻婚生子女推定。

法院审查确认该子女的非婚生性的,即可否定亲子关系,父亲与该子女的权利义务关系不复存在。

婚生子女否认权消灭的原因是:第一,依除斥期间完成而消灭,这一诉权应当在一定期间内为之。对此,民法典没有规定,可以考虑的做法是,该否认权为形成权,应当适用除斥期间的规定,即知道或者应当知道子女为非婚生之日起一年内行使,超过一年的,否认权消灭。第二,子女已死亡,婚生子女否认权消灭,因为否认子女的非婚生性已经没有必要。第三,夫同意承认出生子女为婚生,即夫在明知其子女为非婚生的事实后,明确承认其为婚生的,不得再提出婚生子女否认。

第四章　有关离婚规定的新规则

522. 离婚协议是双方离婚法律行为的书面依据

《民法典》婚姻家庭编第1076条第1款、第2款分别规定："夫妻双方自愿离婚的，应当签订书面离婚协议，并亲自到婚姻登记机关申请离婚登记。""离婚协议应当载明双方自愿离婚的意思表示和对子女抚养、财产以及债务处理等事项协商一致的意见。"这一条文是对离婚协议的规定，来源于原《婚姻法》第31条，原来只规定了登记离婚的条件和程序，本条增加的新规则是关于离婚协议的规范。

离婚，也称为婚姻解除，是指夫妻双方生存期间依照法律规定解除婚姻关系的身份法律行为。离婚的意义，在于夫妻双方在其生存期间通过法律行为消灭既存的婚姻关系。离婚的法律特征是：第一，离婚以有效的婚姻关系存在为前提；第二，离婚须是在夫妻双方生存期间才能进行；第三，离婚须依照法定程序进行；第四，离婚将产生婚姻关系消灭的法律后果。

登记离婚，也叫两愿离婚、协议离婚、自愿离婚，是指婚姻关系因双方当事人的合意，并经过登记程序而解除。我国登记离婚的特征是：第一，登记离婚的基础是合意离婚，而不是片意离婚。第二，登记离婚的性质是直接协议离婚，即直接依据当事人的离婚协议，履行必要的程序后，即产生离婚的法律后果。第三，登记离婚也适用于片意离婚经过调解达成离婚协议的离婚。第四，登记离婚须进行登记方发生法律效力，解除婚姻关系。

登记离婚的条件，是登记离婚的实质性要件。这些条件是：第一，登记离婚的男女双方必须具有合法的夫妻身份；第二，离婚当事人必须是完全民事行为能力人；第三，双方当事人必须达成离婚的合意，有真实的、意思表示一致的离婚合意；第四，对离婚后子女抚养已经作出适当处理;第五,对夫妻共同财产作出适当处理。符合这些条件要求的,双方应当订立书面离婚协议,亲自到婚姻登记机关申请登记离婚。

离婚协议,是婚姻关系当事人表明离婚意愿和具体内容的合意的文书。协议应当载明双方自愿离婚的意思表示,以及对子女抚养、财产及债务处理等事项协商一致的意见。本条第2款和第3款都对离婚协议作出了规定,这是以前的婚姻家庭立法从未有过的做法,它表明民法典承认身份法律行为。

身份法律行为又称亲属法律行为,简称为身份行为或身分行为,[1]是指民事主体实施的对亲属身份关系的发生、变更、消灭产生法律后果的民事法律行为。换言之,亲属身份行为是自然人有意识地追求亲属身份法律后果的行为。[2] 狭义的身份法律行为仅指亲属身份行为,是指产生亲属身份关系发生、变更或者消灭法律后果的行为。广义的身份法律行为不仅包括身份法律行为,还包括亲属之间确定财产关系的法律行为。例如,夫妻之间约定财产关系的协议。

身份法律行为作为民事法律行为的一种,具有民事法律行为的一切特征,一是身份法律行为也是一种人为的法律事实,是民事法律关系的发生原因之一;二是身份法律行为是一种表意行为,是具有导致一定法律效果发生意图的行为;三是身份法律行为以意思表示为要素,行为人将其期望发生法律行为的意思以一定的方式表现于外部。其特点:第一,身份法律行为在亲属法领域中,并非普遍的法律事实。亲属法律关系的变动,大多数是基于自然事实,例如血亲的发生就是基于出生的事实而发生。少数亲属法律关系是基于法律行为发生,如婚姻行为(结婚和离婚)、收养行为,发生亲属法律关系的产生、变更或者消灭的后果。这些行为是典型的身份法律行为,内容定型,当事人没有其他自由决定的余地。第二,身份法律行为当事人的意思具有特殊性和习俗性。身份法律行为当事人的意思是共同生活的结合,是以其结合为必然的,是以结合本身为目的,属于本质的全人格的结合。第三,身份法律行为在性质上更具有社会性和伦理性。其基础是人的社会生活,法律对身份行为给予更为积极的关注和规范,一方面使其关系内容更为定型,不允许当事人对其任意变更,另一方面则使其为要式行为,结婚、收养除了要有真实的意思表示,并加以文字的记录之外,均须进行登记,否则不发生效力。即使对于身份法律行为中的形成权的行

---

〔1〕 参见林菊枝:《亲属法新论》,五南图书出版股份有限公司2006年版,第16页。

〔2〕 参见杨大文主编:《婚姻家庭法》(第5版),中国人民大学出版社2012年版,第72页。

使，也须依法定的行政程序或者裁判的方式确定，以确认当事人意思的确实，并对其身份变动予以公示，以稳定社会的正常秩序。

登记离婚，双方"应当签订书面离婚协议"，"离婚协议应当载明双方自愿离婚的意思表示和对子女抚养、财产以及债务处理等事项协商一致的意见"。这些规则，都说明离婚性质是身份法律行为，应当受到身份法律行为规则的约束。同样，结婚虽然不用订立书面结婚协议，但是，也不能否认结婚的身份法律行为的性质。此外，收养协议、解除收养协议、非婚生子女认领协议等，其性质都属于身份法律行为。

523. 登记离婚的夫妻双方有 30 日冷静期

《民法典》婚姻家庭编第 1077 条第 1 款、第 2 款分别规定："自婚姻登记机关收到离婚登记申请之日起三十日内，任何一方不愿意离婚的，可以向婚姻登记机关撤回离婚登记申请。""前款规定期限届满后三十日内，双方应当亲自到婚姻登记机关申请发给离婚证；未申请的，视为撤回离婚登记申请。"这一条文是对登记离婚冷静期的规定，是登记离婚须有 30 日冷静期的新规则。

我国的离婚率偏高。这说明，我国在离婚上的限制比较少，比较容易离婚。这样的宽松政策给草率离婚创造了机会，闪婚闪离的现象比较严重，这对维护家庭稳定、保护好子女利益不利。在编纂民法典时，很多人建议规定离婚冷静期，立法机关采纳了这个意见。

登记离婚冷静期，是指婚姻双方当事人协议离婚，依照法律规定，在登记离婚时留出时间给当事人冷静思考，确定是否必须离婚，以减少冲动离婚、草率离婚的必要期限。实行结婚冷静期制度，对我国离婚制度的完善具有重要意义，有利于防止冲动离婚、草率离婚，保障婚姻关系稳定，维护当事人和子女的合法权益，对社会的良性运转发挥着重要作用。其具体作用是：第一，符合婚姻家庭制度的价值取向和基本原则，完善我国的离婚制度。第二，为行政主管部门在登记离婚中适用冷静期提供法律依据。第三，防止冲动离婚，保障婚姻的稳定，改善社会的不良风气。第四，协调当事人和未成年子女的利益，追求实质正义。

登记离婚冷静期制度不构成对离婚自由的限制。有人认为，离婚自由是我国婚姻家庭法的基本原则，是必须保障的，不应当对离婚自由加以任何限制，凡是加以限制的，就是限制离婚自由，就是违背婚姻自由原则。诚然，离婚自由同样是婚姻自由的权利不受干涉、不受拘束、不受限制的状态。但是，结婚离婚并不仅仅是男女双方的事，还涉及子女、亲属、家庭以及社会的问题，牵一发而动全身。民法典强调离婚自由，反对草率离婚，并将其作为一项政策的两端，必须兼顾而行。登记离婚冷静期的目的针对的是冲动离婚、草率离婚,特别是那种“闪离”,倡导考虑清楚之后再下决心离婚。故婚姻家庭编规定登记离婚冷静期,并不是限制离婚自由,而是保障离婚自由的必要措施。

我国规定的离婚冷静期的规则如下:

(1)双方自愿离婚,到婚姻登记机关申请离婚,符合离婚条件的,暂时不发给离婚证,不马上解除婚姻关系。

(2)离婚冷静期是30日,自婚姻登记机关收到离婚登记申请之日起30日内,任何一方不愿意离婚的,都可以向婚姻登记机关撤回离婚登记申请。由于登记离婚时双方的两愿离婚,任何一方不同意离婚,就不构成两愿离婚,就不能到婚姻登记机构登记离婚。

(3)在30日的冷静期之内,经过冷静思考,双方仍然坚持离婚的,应当亲自到婚姻登记机关申请发给离婚证,婚姻登记机关应当对其进行离婚登记,登记之后,应当发给离婚证,解除婚姻关系。

(4)在30日的冷静期届满后的30日内,当事人未到婚姻登记机构申请离婚证的,视为撤回离婚登记申请,不发生离婚的后果。

其实,登记离婚冷静期是有前后两个30日的。前一个30日是冷静期,满30日才可以申请发给离婚证;后一个30日是对申请发给离婚证规定的期限,即30日冷静期完成后,在其后的30日内不申请离婚证的,视为撤回离婚登记申请,放弃了登记离婚的机会。如果仍然主张登记离婚,需要再次提出登记离婚申请。

524. 登记离婚须对子女抚养和财产处理协商一致

《民法典》婚姻家庭编第1078条规定:“婚姻登记机关查明双方确实是自愿离婚,并已经对子女抚养、财产以及债务处理等事项协商一致的,予以登记,发给离婚证。”这一条文是对登记离婚条件的规定,是在原《婚姻法》第31条后段规定的基础上,增加离婚符合条件“予以登记”,发给离婚证的新规则。

登记离婚的程序如下:

(1)申请。当事人申请自愿离婚的,必须双方亲自到一方户口所在地的婚姻登记机关申请离婚登记。申请时应当出具下列证件:一是户口簿、身份证;二是本人的结婚证;三是双方当事人共同签署的离婚协议书。

(2)审查。婚姻登记机关应当对当事人出具的有关材料进行严格审查。审查过程,实际上也是对当事人进行引导、调解和说服教育的过程,使当事人尽可能地慎重考虑,挽救那些还有和好可能的夫妻。审查的过程,最主要的是对离婚登记当事人出具的证件、证明材料进行审查,并询问相关情况。审查双方当事人对于离婚是否达成一致意见,有无欺诈、胁迫、弄虚作假等违法现象,对子女安排和财产分割是否合理等。当事人应当提供真实情况,不得隐瞒或者欺骗。

(3)登记。婚姻登记机关经过审查后,对当事人确属自愿离婚,并且已经对子女抚养、财产、债务等问题达成一致处理意见的,经过30日冷静期后,当事人申请离婚证的,应当予以离婚登记,发给离婚证,正式解除双方当事人之间的婚姻关系,其登记的其他事项也同时发生法律效力。

在这一规定中,强调的还是离婚登记,离婚登记发生离婚效力,即婚姻关系消灭的效力。

525. 人民法院判决不准离婚后再起诉期间为分居满1年

《民法典》婚姻家庭编第1079条各款分别规定:"夫妻一方要求离婚的,可以由有关组织进行调解或者直接向人民法院提起离婚诉讼。""人民法院审理离婚案件,应当进行调解;如感情确已破裂,调解无效的,应当准予离婚。""有下列情形之一,调解无效的,应当准予离婚:(一)重婚或者与他人同居;(二)实施家庭暴力或者虐待、遗弃家庭成员的;(三)有赌博、吸毒等恶习屡教不改;(四)因感情不和分居满二年;(五)其他导致夫妻感情破裂的情形。""一方被宣告失踪,另一方提起离婚诉讼的,应当准予离婚。""经人民法院判决不准离婚后,双方又分居满一年,一方再次提起离婚诉讼的,应当准予离婚。"这一条文是对诉讼离婚程序的规定,强调的是感情确已破裂的具体情形。其中的新规则是"经人民法院判决不准离婚后,又分居满一年,一方再次提起离婚诉讼的,应当准予离婚"。

诉讼离婚,也叫裁判离婚,是指夫妻一方当事人基于法定离婚原因,向人民法院提起离婚诉讼,人民法院依法通过调解或判决而解除当事人之间的婚姻关系的离婚方式。诉讼离婚的特点是:第一,诉讼离婚是对双方有争议的离婚案件进行裁判。第二,诉讼离婚是典型的合并之诉。离婚诉讼绝不是仅仅对离婚进行审理,还要对由于离婚而引起的其他法律后果进行审理,如子女抚养、财产分割、经济扶助、子女探望,甚至还有离婚损害赔偿问题等。第三,诉讼离婚实行调解先置程序。法官在审理离婚案件时,须依照职权进行调解,在审理中也更多地实行职权主义,这样才能够适应离婚诉讼的特殊性。

离婚诉讼的适用范围:一是夫妻一方要求离婚,另一方不同意离婚的;二是夫妻双方都愿意离婚,但在子女抚养、财产分割等离婚后果问题上不能达成协议的;三是夫妻双方都愿意离婚,并对子女抚养、财产分割等离婚后果达成协议,但未依法办理结婚登记手续而以夫妻名义共同生活,且为法律所承认的事实婚姻,请求解除事实婚姻关系的。

诉讼离婚的一般程序:一是起诉和答辩;二是调解,离婚案件未经调解,法院不能直接作出离婚判决;三是判决,对于调解无效的离婚案件,人民法院应当依法判决。

离婚法定事由分为基本事由和具体事由。判决离婚的基本事由是夫妻感情确已破裂,其含义是:夫妻之间感情已不复存在,已经不能期待夫妻双方有和好的可能。离婚的具体事由如下:

(1)重婚或有配偶者与他人同居。这是指有配偶者与婚外异性不以夫妻名义,持续、稳定地共同居住。

(2)实施家庭暴力或虐待、遗弃家庭成员。这是指行为人以殴打、捆绑、残害、强行限制人身自由以及其他手段,给对方配偶以及家庭成员的身体、精神等方面造成损害后果的行为。虐待,是指经常以打骂、冻饿、禁闭、有病不予治疗、强迫过度劳动、限制人身自由、凌辱人格等方法,对共同生活的家庭成员进行肉体上、精神上的摧残和折磨的行为。遗弃,是指负有扶养义务的家庭成员拒不履行扶养义务的行为。

(3)有赌博、吸毒等恶习屡教不改。

(4)因感情不和分居满2年。分居,是指配偶双方拒绝在一起共同生活,互不履行夫妻义务的行为,在主观上,配偶确有分居的愿望,拒绝在一起共同生活;在客观上,配偶的夫妻共同生活完全废止,分开生活。按照法律规定,这种状态已满2年的,构成离婚的法定事由。

(5)其他导致夫妻感情破裂的情形。

另外还有以下两种可以判决离婚的情形:

(1)一方被宣告失踪,另一方提起离婚诉讼的,应当准予离婚。

(2)经人民法院判决不准离婚后,双方又分居满1年,一方再次提起离婚诉讼的,应当准予离婚。

后者是《民法典》首次规定的离婚理由。不过,在原来的司法实践中通行的规则是,经人民法院判决不准离婚后,双方又分居6个月,一方再次提起离婚诉讼的,应当准予离婚。在民法典起草过程中,立法者有意增加离婚诉讼的难度,促使冲动离婚、草率离婚的人有更多的时间冷静下来,使离婚率有所下降,稳定婚姻关系,因而将原来实践中掌握的6个月,增加到1年。因此,这一规定也可以称作诉讼离婚的冷静期。

526. 婚姻关系于离婚登记完成或离婚判决书、调解书生效时解除

《民法典》婚姻家庭编第 1080 条规定:“完成离婚登记,或者离婚判决书、调解书生效,即解除婚姻关系。”这一条文是对离婚登记、判决书和调解书生效的时间是婚姻关系解除时间的规定,是本法规定的新规则。

离婚的法律后果是解除当事人之间现存的婚姻关系。在离婚过程中,确定婚姻关系解除的时间如下:

(1)登记离婚的时间。登记离婚是完成离婚登记,即离婚的请求登记在婚姻登记机关的登记簿上的时间,即时发生解除婚姻关系的效果。因此,要求婚姻登记机关在发给当事人离婚证的时候,离婚证上填写的时间应当与婚姻登记簿的登记时间一致,以准确证明当事人完成登记离婚即该婚姻关系解除的时间。

(2)诉讼离婚的时间。诉讼离婚是在法院作出判决书或者调解书,且在判决书或者调解书发生法律效力时,婚姻关系正式解除,双方不再存在配偶关系。当事人领取离婚判决书或者调解书后,应当在裁判文书生效后,及时向法院申请开具裁判文书的生效证明。人民法院应当开具裁判文书生效证明。离婚的裁判文书生效证明,是对准许或者调解离婚的裁判文书生效、当事人之间的婚姻关系解除具有证明力的公文书。经裁判文书确定的离婚当事人,在申请再婚、产权变更或户口分户,除了应当出具裁判文书之外,还须出具人民法院判决、调解生效证明书。不能出具的,相关部门不能确定该判决书、调解书是否发生法律效力。

527. 离婚后自愿恢复婚姻关系应进行结婚登记而不是复婚登记

《民法典》婚姻家庭编第 1083 条规定:“离婚后,男女双方自愿恢复婚姻关系的,应当到婚姻登记机关重新进行结婚登记。”这一条文是对离婚后自愿恢复婚姻关系的规定,在原《婚姻法》第 35 条关于“离婚后,男女双方自愿恢复夫妻关系的,必须到婚姻登记机关进行复婚登记”规定的基础上,改变为“应当到婚姻登记机关重新进行结婚登记”的新规则。

婚姻关系当事人在离婚后,自愿恢复婚姻关系申请复婚的,原《婚姻法》规定的是向婚姻登记机关申请进行复婚登记,而不是结婚登记,以表明复婚登记与结婚登记的不同。申请恢复婚姻关系的当事人应当向婚姻登记机关提出申请,婚姻登记机关依照有关结婚登记的程序进行登记,重新进行结婚登记后,发给结婚证,双方恢复婚姻关系。

离异夫妻重新登记结婚,其“结婚登记”与“复婚登记”一字之差,体现了一

个重要的理念,即复婚也是结婚,应当按照结婚登记的实质要件与形式要件的要求,确认双方是否可以结婚,符合结婚的法律要求的,准许进行结婚登记,发给结婚证;不符合结婚的法律要求的,不能进行登记,不能恢复婚姻关系。

528. 离婚后对未成年子女抚养应遵循最有利于未成年子女以及尊重子女真实意愿的原则

《民法典》婚姻家庭编第 1084 条各款分别规定:"父母与子女间的关系,不因父母离婚而消除。离婚后,子女无论由父或者母直接抚养,仍是父母双方的子女。""离婚后,父母对于子女仍有抚养、教育和保护的权利和义务。""离婚后,不满两周岁的子女,以由母亲直接抚养为原则。已满两周岁的子女,父母双方对抚养问题协议不成的,由人民法院根据双方的具体情况,按照最有利于未成年子女的原则判决。子女已满八周岁的,应当尊重其真实意愿。"这一条文是对离婚后未成年子女抚养的规定,与原《婚姻法》第 36 条的规定相比,本条第 3 款特别规定了母亲对婴儿的哺乳期为 2 年,对未成年子女的抚养应当遵循最有利于未成年子女的原则,以及对已满 8 周岁的子女应当尊重其真实意愿这三个新规则。

离婚的直接法律后果之一,是父母亲权的变更,而不是亲权消灭。亲权内容的部分变更,是直接抚养人由原来的双方变更为单方,监护人也由原来的双方变更为单方。亲权的整体不因离婚而改变,仍然是由父母双方共同享有,只是没有直接抚养未成年子女的一方当事人行使亲权受到一定的限制。

离婚导致夫妻之间婚姻关系的解除,带来的问题是未成年子女无法再继续与父和母共同生活,须解决随哪一方生活的问题。未成年子女随哪一方共同生活,谁是直接抚养人,谁就是亲权人(监护人)。即使如此,父母对未成年子女仍有抚养、教育和保护的义务,享有亲权。

离婚后子女抚养的规则如下:

(1)不满 2 周岁即哺乳期内的子女,以由哺乳的母亲抚养为原则。原《婚姻法》第 36 条是将未成年子女分为哺乳期内的子女和哺乳期后的子女。对哺乳期究竟怎样掌握,并没有明确的规定。哺乳期的时间,司法解释曾经规定为 2 年。民法典对此的规定,不再采取哺乳期的做法,而是直接规定为不满 2 周岁的子女和已满 2 周岁的子女。这意味着,哺乳期就是 2 年,即使法条不规定哺乳期,在理论和实践中也会使用哺乳期的概念,应当按照这一规定解释。

(2)对已满 2 周岁的子女因抚养问题协议不成的,特别强调"按照最有利于未成年子女的原则"解决。对此,原《婚姻法》第 36 条原来的规定是"由人民法院根据子女的权益和双方的具体情况判决”。相比之下,新规则更体现了对未成年子女的照顾,有利于未成年子女的成长。最有利于未成年子女的原则,是要求进行利益衡量,选择对未成年子女的最有利的方法,确定未成年子女的抚养问题。例如,在下列情形下由父方抚养,就符合最有利于未成年子女的原则:一是母方有久治不愈的传染性疾病或者其他严重疾病的,子女不宜与母亲共同生活的;二是母方有抚养条件但不尽扶养义务,而父方要求子女随其生活的;三是因其他原因,子女确实无法随母方生活的,如果父母双方协议随父方生活,对子女健康成长无不利影响的,也可以由父方抚养。

(3)8 周岁以上的未成年子女,应当尊重他们的选择,确定最有利于未成年子女的抚养方法。8 周岁以上的未成年人是限制民事行为能力人,已经具备了一定的识别能力,他们可以根据自己的识别能力作出判断,究竟随父还是随母生活对自己更为有利。在确定对他们的抚养问题时,尊重他们的意愿是有道理的。不过,8 周岁以上的未成年子女的识别能力毕竟有限。如果子女的选择对他们的成长不利,法官也可以作出另外的判决。

529. 夫妻离婚分割共同财产也要适用照顾无过错方原则

《民法典》婚姻家庭编第 1087 条第 1 款、第 2 款分别规定:“离婚时,夫妻的共同财产由双方协议处理;协议不成的,由人民法院根据财产的具体情况,按照照顾子女、女方和无过错方权益的原则判决。”“对夫或者妻在家庭土地承包经营中享有的权益等,应当依法予以保护。”这一条文与原《婚姻法》第 39 条规定的主要内容相同,增加的新规则是,夫妻离婚时对共同财产的分割,应当适用照顾无过错方原则。

离婚时,夫妻双方应当对其享有权利的共同财产进行处理。处理的方法如下:

(1)由双方协议处理。达成协议的,写在离婚协议中,经过婚姻登记机关确认生效。

(2)协议不成的,由人民法院根据财产的具体情况,按照照顾子女、女方和无过错方权益的原则判决,因而并不是平均分配,判决分割时应当照顾子女、照顾女方和照顾无过错方。

(3)保护好土地承包经营权的个人权益。由于农村承包土地是以家庭为单位进行承包的,夫妻离婚后,不会因为离婚而再给其分配承包地,因此,夫或者妻在家庭土地承包经营中享有的权益等,在分割共同财产中应当依法予以保护,不能使在家庭关系中分离出去的一方受到损害。

增加规定离婚对夫妻共同财产的分割适用照顾无过错方的新规则,主要考虑的是,离婚的无过错方是无辜的受害者,而过错方对无过错方配偶权造成了侵害。在配偶权中,忠实义务是主要的权利内容之一。夫妻之间的过错方和无过错方的主要判断标准,为一方是否违反忠实义务。一方违反忠实义务,就侵害了对方的配偶权,实际上构成侵权行为。在这种情况下,在分割夫妻共同财产时,照顾无过错方,使其适当多分得财产,就是保护无过错的配偶一方,制裁过错侵害对方配偶权的一方。因此,在离婚夫妻分割共同财产时,除了要照顾子女、照顾女方权益之外,还应当照顾无过错一方当事人,使其合法权益得到保护。

530. 离婚时付出较多义务一方对对方享有补偿请求权

《民法典》婚姻家庭编第 1088 条规定:“夫妻一方因抚育子女、照料老年人、协助另一方工作等负担较多义务的,离婚时有权向另一方请求补偿,另一方应当予以补偿。具体办法由双方协议;协议不成的,由人民法院判决。”本条是在离婚时,对负担较多义务对一方享有补偿请求权的规定,原《婚姻法》第 40 条规定的离婚财产补偿请求权仅限于“夫妻书面约定婚姻关系存续期间所得的财产归各自所有”的情形,本条删除这一限制条件,将离婚财产补偿请求权扩展为一般性规则,使其适用范围扩大。

按照本条规定,离婚后,一方对他方享有财产补偿请求权的适用范围,不仅适用于双方约定分别财产制的情况,而且所有的离婚当事人,只要符合法定条件,都享有这种财产补偿请求权。所以,一方对他方的财产补偿,是指夫妻离婚后,一方因抚育子女、照顾老年人、协助另一方工作等负担较多义务的,在离婚时,另一方应当对其承担财产补偿的义务。

夫妻离婚之后一方享有经济补偿责任请求权的条件如下:

(1)一方在家庭生活中付出较多义务,是指在婚姻关系存续期间,夫妻一方比另一方付出的抚育子女、照料老年人、协助另一方工作等义务更多,对家庭的建设贡献较大。按照权利义务相一致的原则,在婚姻关系存续期间一方尽到的义务更多,该方在离婚分割共同财产时就应当得到更多的利益。这是合适的。在这个规定中,有一个细微的变化,就是原条文规定的是“照料老人”,现在规定的是“照料老年人”。这个修改,是将不属于法言法语的“老人”,改为“老年人”,使用的是与未成年人、成年人概念相对应的法律概念,老年人属于成年人中的一种,是 60 周岁以上的成年人。不过,这里使用的“老年人”的概念,实际上还存在家庭中的长辈尊亲属的含义。完整地理解这个“老年人”概念,应当是指家庭共同生活的60周岁以上的长辈尊亲属。

(2)双方婚姻关系已经解除,是发生财产补偿请求权的必要条件。如果没有发生离婚的事实,无论是抚育子女、照料老年人或者协助另一方工作,都是夫妻之间应尽的义务,不发生经济补偿义务。

具备上述两个条件,负担较多义务的一方享有财产补偿请求权,有权向对方要求给予财产补偿。

经济补偿义务的补偿数额,应当由双方协商解决。协商不成的,向法院起诉,由人民法院判决。人民法院判决时,应考虑请求权人负担义务的大小,请求权人因此受到损失和另一方从中受益的情况,综合确定。

531. 离婚过错损害赔偿事由的兜底条款

《民法典》婚姻家庭编第1091条规定:"有下列情形之一,导致离婚的,无过错方有权请求损害赔偿:(一)重婚;(二)与他人同居;(三)实施家庭暴力;(四)虐待、遗弃家庭成员;(五)有其他重大过错。"这一条文是对离婚过错损害赔偿责任的规定,与原《婚姻法》第46条的规定相比,增加了"有其他重大过错"这一离婚过错损害赔偿事由,是一个新规则。

离婚过错损害赔偿,是指夫妻一方因为过错实施法律规定的违法行为,妨害婚姻关系和家庭关系,导致夫妻离婚,过错方应当承担的侵权损害赔偿责任。离婚过错损害赔偿的法律特征是:第一,是由于离婚而发生的损害赔偿;第二,是基于过错而发生的损害赔偿;第三,是侵害对方配偶的权利而造成婚姻关系损害的损害赔偿;第四,是发生在婚姻领域中的侵权损害赔偿。

离婚过错损害赔偿责任构成须具备的要件如下:

(1)离婚损害赔偿责任的违法行为:一是重婚;二是与他人同居,本条删除了"有配偶者"的修饰语,使这一概念更为准确,因为离婚过错的一方都是有配偶者,没有必要作这样的限制性规定;三是实施家庭暴力;四是虐待、遗弃家庭成员;五是有其他重大过错,这是新增加的离婚过错损害赔偿事由。实施上述违法行为的主体是有过错的配偶。这些行为侵害了他人的权利,行为人违反了这些权利中的法定义务,构成违法性。

(2)离婚损害赔偿责任的损害事实,包括重婚、与他人同居,侵害对方配偶的配偶权;实施家庭暴力、虐待、遗弃家庭成员,侵害配偶的身体权、健康权。侵害受害人的这些权利,造成了受害人的损害,包括人身损害和精神损害。

(3)离婚损害赔偿责任的因果关系,表现为违法行为(重婚、与他人同居、实施家庭暴力、虐待或者遗弃家庭成员以及其他重大过错行为)造成配偶权、身体权或者健康权、亲权或者亲属权等损害;配偶权、身体权或者健康权、亲权或者亲属权的损害造成婚姻关系破裂的损害,相互之间具有因果关系。

(4)离婚损害赔偿责任的过错,包括行为人在主观上的故意或者过失。

符合上述要件要求的,受到损害的一方有权要求行为人承担离婚过错损害赔偿责任。

本条规定增加了"有其他重大过错"的违法行为,是离婚过错损害赔偿责任的法定条件,扩大了离婚过错损害赔偿责任的适用范围,增加了适用的弹性,有利于救济受到损害一方的合法权益,是一个正确的立法决策。这种行为,首先,在主观上要有重大过错。重大过错这一概念并不准确,因为过失有重大过失,故意却没有重大故意,所以,修饰过错不应当用"重大"的表述。不过,对此仍然可以准确理解,即行为人在主观上有故意或者重大过失。其次,在客观上行为人实施了侵害对方当事人合法权益的行为,使其造成了损害。这里没有要求行为的"重大",因而只要行为人具有故意或者重大过失,而给对方当事人的合法权益造成了损害,就符合这一事由的要求,就可以请求对方当事人承担离婚过错损害赔偿责任。

离婚损害赔偿的责任方式包括两种,即人身损害赔偿和精神损害赔偿。

532. 删除恶意妨碍分割夫妻共同财产行为的民事制裁措施

《民法典》婚姻家庭编第 1092 条规定:"夫妻一方隐藏、转移、变卖、毁损、挥霍夫妻共同财产,或者伪造夫妻共同债务企图侵占另一方财产的,在离婚分割夫妻共同财产时,对该方可以少分或者不分。离婚后,另一方发现有上述行为的,可以向人民法院提起诉讼,请求再次分割夫妻共同财产。"这一条文是对分割夫妻共同财产的规定,与原《婚姻法》第 47 条的规定相比,重大变化是删除了对上述行为认定为妨碍民事诉讼行为,可以予以民事制裁的规定。

分割夫妻共同财产,首先是在离婚时进行分割。在分割夫妻共同财产时,发现存在的法定事由是:第一,夫妻一方隐藏、转移、变卖、毁损、挥霍夫妻共同财产;第二,伪造夫妻共同债务企图侵占另一方财产。具有上述情形之一,在离婚分割夫妻共同财产时,对隐藏、转移、变卖、毁损、挥霍夫妻共同财产或者伪造夫妻共同债务的一方,可以少分或者不分。

如果是在离婚并实际分割了夫妻共同财产后,又发现了上述情形的,另一方当事人产生再次分割夫妻共同财产的请求权。再次分割夫妻共同财产请求权,是指夫妻在离婚中,因出现法定事由,一方享有可以再次请求分割夫妻共同财产的权利。在离婚后,另一方发现有上述行为的,可以向人民法院提起诉讼,请求再次分割夫妻共同财产,人民法院应当受理,并且按照查明的事实,对属于夫妻共同财产的部分进行再次分割。

在本条中,删除了“人民法院对前款规定的妨害民事诉讼的行为,依照民事诉讼法的规定予以制裁”的内容。究竟为什么删除这一内容,有的认为,这是对这些民事实体法上的问题不必予以民事制裁,在分割共同财产上有所制裁就可以了;有的认为,对民事程序法上的内容,不必规定在民法典中,在实际案件中如果存在上述行为,直接适用《民事诉讼法》第111条的规定就可以了。笔者认为,《民事诉讼法》第111条第1款规定:“诉讼参与人或者其他人有下列行为之一的,人民法院可以根据情节轻重予以罚款、拘留;构成犯罪的,依法追究刑事责任:(一)伪造、毁灭重要证据,妨碍人民法院审理案件的;(二)以暴力、威胁、贿买方法阻止证人作证或者指使、贿买、胁迫他人作伪证的;(三)隐藏、转移、变卖、毁损已被查封、扣押的财产,或者已被清点并责令其保管的财产,转移已被冻结的财产的;(四)对司法工作人员、诉讼参加人、证人、翻译人员、鉴定人、勘验人、协助执行的人,进行侮辱、诽谤、诬陷、殴打或者打击报复的;(五)以暴力、威胁或者其他方法阻碍司法工作人员执行职务的;(六)拒不履行人民法院已经发生法律效力的判决、裁定的。”其中关于隐藏、转移、变卖、毁损已被查封、扣押的财产,或者已被清点并责令其保管的财产,转移已被冻结的财产的规定,显然比本条删除的部分要严格得多,都须具备已经查封、扣押的财产,或者已被清点并责令其保管的财产,转移已被冻结的财产的情节。因此,由于原《婚姻法》第47条第2款规定的情形与《民事诉讼法》第111条规定的内容不一致,因而将其删除。如果在实践中出现这样的问题,符合《民事诉讼法》第111条规定的,直接适用该法的规定即可,本法不必规定这个内容。

第五章　有关收养的新规则

533. 收养人须无不利于被收养人健康成长的违法犯罪记录

《民法典》婚姻家庭编第1098条规定："收养人应当同时具备下列条件：(一)无子女或者只有一名子女；(二)有抚养、教育和保护被收养人的能力；(三)未患有在医学上认为不应当收养子女的疾病；(四)无不利于被收养人健康成长的违法犯罪记录；(五)年满三十周岁。"原《收养法》第6条规定的收养人应当具备的条件中，没有"无不利于被收养人健康成长的违法犯罪记录"的规定，这一条文增加了这样的新规则，是为保障被收养人合法权益采取的一项重要措施。

收养人应当同时具备以下条件：

(1)无子女或者只有一名子女。无子女者，包括未婚者无子女和已婚者无子女，以及因欠缺生育能力而不可能有子女等情形。无子女的"子女"，包括婚生子女、非婚生子女及拟制血亲的子女。由于二孩的政策规定，因此规定只有一名子女的也可以收养子女。

(2)有抚养、教育和保护被收养人的能力。不仅要考虑收养人的经济负担能力，而且还要考虑在思想品德等方面是否有抚养、教育和保护的能力。其标准，应当不低于对监护人监护能力的要求。

(3)未患有在医学上认为不应当收养的疾病。医学上认为不应当收养的疾病，是自己患有危害养子女健康的传染性疾病，以及危害养子女人身安全的精神性疾病。

(4)无不利于被收养人健康成长的违法犯罪记录。

(5)年满30周岁。

在收养人的条件中，之所以增加"无不利于被收养人健康成长的违法犯罪记录”的条件,是为保障被收养人的合法权益不受侵害而采取的必要措施。在收养关系中,基本原则是最有利于被收养人,保证被收养人的健康成长。如果收养人有违法犯罪记录,并且这样的违法犯罪记录是不利于被收养人健康成长的,将会对被收养人的健康成长形成潜在的威胁,有可能出现不利于被收养人健康成长的问题。因此,如果有不利于被收养人健康成长的违法犯罪记录的人,尽管已经具备收养人的其他条件,但是,不具备这个条件,不能提供无不利于被收养人健康成长的违法犯罪记录的,其收养人资格不适格,不能收养被收养人。

534. 收养三代以内旁系同辈血亲,不受被收养人不满14周岁的限制

《民法典》婚姻家庭编第1099条第1款、第2款分别规定:“收养三代以内旁系同辈血亲的子女,可以不受本法第一千零九十三条第三项、第一千零九十四条第三项和第一千一百零二条规定的限制。”“华侨收养三代以内旁系同辈血亲的子女,还可以不受本法第一千零九十八条第一项规定的限制。”这一条文是对收养三代以内旁系同辈血亲子女的规定,与原《收养法》第7条的规定相比,规定了新规则。

收养三代以内旁系同辈血亲的子女,俗称“过继”,多是本家族内的近亲属为照顾无子女的近亲属,将一方的子女送养给对方作为子女。对此,不必限制过多,故可以不受本法第1093条第3项即被送养人是“生父母有特殊困难无力抚养子女”、第1094条第3项关于送养人为“有特殊困难无力抚养子女的生父母”和第1102条关于“无配偶者收养异性子女的,收养人与被收养人的年龄应当相差四十周岁以上”规定的限制。原《收养法》第7条的规定是:“过继”可以不受本法第4条第3项即“生父母有特殊困难无力抚养的子女”、第5条第3项关于“有特殊困难无力抚养子女的生父母”、第9条关于“无配偶的男性收养女性的,收养人与被收养人的年龄应当相差四十周岁以上”以及被收养人不满14周岁的要求。本条规定,收养三代以内旁系同辈血亲的子女,不再要求被收养人不满14周岁的条件,超过14周岁也可以收养。这主要是因为《民法典》婚姻家庭编第1093条删除了被收养人须不满14周岁的限定,与此相对应,本条规定也删除了这一要求。

华侨收养三代以内旁系同辈血亲的子女,不仅不受上述三个规定的限制,而且还可以不受本法第1098条第1项关于收养人“无子女或者只有一名子女”规定的限制。

535. 适当放宽收养人收养子女的数额

《民法典》婚姻家庭编第1100条第1款、第2款分别规定:“无子女的收

养人可以收养两名子女；有子女的收养人只能收养一名子女。”“收养孤儿、残疾未成年人或者儿童福利机构抚养的查找不到生父母的未成年人，可以不受前款和本法第一千零九十八条第一项规定的限制。”这一条文是对收养子女数额的规定，与原《收养法》第 8 条的规定相比，主要的变化是将收养人只能收养一名子女的规定，修改为无子女的收养人可以收养两名子女，有子女的收养人只能收养一名子女，这是收养子女的一项新规则。

对收养人收养子女数量的限制，是防止收养人收养子女过多无照顾能力而损害被收养人的利益，同时，也防止出现借收养而拐卖人口的情况出现。因此，本条规定无子女的收养人，可以收养两名子女；有子女的收养人只能收养一名子女。

鉴于爱心人士收养多名孤儿的善举，本条规定，如果收养孤儿，或者收养残疾未成年人，或者收养儿童福利机构抚养的查找不到生父母的未成年人，都是应当受到鼓励的行为，可以不受只能收养两名子女或者有子女的收养人只能收养一名子女的限制，也不受本法第 1098 条第 1 项关于收养人无子女或者只有一名子女规定的限制。

对于收养人收养子女的数量上的变化，主要是因计划生育政策的变化而发生的改变。目前实行的是二孩政策，因而对于无子女的收养人而言，其收养子女的总数不能超过两名。对于有子女的收养人，无论其已经有了一名子女还是多名子女，都只能收养一名子女。只有收养孤儿、残疾儿童或者社会福利机构抚养的查找不到生父母的弃婴和儿童，才不受这样的限制。

536. 无配偶者收养异性子女的年龄差为 40 周岁以上

《民法典》婚姻家庭编第 1102 条规定：“无配偶者收养异性子女的，收养人与被收养人的年龄应当相差四十周岁以上。”本条是对无配偶者收养异性子女的规定，原《收养法》第 9 条规定收养异性子女的限制条件仅针对男性收养人，存在片面性。本条对此进行了修改，制定了新规则。

无配偶的男性或者女性当然可以收养子女，但是，无配偶的男性收养女性子女，或者无配偶的女性收养男性子女，如果不加以限制，可能会出现侵害被收养人合法权益的问题。为防止这样的问题出现，本条规定，无配偶者收养异性子女，收养人与被收养人的年龄应当相差 40 周岁以上。

原《收养法》第 9 条规定只限制男性无配偶者收养女性子女的年龄差应当在相差 40 周岁以上，是只看到了对男性收养异性子女须加以限制，而忽略了女性无配偶者收养男性子女也存在同样的问题，同时，也存在男女不平等的嫌疑。

本条修改的新规则,使这两个问题都得到了解决。

537. 县级以上人民政府民政部门应当对收养依法进行评估

《民法典》婚姻家庭编第 1105 条各款分别规定:"收养应当向县级以上人民政府民政部门登记。收养关系自登记之日起成立。""收养查找不到生父母的未成年人的,办理登记的民政部门应当在登记前予以公告。""收养关系当事人愿意签订收养协议的,可以签订收养协议。""收养关系当事人各方或者一方要求办理收养公证的,应当办理收养公证。""县级以上人民政府民政部门应当依法进行收养评估。"这一条文是对收养关系成立的形式要件的规定,与原《收养法》第 15 条的规定相比,增加了县级以上人民政府民政部门应当对收养依法进行评估的新规则。

收养关系成立的形式要件,是指收养关系成立所需要的程序性的必备条件。收养登记是收养的形式要件,必须具备。收养协议和收养公证是出于当事人的意愿和要求而进行的程序,不具有强制的意义。

(1)收养登记。收养各方当事人达成收养合意,须经过收养登记,才能实现变更当事人之间身份关系的效果。故收养登记具有对收养合意的确认、国家承认收养行为,以及当事人身份关系变更的公示等效力。办理收养登记的机关是县级以上人民政府的民政部门。

收养登记的具体程序,一是申请,二是审查,三是登记。经审查,对符合条件的准予收养登记,发给收养登记证,收养关系自登记之日起成立。对不符合规定的条件的,则不予登记,并对当事人说明理由。

(2)收养协议。签订收养协议不是收养关系成立的必要形式,而由当事人自愿进行,这种规定不妥。收养协议是收养合意的书面表现形式,是对当事人收养合意的文字反映。实施收养行为应当首先签署收养协议,然后才能进行收养登记。

(3)收养公证。订立收养协议后,当事人一方或者双方主张进行公证的,应当进行公证。该公证证明的是收养协议的合法性,而不是证明其他问题。

(4)收养评估。民政部门进行收养登记,应当对要登记的收养关系进行收养评估,这是为了最大限度地保护被收养人的合法权益。

本条规定的新规则就是收养评估。收养评估包括收养关系当事人的收养能力评估、融合期调查和收养后回访。

(1)收养能力评估,是指对有收养意愿的当事人(以下简称收养申请人)抚养教育被收养人的能力进行评估。主要包括对收养申请人个人和家庭基本状况、收养动机目的和养育安排、收养申请人提交的证件和证明材料情况等进行全面调查,从而对收养申请人及其共同生活的家庭成员抚养教育被收养人的能力做出综合评定。

(2)融合期调查,是指在收养登记办理前,对收养关系当事人融合情况进行评估。主要包括对被收养人与收养申请人及其家庭成员共同生活、相处和情感交融等情况、收养申请人履行临时监护职责情况、对被收养人的照料抚育情况和(被)收养意愿等进行调查评估。

(3)收养后回访,是指收养登记办理后,对收养人与被收养人共同生活的情况进行评估。主要包括收养人对被收养人的养育教育情况、被收养人健康成长和受教育情况、双方情感交融情况等进行调查评估。

收养评估的对象,是收养申请人及其共同生活的家庭成员。收养申请人应当配合收养评估开展。

收养评估工作可以由收养登记机关委托的第三方机构或者收养登记机关开展。民政部门优先采取委托第三方方式开展收养能力评估。

538. 删除外国人收养中国未成年子女须经公证的要求

《民法典》婚姻家庭编第1109条各款分别规定:“外国人依法可以在中华人民共和国收养子女。”“外国人在中华人民共和国收养子女,应当经其所在国主管机关依照该国法律审查同意。收养人应当提供由其所在国有权机构出具的有关其年龄、婚姻、职业、财产、健康、有无受过刑事处罚等状况的证明材料,并与送养人签订书面协议,亲自向省、自治区、直辖市人民政府民政部门登记。”“前款规定的证明材料应当经收养人所在国外交机关或者外交机关授权的机构认证,并经中华人民共和国驻该国使领馆认证。但是国家另有规定的除外。”本条是对外国人在中国收养子女的规定,与原《收养法》第21条的规定相比,取消了有关公证的要求。

本条确定的规则是,外国人依法可以在中华人民共和国收养子女,对此,不可以否认或者设置障碍。

外国人在中国收养子女,要经过特别的收养程序:

(1)外国人在中华人民共和国收养子女,应当经其所在国主管机关依照该国法律审查同意。

(2)收养人应当提供由其所在国有权机构出具的有关其年龄、婚姻、职业、财产、健康、有无受过刑事处罚等状况的证明材料,该证明材料应当经其所在国外交机关或者外交机关授权的机构认证,并经中华人民共和国驻该国使领馆认证。但是,国家另有规定的除外。

(3)该收养人应当与送养人订立书面协议,亲自向省级人民政府民政部门登记,经过省级人民政府民政部门的登记,才能确立收养关系。

原《收养法》第21条第3款规定:“收养关系当事人各方或者一方要求办理收养公证的,应当到国务院司法行政部门认定的具有办理涉外公证资格的公证机构办理收养公证。”这样的规定,一是当事人自己要求办理公证,二是办理涉外收养的公证由具有办理涉外公证资格的公证机构办理,这些都是不言而喻的问题,没有必要在民法典中规定,因而将其删除是有道理的。

第六编 继 承

第一章　有关一般规定的新规则

539. 相互有继承关系的数人在同一事件中死亡的先后顺序推定

《民法典》继承编第1121条第1款、第2款分别规定："继承从被继承人死亡时开始。""相互有继承关系的数人在同一事件中死亡，难以确定死亡时间的，推定没有其他继承人的人先死亡。都有其他继承人，辈份不同的，推定长辈先死亡；辈份相同的，推定同时死亡，相互不发生继承。"这一条文是对继承开始时间的规定，第1款与原《继承法》第1条规定的内容相同，第2款是增加的新规则，即相互有继承关系的数人在同一事件中死亡推定死亡的先后顺序。

这一规则是在原《最高人民法院关于贯彻执行〈中华人民共和国继承法〉若干问题的意见》中规定的。该司法解释第2条规定："相互有继承关系的几个人在同一事件中死亡，如不能确定死亡先后时间的，推定没有继承人的人先死亡。死亡人各自都有继承人的，如几个死亡人辈份不同，推定长辈先死亡；几个死亡人辈份相同，推定同时死亡，彼此不发生继承，由他们各自的继承人分别继承。"本条第2款规定这一推定规则，除了文字的修改外，具体内容没有变化，采纳了司法解释的意见。

本条第1款规定的是继承开始的时间，就是被继承人死亡的时间。对被继承人死亡时间的确定，包括自然死亡和宣告死亡两种死亡情形。

(1)自然死亡时间的确定。在我国司法实践中，还是以呼吸停止和心脏搏动停止为生理死亡的时间，医院死亡证书中记载自然人死亡时间的，以死亡证书中的记载为准；户籍登记册中记载自然人死亡时间的，应当以户籍登记为准；死亡证书与户籍登记册的记载不一致的,应当以死亡证书为准;继承人对被继承人的死亡时间有争议的,应当以人民法院查证的时间为准。

(2)宣告死亡时间的确定。失踪人被宣告死亡,依照本法总则编第48条的规定,人民法院宣告死亡的判决作出之日视为其死亡的日期;因意外事件下落不明宣告死亡的,意外事件发生之日视为其死亡的日期。对于这一规定,本法没有改变,仍然是如此规定。

本条第2款规定的规则,是十分重要的新规则,因为两个以上相互有继承权的人在同一事故中死亡,如果不能确定死亡的先后时间,就无法确定继承怎样进行,因而,在同一事件中死亡的各死亡人的死亡时间如何确定,直接影响各个继承人的利益。最高人民法院的上述司法解释在实践中反复适用,证明这个规则是适当的。因此,在本条第2款采纳了这个规则。

相互有继承关系的数人在同一事件中死亡推定死亡的先后顺序规则的要点如下:

(1)相互有继承关系的数人在同一事件中死亡,难以确定死亡时间的,推定没有其他继承人的人先死亡。这样推定的好处是,虽然同时死亡的死亡者相互有继承关系,但是,认定没有其他继承人的人先死亡,他因为没有继承人,自己又是先死亡者,因而就因其在继承关系发生前死亡而不发生继承,从而使继承关系简化,只由后死亡者进行继承;由于后死亡者也已经死亡,因此,他的继承人可以继承他的遗产。

(2)都有其他继承人,推定死亡的时间上:辈份不同的,推定长辈先死亡;辈份相同的,推定同时死亡,相互不发生继承。首先,相互有继承关系的数人在同一事件中死亡,都有其他继承人,如果他们的辈份不同,推定长辈先死亡,晚辈后死亡,因而就存在正常的继承关系,即长辈先死亡,同一事件中死亡的晚辈就可以继承其遗产,他也死亡了,就由他的继承人继承他的遗产。如果同一事件中死亡的人辈分相同,则推定他们同时死亡,因而,使他们相互之间不发生继承关系,他们的遗产由他们各自的继承人分别继承。

在同一事件中数人死亡,能够确定死亡的先后顺序的,则不适用上述规则,按照各自的死亡顺序确定继承关系。

至于在同一事件中数人死亡,相互之间没有继承关系,则不发生上述问题。

540. 遗产范围由"概括+列举"改为"概括+排除"

《民法典》继承编第1122条第1款、第2款分别规定:"遗产是自然人死亡时遗留的个人合法财产。""依照法律规定或者根据其性质不得继承的遗产,不得继承。”这一条文是对原《继承法》第3条对遗产范围的规定作出的重大修改，由过去界定遗产范围的“概括+列举式”规定，改变为“概括+排除式”的立法模式。

原《继承法》第3条规定：“遗产是公民死亡时遗留的个人合法财产，包括：(一)公民的收入；(二)公民的房屋、储蓄和生活用品；(三)公民的林木、牲畜和家禽；(四)公民的文物、图书资料；(五)法律允许公民所有的生产资料；(六)公民的著作权、专利权中的财产权利；(七)公民的其他合法财产。”这就是对遗产范围的“概括+列举式”的立法模式。

这种界定遗产范围的立法方法的最大缺陷，就是列举不完全，因而还必须加上一个兜底条款，即“公民的其他合法财产”。如果没有这个兜底条款，无论如何也不会将遗产范围列举穷尽。例如，在以往的《继承法》修改过程中，由于界定遗产范围的规定采列举式，就会出现经济适用房、廉租房等是否为遗产的问题。而采用概括式的立法模式规定遗产范围，就不会存在这样的问题。例如，《德国民法典》第1922条规定：“因人之死亡(继承之开始)，其财产(遗产)概括移转于其他一人或数人继承(继承人)。”[1]其中所说的财产(遗产)，就是遗产范围。

遗产范围，是指被继承人在其死亡时遗留的可以作为遗产被继承人继承的财产范围。对遗产范围的界定有不同的立法例：一是概括式，笼统规定死亡人所有的财产在其死亡时为遗产；二是排除式，仅规定何种权利义务不能继承，将不能继承的权利义务排除在遗产范围之外，未被排除的权利义务可为遗产；三是列举式，规定何种权利义务可以继承，列举出遗产包括的权利义务的范围，未被列举为遗产的权利义务不属于遗产。原《继承法》采取的是“概括式+列举式”，既概括地规定遗产范围，又列举可为遗产的财产范围。本法采取的是“概括+排除式”，在概括规定遗产是自然人死亡时遗留的个人合法财产之后，再规定法律规定或者按照其性质不得继承的财产，不得继承。

原《继承法》规定的“概括+列举式”的立法方法是不适当的，一是因为概括的遗产范围和列举具体遗产再加上兜底条款，二者是重复的；二是对遗产的列举是永远都列举不完的，在实践中毫无意义。

按照本法规定的遗产范围如下：

(1)自然人死亡时遗留的个人合法财产，都属于遗产。只要属于个人的合

---

[1] 《德国民法典》，台湾大学法律学院、台大法学基金会编译，北京大学出版社2017年版，第1393页。

法财产,在其死亡时,就全部转化为遗产。

(2)排除的是:第一,依照法律规定不能继承的财产,如国有资源的使用权,自然人可以依法取得和享有,但不得作为遗产继承,继承人要从事被继承人原来从事的事业,须取得国有资源使用权的,应当重新申请并经主管部门核准,不能基于继承权而当然取得。第二,依照其性质不得继承的财产,如与自然人人身不可分离的具有抚恤、救济性质的财产权利,如抚恤金、补助金、残疾补助金、救济金、最低生活保障金等,专属于自然人个人,不能作为遗产由其继承人继承。

541. 丧失继承权与受遗赠权的事由及被继承人享有宽宥权

《民法典》继承编第1125条各款分别规定:"继承人有下列行为之一的,丧失继承权:(一)故意杀害被继承人;(二)为争夺遗产而杀害其他继承人;(三)遗弃被继承人,或者虐待被继承人情节严重;(四)伪造、篡改、隐匿或者销毁遗嘱,情节严重;(五)以欺诈、胁迫手段迫使或者妨碍被继承人设立、变更或者撤回遗嘱,情节严重。""继承人有前款第三项至第五项行为,确有悔改表现,被继承人表示宽恕或者事后在遗嘱中将其列为继承人的,该继承人不丧失继承权。""受遗赠人有本条第一款规定行为的,丧失受遗赠权。"这一条文是对继承权丧失的事由和继承权丧失后被继承人宽宥权的规定,与原《继承法》第7条的规定相比,最主要的修改,一是增加了新的丧失继承权的事由,二是补充了被继承人享有宽宥权的规则,三是受遗赠人丧失受遗赠权适用丧失继承权的规定。

(1)继承权丧失。继承权丧失,是指继承人因发生法律规定的事由失去继承被继承人遗产的资格,故继承权的丧失又叫继承权的剥夺。其特征是:一是继承权的丧失是继承人继承期待权的丧失;二是继承权的丧失是继承人继承期待权的自然丧失;三是继承权的丧失是在发生法定事由时丧失。继承权丧失分为绝对丧失和相对丧失。继承权绝对丧失,是指因发生某种使某继承人丧失继承权的法定事由时,该继承人对特定被继承人的继承权便终局地丧失,该继承人再不得也不能享有对被继承人的继承权;继承权相对丧失,是指虽因发生某种法定事由继承人的继承权丧失,在具备一定条件时继承人的继承权也可最终不丧失的继承制度,所以又叫继承权非终局丧失。

继承权丧失的法定事由,是依法取消继承人继承权的原因或者理由。具体的法定事由如下:

第一,继承人故意杀害被继承人。不论继承人故意杀害被继承人是否受到刑事责任的追究,都丧失继承权。

第二，继承人为争夺遗产而杀害其他继承人，是指继承人中的一人或数人出于争夺遗产的动机而杀害居于同一继承顺序的其他继承人，或者杀害先于自己继承顺序的继承人，或者杀害被继承人在遗嘱中指定的继承人。实施杀害行为的继承人因无知而认为后一顺序的继承人会妨碍他继承全部遗产而杀害了后一顺序继承人，也丧失继承权。

第三，遗弃被继承人，或者虐待被继承人情节严重，是指继承人对没有劳动能力又没有生活来源和没有独立生活能力的被继承人拒不履行扶养义务；虐待被继承人，是指继承人在被继承人生前对其以各种手段进行身体上或者精神上的摧残或折磨，情节严重。

第四，伪造、篡改或者销毁遗嘱情节严重，继承人实施这类行为多是从利己的目的出发，为使自己多得或者独得遗产，而侵害其他继承人的合法利益。

第五，以欺诈或者胁迫手段迫使或妨碍被继承人设立、变更或撤销遗嘱，情节严重。

在上述规定中增加的内容是：在伪造、篡改或者销毁遗嘱、情节严重的规定中，增加隐匿的行为，也构成丧失继承权的事由；新规定了以欺诈或者胁迫手段迫使或妨碍被继承人设立、变更或撤销遗嘱情节严重的，构成丧失继承权的事由，其实就是强制被继承人设立、变更或者撤销遗嘱、情节严重的行为。这两个补充都是正确的，继承人都应当丧失继承权。

此外，规定受遗赠人有故意杀害被继承人行为的，丧失受遗赠权，也是正确的。

（2）继承人丧失继承权的宽宥。以法定继承权的丧失为前提，宽宥特指被继承人在情感上对继承人的故意或过失行为的谅解和宽恕，表达被继承人对继承人继承身份或资格的再次认可、肯定与承认，恢复其已丧失的继承权。在继承人丧失继承权后，只要被继承人对继承人予以宽宥，就应当恢复继承人已丧失的继承权。原《继承法》第 7 条没有规定宽宥制度，司法解释也没有规定。在被继承人和继承人之间，都有一定的血缘关系，对犯有过错的继承人，被继承人予以宽宥，还准许继承人继承自己的遗产，是符合情理的。特别是我国长期实行独生子女政策，很多父母都只有一个独生子女，独生子女作为继承人，一旦丧失继承权，如果不得宽宥，将会使其遗产不能向直系血亲卑亲属流转，不符合继承规律的要求。设立宽宥制度，就会解决这些问题。

本条规定，继承人存在遗弃被继承人，或者虐待被继承人情节严重，或者伪造、篡改、隐匿或者销毁遗嘱，情节严重，或者以欺诈、胁迫手段迫使或者妨碍被继承人设立、变更或者撤回遗嘱，情节严重的，尽管丧失了继承权，但是过后确有悔改表现,被继承人表示宽恕或者事后在遗嘱中将其列为继承人的,就具有了被继承人宽宥的意思表示。经过了被继承人的宽宥,该继承人就恢复了继承权,可以继承被继承人的遗产。宽宥作为被继承人的单方意思表示,不需要相对方即继承人作出任何意思表示,便产生法律效力。

本法规定宽宥制度,是正确的立法选择,符合社会需求。不过,将故意杀害被继承人和为争夺遗产而杀害其他继承人两种情形排除在宽宥之外,还是值得斟酌的,理由是,故意杀害被继承人和为争夺遗产故意杀害其他继承人,并非都是严重的犯罪行为,其犯罪未遂和犯罪预备同样也是犯罪。在这两项规定中,都没有区别具体情节,一律不准宽宥,就限制了被继承人的意思自治,确有欠妥之处。对此,笔者认为应当准确理解丧失继承权事由中的“杀害”的要件。杀害,就是杀死,而不是预备,也不是未遂,而是既遂。只有杀害被继承人或者其他继承人既遂,才成为丧失继承权的事由,杀害的未遂和预备都不丧失继承权。这样,就不存在杀害被继承人或者杀害其他继承人丧失继承权后没有规定宽宥的问题。

(3)受遗赠人丧失受遗赠权的事由。受遗赠人实施了本条第1款规定的继承人丧失继承权的行为的,丧失受遗赠权,且不存在宽宥的机会。

第二章　有关法定继承的新规则

542. 被继承人兄弟姐妹的子女有权代位继承

《民法典》继承编第1128条各款分别规定："被继承人的子女先于被继承人死亡的，由被继承人的子女的直系晚辈血亲代位继承。""被继承人的兄弟姐妹先于被继承人死亡的，由被继承人的兄弟姐妹的子女代位继承。""代位继承人一般只能继承被代位继承人有权继承的遗产份额。"这一条文是对被继承人的子女的直系晚辈血亲代位继承和被继承人兄弟姐妹的子女代位继承的规定，原《继承法》规定代位继承只是被继承人的子女的直系晚辈血亲的代位继承，范围比较窄，本条增加规定第2款，规定了被继承人的兄弟姐妹的子女的代位继承，扩大了代位继承的范围，有利于遗产在旁系血亲中的流转。

代位继承，是指被继承人的子女或者兄弟姐妹先于被继承人死亡时，由被继承人的继承人的晚辈直系血亲或者子女代替先亡的被继承人的子女继承被继承人遗产的法定继承制度。在代位继承中，被继承人的子女或者兄弟姐妹为被代位继承人，承继应继份的被继承人子女或者兄弟姐妹的直系血亲卑亲属为代位继承人。应继份，是指各继承人对遗产上一切权利义务可以继承的成数或比例。

代位继承的要件是：第一，须被继承人的子女或者兄弟姐妹在继承开始前已经死亡；第二，被代位人是被继承人的子女或者兄弟姐妹等直系血亲；第三，代位继承人必须是被代位人的直系晚辈血亲。

代位继承产生的法律效力，主要是代位继承人可以继承被代位继承人的应继份，即代位继承人有权继承被代位继承人应当继承的遗产份额。代位继承人的应继份应根据被代位继承人的应继份确定,按房或支来分割遗产。

本条第2款规定被继承人的兄弟姐妹的子女代位继承的主要价值,是扩大了法定继承人的范围。本法规定的法定继承人范围过于狭窄,在旁系血亲中只有兄弟姐妹为法定继承人。将被继承人的兄弟姐妹的子女规定为法定代位继承人,就有可能使侄子、侄女、外甥、外甥女成为代位继承的法定继承人,能够代位继承其叔伯、姑、舅、姨的遗产,减少无人继承的遗产。应当注意区别的是,被继承人父母的子女的直系晚辈血亲的概念比较宽,包括孙子女、外孙子女、曾孙子女、曾外孙子女甚至玄孙子女、玄外孙子女等;而兄弟姐妹的子女,只包含兄弟姐妹的一代直系晚辈血亲。因此,兄弟姐妹的子女的代位继承范围比父母的晚辈直系血亲代位继承的范围要窄得多。

543. 酌分遗产请求权的主体范围适当扩大

《民法典》继承编第1131条规定:"对继承人以外的依靠被继承人扶养的人,或者继承人以外的对被继承人扶养较多的人,可以分给适当的遗产。"这一条文是对酌分遗产的规定,与原《继承法》第14条的规定相比,增加了新规则。

原《继承法》第14条规定的酌分遗产的人,不仅规定是对继承人以外的依靠被继承人扶养的人,还须是缺乏劳动能力又没有生活来源的人。对这种酌分遗产的人的界定,要具备三个要件:一是依靠被继承人扶养,二是缺乏劳动能力,三是没有生活来源。这样的要求太高了。本条减掉后两个条件,只要是依靠被继承人扶养的人,就可以分给适当的遗产。同时,继承人以外的对被继承人扶养较多的人,也可以分给适当遗产。

酌分遗产,是指对继承人以外的依靠被继承人扶养的人,或者继承人以外的对被继承人扶养较多的人,虽然没有继承权,但是,可以根据实际情况分给适当遗产的继承制度。可以酌分遗产的人有两种:

(1)对继承人以外的依靠被继承人扶养的人,本条删除了缺乏劳动能力又没有生活来源的条件,使被继承人以外的依靠被继承人扶养的人的生活更有保障。

(2)继承人以外的对被继承人扶养较多的人。按照权利义务相一致原则,既然对被继承人扶养较多,那么,在被继承人死亡留有遗产时,这个扶养人就有权利主张适当分得遗产。

这两种人,前者是需要基于一定的遗产以使其有生活着落,后者是依据权利义务相一致原则,因其对被继承人扶养较多而分给适当遗产以资鼓励。具体应当酌分多少,应当根据实际情况酌定。

第三章　有关遗嘱继承和遗赠的新规则

544. 自然人可以依法设立遗嘱信托

《民法典》继承编第 1133 条各款分别规定："自然人可以依照本法规定立遗嘱处分个人财产，并可以指定遗嘱执行人。""自然人可以立遗嘱将个人财产指定由法定继承人中的一人或者数人继承。""自然人可以立遗嘱将个人财产赠与国家、集体或者法定继承人以外的组织、个人。""自然人可以依法设立遗嘱信托。"这一条文是对遗嘱继承、遗赠以及遗嘱信托的一般规定。与原《继承法》第 16 条的规定相比，本条规定扩大了受遗赠人的范围，新增了遗嘱信托。

(1)遗嘱继承

遗嘱继承是指于继承开始后，继承人按照被继承人合法有效的遗嘱，继承被继承人遗产的继承方式。在遗嘱继承中，具体的继承人、继承顺序、应继份、遗产管理、遗嘱执行等，都可由被继承人在遗嘱中指定，故遗嘱继承也被称作"指定继承"，与法定继承相对应。在遗嘱继承中，生前立有遗嘱的被继承人称为遗嘱人或立遗嘱人，依照遗嘱的指定享有遗产继承权的人为遗嘱继承人。遗嘱继承所指向的客体为被继承人指定的遗产份额。

遗嘱继承的特征包括：第一，遗嘱继承以事实构成作为发生依据，除须具备被继承人死亡这一法律事实外，还须以被继承人所立的合法有效的遗嘱为要件。第二，遗嘱继承直接体现被继承人的意志，是通过对被继承人的遗嘱的执行与实现来直接体现被继承人的意志。第三，遗嘱继承具有效力优先性，关系到谁可以实际参与继承，关系到遗嘱继承人可以得到多少遗产份额。第四，遗嘱继承的主体具有限定性，限定在一定的范围之内。

遗嘱继承的意义是:第一,有利于保护自然人的私有财产权和继承权。第二,有利于体现被继承人的意志。第三,有利于减少继承争议,稳定家庭关系。

在遗嘱继承中,自然人可以依照民法典的规定,用立遗嘱的方法,处分个人在死后的遗产,并且可以指定遗嘱执行人,由遗嘱执行人执行自己的遗嘱。自然人可以在遗嘱中,将个人死后的遗产指定由法定继承人中的一人或者数人继承。被指定继承的人为遗嘱继承人。其他继承人不是遗嘱继承人,无权继承其遗产。

(2)遗赠

自然人可以立遗嘱将个人财产赠与国家、集体或者法定继承人以外的个人或者组织,即遗赠。设立遗赠也使其他继承人丧失或者部分丧失继承被继承人遗产的权利。

遗赠与遗嘱继承的区别主要有以下三点。第一,受遗赠人和遗嘱继承人的范围不同。受遗赠人可以是法定继承人以外的任何自然人、组织,也可以是国家和集体,但不能是法定继承人范围之内的人。遗嘱继承人则只能是法定继承人范围之内的人,而不能是法定继承人以外的自然人或单位。第二,受遗赠权与遗嘱继承权客体的范围不同。受遗赠权的客体只是遗产中的财产权利,不包括财产义务,受遗赠人接受遗赠时只承受遗产中的权利而不能承受遗产中的债务。如果遗赠人将其全部遗产遗赠给国家、集体或某自然人,而其生前又有债务时,则受遗赠人只能接受清偿债务后剩余的财产,但这种清偿只能是对被继承人债务的处理,受遗赠人本身并不承受被继承人的债务。而遗嘱继承权的客体是遗产,而且遗嘱继承人对遗产的继承是概括地承受,在承受遗产的同时,还担负着清偿被继承人的债务的义务。第三,受遗赠权与遗嘱继承权的行使方式不同。受遗赠权是一种形成权,而且60日的期间为受遗赠权的除斥期间,自知道受遗赠后60日内未作出接受的表示,即视为放弃受遗赠。受遗赠人表示接受遗赠的,得要求遗嘱执行人向其移转遗赠的标的,受遗赠权优于继承人的继承权,继承人只能继承执行遗赠后剩余的遗产。遗嘱继承人自继承开始至遗产分割前未明确表示放弃继承的,即视为接受继承,放弃遗嘱继承权须于此期间内作出明确的意思表示。

(3)遗嘱信托

遗嘱信托是指通过遗嘱而设立的信托,也叫死后信托。委托人以立遗嘱的方式,把自己的遗产交付信托,就是遗嘱信托。委托人应当预先以立遗嘱的方式,将财产的规划内容,包括交付信托后遗产的管理、分配、运用及给付等,订立在遗嘱中。待遗嘱生效时,再将信托财产转移给受托人,由受托人依据信托的内容,管理处分信托的遗产。

遗嘱信托的功能包括:一是遗嘱信托能够很好地解决财产传承问题。通过遗嘱信托,可以使财产顺利地传给后代,也可以通过遗嘱执行人的理财能力,弥补继承人无力理财的缺陷;二是遗嘱信托能够减少因遗产产生的纷争。因为遗嘱信托具有法律约束力,特别是中立的遗嘱继承人介入,使遗产的清算和分配更公平。

遗嘱信托的特点是在委托人死亡后才生效。通过遗嘱信托,由受托人确实依照遗嘱人的意愿分配遗产,并为照顾特定人而做财产规划,不但有立遗嘱防止纷争的优点,而且因结合了信托方式而使该遗产对继承人更有保障。

遗嘱信托的遗嘱,应当符合民法典继承编的规定;遗嘱信托的信托,应当符合《信托法》的规定。

遗嘱信托包括下列三方当事人:一是委托人,即被继承人。二是受托人,即遗嘱执行人。遗嘱信托指定的受托人,应当是具有理财能力的律师、会计师、信托投资机构等专业人员或专业机构。三是受益人,即继承人。遗嘱信托的受益人可以是法定继承人中的一人或者数人,也可以为法定继承人以外的人。

遗嘱信托分为遗嘱执行信托和遗产管理信托两种不同方式。遗嘱执行信托是为了实现遗嘱人的意志进行的信托业务,其主要内容有清理遗产,收取债权,清偿债务、税款及其他支付,遗赠物的分配,遗产分割等。遗嘱执行信托是短期性的,一般遗嘱执行的成立以死亡者立的遗嘱为依据,继承人均已存在,因而不易发生制约。遗产管理信托是主要以遗产管理为目的而进行的信托业务。遗产管理信托的内容与遗嘱执行信托的内容虽有交叉,但侧重于管理遗产方面。遗产管理人可由法院指派,也可由遗嘱人或者其亲属会议指派。

本条新规则的要点如下:

(1)扩大受遗赠人的范围。原《继承法》第 16 条规定公民可以立遗嘱将个人财产赠与国家、集体或者法定继承人以外的人。据此,接受遗赠的主体包括三类,分别是国家、集体、法定继承人以外的人。本条规定新增了法定继承人以外的组织作为受遗赠主体,扩大了受遗赠人的范围。这样一来,自然人将法定继承人以外的组织作为受遗赠方时,所拟遗嘱的合法性就能够得到承认,将充分体现国家对自然人遗产处理的尊重。

(2)增加遗嘱信托。2001 年《信托法》颁布时,首次规定了遗嘱信托的内容。直至 2018 年 12 月,北京信托成功设立全国首单“遗嘱信托”,实现了我国遗嘱信托领域零的突破。2019 年 5 月 30 日,首例遗嘱信托案[1]宣判。我们认为,未来遗嘱信托将会逐步成为主要的遗产处理方式之一。因而,本次民法典编纂时新增了遗嘱信托的一般性规定,在继承编中承认了遗嘱信托的合法性。这样一来,不仅将继承编与信托法有效地衔接起来,而且体现了立法与司法的实时互动。

545. 打印遗嘱是有效的遗嘱形式

《民法典》继承编第 1136 条规定:"打印遗嘱应当有两个以上见证人在场见证。遗嘱人和见证人应当在遗嘱每一页签名,注明年、月、日。"这一条文是对打印遗嘱的规定,是继承制度的一项新规则。

原《继承法》在遗嘱的形式中,没有规定打印遗嘱,主要是立法当时电脑尚未普及,打印遗嘱还不是普遍存在的遗嘱形式。不过,至目前为止,在其他国家正式承认打印遗嘱效力的还不多见。本条规定打印遗嘱的效力,是根据实际情况作出的规定,弥补了我国遗嘱形式的空白,适应了社会和司法实践的需要。

打印遗嘱,是指遗嘱人通过电脑制作,用打印机打印出来的遗嘱。在电脑应用普及之后,已经很少有人用笔写作,通过电脑写作和打印已经是书写的常态。近年来,很多遗嘱人制作遗嘱,都是用电脑写作,之后用打印机打印出来,形成打印遗嘱。由于原《继承法》没有规定打印遗嘱这种遗嘱形式,因而在司法实践中对打印遗嘱的效力存在较多争议,有的认为是自书遗嘱,有的认为是代书遗嘱。这些意见其实都不准确。

在编纂民法典的过程中反复研究讨论这个问题,我们认为对打印遗嘱不规定是不正确的,但是,将其认定为自书遗嘱也不完全正确。首先,在整个社会中书写方式已经变为电脑写作的情况下,不承认打印遗嘱的效力,不是实事求是的态度,也会对司法实践确定遗嘱效力造成困惑和麻烦,很难统一裁判尺度。其次,笼统地认定打印遗嘱就是自书遗嘱也不正确,尽管打印遗嘱也是自己写出来的,带有自书遗嘱的性质,但是,自书遗嘱的优势,靠的是其亲笔书写的字迹的真实性,来判断遗嘱是否为遗嘱人的真实意思表示。虽然打印遗嘱也是遗嘱人在电脑上亲自写作形成的,但是,由于电脑写作不具有亲笔书写文字的身份特征,因而,无法依据打印遗嘱中的打印文字确定是否为当事人的真实意思表示。在这种情况下,确定打印遗嘱是否为遗嘱人的真实意思表示,就必须明确规定确认遗嘱真实性的其他条件,使人能够依据这些条件来确定遗嘱是否为

[1] 上海市第二中级人民法院(2019)沪 02 民终 1307 号民事判决书。

遗嘱人的真实意思表示。

鉴于打印遗嘱应用的普遍性和判断的复杂性，本条采纳专家提出的意见，首先，规定打印遗嘱是法定的遗嘱形式，符合条件的，应当确认其法律效力。其次，规定打印遗嘱有效的要件：一是遗嘱为电脑制作、打印机打印出来的文本形式；二是打印遗嘱应当有两个以上的见证人在场见证，并且在打印遗嘱文本的每一页都签名；三是遗嘱人也必须在遗嘱文本的每一页都签名；四是在打印遗嘱的文本上，须注明立遗嘱的年、月、日。具备这些要件，打印遗嘱发生遗嘱效力。

从目前来看，对打印遗嘱有效条件的要求确实有点高，比代书遗嘱的条件还要严格。不过，这些要求的条件都是为了保证打印遗嘱的真实性，确定遗嘱人的真实意思表示。对此，在实践中还可以再检验一下这样规定的效果。

546. 录像遗嘱是有效的遗嘱形式

《民法典》继承编第 1137 条规定："以录音录像形式立的遗嘱，应当有两个以上见证人在场见证。遗嘱人和见证人应当在录音录像中记录其姓名或者肖像，以及年、月、日。"原《继承法》第 17 条只规定了录音遗嘱的形式，规定的条件也比较简单，只要有两个见证人在场见证就可以了。本条规定，一是增加录像遗嘱形式；二是增加规定两个以上的见证人在场见证时，遗嘱人和见证人还应当在录音录像中记录其姓名或者肖像，以及年、月、日。

录音录像遗嘱是一种新型的遗嘱方式，它是指以录音录像方式录制下来的遗嘱人的口述遗嘱，其实就是视听遗嘱。这里有一个理解的问题，即录音录像遗嘱究竟是一种遗嘱方式，还是两种遗嘱方式呢？在录像遗嘱中，自然包括录音，而录音就不一定有录像。按照当前的技术发展，制作视频并非存在较大难度，差不多有手机的人都会制作视频。其实，录音录像遗嘱改为视频遗嘱更为妥当。不过，就目前来说，仍然有单纯的录音遗嘱存在的可能性，因此，录音录像遗嘱分为两种不同方式的遗嘱，还是比较妥当的。

录音录像遗嘱应当符合下列要件：

（1）须有两个以上的见证人在场见证，见证人应当把各自的姓名、性别、年龄、籍贯、职业、所在工作单位和家庭住址等基本情况予以说明。

（2）须由遗嘱人亲自叙述遗嘱的内容，内容应当具体，对有关财产的处分，应当说明财产的基本情况，具体的财产归什么人所有。

（3）须遗嘱人、见证人将有关视听资料封存，并签名、注明日期，以确定遗嘱的订立时间。

(4)须当众开启录音录像遗嘱,继承开始后,在参加制作遗嘱的见证人和全体继承人到场的情况下,当众启封,维护录音录像遗嘱的真实性。

具备以上要件的录音录像遗嘱发生法律效力。

比较难的是,在录音录像中,怎样能做到"遗嘱人和见证人应当在录音录像中记录其姓名或者肖像,以及年、月、日"。如果对录音录像遗嘱的真实性发生争议,就目前技术来看,遗嘱人和见证人应当在录音录像遗嘱中说明自己的姓名,录像遗嘱中应当留有肖像,并且述说年月日。在核对其真实性上,应当通过声纹鉴定和肖像比对,以确认遗嘱人和见证人的身份、日期和遗嘱内容的真实性。

547. 其他不具有见证能力的人不能作为遗嘱见证人

《民法典》继承编第 1140 条规定:"下列人员不能作为遗嘱见证人:(一)无民事行为能力人、限制民事行为能力人以及其他不具有见证能力的人;(二)继承人、受遗赠人;(三)与继承人、受遗赠人有利害关系的人。"这一条文是对遗嘱见证人资格的规定,与原《继承法》第 18 条的规定相比,本条增加了"其他不具有见证能力的人""不能作为遗嘱见证人",即其他不具有见证能力的人不具有遗嘱见证人的资格。

遗嘱见证人,是指订立遗嘱时亲临遗嘱制作现场,对遗嘱真实性予以证明的第三人。除自书遗嘱之外,其他各种遗嘱皆应有或者可有见证人参与,是借此确保遗嘱的真实及方式的正确,因而见证人及其信用如何,遗嘱见证人证明的真伪,都直接关系着遗嘱的效力。

遗嘱见证人必须是能够客观公正地证明遗嘱真实性的人,应当具备的条件是:第一,具有完全民事行为能力;第二,与继承人、遗嘱人没有利害关系;第三,知晓遗嘱所使用的语言。

本条增加规定,不具有遗嘱见证人资格的,是其他不具有见证能力的人。见证人是否具有见证能力,应当以参加设立遗嘱的见证时为准。遗嘱见证能力,是指能够辨别遗嘱人设立遗嘱时具体精神状况和遗嘱内容是否真实的能力。在本条中,使用的是"其他不具有见证能力的人",所谓其他,针对的是无民事行为能力人和限制民事行为能力人之外的、不具有见证能力的人。例如,虽然具有完全民事行为能力,但是智力发育不够健全的人,不能辨别遗嘱人设立遗嘱时的精神状况是否符合设立遗嘱的要求,对遗嘱内容是否真实缺乏正常的判断能力,都属于其他不具有见证能力的人。这些人不能作为遗嘱见证人,作了遗嘱见证人也不具有遗嘱见证的效力,会导致其所见证的遗嘱无效的后果。

548. 数份遗嘱发生内容抵触时以最后所立遗嘱为准

《民法典》继承编第1142条各款分别规定："遗嘱人可以撤回、变更自己所立的遗嘱。""立遗嘱后，遗嘱人实施与遗嘱内容相反的民事法律行为的，视为对遗嘱相关内容的撤回。""立有数份遗嘱，内容相抵触的，以最后的遗嘱为准。"这一条文是对遗嘱撤回、变更和遗嘱效力冲突的规定。其中特别重要的新规则，是明确规定数份遗嘱内容抵触时以最后的遗嘱为准原则，替代了"公证遗嘱优先"的错误规则。

遗嘱撤回，是指遗嘱人在订立遗嘱后又通过一定的方式取消原来所立的遗嘱。遗嘱变更，是指遗嘱人在遗嘱订立后对遗嘱内容的部分修改。遗嘱人撤回或变更遗嘱的要件是：第一，遗嘱人须有遗嘱能力。第二，须为遗嘱人的真实意思表示。第三，须由遗嘱人亲自依法定的方式和程序为之：一是明示方式，是指遗嘱人以明确的意思表示撤回、变更遗嘱；二是推定方式，是指遗嘱人虽未以明确的意思表示撤回、变更遗嘱，但法律根据遗嘱人的行为推定遗嘱人撤回、变更了遗嘱。这种推定不许当事人以反证推翻。例如，遗嘱人立有数份遗嘱且内容相抵触，推定撤回、变更之前的遗嘱；遗嘱人生前的行为与遗嘱的内容相抵触的，推定遗嘱撤回、变更；遗嘱人故意销毁、涂销遗嘱的，推定遗嘱人撤回原遗嘱。遗嘱撤回或者变更只要符合撤回或者变更的条件，自作出之时即发生效力。

遗嘱撤回或者变更的效力，是使被撤回或者变更的遗嘱内容不生效力：

（1）遗嘱撤回的，自撤回生效时起，被撤回的遗嘱作废，以新设立的遗嘱为遗嘱人处分自己财产的真实意思表示，按照新设立的遗嘱来确定遗嘱的效力和执行。遗嘱撤回后遗嘱人未设立新遗嘱的，视为被继承人未立遗嘱。

（2）遗嘱变更的，自变更生效时起，以变更后的遗嘱内容为遗嘱人的真实意思表示，按照变更后的遗嘱来确定遗嘱的有效或者无效，执行变更后的遗嘱。

（3）遗嘱人设立有数份遗嘱，内容相抵触的，应当视为以后设立的遗嘱取代或者变更了原设立的遗嘱。因此，遗嘱人设立数份遗嘱内容抵触的，应当以最后设立的遗嘱为准，即"遗嘱设立在后效力优先"。

对于上述第三项规则，原《继承法》第20条第3款关于"自书、代书、录音、口头遗嘱，不得撤销、变更公证遗嘱"的规定，要求在数份遗嘱内容相互抵触时，确定哪一份遗嘱具有效力，是以遗嘱的形式作为标准，即在所有的遗嘱方式中，唯有公证遗嘱具有最高的效力，任何与公证遗嘱的内容相冲突的遗嘱，都不具有真实性的效力。这样的规定显然是错误的，一个遗嘱人立有数份遗嘱，内容相抵触，不看设立遗嘱的时间先后，而是以公证遗嘱具有最高效力，而且任何形式的遗嘱都不能变更、撤销公证遗嘱,就有可能将不代表遗嘱人真实意思的公证遗嘱的效力绝对化。其后果是,一旦遗嘱人在设立公证遗嘱之后,想变更遗嘱或者撤回遗嘱,都必须通过公证遗嘱的方式才能实现,如果临终之前,遗嘱人想要撤回或者变更以前的公证遗嘱,公证机构不能及时作出新的公证遗嘱,遗嘱人的真实意思表示就无法实现,实现的却是不代表其真实意思的公证遗嘱所表达的内容。

当一个遗嘱人设立数份遗嘱,这些遗嘱的内容发生相互抵触时,究竟哪一份遗嘱最能够代表遗嘱人的真实意思呢?当然是离遗嘱人死亡的时间最近的遗嘱是其真实意思表示。因此,各国民法典对此规定的一般性规则,就是“遗嘱时间在后效力优先原则”。在编纂民法典中,立法机关纠正了原《继承法》第 20 条第 3 款规定的错误,确立了本条第 3 款的原则,即“立有数份遗嘱,内容相抵触的,以最后的遗嘱为准”的原则,纠正了原《继承法》第 20 条规定的公证遗嘱优先原则的错误,是正确的立法选择。

第四章　有关遗产的处理的新规则

549. 遗产管理人的产生方式

《民法典》继承编第 1145 条规定："继承开始后，遗嘱执行人为遗产管理人；没有遗嘱执行人的，继承人应当及时推选遗产管理人；继承人未推选的，由继承人共同担任遗产管理人；没有继承人或者继承人均放弃继承的，由被继承人生前住所地的民政部门或者村民委员会担任遗产管理人。"本条是对遗产管理人产生方式的规定。原《继承法》没有规定遗产管理人，仅在第 24 条规定了"存有遗产的人，应当妥善管理遗产，任何人不得侵吞或者争抢"的内容，带有遗产管理人的意思，但是并未明确规定遗产管理人。鉴于遗产管理人在遗产处理中的重要地位和作用，《民法典》继承编在第 1145 ~ 1149 条明确规定了遗产管理人制度，弥补了原《继承法》没有规定遗产管理人的不足。本条文规定的是遗产管理人的产生方式。

遗产管理人，是指对死者遗产负责保存和管理职责的人。遗产管理人的重要性在于，当被继承人死亡时，自己已经丧失民事权利能力和民事行为能力，遗产管理人就是代表被继承人的意思，保存和管理被继承人的遗产，防止其遗产被他人侵夺或者争抢，使被继承人遗嘱指定的或者法定的继承人、受遗赠人继承遗产或者取得遗产权利的实现。因此，遗产管理人的产生、职责、责任、报酬，都对保护好遗产，保障被继承人或者受遗赠人的合法权益具有重要意义。

本条规定的遗产管理人的产生方式如下：

(1)继承开始后，遗嘱执行人为遗产管理人。被继承人在遗嘱中指定了遗嘱执行人，但没有指定遗产管理人的，该遗嘱执行人即为遗产管理人，在遗嘱生效时取得遗产管理人身份。被继承人在遗嘱中明确指定了遗产管理人的,法律自应尊重,继承人也应服从,在遗嘱生效时,遗产管理人开始执行职责。如果遗嘱既指定了遗嘱执行人,又指定了遗产管理人的,则遗嘱执行人和遗产管理人各负其责。遗产管理人未尽其义务或损害继承人及遗产债权人利益的,利害关系人可以请求法院予以撤换。

(2)被继承人没有指定遗嘱执行人的,继承人应当及时推选遗产管理人,以管理遗产。继承人只有一人的,被继承人的遗产直接转化为该继承人的个人财产,其进行的管理就是所有权人的管理,不存在遗产管理人的问题。继承人为多人的,每一个继承人都可以作为遗产管理人。但是,为了更好地进行遗产管理,全体继承人应当及时推选遗产管理人,遗产管理人确定后能够及时进行遗产管理活动。

(3)继承人未推选遗产管理人的,由全体继承人共同担任遗产管理人。全体遗产管理人共同管理遗产,按照共同的意思对遗产进行管理。不能取得一致意见的,应当按照多数人的意见进行管理。

(4)被继承人没有继承人或者继承人均放弃继承的,由被继承人生前住所地的民政部门或者村民委员会担任遗产管理人,由民政部门或者村民委员会对遗产进行管理。

在上述情形下,法定继承人、民政部门、村民委员会担任遗产管理人的,不得辞任;但是,法定继承人放弃继承权的除外。

550. 对遗产管理人有争议的有权申请指定遗产管理人

《民法典》继承编第 1146 条规定:“对遗产管理人的确定有争议的,利害关系人可以向人民法院申请指定遗产管理人。”这一条文规定的是法院指定遗产管理人的新规则。

在继承中,对于遗产管理人的产生,除了第 1145 条规定的产生规则之外,在特定情况下由法院直接指定遗产管理人。

按照本条规定和实际情况,指定遗产管理人的特定情况是对遗产管理人的确定有争议,具体表现如下:

(1)遗嘱未指定遗嘱执行人或遗产管理人,继承人对遗产管理人的选任有争议。

(2)遗嘱未指定遗嘱执行人或遗产管理人,被继承人没有继承人或者继承人的下落不明。

(3)对指定遗产管理人的遗嘱的效力存在争议,其中包括遗嘱对遗产管理人的效力存在争议。

(4)没有产生遗产管理人,遗产的债权人有证据证明继承人的行为已经或将要损害其债权利益。

出现上述情形之一,利害关系人可以向法院起诉,申请指定遗产管理人。为保证遗产的安全,避免遗产的损毁,人民法院在指定遗产管理人之前,经利害关系人的申请,可以对遗产进行必要的处分,即在紧急情况下(如遗产有毁损、灭失危险时),法院可代行遗产管理人的部分职责。法院在指定了遗产管理人之后,遗产管理人应当立即就位,履行遗产管理人的管理职责,保护各方当事人的合法权益。

551. 遗产管理人应当履行的职责范围

《民法典》继承编第1147条规定:"遗产管理人应当履行下列职责:(一)清理遗产并制作遗产清单;(二)向继承人报告遗产情况;(三)采取必要措施防止遗产毁损、灭失;(四)处理被继承人的债权债务;(五)按照遗嘱或者依照法律规定分割遗产;(六)实施与管理遗产有关的其他必要行为。"这一规定是对管理人职责范围的新规则,详细地列举了管理人的职责。

遗产管理人的职责,关乎多方当事人的利益:一是被继承人处置遗产的意愿是否能够实现;二是继承人或者受遗赠人是否能够按照遗嘱指定或者法律规定取得应当获得的遗产;三是被继承人的债权人是否能够实现其债权。由于遗产管理人在管理遗产上的责任重大,因此,法律必须明确遗产管理人的职责范围,遗产管理人应当按照法律规定的遗产管理人的职责范围履行职责。

本条规定的遗产管理人的职责范围如下:

(1)清理遗产,制作遗产清单并报告遗产情况。遗产管理人首先要履行的职责,就是清理遗产。清理遗产,是指查清遗产的名称、数量、地点、价值等状况,对被继承人的遗产有准确的把握。其次,在对有关遗产查清的基础上,遗嘱管理人应当编制遗产清单。制作遗产清单的要求是,全面、准确地载明遗产的具体情况,既包括对积极财产的记载,也包括对消极财产的记载。在遗产清单制作完成后,应当经过公证处公证,使其具有公信力。最后,遗产管理人向继承人报告遗产情况,提交遗产清单,使继承人掌握被继承人遗留遗产的具体情况。

(2)保管遗产。遗产管理人应当采取必要措施,防止遗产被毁损、灭失。首先,是保护和维护遗产的现状;其次,应当采取适当的处置措施,如变卖易腐物品、修缮房屋、进行必要的营业行为、收取到期债权等;最后,实施这些必要的处分措施的目的是保存遗产,不能超越必要限度,如果超出必要限度,属于遗产管理人的非必要处分行为,对继承人、受遗赠人等造成损害的,遗产管理人应当承担赔偿责任,如遗产管理人将遗产无偿赠与他人,将遗产故意毁坏等。

(3)处理被继承人的债权债务。对经过清理能够确定的被继承人的债权债务,遗产管理人在通知或者公告后,一方面,应当对被继承人的债权依法向债务人进行主张,通过非诉讼和诉讼的手段,实现被继承人的债权,并将实现债权所获得的财产列入遗产范围,不能实现的债权作为被继承人的消极遗产,纳入遗产范围;另一方面,应当对有关遗产债务进行清偿,在清偿中,应当以遗产的实际价值为限,承担被继承人的清偿责任。对遗产债务的清偿应当按照一定的顺序,对同一顺序的债务无法全部清偿的,可以按一定的比例。只有在债务清偿完毕后尚有剩余遗产的,才能进行遗产分割。

(4)按照遗嘱或者依照法律规定分割遗产。在继承开始后,遗产管理人应当将遗产进行集中管理,对不能集中管理的遗产,也应当落实保护措施,防止遗产减损。完成上述工作后,遗产管理人应当依照法律规定或者约定,开始进行遗产分割。如果只有一个继承人,应当及时将遗产移交给继承人。如果有两个以上继承人的,则应当按照遗嘱指定或者法律规定,对进行遗产分割,将分割后的遗产交给继承人或者受遗赠人。

遗产管理人与遗嘱执行人的区别是:第一,适用范围不同。遗嘱执行人只适用于遗嘱继承的情况,而遗产管理人还可在法定继承、遗赠、无人继承遗产等所有继承事件中设定。第二,产生方式不同。遗嘱执行人的确定有以下三种情况:一是由被继承人生前在遗嘱中指定;二是遗嘱人未指定遗嘱执行人或指定的遗嘱执行人不能执行遗嘱的,遗嘱人的法定继承人为遗嘱执行人;三是在没有遗嘱中指定遗嘱执行人,也没有法定继承人能执行遗嘱时,由遗嘱人生前所在单位或继承开始地的基层组织为遗嘱执行人。在遗产管理制度中,遗嘱继承的遗嘱执行人同时也是遗产管理人,在法定继承和无人继承遗产中也可以设立遗产管理人。在法定继承中,遗产管理人可以由继承人协商确定;在特定情形下,经利害关系人申请,人民法院可以指定遗产管理人。第三,担任条件不同。遗嘱执行人必须是完全民事行为能力人;而遗产管理人在个别情况下,可能是无行为能力人或限制行为能力人,例如,在仅有一个继承人而该继承人是无行为能力或限制行为能力人的情况下,该继承人是法定的遗产管理人。但是,无民事行为能力的遗产管理行为应当由其法定代理人代理,限制行为能力人的遗产管理行为则应得到其法定代理人的允许。

在实践中,遗嘱执行人就是遗产管理人,遗产管理人履行上述职责,自有根据。如果既有遗产管理人又有遗嘱执行人的,则遗产管理人负责遗产清理和遗产保管的职责,处理被继承人的债权债务,在法定继承中分割遗产;遗嘱执行人应当按照遗嘱的指定，执行遗嘱处分的遗产，分割遗产，如果遗嘱中还有处分债权债务的内容，遗嘱执行人应当依照遗嘱办理。简言之，凡是遗嘱指定的遗产处置内容，遗嘱执行人都有权执行，并排除遗产管理人的遗产处置权。

552. 遗产管理人故意或者重大过失造成损失应当承担民事责任

《民法典》继承编第1148条规定："遗产管理人应当依法履行职责，因故意或者重大过失造成继承人、受遗赠人、债权人损害的，应当承担民事责任。"这一条文是对遗产管理人履行职责及责任的规定。

遗产管理人履行职责，首先要解决的是，遗产管理人于执行职务时应尽何种注意义务。对此，有两种不同意见：一种观点认为，管理人的注意义务应根据其是否受有报酬而有不同标准。受有报酬者，应尽善良管理人的注意义务；无偿任职者，则仅需尽到与处理自己事务相同之注意义务。[1] 另一种观点认为，不必区分遗产管理人是否受有报酬，凡遗产管理人一律应以善良管理人的义务执行职务。其注意程度，应与宣告失踪人之财产管理人之注意义务相同。[2] 处理自己事务的注意义务不易确定统一标准，不仅认定上存在困难，而且对于继承人、受遗赠人、债权人等利害关系人不利。因此，为使遗产债权人、受遗赠人等遗产权利人的利益得到更多保障，对遗产管理人应当确定为负有善良管理人的注意义务。遗产管理人须忠实、谨慎地履行管理职责，因遗产管理人不当履行上述义务给遗产债权人造成损害的，遗产债权人有权要求遗产管理人承担民事责任。

遗产管理人承担的赔偿责任的性质，既可能是违约责任，也可能是侵权责任。其构成要件如下：

(1)遗产管理人应当有违反其遗产管理职责的行为，履行职责不符合法律的规定，或者超出法定的职责范围。

(2)造成继承人、受遗赠人、债权人的财产损失，例如，继承人应当继承的遗产没有实现，受遗赠人应当得到的遗赠没有得到，或者被继承人的债权人的债权应当实现而没有实现等。

(3)遗产管理人违反其遗产管理职责的行为与继承人、受遗赠人、债权人的财产损失之间具有因果关系。

(4)遗产管理人对于损害的发生有故意或者重大过失，如果存在的是一般

---

〔1〕 参见戴炎辉等：《中国继承法》，三民书局1998年版，第224页。

〔2〕 参见史尚宽：《继承法论》，中国政法大学出版社2000年版，第374页。

过失,则遗产管理人不承担损害赔偿责任。之所以遗产管理人对自己的一般过失造成的损害不承担赔偿责任,是法律综合平衡遗产管理人的情况,特别是不区分有偿或者无偿遗产管理人都要承担损害赔偿责任,且不主张有所区别,因而采用了善良管理人的注意义务,本应确定遗产管理人就一般过失承担损害赔偿责任,但是,选择统一标准,都对故意或者重大过失造成的损害负责,因而不对一般过失造成的损害负责。

遗产管理人未尽善良管理人的注意义务,不当履行职责,因故意或者重大过失造成继承人、受遗赠人、债权人损失的,应当承担民事责任,对造成的损失应当予以赔偿。对此,应当查清损害的实际情况,确定赔偿范围,由遗产管理人对造成的全部财产损害承担赔偿责任。

553. 遗产管理人有权获得报酬

《民法典》继承编第1149条规定:"遗产管理人可以依照法律规定或者按照约定获得报酬。"这一条文是对遗产管理人可以获得报酬的规定。

遗嘱管理人提供遗产管理服务,可以是有偿服务,也可以是无偿服务。在通常情况下,遗产管理人是有偿提供服务的,原因是,遗产管理人是管理财产的行为,为实现遗产的保值,保护好遗产继承各方当事人的权益,支付管理费用理所当然。因此,遗产管理人收费是常态。

确定遗产管理服务报酬的方法如下:

(1)依照法律规定。律师担任遗产管理人的,可以参照律师收费标准确定报酬数额,例如,依照管理遗产的数额的比例,确定收费数额。在积累一定经验的基础上,法律或者行政法规应当规定遗产管理服务的报酬标准,统一收费办法。

(2)按照约定。在当事人或者被继承人委托遗产管理人时,双方应当签订合同,约定报酬的标准和数额,遗产管理人按照约定取得报酬。如果没有约定或者约定不明确的,应当按照《民法典》合同编第510条规定进行补充协商,按照协商的意见确定收费标准;协商不成的,可以参照法定的收费标准确定报酬数额。

法律规定或者合同约定遗产管理人获得报酬的,法律依法予以保护。不履行给付报酬义务的,遗产管理人可以向法院起诉请求给付。遗产管理人报酬应当在遗产中支付,参照本法第1159条的规定,遗产管理费的清偿顺序排在依法应当缴纳的税款和债务人的债务之前,地位优越,享有优先权。

554. 转继承应当遵循的一般规则

《民法典》继承编第 1152 条规定:“继承开始后,继承人于遗产分割前死亡,并没有放弃继承的,该继承人应当继承的遗产转给其继承人,但是遗嘱另有安排的除外。”这一条文是对转继承的规定,原《继承法》没有规定转继承,本条规定了转继承应当遵循的一般规则。

转继承,是指在继承开始后,继承人未放弃继承,于遗产分割前死亡,其所应继承的遗产份额由其继承人承受的继承制度。转继承是对遗产份额的再继承,而非继承权利的移转。《民法典》继承编第 1124 条第 1 款关于“继承开始后,继承人放弃继承的,应当在遗产处理前,以书面形式作出放弃继承的表示;没有表示的,视为接受继承”的规定,继承人死亡,有明确表示接受继承的,继承人的法律地位当然确定;即使未表示的,也视为接受继承,继承人的法律地位也得以确定,无法律地位尚不确定的问题。通说认为,继承开始后,继承人只要没有以书面形式作出放弃继承的意思表示,就取得了遗产的所有权,遗产分割只是一种认定或宣示。所以,转继承只是对遗产份额的再继承,而非继承权利的移转。

转继承无论在法定继承中还是在遗嘱继承中发生,都须具备下列要件:

(1)须在被继承人死亡后、遗产分割前继承人死亡。这是转继承发生的时间要件。只有在被继承人死亡后、遗产分割前,继承人死亡的,才会发生转继承。这限定了一个时间范围,也就是在被继承人死亡后至遗产分割前这一时间范围内。如果被继承人还没有死亡,继承尚未开始,无论是法定继承还是遗嘱继承,都不存在转继承的问题。即使继承人先于被继承人死亡,也只会发生代位继承,不存在转继承。如果继承人于遗产分割后死亡的,则该继承人的继承人直接继承其遗产,而不必直接参与被继承人遗产的分割,此时也不存在转继承的问题。

(2)须继承人未丧失或放弃继承权。这是转继承发生的客观要件。如果继承人因法定事由丧失了继承权或者放弃了继承权,因其不能继承被继承人的遗产,即使其于被继承人死亡后、遗产分割前死亡,也不发生其应继份由何人承受问题,也就不发生转继承。

(3)须由死亡继承人的继承人继承其应继承的遗产份额。这是转继承的结果要件。在转继承中,虽然继承人死亡,但是,其应继份并不归属于被继承人的其他继承人,而是归属于自己的继承人。至于具体的应继份以及死亡继承人的继承人的应得份额,应当根据具体的法定继承与遗嘱继承的情形进行判定。

转继承的效力,是指符合了转继承的要件,发生转继承后产生的继承法律后果。在转继承中,作为转继承的客体的被转继承人的应继份,根据死亡的被转继承人的继承方式而有差异。如果死亡的被转继承人根据法定继承方式进行继承,则其应继份为根据法定继承取得的份额;如被转继承人为遗嘱继承人时,则依照被继承人的遗嘱取得应继份。转继承人取得的份额也根据继承方式的不同而有差异。转继承人在存在合法有效遗嘱时,适用遗嘱继承取得被转继承人的遗产份额;无遗嘱或者无有效遗嘱存在时,适用法定继承取得被转继承人的遗产份额。

555. 受遗赠人丧失受遗赠权的遗产部分依照法定继承处理

《民法典》继承编第 1154 条规定:"有下列情形之一的,遗产中的有关部分按照法定继承办理:(一)遗嘱继承人放弃继承或者受遗赠人放弃受遗赠;(二)遗嘱继承人丧失继承权或者受遗赠人丧失受遗赠权;(三)遗嘱继承人、受遗赠人先于遗嘱人死亡或者终止;(四)遗嘱无效部分所涉及的遗产;(五)遗嘱未处分的遗产。"这一条文源于原《继承法》第 27 条规定,与原条文相比较,增加了受遗赠人丧失受遗赠权或者终止的应当依照法定继承处理的规则。

在遗嘱继承或者遗赠中,应当按照遗嘱继承或者遗赠的规则处理遗产分割。但是,在特定情形下,遗产的有关部分应当按照法定继承办理。这些情形如下:

(1)遗嘱继承人放弃继承或者受遗赠人放弃受遗赠。遗嘱继承人放弃继承,或者受遗赠人放弃受遗赠,不再发生遗嘱继承和遗赠的效力,当然应当按照法定继承办理。

(2)遗嘱继承人丧失继承权或者受遗赠人丧失受遗赠权。遗嘱继承人或者受遗赠人实施了《民法典》第 1125 条规定的丧失继承权或者受遗赠权的行为,丧失了继承权或者受遗赠权,不能接受遗产,应当按照法定继承处理这一部分遗产。

(3)遗嘱继承人、受遗赠人先于遗嘱人死亡或者终止,使其遗嘱继承权和受遗赠权丧失,应当按照法定继承处理遗产。

(4)遗嘱无效部分所涉及的遗产,不再受遗嘱的约束,应当按照法定继承办理。

(5)遗嘱未处分的遗产,不受遗嘱效力的约束,当然按照法定继承处理。

本条规定的新规则要点如下:

(1)增加了"受遗赠人丧失受遗赠权","遗产中的有关部分按照法定继承办理"。原《继承法》第 27 条第 2 项规定的内容是:"遗嘱继承人丧失继承权的",没有规定受遗赠人丧失受遗赠权的后果。本条规定增加了上述这个新的规则。

遗嘱继承人丧失继承权,当然这一部分的有关遗产应当按照法定继承办理。同样,受遗赠人丧失受遗赠权,其遗产的相关部分当然也应当按照法定继承办理。原《继承法》之所以没有这个规定,是因为该法第7条只规定了继承人丧失继承权,没有规定受遗赠人丧失受遗赠权。本法第1125条第3款规定了“受遗赠人有本条第一款规定行为的,丧失受遗赠权”的内容,因此,相对应地增加了本条的这一新规则。

将这一新规则明确表述出来,就是受遗赠人有下列情形之一的,丧失受遗赠权:一是故意杀害被继承人的;二是为争夺遗产而杀害其他继承人的;三是遗弃被继承人,或者虐待被继承人情节严重的;四是伪造、篡改、隐匿或者销毁遗嘱情节严重的;五是以欺诈、胁迫手段迫使或者妨碍被继承人设立、变更或者撤回遗嘱,情节严重。受遗赠人具有这5种情形之一,丧失受遗赠权的,遗产的相关部分按照法定继承办理。

(2)增加了受遗赠人终止时,按照法定继承处理的规则。这是因为原《继承法》第16条未规定“组织”作为受遗赠主体。《民法典》继承编第1133条扩大受遗赠人的范围,新增了“组织”,这就将法人、非法人组织等都包含在内。与该条规定相对应,本条规定新增了受遗赠人终止时,按照法定继承处理的规则。

556. 自然人可以与继承人以外的组织签订遗赠扶养协议

《民法典》继承编第1158条规定:“自然人可以与继承人以外的组织或者个人签订遗赠扶养协议。按照协议,该组织或者个人承担该自然人生养死葬的义务,享有受遗赠的权利。”这一条文是对遗赠扶养协议的规定。与原《继承法》第31条的规定相比,本条规定扩大了遗赠扶养协议的范围。

遗赠扶养协议,是指遗赠人和扶养人为明确相互间遗赠和扶养的权利义务关系所订立的协议。在遗赠扶养协议中,需要他人扶养并愿将自己的合法财产全部或部分遗赠给扶养人的为遗赠人,也称为受扶养人;对遗赠人尽扶养义务并接受遗赠的人为扶养人。接受扶养的遗赠人只能是自然人,而承担扶养义务的扶养人既可以是自然人,也可以是有关组织。作为扶养人的自然人不能是法定继承人范围内的人。遗赠扶养协议属于继承制度,它既不同于遗赠,也不同于一般的遗产处理,更不是单纯的合同问题,而是一种独立的继承制度。

遗赠扶养协议的特征如下:①遗赠扶养协议为双方法律行为,须双方意思表示一致才能成立。②遗赠扶养协议为诺成法律行为,自双方意思表示达成一致时起即发生效力。③遗赠扶养协议为要式法律行为,应采用书面形式。④遗赠扶养协议为双务有偿法律行为,扶养人负有负责受扶养人的生养死葬的义务,受扶养人也有将自己的财产遗赠给扶养人的义务。⑤遗赠扶养协议具有效力优先性,如果遗赠扶养协议与遗赠、遗嘱继承并存,则应当优先执行遗赠扶养协议。

遗赠扶养协议的效力如下:

(1)对扶养人的效力:扶养人对遗赠人负有生养死葬义务;扶养人取得遗赠财产的权利。扶养人不履行或不认真履行扶养义务的,其依协议约定的取得财产的权利将会丧失或部分丧失。

(2)对遗赠人的效力:遗赠人有权要求扶养人履行扶养义务,并负有于其死亡后使扶养人取得遗赠扶养协议约定的财产的义务,不得将遗产转让他人。

(3)对第三人的效力:遗赠人的继承人、遗赠人均不得主张取得该财产;在遗赠扶养协议存续期间遗赠人将遗产转让他人的,扶养人可以行使不当得利请求权,遗产受到损害的可以行使损害赔偿请求权。

本条新规则的要点是,扩大了扶养人的范围。原《继承法》第 31 条规定:"公民可以与扶养人签订遗赠扶养协议。按照协议,扶养人承担该公民生养死葬的义务,享有受遗赠的权利。公民可以与集体所有制组织签订遗赠扶养协议。按照协议,集体所有制组织承担该公民生养死葬的义务,享有受遗赠的权利。"据此,能够作为扶养人的主体有两类,一类是自然人,另一类是集体所有制组织。本条规定将"集体所有制组织"修改为了组织,将法人、非法人组织都包含在内,扩大了扶养人的范围。这样一来,不仅有利于保护老年人的合法权益,使老年人的生活有所保障,实现老有所养和养老优化,而且有利于减轻国家和社会的负担。

557. 无人继承且无人受遗赠的遗产收归国有用于公益事业

《民法典》继承编第 1160 条规定:"无人继承又无人受遗赠的遗产,归国家所有,用于公益事业;死者生前是集体所有制组织成员的,归所在集体所有制组织所有。"这一条文规定的内容与原《继承法》第 32 条的规定相比,将无人继承又无人受遗赠的遗产归国家所有的目的,增加规定为"用于公益事业",这是继承法规则中的一个创新,是一个很好的规定。

无人继承又无人受遗赠的遗产,也叫继承人旷缺,是指被继承人死亡时,没有法定继承人又无遗嘱继承人和受遗赠人,或者其全部继承人都表示放弃继承,受遗赠人表示不接受遗赠,死者的遗产即属无人继承又无人受遗赠的遗产。

形成无人继承又无人受遗赠的原因包括:没有法定继承人、遗嘱继承人和受遗赠人;法定继承人、遗嘱继承人放弃继承,受遗赠人放弃受遗赠;法定继承人、遗嘱继承人丧失继承权,受遗赠人丧失受遗赠权。由于无人继承又无人受遗赠,被继承人所余留的遗产无人承受,因此应当归国家所有,国家用于公益事业;如果死者生前是集体所有制组织成员的,则归所在集体所有制组织所有。

应当看到的是，我国继承制度规定的法定继承人的范围狭窄，只有两个继承顺序，遗赠适用得又不广泛，特别容易形成无人继承又无人受遗赠的遗产，将这些无人继承又无人受遗赠的遗产规定为归国家所有或者归集体所有制组织所有，并非最佳的处理方法。遗产是死者生前的个人合法财产，既然如此，在其死亡后，其遗产既没有人继承，也没有人受遗赠，应当还有其他亲属，这些亲属虽然不是法律规定的法定继承人，毕竟与被继承人有血缘关系，将这些遗产交给他们继承，毕竟还是在他们的家族中流转，国家有什么必要将其收归国有呢？这样的规定，其实都是在制定原《继承法》的当时"左"的思想指导下的产物，本来是应当进行纠正的。由于民法典编纂中对继承制度特别是法定继承制度没有进行根本性的改革，基本上还是延续原《继承法》规定的制度，因而仍然没有办法纠正这样的问题，仅仅是在将无人继承且无人受遗赠的遗产收归国有后，作出"用于公益事业"的规定，算是有了进步。

558. 法定继承人、遗嘱继承人及受遗赠人的遗产债务清偿顺序

《民法典》继承编第 1163 条规定："既有法定继承又有遗嘱继承、遗赠的，由法定继承人清偿被继承人依法应当缴纳的税款和债务；超过法定继承遗产实际价值部分，由遗嘱继承人和受遗赠人按比例以所得遗产清偿。"这一条文是对法定继承和遗嘱继承、遗赠对被继承人依法应当缴纳的税款和债务的清偿顺序的规定，有较大的修改。

在被继承人的遗产上，既发生了法定继承，又发生了遗嘱继承、遗赠的，究竟先由哪一部分继承的遗产承担遗产税款和债务，既涉及对不同的继承和遗赠的效力认识问题，也涉及对被继承人的债权人的债权保护问题。

依照本法第 1123 条关于"继承开始后，按照法定继承办理；有遗嘱的，按照遗嘱继承或者遗赠办理；有遗赠扶养协议的，按照协议办理"的规定，不同的继承方式和遗赠扶养协议的优先顺序是：第一，遗赠扶养协议；第二，遗嘱继承和遗赠；第三，法定继承。与这一规定相一致，当发生了继承、遗赠后，需要继承人以其继承的遗产、受遗赠人以其接受的遗产清偿被继承人的税款和债务时，刚好应当按照相反的顺序进行，体现第 1123 条规定的顺序。

因此，本条规定的新规则如下：

(1)首先由法定继承人清偿被继承人依法应当缴纳的税款和债务。这是因为，遗嘱继承和遗赠的效力优先于法定继承，在清偿遗产债务时，当然应当先用法定继承人继承的遗产部分，来清偿被继承人依法应当缴纳的税款和债务。

(2)被继承人依法应当缴纳的税款和债务的数额超过法定继承遗产实际价

值的部分,即由法定继承人继承的遗产部分清偿仍有不足的,依照有限继承原则的要求,法定继承人不再承担清偿责任,而由遗嘱继承人和受遗赠人按比例以所得遗产予以清偿。所谓按比例,是因为遗嘱继承人和受遗赠人接受遗产的效力相同,不存在先后顺序问题,因而应当按照所得遗产的比例清偿债务。这个比例,是遗嘱继承人和受遗赠人各自所得遗产的比例。无论是法定继承还是遗嘱继承、遗赠,超过其所得遗产部分,均不再承担清偿责任。

由于遗赠扶养协议的扶养人接受遗产是有对价的,因此,其不承担清偿债务的责任。

第七编　侵权责任

第一章　有关一般规定的新规则

559. 侵权责任的保护范围由“概括＋列举”式改为“概括”式

《民法典》侵权责任编第 1164 条规定：“本编调整因侵害民事权益产生的民事关系。”这一条文是对侵权责任调整范围的规定，有重要的意义，因为这一条文替代了原《侵权责任法》第 2 条第 2 款关于侵权责任法调整范围的规定，成为确定侵权责任调整范围的新规则。

在民法典中，侵权责任编是专门调整侵权责任法律关系的规范。侵权行为发生后，在侵权人和被侵权人之间发生侵权责任法律关系，被侵权人是侵权责任法律关系的请求权人，是权利主体，侵权人是责任主体，负担满足被侵权人侵权责任请求权的义务。侵权责任编就是调整这种法律关系的专门法。

侵权责任编规定了该编的调整范围，即规定了侵权责任的保护范围。侵权责任的保护范围是所有的民事权益。从这个意义上看，本条规定代替了原《侵权责任法》第 2 条规定的内容。

原《侵权责任法》第 2 条规定：“侵害民事权益，应当依照本法承担侵权责任。”“本法所称民事权益，包括生命权、健康权、姓名权、名誉权、荣誉权、肖像权、隐私权、婚姻自主权、监护权、所有权、用益物权、担保物权、著作权、专利权、商标专用权、发现权、股权、继承权等人身、财产权益。”这个规定采用“列举＋概括”的规范方式，既繁琐，又会有遗漏，不能涵盖侵权责任的全部保护范围，以至于在司法实践中存在较多歧义。

本条采用概括式的立法方式，将所有的民事权益都包括在侵权责任保护的范围之内：

（1）所有的民事权利都受侵权责任编保护，按照本法总则编第五章规定的民事权利,即人格权、身份权、物权、债权、知识产权、继承权和股权及其他投资性权利,都在侵权责任的保护范围之中。

(2)法律保护的民事利益即法益,包括一般人格权保护的其他人格利益、胎儿的人格利益、死者的人格利益、其他身份利益和其他财产利益,也都由侵权责任予以保护。这些民事权益受到侵害,产生侵权责任法律关系,被侵权人可以行使请求权,侵权人应当承担侵权责任,救济损害。

在这一新规则中,最重要的是关于债权是否为侵权责任保护范围的问题。在原《侵权责任法》第2条第2款规定的侵权责任保护范围中,没有明文列举债权,因而在实践中,很多法官认为债权不在侵权责任保护范围之内。实际上,在原《侵权责任法》的立法过程中,绝大多数人都是肯定债权是侵权责任保护对象的,认为侵害债权构成侵权责任,应当用侵权责任保护债权。但是,有的认为,将债权明确规定为侵权责任的保护范围,会使人对合同法保护债权和侵权法保护债权发生误解,因而不明确规定,而是将债权包含在"等"中,形成了原《侵权责任法》第2条的现状,造成了在适用上的认识分歧。[1] 本条规定了"本编调整因侵害民事权益产生的民事关系"的内容,就将侵权责任保护范围与总则编关于"民事权利"的规定直接挂钩,形成一体,因而确定了侵权责任保护范围就是人格权、身份权、物权、债权、知识产权、继承权、股权及其他投资性权利7大基本权利及利益,不会再产生侵权责任保护范围的认识分歧。

560. 侵权责任构成增加"损害"作为要件

《民法典》侵权责任编第1165条第1款、第2款分别规定:"行为人因过错侵害他人民事权益造成损害的,应当承担侵权责任。""依照法律规定推定行为人有过错,其不能证明自己没有过错的,应当承担侵权责任。"这一条文是对过错责任原则、过错推定原则以及一般侵权责任构成要件的规定,与原《侵权责任法》第6条的规定相比,特别明显地增加了"造成损害"的侵权责任构成要件。

原《侵权责任法》第6条第1款规定:"行为人因过错侵害他人民事权益,应当承担侵权责任。"这一规定一般侵权行为构成要件、过错责任原则的一般条款,之所以没有规定"造成损害"的要件,就是因为该法第15条规定了8种侵权责任方式,其中有些责任方式如停止侵害、排除妨碍等,并不须具备损害的要件,因而只写了"行为人因过错侵害他人民事权益",没有写损害要件。这里存在一个比较重大的问题,就是要给侵权法界定为什么性质。如果侵权法就是无

---

〔1〕 参见王胜明主编:《中华人民共和国侵权责任法释义》,法律出版社2010年版,第27页。

所不包的救济法，这样写也没有问题；但是如果将侵权法界定为侵权损害赔偿法，那么，规定一般侵权行为的责任构成而没有规定损害要件，就是不能原谅的错误。原《侵权责任法》在制定之初，就是依照前一种思路进行的，因此，没有规定损害要件。

《民法典》将侵权责任回归债法，界定侵权责任编的性质是侵权损害赔偿的救济法，因此，在侵权行为一般条款中规定损害要件，就是顺理成章、必须如此规定的了。加之侵权责任编第二章的章名就界定为“损害赔偿”，更加明确了侵权责任法的性质为损害赔偿法。因而，本条第 1 款就必须规定“造成损害”的要件。

本条第 1 款规定的是一般侵权责任的构成要件，也是对过错责任原则的规定。过错责任原则是侵权责任的一般归责原则，有以下三个基本功能：第一，确定对一般侵权行为适用过错责任原则调整，以行为人存在过错为基本要求，无过错者无责任，除非法律规定为适用无过错责任原则的侵权行为。第二，一般侵权责任的范围是一般侵权行为，即本编第三章至第十章没有具体规定的侵权行为，都适用过错责任原则确定侵权责任。第三，过错责任原则的条文规定中包含请求权，请求权人可以直接依照本条第 1 款的规定起诉，提出侵权损害赔偿请求，法官依本条第 1 款作出判决。

过错推定原则从本质上说仍然是过错责任原则，只是过错的要件实行推定而不是认定，因而在其他构成要件证明成立的情况下，法官可以直接推定行为人有过错，行为人认为自己没有过错的，应当自己举证证明，能够证明者免除责任，不能证明或者证明不足者，责任成立。本条第 2 款的规定中没有包含请求权，须依据适用过错推定原则的具体条文作为侵权请求权的基础。

适用过错责任原则的一般侵权行为和适用过错推定原则的部分特殊侵权行为，其构成要件都是：第一，违法行为；第二，损害事实；第三，因果关系；第四，过错。适用过错责任原则的过错要件须由被侵权人证明，适用过错推定原则的特殊侵权责任的过错要件实行推定；违法行为、损害事实、因果关系的要件均由被侵权人负责证明。原《侵权责任法》第 6 条第 1 款没有规定损害要件，只是规定了侵害民事权益的要件，是不完整的，与侵权责任主要是损害赔偿责任救济方法的要求不相一致，本条增加了造成损害的要件，完善了侵权责任构成要件的要求，并与第二章的规定相一致。

561. 适用无过错责任原则确定侵权责任构成也须具备损害要件

《民法典》侵权责任编第 1166 条规定：“行为人造成他人民事权益损害，不论行为人有无过错,法律规定应当承担侵权责任的,依照其规定。”这一条文是对无过错责任原则的规定,其构成要件也须具备损害要件。

在无过错责任原则调整的特殊侵权责任构成要件中,也增加了“造成损害”的要件,这是正确的,这就使我国侵权责任归责原则体系中三个归责原则的内容相一致。无过错责任原则,是在法律有特别规定的情况下,不问行为人致人损害时是否有过错,都要承担侵权赔偿责任的归责原则。适用无过错责任原则救济被侵权人,需要有法律的特别规定,没有法律规定的就不能适用无过错责任原则。侵权责任编规定产品责任、环境污染和生态破坏责任、高度危险责任、饲养动物损害责任适用无过错责任原则。这些具体规定,是无过错责任原则调整的侵权法律关系的请求权基础,而不是本条规定。适用无过错责任原则的侵权责任构成要件是:第一,违法行为;第二,损害事实;第三,因果关系。具备这三个要件,便构成侵权责任。行为人如果能够证明损害是受害人自己故意造成的,则免除侵权责任。

562. 被侵权人对损害的扩大有过错时也适用过失相抵

《民法典》侵权责任编第 1173 条规定:“被侵权人对同一损害的发生或者扩大有过错的,可以减轻侵权人的责任。”这一条文是对与有过失及过失相抵规则的规定,与原《侵权责任法》第 26 条关于“被侵权人对同一损害的发生也有过错的,可以减轻侵权人的责任”的规定相比,增加了被侵权人对损害的扩大也有过错的也适用过失相抵的新规则。

与有过失和过失相抵,我国侵权法曾将其称为混合过错,[1]因其表述不准确而被废弃,不再使用。与有过失,是指对于同一损害的发生或者扩大,不仅侵权人有过失以及原因力,而且被侵权人也有过失及原因力,是双方当事人的过失行为造成了同一个损害结果的情形。

与有过失的后果是过失相抵。所谓相抵,是行为人各自对自己的行为造成的后果负责。其中,首先进行比较的是各自的过失程度,其次是比较原因力的大小;在适用无过错责任原则的侵权行为中,无法比较过失,则直接比较行为原因力的大小。根据过失程度和原因力大小的比较确定比例之后,确定侵权人应当承担的责任比例,因被侵权人自己的原因造成的损害部分,须自己承担。

原《侵权责任法》第 26 条没有规定被侵权人对损害的扩大也有过失的,也应当适用过失相抵规则,是不完整的。原因是,被侵权人对损害的发生与有过

---

〔1〕 参见杨立新:《混合过错与过失相抵》,载《法学研究》1991 年第 6 期。

失，固然应当实行过失相抵，但是，被侵权人对损害的扩大与有过失，也有原因力的，当然也应当实行过失相抵。因此，原来的这个条文规定是不准确的，在实际中也不是这样操作的。本条增加了被侵权人对损害的扩大也有过失的也适用过失相抵的新规则，使过失相抵规则恢复了其本来面貌，是正确的做法。

根据过失相抵的比较结果，承担责任的后果有以下几种情况：

（1）过失程度和原因力相同者，承担同等责任（50%）。

（2）侵权人的过失程度和行为原因力大于被侵权人的，侵权人承担主要责任（51%以上）。

（3）侵权人的过失程度和行为原因力小于被侵权人的，承担次要责任（49%以下）。

563. 自甘风险是侵权责任的免责事由

《民法典》侵权责任编第 1176 条第 1 款、第 2 款分别规定："自愿参加具有一定风险的文体活动，因其他参加者的行为受到损害的，受害人不得请求其他参加者承担侵权责任；但是，其他参加者对损害的发生有故意或者重大过失的除外。""活动组织者的责任适用本法第一千一百九十八条至第一千二百零一条的规定。"这一条文是对自甘风险的规定，是新增加的免责事由。

自甘风险也叫危险的自愿承担，是来自英美法的免责事由，原《侵权责任法》没有规定这一免责事由，本条是我国第一次确认自甘风险为免责事由。

自甘风险，是指受害人自愿参加有一定风险的活动，因其他参加者的行为受到损害的，受害人不得请求其他参加者承担侵权责任，但是其他参加者对损害的发生有故意或者重大过失的除外的侵权责任免责事由。其构成要件是：第一，组织者组织的活动是具有一定风险的文体活动，如蹦极等；第二，受害人对该种具有一定风险的文体活动有认识，但是自愿参加；第三，受害人参加此活动因其他参加者的行为受到损害，该文体活动参与者的行为与受害人的损害之间有因果关系；第四，文体活动的参加者没有故意或者重大过失。具备这些构成要件的，即免除其他参加者的侵权责任。可见，即使其他参加者对于损害的发生有一般过失，也不承担赔偿责任。例如，参加足球、棒球等比赛活动受到其他运动员的损害，应当适用自甘风险的规定，免除造成损害的其他参加者的赔偿责任。

本条第 2 款规定的"活动组织者的责任适用本法第一千一百九十八条至第一千二百零二条的规定"，是指自甘风险的具有一定风险的文体活动的组织者，对于造成受害人损害是否承担侵权责任，应当适用违反安全保障义务侵权责任

和教育机构损害责任的规定,分为两种情况:

(1)组织者未尽到安全保障义务造成受害人损害的,应当承担赔偿责任;组织者违反安全保障义务致使第三人造成受害人损害的,承担相应的补充责任,承担责任后可以向第三人追偿。

(2)无民事行为能力人或者限制民事行为能力人在幼儿园、学校或者其他教育机构学习、生活期间受到人身损害的侵权责任规则,这些教育机构未尽教育管理职责的,适用过错推定原则或者过错责任原则确定应当承担的侵权责任;第三人造成损害的,第三人承担责任不足的,这些教育机构承担补充责任,承担补充责任后也享有追偿权。

564. 自助行为是免责事由

《民法典》侵权责任编第 1177 条第 1 款、第 2 款分别规定:"合法权益受到侵害,情况紧迫且不能及时获得国家机关保护,不立即采取措施将使其权益受到难以弥补的损害的,受害人可以在保护自己合法权益的必要范围内采取扣留侵权人的财物等合理措施;但是,应当立即请求有关国家机关处理。""受害人采取的措施不当造成他人损害的,应当承担侵权责任。"这一条文是对自助行为的规定,原《侵权责任法》没有规定自助行为,本编将其作为免责事由规定,是侵权责任免责事由的新规则。

自助行为,是指权利人为了保护自己的权利,在情势紧迫而又不能获得国家机关及时救助的情况下,对他人的财产或者自由在保护自己合法权益的必要范围内采取扣押、拘束或者其他相应措施,为法律或社会公德所认可的行为。自助行为的性质属于自力救济。本条没有明文规定可以对他人人身自由施加拘束的内容,但是,在"等"字中包含了这个意思。例如,去饭店吃饭未带钱,店主不让其离开,等待他人送钱来结账的拘束自由行为,也是自助行为,并不是侵害人身自由权的侵权行为。

实施自助行为的要件是:第一,行为人的合法权益受到侵害;第二,情况紧迫且不能及时获得国家机关保护;第三,对侵权人实施扣留财产或者适当拘束人身自由的行为;第四,扣留财产或者限制人身自由须在保护自己合法权益的必要范围内,不得超出必要范围。

行为人实施了自助行为,在其合法权益得到保障后,即应解除相应措施;如果仍需继续采取上述措施的,应当立即请求有关国家机关依法处理。

行为人如果对受害人采取自助行为的措施不适当,造成受害人损害的,应当承担侵权责任,赔偿损失。

565. 本法和其他法律规定免责事由的适用效力

《民法典》侵权责任编第 1178 条规定："本法和其他法律对不承担责任或者减轻责任的情形另有规定的，依照其规定。"这一条文是对民法典和其他法律规定的免责、减责事由应予适用的规定。

本法规定的免责事由，主要是指本法总则编规定的免责事由。总则编第 180 条规定了不可抗力、第 181 条规定了正当防卫、第 182 条规定了紧急避险、第 184 条规定了紧急救助行为，以及侵权责任编规定的受害人故意、第三人原因、自甘风险、自助行为，都是免责事由和减责事由，都适用于侵权责任，作为侵权责任的免责事由或者减责事由。

其他法律规定的免责事由，是指民法典之外的其他民事法律或者非民事法律中规定的有关侵权责任的免责事由和减责事由。例如，《道路交通安全法》第 76 条规定的道路交通事故责任的免责事由，《产品质量法》第 41 条规定的产品责任的免责事由，以及各种资源保护法和环境保护法规定的相应的免责事由和减责事由，在侵权责任规则的适用中，都属于特别法规定的免责事由或者减责事由，都应当予以适用。

第二章　有关损害赔偿的新规则

566. 营养费、住院伙食补助费列入人身损害赔偿范围

《民法典》侵权责任编第 1179 条规定:“侵害他人造成人身损害的,应当赔偿医疗费、护理费、交通费、营养费、住院伙食补助费等为治疗和康复支出的合理费用,以及因误工减少的收入。造成残疾的,还应当赔偿辅助器具费和残疾赔偿金。造成死亡的,还应当赔偿丧葬费和死亡赔偿金。”本条是对人身损害赔偿范围的规定,与原《侵权责任法》第 16 条规定的人身损害赔偿范围相比,增加了营养费、住院伙食补助费作为人身损害赔偿项目的新规则。

人身损害赔偿是侵害生命权、身体权、健康权造成的损害,分为一般伤害、造成残疾和造成死亡三种类型的损害。

侵权行为造成他人人身的一般伤害,应当赔偿医疗费、护理费、交通费、营养费等为治疗和康复支出的合理费用,以及因误工减少的收入。医疗费是治疗人身伤害的治疗费、医药费、检查费等费用;护理费是对受到伤害的受害人进行护理的费用,交通费是对受害人进行就医、转院等治疗的本人及护理人员的交通费;营养费是对受到伤害的人治疗和康复期间需要补充营养的费用;住院伙食补助费是在住院期间餐费的支出;误工损失是因伤残等耽误工作所减少的收入。对于其他因治疗和康复支出的合理费用,也在赔偿范围之内。

对受害人因伤害造成残疾的,除赔偿上述费用之外,还应当赔偿辅助器具费和残疾赔偿金。辅助器具费是伤残者身体功能丧失应予配置的辅助器具的购置费和维护费,对此应当予以赔偿。残疾赔偿金实际上是对受到伤害造成残疾丧失劳动能力而失去的工资收入的赔偿,我国不采取实际赔偿的方法,一般是采

用赔偿20年损失的一次性赔偿方法。

受害人因伤害造成死亡的,还应当赔偿丧葬费和死亡赔偿金。丧葬费是对死者丧葬所应支付的财产损失,应当按照最高人民法院司法解释的规定予以赔偿。对死亡赔偿金也是采取一次性赔偿20年的固定标准计算。

上述人身损害赔偿项目的实际计算方法,《最高人民法院关于审理人身损害赔偿案件适用法律若干问题的解释》都有具体规定,应当按照司法解释的规定确定具体的赔偿数额。

在人身损害赔偿中增加营养费、住院伙食补助费赔偿,是有道理的。在司法实践中,对于造成人身损害的侵权人,被侵权人主张承担营养费、住院伙食补助费赔偿的,法院应当予以支持。

567. 侵害他人人身权益损害赔偿计算方法的选择权

《民法典》侵权责任编第1182条规定:"侵害他人人身权益造成财产损失的,按照被侵权人因此受到的损失或者侵权人因此获得的利益赔偿;被侵权人因此受到的损失以及侵权人因此获得的利益难以确定,被侵权人和侵权人就赔偿数额协商不一致,向人民法院提起诉讼的,由人民法院根据实际情况确定赔偿数额。"这一条文对侵害他人人身权益造成财产损失赔偿计算方法的规定,与原《侵权责任法》第20条的规定相比,赋予了被侵权人以选择权,更加科学合理。

本法人格权编第993条规定了公开权,即民事主体可以许可他人使用姓名、名称、肖像等人格利益,但是,依照法律规定或者根据其性质不得许可的除外。本条与此相对应,规定了侵害公开权造成财产损失的赔偿规则。这些被侵害的人格利益都是精神性人格利益,应用在商品社会中,会产生财产利益,应当归属于权利人本人。他人未经权利人同意而将权利人的姓名、名称、肖像、隐私、个人信息等人格利益予以公开,就侵害了权利人的人格权,使权利人的人格利益包括其中的财产利益受到损失,应当承担赔偿责任,赔偿权利人受到的损失。

侵害公开权造成财产利益损失的赔偿方法,按照原《侵权责任法》第20条规定的方法:一是被侵权人因此受到实际财产损失的,按照实际受到的损失承担赔偿责任;二是被侵权人的损失难以确定,侵权人因此获得利益的,按照其所获得的利益承担赔偿责任;三是侵权人因此获得的利益难以确定,双方当事人可以进行协商,按照协商一致的方法确定赔偿责任;被侵权人和侵权人就赔偿数额协商不一致,向人民法院提起诉讼的,由人民法院根据实际情况确定赔偿数额。

依照本条规定的计算方法：一是侵害他人人身权益造成财产损失的，按照被侵权人因此受到的损失或者侵权人因此获得的利益计算赔偿数额；二是被侵权人因此受到的损失以及侵权人因此获得的利益难以确定，被侵权人和侵权人就赔偿数额协商不一致，向人民法院提起诉讼的，由人民法院根据实际情况确定赔偿数额。

这一新规则与原《侵权责任法》第 20 条规定的规则相比，区别在于：

(1)将计算方法的三个层次改为两个层次，减少了复杂程度。

(2)将被侵权人因此受到实际损失和侵权人因此获得的利益并列在一起，由相互之间的顺位关系，改为选择关系。究竟是选择前一种方法还是选择后一种方法，一是根据实际情况，哪一种方法可以适用，就选择哪一种方法；二是两种都可以适用时，则由被侵权人一方选择。

这个计算方法的核心，是被侵权人有选择权。侵害人身权益造成财产损失，就是侵害了公开权造成了被侵权人的损害。究竟是按照被侵权人因此受到的实际损失赔偿，还是按照侵权人因此获得的利益赔偿，如果依照顺位关系，就不存在选择权。规定了二者之间为选择关系，选择权就为被侵权人享有。被侵权人可以根据自己的利益，选择其中一种计算方法，计算赔偿数额。对此，法院应当支持被侵权人的选择。

568. 故意或重大过失侵害具有人身意义的特定物的精神损害赔偿

《民法典》侵权责任编第 1183 条第 1 款、第 2 款分别规定："侵害自然人人身权益造成严重精神损害的，被侵权人有权请求精神损害赔偿。""因故意或者重大过失侵害自然人具有人身意义的特定物造成严重精神损害的，被侵权人有权请求精神损害赔偿。"这一条文是对精神损害赔偿责任的规定，与原《侵权责任法》第 22 条的规定相比，增加了第 2 款，规定了侵害自然人具有人身意义的特定物的精神损害赔偿的新规则。

应当承担精神损害赔偿责任的侵权行为，是侵害自然人人身权益的侵权行为。侵权行为侵害了自然人的人身权益造成精神损害的，应当承担精神损害赔偿责任：第一，侵害物质性人格权，即生命权、身体权、健康权的，应当赔偿精神损害抚慰金；第二，侵害姓名权、肖像权、声音权、名誉权、荣誉权、隐私权、个人信息权造成精神损害的，应当赔偿精神损害赔偿金；第三，侵害身份权即配偶权、亲权、亲属权造成精神损害的，应当承担精神损害赔偿责任；第四，侵害自然人的人身利益，包括一般人格利益、胎儿的人格利益、死者的人格利益以及亲属之间的身份利益，也应当承担精神损害赔偿责任，补偿其精神损害。

对于造成财产损失,一般不以承担精神损害赔偿责任的方法进行救济。但是,因故意或者重大过失侵害自然人具有人身意义的特定物造成严重精神损害的,由于该特定物中包含人身利益(人格利益和身份利益)因素,对该特定物的损害会造成被侵权人的精神损害,被侵权人有权请求精神损害赔偿,侵权人应当对此因特定物的财产损害而造成的被侵权人的精神损害承担赔偿责任。2002年《最高人民法院关于确定民事侵权精神损害赔偿责任若干问题的解释》第4条规定:"具有人格象征意义的特定纪念物品,因侵权行为而永久性灭失或者毁损,物品所有人以侵权为由,向人民法院起诉请求精神损害赔偿的,人民法院应当予以受理。"这一规定扩展了精神损害赔偿责任的适用范围,虽然赔偿的是特定纪念物品的损害,但是,实质上赔偿的是包含在特定纪念物品中的人格利益因素的损害,保护的还是人格利益。十几年来,这一规定在现实生活中发挥了很好的作用,尽管也有不同的声音,但是,其正面价值得到社会各界的肯定。

在编纂民法典中,对于精神损害赔偿责任的适用范围是否应当扩大,立法者持肯定立场。除了对违约行为造成的精神损害赔偿,本法人格权编第996条作出了关于"因当事人一方的违约行为,损害对方人格权造成严重精神损害,受损害方选择请求其承担违约责任的,不影响受损害方请求精神损害赔偿"的规定之外,本条第2款肯定了最高人民法院上述司法解释的规定,并且借鉴该司法解释的方法,进一步完善,作出了新规则。

这一新规则的要点如下:

(1)受到侵权行为侵害的是自然人具有人身意义的特定物,使该物毁损或者灭失。具有人身意义的特定物,首先是特定物,其次是物中包含人身意义,其实,就是该物中包含着人格象征意义,即人格利益或者身份利益。侵权行为不仅造成了物的毁损、灭失,而且造成了受害人的精神损害。

(2)造成具有人身意义的特定物损害的行为是侵权行为人实施的,该行为具有违法性。

(3)行为人实施的行为与造成具有人身意义的特定物的损害有因果关系,该行为不仅是造成物的损害的原因,而且也是造成受害人精神损害的原因。

(4)行为人在主观上具有故意或者重大过失,故意或者重大过失是针对损害特定物的主观心理状态,有的也可能具有造成被侵权人精神损害的故意或者重大过失,但是,后者并非必要条件。对此,笔者的意见是,造成特定物的损害并造成受害人的精神损害,故意、重大过失当然可以构成精神损害赔偿责任,但是,不应当排除一般过失也构成精神损害赔偿责任,因为故意造成、重大过失造成具有人身意义的特定物损害，与一般过失造成具有人身意义的特定物的损害之间，并没有实质性的区别。本条作出这样的限制性规定，是值得斟酌的。

符合上述构成要件的要求，被侵权人不仅有权请求侵权人承担财产损害的赔偿责任，而且有权请求精神损害赔偿责任。

569. 财产损失可以选择其他合理方式计算赔偿数额

《民法典》侵权责任编第 1184 条规定："侵害他人财产的，财产损失按照损失发生时的市场价格或者其他合理方式计算。"这一条文是对财产损害赔偿计算方式的规定，与原《侵权责任法》第 19 条的规定相比，仅仅增加了两个字，即在"其他方式"之间增加了"合理"二字。

侵害他人财产，实际上是侵害他人的财产权，包括对物权、债权、知识产权、继承权、股权及其他投资性权利的侵害所造成的财产损失，财产损害赔偿就是对侵害这些财产权造成财产损失的赔偿责任。本条对这样复杂的财产损害赔偿责任的计算规则只规定了"按照损失发生时的市场价格"为主要计算方法，显然不利于保护受害人。好在还规定了"其他合理方式计算"的弹性规定作为补充，具有很大的伸缩性，可以进行选择，以适应财产损害赔偿计算方法的复杂要求。

按照损失发生时的市场价格的计算方法，主要针对的是损害具体的物的损失计算。当然，进一步扩展，对于建设用地使用权、债权、专利权、股权以及其他投资性权利的侵害，虽然也存在按照损失发生时的市场价格计算的可能性，但是并不普遍。而且有时候对物的损害按照损害发生时的市场价格计算，对受害人的保护是不完备的，例如，对市场价格上升较快的物品的损害赔偿数额的计算，可能就存在这样的问题。

用其他合理方法计算财产损失数额，是一个概括的方法。其他，是指在损失发生时的市场价格计算方法之外的其他方法。合理，是对其他计算方法的要求，无论采取哪种计算方法，只要合理，符合公平原则和诚实信用原则的要求即可。例如，知识产权损害的计算方法可以按照单行法的具体规定计算；第三人侵害债权的财产损害主要是计算债权期待利益的损失等。其他合理计算方法也包括"可预期利益损失"计算规则。1999 年 6 月 21 日凌晨，一辆轿车撞坏沈阳故宫博物院门前的"下马碑"，肇事司机即福满楼火锅城的员工嗣后死亡。沈阳故宫博物院向法院起诉请求赔偿 2700 万元的财产损失，沈阳市中级人民法院判决福满楼火锅城负责维修费用，并赔偿损失 100 万元。这个案件的 2700 万元的损失完全超出了侵权人的预期，法院适用可预期损失规则确定赔偿责任,是实事求是的做法。

570. 故意侵害知识产权可承担惩罚性赔偿责任

《民法典》侵权责任编第1185条规定:"故意侵害他人知识产权,情节严重的,被侵权人有权请求相应的惩罚性赔偿。"这一条文是对故意侵害知识产权应当承担惩罚性赔偿的规定,是以前的侵权法没有规定过的新规则。

在我国以往的立法中,没有对侵害知识产权承担惩罚性赔偿责任的规定,有的法院有过尝试。例如,侵害他人著作权的保持作品完整权的行为,某人未经著作权人同意,将他人的不同作品进行剪辑编排,整理出一篇新的文章,在报刊上以著作权人的名义发表,著作权人向法院起诉,认为行为人侵害了其保持作品完整权,请求惩罚性赔偿,法院予以支持。

2018年3月5日,李克强总理代表国务院向第十三届全国人民代表大会第一次会议作政府工作报告,建议要强化知识产权保护,实行侵权惩罚性赔偿制度。本法增加了这一规定,确定对故意侵害知识产权的侵权人可以承担惩罚性赔偿责任。

侵害知识产权惩罚性赔偿责任的构成要件,除应当具备其他侵害知识产权侵权责任构成要件之外,还须具备两个条件:第一,故意侵害知识产权,即明知是他人的知识产权而执意实施侵权行为,过失侵害知识产权不适用惩罚性赔偿责任,只能请求实际损失的赔偿责任;第二,侵害知识产权的情节严重,而不是一般情节,究竟哪些是情节严重,可以考虑的,一是侵权人主观上具有恶意,二是行为的表现形式特别恶劣,三是造成的损害后果特别严重。符合这两个要件的要求,被侵权人有权请求相应的惩罚性赔偿。

本条对侵害知识产权惩罚性赔偿责任的计算方法没有规定,可以借鉴《电子商务法》第42条第3款规定的方法,增加赔偿实际损失的一倍,而不是借鉴《消费者权益保护法》规定的两倍,也不是借鉴《食品安全法》规定的三倍。因为侵害知识产权造成的损害就是财产损害,而不是《消费者权益保护法》《食品安全法》规定的适用惩罚性赔偿责任都以明知而向消费者提供商品或者服务造成受害人死亡或者健康严重损害的情形,确定为一倍的惩罚性赔偿责任比较适当。

571. 公平分担损失规则仅适用于法律规定的情形

《民法典》侵权责任编第1186条规定:"受害人和行为人对损害的发生都没有过错的,依照法律的规定由双方分担损失。"这一条文是对公平分担损失规则的规定,与原《侵权责任法》第 24 条的规定相比,将“可以根据实际情况”,改为“依据法律的规定”。

有些人将本条规定的规则解释为侵权责任的归责原则,[1]是不正确的,本条规定的是承担侵权损害赔偿责任的分担规则。这从将该条文规定在“损害赔偿”一章中即可得出结论,因而是损害赔偿的规则,而不是归责的规则。

本条规定的公平分担损失规则,究竟是一般性赔偿规则,还是要由法律专门规定才可以适用的规则,学界是有争论的。原《侵权责任法》第 24 条规定没有强调“依照法律的规定”,而是规定“可以根据实际情况”由双方分担损失,具有一定的弹性。本条对此作了修改,将“可以根据实际情况”改为“依照法律规定”,这说明,不仅要符合本条规定的条件,而且还须依照法律的具体规定,才可以适用公平分担损失规则,对双方当事人的损失进行分担。

适用本条规定,对损失进行分担的要件是:第一,行为人造成了受害人的损害;第二,行为人和受害人对损害的发生都没有过错;第三,须有法律的特别规定。依照法律规定由双方分担损失的含义是,适用公平分担损失规则,应当有法律的特别规定。对具备这三个要件的损害,才可以适用公平分担损失规则,双方当事人对损失按照公平的要求进行分担。例如,本法第 1188 条、第 1190 条和第 1254 条的规定,都是法律明文规定可以分担损失的规范。本条规定的分担损失规则并没有请求权,须在法律具体规定的条文中才包括请求权。因此,本条规定的公平分担损失规则在司法实践中不可以滥用,必须符合本条规定的要件。

---

〔1〕 参见王利明:《侵权行为法归责原则研究》,中国政法大学出版社 2004 年版,第 140、154、155 页。

第三章　有关责任主体的特殊规定的新规则

572. 委托监护损害责任的责任分担

《民法典》侵权责任编第 1189 条规定："无民事行为能力人、限制民事行为能力人造成他人损害，监护人将监护职责委托给他人的，监护人应当承担侵权责任；受托人有过错的，承担相应的责任。"这一条文是对委托监护损害责任的规定，明确了在委托监护情况下，无民事行为能力或者限制民事行为能力人造成他人损害的，监护人与委托监护人分担责任的新规则。

委托监护损害责任，是指无民事行为能力人或者限制民事行为能力人造成他人损害，监护人将监护职责委托给他人，监护人与委托监护人分担责任的特殊侵权责任。原《侵权责任法》第 32 条规定的是监护人损害责任，是无民事行为能力人或者限制民事行为能力人造成他人损害，监护人应当承担的侵权责任。本条根据目前存在的诸多将监护责任委托他人进行的情形，补充规定了委托监护人损害责任的规则，形成了完整的监护人损害责任体系。

委托监护损害责任的构成条件是：第一，委托监护，是监护人对自己负有的对无民事行为能力人或者限制民事行为能力人的监护职责，委托给他人承担；第二，无民事行为能力人或者限制民事行为能力人是在受托监护人的监护下，而不是在监护人的监护下；第三，被监护的无民事行为能力人或者限制民事行为能力人实施的行为，造成了被侵权人的损害；第四，对监护人推定其存在未尽监护职责的过失，对委托监护人的过失，应当由被侵权人举证证明，或者由主张分担责任的监护人承担举证证明。符合这 4 个要件的要求，构成委托监护损害责任，应当承担侵权赔偿责任。

从上述规定的委托监护损害责任构成要件来看,监护人的责任其实并无特别的变化,尤其是实行过错推定原则,推定监护人存在违反监护义务的过失,实际上与第1188条规定的监护人损害责任的规则没有太大的区别。有区别的是,受托监护人要承担侵权责任,应当证明受托监护人的过失要件。根据事实推论,原告即被侵权人一般会向监护人主张赔偿责任,如果监护人认为自己没有过失,是受托监护人因过失造成的损害,应当由监护人承担举证责任。如果是被侵权人直接向受托监护人主张承担侵权责任,则应当由被侵权人承担举证责任。根据“谁主张,谁举证”的举证责任分配规则,主张受托监护人的过失,只有监护人或者被侵权人,因而应当由主张者承担举证责任。

委托监护责任的责任分担规则如下:

(1)委托监护损害责任的主体有两个,一是监护人,二是受托监护人,监护人并未因其将委托监护职责委托给受托监护人而免除自己的责任,仍然是侵权责任人。

(2)两种责任主体承担的责任是单向连带责任,即混合责任:监护人承担的是对全部损害的赔偿责任,并且是连带责任;只要被侵权人主张监护人承担全部责任,监护人就须承担全部赔偿责任。

(3)能够证明受托监护人也存在未尽监护职责的过失的,受托监护人应当在其因过失造成损失的范围内,承担相应的赔偿责任,其责任性质不是连带责任,而是按份责任,被侵权人不能向其主张承担全部赔偿责任。之所以将这种单向连带责任称为混合责任,是因为与美国侵权法上的混合责任是一样的,都是数人中,有的承担连带责任,有的承担按份责任。[1]

573. 用人者责任的用人单位在承担赔偿责任后享有追偿权与劳务派遣损害赔偿责任分担

《民法典》侵权责任编第1191条第1款、第2款分别规定:“用人单位的工作人员因执行工作任务造成他人损害的,由用人单位承担侵权责任。用人单位

---

〔1〕 美国《侵权法重述(第三次)·责任的分担》第10节(连带责任的效力)规定:“当依据适用法律,有多人对一受害人承担连带责任时,该受害人可以起诉任何一名负连带责任者,并从中获得它可以获得的全部赔偿。”第11节(单独责任的效力)规定:“当依据适用法律,某人对一受害人的不可分伤害承担单独责任时,该受害人仅可以获得该负单独责任者在该受害人应得赔偿中所占的比较责任份额。”参见[美]肯尼斯·S.亚伯拉罕、阿尔伯特·C.泰特:《侵权法重述——纲要》,许传玺、石宏等译,法律出版社2006年版,第346页。

承担侵权责任后,可以向有故意或者重大过失的工作人员追偿。”“劳务派遣期间,被派遣的工作人员因执行工作任务造成他人损害的,由接受劳务派遣的用工单位承担侵权责任;劳务派遣单位有过错的,承担相应的责任。”这一条文是对用人者责任的规定,第 1 款规定的是用人单位责任,第 2 款规定的是劳务派遣损害责任。与原《侵权责任法》第 35 条的规定相比,本条规定有两个方面的重大变化,一是新增了用人单位的追偿权,二是调整了劳务派遣中用人单位承担的责任形态。

本条第 1 款和第 2 款分别规定了用人单位损害责任和劳务派遣损害责任,加上第 1192 条规定的个人劳务损害责任和第 1193 条规定的定作人指示过失责任,构成完整的用人者责任这种特殊侵权责任体系。

用人单位损害责任的规则是:第一,用人单位泛指一切使用他人的法人、非法人组织,例如公司、机关、合伙企业、基金会甚至一人有限责任公司等,只要聘用他人作为自己单位的工作人员,都属于用人单位。国家行政机关、司法机关实施行政行为和司法行为时,不属于用人单位的范畴,致人损害适用《国家赔偿法》的规定。第二,工作人员,是用人单位聘用的、支付工资报酬、作为用人单位成员的人。第三,工作人员应当是在执行工作任务之中造成他人损害,而不是与自己的职务行为无关。第四,工作人员执行工作任务行为与造成的他人损害之间有因果关系。第五,适用过错推定责任,有的学者主张适用无过错责任,笔者倾向于前者。第六,侵权责任形态是替代责任,即工作人员执行职务行为造成他人损害,由工作单位承担赔偿责任,而不是工作人员作为责任主体。第七,用人单位承担了赔偿责任之后,如果工作人员造成他人损害时有故意或者重大过失,可以对其进行追偿。

劳务派遣损害责任的规则是:第一,劳务派遣的法律关系为三方当事人,用人单位与工作人员之间具有劳动关系,劳务派遣单位与接受劳务派遣的单位之间具有劳务派遣的合同关系,工作人员接受劳务派遣单位的指派为接受劳务派遣的单位提供劳务,但没有直接的劳动合同关系。第二,被派遣的工作人员在为接受劳务派遣的单位提供劳务过程中,因执行工作任务的行为造成了他人的损害,构成侵权责任。第三,实行替代责任,由接受劳务派遣单位作为侵权人,依照过错推定原则承担赔偿责任;如果劳务派遣单位在派遣工作人员过程中有过错,例如选任、培训、管理不当,则应当承担相应的责任。第四,劳务派遣单位和接受劳务派遣的单位之间的这种责任分担规则,是单向连带责任即混合责任,接受劳务派遣的单位承担连带责任,应当对全部损害负责,有过错的劳务派遣单位承担按份责任。

本条新规则的要点如下：

(1)用人单位损害责任中新增用人单位的追偿权。原《侵权责任法》第34条第1款对用人单位的追偿权没有规定,顾虑是用人单位是否享有追偿权,情况比较复杂,很难确定统一的标准。[1] 2017年《民法总则》通过,第62条规定了法定代表人因执行职务造成他人损害的,由法人承担民事责任。法人承担民事责任后,依照法律或者法人章程的规定,可以向有过错的法定代表人追偿。这一规定确认了法人承担赔偿责任后对有过错的法定代表人的追偿权,与原《侵权责任法》第34条第1款的规定形成抵触,即法人对法定代表人有追偿权,对执行工作任务的工作人员却没有追偿权。本条对此进行协调,确定了法人对其法定代表人和工作人员都享有追偿权。

现在的问题是,《民法典》总则编第62条规定法人对其法定代表人享有追偿权的要件是法定代表人有过错,侵权责任编的本条规定法人对其工作人员享有追偿权的要件是其工作人员有故意或者重大过失。法人对法定代表人和工作人员的追偿权是必须要有如此的区别,还是要统一为一样的要件,值得研究。应当看到的是,总则编第62条规定的是,确定法人对法定代表人的追偿权,须依照法律或者法人章程的规定:依照法律规定,就是侵权责任编的本条规定,即法定代表人有故意或者重大过失的,法人享有追偿权;如果法人的章程规定法定代表人有过错就应当有追偿权,则故意、重大过失或过失时,法人都应当享有追偿权。

(2)劳务派遣损害责任中调整用人单位承担的责任形态。原《侵权责任法》第34条第2款规定的是,劳务派遣单位有过错的,承担相应的补充责任。[2] 除该条规定外,原《侵权责任法》规定承担相应的补充责任的主体还包括第三人侵权时,有过错的安全保障义务人以及教育机构。两相比较,可以发现,劳务派遣单位所承担的补充责任,是基于自己与违法行为人(工作人员)之间的控制、监督关系,在选任、指示工作人员方面存在过错;安全保障义务人以及教育机构所承担的补充责任,则是基于自己与受害人之间的保护关系,在保护受害人方面未尽到保护义务,存在过错。尽管原《侵权责任法》规定这些主体都承担补充责任,但是他们存在本质上的区别。甚至可以说,劳务派遣致害责任中,用人单

〔1〕 参见王胜明主编:《中华人民共和国侵权责任法释义》(第2版),法律出版社2013年版,第190~192页。

〔2〕 也有学者将其称为不真正补充责任。参见王竹、张恒:《劳务派遣工作人员的侵权责任——兼论"不真正补充责任"的确立与扩展适用》,载《法学》2013年第2期,第119~126页。

位承担的补充责任是“畸形”的补充责任。基于此,《民法典》侵权责任编在规定劳务派遣损害责任时,删去了“补充”二字,将用人单位的责任从“相应的补充责任”改为“相应的责任”。

574. 个人劳务损害责任中接受劳务一方的追偿权以及补偿责任

《民法典》侵权责任编第 1192 条第 1 款、第 2 款分别规定:“个人之间形成劳务关系,提供劳务一方因劳务造成他人损害的,由接受劳务一方承担侵权责任。接受劳务一方承担侵权责任后,可以向有故意或者重大过失的提供劳务一方追偿。提供劳务一方因劳务受到损害的,根据双方各自的过错承担相应的责任。”“提供劳务期间,因第三人的行为造成提供劳务一方损害的,提供劳务一方有权请求第三人承担侵权责任,也有权请求接受劳务一方给予补偿。接受劳务一方补偿后,可以向第三人追偿。”这一条文是关于个人劳务损害责任的规定。与原《侵权责任法》第 35 条的规定相比,本条规定不仅新增了接受劳务一方的追偿权,而且新增了第三人造成提供劳务一方损害责任的规则,形成了个人劳务损害责任规则的完整体系。

个人劳务损害责任是一种特殊的用人者责任。一方面,其不同于用人单位损害责任。个人劳务损害责任中提供劳务一方与接受劳务一方之间存在劳务关系,不具有隶属性;用人单位损害责任中的用人单位与工作人员之间存在的是劳动关系,具有隶属性。另一方面,个人劳务损害责任不同于定作人指示过失责任。个人劳务损害责任中,提供劳务一方提供的是劳务;定作人指示过失责任中,承揽人所交付的是劳动成果。基于个人劳务损害责任的特殊性,有将其独立规定的必要。

个人劳务损害责任分为两种,分别是个人劳务者致人损害责任和个人劳务者工伤事故责任。其中,个人劳务者工伤事故责任还须区别是否有第三人介入。

(1)提供劳务一方致人损害责任

提供劳务一方致人损害责任的规则与用人单位的工作人员致人损害责任的规则基本相同:第一,提供劳务一方在提供劳务过程中,因自己的劳务提供行为造成他人损害。第二,适用过错推定原则,推定接受劳务一方有监督、选任不当的过失。第三,实行替代责任,接受劳务一方对受害人的损害承担赔偿责任。第四,如果提供劳务一方在造成他人损害中有故意或者重大过失,接受劳务一方在承担了赔偿责任之后,有权向提供劳务一方进行追偿。

(2)个人劳务工伤事故责任

个人劳务工伤事故责任,是提供劳务一方因自己的行为造成自己损害的责任,其规则是:实行过错责任原则。具体有三种情况:第一,接受劳务一方有过错时,提供劳务一方没有过错,由接受劳务一方承担全部赔偿责任;第二,提供劳务一方有过错时,接受劳务一方没有过错,由提供劳务一方对自己的损害负责,接受劳务一方不承担责任;第三,接受劳务一方与提供劳务一方均有过错时,根据双方各自的过错,承担相应的责任。

提供劳务一方因第三人的行为造成自己损害的责任规则是:第一,提供劳务一方在提供劳务期间,因第三人的行为造成自己损害的,构成个人劳务工伤事故责任,享有对第三人的侵权责任请求权以及对接受劳务一方的补偿责任请求权。第二,受到损害的提供劳务一方有权向第三人请求赔偿,要求第三人承担侵权责任。提供劳务一方向第三人请求赔偿,赔偿请求权实现之后,对接受劳务一方的补偿请求权消灭。第三,受到损害的提供劳务一方有权请求接受劳务一方承担补偿责任,接受劳务一方应当补偿。补偿之后,其有权向造成损害的第三人进行追偿。

本条新规则的要点如下:

(1)个人劳务致人损害责任中增加了接受劳务一方的追偿权。原《侵权责任法》第35条规定了提供劳务一方对于接受劳务一方致人损害的行为承担替代责任,并未规定提供劳务一方承担责任后是否有权进行追偿。权威解释中提到,尽管本条未对此作出规定,但并不意味着接受劳务的一方没有追偿权。[1]编纂《民法典》侵权责任编,将这一内容明确规定下来。这样一来,接受劳务一方就可以依照本条规定为请求权基础,向提供劳务一方追偿。需要注意的是,本条规定对提供劳务一方的追偿权与第1191条规定对用人单位的追偿权的条件是一致的,即仅限于向故意或者重大过失的提供劳务一方或者工作人员追偿。这是因为,如果提供劳务一方或者工作人员动辄有过失就允许接受劳务一方或者用人单位追偿,则会过分打击提供劳务一方或者工作人员的积极性。为了弥补接受劳务一方或者用人单位所遭受的损失,同时督促个人劳务者在提供劳务的过程中恪尽职守、规范行事、积极作为,本条规定与第1191条规定在赋予用人者追偿权的同时,又对行使追偿权的条件作出了限定。

(2)增加了第三人造成提供劳务一方损害责任。原《侵权责任法》第35条规定的提供劳务一方损害责任的类型,仅包括提供劳务一方致人损害责任以及提供劳务一方因劳务造成自己损害的工伤事故责任,缺乏对第三人侵权的规定。本条规定补足了这一立法漏洞,明确了第三人的侵权责任以及接受劳务一

〔1〕 参见王胜明:《中华人民共和国侵权责任法释义》(第2版),法律出版社2013年版,第197页。

方的补偿责任。这样一来,不仅在立法上形成了完善的提供劳务损害责任的规则体系,而且也能够在司法实践中避免裁判分歧,更能够通过增加第三人侵权的规则,使提供劳务一方作为劳动者的合法权益得到更加周全、严密的保护。

本条规定的缺陷是,继续沿袭了原《侵权责任法》第35条对个人劳务工伤事故责任的不当规定,继续要求根据双方各自的过错承担相应的责任,而不是适用无过错责任保护个人劳务提供者。

575. 定作人指示过失责任的规则

《民法典》侵权责任编第1193条规定:"承揽人在完成工作过程中造成第三人损害或者自己损害的,定作人不承担侵权责任。但是,定作人对定作、指示或者选任有过错的,应当承担相应的责任。"这一条文是对定作人指示过失责任的规定,原《侵权责任法》没有规定定作人指示过失责任,本条规定了这一新的特殊侵权责任类型。

定作人指示过失责任是大陆法系传统的特殊侵权行为,在英美法系侵权法中则称为"独立工人"责任,〔1〕规则基本相同。本条来源于《最高人民法院关于审理人身损害赔偿责任案件适用法律若干问题的解释》(2003年)第10条的规定,即"承揽人在完成工作过程中造成第三人损害或者造成自身损害的,定作人不承担侵权责任。但定作人对定作、指示或者选任有过错的,应当承担相应的赔偿责任"。两相比较,本条只是对其中的个别文字表述有所改变,规范更为完善。

加工、定作和承揽统称为定作,是从定作人角度的界定,法律关系主体主要是定作人和承揽人,定作人委托承揽人进行加工、定作,承揽人依照定作人的指示进行加工、定作。本法合同编第十七章规定的就是"承揽合同"。其基本特征是:承揽人按照定作人的要求完成工作,交付工作成果,定作人给付报酬。〔2〕不过,对于那些属于承揽性质的民事活动,例如建设工程承揽合同,在造成第三人损害和承揽人损害时,也适用定作人指示过失责任的规则。所以,这里的定作,是广义的概念。

由于承揽人在接受定作之后是独立进行定作、加工,尽管是按照定作人的指示进行,但是,应当由承揽人独立负责,承揽人在完成承揽任务过程中造成第三人损害或者自己损害,定作人不承担赔偿责任,而由承揽人承担责任或者负

〔1〕 参见杨立新:《侵权责任法》(第3版),法律出版社2018年版,第645页。

〔2〕 本法第770条第1款规定:"承揽合同是承揽人按照定作人的要求完成工作,交付工作成果,定作人支付报酬的合同。"

担自己的损失。这是一般性规则。如果定作人对于定作、指示有过失,或者对定作人的选任有过失的,则定作人承担相应的赔偿责任。

定作过失,是定作人确定的定作任务本身就存在过失,这种定作有可能造成他人损害或者定作人的损害,如不当加工易燃、易爆物品。指示过失,是定作人下达的定作任务没有问题,是指示承揽人的定作方法存在过失,例如不应该采用危险方法进行加工却作出这样的指示。这两种过失,都构成定作人指示过失责任中所要求的过失。选任过失,则是定作人选任承揽人有过失,例如选任了不符合承担特种加工活动的资质的人。

本条规定了以下两种责任:

(1)定作人指示过失责任中造成他人损害的责任,这是典型的定作人指示过失责任。

(2)造成承揽人自己损害的责任,这种损害责任的性质,其实是承揽人员工的工伤事故责任。

这两种责任的基本规则相同,放在一起规定大致可以。

576. 网络侵权责任中法律另有规定的,依照其规定

《民法典》侵权责任编第 1194 条规定:"网络用户、网络服务提供者利用网络侵害他人民事权益的,应当承担侵权责任。法律另有规定的,依照其规定。"这一条文是关于网络侵权责任的一般规则。与原《侵权责任法》第 36 条第 1 款关于网络侵权责任的一般规定相比,本条规定增加了引致性条款。

网络侵权包括网络用户在他人的网络上实施侵权行为的责任承担规则,以及网络服务提供者利用自己的网络实施侵权行为的责任承担规则。无论上述两种情形中的哪一种,都适用过错责任原则确定侵权责任,网络用户或者网络服务提供者对自己实施的网络侵权行为负责,即自己责任。

本条增加规定的新规则是,法律另有规定的,依照其规定。"法律另有规定",应当是指其他法律对网络用户、网络服务提供者利用网络侵害他人民事权益,承担民事责任有特别规定。目前而言,《电子商务法》《消费者权益保护法》《食品安全法》等都对这类侵权行为作出了特别规定,应当依照其规定确定这些民事主体的侵权责任。比如,《食品安全法》第 131 条规定网络食品交易第三方平台提供者不能提供入网食品经营者的真实名称、地址和有效联系方式的,由网络食品交易第三方平台提供者赔偿。网络食品交易第三方平台提供者赔偿后,有权向入网食品经营者或者食品生产者追偿。网络食品交易第三方平台提供者作出更有利于消费者承诺的,应当履行其承诺。

577. 网络侵权责任避风港原则中的通知规则

《民法典》侵权责任编第 1195 条各款分别规定:“网络用户利用网络服务实施侵权行为的,权利人有权通知网络服务提供者采取删除、屏蔽、断开链接等必要措施。通知应当包括构成侵权的初步证据及权利人的真实身份信息。”“网络服务提供者接到通知后,应当及时将该通知转送相关网络用户,并根据构成侵权的初步证据和服务类型采取必要措施;未及时采取必要措施的,对损害的扩大部分与该网络用户承担连带责任。”“权利人因错误通知造成网络用户或者网络服务提供者损害的,应当承担侵权责任。法律另有规定的,依照其规定。”这一条文是对网络侵权责任避风港原则中通知规则的规定,对原《侵权责任法》第 36 条第 2 款规定进行了大幅度的修改,形成了避风港规则中通知规则的完整体系。

对网络侵权责任,原《侵权责任法》仅用第 36 条作出了具体规定,内容比较简单。《民法典》侵权责任编在此基础上进行了大幅度的调整,用了 4 个条文作出规定,特别是对其中的避风港原则和红旗原则规定了新规则。

《民法典》侵权责任编第 1194 条关于“网络用户、网络服务提供者利用网络侵害他人民事权益的,应当承担侵权责任”的规定,与原《侵权责任法》第 36 条第 1 款规定的内容相同。

网络侵权责任避风港原则的通知规则比较复杂,概括起来如下:

(1)权利人的通知权。网络用户利用他人的网络服务实施侵权行为的,网络服务提供者在原则上不承担责任,因为其无法承担海量信息的审查义务。解决这种侵权纠纷的方法是“通知—取下”规则,即避风港原则的通知规则:认为自己权益受到损害的权利人,有权通知网络服务提供者,对网络用户在该网站上发布的信息采取删除、屏蔽、断开链接等必要措施,消除侵权信息及其影响。这就是权利人的通知权。行使通知权的通知,应当包括构成侵权的初步证据及权利人的真实身份信息,没有这些必要内容的通知无效。

(2)网络服务提供者的义务。网络服务提供者接到权利人的通知后,应当实施两个行为:一是及时将该通知转送相关网络用户,二是对侵权信息根据实际情况需要,及时采取删除、屏蔽或者断开链接等必要措施。网络服务提供者履行了上述两项义务的,就进入避风港,不承担侵权责任。网络服务提供者未及时采取必要措施的,构成侵权责任,要对损害的扩大部分与该网络用户承担部分连带责任,即网络服务提供者只对扩大的损害部分承担连带责任。

(3)对错误行使通知权的所谓权利人进行惩罚的措施。即因权利人错误行使通知权进行通知,依照该通知采取的必要措施造成了网络用户或者网络服务提供者损害的,错误通知的行为人应当对网络用户和网络服务提供者的损害承担侵权赔偿责任。法律另有规定的,依照其规定。比如,《电子商务法》第 42 条规定了在电子商务知识产权侵权领域,恶意通知的权利人须承担惩罚性赔偿责任。

与原《侵权责任法》第 36 条第 2 款规定的内容相比,这一规定增加和完善的内容是:第一,要求网络用户主张行使通知权,应当提供包括构成侵权的初步证据及权利人的真实身份信息。提供构成侵权的初步证据,没有证据不可以行使通知权;提供权利人的真实身份信息,即被通知的权利人应当确有其人,并且能够确定并找到。第二,网络服务提供者接到通知后,应当及时转送相关网络用户,使其知晓为何被采取必要措施。第三,采取的必要措施须根据权利人提供的构成侵权的初步证据和服务类型,并非千篇一律就是删除。第四,权利人错误通知造成网络用户或者网络服务提供者损害的,应当承担侵权责任,法律另有规定的,依照其规定。以此警示主张行使通知权的行为人应当谨慎,防止错误行使通知权而造成自己侵权的后果,防止通知权滥用。

578. 网络侵权责任避风港原则中的反通知规则

《民法典》侵权责任编第 1196 条第 1 款、第 2 款分别规定:“网络用户接到转送的通知后,可以向网络服务提供者提交不存在侵权行为的声明。声明应当包括不存在侵权行为的初步证据及网络用户的真实身份信息。”“网络服务提供者接到声明后,应当将该声明转送发出通知的权利人,并告知其可以向有关部门投诉或者向人民法院提起诉讼。网络服务提供者在转送声明到达权利人后的合理期限内,未收到权利人已经投诉或者提起诉讼通知的,应当及时终止所采取的措施。”这一条文是对网络侵权责任避风港原则反通知规则的规定,是原《侵权责任法》第 36 条没有规定的新规则。

避风港原则有两个重要规则,一是通知规则,二是反通知规则。这两个规则的配置,能够保持网络上网络用户表达自由利益的平衡。

反通知权产生的基础是,权利人行使通知权,主张网络用户发布的信息构成侵权责任,要求网络服务提供者承担删除、屏蔽、断开链接等必要措施。网络用户行使反通知权的规则如下:

(1)网络用户享有反通知权。当权利人行使对网络用户发布的信息采取必要措施的通知权,网络服务提供者将该通知转送网络用户,网络用户接到该通知后,即产生反通知权。

(2)行使反通知权的方式,是网络用户向网络服务提供者提交自己不存在侵权行为的声明及网络用户的真实身份信息。网络用户提交该声明,就是行使反通知权的行为。提交的反通知声明,也应当包括不存在侵权行为的初步证据,不符合这个要求的反通知声明,不发生反通知的效果。

(3)网络用户行使反通知权发送声明。网络服务提供者在接到该反通知声明后,负有的义务:一是应当将该声明转送给发出通知的权利人,二是告知权利人可以向有关部门投诉或者向人民法院提起诉讼,而不是一接到反通知声明就立即终止所采取的必要措施。

(4)网络服务提供者在转送的反通知声明到达权利人后的合理期限内,未收到关于权利人已经投诉或者提起诉讼的通知的,应当及时终止对网络用户发布的信息所采取的删除、屏蔽或者断开链接等必要措施,保护网络用户即反通知权利人的表达自由。合理期间怎样确定,本条没有规定,原来草案规定的是15 天,可以参考。时间的计算采到达主义,在转送的反通知声明到达权利人后,权利人应当在 15 日之内通知网络服务提供者自己已经投诉或者提起诉讼。在合理期限内,网络服务提供者没有收到权利人投诉或者起诉的通知,即应终止所采取的措施。法律没有规定网络服务提供者没有及时终止所采取的必要措施的后果责任,但是根据法理,违反义务的后果是承担责任,因而网络服务提供者应当承担侵权责任。

(5)无论是权利人的通知权还是网络用户的反通知权,其义务主体都是网络服务提供者,负有满足通知权人或者反通知权人权利要求的义务。网络用户和权利人不是对方的义务主体。

579. 红旗原则的主观要件是网络服务提供者知道或者应当知道网络用户侵权

《民法典》侵权责任编第 1197 条规定:“网络服务提供者知道或者应当知道网络用户利用其网络服务侵害他人民事权益,未采取必要措施的,与该网络用户承担连带责任。”这一条文是对网络侵权责任红旗原则的规定,与原《侵权责任法》第 36 条第 3 款的规定相比,明确规定了适用红旗原则的主观要件是知道或者应当知道网络用户利用其网络服务侵害他人民事权益的新规则。

红旗原则,是指网络用户在网络服务提供者提供的网络上实施侵权行为,侵害他人的民事权益,非常明确(比喻为网络上的侵权行为“红旗飘飘”),网络服务提供者知道或者应当知道而不采取必要措施的,即应承担侵权责任的规则。

适用红旗原则的要件是:第一,网络用户在他人的网站上实施侵权行为;第二,该侵权行为的侵权性质明显,不必证明即可确认;第三,网络服务提供者知道或者应当知道网络用户在自己的网站上实施了这种侵权行为;第四,对这样的侵权信息没有采取删除、屏蔽或者断开链接的必要措施。

在第三个要件中,知道就是明知,应知就是根据实际情况可以确定网络服务提供者是应当知道的,例如,网络服务提供者已经对该信息进行了编辑、加工、置顶、转发等,都是应知的证明。原《侵权责任法》第36条第3款规定的是"知道",在解释上,很多人认为知道就是"明知",不应当包括"应当知道"。[1]本条对此明确规定,适用红旗原则的主观要件是知道或者应当知道,起到了统一裁判尺度的效果,在司法实践和理论研究中,采取统一立场,统一裁判效果。

适用红旗原则的后果是,明知或者应知网络用户在自己的网站上实施侵权行为的网络服务提供者,对该侵权信息没有采取必要措施,须与实施侵权行为的网络用户一起,对被侵权人造成的损害承担连带赔偿责任。承担连带责任的规则适用本法总则编第178条规定。

580. 违反安全保障义务侵权责任的主体及追偿权

《民法典》侵权责任编第1198条第1款、第2款分别规定:"宾馆、商场、银行、车站、机场、体育场馆、娱乐场所等经营场所、公共场所的经营者、管理者或者群众性活动的组织者,未尽到安全保障义务,造成他人损害的,应当承担侵权责任。""因第三人的行为造成他人损害的,由第三人承担侵权责任;经营者、管理者或者组织者未尽到安全保障义务的,承担相应的补充责任。经营者、管理者或者组织者承担补充责任后,可以向第三人追偿。"这一条文是对违反安全保障义务侵权责任的规定,与原《侵权责任法》第37条的规定相比,增加了侵权责任主体及追偿权等新规则。

违反安全保障义务侵权责任,是指经营者、管理者或者组织者对经营场所、公共场所、群众性活动场所未尽安全保障义务,造成他人损害的赔偿责任。

违反安全保障义务侵权责任有四种表现形式:

(1)设施设备未尽安全保护义务,例如,经营场所、公共场所、群众性活动场所的设施、设备存在安全隐患,经营者、管理者或者组织者未采取必要的安全防范措施,造成他人损害。

(2)服务管理未尽安全保障义务,即在经营场所、公共场所或者群众性活动

---

[1] 参见王利明:《侵权责任法研究》(下卷)(第3版),中国人民大学出版社2018年版,第143页;张新宝:《侵权责任法》,中国人民大学出版社2010年版,第174页。

场所的服务或者管理上未尽必要注意,存在安全隐患,造成他人损害。例如,饭馆的地面有污渍,顾客滑倒受到伤害。

(3)对儿童未尽安全保障义务,即在经营场所、公共场所或者群众性活动场所存在对儿童具有诱惑力的危险,责任人未采取必要的安全防范措施,致使儿童造成人身损害。例如,商场楼梯栏杆间距过宽,儿童从中钻出跌落,造成人身损害。

(4)对防范制止侵权行为未尽安全保障义务。例如,旅店对客人未尽安全保障义务,致使第三人进入旅店造成顾客人身损害或者财产损害。

上述前三种类型,概括在本条的第1款中,其责任形态是自己责任;第2款规定的是第四种违反安全保障义务的侵权责任类型,责任形态是相应的补充责任。

责任形态为自己责任的违反安全保障义务侵权责任的三种类型,责任构成的要求是:第一,负有安全保障义务的场所,是宾馆、商场、银行、车站、机场、体育场馆、娱乐场所等经营场所、公共场所或者群众性活动场所。第二,负有安全保障义务的义务主体,是这些场所的经营者、管理者或者活动组织者。第三,经营者、管理者和组织者的安全保障义务来源,是《消费者权益保护法》第18条以及其他法律规定或者当事人的约定。第四,经营者、管理者或者组织者未尽到法律规定或者约定的安全保障义务,造成消费者或者活动参与者在内的他人损害,未尽安全保障义务与他人损害之间有因果关系。具备上述要件,经营者、管理者或者活动组织者须对受到损害的他人承担侵权责任。例如,未施工完毕的饭店即试营业,造成就餐者损害,为设施设备未尽安全保障义务。这些违反安全保障义务的侵权责任,都由违反安全保障义务的经营者、管理者或者组织者自己承担责任。

防范、制止侵权行为未尽安全保障义务侵权责任的构成要件是:第一,负有安全保障义务的场所是经营场所、公共场所或者群众性活动场所;第二,这些场所的经营者、管理者或者活动的组织者负有防范、制止侵权行为侵害消费者和参与者的义务;第三,第三人实施侵权行为,致使这些场所的消费者、参与者受到损害;第四,经营者、管理者或者组织者未尽防范、制止侵权行为的安全保障义务,是造成损害的原因。承担责任的规则是:第一,实施侵权行为的第三人是直接责任人,其对造成的受害人损害承担侵权责任;第二,经营者、管理者或者组织者未尽到防范、制止侵权行为的安全保障义务,使侵权行为得以发生的,就自己的过错和行为对损害发生的原因力,承担与其过错程度和原因力相应的补充责任;第三,经营者、管理者或者组织者承担补充责任后,由于第三人才是侵权行为的直接责任人,故可以向第三人追偿。例如,住店客人受到第三人侵权行为的损害,旅店未尽防范、制止侵权行为的安全保障义务,即按照这样的规则承担补充责任。

本条规定的违反安全保障义务侵权责任的规则,与原《侵权责任法》第37条规定的规则相比,新的规则如下:

(1)违反安全保障义务损害责任的主体增加了经营者。原《侵权责任法》第37条规定的责任主体是“公共场所的管理人”和“群众性活动的组织者”,并没有经营者的规定。这样的规定,使承担违反安全保障义务损害责任的主体范围大大减少,限制在管理人和组织者的范围内。这一点,与先前司法解释中规定的经营者,以及之后修改的《消费者权益保护法》第18条规定的经营者的范围相比,都极为狭窄,不利于保护受害人。本条增加了经营者为责任主体,与《消费者权益保护法》的规定相一致,解决了这个问题。

(2)在原《侵权责任法》第37条第2款规定的防范、制止侵权行为未尽安全保障义务侵权责任中,没有规定违反安全保障义务的经营者、管理者或者组织者的追偿权,因而经营者、管理者或者组织者承担了侵权责任的补充责任之后,只能自己承受,而自己又仅仅是未尽安全保障义务的不作为行为的行为人,并非真正意义上的侵权人,承担责任不享有追偿权,不尽合理,而使实施侵权行为的第三人逃避了责任。本条增加了“经营者、管理者或者组织者承担补充责任后,可以向第三人追偿”的新规则,避免了这些问题,使这一规则更为合理。

581. 学校等教育机构承担补充责任后有权追偿

《民法典》侵权责任编第1201条规定:“无民事行为能力人或者限制民事行为能力人在幼儿园、学校或者其他教育机构学习、生活期间,受到幼儿园、学校或者其他教育机构以外的第三人人身损害的,由第三人承担侵权责任;幼儿园、学校或者其他教育机构未尽到管理职责的,承担相应的补充责任。幼儿园、学校或者其他教育机构承担补充责任后,可以向第三人追偿。”这一条文规定的是第三人校园伤害事故责任,与原《侵权责任法》第40条的规定相比,除了将侵权人改为第三人之外,另增加了教育机构承担补充责任后享有对第三人的追偿权的规定。

无民事行为能力或者限制民事行为能力的学生在校园受到第三人实施的侵权行为侵害,造成人身损害后果,也属于第三人原因造成损害,却不完全适用《民法典》侵权责任编第1175条关于“损害是因第三人造成的,第三人应当承担侵权责任”的规定,而是适用本条规定的规则。本条规定的责任规则是:第三人在校园实施的侵权行为,造成了校园的无民事行为能力或者限制民事行为能力的学生人身损害的,第三人承担侵权责任,赔偿受害人的损害;如果校方存在未尽管理职责的过失的,应当承担相应的补充责任,即在自己过失所致损失的范围内,就第三人不能承担的赔偿责任中,承担补充赔偿损失的责任。

本条增加的新规则是:校方在承担了相应的补充责任之后,可以就其承担补充责任造成的损失向第三人请求追偿。其原因,也是因为第三人才是真正的侵权人,对于损害的发生具有全部原因力,校方的不作为行为只是存在未尽教育、保护义务的间接原因而已。这个道理,与本法第1198条规定的防范、制止侵权行为未尽安全保障义务损害责任的未尽安全保障义务的经营者、管理者、组织者承担了补充责任之后,对实施侵权行为的第三人享有追偿权一样,都享有追偿权。

第四章　有关产品责任的新规则

582. 销售者承担产品责任的规则

《民法典》侵权责任编第1203条第1款、第2款分别规定：“因产品存在缺陷造成他人损害的，被侵权人可以向产品的生产者请求赔偿，也可以向产品的销售者请求赔偿。”“产品缺陷由生产者造成的，销售者赔偿后，有权向生产者追偿。因销售者的过错使产品存在缺陷的，生产者赔偿后，有权向销售者追偿。”这一条文规定的是产品责任不真正连带责任中的销售者责任，是将原《侵权责任法》第42条和第43条合并起来制定的一条新规则。

不真正连带责任是多数人侵权行为承担的一种责任形态，基本规则是：第一，中间责任规则。承担不真正连带责任的数个责任人都有义务对受害人的损害承担全部赔偿责任。第二，最终责任规则。不真正连带责任的最终责任，终须全部归结到应当承担赔偿责任的责任人，而不是在数个责任人之间进行分配。第三，追偿权规则。承担中间责任的责任人如果不是最终责任人，而是中间责任人的，在承担了中间责任后，有权向最终责任人追偿，追偿的范围是全部赔偿责任。与连带责任相比，两者的区别主要在于最终责任的分担，连带责任的最终责任一定要分给每一个责任人，而不真正连带责任的最终责任一定要归属于最终责任人一人而不分份额。

产品责任的责任承担规则是不真正连带责任，具体规则如下：

（1）因产品存在缺陷造成他人损害的，被侵权人可以向产品的生产者请求赔偿，也可以向产品的销售者请求赔偿。这是不真正连带责任的中间责任规则，是无过错责任，被侵权人可以按照自己的意愿选择责任人承担赔偿责任。

(2)最终责任是由造成缺陷的生产者或者销售者承担。在通常情况下,缺陷是由生产者造成的,生产者是最终责任人;如果是因销售者的过错使产品存在缺陷,销售者就是最终责任人,应当最终承担侵权责任,且为全部赔偿责任。

(3)通过行使追偿权实现最终责任的归属,即产品缺陷由生产者造成的,销售者赔偿后,有权向生产者追偿,使生产者承担最终责任;因销售者的过错使产品存在缺陷的,生产者赔偿后,有权向销售者追偿,使销售者承担最终责任。

原《侵权责任法》在规定这一规则的时候,用了两个条文:第 42 条规定的是销售者责任,即销售者在一般情况下承担过错责任,在特定情况下承担无过错责任;第 43 条规定生产者、销售者承担不真正连带责任。这样规定,来源于《产品质量法》第 42 条和第 43 条,基本规则是一样的。《民法典》将这两个条文规定的规则压缩在一起,成为现在的条文。

需要研究的是,现在的规定是否能够准确表达原来两个条文所包含的内容。首先,“因产品存在缺陷造成损害的,被侵权人可以向产品的生产者请求赔偿,也可以向产品的销售者请求赔偿”。这个第 1 款规定的是不真正连带责任的中间责任规则,即被侵权人向生产者主张或者向销售者主张赔偿,生产者或者销售者都应当承担中间责任。其次,“产品缺陷由生产者造成的,销售者赔偿后,有权向生产者追偿”。由于产品缺陷是由生产者造成的,因此,如果是销售者承担了赔偿责任,那么,生产者就是最终责任人,销售者就有权向生产者追偿,将最终责任归咎于最终责任人即生产者。再次,“因销售者的过错使产品存在缺陷的,生产者赔偿后,有权向销售者追偿”。销售者承担最终责任,为过错责任,因而,因销售者的过错使产品存在缺陷的,生产者作为中间责任人,在承担了赔偿责任后,有权向最终责任人即有过错的销售者追偿,将最终责任归咎于销售者。最后,这里缺少的是原《侵权责任法》第 42 条第 2 款关于“销售者不能指明缺陷产品的生产者也不能指明缺陷产品的供货者的,销售者应当承担侵权责任”的规定。不过,这个规则并非必须规定,不规定也可以,不影响大局。

经过这样的分析,本条用一个条文表达了原《侵权责任法》和《产品质量法》中两个条文的内容,基本规则没有变化,还节省了一个条文,是一个很好的调整。

583. 产品责任可以适用停止侵害等禁令

《民法典》侵权责任编第 1205 条规定:“因产品缺陷危及他人人身、财产安全的,被侵权人有权请求生产者、销售者承担停止侵害、排除妨碍、消除危险等侵权责任。"这一条文是关于产品责任侵权禁令的规定，与原《侵权责任法》第45条的规定相比，增加了"停止侵害"的新规则。

本条规定的内容与本编第1167条规定的内容是一致的，只是在产品责任中特别强调这一规则。

产品责任侵权禁令的构成要件是：第一，一个或者一种产品存在缺陷；第二，这种有缺陷的产品有危及他人人身、财产的安全；第三，实际上该缺陷产品尚未造成他人人身或者财产的损害。

符合这样要件要求的，可能受到危及的人可以向法院起诉，请求判令产品的生产者、销售者承担停止侵害、排除妨碍、消除危险的民事责任。由于这种有可能危及他人损害的侵权行为尚未造成后果，因此申请禁令是有风险的。为避免错误申请而造成生产者、销售者的损害，在申请这种禁令时应当提供担保。

本条增加停止侵害的责任方式，更加体现了侵权禁令的特点。其实，原《侵权责任法》第21条规定类似禁令的规则时，规定了停止侵害的责任方式，但是在产品责任一章的第45条在规定产品责任的禁令时，却只规定了排除妨碍、消除危险，没有规定停止侵害，却解释为"承担包括但不限于排除妨碍、消除危险的侵权责任"，[1]说明其实是可以包含停止侵害的责任方式的。本条增加"停止侵害"的责任方式，使产品责任的侵权禁令更加完善。

这种产品责任，在现实中尚未造成实际损害，不存在实际的受害人，可以起诉的原告只能是可能受到损害的人。这样的案件符合公益诉讼的特征，消费者权益组织或者检察机关对这类案件有公益诉讼的起诉权，可以主张行使该禁令，以保护不特定消费者的人身安全和财产安全。

584. 产品投入流通后发现存在缺陷，采取补救措施不力的赔偿责任

《民法典》侵权责任编第1206条第1款、第2款分别规定："产品投入流通后发现存在缺陷的，生产者、销售者应当及时采取停止销售、警示、召回等补救措施；未及时采取补救措施或者补救措施不力造成损害扩大的，对扩大的损害也应当承担侵权责任。""依据前款规定采取召回措施的，生产者、销售者应当负担被侵权人因此支出的必要费用。"这一条文是对产品责任跟踪观察缺陷的规定，与原《侵权责任法》第46条的规定相比，明确了生产者、销售者应当承担停止销售的责任，未及时采取补救措施或者补救措施不力造成损害扩大时的侵权

---

[1] 参见王胜明主编：《中华人民共和国侵权责任法释义》（第2版），法律出版社2013年版，第264页。

责任以及承担召回必要费用的新规则。

产品责任中的缺陷,包括设计缺陷、制造缺陷、警示说明缺陷和跟踪观察缺陷。前两种缺陷是产品责任的通常缺陷,警示说明缺陷在《消费者权益保护法》第 18 条作了规定,本条是对跟踪观察缺陷的产品责任作出的规定。

构成跟踪观察缺陷产品责任的要件是:第一,产品在流通前,根据现有科学技术无法发现其是否有缺陷,符合发展风险的要求,可以投入流通;第二,产品投入流通后发现其存在缺陷,生产者、销售者负有停止销售、警示、召回等补救义务;第三,未及时采取补救措施,或者补救措施不力;第四,该产品造成了被侵权人的人身损害或者财产损害。

本条规定跟踪观察缺陷的新规则包括以下三个部分:

(1)增加停止销售的补救方式。产品投入流通后发现产品存在缺陷的,对生产者、销售者的要求,原来规定的只是警示和召回,没有规定其他补救措施。本条增加规定了停止销售是补救措施之一,并且放在警示、召回之前,更强调了停止销售的重要性。

(2)明确赔偿责任的范围。对于跟踪观察缺陷的产品责任赔偿规则,本条规定与原《侵权责任法》的规定有所不同,原条文规定为"未及时采取补救措施或者补救措施不力造成损害的,应当承担侵权责任",本条规定的是"未及时采取补救措施或者补救措施不力造成损害扩大的,对扩大的损害也应当承担侵权责任"。新规定的规则,实际上是将发展风险抗辩与跟踪观察缺陷的侵权责任作了适当区分:发展风险规则是产品责任的免责事由,即《产品质量法》第 41 条关于"将产品投入流通时的科学技术水平尚不能发现缺陷的存在"的规定。符合这种要求的投入流通的产品发现缺陷已经造成的损害,是免责的;当发现了缺陷后,就负有警示、召回义务,避免继续造成损害。未尽停止销售、警示、召回义务,从"造成损害"的这个意义上说,就是扩大的损害。按照对本条规定的这样理解,跟踪观察缺陷在未出现之前造成的损害是免责的,在缺陷发现后未尽停止销售、警示、召回义务造成损害扩大的,就扩大的损失进行赔偿,是本条规定的跟踪观察缺陷的赔偿责任。不过,下文又规定"对扩大的损害也应当承担侵权责任"中,这个"也"字,似乎与上述理解有冲突。不过,从总体上看,将《产品质量法》第 41 条规定的发展风险免责规则与本条的规定结合起来看,作前一种理解是成立的,即依据《产品质量法》第 41 条关于"将产品投入流通时的科学技术水平尚不能发现缺陷的存在"的规定作为免责事由,产品的生产者销售者不承担发展风险造成损害的责任,但是,在已经发现产品缺陷,没有尽到跟踪观察义务,没有及时采取补救措施或者采取补救措施不力,造成损害扩大的,才是跟踪观察缺陷所应当承担的赔偿责任。

(3)原《侵权责任法》第46条仅规定了生产者、销售者的召回义务,但未规定召回时所付出的必要费用由谁来承担。本条规定时,新增了这一内容,明确了召回时由生产者、销售者来承担必要费用。其中,必要费用主要指的是燃油费、过路费等。这减少了消费者的经济负担与心理负担,将激励消费者在生产者、销售者采取召回措施时积极配合。

585. 生产者、销售者未采取有效补救措施须承担惩罚性赔偿责任

《民法典》侵权责任编第1207条规定:"明知产品存在缺陷仍然生产、销售,或者没有依照前条规定采取有效补救措施,造成他人死亡或者健康严重损害的,被侵权人有权请求相应的惩罚性赔偿。"与原《侵权责任法》第47条的规定相比,这一条文增加了"没有依照前条规定采取补救措施",造成死亡或者健康严重损害的,也应承担惩罚性赔偿责任的新规则。

目前我国实行的侵权惩罚性赔偿责任,主要包括三种情形:一是产品包括食品恶意造成消费者损害;二是恶意服务造成消费者损害;三是恶意侵害知识产权。本条规定的惩罚性赔偿的适用对象是恶意产品侵权,是第一种侵权惩罚性赔偿责任,在此之外,增加了跟踪观察缺陷中的恶意侵权也可以承担惩罚性赔偿责任。

(1)恶意产品侵权责任的惩罚性赔偿。适用惩罚性赔偿责任的产品责任构成要件:一是产品存在缺陷;二是生产者、销售者明知该产品存在缺陷;三是生产者、销售者对该缺陷产品继续进行生产、销售;四是造成受害人死亡或者健康严重损害。具备这四个要件,除应当承担实际损失的赔偿责任之外,还应当依照《消费者权益保护法》第55条第2款的规定,承担两倍以下的惩罚性赔偿,依照《食品安全法》第128条的规定,应当承担三倍以下的惩罚性赔偿责任。

(2)跟踪观察缺陷恶意侵权的惩罚性赔偿。跟踪观察缺陷的恶意侵权适用惩罚性赔偿责任的构成要件是:第一,产品存在缺陷,投放市场时因科技水平所限不能发现;第二,生产者、销售者对投入流通的产品已经发现有缺陷;第三,生产者、销售者没有按照法律规定采取停止销售、警示、召回义务,或者采取的补救措施不力;第四,该缺陷产品造成受害人死亡或者健康严重损害。

对跟踪观察缺陷恶意侵权适用惩罚性赔偿的着眼点,在于生产者、销售者在履行跟踪观察义务时已经发现产品有缺陷,能够造成使用人的损害,却没有及时采取补救措施或者采取补救措施不力,造成损害后果的扩大。这在侵权人的主观上是有恶意的,因而规定应当予以惩罚性赔偿。

符合上述要件要求的,侵权人应当承担惩罚性赔偿责任,被侵权人可以请求其承担实际损害的赔偿责任之外,再承担惩罚性赔偿责任。具体计算方法是,一般的产品造成损害符合惩罚性赔偿责任构成要件的,承担实际损失的两倍以下的惩罚性赔偿责任;食品造成损害符合上述规定的,承担实际损失三倍以下的惩罚性赔偿责任。

第五章　有关机动车交通事故责任的新规则

586. 机动车交通事故责任主体增加机动车管理人

《民法典》侵权责任编第1209条规定:“因租赁、借用等情形机动车所有人、管理人与使用人不是同一人时,发生交通事故造成损害,属于该机动车一方责任的,由机动车使用人承担赔偿责任;机动车所有人、管理人对损害的发生有过错的,承担相应的赔偿责任。”这一条文是对租赁、借用机动车发生交通事故责任的规定,与原《侵权责任法》第49条的规定相比,删除了强制保险部分内容,增加了机动车管理人为责任主体的新规则。

租赁或者借用机动车,而使机动车的所有人、管理人与使用人不一致,发生交通事故的责任归属,适用本条规定的规则。其要件是:第一,构成租赁或者借用机动车的法律关系,其中租赁是光车出租,不是带驾驶员的机动车出租;第二,形成了机动车的所有人、管理人与使用人不是同一人的情形;第三,机动车在使用人的操控之下发生交通事故,造成被侵权人的人身损害或者财产损害;第四,交通事故责任属于机动车一方责任,而不是受害人的责任。

承担责任的形态为单向连带责任即混合责任,规则如下:

(1)机动车的使用人对损害发生承担赔偿责任,须对全部损害承担赔偿责任,即使机动车所有人、管理人也有过失的,也须承担连带责任,对全部损害负责。

(2)机动车的所有人或者管理人对于损害的发生也有过失的,应当按照其过失程度和原因力,承担按份责任,即相应的赔偿责任。机动车所有人、管理人的过失,主要表现为明知使用人没有驾驶资质、明知使用人处于不适驾状态如醉酒、知道自己的机动车有故障而不予告知等。

原《侵权责任法》第 49 条没有规定机动车的管理人这一责任主体。增加规定这一主体,能够应对各地因机动车限购政策出现的出资购买机动车的人不是登记机动车的所有权人,而是实际管理人或者使用人的情况。将机动车管理人列为责任主体,可以解脱实际上对机动车没有权属利益的人的责任。例如,在北京限购政策下,由于摇不到号,而借用或者购买他人的牌照购买新车,购买的新车尽管登记在他人名下,但是,对该车实际支配和控制的都是购买人,购买人不是机动车的所有人而是管理人。当其将自己管理的机动车借用或者租用给他人时,出现了机动车实际管理人与使用人发生分离的情况,发生交通事故造成他人损害,应当适用本条规定,在管理人有过错的情况下,承担相应的赔偿责任。

587. 以挂靠形式经营的机动车发生交通事故的责任分担

《民法典》侵权责任编第 1211 条规定:"以挂靠形式从事道路运输经营活动的机动车,发生交通事故造成损害,属于该机动车一方责任的,由挂靠人和被挂靠人承担连带责任。"这一条文是对挂靠机动车交通事故责任的规定,原《侵权责任法》在机动车交通事故责任一章没有这样的规定,本条是对这种情形规定的新规则。

机动车挂靠经营,是指个人将其出资取得的机动车挂靠在有运输资质的运输企业名下,并以运输企业的名义办理机动车行驶证件及营运证件,从事机动车经营活动的行为。我国的运输市场秩序比较混乱,以挂靠形式从事道路运输经营活动的机动车进行运营是比较普遍的现象,原因是从事机动车运营活动,需要由政府管理部门核准资质,而政府只给法人或者非法人组织办理运营资质,不给个人颁发运营资质,因而个人如果从事机动车运营活动,只能挂靠到有运营资质的单位,才能进行合法的运营活动。对挂靠情况下发生交通事故致人损害,认定机动车保有人为侵权责任主体,由其承担侵权责任,是没有问题的,因为真正的机动车保有人享有运行利益、进行运行支配;有争议的是,被挂靠企业是否为责任主体。

以挂靠形式进行机动车运营法律关系的特点:一是享有机动车所有权的个人没有运营资质,须挂靠到有运营资质的机动车运营单位,以该单位的名义进行运营活动。二是被挂靠的运营单位同意其挂靠,将该个人作为自己的名义职工,用自己的名义进行运营。三是双方之间的关系通常有一定的利益交换,即挂靠的一方要按期交给被挂靠的一方约定的管理费,就此双方形成权利义务关系；也有极少数是完全免费挂靠的。四是挂靠的机动车所有权人虽然是以被挂靠单位的名义运营，但实际上还是自己在运营，原则上并非受被挂靠单位的管控。因此，有的认为，个人机动车无偿挂靠被挂靠企业，被挂靠单位既不享有运行利益，又不进行运行支配，其允许个人机动车挂靠在自己名下，完全是为了政府管理的方便，发生交通事故致人损害，让其承担责任显然理由不充分。因此，在这种情况下，被挂靠单位不应作为赔偿责任主体。如果被挂靠单位明知或者应知挂靠经营者不具有相应资质而提供挂靠的，则应该承担连带责任。

本条没有采纳这样的意见，而是一律采取统一规则。挂靠机动车发生交通事故造成他人损害，属于该机动车一方责任的，其责任分担的方式是挂靠一方和被挂靠一方共同承担连带责任。被侵权人可以向挂靠一方或者被挂靠一方主张承担连带责任，依照本法总则编第178条关于连带责任规定的规则承担责任。

588. 擅自驾驶他人机动车发生交通事故的责任分担

《民法典》侵权责任编第1212条规定："未经允许驾驶他人机动车，发生交通事故造成损害，属于该机动车一方责任的，由机动车使用人承担赔偿责任；机动车所有人、管理人对损害的发生有过错的，承担相应的赔偿责任，但是本章另有规定的除外。"这一条文是对擅自驾驶他人机动车交通事故责任规定的新规则，原《侵权责任法》对此没有规定。

未经允许驾驶他人机动车，就是擅自驾驶他人机动车。在1970年代至1980年代，还存在"盗开机动车"的"罪名"，盗开机动车会被劳动教养，后来这一做法被取消。盗开机动车，其实就是擅自驾驶他人机动车。

擅自驾驶他人机动车，发生交通事故造成他人损害，就是本条规定的擅自驾驶他人机动车损害责任。

构成擅自驾驶他人机动车交通事故责任规则的要件是：第一，行为人未经允许驾驶他人机动车，有两种情形：一是完全背着机动车所有人或者管理人，秘密将他人的机动车开走；二是行为人与机动车所有人、管理人借车未得到同意，擅自将他人的机动车开走。无论是哪种情形，都构成擅自驾驶他人机动车。第二，行为人在驾驶他人机动车行驶过程中发生交通事故，造成他人人身损害或者财产损害。第三，发生的交通事故责任属于该机动车一方责任。

擅自驾驶他人机动车交通事故损害责任的承担方式是：首先，与本编第1209条规定的责任形态相同，是单向连带责任（混合责任），即部分责任人承担连带责任，部分责任人承担按份责任；其次，擅自驾驶人应当承担全部赔偿责任,即使在机动车所有人、管理人有过失的情况下,也应当承担连带赔偿责任;再次,机动车所有人或者管理人有过失的,承担相应的责任即按份责任,不承担连带责任;最后,法律另有规定的,依照法律的特别规定承担责任。

就目前的规定来看,擅自驾驶他人机动车损害责任的规则,与租用、借用机动车发生交通事故损害责任的规则是一样的。从实际情况观察,擅自驾驶他人机动车损害责任,行为人的主观心理状态与租用、借用他人机动车的心理状态不一样,具有一定的支配行为的恶意,而不是对结果的恶意。在这种情况下,虽然承担责任的基本形态是混合责任,但是在确定机动车所有人、管理人的相应责任时,应当与租用、借用他人机动车损害责任相比有区别,即擅自驾驶人的过错程度较重,而机动车所有人、管理人的过错程度明显要轻,承担的责任应当适当。

589. 强制保险、商业保险与侵权人承担责任的顺序

《民法典》侵权责任编第 1213 条规定:“机动车发生交通事故造成损害,属于该机动车一方责任的,先由承保机动车强制保险的保险人在强制保险责任限额范围内予以赔偿;不足部分,由承保机动车商业保险的保险人按照保险合同的约定予以赔偿;仍然不足或者没有投保机动车商业保险的,由侵权人赔偿。”这一条文是对机动车强制保险、商业保险与侵权人责任顺序规定的新规则,原《侵权责任法》对此没有规定。

机动车所有人对于自己的机动车,除了每年都须投保机动车强制保险,还须投保相应的机动车商业保险。当机动车发生交通事故,机动车一方要承担赔偿责任,被侵权人同时请求保险人和侵权人承担赔偿责任时,承担保险责任和侵权责任的顺序如下:

(1)机动车强制保险优先。出现这种情形时,机动车强制保险人承担第一顺位保险责任,由其在机动车强制保险责任限额范围内,承担赔偿责任。机动车的强制保险和商业保险虽然都是保险,但是,由于机动车强制保险是强制性保险,在强制性保险理赔的部分,不适用侵权责任法的有关规定,因此,具有最优先的效力。

(2)强制保险赔偿不足部分,商业保险优先。机动车商业保险人的保险责任为第二顺位责任,对机动车强制保险限额范围赔偿不足的部分,商业保险人按照商业保险合同约定的保险范围承担赔偿责任。这是因为,机动车商业保险是为机动车所有人承担赔偿责任的保险,与机动车强制保险不是一回事。因此,当发生机动车交通事故,在强制保险赔偿不足部分适用侵权责任确定责任时，商业保险优先，用商业保险赔偿损失。

（3）商业保险赔偿仍然不足部分，侵权人承担赔偿责任。商业保险赔偿仍然不足部分，既包括约定的保险赔偿范围无法涵盖的损失部分，也包括根本没有投保商业险的部分。凡是商业保险不能理赔的部分，就由应当承担责任的机动车一方的所有人、管理人或者使用人予以赔偿，按照相关的责任形式及规则承担赔偿责任。

590. 盗抢机动车发生交通事故，盗抢人与使用人的责任分担

《民法典》侵权责任编第 1215 条第 1 款、第 2 款分别规定："盗窃、抢劫或者抢夺的机动车发生交通事故造成损害的，由盗窃人、抢劫人或者抢夺人承担赔偿责任。盗窃人、抢劫人或者抢夺人与机动车使用人不是同一人，发生交通事故造成损害，属于该机动车一方责任的，盗窃人、抢劫人或者抢夺人与机动车使用人承担连带责任。""保险人在机动车强制保险责任限额范围内垫付抢救费用的，有权向交通事故责任人追偿。"这一条文是对盗抢机动车交通事故责任的规定，与原《侵权责任法》第 52 条的规定相比，增加了盗抢人与使用人责任分担的新规则。

盗窃、抢劫或者抢夺他人的机动车，是侵害他人财产的违法犯罪行为，被非法占有的机动车在行驶过程中，发生交通事故造成他人损害的，盗窃人、抢劫人或者抢夺人应当承担损害赔偿责任，而不是由机动车所有人、管理人承担侵权责任。在盗窃、抢劫或者抢夺他人机动车的过程中发生的交通事故致人损害，也应当适用本条规定。

本条第 1 款增加的新规则是，"盗窃人、抢劫人或者抢夺人与机动车使用人不是同一人，发生交通事故造成损害，属于该机动车一方责任的，盗窃人、抢劫人或者抢夺人与机动车使用人承担连带责任"。这一规定的含义是，盗窃人、抢劫人、抢夺人将非法占有的他人机动车转移给使用人使用，形成非法占有人与使用人并非同一人的情形，其中既包括交给他人使用，也包括将非法占有的机动车有偿或者无偿转让给他人使用。在这种情形下发生交通事故致人损害，属于该机动车一方责任的，盗窃人、抢劫人、抢夺人与机动车使用人承担连带责任，非法占有人不能由于已经将机动车转让而不承担责任。确定这一新规则的基础是，盗抢机动车的人与使用盗抢得来的机动车的人，实际上总是有一定的关联，使用人无论是有偿使用，还是无偿使用，甚至就是购买盗赃机动车，其使用机动车时发生交通事故造成他人损害的，当然应当承担赔偿责任，而盗窃、抢劫、抢夺机动车的人更应当承担责任，因此，确定他们承担连带责任，是完全有

道理的。

"保险人在机动车强制保险责任限额范围内垫付抢救费用",是指盗窃、抢劫、抢夺的他人机动车发生交通事故致人损害,在找不到侵权责任主体时,例如盗抢机动车发生交通事故后,盗抢人逃逸,不知下落,机动车强制保险的保险人应当并且实际垫付抢救费用。如果存在并且找到了侵权责任主体,则保险人有权向其进行追偿。

591. 无偿搭乘人因交通事故造成损害的好意同乘规则

《民法典》侵权责任编第 1217 条规定:"非营运机动车发生交通事故造成无偿搭乘人损害,属于该机动车一方责任的,应当减轻其赔偿责任,但是机动车使用人有故意或者重大过失的除外。"这一条文是对机动车交通事故好意同乘规则的规定,原《侵权责任法》对此没有规定,本条规定了这个新规则。

好意同乘,是指无偿搭乘他人的机动车在运行中发生交通事故,造成无偿搭乘人的损害,属于该机动车一方责任的,减轻机动车一方赔偿责任的规则。好意同乘的特点,一是无偿性,好意人无营利目的,索要和收取对价的同乘都不是无偿,以主动负担一部分油费或过路费等搭乘车辆,虽然支付了一定费用,但通常出于情谊维系,非支付对价的意思,属于"无偿"范围。二是合意性,同乘需经过车辆保有人的同意,包括邀请和允许,未经同意而强行搭乘,不构成好意同乘。三是顺路性,即"搭便车",只是双方目的地相近或相同,好意人并非特意而为,同乘人为便利而搭车。

针对免费运送是否构成好意同乘,有不同意见,有的认为,为了搭乘人的特定目的而运行且无偿,不属于好意同乘。不过,在本条规定中,没有这样的限制,只是强调无偿搭乘人的概念,因而笔者认为,只要是好意的免费运送,符合好意同乘要件要求的,就可以适用好意同乘的责任承担规则。

适用好意同乘的规则是:第一,好意同乘的适用条件,须为无偿搭乘他人,即好意人的机动车,而非有偿搭乘;第二,被搭乘的是他人即好意人的非营运机动车,而不是营运的机动车;第三,发生交通事故造成搭乘人的损害,须构成机动车一方的责任,即被搭乘人的责任。

好意同乘是善意地为他人提供方便的行为,是利他行为,即使造成无偿搭乘人的损害,被搭乘人也不应当承担全部赔偿责任,故本条规定,即使属于该机动车一方的责任,该机动车一方承担责任的范围是减轻其赔偿责任。如果造成交通事故致害无偿搭乘人是机动车使用人因故意或者重大过失所致,则机动车一方应当承担全部赔偿责任。

这一规定还不够全面,好意同乘规则还包括支付部分汽油费或者过路费的赔偿规则。如果搭乘人支付了部分汽油费或者过路费的,则属于一定程度的有偿搭乘,但是,仍属于好意同乘的范围,适用好意同乘的规则,只是被搭乘人承担的赔偿责任范围应当更大一些。例如,无偿搭乘发生交通事故致害无偿搭乘人,机动车一方应当承担50%的赔偿责任,支付了部分汽油费或者过路费而达不到买票乘车的数额的,机动车一方则应当承担70%左右的赔偿责任;如果支付的汽油费或者过路费的数额与买票乘车的费用基本相同,则机动车一方应当承担更多的甚至是全部的赔偿责任。这样的规则没有规定,在司法实践中可以适当参酌。

第六章　有关医疗损害责任的新规则

592. 医疗损害责任的过失分为医疗机构过失和医务人员过失

《民法典》侵权责任编第 1218 条规定："患者在诊疗活动中受到损害，医疗机构或者其医务人员有过错的，由医疗机构承担赔偿责任。"这一条文规定的是医疗损害责任的一般规则，与原《侵权责任法》第 54 条的规定相比，只修改了"及"一个字，将"医疗机构及其医务人员"改为"医疗机构或者其医务人员"，将医疗机构的过错和医务人员的过错都认定为过错（医疗损害责任中的过错都应当是过失，不包括故意）。

医疗损害责任，是指患者在诊疗活动中受到损害，医疗机构或者其医务人员有过错的，由医疗机构承担责任的替代赔偿责任。医疗损害责任一般条款的基本内容如下：

（1）医疗损害责任适用过错责任原则，只有医疗机构或者其医务人员在诊疗活动中有过失的，才对在该医疗机构就医的患者所受损害承担医疗损害赔偿责任；适用无过错责任原则确定的医疗损害责任，须有法律特别规定，例如，本法第 1223 条规定的医疗产品损害责任。

（2）构成医疗损害责任的要件：一是患者与医疗机构有医疗服务合同关系，患者是在该医疗机构就医的自然人；二是患者在诊疗活动中受到人身损害；三是患者的人身损害与医疗机构或者其医务人员的诊疗活动有因果关系；四是医疗机构或者其医务人员在诊疗活动中有过失。

（3）承担责任的责任形态是替代责任。具备上述四个要件，构成医疗损害责任，责任主体是医疗机构而不是医务人员。

（4）医疗机构承担赔偿责任之后，依照本法第 1191 条第 1

款的规定,可以向有重大过失的医务人员进行追偿。

医疗损害责任一般条款的作用是:第一,指导本节规定的各种医疗损害责任的法律适用;第二,本节规定中没有责任规范的医疗损害问题,以及本节没有规定的医疗损害责任类型,符合本条规定的,以本条作为确定侵权责任的依据,前者如本法第1220条,后者如医疗管理过失所致患者损害。

本条将原《侵权责任法》第54条规定的"医疗机构及其医务人员"修改为"医疗机构或者其医务人员"。原《侵权责任法》第54条采用"及其"的表述,是将医疗机构与医务人员的过失都认定为是一个过失,容易让他人认为医疗机构与医务人员须有同一个过失。本条将其修改为医疗机构的过失"或者"医务人员的过失,就说明二者不论是谁的过失,都是医疗损害责任的主观构成要件。构成医疗损害责任并非要求医疗机构与医务人员同时都有过失,更不是要求二者须有同一个过失,而是医疗机构或者医务人员其中之一具有过失即可。这样的规定更为全面,还可以避免误读。

这样的修改是符合实际情况的,同时,在医疗损害责任中确定医务人员的过失,也为医疗机构承担赔偿责任后对有重大过失的医务人员的追偿权奠定了基础。尽管本条没有规定这个追偿权,但是根据本法第1191条第1款用人单位责任的规定,医疗机构应当享有追偿权。

593. 医务人员履行告知义务须取得患者的明确同意

《民法典》侵权责任编第1219条第1款、第2款分别规定:"医务人员在诊疗活动中应当向患者说明病情和医疗措施。需要实施手术、特殊检查、特殊治疗的,医务人员应当及时向患者具体说明医疗风险、替代医疗方案等情况,并取得其明确同意;不能或者不宜向患者说明的,应当向患者的近亲属说明,并取得其明确同意。""医务人员未尽到前款义务,造成患者损害的,医疗机构应当承担赔偿责任。"这一条文是对医疗机构对患者负有告知义务的规定,与原《侵权责任法》第55条的规定相比,将"书面同意"改为"明确同意",在"不宜向患者说明的"之前加上了"不能或者"的内容。

自1960年代以来,医患关系由家父型关系改变为平等关系,在医疗服务合同的履行中,医疗机构及其医务人员对患者负有告知义务,患者享有知情权和决定权。如果医疗机构及其医务人员未尽告知义务,便是侵害了患者的知情权和决定权,构成医疗伦理损害责任。

本条第1款规定的医务人员的告知义务,分为三种情形:一是一般病情一般告知:医务人员在诊疗活动中应当向患者说明病情和医疗措施。二是特殊病情特别告知:需要实施手术、特殊检查、特殊治疗的,医务人员应当及时向患者具体说明医疗风险、替代医疗方案等情况,并取得其明确同意。三是权利主体是患者:医务人员应当向患者告知,不能或者不宜向患者说明的,应当向患者的近亲属说明,并取得其明确同意。

本条第2款规定的是违反告知义务造成患者损害的医疗伦理损害责任规则,分为两种类型:第一种,未尽告知义务造成患者知情权损害并且造成人身损害的,医疗机构应当依照人身损害赔偿的法律规定,承担赔偿责任。第二种,未尽告知义务侵害患者的知情权但未造成人身损害的,应当承担精神损害赔偿责任。

本条修改的内容是:第一,将原《侵权责任法》第55条规定的两个"取得书面同意",修改为"明确同意"。这里针对的是,在现实中,医务人员向患者说明医疗风险、替代医疗方案等,或者向患者家属予以告知后,只要签字就视为已经尽到告知义务,有的时候,患者或者患者家属并未有明确同意的表示。因此,本条规定须"明确同意",不仅是书面同意,而且还须为明确的同意表示。第二,在"不宜向患者说明的"之前,加上了"不能或者"的内容,概括了另一种情况,就是患者已经失去接受告知、作出明确同意表示能力的,也应当得到患者近亲属的明确同意。

594. 医疗机构或者其医务人员技术过失的推定事由

《民法典》侵权责任编第1222条规定:"患者在诊疗活动中受到损害,因下列情形之一的,推定医疗机构有过错:(一)违反法律、行政法规、规章以及其他有关诊疗规范的规定;(二)隐匿或者拒绝提供与纠纷有关的病历资料;(三)遗失、伪造、篡改或者违法销毁病历资料。"这一条文是对医疗技术过失推定事由的规定,与原《侵权责任法》第58条的规定相比,内容有所增加。

医疗技术损害责任适用过错责任原则,原告负有举证责任。在本条规定的三种情形下,直接推定医疗机构有医疗技术过失,原告不必举证证明:

(1)违反法律、行政法规、规章以及其他有关诊疗规范的规定。这一过失推定事由其实并不是推定,而是证明了医务人员有过失,原因是,证明医务人员的医疗技术过失,就是要证明医务人员在客观上违反了应当遵循的法律、行政法规、规章以及其他有关诊疗规范的规定,只要有确定的证明,就能够证明医务人员在主观上违反了当时的医疗水平,为有过失。法律将其直接规定为推定过失的事由,就是受害患者一方如果能够证明这一情形,就推定医务人员有医疗技术过失,应当承担医疗技术损害责任。

(2)隐匿或者拒绝提供与纠纷有关的病历资料。这是医疗机构及医务人员在发生医疗损害之后,当需要有关病历资料证明医务人员是否存在医疗技术过失时,却采取不作为的方式,拒绝提供与纠纷有关的病历资料的,直接推定医务人员有过失,不必再举证证明。原因是,既然医务人员拒绝提供自己掌控的有关病历资料的证据,就相当于负有举证责任而拒绝举证,因而,依法向相反方向推定,推定医务人员有过失。这样不仅可以解决纠纷,而且对所有的医疗机构及其医务人员都是一个警示,必须配合司法活动提供有关证据,不管是否有利于自己,否则后果严重。

(3)遗失、伪造、篡改或者违法销毁病历资料。在医疗损害责任纠纷发生后,只要医疗机构及其医务人员遗失、伪造、篡改或者违法销毁病历资料,无论是故意还是过失(遗失是过失,伪造、篡改和违法销毁是故意),都使医疗损害责任纠纷的责任确定失去最有证明力的书证,对此,应当向造成证据灭失的一方不利的方向推定,直接推定医疗机构有过失,承担侵权责任。这也是对所有医疗机构及其医务人员的警示,在发生医疗损害后千万不要干傻事,意图借此推诿责任,而实际效果正好相反。

本条与原《侵权责任法》第58条规定有所变化的是:第一,增加了"在诊疗活动中受到损害"的内容,原来的条文只规定"患者有损害,因下列情形之一"。本条则规定为"患者在医疗活动中受到损害",将患者受到损害的场合和行为界定清楚,便于准确适用本条规定的医疗损害中的推定过失事由。第二,在"伪造、篡改或者销毁病历资料"的免责事由中,一是增加了遗失病历资料作为推定过失事由;二是将销毁病历资料规定了限制语,即违法销毁病历资料才是推定过失的事由,而不能笼统地认为所有的销毁病历资料都是推定过失的事由。

595. 泄露患者个人信息应当承担侵权责任

《民法典》侵权责任编第1226条规定:"医疗机构及其医务人员应当对患者的隐私和个人信息保密。泄露患者的隐私和个人信息,或者未经患者同意公开其病历资料的,应当承担侵权责任。"这一条文是对泄露患者隐私和个人信息责任的规定,与原《侵权责任法》的规定相比,在增加的保密和承担侵权责任的范围中,增加了对患者个人信息予以保护的新规则。

患者对医务人员无隐私。在诊疗过程中,为使医务人员准确诊断病情,患者会将自己隐私和个人信息告知医务人员,记录患者诊疗过程形成的病历资料本身就是患者的隐私和个人信息。医疗机构和医务人员负有保密义务,对患者的隐私、个人信息和病历资料不得泄露和公开。泄露患者隐私、个人信息或者擅自公开患者病历资料的行为，都是侵害患者隐私权、个人信息权的行为，都应当承担侵权责任。

本条规定增加了医疗机构及其医务人员对患者个人信息的保护，是有特别针对性的。首先，本法特别重视对自然人个人信息的保护，在总则编专门规定条文，加强对个人信息的保护，在人格权编又专门规定了对自然人个人信息保护的规则。在医疗领域，患者的个人信息具有特别加以保护的必要。其次，患者在医疗机构就医，需要登记各种个人身份信息，很多医疗机构的医务人员将患者的个人信息予以泄露甚至非法出卖，使患者的个人信息受到侵害。因此，本条在原来规定对患者隐私保护的基础上，增加对患者个人信息的保护，是十分必要的。

医疗机构侵害患者隐私权和个人信息权应当承担的侵权责任，与本法人格权编规定的人格权请求权发生竞合。本法第995条规定："人格权受到侵害的，受害人有权依照本法和其他法律的规定请求行为人承担民事责任。受害人的停止侵害、排除妨碍、消除危险、消除影响、恢复名誉、赔礼道歉请求权，不适用诉讼时效的规定。"患者可以依照本条的规定请求损害赔偿，也可以依照第995条的规定请求医疗机构承担其他民事责任。本条规定的性质属于特别法，受害患者依照本条规定请求医疗机构承担侵权责任更为适当。

第七章　有关环境污染和生态破坏责任的新规则

596. 环境污染责任改为环境污染和生态破坏责任

《民法典》侵权责任编第1229条规定："因污染环境、破坏生态造成他人损害的，侵权人应当承担侵权责任。"这一条文是对环境污染和生态破坏责任适用无过错责任的规定，与原《侵权责任法》第65条的规定相比，将"环境污染责任"改为"环境污染和生态破坏责任"。

原《侵权责任法》第八章只规定了环境污染责任，从文字上看，似乎没有规定生态损害责任。实际上，原《侵权责任法》规定的环境污染责任中的环境污染，"既包括对生活环境的污染，也包括对生态环境的污染"，[1]只不过由于在字面上没有显示出来，而被多数人解释为不包括生态环境损害责任。本法侵权责任编对此进行了完善，明确将这种特殊侵权责任确定为"环境污染和生态破坏责任"，本条规定了环境污染和生态破坏责任的一般条款。

环境污染和生态破坏责任适用无过错责任原则，这一规则自原《民法通则》第124条就确定了的，原《侵权责任法》第65条和本条一直坚持这个立场，故构成环境污染和生态破坏责任无须具备过错要件。其理由是：第一，环境污染和生态破坏责任适用无过错责任，是各国立法的通例，我国应当顺应世界侵权法的发展潮流。第二，环境污染和生态破坏责任适用无过错责任，有利于使社会关系参加者增强环境和生态意识，强化环境和生

---

〔1〕 王胜明主编：《中华人民共和国侵权责任法释义》（第2版），法律出版社2013年版，第361页。

态观念,强化环境污染和生态破坏者的法律责任,促使其履行环保义务,严格控制和积极治理污染。第三,环境污染和生态破坏责任适用无过错责任,可以减轻被侵权人的举证责任,加重侵权人的举证责任,有利于保护被侵权人的合法权益。

构成环境污染和生态破坏责任的要件如下:

(1)行为人实施了环境污染和生态破坏行为。环境污染行为,如工矿企业等单位产生的废气、废水、废渣、粉尘、垃圾、放射性物质等有害物质和噪声、震动、恶臭排放或传播到大气、水、土地等环境之中,使人类生存环境受到一定程度的危害的行为。破坏生态,是实施使生态受到破坏的行为。无论是作为还是不作为的环境污染和生态破坏行为,都构成环境污染和生态破坏的行为。

(2)生态和环境受到了损害。其中,生态是指一切生物的生存状态,以及它们之间和它与环境之间环环相扣的关系;环境通常是指人类生活的自然环境,按环境要素可分为大气环境、水环境、土壤环境、地质环境和生物环境等,生态和环境原本是分开的,因而使环境和生态的损害责任对立起来。本条把生态和环境规定在一起,形成一个统一的概念,凡是造成生态环境损害的,都构成环境污染和生态破坏责任的要件。

(3)行为人实施的行为与损害结果之间有因果关系。依照本法第 1230 条的规定,环境污染和生态破坏责任的因果关系要件可以依照该条规定实行因果关系推定。

具备上述要件的行为,构成环境污染和生态破坏责任,行为人对受到损害的被侵权人承担损害赔偿责任。

本条规定环境污染和生态破坏责任的一般条款的新规则,主要变化的内容如下:

(1)将环境污染责任改称为环境污染和生态破坏责任,使本法保护生态的态度明显、准确地展示出来。

(2)将原来的笼统规定"造成损害"改为"造成他人损害",将受害人确定为特定的民事主体,凸显民法典保护的是个人的私权利,救济的是受害人的私权利损害,而不是一般的损害。

(3)将"污染者"的称谓改为"被侵权人",既使其扩大了内涵,包括对生态造成损害的行为人,又能够统一被侵权人的称谓,使权利主体的概念更加准确。

597. 故意污染环境、破坏生态造成严重后果应承担惩罚性赔偿责任

《民法典》侵权责任编第 1232 条规定:"侵权人违反法律规定故意污染环

境、破坏生态造成严重后果的，被侵权人有权请求相应的惩罚性赔偿。”这一条文是对环境污染和生态破坏惩罚性赔偿的规定，原《侵权责任法》没有这一规定，这是本法规定的环境污染和生态破坏责任的新规则。

我国的侵权行为对生态破坏和环境污染造成的损害，已经达到了相当的程度，甚至威胁到每一个人的生存与发展。因此，本法总则编确立了具有时代意义的绿色原则，表达了立法机关对环境污染和生态破坏责任的高度重视和鲜明态度，对生态环境侵权惩罚性赔偿责任的立法进行重新审视，根据2017年中共中央办公厅和国务院办公厅印发的《生态环境损害赔偿制度改革方案》中关于完善生态环境损害责任制度的原则要求，在本法中增加了生态环境侵权惩罚性赔偿责任的条文。

侵权惩罚性赔偿的主要功能有三项：“其一是削弱侵权行为人的经济基础，防止他们重新作恶，以及防止社会上的其他人模仿侵权行为人的行为；其二是鼓励受害人对不守法的侵权行为人提起诉讼，激发他们同不法行为作斗争的积极性；其三是对原告（受害人）遭受侵害的精神进行感情方面的损害赔偿。”〔1〕我国的惩罚性赔偿责任的重要意义也可以归结于三个方面，一是全面救济生态环境侵权的受害人，二是重点制裁生态环境损害中的恶意侵权人，三是吓阻他人实施对生态环境的侵权行为。

故意污染环境和破坏生态承担惩罚性赔偿责任的要件是：第一，侵权人实施了污染环境和破坏生态的行为。第二，侵权人在主观上故意违反法律禁止污染环境和生态破坏的规定，即明知法律规定禁止污染环境和破坏生态而执意为之。重大过失不适用惩罚性赔偿责任。第三，侵权人故意实施的污染环境和破坏生态行为造成的损害后果严重，表现为受害人的死亡或者健康受到严重损害，而不是一般性的损害。

符合上述要件的要求，被侵权人有权向侵权人请求承担相应的惩罚性赔偿。本条没有规定惩罚性赔偿责任的计算方法，根据本法和相关法律的规定，确定环境污染和生态破坏造成受害人死亡或者健康严重损害的，与《消费者权益保护法》第55条规定的情形最为相似，因此，故意污染环境和破坏生态责任，应当在赔偿实际损失后，再赔偿实际损失两倍以下的惩罚性赔偿责任比较合适。

---

〔1〕 W. Page Keeton, Ban B. Dobbs, Robert E. Keeton, David G. Owen, *Professor and Keeton on Torts*, Fifth Edition, West Publishing Co., p. 7(1984). 转引自刘荣军：《惩罚性损害赔偿与消费者保护》，载《现代法学》1996年第5期。

598. 造成生态环境损害须承担修复责任

《民法典》侵权责任编第 1234 条规定:“违反国家规定造成生态环境损害,生态环境能够修复的,国家规定的机关或者法律规定的组织有权请求侵权人在合理期限内承担修复责任。侵权人在期限内未修复的,国家规定的机关或者法律规定的组织可以自行或者委托他人进行修复,所需费用由侵权人承担。”原《侵权责任法》没有规定这一规则,本条是对生态环境损害修复责任规定的新规则。

生态环境损害中的修复责任,是将生态环境受到的损害恢复原状,《草原法》规定的限期恢复植被和《森林法》规定的补种毁坏的树木等,都是修复责任。

受到损害的生态环境一般不是实际被侵权人的损害,而是国家、政府受到的损害,故请求承担修复责任的主体不是被侵权人,而是法律规定的机关或者组织,例如生态环境保护部门或者环保公益组织。故污染环境和破坏生态责任的修复责任的法律关系主体,不是受到实际损害的被侵权人与侵权人,而是国家规定的机关和法律规定的组织与侵权人。

承担修复责任的规则如下:

(1)违反国家规定造成生态环境损害,能够修复的,才承担修复责任。

(2)国家规定的机关或者法律规定的组织是请求权人,其有权请求侵权人在合理期限内承担修复责任。

(3)侵权人在合理期限内未履行修复责任的,国家规定的机关或者法律规定的组织可以自行或者委托他人进行修复,所需费用由侵权人承担。

599. 国家规定的机关或者法律规定的组织请求侵权人赔偿损失的范围

《民法典》侵权责任编第 1235 条规定:“违反国家规定造成生态环境损害的,国家规定的机关或者法律规定的组织有权请求侵权人赔偿下列损失和费用:(一)生态环境受到损害至修复完成期间服务功能丧失导致的损失;(二)生态环境功能永久性损害造成的损失;(三)生态环境损害调查、鉴定评估等费用;(四)清除污染、修复生态环境费用;(五)防止损害的发生和扩大所支出的合理费用。”这一条文是对国家规定的机关或者法律规定的组织请求侵权人承担环境污染和生态破坏责任赔偿范围的规定,是原《侵权责任法》没有规定的新规则。

环境污染和生态破坏赔偿责任法律关系的主体具有双重性:一是侵害了被侵权人的民事权益,二是损害了国家的生态环境造成损害。在双重的环境污染和生态破坏损害责任法律关系中,前者救济的是被侵权人的权益损失,后者救济的是国家生态环境损害造成的损失。这种双重的损害赔偿责任并行不悖,环境污染和生态破坏的行为人都须承担。就后者而言,违反国家规定造成生态环境损害的,国家规定的机关或者法律规定的组织有权请求侵权人赔偿,侵权人应当承担赔偿责任。

具体的损害赔偿范围如下:

(1)生态环境受到损害至修复完成期间服务功能丧失导致的损失。生态环境受到损害如果造成了服务功能的丧失,在受到损害至修复完成期间应当得到的服务功能的利益是侵权行为造成的损失,为赔偿范围。

(2)生态环境功能永久性损害造成的损失。生态环境受到侵害,造成的后果是其功能永久丧失的,应当进行评估,确定具体的损失范围,侵权人应当予以赔偿。

(3)生态环境损害调查、鉴定评估等费用。这是恢复生态环境、确定赔偿责任范围所必须进行的工作,支付的费用应当由侵权人予以赔偿。

(4)清除污染、修复生态环境费用。这些费用是清除污染、修复生态环境所必需的费用,侵权人应当予以赔偿。

(5)防止损害的发生和扩大所支出的合理费用。在生态环境受到损害后,有关机关和组织为了防止损害的发生和扩大,所支出的费用侵权人应当予以赔偿。

本条规定的"国家规定的机关或者法律规定的组织有权请求侵权人赔偿",这个请求权的主体究竟应当怎样理解,应当明确。这句话的来源是《民事诉讼法》第55条,其第1款内容为:"对污染环境、侵害众多消费者合法权益等损害社会公共利益的行为,法律规定的机关和有关组织可以向人民法院提起诉讼。"在这个基础上,《民法典》进一步将其表述为"国家规定的机关或者法律规定的组织"。首先,国家规定的机关,应当是国家规定的负有生态环境保护职能的政府有关部门,即生态环境保护的主管部门。其次,法律规定的有关组织,是指法律规定的负有保护生态环境的社会公益组织,例如《民事诉讼法》的上述规定。这些机关和组织,是有权提起本条规定的损害赔偿诉讼的主体。

第八章　有关高度危险责任的新规则

600. 民用核设施损害系因战争、武装冲突、暴乱造成的免责

《民法典》侵权责任编第 1237 条规定："民用核设施或者运入运出核设施的核材料发生核事故造成他人损害的，民用核设施的营运单位应当承担侵权责任；但是，能够证明损害是因战争、武装冲突、暴乱等情形或者受害人故意造成的，不承担责任。"这一条文是对民用核设施损害责任的规定，与原《侵权责任法》第 70 条的规定相比，本条对民用核设施损害责任的免责事由进行了细化规定。

民用核设施以及运入运出核设施的核材料发生核事故致人损害，适用无过错责任原则。构成民用核设施和核材料发生核事故损害责任的要件是：第一，发生了核事故。《核安全法》第 93 条第 2 款规定："核事故，是指核设施内的核燃料、放射性产物、放射性废物或者运入运出核设施的核材料所发生的放射性、毒害性、爆炸性或者其他危害性事故，或者一系列事故。"如日本福岛核电站发生的核泄漏事故、苏联切尔诺贝利核电站发生的核泄漏事故。第二，核事故造成了他人的人身损害或者财产损害。第三，核事故与他人人身损害和财产损害结果之间有因果关系。

民用核设施和核材料发生核事故损害责任的主体，是核设施的营运单位，即核设施的占有人。《核安全法》第 93 条第 4 款规定："核设施营运单位，是指在中华人民共和国境内，申请或者持有核设施安全许可证，可以经营和运行核设施的单位。"核设施的营运单位是核设施的经营者。当发生核事故致人损害时，核设施的占有人即营运单位对受害人承担赔偿责任。确定核损害责任，应当适用《核安全法》的相关规定。

本条规定的新规则有如下两个：

(1)将原《侵权责任法》第70条规定的“民用核设施发生核事故”改为“民用核设施或者运入运出核设施的核材料发生核事故”,使核事故的发生地点不仅包括在核设施之内,也保护核材料运出运入核设施之外的地点,扩大了发生核事故的地域范围。

(2)与其他高度危险责任类型的规则上,有所区别的是免责事由,即只有证明损害是因战争、武装冲突、暴乱等情形以及受害人故意造成的,才可以免除核设施和核材料的占有人的责任。原《侵权责任法》第70条在规定免责事由时,只规定了“战争等情形”,本条将其细化规定为“战争、武装冲突、暴乱等情形”。这些修改都使条文规定的规则更便于适用。

601. 高放射性物、强腐蚀性物、高致病性物为高度危险物,适用高度危险责任规则

《民法典》侵权责任编第1239条规定:“占有或者使用易燃、易爆、剧毒、高放射性、强腐蚀性、高致病性等高度危险物造成他人损害的,占有人或者使用人应当承担侵权责任;但是,能够证明损害是因受害人故意或者不可抗力造成的,不承担责任。被侵权人对损害的发生有重大过失的,可以减轻占有人或者使用人的责任。”这一条文是对占有、使用高度危险物损害责任的规定,与原《侵权责任法》第72条的规定相比,高度危险物责任中的高度危险物将“放射性”修改为“高放射性”,并增加了强腐蚀性、高致病性的物品。

占有或者使用高度危险物损害责任适用无过错责任原则,其构成要件是:第一,高度危险物的范围包括易燃、易爆、剧毒、高放射性、强腐蚀性、高致病性等,行为人实施了占有或者使用易燃、易爆、剧毒、高放射性、强腐蚀性、高致病性等高度危险物的行为。第二,因高度危险物造成他人人身损害或者财产损害。第三,占有或者使用的高度危险物与人身损害或者财产损害事实之间有因果关系。具备上述构成要件,构成占有或者使用高度危险物损害责任,其责任主体是高度危险物的占有人或者使用人。

占有或者使用高度危险物损害责任的免责事由:一是能够证明损害是因受害人故意造成的;二是能够证明损害是因不可抗力造成的。减责事由是:被侵权人对损害的发生有重大过失的,可以减轻占有人或者使用人的责任;被侵权人的一般过失不是减轻责任的事由。

本条新规则的要点如下：

(1)将放射性修改为高放射性。根据放射源危险性的不同,可以将放射性物质从高到低分为Ⅰ类(极高危险源)、Ⅱ类(高度危险源)、Ⅲ类(危险源)、Ⅳ类(低危险源)、Ⅴ类(极低危险源)。可见,Ⅳ类与Ⅴ类放射性物质并不存在高度危险性。原《侵权责任法》第 72 条规定放射性危险物致人损害责任,实质上是不妥当的。本条规定将其修改为高放射性,符合高度危险物的基本特征,在立法用语表达上更为准确。

(2)新增强腐蚀性的高度危险物。腐蚀,是一种物理电化学变化,如硫酸是将被腐蚀物体中的氢原子和氧原子以 2∶1 的比例脱出,因 H_2O 的分子中 H、O 的比例也为 2∶1,故硫酸的腐蚀性又称脱水性。常见的腐蚀品有硫酸、硝酸、氢氯酸、氢溴酸、氢碘酸、高氯酸,由 1 体积的浓硝酸和 3 体积的浓盐酸混合而成的王水等酸性腐蚀,以及 NaOH 等碱性腐蚀品。腐蚀性介质按其对建筑的腐蚀可分为气态介质、腐蚀性水、酸碱盐溶液、固态介质和污染土五种;各种介质应按其性质、含量划分类别。各种介质对建筑材料长期作用下的腐蚀性,可分为强腐蚀、中等腐蚀、弱腐蚀、无腐蚀四个等级。多种介质同时作用时,腐蚀性等级应取最高者。将强腐蚀性物品列入高度危险物,适用高度危险责任确定对造成损害应当承担的侵权责任,是正确的。

(3)新增高致病性的高度危险物。《病原微生物实验室生物安全管理条例》第 7 条根据病原微生物的传染性、感染后对个体或者群体的危害程度,将病原微生物分为四类。其中,第一类和第二类是高致病性病原微生物。这类高度危险物将引起人类严重的疾病,属于高度危险物的范畴,应当适用高度危险物致害责任。

602. 高度危险活动减轻责任仅限于被侵权人的重大过失

《民法典》侵权责任编第 1240 条规定:"从事高空、高压、地下挖掘活动或者使用高速轨道运输工具造成他人损害的,经营者应当承担侵权责任;但是,能够证明损害是因受害人故意或者不可抗力造成的,不承担责任。被侵权人对损害的发生有重大过失的,可以减轻经营者的责任。"这一条文是对高度危险活动损害责任的规定,与原《侵权责任法》第 72 条的规定相比,将"被侵权人对损害的发生有过失的,可以减轻经营者的责任"中的"过失"改为"重大过失"。

高度危险活动,是经营者从事的高空、高压、地下挖掘、使用高速轨道运输工具等具有高度危险性的经营活动。高空作业是在离开地面相当距离的具有高度危险性的作业。高压是指从事的经营活动的压力超过普通的程度,如高压电、高压水、高压气泵等,其压强超过通常的标准,即为高压。地下挖掘不同于本法第 1258 条规定的道路上挖掘,而是在地面以下进行的挖掘活动。高速轨道运输工具通常指火车等有轨道的高速运输工具。以上这些经营活动都属于高度危险活动。

构成高度危险活动损害责任的要件是:第一,经营者从事了高度危险活动,且该高度危险活动是合法经营,如果是违法经营则要承担更重的责任;第二,造成了他人的人身损害和财产损害;第三,高度危险活动是造成人身损害或者财产损害的原因,两者之间具有因果关系。

高度危险活动损害责任的主体,是高度危险活动经营者。确定高度危险活动的经营者,在有输送管线的情况下,应当以管线的产权界限为标准。例如,高压电的经营活动,有发电、送电、用电等不同经营者,但都是在一条高压电线之上,当高压电引发事故造成损害时,究竟应当由谁承担责任,须以高压电线的产权单位作为经营者的界限,在哪一个产权权属范围内发生的事故造成损害,就由这一段高压线路的经营者承担损害赔偿责任。

高度危险活动损害责任的免责事由:一是能够证明损害是因受害人故意造成的;二是损害是因不可抗力造成的。高度危险活动损害责任的减责事由是:被侵权人对损害的发生有重大过失的,可以减轻经营者的责任,但因被侵权人的一般过失所引发的损害,不能减轻经营者的责任。

原《侵权责任法》第 72 条规定"被侵权人对损害的发生有过失的,可以减轻经营者的责任"的目的,是划分高度危险物损害责任(第 72 条)和高度危险行为损害责任(第 73 条)之间责任的轻重区别,即高度危险物损害责任须被侵权人重大过失方可过失相抵,而高度危险行为的被侵权人有过失就可以过失相抵,其责任轻重显然是有区别的。本条将被侵权人因过失可以过失相抵的规定,改变为因重大过失才可以过失相抵,显然是将两种高度危险责任作为同等轻重程度的高度危险责任,这样规定也是有道理的。

603. 高度危险区域的管理人减责或者免责须举证证明已善尽管理义务

《民法典》侵权责任编第 1243 条规定:"未经许可进入高度危险活动区域或者高度危险物存放区域受到损害,管理人能够证明已经采取足够安全措施并尽到充分警示义务的,可以减轻或者不承担责任。"这一条文是对进入高度危险活动区域、高度危险物存放区域损害责任的规定,与原《侵权责任法》第 76 条的规定相比,增加了证明责任分配和证明标准的规定。

未经许可进入高度危险活动区域或者高度危险物存放区域损害责任,适用无过错责任原则。由于高度危险活动或高度危险物的高度危险作业是合法的、正当的,是利用现代科学技术服务于社会,有利于国计民生,所以,对这种高度危险责任适用无过错责任原则的要求应当适当放宽。故未经许可进入高度危险活动区域或者高度危险物存放区域受到损害,如果高度危险管理人已经采取了足够安全措施,并且尽到充分警示义务的,不承担全部赔偿责任,而是减轻或者免除高度危险活动和高度危险物品的作业人的侵权赔偿责任。只有在没有采取足够安全措施,也没有尽到充分警示义务的,才承担全部赔偿责任,这是比较宽松的无过错责任原则,接近于过错推定原则。这里的关键词是"足够"和"充分",前者要求的是安全措施,须达到足够的标准;后者要求的是警示义务,须达到充分的标准。

未经许可进入高度危险活动区域、高度危险物存放区域损害责任的构成要件是:第一,须是在高度危险活动区域或者高度危险物的存放区域;第二,高度危险活动人或者高度危险物管理人已经尽到相当注意义务,采取了足够安全措施,并尽到了充分警示义务;第三,受害人未经许可进入该区域,造成损害。其中第二个要件,应当由高度危险作业人承担举证责任。

符合上述要件要求,首先应当考虑适用减轻责任;如果擅自进入高度危险区域,对于损害的发生具有重大过失的,应当免除高度危险作业人的赔偿责任。

本条确定的新规则如下:

(1)明确规定证明责任分配规则,即管理人是证明责任主体。在被侵权人证明受到损害、损害的区域是高度危险活动区域或者高度危险物存放区域的,其证明责任已经完成。对已经采取足够安全措施并尽到充分警示义务的要件,举证责任明确规定为管理人,而不是被侵权人。这当然是不言而喻的,因为这是被告一方免责的证明,当然是由侵权人证明,但是,法律条文作此明确规定,就是让证明责任主体更加明确,避免无意义的争论。

(2)明确规定侵权人证明的标准,即已经采取安全措施的标准是"足够",已经尽到警示义务的标准是"充分"。足够安全措施,要求的是证明到不仅采取了安全措施,而且已经达到足够的标准,即在这种危险区域所采取的安全措施通常是能够避免造成损害的程度。充分警示义务,要求的是证明到不仅尽到了警示义务,而且已经达到了充分的标准,即警示的程度,通过字体、字形、内容、位置都达到一般人能够注意到的标准。达到这样的证明程度,可以减轻或者免除管理人的责任。

604. 行为人有故意或重大过失不适用高度危险责任的限额赔偿

《民法典》侵权责任编第1244条规定:"承担高度危险责任,法律规定赔偿限额的,依照其规定,但是行为人有故意或者重大过失的除外。"这一条文是对高度危险责任赔偿限额的规定,与原《侵权责任法》第 77 条的规定相比,增加了"行为人有故意或者重大过失的除外"的但书规定,使这一规定有了新意。

限额赔偿是相对于全额赔偿而言,是行为人的行为已经构成侵权责任,在法律有特别规定的情况下,不适用全额赔偿责任而按照法律规定实行限额赔偿的侵权责任制度。

本条规定的限额赔偿的适用要件是:第一,行为人已经确定应当承担侵权责任,且承担的是高度危险责任;第二,法律对这种高度危险责任规定了实行限额赔偿的规范。按照这一规定,本章规定的高度危险责任,只要法律规定了限额赔偿,都可以适用限额赔偿制度。

我国目前规定的限额赔偿有三种不同方法:一是规定企业应当承担损害赔偿责任的总额限额,如核事故损害赔偿责任最高为 3 亿元加 8 亿元人民币的限额;二是受害人个体的赔偿限额,如铁路运输损害赔偿责任和航空运输损害赔偿责任,最高限额分别为 15 万元人民币和 40 万元人民币;三是既规定个人限额也规定总限额,如海上运输损害赔偿。

限额赔偿适用的对象包括两种:一是合同当事人的损害,如铁路运输、航空运输、海上运输损害赔偿的限额赔偿,都是规定对旅客的损害适用,不包括运输合同之外的其他人的损害。二是既包括企业内部的损害,也包括企业外部的损害,如核事故损害赔偿责任。

本条确定的新规则是:

在高度危险责任中,排除法定限额赔偿适用的情况是,如果行为人在造成被侵权人损害的高度危险责任中有故意或者重大过失的,则不适用限额赔偿规则,而应当承担全部赔偿责任。

适用上述规则,应当明确的是:首先,行为人的故意或者重大过失是排除法定限额赔偿的要件,原因是,高度危险责任适用无过错责任原则,在适用无过错责任的场合,被侵权人不负担证明行为人过错的责任,因此,其诉讼成本就低于适用过错责任原则的场合,法定限额赔偿恰好与其诉讼成本较低的举证责任相对应。反之,如果被侵权人能够证明行为人在高度危险活动和高度危险物造成自己损害时有故意或者重大过失,则其付出的诉讼成本将大大增加,与举证责任相适应,限额赔偿就不适当,因而行为人应当承担全部赔偿责任。其次,行为人故意或者重大过失要件的,证明责任由被侵权人承担。被侵权人应当举证证明行为人在造成其损害的高度危险活动或者高度危险物的管理中对损害的发生具有故意或者重大过失。被侵权人能够证明成立的,行为人应当不受法定限额赔偿的约束,被侵权人可以主张行为人承担全部赔偿责任,法院应当支持。

第九章　有关饲养动物损害责任的新规则

605. 未采取安全措施的动物致害是因被侵权人故意引起的，可以减责

《民法典》侵权责任编第1246条规定："违反管理规定，未对动物采取安全措施造成他人损害的，动物饲养人或者管理人应当承担侵权责任；但是，能够证明损害是因被侵权人故意造成的，可以减轻责任。"这一条文是对未对动物采取安全措施损害责任的规定，与原《侵权责任法》第79条的规定相比，本条改变了原条文的绝对责任条款，适用严格的过失相抵的新规则。

所谓绝对责任条款，通常认为是不适用任何减责、免责事由的侵权责任条款。原《侵权责任法》第79条和第80条就是这样的绝对责任条款。[1]

未对动物采取安全措施造成他人损害的饲养动物损害责任，适用无过错责任确定侵权责任。动物饲养人或者管理人违反管理规定未对动物采取安全措施造成他人损害，就无须考察动物饲养人或者管理人的过错，直接按照无过错责任原则确定侵权责任。其构成要件是：第一，动物饲养人在饲养动物中，违反国家法律、法规和管理规章规定的管理规定；第二，动物饲养人或者管理人对应当按照规定采取安全措施的饲养动物，没有采取安全措施；第三，饲养的动物造成了被侵权人的人身损害或者财产损害。例如，在城市饲养大型犬，没有按照规定进行饲养，造成他人损害，饲养人或者管理人应当承担赔偿责任。

原《侵权责任法》第79条规定这种饲养动物的损害责任，没有规定减轻责任的规则，因此，属于绝对责任条款。这样的规

---

〔1〕 参见王胜明：《中华人民共和国侵权责任法释义》，法律出版社2010年版，第438、443页。

定是不合适的。原因是,饲养的动物仅仅是违反管理规定,未对动物采取安全措施,造成损害不仅要承担无过错责任,而且还不得适用任何免责、减责事由的规定,明显过于苛刻。本条改变了这个绝对责任条款的属性,增加了减轻责任的规则,只要动物饲养人或者管理人能够证明损害是由被侵权人故意造成的,就可以减轻责任;但是被侵权人重大过失或者过失所致损害,不在减轻责任之列。这样的规定,仍然属于无过错责任原则中比较严重程度的责任规则,原因是,在通常情况下,适用无过错责任原则,被侵权人对损害的发生具有故意的,是可以免责的。当适用无过错责任原则,受害人故意引起损害只可以减轻责任时,尽管不是绝对责任条款,但是,也足够严重了。对比起来,核损害受害人故意引起都可以免责,而养狗没有带锁链,受害人故意引起损害也不能免除责任,是不是有责任过重之嫌呢?

依笔者所见,适用无过错责任原则的侵权行为并非轻重一样,是有不同程度的:第一,最严重程度的,就是绝对责任条款,没有任何免责或者减责事由的适用余地,如《民法典》第 1247 条规定的情形;第二,被侵权人故意为减轻责任的,如第 1246 条规定的情形;第三,被侵权人故意为免除责任事由的,如第 1237、1238 条规定的情形;第四,被侵权人故意为免责事由,重大过失为减轻责任事由的,如第 1239、1240 条规定的情形;第五,被侵权人故意为免责事由,被侵权人重大过失和过失均为免责事由的,如第 1243 条规定的情形。

第十章　有关建筑物和物件损害责任的新规则

606. 不动产倒塌、塌陷损害责任的重大变化

《民法典》侵权责任编第1252条第1款、第2款分别规定："建筑物、构筑物或者其他设施倒塌、塌陷造成他人损害的，由建设单位与施工单位承担连带责任，但是建设单位与施工单位能够证明不存在质量缺陷的除外。建设单位、施工单位赔偿后，有其他责任人的，有权向其他责任人追偿。""因所有人、管理人、使用人或者第三人的原因，建筑物、构筑物或者其他设施倒塌、塌陷造成他人损害的，由所有人、管理人、使用人或者第三人承担侵权责任。"这一条文是对不动产倒塌、塌陷损害责任的规定，与原《侵权责任法》第86条的规定相比，本条规定的新规则有重大改变。

不动产倒塌、塌陷损害责任分为以下两种类型：

(1)不动产建设缺陷损害责任。具体规则：一是该损害责任适用过错推定原则，在建筑物、构筑物或者其他设施倒塌、塌陷造成他人损害的，推定该建筑物、构筑物或者其他设施存在建设缺陷，由建设单位与施工单位对被侵权人的损害承担连带责任。二是建设单位与施工单位对于建筑物、构筑物或者其他设施存在建筑缺陷具有过失，如果建设单位与施工单位能够证明自己的建筑物、构筑物或者其他设施不存在质量缺陷，建设单位与施工单位就不承担赔偿责任。三是如果建设单位与施工单位不能证明自己的建筑物、构筑物或者其他设施不存在建设缺陷，但是，能够证明建设缺陷是由其他责任人所致，例如能够证明是由勘察单位、设计单位、监理单位或者建筑材料供应单位造成的建设缺陷，则建设单位、施工单位也要先赔偿，在赔偿后有权向

其他责任人追偿。

(2)不动产管理缺陷损害责任。建筑物、构筑物或者其他设施的倒塌、塌陷,不是因建设缺陷所致,而是因所有人、管理人、使用人或者第三人存在管理缺陷的原因所致,在建筑物、构筑物或者其他设施倒塌、塌陷时造成他人人身损害或者财产损害的,不是由建设单位与施工单位承担赔偿责任,而是由建筑物、构筑物或者其他设施的所有人、管理人、使用人或者第三人承担侵权责任。被侵权人确定赔偿责任主体,证明是谁造成的管理缺陷致使建筑物等倒塌、塌陷,就向谁请求承担赔偿责任,而不适用不真正连带责任规则分担损失赔偿责任。

本条新规则的重大修改之处如下:

(1)条文位置的变化。建筑物倒塌损害责任原本是放在建筑物脱落损害责任之后,这两种侵权责任,显然建筑物倒塌损害责任更重,因此,将其位置调整在前。

(2)新增了不动产塌陷的损害责任。近年来,多地发生地面塌陷的情形,严重危害了人民群众的人身财产安全。为了解决实践中这类情形的责任主体认定问题,本条规定新增了不动产塌陷的损害责任。

(3)对建筑缺陷造成的损害,建设单位和施工单位的连带责任可以免除。原《侵权责任法》第 86 条规定的建筑物倒塌责任,完全由建设单位和施工单位承担连带责任,不可以免责,是过于严苛的。《民法典》在本条中增加了"建设单位和施工单位能够证明不存在质量缺陷的除外"的规则,不仅公平合理,而且符合侵权法原理的要求,因为行为与损害的发生没有原因力,就没有责任,这是完全正确的。

(4)建设单位和施工单位承担赔偿责任后,可以向其他责任人追偿。同样,即使对建筑物等建设单位和施工单位不能证明存在质量缺陷,但是,能够证明建筑缺陷的发生是因其他责任人的行为所致,虽然仍然要承担侵权责任,但是,在其承担了侵权责任之后,可以向其他责任人追偿,将其承担的责任转移给应当承担责任的主体承担,也是公平合理的。

(5)将管理缺陷损害责任的责任人,原来称为其他责任人,现改为所有人、管理人、使用人或者其他第三人。原《侵权责任法》第 86 条规定中,第 1 款和第 2 款都使用了其他责任人的概念,混淆了建筑物建造缺陷与建筑物管理缺陷责任人的区别,第 2 款规定的其他责任人并不是其他责任人,而是所有人、管理人、使用人或者第三人的概念。[1] 本条第 2 款对此做出了修改,使条文的内容更加准确。

---

〔1〕 参见杨立新:《侵权责任法》(第 3 版),法律出版社 2018 年版,第 614 页。

607. 高空抛掷物、坠落物损害规则的重大变化

《民法典》侵权责任编第 1254 条各款分别规定："禁止从建筑物中抛掷物品。从建筑物中抛掷物品或者从建筑物上坠落的物品造成他人损害的,由侵权人依法承担侵权责任;经调查难以确定具体侵权人的,除能够证明自己不是侵权人的外,由可能加害的建筑物使用人给予补偿。可能加害的建筑物使用人补偿后,有权向侵权人追偿。""物业服务企业等建筑物管理人应当采取必要的安全措施防止前款规定的情形发生;未采取必要的安全保障措施的,应当依法承担未履行安全保障义务的侵权责任。""发生本条第一款规定的情形的,公安等机关应当依法及时调查,查清责任人。"这一条文是对建筑物抛掷物、坠落物损害责任的规定,与原《侵权责任法》第 87 条的规定相比,本条有了重大改变,成为确定高空抛掷物、坠落物损害责任的新规则。

原《侵权责任法》第 87 条规定的主要是建筑物抛掷物或者坠落物致人损害侵权人不明的补偿责任,通常称为高空抛物责任,并非一种典型的特殊侵权责任类型,而是在侵权人不明的情况下,适用公平分担损失规则,由有可能加害的人给予适当补偿的特殊责任类型。本条在此基础上进行了重大修改,将原来的内容变成本条中的一小部分内容。

本条规定的建筑物中的抛掷物坠落物损害责任的基本规则如下:

(1)禁止从建筑物中抛掷物品。这是一个禁止性规定,是对建筑物中的抛掷物、坠落物损害责任的基础性规定。从建筑物中抛掷物品,是非常危险的危害公共安全的行为。很多建筑物中的居民习惯于向窗外抛掷物品,这是非常不道德的、违反公序良俗的行为。对此必须严格禁止。

(2)从建筑物中抛掷物品或者坠落物品造成的损害由侵权人承担责任。任何人从建筑物中抛掷物品,或者从建筑物上坠落物品,造成他人损害,都由侵权人承担责任,侵权人就是抛掷物品的行为人,或者坠落物品的建筑物的所有人、管理人或者使用人。他们的作为或者不作为造成他人损害,当然要由他们承担侵权责任。

(3)经调查难以确定具体侵权人的,由可能加害的建筑物使用人给予补偿。该项内容就是原《侵权责任法》第 87 条规定的规则。建筑物抛掷、坠落物品致人损害侵权人不明补偿责任的构成要件是:第一,行为人在建筑物中抛掷物品,或者建筑物上有物品坠落;第二,抛掷物品或者坠落物品造成他人损害,主要是人身损害;第三,实施抛掷行为的人或者坠落物品的所有人不明,不能确定真正的加害人;第四,在特定建筑物的使用人中,不能证明自己不是侵权人。具备上述四个要件,该建筑物的使用人是可能加害的建筑物使用人。责任承担的方式,是由可能加害的建筑物使用人对受害人的损失给予补偿,而不是承担连带责任。补偿的责任范围,应当由法官依照自由裁量原则适当确定。能够证明自己不是加害人,即既没有实施从建筑物中抛掷物品的行为,也不是建筑物、坠落物品的权利人的,不承担补偿责任。

(4)可能加害的建筑物使用人补偿后有权向侵权人追偿。由可能加害的建筑物使用人承担补偿责任,其中必定有无辜者,即没有加害的建筑物使用人。为公平起见,可能加害的建筑物使用人承担了补偿责任后,在查到了侵权人后,当然对其享有追偿权,可以向其进行追偿。

(5)物业服务企业等建筑物管理人未采取安全保障必要措施依法承担责任。建筑物管理人是建筑物的管理者,即物业管理企业等物业管理人,他们对建筑物的安全负有安全保障义务。因此,本条第2款规定,物业服务企业等建筑物管理人应当采取必要的安全保障措施,防止高空抛掷物品或者坠落物品造成损害的发生。未尽此安全保障义务,造成损害的,应当依照本法第1198条的规定,承担违反安全保障义务的损害责任。

(6)公安等机关应当依法及时调查,查清责任人。在加害人不明的高空抛物损害责任中,绝大多数其实都是能够查清的,但是,由于高空抛物损害责任是规定在民法中的民事责任,因此,在案件发生后,很多公安机关并不进行立案侦查,而是推脱,否认是自己的职责范围。正因为如此,才出现了大量的加害人不明的高空抛物损害责任,被称为“连坐法”,使承担补偿责任的人怨声载道,抱怨法律的不公平。为避免大量出现加害人不明的高空抛物损害责任,本条审议时规定“有关机关应当依法及时调查,查清责任人”。最终通过时规定为公安等机关。对此,立法说明指出,对于造成损害后果的,公安机关应当依法立案调查,对责任人依法给予治安管理处罚;构成犯罪的,应当依法追究刑事责任。[1] 这样就明确了高空抛物行为发生后,侦查职责在公安机关,其应当及时立案侦查,查清责任人,依法处理。只有动用侦查手段仍然查不清责任人的,才可以适用本条规定的第三个规则。

本条经过重大修改的上述规则,是谨慎的,也是合理合法的,改变了原《侵权责任法》第87条存在的缺陷,一定会有良好的社会效果。

---

〔1〕 参见全国人民代表大会宪法和法律委员会《关于〈民法典侵权责任编(草案)〉修改情况的汇报》,第4页。

608. 堆放物滚落、滑落致害应当承担堆放物损害责任

《民法典》侵权责任编第 1255 条规定："堆放物倒塌、滚落或者滑落造成他人损害，堆放人不能证明自己没有过错的，应当承担侵权责任。"这一条文是对堆放物损害责任的规定，与原《侵权责任法》第 88 条的规定相比，增加了堆放物滚落、滑落造成损害的行为方式。

堆放物损害责任适用过错推定原则。对堆放物损害责任实行过错推定，受害人在请求赔偿时无须举证证明堆放物的所有人或者管理人对致害有过错，而是从损失事实中推定所有人或者管理人有过错。所有人或者管理人主张自己无过错的，应当举证证明，不能证明或者证明不足，则过错推定成立。

堆放物损害责任的构成要件是：第一，须有堆放物的致害行为，是堆放物倒塌、滚落、滑落。第二，须有受害人受到损害的事实，造成受害人人身伤害或者财产损失。第三，堆放物滚落、滑落、倒塌与受害人损害事实之间具有因果关系，倒塌、滚落、滑落等物理力并未直接作用于他人，而是引发其他现象致他人受损害的，亦为有因果关系。第四，须堆放物的所有人或管理人有过错，例如堆放或管理不当，使用方法不当，均为过失方式。

堆放物损害责任的赔偿权利主体是被侵权人，其可以直接向责任主体索赔。赔偿责任主体是堆放人，堆放物是由谁堆放的，谁就是损害赔偿责任主体。

堆放人能够证明自己无过错的，不构成侵权责任。堆放物的损害完全是由受害人自己的过错造成的，免除堆放物的堆放人的损害赔偿责任；损害是由双方过错行为造成的，则依过失相抵规则处理。

本条新增加的规则是堆放物致害形式的，不仅包括倒塌，还要包括滚落或者滑落造成的损害，都可以适用本条规定的侵权责任规则，由堆放人承担赔偿责任。所谓堆放物倒塌、滚落或者滑落，都是堆放物的异常移动，也可能还存在其他不同的方式，都应当适用本条规定确定侵权责任。

609. 妨碍通行物致人损害的责任主体是公共道路管理人

《民法典》侵权责任编第 1256 条规定："在公共道路上堆放、倾倒、遗撒妨碍通行的物品造成他人损害的，由行为人承担侵权责任。公共道路管理人不能证明已经尽到清理、防护、警示等义务的，应当承担相应的责任。"这一条文是对妨碍通行物损害责任的规定，与原《侵权责任法》第 89 条的规定相比，本条对承担责任的主体及有关单位或者个人作出了明确规定。

妨碍通行物损害责任，是指在公共道路上堆放、倾倒、遗撒妨碍通行物造成他人损害的，除行为人应当承担侵权赔偿责任之外，公共道路管理人还应承担

过错推定的侵权赔偿责任。

妨碍通行物损害责任的构成要件是:第一,造成损害的物件是在公共道路上堆放、倾倒、遗撒的物,该物妨碍通行;第二,堆放、倾倒、遗撒物造成了他人的人身损害或者财产损害;第三,公共道路管理人对障碍通行物未尽到清理、防护、警示等义务,存在过错。

本条规定的新规则如下:

(1)妨碍通行物损害责任的侵权人是行为人。原《侵权责任法》第89条规定的妨碍通行物损害责任的主体,只是笼统地规定为有关单位或者个人,不仅不明确,而且承担的责任形式也不清楚。本条明确规定,妨碍通行物损害责任的直接责任主体就是行为人,是堆放人、倾倒人、遗撒人,是他们的行为造成他人的损害,他们当然是侵权人,应当承担侵权责任。

(2)妨碍通行物损害责任的相应责任主体是公共道路管理人。本条规定,妨碍通行物损害责任的相应责任主体是公共道路管理人。公共道路管理人承担相应责任的要件,是不能证明已经尽到清理、防护、警示等义务。这一举证责任由公共道路管理人承担。能够证明自己已经尽到上述义务的,免除责任;不能证明者,存在过错,应当承担相应责任。

(3)行为人和公共道路管理人承担责任的方式是单向连带责任。由于本条规定妨碍通行物损害责任有两个责任人,因此属于多数人侵权责任,应当实行责任分担。责任分担的方式是单向连带责任,即混合责任,其规则是:首先,行为人应当对全部损害后果承担连带责任,不管公共道路管理人是否应当承担责任,行为人都须对全部损害承担责任。其次,公共道路管理人不能证明自己已经尽到管理义务的,应当承担相应的责任,而不是全部赔偿责任,是按份责任。具体确定方法,是与公共道路管理人管理过失相适应的赔偿责任,即有多少过失,就承担多少责任。已经尽到上述义务,为没有过失,不承担侵权责任。

这样规定的后果是,妨碍通行物的行为人如果无法查清,即使公共道路管理人不能证明自己已经尽到必要义务,也应当承担责任;但是,由于其承担的是"相应的责任"即按份责任,并不对全部损害负责,受害人存在无法获得全部赔偿的可能。如果公共道路管理人已经尽到必要义务,则受害人无法从公共道路管理人处获得任何赔偿。这样的后果还须特别注意。

610. 林木损害责任中增加果实坠落的致害行为

《民法典》侵权责任编第1257条规定:"因林木折断、倾倒或者果实坠落等造成他人损害,林木的所有人或者管理人不能证明自己没有过错的,应当承担侵权责任。”这一条文是对林木损害责任的规定，与原《侵权责任法》第 90 条的规定相比，增加了林木“倾倒或者果实坠落等”的内容，扩大了条文的适用范围。

林木损害责任，是指林木折断、倾倒或者果实坠落等造成他人人身损害、财产损害的，由林木所有人或者管理人承担损害赔偿责任的物件损害责任。

林木损害责任的归责原则是过错推定责任原则。被侵权人请求赔偿无须举证证明林木所有人或者管理人对造成他人损害有过错，从损害事实中推定林木所有人或者管理人在主观上有过错。所有人或者管理人主张自己无过错者，应当举证证明。不能证明或者证明不足，则推定成立，应当承担损害赔偿责任；确能证明者，免除其损害赔偿责任。

林木损害责任须具备的构成要件是：第一，须有林木致害管理不当的行为，林木折断、倾倒，果实坠落，通常是对林木管理不当；第二，须有被侵权人的人身或者财产的损害事实，即林木折断、倾倒、果实坠落造成被侵权人的人身损害或者财产损害；第三，损害事实须与林木折断、倾倒、果实坠落之间有因果关系；第四，须林木的所有人或管理人有过错，是包含在管理不当或欠缺的过失行为中，确定过失采推定方式。

林木损害责任的赔偿权利主体是被侵权人，赔偿责任主体是林木的所有人或者管理人。被侵权人向林木的所有人或者管理人请求承担赔偿责任，林木的所有人或者管理人能够证明自己无过错的，不承担赔偿责任。

本条增加规定了林木倾倒和果实坠落的内容，扩大了本条的适用范围。这样的做法是对的。不管在现实生活中某一种行为出现的频率是多是少，只要会出现，民法典就应当给出解决问题的方法，使民事主体在遇到这类问题时能够找到法律依据。本条增加这一规定，是完全符合这样的立法要求的。

611. 地下工作物损害责任的过失由施工人或管理人承担举证责任

《民法典》侵权责任编第 1258 条第 1 款、第 2 款分别规定：“在公共场所或者道路上挖掘、修缮安装地下设施等造成他人损害，施工人不能证明已经设置明显标志和采取安全措施的，应当承担侵权责任。”“窨井等地下设施造成他人损害，管理人不能证明尽到管理职责的，应当承担侵权责任。”这一条文是对地下工作物损害责任的规定，与原《侵权责任法》第 91 条的规定相比，增加了施工人的证明责任。

地下工作物损害责任，是指在公共场所或者道路上挖掘、修缮安装地下设施等形成的工作物，或者窨井等地下工作物，因施工人或者管理人没有设置明显标志和采取安全措施，或者没有尽到管理职责，造成他人人身或者财产损害，施工人或者管理人应当承担赔偿损失责任的物件损害责任。

地下工作物损害责任适用过错推定原则。其构成要件是:第一,致害物件为地下工作物,即在公共场所或者道路上挖掘、修缮安装地下设施等形成的地下工作物,或者窨井等地下工作物,都以空间的形式与土地的地表相连。第二,地下工作物造成了他人的人身损害或者财产损害。第三,地下工作物对受害人的损害事实有因果关系。第四,地下工作物的施工人或者管理人存在未设置明显标志和采取安全措施,或者未尽管理职责的过失。

地下工作物损害责任分为两种类型:

(1)施工中的地下工作物损害责任,是地下工作物致人的损害,过失在于施工人,施工人未设置明显标志和采取安全措施,存在过失,是赔偿责任主体,应当对被侵权人承担侵权赔偿责任。

(2)使用中的地下工作物损害责任,是窨井等地下设施造成他人损害,过失在于管理人未尽管理职责,因而对被侵权人造成的损害,应当承担赔偿责任。

不论是施工中的地下工作物损害责任,还是使用中的地下工作物损害责任,施工人或者管理人能够证明自己没有过失的,都不构成侵权责任,对被侵权人不承担赔偿责任。如果损害完全是由受害人的过错致使地下工作物造成损害的,免除地下工作物施工人、管理人的损害赔偿责任。如果损害是由双方过错行为造成的,依照本法第1173条关于过失相抵的规则进行责任分担。

本条的修改在第1款,原《侵权责任法》第91条规定的是"没有设置明显标志和采取安全措施造成他人损害的",本条规定的是"施工人不能证明已经设置明显标志和采取安全措施的"。这样的规定,明确了设置明显标志和采取安全措施的事实,应当由施工人来承担举证责任。这样,就与第2款规定的"管理人不能证明"的规则相一致,形成统一、和谐的规范体系。

附　　则

612. 民法使用“超过”也不包括本数

《民法典》附则第1259条规定：“民法所称的‘以上’、‘以下’、‘以内’、‘届满’，包括本数；所称的‘不满’、‘超过’、‘以外’，不包括本数。”这一条文是对民法使用的部分民法术语解释的规定。与原《民法通则》第155条的规定相比，增加了对“超过”概念的解释。

在民法范围内，凡是规定“以上”“以下”的，都是在基数的基础上，向上提升和向下降低，因此都包括本数。“以内”和“届满”通常说的是期间，是指期间范围，以及期间的最后完成，当然都包括本数在内。“以上”和“以下”，用在自然人的年龄上比较多，8周岁以上为限制民事行为能力人，18周岁以上为完全民事行为能力人，这些当然都包括本数。

在民法范围内，凡是规定“不满”、“超过”和“以外”的，都不包括本数。例如，不满18周岁的自然人为未成年人，就不包括本数，因为一旦包括本数，自然人就成了成年人。“超过”和“以外”与“以内”相对应，“超过”和“以外”不包括本数，“以内”就包括本数。

本条规定的新规则是，民法使用“超过”的概念时也不包括本数。

613.《民法典》施行日期和原单行民法废止的日期

《民法典》附则第1260条规定：“本法自2021年1月1日起施行。《中华人民共和国婚姻法》、《中华人民共和国继承法》、《中华人民共和国民法通则》、《中华人民共和国收养法》、《中华人民共和国担保法》、《中华人民共和国合同法》、《中华人民共和国物权法》、《中华人民共和国侵权责任法》、《中华人民共和国民法总则》同时废止。”这一条文是对《民法典》施行日期及原单行民法废止的日期的规定。

《民法典》在时间上的适用范围，是指民事法律规范在时间上所具有的法律效力。具体包括两个方面，即民法的生效和民法的失效。民事法律规范开始生效的时间通常有两种情况：一是自民事法律颁布之日起生效；二是民事法律通过并颁布以后经过一段时间才开始生效。《民法典》第1260条规定了生效的日期为 2021 年 1 月 1 日。因此,自 2021 年 1 月 1 日起,《民法典》就正式生效施行。

《民法典》生效实施后,原有的民法单行法即《中华人民共和国婚姻法》《中华人民共和国继承法》《中华人民共和国民法通则》《中华人民共和国收养法》《中华人民共和国担保法》《中华人民共和国合同法》《中华人民共和国物权法》《中华人民共和国侵权责任法》《中华人民共和国民法总则》同时废止。因此,这些民法单行法都成为前民法单行法。本书在表述时,在这些法律名称之前加上了"原"字。对于《民法典》生效后,被废止的原民法单行法在何种情况下可以适用,2020 年 12 月 14 日通过、自 2021 年 1 月 1 日起施行的《最高人民法院关于适用〈中华人民共和国民法典〉时间效力的若干规定》作出了具体规定。本书在修订时,也专门附上了笔者对这一司法解释新规则的解读。

附录 《最高人民法院关于适用〈中华人民共和国民法典〉时间效力的若干规定》新规则要点

【总 体 介 绍】

《最高人民法院关于适用〈中华人民共和国民法典〉时间效力若干问题的规定》(以下简称本司法解释),其实质就是我国《民法典》的施行法。只是我国在立法上不习惯在新法实施之时以法律的方式制定某部法律的施行法,而是采用由最高人民法院颁布司法解释的方法,确定法律实施的有关规则,如2010年6月30日颁发的《最高人民法院关于适用〈中华人民共和国侵权责任法〉若干问题的通知》(法发〔2010〕23号)。所以,在《民法典》实施之际,由最高人民法院颁布本司法解释,确定如何施行《民法典》,在适用《民法典》的时间效力及有关溯及力的问题上,作出具体规定。

本司法解释共分四个部分28条,分别规定了《民法典》适用的时间效力的一般规定、溯及适用的具体规定、衔接适用的具体规定和附则。

一、适用《民法典》时间效力的一般性规则

本司法解释的第一部分,是适用《民法典》时间效力的一般规定,共有5条,规定了一个基本规则和四个具体规则。不过,这五个规则都是适用《民法典》时间效力的一般性规则。

(一)施行《民法典》应当适用法不溯及既往规则

本司法解释的第1条是适用《民法典》时间效力的基本规

则,即法不溯及既往以及例外的规则。

法不溯及既往的规则是法律适用的基本规则。在立法和司法上,不能用新法去规范已经发生过的主体行为。

适用《民法典》同样如此。我国《民法典》是在以往30多年制定的民法单行法的基础上编纂而成的。我国原来的民法单行法的形成时间跨度较大,留有较多的过往时代的痕迹,包括存在较多的不当甚至错误的规定。在经过编纂形成的《民法典》中,既有以往立法的成熟条款,也有经过改进甚至纠正的更新规则,还有根据时代发展作出的创新规则。因此,在《民法典》实施之后,对《民法典》实施之前的法律事实所产生的民事法律关系适用《民法典》的规定,可能对保护当事人的合法权益是不利的。因此,在原则上,《民法典》没有溯及力,只是对《民法典》施行后的法律事实所引起的民事纠纷案件,适用《民法典》的规定。

(二)施行《民法典》适用法不溯及既往规则的例外

不过,法不溯及既往的效力也不是绝对的。在特别情形下,法律可以在有条件的时候,确定其具有溯及既往的效力,对新法实施之前发生的法律关系适用新法的规定。适用《民法典》也是如此。例如,对于在《民法典》施行前的法律事实所引起的民事纠纷案件,原则上应当适用当时的法律、司法解释的规定;但是,如果根据实际情况,法律、司法解释确定了可以适用的规定,则《民法典》的规则就可以溯及既往地予以适用。因此,本司法解释第1条第2款规定,《民法典》施行前的法律事实引起的民事纠纷案件,适用当时的法律、司法解释的规定,但是法律、司法解释另有规定的除外。

对于法律事实自《民法典》施行前发生,一直持续到《民法典》施行后引起民事纠纷的案件,由于该民事法律关系从《民法典》施行之前一直延续到《民法典》施行之后,因而在原则上就应当适用《民法典》的规定,即适用新法的规定。当然,如果法律、司法解释另有规定的,适用除外条款的规定。

(三)施行《民法典》适用法不溯及既往的具体例外规则

在适用《民法典》不溯及既往规则的基础上,还要遵守以下几个具体规则:

1. 有利溯及规则

法不溯及既往规则的第一个例外规则,是有利溯及规则,也是本司法解释第2条规定的规则:《民法典》施行前的法律事实引起的民事纠纷案件,当时的法律、司法解释有规定,但是适用《民法典》的规定更有利于保护当事人的合法权益、更有利于维护社会和经济秩序、更有利于弘扬社会主义核心价值观的,就可以适用《民法典》的规定。

2. 新增规定规则

法不溯及既往规则的第二个例外规则，是新增规定的适用规则。这是本司法解释第 3 条规定的内容，即《民法典》施行前的法律事实引起的民事纠纷案件，当时的法律、司法解释没有规定，而《民法典》有规定的，可以适用《民法典》的规定。

3. 细化规定规则

本司法解释第 4 条规定的是细化规定的适用原则，即《民法典》施行前的法律事实引起的民事纠纷案件，当时的法律、司法解释仅有原则性规定，而《民法典》有具体规定的，适用当时的法律、司法解释的规定，但是可以根据《民法典》相关规定进行裁判说理。

4. 既判力优于溯及力规则

本司法解释第 5 条规定的是既判力优于溯及力规则，即《民法典》施行前已经终审的案件，当事人申请再审或者按照审判监督程序决定再审的，不适用《民法典》的规定，仍然适用当时的法律、司法解释的规定。

在上述四个《民法典》适用的具体规则中，前三个规则即有利溯及规则、新增规定规则和细化规定规则，都是第 1 条第 2 款但书规定的内容，即"法律、司法解释另有规定的除外"的内容。这就是说，《民法典》施行前的法律事实引起的民事纠纷案件，应当适用当时的法律、司法解释的规定，但是，如果《民法典》的规定属于有利溯及规则、新增规定规则以及细化规定规则范围的，就可以适用《民法典》的规定。应当注意的是，在适用第 4 条即细化规定的适用规则时，应当仍然适用当时的法律、司法解释，由于当时的法律、司法解释与《民法典》的规定是抽象规则和具体规则的关系，因此，可以依据《民法典》的细化规定进行裁判说理，而不是直接作为裁判依据。

至于既判力优于溯及力规则，针对的是《民法典》施行之前的民事纠纷案件，已经经过一审、二审，有了发生法律效力的民事判决或者民事调解，当事人申请再审或者按照审判监督程序进行再审的，不得适用《民法典》的规定，而应当适用当时的法律、司法解释的规定。

二、《民法典》具有溯及适用效力的具体规定

本司法解释规定的第二部分，是《民法典》具有溯及既往的适用效力的具体规定。这一部分规定的内容比较多，也比较细，在具体适用时，应当认真研究，准确掌握，根据要求正确适用《民法典》。

(一)《民法典》溯及适用的范围

本司法解释的第二部分,从第 6 条开始至第 19 条,共有 14 个条文,详细列举了《民法典》具有溯及既往效力的具体规则。这些《民法典》的内容是:英烈保护规则、流押和流质条款、合同效力规则、格式条款效力规则、合同解除时间认定规则、合同僵局处理规则、保理合同规则、丧失继承权规则、侄甥代位继承规则、打印遗嘱效力规则、自甘风险规则、自助行为规则、好意同乘规则和高空抛物或坠物损害责任规则。《民法典》的这些规则都具有溯及力,都属于有利溯及规则、新增规定规则的适用范围。

(二)《民法典》具有溯及既往适用效力规则的类型

《民法典》上述 14 种具有溯及力的规则,基本分为两种类型:

1. 适用有利溯及规则的具体规则

第一种类型是适用有利溯及规则的具体规则,包括本司法解释第 7 条规定的流押和流质条款的溯及适用、第 8 条规定的合同效力的溯及适用、第 19 条规定的高空抛物或坠物损害责任规则的溯及适用。

2. 适用新增规定规则的具体规则

第二种类型是适用新增规定规则的具体规则,这一部分的内容较多,包括本司法解释第 6 条规定的英烈保护规则、第 9 条规定的格式条款规则、第 10 条规定的合同解除时间认定规则、第 11 条规定的合同僵局处理规则、第 12 条规定的保理合同规则、第 13 条规定的丧失继承权规则、第 14 条规定的侄甥代位继承规则、第 15 条规定的打印遗嘱效力规则、第 16 条规定的自甘风险规则、第 17 条规定的自助行为规则、第 18 条规定的好意同乘规则。

(三)适用《民法总则》与《民法典》时间效力的区分

在《民法典》具有溯及既往效力的规定中,应当区分《民法总则》与《民法典》不同生效时间的区别。

《民法总则》是在编纂《民法典》第一步时完成的立法,自 2017 年 10 月 1 日生效,后来编纂到《民法典》中,成为《民法典》的总则编,基本内容没有变化。《民法总则》自《民法典》施行之时在予以废止之列。因此,在研究《民法典》的溯及既往效力时,应当特别注意,《民法总则》规定的制度适用效力是自 2017 年 10 月 1 日开始的。因此,关于英烈保护,如果是在《民法总则》施行前发生的,应当适用当时的法律、司法解释;如果是在《民法总则》实施后的法律事实引起的民事纠纷案件,则当然适用《民法典》的规定,如果《民法总则》规定与《民法典》的规定不一致,则适用《民法总则》的规定。

对于《民法典》分则各编的适用则不存在上述问题,应当以 2021 年 1 月 1 日为时间界限,确定《民法典》施行前和《民法典》施行后的法律适用效力。

三、《民法典》具有衔接适用效力的具体规定

(一)《民法典》衔接适用的含义

所谓《民法典》衔接适用,是指在《民法典》施行前的法律事实产生的民事法律关系,一直延续到《民法典》施行之后,对于因该民事法律关系引起的民事纠纷案件,《民法典》的规定具有溯及力,可以适用《民法典》的规定进行裁判的情形。这就是本司法解释第 1 条第 3 款规定的情形,即《民法典》施行前的法律事实持续至《民法典》施行后,该法律事实引起的民事纠纷案件,适用《民法典》的规定,但是法律、司法解释另有规定的除外。

《民法典》施行前发生的法律事实一直持续到《民法典》施行后,其民事法律关系就跨越了《民法典》施行前和施行后的阶段。既然在《民法典》施行后,该民事法律关系还继续存在,当基于该民事法律关系而发生争议时,就具有了适用《民法典》规定的条件。这其实已经不是关于《民法典》的溯及力问题了,而是新法具备适用条件应当予以适用。不过,本司法解释第 1 条第 3 款规定的但书,例如侄甥代位继承遗产处理完毕的规定,就是法律另有规定。对此应当理解为,凡是引起民事纠纷案件的法律事实发生在《民法典》施行前,并且一直延续到《民法典》施行后,只要没有法律或者司法解释的另外规定,都应当适用《民法典》的规定。

(二)《民法典》衔接适用的范围

本司法解释规定的《民法典》衔接适用的范围包括:合同履行持续规则、房屋长期租赁中的优先承租权规则、判决准予离婚条件规则、公证遗嘱与其他遗嘱的效力规则、侵权损害后果延续责任、合同解除权除斥期间规则、撤销受胁迫婚姻除斥期间规则、保证期间规则。对于这 8 种具体规则,《民法典》的规定都具有衔接适用的溯及既往效力。

(三)应当注意的问题

1.跨越《民法典》施行节点的民事法律关系

上述列举的《民法典》具有衔接适用效力的规定,在跨越《民法典》施行前后的节点上,内容有所不同。一是引发民事法律关系产生的法律事实发生在《民法典》施行前,一直延续到《民法典》施行后;二是引发民事法律关系产生的法律事实发生在《民法典》施行前,该法律关系一直延续到《民法典》施行后;三是《民法典》施行前实施的民事法律行为,一直延续至《民法典》施行后;四是《民法典》施行前实施的民事法律行为,其损害后果发生在《民法典》实施后。上述这些情形虽然有所不同,但是都符合《民法典》实施前发生的法律事实,延续到《民法典》实施后的特别要求,因而《民法典》具有溯及力。

2.《民法典》具有溯及力的规定

在本司法解释的第三部分所列举的《民法典》具有衔接适用效力的规定中,所表述的《民法典》适用效力的说法也有所不同。其中,有的是适用《民法典》的具体条文,例如第21条、第22条、第23条、第25条、第26条;有的是适用《民法典》的章,例如第20条;有的是适用相关规定,例如第24条;有的只是概括规定适用《民法典》的规定,例如第27条。

这些不同说法在适用中,确定直接适用《民法典》条文的,就直接适用该条文;直接规定章的,应当适用该章的规定;规定适用相关规定或者概括规定为《民法典》的,应当根据民事法律关系的性质和争议的内容,确定应当具体适用的《民法典》的规则。

四、关于附则的问题

本司法解释的附则部分主要规定了生效时间的问题。

根据附则的规定,本司法解释是跟随《民法典》一起在2021年1月1日生效、施行。本司法解释施行后,在法院尚未审结的一审、二审案件适用本司法解释的规定。

【新规则要点解读】

最高人民法院关于适用《中华人民共和国民法典》时间效力的若干规定

（2020 年 12 月 14 日最高人民法院审判委员会第 1821 次会议通过，
自 2021 年 1 月 1 日起施行　法释〔2020〕15 号）

根据《中华人民共和国立法法》《中华人民共和国民法典》等法律规定，就人民法院在审理民事纠纷案件中有关适用民法典时间效力问题作出如下规定。

一、一 般 规 定

第一条　民法典施行后的法律事实引起的民事纠纷案件，适用民法典的规定。

民法典施行前的法律事实引起的民事纠纷案件，适用当时的法律、司法解释的规定，但是法律、司法解释另有规定的除外。

民法典施行前的法律事实持续至民法典施行后，该法律事实引起的民事纠纷案件，适用民法典的规定，但是法律、司法解释另有规定的除外。

【新规则要点】

本条司法解释的条旨是《民法典》不溯及既往的效力及例外规则。

1. 法不溯及既往原则的含义

法不溯及既往，是法治的基本原则。美国《宪法》（1787 年）规定：追溯既往的法律不得通过。《法国民法典》规定：法律仅仅适用于将来，没有溯及力。我国在法治建设中，同样遵循法不溯及既往规则，适用于民法、刑法、行政法等所有法律的领域。我国《立法法》第 93 条规定的内容，就是法不溯及既往规则，即：“法律、行政法规、地方性法规、自治条例和单行条例、规章不溯及既往，但为了更好地保护公民、法人和其他组织的权利和利益而作的特别规定除外。”

讨论法不溯及既往规则的概念，应当首先研究法律的溯及力的概念。法律的溯及力，是指法律颁布后，对它生效以前的行为和事件是否可以适用的效力。可以适用的，该法律就有溯及力；如果不得适用，该法律就没有溯及力。因而，法不溯及既往的原则，是任何法律规则不得适用于其生效之前的行为的法律适用准则。

法不溯及既往原则的法理基础有以下几种主要理论:

(1)法的公布生效说。该说认为法具有指引作用,无论是确定的指引还是不确定的指引,都是提供法律认可的既定行为模式,引导人们依照既定的行为模式实施自己的行为。在新法颁布之前,并不存在新法提供的既定行为模式,所以,颁布后的新法就不能依据该模式对新法施行之前的行为进行引导、规制。换言之,新法颁布前的人们的行为,只能按照当时的法律来调整。法律要取得作为法律所具有的拘束力,就必须适用于它所规范的人,而这种适用必须以法律公布,从而以使被规范者得以知晓为前提。新法公布实施,对于之前规范的行为人所实施的行为,被规范者并不知晓新法,因而新法不能适用于不知晓该法律的被规范的行为人。

(2)既得权理论说。该说认为法具有预测作用,凭借法律的存在,人们可以预先估计行为的法律后果,取得既得的权利。未颁布的法律,并不为人们所预知,不能对人们取得的权利起到任何作用。如果新法剥夺或者损害了根据以往法律所取得的既得权利,或者针对过去的交易或者行为创设新义务、施加新责任,或者取消行为人的行为能力资格,则该法律就不能溯及既往并因此而无效。换言之,行为人根据以往法律获得的既得权,不能因为新法的颁布实施而有所改变。

(3)信赖利益保护说。该说认为法治国家不能用当前制定的法律指导人们过去的行为,更不能用当前的法律处罚人们过去从事的当时是合法而当前是违法的行为,以限制国家权力的扩张与滥用,维护社会秩序的稳定性,保护人们期待的信赖利益。任何社会成员只要依据法律行事,他便有权期待和信赖获得法律规定的积极效果。这种信赖是正当的,不应因法律的变更而失去保护,新的法律不能剥夺社会成员基于原有法律而产生的正当信赖。因新法的颁布实施而损害行为人基于原有法律获得的信赖,将动摇法治的基础,损害法治和法律的威信。

法不溯及既往原则也有例外。这是保护民事主体的民事权利所必需的。法不溯及既往原则的例外发生在以下两种情形下:(1)法律事实发生在新法施行之前;(2)法律事实发生在新法施行之前但是一直持续到新法施行之后。对于前者,需要有特别事由新法才可以适用;对于后者,则应当适用新法,但是有特别规定的除外。

2. 法律事实

确定法不溯及既往原则的基础,在于法律事实发生的时间。

法律事实,是发生法律上的效力的各种事实,也就是发生权利取得、消灭或者变更效力的各种事实。任何民事法律关系的产生、变更和消灭,都必须基于一定的法律事实。能够引起民事法律关系产生、变更和消灭的客观现象,就是法律事实。

一个民事法律事实的出现,就会引起民事法律关系的产生、变更或者消灭。研究民事法律关系的基本要求,就是研究法律事实及其构成,以及是否发生民事法律关系产生、变更或者消灭的后果。

民事法律事实的类型分为事件和行为。如果一个民事法律关系的发生、变更或者消灭需要几个民事法律事实,这几个民事法律事实的总和,就是民事法律事实构成,简称事实构成。

(1)事件

事件,是指不直接包含人的意志的法律事实。最典型的事件,就是人的出生和死亡,以及灾害、时间的经过等。这些事实虽然与人的意志无关,或者不直接具有意志性,但是,其一旦发生,就依法在一定的主体之间发生、变更或者消灭一定的民事法律关系。例如,人的死亡,发生继承法律关系;经过一定的时间,发生消灭时效完成的法律后果,特定的民事法律关系义务人就产生抗辩权,或者发生取得时效完成的法律后果,占有人取得某项所有权的法律关系。

事件的意义在于:第一,对事件,法律可以规定它是否具有法律后果,以及具有何种法律后果,但是,不能控制其数量和发生与否。这就是,法律对事件只能规定法律后果,却不能进行控制。这正是事件的本质属性所决定的。第二,当事人对于事件的发生与否,不能进行人为的干预,不能人为地促使或者阻止事件的发生,否则,必须承担不利于己的法律后果。例如,人的死亡是发生继承关系的事件,如果故意杀害被继承人,则使其继承权丧失。第三,事件本身没有合法性的属性,不具有合法和不合法之分。

(2)行为

行为,是指受人的意志支配的人的有意识的活动。行为分为合法行为和不合法行为。

合法行为,产生法律规定的法律后果是肯定性的法律后果,能够设立、变更或者消灭民事法律关系。合法行为是符合或者不违反民事法律规范的行为,分为表示行为和事实行为。表示行为是法律行为,是指民事主体基于意思表示,旨在发生、变更、消灭民事法律关系的行为。它的特征是,当事人有意识地要建立或者变更、消灭民事法律关系,并通过一定的行为将内心的意思表达出来。如果当事人的意思表示有瑕疵或者缺陷,或者违反法律,即表示行为不合法,则该行为就没有法律效力或者法律效力待定。事实行为,是指行为人主观上不一定具有发生、变更、消灭民事法律关系的意思,但是,在客观上能够引起这种法律后果的行为。例如,写作尽管不具有有意识地取得著作权的意思,但是,它能够发生著作权法律关系。由于这种行为是在客观上产生法律后果的行为,所以与表示行为不同,行为人不一定需要具备民事行为能力。

不合法行为,是不符合法律要求的行为或者违反法律规定的行为,如违约行为、侵权行为、不履行法定义务的行为和不合法的表示行为。这些行为的发生,引起民法的否定性反应,行为人应当承担民事责任,在当事人之间产生请求权的法律关系。

(3)事实构成

事实构成是民事法律事实构成,是指引起某一个民事法律关系发生、变更或者消灭的几个法律事实的总和。例如,遗嘱继承法律关系的发生须具备有效的遗嘱行为,还须有被继承人死亡的事件。这两个法律事实结合在一起,才能发生遗嘱继承的法律关系,是遗嘱继承法律关系发生的事实构成。

事实构成的意义在于,当法律规定一个民事法律关系的发生、变更或者消灭须具备事实构成时,须按照法律要求,同时具备几个法律事实构成的事实构成,否则不会发生法律规定的后果。

当确定了法律事实发生的时间后,对于《民法典》是否具有溯及力的问题,就可以依照法律事实引起的民事法律关系发生、变更或者消灭的纠纷案件正确选择应当适用的法律了。

3. 施行《民法典》适用法不溯及既往规则的要求

根据以上法不溯及既往原则的一般要求,本条司法解释规定的《民法典》不溯及既往原则的一般规则包括一个基本规则,两个例外规则。具体内容如下:

(1)《民法典》施行后的法律事实引起的民事纠纷案件,适用《民法典》的规定。

这个规则至为明显,那就是,只要是 2021 年 1 月 1 日《民法典》施行后发生的法律事实引发的民事法律关系的产生、变更、消灭,并因此而引起的民事纠纷案件,一律适用《民法典》的规定。时间的起点是 2021 年 1 月 1 日零时。

(2)《民法典》施行前的法律事实引起的民事纠纷案件,适用当时的法律、司法解释的规定,但是法律、司法解释另有规定的除外。

《民法典》施行前的法律事实引起的民事纠纷案件,适用当时的法律、司法解释的规定,是《民法典》不溯及既往的基本要求。只要是在 2020 年 12 月 31 日 24 时之前发生的法律事实引起的民事法律关系产生、变更、消灭,因而发生的民事纠纷案件,《民法典》没有溯及力,不溯及既往。但书规定的情形,是法律、司法解释另有规定的,例如本司法解释第2条规定的有利溯及规则,就是除外条款规定的情形,可以适用《民法典》的规定。

(3)《民法典》施行前的法律事实持续至《民法典》施行后,该法律事实引起的民事纠纷案件,适用《民法典》的规定,但是法律、司法解释另有规定的除外。

法律事实发生在2020年12月31日之前,但是一直持续到2021年1月1日之后,引起的民事法律关系发生、变更、消灭,并发生民事纠纷案件,其实是具备了适用《民法典》规定的要求,因为法律事实一直持续到《民法典》施行之后,当然具有了适用《民法典》的条件,应当适用《民法典》的规定。具有但书规定情形的,即法律、司法解释另有规定的除外,如果法律或者司法解释对此作出另外的不得适用《民法典》的规定,就不适用《民法典》的规定。例如,本司法解释第14条关于侄甥代位继承的溯及适用规则:"被继承人在民法典施行前死亡,遗产无人继承又无人受遗赠,其兄弟姐妹的子女请求代位继承的,适用民法典第一千一百二十八条第二款和第三款的规定,但是遗产已经在民法典施行前处理完毕的除外。"这种继承关系,就是在《民法典》施行之前发生,一直持续到《民法典》施行之后的继承法律关系,因而应当适用《民法典》的规定。但是,如果该继承法律关系争议的遗产在2020年12月31日之前已经处置完毕,即使在2021年1月1日之后提起诉讼,也不能适用《民法典》关于侄甥代位继承的规定。

第二条　民法典施行前的法律事实引起的民事纠纷案件,当时的法律、司法解释有规定,适用当时的法律、司法解释的规定,但是适用民法典的规定更有利于保护民事主体合法权益,更有利于维护社会和经济秩序,更有利于弘扬社会主义核心价值观的除外。

【新规则要点】

本条司法解释的条旨是《民法典》适用溯及力的有利溯及规则。

"法不溯及既往"是民众信赖利益的保证,被视作依法治国所要求的法则,但不是绝对原则。我国《立法法》在第93条这个条文中,也规定了有利溯及规则,即"法律、行政法规、地方性法规、自治条例和单行条例、规章不溯及既往,但为了更好地保护公民、法人和其他组织的权利和利益而作的特别规定除外"中的但书,"为了更好地保护公民、法人和其他组织的权利和利益而作的特别规定除外",就是有利溯及规则。

1. 有利溯及规则概述

有利溯及规则,是指新法在一定条件下可以作为处理新法实施前发生事项的依据。

法律溯及既往分为“不利溯及”和“有利溯及”。新法溯及既往,会减少甚至剥夺民事主体依据旧法取得的权利和利益,或者增加新的义务和责任,这就是“不利溯及”;新法溯及既往会赋予民事主体以权利和利益,或者减少、免除已承担的义务和责任,就是“有利溯及”。有利溯及规则有利于保护民事主体的民事权益。

对于法律适用机关而言,无论法律对当事人有利还是不利,只有在立法机关明确规定新法溯及既往时,才能够溯及适用。因此,确定有利溯及规则的效力范围须满足两个条件:一是新法比旧法更为有利;二是法律明确规定了溯及既往效力规则。

就广义的范围而言,法律适用的有利溯及规则的适用范围,包括以下四个方面:

(1)程序法规则从新。实体法遵循不溯及既往原则,程序法遵循溯及既往原则,即所谓“实体从旧,程序从新”。实体法溯及既往会影响法的安定性和人民对于旧法的信赖利益,而程序法溯及既往有助于新法迅速、妥适地适用。

(2)解释类法律从新。解释类法律具有溯及既往的效力,在本司法解释中,被称为“细化规定适用规则”。解释类法律包括:①解释规范。解释规范是对被解释法律内在含义的澄清,原则上反对借解释之名行修改法律之实,所以其效力上溯至它所解释的法律生效之日。②校正规范。当一项法律制定后,发现有某些必须纠正的瑕疵,立法机关为校正这些瑕疵而作的规定,属于校正规范。这类法律溯及既往。③补充规范。补充规范指旧法因特定理由被撤销,为填补被撤销法律所遗留下来的法律漏洞制定的法律。这类法律是对旧法的补充,属于旧法的一部分,应当与被补充法律的精神、原则相吻合,回溯地与被补充法律同步生效是在情理之中的。

(3)限时法从新。限时法是指规定有失效日期的法律。限时法是特别时期为解决特殊问题制定的法律文件,一般会对常态下的法律效果作较大的变更,或者加重义务和责任,或者给予特别优惠。人们对限时法的废止日期有明确的预期,即便在限时法失效后,对该期间发生的行为也应当按照限时法处理。

(4)作为法不溯及既往规则的补充,认为法律规范的效力可以有条件地适用于既往行为,即有利溯及规则。我国实体法有利溯及规则体现为,如果先前的某种行为或者关系在行为时并不符合当时法律的规定,但是依照现行法律规定是合法的，并且于相关各方都有利，就应当依照新法律承认其合法性，并且予以保护。新、旧法律哪一个更为有利，不应该仅仅在新旧法律的规范层面上比较，还应当结合案件事实以适用结果为依据，并以法律适用的结果为最后的检验标准。

2.《民法典》有利溯及规则的适用

就《民法典》的适用而言，有利溯及规则是指上述第四个部分，即实体法中的有利溯及规则。

本条司法解释规定《民法典》有利溯及原则的适用规则是：

(1)发生争议的民事纠纷案件发生在《民法典》施行之前。只有发生在《民法典》施行之前的民事纠纷案件，才存在适用《民法典》的可能性。如果在《民法典》施行之前发生的案件持续到《民法典》施行之后，或者就是《民法典》施行之后发生的民事纠纷案件，原则上就没有《民法典》有利溯及规则适用的可能性，因为直接适用《民法典》就可以了。

(2)引起争议的民事纠纷案件的法律事实发生在《民法典》施行前，而不是因该法律事实引起的民事法律关系争议发生在《民法典》施行之前。引起争议的案件的法律事实发生在《民法典》施行之前，才可以产生有利溯及规则的适用问题。

(3)引起民事争议案件的法律事实发生时的法律、司法解释有规定。这个要件是说，在引起当事人发生争议的法律事实发生之时，对这种民事争议，法律和司法解释是有明确规定的。这种法律和司法解释的规定通常称为“旧法”，而《民法典》的规定则称为“新法”。如果当时没有旧法，就不存在有利溯及原则的适用，也就没有新法、旧法之分了。

(4)《民法典》的规定与原来的法律规定相比较更为有利。正是因为对于发生在《民法典》施行之前的法律事实引起的民事纠纷案件的法律适用有新法和旧法之分，且新法和旧法之间规定并不一致，存在适用效果的优劣区别，因而才有了是否适用《民法典》规则的问题。适用《民法典》的规定，必须是更有利，符合“有利”的要求。如何确定“有利”，本条司法解释明确了《民法典》的规定须满足三个“更有利于”：一是更有利于保护当事人的合法权益；二是更有利于维护社会和经济秩序；三是更有利于弘扬社会主义核心价值观。

更有利于保护当事人的合法权益，在判断时应当综合考虑权利人和义务人的合法权益，而不是只考虑对权利人的合法权益保护更有利。更有利于维护社会和经济秩序，可以作为在综合考虑权利人和义务人的合法权益的基础上要考虑的因素，也就是在综合确定对双方当事人的合法权益是否有利的考量中，是否有利于维护社会和经济秩序。这是重要的衡量标准。有利于弘扬社会主义核心价值观,就是要用社会主义核心价值观的内容,判断适用《民法典》的规定是否更为有利。

符合上述四个要件的规定,就符合有利溯及规则的要求,对于《民法典》施行前的法律事实引起的民事纠纷案件,就可以适用《民法典》的规定。

第三条　民法典施行前的法律事实引起的民事纠纷案件,当时的法律、司法解释没有规定而民法典有规定的,可以适用民法典的规定,但是明显减损当事人合法权益、增加当事人法定义务或者背离当事人合理预期的除外。

【新规则要点】

本条司法解释的条旨是《民法典》新增规定的溯及适用规则。

本条规定的法律适用规则是,对于那些尽管是在《民法典》施行前发生的法律事实引起的民事纠纷案件,如果《民法典》的规定是新增规定,就可以直接适用《民法典》规定的规则,但是须遵守禁止不利溯及原则。

1. 引起争议的民事纠纷案件的法律事实发生在《民法典》施行之前

引起争议的民事纠纷案件的法律事实发生在《民法典》施行之前,也就是2020年12月31日之前发生的法律事实,在当事人之间发生了民事争议,诉讼到法院,形成民事纠纷案件。如果是《民法典》施行之后发生的法律事实引起的民事纠纷案件,以及《民法典》施行之前发生的法律事实一直持续到《民法典》施行之后,都不存在本条法律适用规则适用《民法典》的客观要求。

2.《民法典》的规定是新增规定

所谓《民法典》的新增规定,是在引起民事纠纷案件发生的法律事实发生之时,当时的法律、司法解释对于这种民事争议没有规定,对这种民事法律关系的解决存在法律空白。其中法律是当时生效的现行法律,也包括不与法律相抵触的行政法规,不包括习惯法。司法解释,是当时生效的司法解释。这些法律和司法解释对此都没有规定,而《民法典》却对此作出了以前没有规定的规则,就是《民法典》的新增规定。由于《民法典》的规定是新增规定,就不存在新法、旧法的选择适用问题,直接适用《民法典》的新增规定,就为解决该民事争议提供了法律依据,而不至于出现适用法律的空白反而要适用习惯或者法理的问题。

例如,《民法典》第322条规定:“因加工、附合、混合而产生的物的归属,有约定的,按照约定;没有约定或者约定不明确的,依照法律规定;法律没有规定的,按照充分发挥物的效用以及保护无过错当事人的原则确定。因一方当事人的过错或者确定物的归属造成另一方当事人损害的,应当给予赔偿或者补偿。”这是我国民法关于添附物权属规则的第一次规定,属于《民法典》新增规定。在《民法典》施行之前的社会生活中,并非不存在添附现象,只是由于我国当时的《物权法》对此没有规定而已。最高人民法院对于添附的一般规则,也没有作出过典型的司法解释。因此,对于添附,就具备了对《民法典》施行之前引起民事争议的添附事实所引发的民事纠纷案件适用《民法典》新增规定的要件,因而可以适用《民法典》第322条的规定,对《民法典》施行之前发生的法律事实所引发的添附纠纷案件作出裁判。

3. 新增规定明显不利于当事人的不得适用

本条但书规定,对于《民法典》施行前的法律事实引起的民事纠纷案件,当时的法律、司法解释没有规定,而《民法典》有规定的,可以适用《民法典》的规定,“但是明显减损当事人合法权益,增加当事人法定义务或者背离当事人合理预期的除外”。这里规定的就是“禁止不利溯及”原则。

禁止不利溯及原则,是指新法虽然因旧法没有规定而可以溯及既往地适用,但是,如果新法的规定明显减损当事人的合法权益,增加当事人的法定义务,背离当事人的合理预期,就不得适用,以防止因适用新法而损害当事人的合法权益。适用《民法典》同样如此。

与有利溯及原则的三个“有利于”相对应,禁止不利溯及原则的判断也有三个标准:(1)明显减损当事人的合法权益。当适用《民法典》会使当事人依据旧法享有的民事权益受到明显的减损时,就在禁止不利溯及原则的范围之内。(2)明显增加当事人的法定义务。适用《民法典》的规定,会使当事人的法定义务明显增加,给当事人增加义务上的负担的,也在禁止不利溯及规则的范围之列。(3)明显背离当事人的合理预期。当《民法典》和旧法之间对特定事项,给当事人的利益得失预期发生明显背离的情形,适用《民法典》的规定明显背离当事人的合理预期,即使是新增规定,也不能溯及适用。

禁止不利溯及规则的适用目的,就在于维护法律价值的稳定性,防止适用新法而改变这种价值,损害民事主体的地位和合法权益。

第四条　民法典施行前的法律事实引起的民事纠纷案件,当时的法律、司法解释仅有原则性规定而民法典有具体规定的,适用当时的法律、司法解释的规定,但是可以依据民法典具体规定进行裁判说理。

【新规则要点】

本条司法解释的条旨是《民法典》细化规定具有溯及既往的效力。

关于《民法典》细化规定,学理上称为解释类法律,是指当时的法律、司法解释只有原则性规定而没有具体规定,《民法典》对此规定了具体规则的规范。在理论上,将这种细化规定即解释类法律,概括为解释规范、校正规范和补充规范。对于这三种规范,法律准许适用溯及既往效力规则,排除法不溯及既往规则的适用。

1. 解释规范属于细化规范

当一项法律只是为了明确和解释已存在的法律中含糊不清和有争议规范的含义时,该法律就是解释性法律。例如,《民法典》对于以往的法律、司法解释只有原则性规定而无具体规定的情形作出了具体规定,虽然并非对旧法的原则性规定的解释,但是,在性质上属于解释规范,因而在法律适用上,《民法典》的解释规范可以适用于《民法典》施行之前发生的法律事实引起的民事纠纷案件。对此,最典型的是《民法典》第1145~1149条的规定。原《继承法》第24条对遗产管理人只作了原则性的规定:“存有遗产的人,应当妥善保管遗产,任何人不得侵吞或者争抢。”这里的“应当妥善保管遗产”的“存有遗产的人”,其实就是遗产管理人。《民法典》第1145~1149条详细规定了遗产管理人的选定、选定遗产管理人争议的处理、遗产管理人的职责、遗产管理人的责任以及遗产管理人可以收费的规定,都属于解释规范,因此具有溯及既往的效力。继承法律事实发生在《民法典》施行之前,争议发生在《民法典》施行之后的,就可以适用《民法典》的上述规则处理这类纠纷案件,或者按照本司法解释的规定,“可以依据民法典相关规定进行裁判说理”。

2. 校正规范属于细化规范

一项法律施行后,发现存在必须纠正的瑕疵,立法机关对这些法律的瑕疵进行校正而作出的规定,是校正规范。理论上认为,校正规范与立法者本应公布的规则是一样的,只不过是恢复了法律的正常状态而已。所以,校正规范可以溯及既往。例如,《民法典》第406条规定的抵押财产在抵押期间可以转让的规定,就是对原《物权法》第191条关于限制抵押财产流转的规定的矫正。

3. 补充规范属于细化规范

补充规范是指旧法因特定事由被撤销,为填补撤销该法律所遗留下来的法律漏洞而制定的法律。这类法律是对旧法的补充,属于旧法的一部分,应当与被补充法律的精神、原则相吻合,回溯地与被补充法律同步生效。补充规范具有溯及既往的效力，属于细化性规范。例如，《民法典》第1142条删除了原《继承法》第20条第3款规定的“自书、代书、录音、口头遗嘱，不得撤销、变更公证遗嘱”的规定，也改变了原《关于贯彻执行〈中华人民共和国继承法〉若干问题的意见》第42条关于“遗嘱人以不同形式立有数份内容相抵触的遗嘱，其中有公证遗嘱的，以最后所立公证遗嘱为准；没有公证遗嘱的，以最后所立的遗嘱为准”的规定。原《继承法》及其司法解释规定的公证遗嘱效力优先规则是违反遗嘱自由原则的，侵害了被继承人遗嘱自由的权利。《民法典》第1142条对此作出了正确的规定，将有关公证遗嘱效力优先的规则全部删除，确立了“立有数份遗嘱，内容相抵触的，以最后的遗嘱为准”的正确规则。对此，应当适用本条司法解释的规定，对于在《民法典》施行之前设立了公证遗嘱，又立有其他形式遗嘱撤回或者变更公证遗嘱的，在《民法典》施行后，应当适用《民法典》第1142条规定的上述规则，确认其遗嘱撤回或者变更公证遗嘱的效力，就是因为《民法典》第1142条属于补充规范，具有溯及既往的效力。

对于当时的法律和司法解释只有原则性规定，而《民法典》规定了具体规范的，在适用法律上，应当仍然适用当时的法律、司法解释的规定，但是可以依据民法典具体规定进行裁判说理。这一规则要求的是，当时的法律、司法解释并非没有规定，只是具有原则性规定，缺少具体规定，而《民法典》对此的规定是具体规定，且原来的原则性规定与《民法典》的具体规定的涵义是一致的，适用当时的法律、司法解释的规定和适用《民法典》的规定在法律适用上没有冲突，因而，就可以在裁判依据上，继续适用当时的法律、司法解释的规定，而在裁判的说理部分，援引《民法典》的具体规定进行阐释，使当时的规定和《民法典》的规定融为一体，使裁判的依据更加充分，更有权威性。

第五条　民法典施行前已经终审的案件，当事人申请再审或者按照审判监督程序决定再审的，不适用民法典的规定。

【新规则要点】

本条司法解释的条旨是适用《民法典》的既判力优于溯及力规则。

既判力优于溯及力规则也叫既判力对有利溯及规则的限制规则。在法律适用中存在的问题，并不仅仅限于行为发生后法律发生有利变化裁判应当如何适用法律的问题，还存在当法律发生有利变化时，是否可以溯及地变更或者撤销已经发生法律效力的裁判，即有利的法律可否溯及地变更、撤销已经生效的裁判的问题。

在这种情况下,如果准许法律在发生有利变化时,溯及地变更或者撤销已经生效的裁判,则与司法裁判的既判力原则发生冲突,动摇发生既判力效力的裁判的安定性,影响司法裁判的权威。如果不溯及适用,既可能不利于更好地保护当事人的权益,也可能涉及诉讼的迟进行或者早进行在案件适用法律中发生重要作用,有违法律适用的平等原则。所以,在法律适用中,如何处理法律规范的溯及力和裁判的既判力之间的矛盾,就成为值得研究和解决的问题。

在解决这个法律适用规则的问题上,通常有三种不同的方法:(1)既判力优先于溯及力,即变更后的新法对其施行前已经终审裁判的行为无溯及力,不得依据新法撤销或者变更发生既判力的裁判,不能对该案改判适用新法。(2)溯及力优先于既判力,即变更后的新法对其施行前已经终审的行为有溯及力,可以依据新法的规定撤销或者变更已经发生效力的裁判,改判适用新法。(3)折中说,即新法对已经发生法律效力的裁判部分可以溯及,部分不得溯及。

对此,我国长期以来的司法实践一直采取第一种模式,即既判力优先于溯及力原则,也就是在新法施行后,对已经发生法律效力的裁判不得适用新法进行改判。其理由,一是维持既有裁判的稳定性、安定性,如果新法一经实施,就对新法施行之前依据当时的法律作出的裁判进行改判,判决的安定性和稳定性就无法维持;二是维护司法裁判的权威性,依据新法而改判已经发生法律效力的原有裁判,会使司法权威受到损害;三是我国司法资源有限,一旦施行溯及力优先于既判力,会给司法机关徒增压力,现有司法资源尚难以应对目前案件审理的压力,再采取更具有压力的做法,法院将不堪其苦,无力胜任。

不过,存在的实际问题是,对于新法与旧法规定明显不一致,而新法的适用更有利于保护权利人的权益的情形,如果对已经发生法律效力的裁判不溯及适用,就不能更好地保护当事人的权益,而且所涉诉讼进行得早或者晚的时间差别直接影响案件适用法律,起诉早的,合法权益不能得到有利保护,而起诉晚的就能够得到新法的有利保护。这样的结果,就会造成法律适用的不平等,有违平等原则。这是在选择既判力优于溯及力,还是溯及力优于既判力原则时的两难问题。因此,学者认为,目前,我国司法资源有限,司法权威也亟待确立,选择既判力优先于溯及力的模式比较妥当;将来,随着对民事权利保护程度的提高,选择折中模式则可能更为理想。

本条司法解释在这个问题上采取了一贯立场,即既判力优于溯及力规则。具体的规则是,《民法典》施行前已经终审的案件,当事人申请再审或者按照审判监督程序决定再审的,不适用《民法典》的规定。这就要求,尊重既判力,维护司法裁判的权威,只要是在《民法典》施行之前已经终审的民事纠纷案件,无论是当事人申请再审,还是按照审判监督程序决定再审的,都须遵守既判力优先于溯及力的规则,不得适用《民法典》的规定,对既判案件进行改判、撤销,或者改变原来已经发生法律效力的终审判决。

至于《民法典》施行时尚未审结的一审、二审民事纠纷案件,按照本司法解释的规定应当适用新法的,依照本司法解释第 28 条的规定,适用《民法典》的规定。

二、溯及适用的具体规定

第六条 《中华人民共和国民法总则》施行前,侵害英雄烈士等的姓名、肖像、名誉、荣誉,损害社会公共利益引起的民事纠纷案件,适用民法典第一百八十五条的规定。

【新规则要点】

本条司法解释的条旨是《民法典》关于英烈保护的规定具有溯及既往的效力。

《民法典》第 185 条规定:"侵害英雄烈士等的姓名、肖像、名誉、荣誉,损害社会公共利益的,应当承担民事责任。"原《民法通则》对此未作规定,属于新增规定,本条司法解释规定,在《民法总则》施行前,行为人实施侵害英雄烈士等的姓名、肖像、名誉、荣誉的行为,损害社会公共利益,而在《民法典》施行后提起民事诉讼引起的民事纠纷案件,《民法典》第 185 条规定具有溯及既往的效力。

在司法实践中适用本条司法解释的要求如下:

1. 准确把握实施侵害英烈人格利益行为的实质

行为人实施侵害英雄烈士人格利益行为的实质,是侵害死者的人格利益。制定《民法通则》时,并未就死者人格利益的保护作出明确规定。随着侵害死者人格利益的案件逐渐增多,在司法实践提出这个问题后,最高人民法院于 2001 年制定了《关于确定民事侵权精神损害赔偿责任若干问题的解释》,其中第 3 条规定:"自然人死亡后,其近亲属因下列侵权行为遭受精神痛苦,向人民法院起诉请求赔偿精神损害的,人民法院应当依法予以受理:(一)以侮辱、诽谤、贬损、丑化或者违反社会公共利益、社会公德的其他方式,侵害死者姓名、肖像、名誉、荣誉;(二)非法披露、利用死者隐私,或者以违反社会公共利益、社会公德的其他方式侵害死者隐私;(三)非法利用、损害遗体、遗骨,或者以违反社会公共利益、社会公德的其他方式侵害遗体、遗骨。"这一规定全面保护死者的人格利益,对死者人格利益实施侵害的行为,构成侵权行为,行为人应当承担民事责任,以维护人格尊严。不过,对一般的死者人格利益的保护,《民法典》第 994 条作出了规定,应当由死者的近亲属行使保护的权利,向法院提出主张,由人民法院作出判决。

2. 保护英烈人格利益的重要价值

在现实生活中,一些人歪曲事实,诽谤、抹黑、恶意诋毁、侮辱英雄烈士的名誉、荣誉等人格利益,损害了社会公共利益,社会影响恶劣,应当依法追究民事责任。《民法典》第 185 条规定,侵害英雄烈士等的姓名、肖像、名誉、荣誉,损害社会公共利益的,应当承担民事责任。这是对英烈人格利益作出的特殊保护规定。这正是把保护死者人格利益的经验应用在对英雄烈士的人格利益保护上。对此,《英雄烈士保护法》也作出了具体规定,凡是侵害英雄烈士等的姓名、肖像、名誉、荣誉,损害社会公共利益的,应当判令侵权人承担民事责任。通过这样的规定,加强对英雄烈士姓名、肖像、名誉、荣誉等的法律保护,对于促进社会尊崇英雄烈士,扬善抑恶,意义重大。对此,英烈有近亲属的,可以由其近亲属提起诉讼,保护英烈的人格利益。没有近亲属的,检察机关有权提起公益诉讼,依法保护英烈的人格利益。

3. 适用有利溯及原则的要件

适用《民法典》第 185 条追究行为人对《民法典》施行前实施的该种民事责任的要件有:(1)侵害英烈人格利益的行为发生在《民法总则》施行前,须在 2017 年 9 月 30 日之前,行为人实施了侵害英雄烈士等的姓名、肖像、名誉、荣誉的侵权行为;(2)行为人实施的行为损害了社会公共利益,而不仅仅是侵害了英烈的人格利益;(3)受到侵害的英雄烈士的近亲属或者检察机关在《民法典》施行后提起民事诉讼,请求追究行为人的民事责任。符合上述三个条件,就可以适用《民法典》第 185 条的规定,确定行为人承担民事责任。

第七条　民法典施行前,当事人在债务履行期限届满前约定债务人不履行到期债务时抵押财产或者质押财产归债权人所有的,适用民法典第四百零一条和第四百二十八条的规定。

【新规则要点】

本条司法解释的条旨是《民法典》关于流押、流质条款的规定具有溯及既往的效力。

《民法典》第 401 条、第 428 条关于流押、流质的规定,都与原《物权法》《担保法》的规定不同,属于有利溯及规则适用的范围。因此,本条司法解释规定,在《民法典》施行之前,当事人在债务履行期限届满前,约定债务人不履行到期债务时,抵押财产或者质押财产归债权人所有的流押、流质条款的,《民法典》的新增规定具有溯及既往的效力,应当适用《民法典》第 401 条、第 428 条的规定,即只能依法就抵押或者质押的财产受偿,流押、质押条款本身无效。

《民法典》关于流押、流质的规定,都是《民法典》施行之前就有的法律规定,《民法典》的规定是更有利于保护当事人的合法权益、更有利于维护社会和经济秩序、更有利于弘扬社会主义核心价值观的法律规范。其实,说得更直白一点,是原《物权法》《担保法》对流押、流质条款规定的规则是不正确的,《民法典》将这些不正确的规定予以废弃,采用了正确的流押、流质规则。

1. 流押条款

《民法典》第 401 条规定:"抵押权人在债务履行期限届满前,与抵押人约定债务人不履行到期债务时抵押财产归债权人所有的,只能依法就抵押财产优先受偿。"原《物权法》第 186 条关于"抵押权人在债务履行期届满前,不得与抵押人约定债务人不履行到期债务时抵押财产归债权人所有"的规定相比,本条规定明确了流押约定无效,但是抵押权仍然成立,即订立流押条款不影响抵押权优先受偿效力;而原来的规定是禁止性条款,约定流押条款可能导致抵押合同无效。

流押是一个简称,更准确的称谓是流押契约、抵押财产代偿条款或流抵契约,是指抵押权人与抵押人约定,当债务人届期不履行债务时,抵押权人有权直接取得抵押财产的所有权的协议。

禁止流押的目的有三点:(1)体现民法的公平原则。有时,债务人为经济窘境所迫,会自己提供或者请求第三人提供高价值的抵押财产,用于担保较小的债权,而债权人乘机迫使债务人订立流押契约,从中获取暴利,损害债务人或者第三人的利益,违反公平原则。如果抵押权设定后,抵押财产价值低于所担保的债权,虽对债务人有利,却对债权人不公平。禁止流押主要是保护抵押人的利益,体现民法的公平原则。(2)体现法律适用的简洁、明快。如果是债权人迫使债务人订立流押条款,债务人虽然可以请求人民法院对抵押合同行使撤销权,保护自己的正当权益,但是,意思表示不真实导致合同被撤销的,需要提供证据证明,如果债务人不能举证证明,法院则不会支持其撤销抵押合同的请求。因此,法律直接规定流押条款无效,能够更好地保护抵押人的正当权益。(3)规定流押条款也是抵押权的本质属性要求。抵押权是变价受偿权,抵押财产未经折价或者变价,就预先约定抵押财产转移抵押权人所有,违背了抵押权的价值权属性。

抵押权人和抵押人订立的流押条款一律无效,即使在抵押权实现时订立的实现抵押权协议中,也不得出现流押契约。只有当事人以抵押财产折价方式清偿债务的,才是正常的抵押权实现方法。

订立流押条款的,虽然流押条款本身无效,但是抵押权仍然成立,因而只能依法就抵押财产优先受偿,使债务得到清偿。原《物权法》对流押条款的规定采取禁止性规定,禁止约定流押条款,约定了流押条款就可能导致抵押合同无效。《民法典》第 401 条改变这样的规定,抵押权人与抵押人在债务履行期限届满前,约定债务人不履行到期债务时抵押财产归债权人所有的,只是“只能依法就抵押财产优先受偿”,而不是说不得约定流押,更不是说抵押合同一律无效。

2. 流质条款

《民法典》第 428 条规定:“质权人在债务履行期限届满前,与出质人约定债务人不履行到期债务时质押财产归债权人所有的,只能依法就质押财产优先受偿。”这是关于流质条款效力的规定,与原《物权法》第 211 条的规定相比,本条规定明确了流质条款不影响质权合同效力的规则。

流质也称绝押,是指转移质物所有权的预先约定。订立质押合同时,出质人和质权人在合同中不得约定在债务人履行期限届满质权人未受清偿时,将质物所有权转移为债权人所有。

禁止流质的主要原因与禁止流押的原因相同。当事人在质押合同中约定流质条款的,流质条款无效,但是质押合同符合法律规定的,还是有效的。抵押财产一经交付,质权就有效设立,质权人依法就质押财产优先受偿。本条的新增规定,就是要特别明确约定流质条款不影响质权的优先受偿效力。

3.《民法典》施行前发生的流押、流质条款的法律适用

《民法典》流押、流质规定有利溯及适用的要件如下:(1)流押、流质条款发生在《民法典》施行之前;(2)在债务履行期限届满之前约定流押、流质条款;(3)明确约定债务人不履行到期债务时,抵押财产或者质押财产归债权人所有;(4)在《民法典》施行后发生流押、流质条款效力的争议。符合上述四个要件的,《民法典》关于流押、流质的新增规定具有溯及既往的效力,应当适用《民法典》第 401 条、第 428 条的规定,只能依法就抵押或者质押财产优先受偿,认定流押、质押条款本身无效即可。

第八条　民法典施行前成立的合同,适用当时的法律、司法解释的规定合同无效而适用民法典的规定合同有效的,适用民法典的相关规定。

【新规则要点】

本条司法解释的条旨是《民法典》规定的合同效力规则具有溯及既往的效力。

对合同效力发生的民事纠纷案件适用法律,在《民法典》溯及力问题上,应当特别注意的是,原《合同法》关于合同效力的规定是基本依据,而《民法典》将合同效力的规则集中规定在总则编第六章第三节"民事法律行为的效力"的规定中,法律适用的环境和具体规则都发生了变化。

对《民法典》施行前成立的合同,如果适用当时的法律(如原《民法通则》《合同法》)、司法解释(如适用合同法的几部司法解释)的规定合同无效而适用《民法典》的规定合同有效,本条司法解释确定的法律适用原则是"适用民法典的相关规定"。这就是说,合同是在《民法典》施行之前成立的,如果当时的《合同法》《民法通则》和司法解释认为无效,而《民法典》规定为合同有效,既然《民法典》已经规定这种合同是有效的,则在《民法典》施行后发生争议、当事人起诉的,就应当适用《民法典》的规定,确认该合同有效。

原《合同法》第 52 条规定的合同无效情形,与《民法典》规定的民事法律行为无效的情形进行对照,结果如下:

(1)原《合同法》第 52 条第 1 项规定,一方以欺诈、胁迫的手段订立合同,损害国家利益的合同无效。对此,《民法典》第 148、149、150 条规定所有因欺诈、胁迫签订的合同,一律为可撤销的民事法律行为。

(2)原《合同法》第 52 条第 2 项规定,恶意串通,损害国家、集体或者第三人利益的合同无效。这一规定与《民法典》第 154 条的规定相一致。

(3)原《合同法》第 52 条第 3 项规定,以合法形式掩盖非法目的的合同无效。《民法典》第 146 条规定了更具广泛概括力的隐藏行为,要根据被隐藏的行为的法律规定确认其效力,其中可能包括有效的规定,例如被隐藏的行为是合法行为,就是有效的民事法律行为。不过,本司法解释对此专门针对虚假行为和隐藏行为规定了第 8 条,该条规定《民法典》具有溯及力,适用《民法典》第 146 条的规定。

(4)原《合同法》第 52 条第 4 项规定,损害社会公共利益的合同无效。对此,《民法典》第 153 条第 2 款已经规定了违反公序良俗的行为无效。

(5)原《合同法》第 52 条第 5 项规定,违反法律、行政法规的强制性规定的合同无效。对此,《民法典》第 153 条第 1 款规定了违反法律、行政法规强制性规定的合同无效,但是,该强制性规定不导致该民事法律行为无效的除外。例如,违反管理性强制性法律规范的合同,就有可能不导致该合同无效。

(6)原《合同法》没有规定,原《民法通则》规定无民事行为能力人实施的民事行为无效。对此,《民法典》第 144 条作了相同的规定。

上述法律规定对照的结果是,对于合同的效力,《民法典》施行前的法律规定为无效,《民法典》规定为有效的情形,一是欺诈、胁迫损害国家利益的合同;二是违反法律强制性规定但属于管理性强制性法律、不导致该合同无效的合同。其中,对欺诈、胁迫损害国家利益的合同,虽然原《合同法》规定为无效,但是《民法典》并未规定其为无效,而是可撤销合同。因此,可以得出以下结论:

(1)违反管理性强制性法律规定的合同,如果不导致合同无效,就是有效的合同。尽管原《合同法》规定了违反法律强制性规定的合同无效,但是,后来的司法解释就对违反效力性强制性规定的合同和违反管理性强制性规定的合同的效力进行了区分,那些"该强制性规定不导致该民事法律行为无效的"合同,属于《民法典》施行前的法律规定为无效,而《民法典》规定为有效的情形。

(2)对于欺诈、胁迫损害国家利益的合同,尽管原《合同法》规定为无效,不过,《民法典》却对此并未规定为有效,而是规定为可撤销的民事法律行为,如果严格地从文义上解读,这并不完全符合本条司法解释规定的条件。然而,对于《民法典》施行前的法律规定为无效,《民法典》规定为可撤销的,虽然本司法解释并未作出具体规定,但也可以比照适用这一条的规定,即欺诈、胁迫损害国家利益的合同,应当适用《民法典》的规定。

所以,按照本条司法解释的规定,首先,对于《民法典》施行前成立的合同,违反法律的管理性强制性规定并不导致合同无效的,应当适用《民法典》第 153 条第 1 款的规定,认定该合同为有效。其次,对于欺诈、胁迫损害国家利益的合同,虽然《民法典》没有规定其为有效,但是改变了原来无效的规定,规定为可撤销民事法律行为,因此,应当适用《民法典》第 148、149、150 条的规定,认定为可撤销民事法律行为;如果撤销权人不主张行使撤销权的,就可以直接认定为有效合同。

第九条　民法典施行前订立的合同,提供格式条款一方未履行提示或者说明义务,涉及格式条款效力认定的,适用民法典第四百九十六条的规定。

【新规则要点】

本条司法解释的条旨是《民法典》关于格式条款效力的规定具有溯及既往的效力。

1. 格式条款的价值和缺陷

《民法典》第 496 条第 1、2 款分别规定："格式条款是当事人为了重复使用而预先拟定，并在订立合同时未与对方协商的条款。""采用格式条款订立合同的，提供格式条款的一方应当遵循公平原则确定当事人之间的权利和义务，并采取合理的方式提示对方注意免除或者减轻其责任等与对方有重大利害关系的条款，按照对方的要求，对该条款予以说明。提供格式条款的一方未履行提示或者说明义务，致使对方没有注意或者理解与其有重大利害关系的条款的，对方可以主张该条款不成为合同的内容。"这是对格式条款及提供格式条款一方应当履行义务的规定，与原《合同法》第 39 条的规定相比有了较大修改。

格式条款的优势是便捷、易行、高效，缺点是无协商余地，双方当事人的地位不平等。故法律对提供格式条款的一方当事人规定了法定义务：(1)遵循公平原则确定当事人权利义务的义务；(2)采取合理的方式提示对方注意免除或者减轻其责任等与对方有重大利害关系条款的义务；(3)按照对方的要求对该条款予以说明的义务。

2.《民法典》对格式条款的新增规定

《民法典》第 496 条对格式条款的新增规定的内容是：

(1)在"采取合理的方式提示对方注意免除或者减轻其责任"之后，增加了"等与对方有重大利益关系的条款"的内容，这意味着，免除或者减轻提供格式条款一方责任的条款，并不是唯一需要提示对方注意的条款，而仅仅是与对方有重大利益关系的条款中的一种。这显然扩大了提请对方注意的内容，凡是与对方有重大利益关系的条款，都在提示注意的范围内。

(2)增加未履行提示对方注意义务的后果。原《合同法》第 39 条没有规定不履行提示对方注意义务的法律后果，被称为"软义务"。本条对此作出补充，规定了"提供格式条款的一方未履行提示或者说明义务，致使对方没有注意或者理解与其有重大利害关系的条款的，对方可以主张该条款不成为合同的内容"的法律后果。主张"与对方有重大利益关系的条款"不成为合同的组成部分，就等于宣布其不存在、没有效力，这样的法律后果足以威慑提供格式条款一方，须极尽谨慎义务，保护好对方的权益，也保护好自己的权益。

3.《民法典》对格式条款新增规定的溯及适用的规则

《民法典》第 496 条的上述新增规定，对于保护消费者的合法权益具有重要价值。因此，依照本条司法解释的规定，溯及适用《民法典》第 496 条规定有四个要件：(1)合同是在《民法典》施行前订立的；(2)提供格式条款一方未履行《民法典》第 496 条规定的提示或者说明义务；(3)未对消费者履行提示或者说明义务的行为,使对方当事人没有注意或者理解与其有重大利害关系的条款;(4)双方当事人在《民法典》施行后对该格式条款效力发生争议。对此,应当适用《民法典》第496条的规定,确认这样的条款不成为合同的内容,对当事人没有法律上的拘束力,不能依照这样的条款确定双方当事人的权利和义务。

第十条　民法典施行前,当事人一方未通知对方而直接以提起诉讼方式依法主张解除合同的,适用民法典第五百六十五条第二款的规定。

【新规则要点】

本条司法解释的条旨是《民法典》关于直接以提起诉讼方式主张解除合同的规定具有溯及既往的效力。

《民法典》合同编第565条第1、2款分别规定:"当事人一方依法主张解除合同的,应当通知对方。合同自通知到达对方时解除;通知载明债务人在一定期限内不履行债务则合同自动解除,债务人在该期限内未履行债务的,合同自通知载明的期限届满时解除。对方对解除合同有异议的,任何一方当事人均可以请求人民法院或者仲裁机构确认解除行为的效力。""当事人一方未通知对方,直接以提起诉讼或者申请仲裁的方式依法主张解除合同,人民法院或者仲裁机构确认该主张的,合同自起诉状副本或者仲裁申请书副本送达对方时解除。"该条第1款的规定与原《合同法》第96条的规定相比没有太大的变化,第2款规定是《民法典》的新增规定,应当适用新增规则的法律适用原则。

1. 合同解除权行使的一般规则

当事人一方享有法定合同解除权,行使解除权的一般规则是通知。这是因为解除权的性质是形成权,以通知方式行使解除权,通知到达对方当事人生效,合同即行解除。

确定解除权生效时间的具体规则是,当事人采取直接通知方式行使解除权的,解除权生效的时间如下:(1)解除权人在行使解除权时,只要将解除合同的意思表示通知对方,即产生解除的效力,解除权生效的时间采到达主义,即合同自通知到达对方时解除。(2)通知载明债务人在一定期限内不履行债务则合同自动解除,债务人在该期限内未履行债务的,合同自通知载明的期限届满时解除。

对方如果对行使解除权解除合同有异议,任何一方当事人都可以向法院提起诉讼或者申请仲裁机构裁决,请求确认解除合同的效力。人民法院或者仲裁机构确认请求权成立的,按照上述解除权生效时间的规定裁判。

2.《民法典》第565条第2款的新增规定

《民法典》第565条第2款规定了当事人直接向法院或者仲裁机构行使合同解除权的诉讼、仲裁生效方式，是新增规定。如果当事人一方不采取通知方式行使解除权，而是不通知对方，直接向法院或者仲裁机构起诉或者申请，以诉讼或者仲裁方式依法主张解除合同的，人民法院或者仲裁机构认定其享有法定解除权，支持该方当事人行使解除权主张的，合同的解除时间是起诉状副本或者仲裁申请书副本送达对方时。

有人认为，对此应当确定在判决书、调解书或者裁决书确定生效时，解除权才开始生效，这是不对的。因为解除权是形成权，解除权人向法院起诉、向仲裁机构提出申请，诉状或者申请书副本送达对方当事人时，就已经行使了解除权，当然要把这个时间确定为解除权行使的时间，此时发生合同解除的效果。

《民法典》第565条规定的合同解除权生效规则很全面，能够适应司法实践的需要，发挥规范合同解除权行使的作用。

3.《民法典》施行前直接以提起诉讼方式行使合同解除权规则的溯及力

本条司法解释规定，溯及既往地适用《民法典》第565条第2款规定的要件有：(1)合同成立在《民法典》施行之前；(2)当事人一方享有的合同解除权也产生在《民法典》实行之前；(3)解除权人未采取以通知对方的方式行使解除权，而是直接以向法院提起诉讼的方式，依法主张解除合同；(4)提起行使解除权诉讼(或者仲裁)的时间是在《民法典》施行之后。

符合这些要件的，由于《民法典》第565条第2款的规定是新增规定，合同成立和解除权产生当时的法律、司法解释没有这样的规定，因而《民法典》的规定具有溯及既往的效力，可以直接适用该规定，确定合同解除的时间为起诉状副本(包括仲裁申请书副本)送达对方当事人之时。

第十一条　民法典施行前成立的合同，当事人一方不履行非金钱债务或者履行非金钱债务不符合约定，对方可以请求履行，但是有民法典第五百八十条第一款第一项、第二项、第三项除外情形之一，致使不能实现合同目的，当事人请求终止合同权利义务关系的，适用民法典第五百八十条第二款的规定。

【新规则要点】

本条司法解释的条旨是《民法典》关于合同僵局处理规则的规定具有溯及既往的效力。

1. 合同履行僵局的界定

《民法典》第 580 条第 1、2 款分别规定:“当事人一方不履行非金钱债务或者履行非金钱债务不符合约定的,对方可以请求履行,但是有下列情形之一的除外:(一)法律上或者事实上不能履行;(二)债务的标的不适于强制履行或者履行费用过高;(三)债权人在合理期限内未请求履行。”“有前款规定的除外情形之一,致使不能实现合同目的的,人民法院或者仲裁机构可以根据当事人的请求终止合同权利义务关系,但是不影响违约责任的承担。”这一条文的第 1 款是对非金钱债务继续履行及除外条款的规定,第 2 款是对不能继续履行致使合同目的不能实现的情况下,当事人请求终止合同的规定。与原《合同法》第 110 条规定相比,增加了第 2 款关于不能继续履行致使合同目的不能实现的,当事人有权请求终止合同的合同僵局破解规则的规定。

除金钱债务之外的其他合同债务,都是非金钱债务。债务人对非金钱债务不履行或者履行债务不符合约定的,是违约行为,应当承担继续履行的责任。

《民法典》的本条但书作为新增规定,规定的例外情形是:(1)法律上或者事实上不能履行,即履行不能,是指债务人在客观上已经没有履行能力,或者法律禁止该种债务的履行。法律不能,是指基于法律的规定而构成的履行不能,如出卖禁止流通物合同的履行不能;事实不能,是指基于自然法则而构成的履行不能,如特定物的灭失造成的履行不能。(2)债务的标的不适于强制履行或者履行费用过高,不适于强制履行是无法继续履行,履行费用过高是继续履行在成本上不合算。(3)债权人在合理期限内未请求履行,继续履行成为不必要。在合同履行中出现上述三种情形时,债权人不能再请求继续履行,但是并不妨碍债权人请求债务人承担其他违约责任。

本条司法解释规定,首先,对于非金钱债务,一方当事人违约,对方还是可以请求履行,即能够履行的,还是要尽量履行,促使交易完成,合同目的实现。

但是,当形成合同僵局时,只要存在第 580 条规定的三项除外痛苦规定的情形,就可以适用合同僵局的破解规则。

合同僵局破解规则是说,有前款规定的三种除外情形之一,致使不能实现合同目的的,享有解除权的一方当事人不行使解除权,使合同处于“不死不活”的状态。这时,人民法院或者仲裁机构可以根据当事人的请求,确认终止合同权利义务关系,但是不影响违约责任的承担。非金钱债务合同中,违约方存在该条文第 1 款规定的上述三种情形之一,无法继续履行债务,致使合同目的无法实现,守约方本来享有合同解除权,但是,守约方就是不行使合同解除权,致使合同陷入僵局。

破解合同僵局的方法是,当事人可以请求人民法院或者仲裁机构裁决终止合同权利义务关系。

2. 溯及适用《民法典》第580条第2款的要求

对于在《民法典》施行前成立的合同,当事人一方不履行非金钱债务或者履行非金钱债务不符合约定致使不能实现合同目的,陷入合同僵局的,在《民法典》施行后,当事人请求终止合同权利义务关系的,适用《民法典》第580条第2款规定的合同僵局破解规则。要点如下:

(1)出现上述情形,当事人可以行使终止合同的请求权,将不能继续履行的非金钱债务合同予以消灭,使合同僵局得到破解。

(2)享有请求权的不仅是守约方,也包括违约方,通常应当是守约方提出终止合同的请求。但是,如果守约方拒不请求终止合同,违约方也可以行使终止合同的请求权,请求终止合同。其实,这里使用"当事人"的概念,主要还是指违约一方享有解除合同的请求权。因为合同的根本目的不能实现,守约方就享有法定解除权,不必行使解除合同的请求权。由于在编纂《民法典》中对这一破解合同僵局的规则有较多的反对意见,因此才采取了这种折中的写法。

(3)无论是守约方行使终止合同解除权,还是违约方行使终止合同请求权,合同终止的,都不影响违约责任的承担,违约方该承担的违约责任必须承担。

(4)这种终止合同的请求权不是形成权,违约一方当事人不享有解除权,而享有请求权,不能一经违约一方当事人主张就发生形成权的后果,而是须向人民法院或者仲裁机构提出主张终止合同关系的请求,由人民法院或者仲裁机构裁决是否应当终止合同。

第十二条　民法典施行前订立的保理合同发生争议的,适用民法典第三编第十六章的规定。

【新规则要点】

本条司法解释的条旨是《民法典》对保理合同的规定具有溯及既往的效力。

保理合同原来是无名合同、非典型合同。《民法典》合同编第二分编第十六章对保理合同作出了比较全面的规定,使保理合同成为典型合同、有名合同。

保理业务最早起源于18世纪的英国,并在20世纪50年代的美国和西欧国家发展成型,成为新型的贸易融资方式,近20年来得到广泛应用。我国的保理业务起步较晚,发展也比较慢。《民法典》把保理合同规定为典型合同,并且作出比较全面的规定,将会促进我国保理业务的继续发展,在经济交往中发挥更大的作用。

保理合同也称为财物代理、应收账款承购、应收账款融资,均为保付代理的意思,是应收账款债权人将现有的或者将有的应收账款转让给保理人,保理人提供资金融通、应收账款管理或者催收、应收账款债务人付款担保等服务的合同。

在保理合同中,转让应收账款债权的一方是应收账款债权人,接受应收账款债权并提供金融服务的一方是保理人。应收账款债务人是应收账款债权人的债务人,双方是应收账款债权债务关系的当事人。应收账款的债务人不是保理合同的当事人,是由于应收账款债权人将应收账款债权转移给保理人融资,而使其成为保理人的债务人。从这个意义上说,应收账款债务人是由于应收账款的债权转移,而成为保理人的债务人的,是广义上的保理合同当事人。

应收账款,是企业在正常的经营过程中,因销售商品、产品、提供劳务等业务,应向购买单位收取的款项,包括应由购买单位或接受劳务单位负担的税金、代购买方垫付的各种运杂费等。应收账款是伴随企业的销售行为发生而形成的一项债权。应收账款包括已经发生的和将来发生的债权。前者如已经发生并明确成立的债权,后者是现实并未发生但是将来一定会发生的债权。

以保理人对应收账款是否享有追索权为标准,保理合同分为有追索权保理和无追索权保理。有追索权保理是指不承担买方信用风险,只提供其他服务的保理。保理公司承做有追索权保理,若有提供卖方预付款服务,在应收账款到期 45 天后的任何情况下,保理公司均有权向卖方进行追索。无追索权保理是指承担买方信用风险的保理。保理公司在承做无追索权保理时,发生买方信用风险,从应收账款到期 90 天起,若发生非商业纠纷的卖方信用风险,则由保理公司向卖方履行担保付款的责任。

由于在《民法典》施行之前我国的法律、司法解释没有就保理合同作出规定,《民法典》合同编第十六章关于保理合同的规定都是新增规定,都具有溯及既往的效力。因而,《民法典》施行之前订立的保理合同,无论是在《民法典》施行前还是在施行后发生争议,在《民法典》施行后向法院起诉的,都应当适用《民法典》合同编第十六章的规定,确定当事人的权利和义务,对争议作出裁判。

第十三条　民法典施行前,继承人有民法典第一千一百二十五条第一款第四项和第五项规定行为之一,对该继承人是否丧失继承权发生争议的,适用民法典第一千一百二十五条第一款和第二款的规定。

民法典施行前,受遗赠人有民法典第一千一百二十五条第一款规定行为之

一,对受遗赠人是否丧失受遗赠权发生争议的,适用民法典第一千一百二十五条第一款和第三款的规定。

【新规则要点】

本条司法解释的条旨是《民法典》规定的丧失继承权规则具有溯及既往的效力。

1.《民法典》第1125条第1款第4项和第5项具有溯及既往效力

对于丧失继承权的规则,原《继承法》是有规定的。不过,原《继承法》第7条规定的丧失继承权的事由不够完整,也没有区分绝对丧失继承权和相对丧失继承权的界限。《民法典》第1125条第1款对丧失继承权的事由作了补充规定:"继承人有下列行为之一的,丧失继承权:(一)故意杀害被继承人;(二)为争夺遗产而杀害其他继承人;(三)遗弃被继承人,或者虐待被继承人情节严重;(四)伪造、篡改、隐匿或者销毁遗嘱,情节严重;(五)以欺诈、胁迫手段迫使或者妨碍被继承人设立、变更或者撤回遗嘱,情节严重。"其中隐匿遗嘱和以欺诈、胁迫手段迫使或者妨碍被继承人设立、变更或者撤回遗嘱,是新增规定。

继承权丧失,是指继承人因发生法律规定的事由失去继承被继承人遗产的资格,故继承权丧失又叫继承权剥夺。其特征,一是继承权的丧失是继承人继承期待权的丧失;二是继承权的丧失是继承人继承期待权的自然丧失;三是继承权的丧失是在发生法定事由时丧失。

在上述丧失继承权的事由中,《民法典》新增规定是:(1)在伪造、篡改或者销毁遗嘱、情节严重的规定中,增加隐匿遗嘱、情节严重的行为,也是丧失继承权的事由;(2)新规定了以欺诈或者胁迫手段迫使或妨碍被继承人设立、变更或撤回遗嘱情节严重的,构成丧失继承权的事由,其实就是强制被继承人设立、变更或者撤回遗嘱、情节严重的行为。

由于《民法典》上述两种丧失继承权事由的规定属于新增规定,具有溯及既往的效力,因而在《民法典》施行前,继承人存在第1125条第1款第4项和第5项规定的行为之一的,其实就是隐匿遗嘱行为,或者以欺诈、胁迫手段迫使、妨碍被继承人设立、变更、撤回遗嘱等行为,均情节严重,对该继承人是否丧失继承权在《民法典》施行后发生争议引发诉讼的,法院适用《民法典》第1125条第1款的规定,确定继承人是否丧失继承权,符合规定的,继承人即丧失继承权。

2.存在《民法典》第1125条第1款第4项和第5项行为的可以适用宽宥的规定

在《民法典》施行前,继承人存在《民法典》第1125条第1款第4项和第5

项规定行为,确有悔改表现,被继承人表示宽恕或者事后在遗嘱中将其列为继承人的,适用《民法典》第1125条第2款的规定。

原《继承法》没有规定继承人丧失继承权后被继承人的宽恕规则,同时也没有把丧失继承权的事由分为绝对丧失和相对丧失两种不同类型,因而虽然规定了丧失继承权的事由,但是具体规则是不完整的。《民法典》第1125条在增加了部分丧失继承权的事由的基础上,将丧失继承权的事由分为两种类型,即绝对丧失继承权和相对丧失继承权,同时规定相对丧失继承权的继承人,可以因被继承人的宽恕而恢复继承权。这是《民法典》的新增规定,具有溯及既往的效力,因此,本条司法解释规定,《民法典》施行前,继承人存在《民法典》第1125条第1款第4项至第5项规定的行为,确有悔改表现,被继承人表示宽恕或者事后在遗嘱中将其列为继承人的,适用《民法典》第1125条第2款的规定,但是,如果遗产已经在《民法典》施行前处置完毕,就不再适用这一规定。

《民法典》第1125条第2款的规定是:"继承人有前款第三项至第五项行为,确有悔改表现,被继承人表示宽恕或者事后在遗嘱中将其列为继承人的,该继承人不丧失继承权。"

3. 相对丧失继承权及具体事由

继承权丧失分为绝对丧失和相对丧失。继承权绝对丧失,是因发生某种使某继承人丧失继承权的法定事由时,该继承人对特定被继承人的继承权便终局地丧失,该继承人不得也不能再享有对被继承人的继承权。继承权相对丧失,是虽因发生某种法定事由而使继承人的继承权丧失,但是在具备一定条件时,继承人的继承权也可最终不丧失的继承制度,所以,又叫继承权非终局丧失。正因为相对丧失继承权是非终局丧失,因而才可以经过被继承人的宽恕而使丧失的继承权得到恢复。

相对丧失继承权的具体事由有三点:一是遗弃被继承人,或者虐待被继承人情节严重;二是伪造、篡改、隐匿或者销毁遗嘱,情节严重;三是以欺诈、胁迫手段迫使或者妨碍被继承人设立、变更或者撤回遗嘱,情节严重。

4. 继承人丧失继承权的宽宥制度

被继承人的宽恕,也叫宽宥,是以法定继承权的相对丧失为前提,特指被继承人在情感上对继承人的故意或过失行为表达的谅解和宽恕,是被继承人对继承人继承身份或资格的再次认可、肯定与承认,恢复其已丧失的继承权。在继承人相对丧失继承权后,只要被继承人对继承人予以宽宥,就能恢复继承人已经丧失的继承权。在被继承人和继承人之间都有一定的血缘关系,对犯有过错的继承人,确有悔改表现,被继承人予以宽宥,还准许继承人继承自己的遗产,是符合情理的。特别是我国长期实行独生子女政策，很多父母只有一个子女，独生子女作为继承人，一旦丧失继承权，如果不能得到宽宥，将会使其父母的遗产不能向直系血亲卑亲属流转，不符合继承规律的要求。设立宽宥制度，就会解决这些问题。

宽宥的构成要件如下：(1)继承人遗弃被继承人，或者虐待被继承人情节严重；或者伪造、篡改、隐匿或者销毁遗嘱，情节严重；或者以欺诈、胁迫手段迫使或者妨碍被继承人设立、变更或者撤回遗嘱，情节严重。继承人有这些行为之一的，尽管丧失了继承权，但是属于相对丧失。(2)丧失继承权的继承人确有悔改表现，只要有悔改表现即可。(3)被继承人具有宽恕的意思表示：既包括明示的宽恕，如被继承人明确表示对继承人予以宽恕；也包括默示的宽恕，即被继承人事后在遗嘱中将丧失继承权的人列为遗嘱继承人，就具有了被继承人宽宥的意思表示。具备上述三个要件，被继承人的宽宥就发生效力，使丧失继承权的继承人恢复继承权，能够继承被继承人的遗产。

宽宥是被继承人的单方意思表示，不必由被继承人和继承人达成宽恕的合意，不需要相对方即继承人作出任何意思表示，便产生法律效力。

《民法典》第 1125 条第 2 款关于被继承人宽恕的规定具有溯及既往的效力，可以溯及至《民法典》施行前发生的丧失继承权的行为。溯及适用的要件如下：(1)是在《民法典》施行前，继承人存在《民法典》第 1125 条第 1 款第 3 项至第 5 项规定的行为；(2)丧失继承权的继承人确有悔改表现；(3)被继承人表示宽恕或者事后在遗嘱中将其列为继承人；(4)当事人发生争议在《民法典》施行后提起诉讼。符合上述四个要件，即可适用《民法典》第 1125 条第 2 款的规定，恢复相对丧失继承权的继承人的继承权。

之所以对《民法典》第 1125 条第 1 款第 3 项规定的相对丧失继承权的行为没有规定溯及既往的效力，是因为第 3 项规定不属于新增规定，没有溯及既往的效力。既然如此，无论是丧失继承权，还是予以宽宥，就都没有溯及既往的效力。笔者认为，《民法典》第 1125 条第 1 款第 3 项关于“遗弃被继承人，或者虐待被继承人情节严重”，丧失继承权的，在《民法典》施行后，被继承人宽宥的，是应当适用该条第 2 款规定的，因为这属于“有利溯及原则”规定的范围。本条司法解释的这一规定，还是有所欠缺。

符合溯及适用《民法典》第 1125 条第 2 款规定的除外情形是，遗产已经在《民法典》施行前处理完毕的，不适用第 1125 条的规定。这是因为，争议的遗产已经不复存在，为稳定继承秩序，即使被继承人宽宥，丧失继承权的继承人也不得再主张恢复继承权，分得遗产。

5.《民法典》第 1125 条第 3 款规定具有溯及既往的效力

在《民法典》施行前,如果受遗赠人有《民法典》第 1125 第 1 款规定的行为,当事人对受遗赠人是否丧失受遗赠权发生争议的,直接适用《民法典》第 1125 条第 1 款和第 3 款的规定,确认是否丧失受遗赠权。

第十四条　被继承人在民法典施行前死亡,遗产无人继承又无人受遗赠,其兄弟姐妹的子女请求代位继承的,适用民法典第一千一百二十八条第二款和第三款的规定,但是遗产已经在民法典施行前处理完毕的除外。

【新规则要点】

本条司法解释的条旨是《民法典》关于侄甥代位继承规则具有溯及既往的效力。

原《继承法》规定代位继承制度,只有继承人的晚辈直系血亲的代位继承,不包括其他继承人的代位继承。《民法典》第 1128 条第 2 款增加规定了被继承人的兄弟姐妹的子女即侄甥的代位继承制度。条文的内容是:“被继承人的兄弟姐妹先于被继承人死亡的,由被继承人的兄弟姐妹的子女代位继承。”该条第 3 款规定是代位继承的遗产份额,即“代位继承人一般只能继承被代位继承人有权继承的遗产份额”。

这一条文的第 2 款规定被继承人的兄弟姐妹的子女即侄甥的代位继承,扩大了我国代位继承的范围,有利于遗产在旁系血亲中的流转。这是《民法典》对代位继承的新增规定,具有溯及既往的溯及力。本条但书特别强调的是,遗产已经在民法典施行前处理完毕的除外。既然遗产已经在民法典施行之前处理完毕,就不必揪起旧账,再来折腾,因而不再适用《民法典》的上述规定。

原《继承法》规定的代位继承,也是《民法典》第 1128 条第 1 款规定的代位继承,是指被继承人的子女先于被继承人死亡时,由被继承人的继承人的晚辈直系血亲代替先亡的被继承人的子女继承被继承人遗产的法定继承制度。在代位继承中,被继承人的子女为被代位继承人,承继应继份的被继承人子女的直系血亲卑亲属为代位继承人。应继份,是指各继承人对遗产上一切权利义务可以继承的成数或比例。

《民法典》具有溯及既往效力的是本条第 2 款规定,即被继承人的兄弟姐妹的子女代位继承制度和规则的主要价值,是扩大了法定继承人的范围。将被继承人的兄弟姐妹的子女规定为法定代位继承人,就有可能使侄子、侄女、外甥、外甥女成为代位继承的法定继承人,能够代位继承其叔、伯、姑、舅、姨的遗产,减少无人继承遗产产生的概率,保障私人财富在其亲属中流转。

被继承人的兄弟姐妹的子女的代位继承,是《民法典》增加的代位继承制度。确认侄甥代位继承,首先要确定其构成要件:(1)须被继承人的兄弟姐妹在继承开始前已经死亡。这一要件要求的是,在法定继承中,没有第一顺序法定继承人,因而才有了作为第二顺序法定继承人的兄弟姐妹实现继承权的机会。但是,仅此还不足以成立这一要件,还须被继承人的兄弟姐妹在继承开始之前已经死亡。兄弟姐妹作为继承人发生的继承,不是纵向的继承关系,而是横向的继承关系,当兄弟姐妹有权继承被继承人的遗产,又在继承开始前死亡的,兄弟姐妹的子女才有代位继承的机会。这是构成兄弟姐妹的子女代位继承的第一个要件。(2)被代位人须是被继承人的兄弟姐妹。在兄弟姐妹的子女代位继承中,被代位人是兄弟姐妹,兄弟姐妹与被继承人是二亲等旁系血亲,是最密切的旁系血亲同辈亲属。只有在被继承人没有第一顺序法定继承人的情况下,兄弟姐妹才能成为有资格继承被继承人遗产的法定继承人。(3)代位继承人须是被代位人的子女。在这种代位继承中,代位继承人是兄弟姐妹的子女,仅限于被代位人的子女,而不是直系晚辈血亲,只包括侄子、侄女和外甥、外甥女。

符合上述要件,即使继承法律关系发生在《民法典》施行之前,侄子女、甥子女也可以依照《民法典》第 1128 条第 2 款和第 3 款的规定,代其父或者母之位,继承其伯、叔、姑、舅、姨的遗产。从这些要件看,对兄弟姐妹的子女代位继承的要求更严,代位继承人的范围很窄。

侄甥的代位继承与其他代位继承产生的法律效果是一样的,代位继承人可以继承被代位继承人的应继份,即代位继承人有权继承被代位继承人应当继承的遗产份额。代位继承人的应继份应根据被代位继承人的应继份确定,按房或支来分割遗产。

第十五条　民法典施行前,遗嘱人以打印方式立的遗嘱,当事人对该遗嘱效力发生争议的,适用民法典第一千一百三十六条的规定,但是遗产已经在民法典施行前处理完毕的除外。

【新规则要点】

本条司法解释的条旨是《民法典》关于打印遗嘱效力的规定具有溯及既往的效力。

原《继承法》只规定了五种立遗嘱方式,即自书遗嘱、代书遗嘱、录音遗嘱、口头遗嘱和公证遗嘱,没有规定过打印遗嘱。

打印遗嘱有两种:一种是用老式打字机打印出来的遗嘱,这种遗嘱形式已经不常见了;另一种是用电脑写作、用打印机打印出来的遗嘱。在历史上,有的国家民法典规定过打印遗嘱,主要是指使用老式打字机打印出来的遗嘱,不是现代意义的用电脑写作、用打印机打印的遗嘱。在当前,由于人们的写作方式已经从用笔书写,转变为用电脑书写为主,因此,用电脑写作、用打印机打印出来的遗嘱形式已经比较普遍。不过,各国民法典绝大多数没有对打印遗嘱的形式和效力作出规定,有的国家甚至完全否认打印遗嘱的形式和效力。

近年来,在继承纠纷案件的法律适用中,我国司法实践对打印遗嘱的态度各不相同:有的法官认为打印遗嘱就是自书遗嘱,按照自书遗嘱的效力对待;有的法官把打印遗嘱视为代书遗嘱,按照代书遗嘱的要求,确定打印遗嘱的效力;也有的法官不认可打印遗嘱的形式和效力,一律认为打印遗嘱是无效遗嘱,完全采取否认的态度。

正是由于原《继承法》对打印遗嘱的形式没有规定,才使司法实践形成适用法律的不统一,造成同案不同判的结果。《民法典》第1136条确认打印遗嘱的形式和效力,成为新增规定。所以,本条司法解释规定,《民法典》施行前,遗嘱人以打印形式设立的遗嘱,当事人对该遗嘱效力发生争议的,适用《民法典》第1136条的规定。

《民法典》第1136条规定了打印遗嘱的效力,弥补了我国遗嘱形式的立法空白,适应了社会和司法实践的需要。

打印遗嘱,是指遗嘱人通过电脑制作、用打印机打印出来的遗嘱。当前,很多遗嘱人制作遗嘱都是用电脑写作,之后用打印机打印出来,形成打印遗嘱。

鉴于打印遗嘱应用的普遍性和判断的复杂性,《民法典》首先规定打印遗嘱是法定的遗嘱形式,符合法定条件的,应当确认其法律效力。其次规定打印遗嘱有效的要件:一是遗嘱为电脑制作、打印机打印出来的文本形式;二是打印遗嘱应当有两个以上的见证人在场见证,并且在打印遗嘱文本的每一页都签名;三是遗嘱人也必须在遗嘱文本的每一页都签名;四是在打印遗嘱的文本上,须注明立遗嘱的年、月、日。具备这些要件的打印遗嘱发生遗嘱效力。

在司法实践中确定《民法典》第1136条关于打印遗嘱规定的溯及力,须具备以下要件:(1)打印遗嘱成立在《民法典》施行前;(2)遗嘱人须以打印形式设立遗嘱;(3)当事人对该打印遗嘱的效力发生争议;(4)当事人在《民法典》施行之后向法院起诉。符合上述要件的,法院可以直接适用《民法典》第1136条的规定,确认打印遗嘱的效力。

在确定适用《民法典》第1136条关于打印遗嘱规定的溯及力问题上,本条司法解释规定了除外条款，即遗产已经在《民法典》施行前处理完毕的，不再适用《民法典》的这一规定确认打印遗嘱的效力，不具有溯及既往的效力。

第十六条　民法典施行前，受害人自愿参加具有一定风险的文体活动受到损害引起的民事纠纷案件，适用民法典第一千一百七十六条的规定。

【新规则要点】

本条司法解释的条旨是《民法典》关于自甘风险的规则具有溯及既往的效力。

原《侵权责任法》没有规定过自甘风险的免责事由，在社会生活中经常出现自甘风险的情形。由于《民法典》第1176条关于自甘风险的规定属于新增规定，本条司法解释确认，《民法典》的这一规定具有溯及既往的效力，因而在《民法典》施行前，受害人自愿参加具有一定风险的文体活动受到损害引起的民事纠纷案件，适用《民法典》第1176条关于自甘风险的规定。

1. 自甘风险的基本规则

《民法典》第1176条第1、2款分别规定："自愿参加具有一定风险的文体活动，因其他参加者的行为受到损害的，受害人不得请求其他参加者承担侵权责任；但是，其他参加者对损害的发生有故意或者重大过失的除外。""活动组织者的责任适用本法第一千一百九十八条至第一千二百零一条的规定。"

自甘风险也叫危险的自愿承担，是来自英美侵权法的传统免责事由，是指受害人自愿参加有一定风险的活动，因其他参加者的行为受到损害的，受害人不得请求其他参加者承担侵权责任，但是其他参加者对损害的发生有故意或者重大过失的除外的侵权责任免责事由。

自甘风险有以下构成要件：(1)组织者组织的活动是具有一定风险的文体活动，例如蹦极等；(2)受害人对该种具有一定风险的文体活动的危险性有认识，但是自愿参加；(3)受害人参加此活动，因其他参加者的行为受到损害，该文体活动参与者的行为与受害人的损害之间有因果关系；(4)文体活动的参加者对损害的发生没有故意或者重大过失。具备这些构成要件的，即免除其他参加者的侵权责任。可见，即使其他参加者对于损害的发生有一般过失，也不承担赔偿责任。例如，参加足球、棒球等比赛活动受到其他运动员的损害，应当适用自甘风险的规定，免除造成损害的其他参加者的赔偿责任。

本条第2款规定的"活动组织者的责任适用本法第一千一百九十八条至第一千二百零一条的规定"，是指具有一定风险的文体活动的组织者，对于造成受害人损害是否承担侵权责任,应当适用违反安全保障义务侵权责任和教育机构损害责任的规定,分为两种情况:(1)组织者未尽到安全保障义务造成受害人损害的,应当承担赔偿责任;组织者违反安全保障义务致使第三人造成受害人损害的,承担相应的补充责任,承担责任后可以向第三人追偿。(2)无民事行为能力人或者限制民事行为能力人在幼儿园、学校或者其他教育机构学习、生活期间受到人身损害的侵权责任规则:这些教育机构未尽教育管理职责的,适用过错推定原则或者过错责任原则确定应当承担的侵权责任;第三人造成损害,第三人承担责任不足的,这些教育机构承担补充责任,承担补充责任后也享有追偿权。

2. 自甘风险规则溯及既往效力的要件

确定《民法典》第 1176 条规定的自甘风险规则溯及力有以下要件:(1)自甘风险的损害发生在《民法典》施行之前;(2)造成受害人损害的事实符合自甘风险的构成要件;(3)因自甘风险造成损害引起的民事纠纷案件在《民法典》施行之后被提起诉讼。符合上述要求的,就可以直接依照《民法典》第 1176 条的规定适用法律。

第十七条　民法典施行前,受害人为保护自己合法权益采取扣留侵权人的财物等措施引起的民事纠纷案件,适用民法典第一千一百七十七条的规定。

【新规则要点】

本条司法解释的条旨是民法典关于自助行为的规定具有溯及既往的效力。

原《侵权责任法》也没有规定自助行为。因而,《民法典》第 1177 条关于自助行为的规定是新增规定,具有溯及既往的效力。本条司法解释规定,《民法典》施行前受害人为保护自己合法权益采取扣留侵权人的财物等措施引起的民事纠纷案件,适用《民法典》第 1177 条的规定。

1. 自助行为的基本规则

《民法典》第 1177 条第 1、2 款分别规定:"合法权益受到侵害,情况紧迫且不能及时获得国家机关保护,不立即采取措施将使其合法权益受到难以弥补的损害的,受害人可以在保护自己合法权益的必要范围内采取扣留侵权人的财物等合理措施;但是,应当立即请求有关国家机关处理。""受害人采取的措施不当造成他人损害的,应当承担侵权责任。"

自助行为,是指权利人为了保护自己的权利,在情势紧迫而又不能获得国家机关及时救助的情况下,对他人的财产或者自由在保护自己合法权益的必要范围内采取扣押、拘束或者其他相应措施,为法律或社会公德所认可的行为。自助行为的性质属于自力救济。这一条没有明文规定可以对他人人身自由施加拘束的内容,但是,“等”字实际包含了这个意思。例如,去饭店吃饭未带钱,店主不让其离开,等待他人送钱来结账的拘束自由行为,也是自助行为,并不是侵害人身自由权的侵权行为。

实施自助行为有以下要件:(1)受害人的合法权益受到侵害;(2)情况紧迫且不能及时获得国家机关保护;(3)对侵权人实施扣留财产或者适当拘束人身自由的行为;(4)扣留财产或者限制人身自由须在保护自己合法权益的必要范围内,不得超出必要范围。

受害人实施了自助行为,在其合法权益得到保障后,即应解除相应措施;如果仍需采取上述措施,应当立即请求有关国家机关依法处理。

受害人如果对侵权人采取自助行为的措施不适当,造成侵权人损害的,应当承担侵权责任,赔偿损失。

2. 自助行为规则溯及既往的要件

由于《民法典》关于自助行为的规则是新增规定,以前的法律没有规定,因此,对于在《民法典》施行前实施的自助行为,《民法典》的规定具有溯及既往的效力。

对于《民法典》施行之前发生的自助行为适用《民法典》第 1177 条的规定,应当具备以下条件:(1)自助行为发生在《民法典》施行前;(2)受害人实施的行为符合《民法典》第 1177 条规定的构成要件;(3)《民法典》施行后对于自助行为产生争议,向法院起诉形成民事纠纷案件。符合这样的要求的,对该民事纠纷案件适用《民法典》第 1177 条的规定。

第十八条　民法典施行前,因非营运机动车发生交通事故造成无偿搭乘人损害引起的民事纠纷案件,适用民法典第一千二百一十七条的规定。

【新规则要点】

本条司法解释的条旨是《民法典》关于好意同乘的规定具有溯及既往的效力。

《民法典》第 1217 条关于好意同乘的规定,之前的法律和司法解释都没有规定,属于新增规定,因而,对于《民法典》施行前发生的好意同乘在《民法典》施行后产生的纠纷案件,具有溯及既往的效力。因此,本条司法解释规定,在《民法典》施行前发生的因非营运机动车发生交通事故造成无偿搭乘人损害引起的民事纠纷案件,在《民法典》施行后提起民事诉讼的,可以直接适用《民法典》第1217条的规定,确定是否承担民事责任。

《民法典》规定好意同乘规则的是第1217条,即:"非营运机动车发生交通事故造成无偿搭乘人损害,属于该机动车一方责任的,应当减轻其赔偿责任,但是机动车使用人有故意或者重大过失的除外。"

好意同乘,是指无偿搭乘他人的机动车在运行中发生交通事故,造成无偿搭乘人的损害,属于该机动车一方责任的,减轻机动车一方赔偿责任的规则。

针对免费运送是否构成好意同乘,有不同意见。有的认为,为了搭乘人的特定目的而运行且无偿,不属于好意同乘。不过,《民法典》的规定没有这样的限制,只是强调无偿搭乘人的概念,只要是好意的免费运送,符合好意同乘要件要求的,就可以适用好意同乘的责任承担规则。

适用好意同乘的规则如下:(1)好意同乘的适用条件,须为无偿搭乘他人即好意人的机动车,而非有偿搭乘;(2)被搭乘的是他人即好意人的非营运机动车,而不是营运的机动车;(3)发生交通事故造成搭乘人的损害,须构成机动车一方的责任,即被搭乘人的责任;(4)被搭乘的机动车驾驶人对于损害的发生,没有故意或者重大过失。

好意同乘是善意为他人提供方便的行为,是利他行为,即使造成无偿搭乘人的损害,被搭乘人也不应当承担全部赔偿责任,属于该机动车一方责任的,该机动车一方承担责任的范围是减轻其赔偿责任。如果造成交通事故致害无偿搭乘人是机动车使用人因故意或者重大过失所致,则机动车一方应当承担全部赔偿责任。

在《民法典》实施之前发生的好意同乘纠纷案件,符合好意同乘的构成要件和法律特征的,在《民法典》施行之后发生争议向法院起诉的,《民法典》第1217条的规定具有溯及既往的效力,应适用该法律规定,确定好意同乘责任人的责任。

第十九条　民法典施行前,从建筑物中抛掷物品或者从建筑物上坠落的物品造成他人损害引起的民事纠纷案件,适用民法典第一千二百五十四条的规定。

【新规则要点】

本条司法解释的条旨是《民法典》关于高空抛物、坠物规定的规则具有溯及既往的效力。

1.《民法典》关于高空抛物、坠物损害责任的规定是新增规定

对于高空抛物、坠物损害责任,原《侵权责任法》第 87 条作过规定,即:“从建筑物中抛掷物品或者从建筑物上坠落的物品造成他人损害,难以确定具体侵权人的,除能够证明自己不是侵权人的外,由可能加害的建筑物使用人给予补偿。”这个规定,是出于救济受害人的目的而作出的规定,对于如何防范、预防和避免这种侵权行为注意不够。

2019 年,国内连续发生了几起高空抛物致人损害的案件,引起各方注意,也在社会上引起了对《侵权责任法》第 87 条规定的批评意见,认为第 87 条是“连坐法”,让不是侵权人的人承担补偿责任是不公平、不合理的,尤其是这样的规定不能减少高空抛物损害行为的发生。《法制日报》根据这些案件,曾经组织了一个专版进行讨论,邀请笔者写一篇文章。笔者在文章中说,《侵权责任法》第 87 条的规定不能说是错误的,但是有所不足,主要原因是将这样一种造成严重损害的案件规定在民事法律中,当发生高空抛物损害行为后,公安机关会以这种行为属于民法规范的范围而不积极行使刑事案件的侦查权,因而不能及时查清谁是真正的加害人,不能直接追究侵权人的法律责任。解决这一问题的关键,在于规定公安机关对于高空抛物损害案件发生后,应当及时介入,进行侦查,确定造成损害的真正加害人,由他来承担刑事责任和民事责任,才能真正救济受害人,制裁侵权人甚至是犯罪行为人,伸张社会正义,避免造成无辜的人的损害,避免无辜的建筑物使用人被“连坐”,保障每一个人的头顶上的安全。由于造成损害的这类案件不能及时由公安机关侦查处理,因而较多的高空抛物案件是由有可能造成损害的建筑物使用人给予补偿,形成不公正的后果。

当时正在编纂《民法典》侵权责任编草案,有关领导的批示受到有关机关的高度重视,立法机关积极采取措施,对原《侵权责任法》第 87 条进行修改,最终形成了《民法典》第 1254 条的规定。该规定在原《侵权责任法》第 87 条的基础上,进行了大幅度修改,属于新增规定,具有溯及既往的效力。

2.《民法典》关于高空抛物、坠物规定的基本内容

《民法典》第 1254 条各款规定的内容是:“禁止从建筑物中抛掷物品。从建筑物中抛掷物品或者从建筑物上坠落的物品造成他人损害的,由侵权人依法承担侵权责任;经调查难以确定具体侵权人的,除能够证明自己不是侵权人的外,由可能加害的建筑物使用人给予补偿。可能加害的建筑物使用人补偿后,有权向侵权人追偿。”“物业服务企业等建筑物管理人应当采取必要的安全保障措施防止前款规定情形的发生;未采取必要的安全保障措施的,应当依法承担未履行安全保障义务的侵权责任。”“发生本条第一款规定的情形的,公安等机关应

当依法及时调查,查清责任人。”这一规定的基本规则如下:

(1)禁止从建筑物中抛掷物品。这是对建筑物中的抛掷物、坠落物损害责任的基础性规定。从建筑物中抛掷物品,是非常危险的危害公共安全的行为,必须严格禁止。

(2)从建筑物中抛掷物品或者坠落物品造成的损害,由侵权人承担责任。任何人从建筑物中抛掷物品,或者从建筑物上坠落物品,造成他人损害,都由侵权人承担责任,侵权人就是抛掷物品的行为人,或者坠落物品的建筑物的所有人、管理人或者使用人。他们的作为或者不作为造成他人损害,当然要由他们自己承担侵权责任。

(3)经调查难以确定具体侵权人的,由可能加害的建筑物使用人给予补偿。该项内容就是原《侵权责任法》第 87 条规定的规则。建筑物抛掷、坠落物品致人损害,侵权人不明时的补偿责任的构成要件如下:①行为人在建筑物中抛掷物品,或者建筑物上有物品坠落;②抛掷物品或者坠落物品造成他人损害,主要是人身损害;③实施抛掷行为的行为人或者坠落物品的所有人不明,不能确定真正的加害人;④在特定建筑物的使用人中,不能证明自己不是侵权人。具备上述四个要件,该建筑物的使用人是可能加害的建筑物使用人。责任承担的方式,是由可能加害的建筑物使用人对受害人的损失给予补偿,而不是承担连带责任。补偿的责任范围,应当由法官依照自由裁量原则适当确定。能够证明自己不是加害人,即既没有实施从建筑物中抛掷物品的行为,也不是建筑物、坠落物品的权利人的,不承担补偿责任。

(4)可能加害的建筑物使用人补偿后有权向侵权人追偿。由可能加害的建筑物使用人承担补偿责任,其中大多数人必定是无辜者,即没有实施加害行为的建筑物使用人。为公平起见,可能加害的建筑物使用人承担了补偿责任,在查到了侵权人后,对其享有追偿权,可以向其进行追偿,将最终责任归之于真正的侵权人。

(5)物业服务企业等建筑物管理人未采取安全保障必要措施的,依法承担责任。建筑物管理人是建筑物的管理者,即物业管理企业等物业管理人,他们对建筑物的安全负有安全保障义务。因此,第 1254 条第 2 款规定,物业服务企业等建筑物管理人应当采取必要的安全保障措施,防止高空抛掷物品或者坠落物品造成损害行为的发生。未尽此安全保障义务造成损害的,应当依照《民法典》第 1198 条的规定,承担违反安全保障义务的损害责任。

(6)公安等机关应当依法及时调查,查清责任人。在加害人不明的高空抛物损害责任中,绝大多数其实是能够查清真正加害人的,但是,由于高空抛物损害责任是规定在民法中的民事责任，因此，在案件发生后，很多公安机关并不进行立案侦查，并且有理由推脱，否认是在自己的职责范围内。正因为如此，才出现了大量的加害人不明的高空抛物损害责任，形成被称为“连坐法”的补偿责任，使承担责任的人怨声载道，抱怨法律不公平。为避免大量出现加害人不明的高空抛物损害责任，本条审议时规定“有关机关应当依法及时调查，查清责任人”，在最终通过时将“有关机关”改为“公安等机关”。对此，立法说明指出，对于造成损害后果的，公安机关应当依法立案调查，对责任人依法给予治安管理处罚；构成犯罪的，应当依法追究刑事责任。这样就明确了高空抛物行为发生后，侦查职责在公安机关，公安机关应当及时立案侦查，查清责任人，依法处理。只有经过动用侦查手段仍然查不清责任人的，才可以适用本条规定的第三个规则。

3.《民法典》高空抛物、坠物损害责任规定溯及适用的要求

对高空抛物、坠物损害责任作出这样复杂的规定，显然更有利于保护当事人的合法权益，更有利于维护社会和经济秩序，更有利于弘扬社会主义核心价值观。因此，本条司法解释规定，《民法典》施行前，从建筑物中抛掷物品或者从建筑物上坠落的物品造成他人损害的，适用《民法典》第 1254 条的规定，具有溯及既往的溯及力。

在对《民法典》施行之前发生的高空抛物、坠物损害责任具体适用《民法典》第 1254 条时，应当注意以下几点：

（1）能够确定加害人的，就直接由加害人承担责任，不能由有可能造成损害的建筑物使用人予以补偿。

（2）经公安机关的调查仍然难以确定具体侵权人的，才可以由可能加害的建筑物使用人给予补偿；在查到了实际加害人后，承担补偿责任的建筑物使用人可以向其追偿，通过行使追偿权，将最终责任归咎于真正的加害人。

（3）如果建筑物的物业管理人违反了安全保障义务，致使发生高空抛物、坠物损害，物业管理人应当承担违反安全保障义务的侵权责任。其中，建筑物的坠落物造成他人损害，不能确定谁是真正加害人的，直接由物业管理人承担责任；由高空抛物造成损害的，物业管理人即使存在违反安全保障义务的过失，但是，对于造成的损害承担赔偿责任以后，也有权向实际加害人进行追偿。

（4）在损害行为发生时，公安机关应当及时进行调查，确定真正的加害人。不过，在《民法典》实施之前发生的高空抛物损害责任，由于时过境迁，公安机关已经不能再通过侦查手段确定真正的加害人的，即使适用《民法典》第 1254 条的规定确定责任，这一规则规定的公安机关及时调查的职责，也无法履行。

应当强调的是,刚刚通过的《刑法修正案(十一)》第 33 条规定:“在刑法第二百九十一条之一后增加一条,作为第二百九十一条之二:‘从建筑物或者其他高空抛掷物品,情节严重的,处一年以下有期徒刑、拘役或者管制,并处或者单处罚金。’‘有前款行为,同时构成其他犯罪的,依照处罚较重的规定定罪处罚。’”对高空抛物入罪,能够进一步防范和制裁高空抛物损害行为的发生,更好地保护头顶上的安全。

三、衔接适用的具体规定

第二十条　民法典施行前成立的合同,依照法律规定或者当事人约定该合同的履行持续至民法典施行后,因民法典施行前履行合同发生争议的,适用当时的法律、司法解释的规定;因民法典施行后履行合同发生争议的,适用民法典第三编第四章和第五章的相关规定。

【新规则要点】

本条司法解释的条旨是《民法典》关于合同持续履行的规定具有衔接适用的溯及效力。

《民法典》合同编关于合同履行和合同债权保全的规定,与原《合同法》关于合同履行的规定有很大的区别,在很多方面都进行了重大的改变,因此,只要是合同订立在《民法典》施行之前,合同的履行行为持续至《民法典》施行后的,由于民事法律关系产生在《民法典》施行之前,一直延续到《民法典》施行之后,因而存在适用《民法典》的条件,使《民法典》对于这种合同的争议产生溯及既往的效力,从而可以适用《民法典》关于合同履行以及合同履行中的债权保全的规定。

在制定本司法解释的时候,对于如何规定好这一法律适用原则,存在两种不同意见:

第一种意见是规定从简,只规定《民法典》施行前成立的合同,履行持续至《民法典》施行后,凡是因履行合同发生争议的,都适用《民法典》第三编第四章和第五章的相关规定。

第二种意见是,区分合同发生争议的时间在《民法典》施行之前还是施行之后,确定《民法典》的适用效力。提出的意见是,《民法典》施行前成立的合同,依照法律规定或者当事人约定该合同的履行持续至《民法典》施行后,因《民法典》施行前履行合同发生争议的,适用当时的法律、司法解释的规定;当时的法律、司法解释没有规定的,可以适用《民法典》的相关规定。因《民法典》施行后履行合同发生争议的,适用《民法典》第三编第四章和第五章的相关规定。

这两种意见对比起来,第一种意见显然比较简略,是一个简单的“一刀切”的做法,优点是具体操作比较简单,特别容易统一裁判规则。第二种意见比较符合实际情况,存在的问题是操作起来有些难度,即对于是在《民法典》施行前的合同履行发生争议,还是在《民法典》施行后的合同履行发生争议,在实际操作中可能理解不一致。当然,尽管《民法典》施行前成立的合同,依照法律规定或者当事人约定该合同的履行持续至《民法典》施行后,都存在适用《民法典》规定的条件,但是,真正决定适用法律的标志,还是应当以履行合同发生争议的时间是在《民法典》施行之前还是《民法典》施行之后来确定,更符合法律溯及力的规则。

最终,最高人民法院采纳了第二种意见,删除了关于“当时的法律、司法解释没有规定的,可以适用民法典的相关规定”的内容。这是因为,这样的适用法律的意见,在本司法解释第 1 条第 2 款中已经明确规定,不必再加规定。

适用本条司法解释的规则如下:

(1)合同在《民法典》施行前成立,依照法律规定或者当事人约定该合同的履行持续至《民法典》施行后。只有符合这个要求,才存在因合同履行发生的争议,就是是否适用《民法典》关于合同履行的规定。

(2)双方当事人因民法典施行前履行合同的问题发生争议的,适用当时的法律、司法解释的规定。这是因为,合同履行的争议发生在《民法典》施行之前,并非在《民法典》施行后发生争议,因而没有适用《民法典》的规定的条件,《民法典》不具有溯及力,不能适用《民法典》关于合同履行的规定。

(3)双方当事人因《民法典》施行后履行合同发生争议的,适用《民法典》第三编第四章和第五章的相关规定。既然履行合同的争议是发生在《民法典》施行之后,就有了适用《民法典》的条件,因而可以适用《民法典》的规定。适用的规则是《民法典》第三编“合同”第四章“合同履行”和第五章“合同的保全”的规定。

第二十一条　民法典施行前租赁期限届满,当事人主张适用民法典第七百三十四条第二款规定的,人民法院不予支持;租赁期限在民法典施行后届满,当事人主张适用民法典第七百三十四条第二款规定的,人民法院依法予以支持。

【新规则要点】

本条司法解释的条旨是《民法典》关于房屋承租人优先承租权具有衔接适

用的溯及既往效力。

《民法典》第 734 条第 1、2 款分别规定的内容是:“租赁期限届满,承租人继续使用租赁物,出租人没有提出异议的,原租赁合同继续有效,但是租赁期限为不定期。”“租赁期限届满,房屋承租人享有以同等条件优先承租的权利。”这一条文的第 2 款规定具有衔接适用的溯及既往的效力,不涉及租赁期限届满承租人继续使用租赁物视为成立不定期租赁合同的规定。

按照这一规定,租赁合同约定的租赁期限届满后,承租人享有两项权利:(1)续租权。在租赁合同约定的租赁期限届满后,如果承租人继续使用租赁物,出租人没有提出异议的,就继续续租,原租赁合同继续有效,实际上是成立了新的租赁合同。这个新成立的租赁合同是不定期租赁合同,适用不定期租赁合同的规定以确定双方当事人的权利义务关系。(2)优先承租权。房屋租赁合同约定的租赁期限届满后,承租人要求续租,他人也要求承租的,原承租人享有优先续租权,在同等条件下,优先承租,订立新的租赁合同。优先续租权的基本条件是同等条件,主要是租金数额,也包括租赁期间等。在订立新的租赁合同时,只要约定条件是一样的,原承租人就优先承租。

这一条文增加承租人优先承租权这一新规则,是很重要的。当一个不动产的租赁合同租赁期限届满,出租人继续出租该房屋,而出租人与原承租人没有续订出租合同,出现了数个当事人主张承租的情形。规定原承租人享有优先承租权,就会在同等条件下,由原承租人承租,不仅会使原承租人对承租房屋的改造、使用都符合其使用目的,使之更加方便,保障原承租人的权益,而且对出租人并无损害且原有的租赁关系可以继续,因而是一个最好的选择。

既然《民法典》第 734 条关于房屋承租人享有优先承租权的规定是新增规定,确定其是否具有溯及既往的效力的标准,就是租赁期满的时间界限,究竟是在《民法典》施行之前,还是在《民法典》施行之后。如果房屋租赁合同期限届满是在《民法典》施行之前,该租赁合同就已经消灭,当然不存在适用《民法典》规定的可能性。如果房屋租赁合同期限届满是在《民法典》施行之后,那就是合同一直延续到《民法典》实施之后,就具有了衔接适用的效力,因而,《民法典》第 734 条第 2 款的规定就具有了适用的条件,房屋承租人即享有优先承租权,在同等条件下优先承租该租赁物。

其实,在《民法典》施行之前,对房屋承租人享有优先承租权虽然没有成文法的规定,但是在司法实践中是支持承租人的优先承租权的。对《民法典》施行之前存在的房屋承租人的优先承租权的规则,应当视为习惯法的规定。因而,即使是在《民法典》施行之前的房屋租赁合同期限届满,主张按照当时的习惯法行使优先承租权的,也是应当予以支持的,只不过不是成文法的法律依据,而是习惯法的法律依据而已。另外,一个房屋租赁合同租赁期限在《民法典》施行之前届满,在《民法典》施行之后起诉主张优先承租权的,其实是比较少见的,除非在临近《民法典》施行之日前几天租赁期限届满。不过,租赁期限既然已经在《民法典》施行之前届满,也就不存在适用《民法典》规定的可能了。因此,本条司法解释的价值在于,房屋租赁合同租赁期限届满发生在《民法典》施行之后,哪怕就是2021年1月1日租赁期限届满,都有适用《民法典》第734条第2款的规定主张优先承租权的理由。

第二十二条　民法典施行前,经人民法院判决不准离婚后,双方又分居满一年,一方再次提起离婚诉讼的,适用民法典第一千零七十九条第五款的规定。

【新规则要点】

本条司法解释的条旨是《民法典》关于诉讼离婚准予离婚条件的规定具有衔接适用的溯及效力。

《民法典》第1079条各款分别规定:"夫妻一方要求离婚的,可以由有关组织进行调解或者直接向人民法院提起离婚诉讼。""人民法院审理离婚案件,应当进行调解;如果感情确已破裂,调解无效的,应当准予离婚。""有下列情形之一,调解无效的,应当准予离婚:(一)重婚或者与他人同居;(二)实施家庭暴力或者虐待、遗弃家庭成员;(三)有赌博、吸毒等恶习屡教不改;(四)因感情不和分居满二年;(五)其他导致夫妻感情破裂的情形。""一方被宣告失踪,另一方提起离婚诉讼的,应当准予离婚。""经人民法院判决不准离婚后,双方又分居满一年,一方再次提起离婚诉讼的,应当准予离婚。"

1. 判决离婚的法定事由

对此,同样要适用《民法典》第1079条规定的离婚法定事由,即基本事由和具体事由。

判决离婚的基本事由是夫妻感情确已破裂,其含义是:夫妻之间感情不复存在,已经不能期待夫妻双方有和好的可能。

离婚的具体事由如下:

(1)重婚或有配偶者与他人同居。这是指有配偶者与婚外异性不以夫妻名义,持续、稳定地共同居住。

(2)实施家庭暴力或虐待、遗弃家庭成员。这是指行为人以殴打、捆绑、残害、强行限制人身自由以及其他手段,给对方配偶以及家庭成员的身体、精神等方面造成损害后果的行为。虐待,是指经常以打骂、冻饿、禁闭、有病不予治疗、强迫过度劳动、限制人身自由、凌辱人格等方法,对共同生活的家庭成员进行肉体上、精神上的摧残和折磨的行为。遗弃,是指负有扶养义务的家庭成员拒不履行扶养义务的行为。

(3)有赌博、吸毒等恶习,屡教不改。

(4)因感情不和分居满 2 年。分居,是指配偶双方拒绝在一起共同生活,互不履行夫妻义务的行为。在主观上,配偶确有分居的愿望,拒绝在一起共同生活;在客观上,配偶的夫妻共同生活完全废止,分开生活。按照法律规定,这种状态已满 2 年的,构成离婚的法定事由。

(5)其他导致夫妻感情破裂的情形。

另外,还有以下两种可以判决离婚的情形:一是第 1079 条第 4 款规定的一方被宣告失踪,另一方提起离婚诉讼的,应当准予离婚。二是第 1079 条第 5 款规定的经人民法院判决不准离婚后,双方又分居满一年,一方再次提起离婚诉讼的,应当准予离婚。

符合上述法定事由之一的,可以判决离婚。《民法典》第 1079 条第 5 款规定的法律规范,具有溯及既往的效力。

2. 准予离婚条件的新增规定

本条司法解释涉及《民法典》第 1079 条第 5 款的溯及效力问题,即"经人民法院判决不准离婚后,双方又分居满一年,一方再次提起离婚诉讼的,应当准予离婚"的规定。

这是《民法典》首次规定的离婚理由。在《民法典》施行前的司法实践中,通行的规则是经人民法院判决不准离婚后,双方又分居满 6 个月,一方再次提起离婚诉讼的,应当准予离婚。这个做法的法律依据是《民事诉讼法》第 124 条的规定,即"人民法院对下列起诉,分别情形,予以处理:……(七)判决不准离婚和调解和好的离婚案件,判决、调解维持收养关系的案件,没有新情况、新理由,原告在六个月内又起诉的,不予受理"。在《民法典》起草过程中,立法者为配合登记离婚冷静期的规定,也增加诉讼离婚的难度,促使冲动离婚、草率离婚的配偶有更多的时间冷静下来,稳定婚姻关系,使离婚率有所下降,因而将原来在实践中掌握的 6 个月增加到 1 年,且强调须分居满 1 年。因此,这一规定也可以称作诉讼离婚的冷静期。

由于《民法典》施行之前和施行之后诉讼离婚的规则有上述不同,因此,本条司法解释规定,在《民法典》施行前判决不准离婚,再次提起离婚诉讼的,适用《民法典》第 1079 条规定的条件如下:(1)在《民法典》施行前,当事人双方的婚姻关系已经经过人民法院判决不准离婚。(2)双方在不准离婚的判决生效后,又分居满1年。其时间条件是1年,而不是原来的6个月;其客观要件是分居,而不是继续同居,即须符合分居条件要求并且持续满1年。(3)原来提出离婚诉讼请求的一方当事人再次向法院提起离婚诉讼,不论是哪一个法院都可以,不必是原来诉讼的法院。(4)再次提出离婚诉讼请求的时间,是在《民法典》施行之后。符合上述四个要件要求的,《民法典》第1079条第5款的规定就具有溯及既往的效力,直接适用《民法典》的该规定作出判决。

第二十三条　被继承人在民法典施行前立有公证遗嘱,民法典施行后又立有新遗嘱,其死亡后,因该数份遗嘱内容相抵触发生争议的,适用民法典第一千一百四十二条第三款的规定。

【新规则要点】

本条司法解释的条旨是《民法典》关于废弃公证遗嘱效力优先规则的规定具有衔接适用的溯及效力。

《民法典》第1142条各款分别规定:"遗嘱人可以撤回、变更自己所立的遗嘱。""立遗嘱后,遗嘱人实施与遗嘱内容相反的民事法律行为的,视为对遗嘱相关内容的撤回。""立有数份遗嘱,内容相抵触的,以最后的遗嘱为准。"这是对遗嘱撤回、变更和遗嘱效力冲突的规定。其中特别重要的新规则,是明确规定数份遗嘱内容抵触时以最后的遗嘱为准的原则,替代了"公证遗嘱优先"的错误规则。

所谓的公证遗嘱效力优先规则,是指原《继承法》第20条第3款的规定。当一个遗嘱人设立数份遗嘱,数份遗嘱的内容相抵触时,通行的规则是,应当视为以后设立的遗嘱取代或者变更了原设立的遗嘱。因此,遗嘱人设立数份遗嘱内容相抵触的,应当以最后设立的遗嘱为准,即"遗嘱设立在后效力优先"规则。原《继承法》第20条第3款的规定违反这样的规则,规定为:"自书、代书、录音、口头遗嘱,不得撤销、变更公证遗嘱。"这样的要求是,在数份遗嘱内容相互抵触时,确定哪一份遗嘱具有效力,是以遗嘱的形式作为标准的,即在所有的遗嘱方式中,唯有公证遗嘱具有最高的效力,任何与公证遗嘱的内容相冲突的遗嘱,都不具有对抗公证遗嘱的效力。

原《继承法》作出这样的规定,显然是错误的。一个遗嘱人立有数份遗嘱,内容相抵触,不看设立遗嘱的时间先后,而是以公证遗嘱具有最高效力,使其"一家独大",而且任何形式的遗嘱都不能变更、撤回公证遗嘱,就会出现不代表遗嘱人真实意思的公证遗嘱,并且将这种效力绝对化。其后果是,一旦遗嘱人在设立公证遗嘱之后,想变更遗嘱或者撤回遗嘱,都必须通过公证遗嘱的方式才能实现。如果遗嘱人在临终之前想要撤回或者变更以前所立的公证遗嘱,公证机构不能及时作出新的公证遗嘱,遗嘱人的真实意思就无法实现,实现的是不代表自己真实意思的公证遗嘱所表达的内容。这是违反遗嘱自由原则的做法,是违反法律的。

这一错误立法的形成原因,是在 1985 年制定《继承法》时,公证机构刚刚恢复不久,主张得到立法的支持,而公证在遗产继承中确实具有重要的作用。因此,《继承法》就规定了这样的公证遗嘱优先的"一家独大"的规则。

当一个遗嘱人设立数份遗嘱,这些遗嘱的内容发生相互抵触时,究竟哪一份遗嘱最能够代表遗嘱人的真实意思呢?当然是离遗嘱人死亡时间最近的遗嘱是其真实的处分遗产的意思表示。因此,各国《民法典》对此规定的一般规则,就是"遗嘱时间在后效力优先"规则。

《民法典》纠正了原《继承法》第 20 条第 3 款规定的错误,确立了本条第 3 款的原则,即"立有数份遗嘱,内容相抵触的,以最后的遗嘱为准"规则,纠正了原《继承法》第 20 条第 3 款规定的公证遗嘱优先规则的错误,是正确的立法选择。

由于在《民法典》施行前,《继承法》的上述规定是错误的,《民法典》第 1142 条第 3 款作出了正确的规定,因而,本条司法解释规定,《民法典》第 1142 条第 3 款关于"立有数份遗嘱,内容相抵触的,以最后的遗嘱为准"的规定,具有衔接适用的溯及效力。确认这一溯及力的要件如下:(1)被继承人在《民法典》施行前立有公证遗嘱;(2)《民法典》施行后又立有新遗嘱,不论该遗嘱的形式为何种遗嘱;(3)遗嘱人已经死亡;(4)出现了因数份遗嘱的内容相抵触而发生的争议。对此,就直接适用《民法典》第 1142 条第 3 款的规定,适用"时间在后效力优先"规则,应当确认最后一份遗嘱发生法律效力。

其实,这一条司法解释说得还不够清楚。即使不是在《民法典》施行之后又立有新遗嘱,就是在《民法典》施行之前,遗嘱人立有数份遗嘱,其中有公证遗嘱的,遗嘱人在《民法典》施行后死亡,因遗嘱效力发生争议,也必须适用《民法典》第 1142 条第 3 款的规定,确定最后一份遗嘱有效,而不能认为只有公证遗嘱效力优先。这是保护遗嘱人的遗嘱自由所必需的。

第二十四条　侵权行为发生在民法典施行前,但是损害后果出现在民法典施行后的民事纠纷案件,适用民法典的规定。

【新规则要点】

本条司法解释的条旨是《民法典》关于侵权责任的规定对损害结果发生在《民法典》施行后的侵权行为引发的民事纠纷案件具有衔接适用的效力。

1. 本条司法解释主要包含的内容

侵权行为实施以后,损害后果在侵权行为实施之后的一段时间后发生,以及侵权行为实施之后,侵权行为的损害后果一直持续存在的,是侵权行为常有的情形。对此,都属于侵权行为的实施与损害后果的发生存在时间间隔的类型。

有一个典型案例,案情是:1962 年出生的于某,于 2005 年将鞍山某医院起诉至法院,诉称其一岁时患病到该医院静脉注射,输液针头断裂,留在其腕部血管中。医院为于某实施手术失败,针头没有被取出来,顺血液流入肩部卡住。再次进行手术,针头随血液通过心脏流到肺部,手术再次失败。当时医院承诺,今后对于某终生免费治疗。于某认为,43 年来,针头仍留在他的肺部,给他和他的家属造成巨大精神压力;由于手术造成于某颈部歪斜,给于某生活及工作带来极大不便。为此要求医院支付取针费 10 万元,残疾补助费 10 万元,精神损害赔偿金 20 万元。法院审理认为,由于本案事故发生在 1963 年,《民法通则》1987 年 1 月 1 日施行时,于某的民事权利被侵害已超过 20 年;在《民法通则》实施后向人民法院请求保护,诉讼时效应从 1987 年 1 月 1 日起计算,一年后诉讼时效期间完成。原告提出诉讼主张时,已经超过法律规定的诉讼时效期间,因此驳回了原告的诉讼请求。

其实,这个案件中的侵权行为实施后虽然时间很长,但是该行为持续地给被侵权人造成损害结果,因而其诉讼时效期间并未开始计算。本案的被告以诉讼时效期间届满为由而进行抗辩,是不正确的。这种侵权行为就属于上述第二种情形。

前一种侵权行为的典型形式是,侵权行为侵害孕妇的身体,并未发现其腹内的胎儿受到损害。胎儿在出生后,发现受到人身损害。这就属于侵权行为实施之后,与损害结果发生的时间有间隔的情形。

在上述两种情形下,如果侵权行为发生在《民法典》施行之前,而损害后果在《民法典》施行之后被发现,或者侵权行为持续地对被侵权人造成损害,就都存在适用《民法典》关于侵权责任规则的可能性。

因此,本条司法解释规定,侵权行为发生在《民法典》施行前,而损害后果出现在《民法典》施行后,也包括侵权行为发生在《民法典》施行前,但是侵权行为持续造成被侵权人的损害持续到《民法典》施行后的,《民法典》有关侵权责任的规定就具有溯及既往的衔接适用效力,应当适用《民法典》有关侵权责任的规定。

2. 对本条司法解释包含的内容的探讨

值得研究的是,本司法解释草案中曾经有一个条文,即草案第28条关于持续侵权行为衔接适用的规定,表述为"民法典施行前的侵权行为持续至民法典施行后,该侵权行为引起的民事纠纷案件,适用民法典的相关规定"。这一条文的条旨是《民法典》关于持续性侵权行为规定的规则具有衔接适用的溯及效力。在正式文本中,删除了这一条文,究竟是内容错误,还是其他原因,值得探讨。

持续性侵权行为,是行为人实施的对同一权利客体持续地、不间断地进行侵害的行为。例如,某甲擅自将某乙的房屋进行出租获利,只要擅自出租的行为持续存在,就将不断地侵害某乙对该房产的财产权利,就是持续性侵权行为。

严格地说,本条司法解释所说的行为人实施的行为已经结束,但是其行为造成的损害后果却不间断地对权利人的权利造成损害的,不属于持续性侵权行为,而属于损害后果持续的侵权行为。例如,环境污染侵权事件中,污染行为虽然结束,但污染的后果在一定时期内持续损害受害人的物质性人格权。因此,《民法典》关于侵权责任的规定对这种侵权行为有溯及既往的效力。

说起来,持续性侵权行为,不仅行为人的行为持续不断,而且给权利人造成的侵害也是不断延续的,权利受侵害的状态并没有固定,权利人所受的损害会随着侵权行为的持续而不断增加。因此,持续性侵权行为的特点是持续时间长、损害后果严重。由于持续性侵权行为具有持续不断的特点,因而会出现持续性侵权行为跨越《民法典》施行之前和之后的情形。当一个侵权行为在《民法典》施行之前发生,而侵权行为一直持续至《民法典》施行之后,就具备了对该侵权行为适用《民法典》关于侵权责任规定的条件,《民法典》关于侵权行为的规定就具有溯及既往的效力,所以,对因该侵权行为引起的民事纠纷案件,直接适用《民法典》的相关规定,确定侵权人的侵权责任,保护被侵权人的合法权益。

因此,可以说,持续性侵权行为与损害后果迟延发生的侵权行为具有相当的相似性,可以适用同一个条文确定《民法典》的溯及力的问题。不论是侵权行为发生在《民法典》施行前而损害后果出现在《民法典》施行后,还是侵权行为发生在《民法典》施行前而侵权行为造成被侵权人的损害持续到《民法典》施行后,都适用《民法典》关于侵权责任的规定。

第二十五条　民法典施行前成立的合同，当时的法律、司法解释没有规定且当事人没有约定解除权行使期限，对方当事人也未催告的，解除权人在民法典施行前知道或者应当知道解除事由，自民法典施行之日起一年内不行使的，人民法院应当依法认定该解除权消灭；解除权人在民法典施行后知道或者应当知道解除事由的，适用民法典第五百六十四条第二款关于解除权行使期限的规定。

【新规则要点】

本条司法解释的条旨是《民法典》关于合同解除权除斥期间的规定具有衔接适用的溯及效力。

1.《民法典》第564条规定的基本规则

《民法典》第564条第1、2款分别规定："法律规定或者当事人约定解除权行使期限，期限届满当事人不行使的，该权利消灭。""法律没有规定或者当事人没有约定解除权行使期限，自解除权人知道或者应当知道解除事由之日起一年内不行使，或者经对方催告后在合理期限内不行使的，该权利消灭。"这是对合同解除权除斥期间的规定，与原《合同法》第95条的规定相比，对没有约定解除权除斥期间的，在适用催告确定合理期间的基础上，增加了适用除斥期间的新规定。

对某种约定解除权或者法定解除权，法律规定或者当事人约定了解除权行使期限的，适用法定或者约定的解除权解除期限。期限届满后当事人不行使的，该解除权消灭。

对约定解除权或者法定解除权，法律没有规定或者当事人没有约定解除权行使期限的，用两种方法确定其行使期限：(1)以除斥期间确定，即除斥期间为一年，自解除权人知道或者应当知道解除事由之日起一年内不行使，解除权消灭。(2)通过催告确定，即经对方催告后，在合理期限内解除权人不行使解除权的，该解除权消灭。无论是约定的解除权行使期限，还是法定的解除权行使期限，都是不变期间，不适用中止、中断和延长的规定。

《民法典》规定的这一规则的内容是：

(1)法律没有规定或者当事人没有约定解除权行使期限，增加规定适用除斥期间的规定。自解除权人知道或者应当知道解除事由之日起一年内不行使，该权利消灭。这是因为，解除权是形成权，按照《民法典》第199条的规定，应当适用除斥期间的规定。在原《合同法》第95条的基础上，增加了除斥期间适用的规定。

(2)法律没有规定或者当事人没有约定解除权行使期限的,适用除斥期间的规定,还是适用经过催告确定合理期限的规定,是选择性规定,选择权在于解除权人,解除权人选择哪个期间,就适用哪个期间。不过,在实践中通常不是解除权人选择,而是在解除权人行使解除权后,确定其行使解除权究竟是否在解除权行使期限之内,只要解除权是在本条规定的法定期限、约定期限、除斥期间、合理期限四种情形之内,就是在一个合法的期限范围内行使的,为有效地行使解除权的行为,因而解除合同。当然,还应当符合该种解除权行使期限要求的条件。

2.《民法典》第564条规定的衔接适用溯及效力

应当确定的是,《民法典》第564条规定的除斥期间,是对合同解除权的新规则,有利于保护当事人的合法权益,稳定交易秩序,对于行使解除权规定除斥期间的规定,具有溯及既往的效力。在具体适用上,分为以下两种情形:

(1)除斥期间为自民法典施行之日起一年期限。具体适用的条件如下:①合同订立在《民法典》施行前;②当时的法律、司法解释没有规定且当事人没有约定解除权行使期限;③对方也未催告;④解除权人在《民法典》施行前知道或者应当知道解除事由的。符合这四个条件要求,确定的解除权的除斥期间自民法典施行之日开始计算。因为即使按照《民法典》的这一规定,其除斥期间不过也是一年,因此,如果解除权人自《民法典》施行之日起一年内不行使,超过一年的除斥期间的,人民法院应当依法认定该解除权消灭,当事人不得再主张解除合同,该合同应当继续履行。

(2)直接适用《民法典》第564条关于解除权除斥期间的规定。具体的要件是:①合同在《民法典》施行前成立;②当时的法律、司法解释对合同解除权除斥期间没有规定,并且当事人也没有约定解除权行使期限;③当事人也未催告;④解除权人在《民法典》施行后知道或者应当知道解除权事由,主张行使合同解除权,或者因行使合同解除权发生争议。符合上四个要件的要求,可以直接适用《民法典》第564条第2款的规定。

第二十六条　当事人以民法典施行前受胁迫结婚为由请求人民法院撤销婚姻的,撤销权的行使期限适用民法典第一千零五十二条第二款的规定。

【新规则要点】

本条司法解释的条旨是《民法典》关于受胁迫婚姻撤销权除斥期间的规定具有衔接适用的溯及效力。

1.《民法典》对受胁迫婚姻撤销权除斥期间的新增规定

《民法典》关于撤销受胁迫婚姻除斥期间的规定,是第 1052 条,即:“因胁迫结婚的,受胁迫的一方可以向人民法院请求撤销婚姻。”“请求撤销婚姻的,应当自胁迫行为终止之日起一年内提出。”“被非法限制人身自由的当事人请求撤销婚姻的,应当自恢复人身自由之日起一年内提出。”与原《婚姻法》第 11 条的规定相比,《民法典》有关胁迫婚姻的规定,删除了向婚姻登记机关请求撤销的内容,将撤销权的除斥期间修改为自胁迫行为终止之日起 1 年内提出。

可撤销婚姻是已经成立的因胁迫行为发生的婚姻关系因欠缺婚姻合意,受胁迫的一方当事人可以向人民法院申请撤销的违法两性结合。可撤销婚姻是婚姻的基础合意没有达成,其法理基础在于尊重当事人的意思,确定为相对无效的属性,赋予受胁迫一方当事人撤销婚姻关系或者维持婚姻关系的权利,让其根据自己的意愿自由选择。

婚姻胁迫行为,是指行为人以给另一方当事人或者其近亲属的生命、健康、身体、名誉、财产等方面造成损害为要挟,迫使另一方当事人违背自己的真实意愿而结婚的行为。构成婚姻胁迫须具备以下要件:(1)行为人为婚姻关系当事人或者第三人。至于受胁迫者,既可以是婚姻关系当事人,也可以是婚姻关系当事人的近亲属。(2)行为人须有胁迫的故意,是通过自己的威胁而使另一方当事人产生恐惧心理并基于这种心理恐惧而被迫同意结婚。(3)行为人须实施胁迫行为,使另一方当事人产生恐惧心理。(4)受胁迫人同意结婚与胁迫行为之间须有因果关系。符合上述要件要求的,构成婚姻胁迫行为,受胁迫一方享有撤销权。

撤销婚姻的请求权受除斥期间的约束,除斥期间为 1 年。《民法典》第 152 条第 2 项规定,“当事人受胁迫,自胁迫行为终止之日起一年内没有行使撤销权”的,撤销权消灭。故撤销婚姻关系的申请人应当自胁迫行为终止之日起开始计算,在一年内提出撤销婚姻关系请求的,都可以支持其撤销婚姻关系的请求。

被非法限制人身自由的当事人请求撤销婚姻的,应当自恢复人身自由之日起一年内提出。在其恢复人身自由之日起一年内还没有提出撤销婚姻关系请求的,为超过除斥期间,撤销权消灭,不得再提出撤销婚姻的请求。

《民法典》在上述规定中,对于受胁迫婚姻的撤销权规定的新规则是:(1)删除了受胁迫方向婚姻登记机关申请撤销的规则。确认婚姻无效和撤销婚姻的权力专属于司法机关,不应属于行政机关。(2)修改撤销权除斥期间的起始点。按照原《婚姻法》第 11 条的规定,只要登记结婚,就要自结婚登记之日起开始计算除斥期间,期间届满,撤销权就消灭。这样的做法不利于保护婚姻关系的被胁迫者,如果胁迫行为没有终止,受胁迫一方尚无条件行使撤销权,除斥期间一旦完成,就无法依法撤销这种婚姻关系。为了充分救济受胁迫一方的权益,本条规定将其修改为自胁迫终止之日起计算除斥期间。

2.《民法典》关于受胁迫婚姻撤销权除斥期间的衔接适用效力

这些经过修改的《民法典》规则,更有利于保护权利人的合法权益,特别是保护被胁迫一方婚姻当事人的合法权益,具有溯及既往的效力。所以,本条司法解释规定,当事人以《民法典》施行前受胁迫结婚为由请求人民法院撤销婚姻的,撤销权的行使期间适用《民法典》第1052条第2款的规定,即"请求撤销婚姻的,应当自胁迫行为终止之日起一年内提出"。具体的要求是:(1)当事人的婚姻关系是在《民法典》施行之前建立的;(2)建立婚姻关系是因一方对另一方当事人的胁迫,违反婚姻自主权的规定;(3)受胁迫方当事人在《民法典》施行后向人民法院起诉主张行使撤销权。符合上述三个要件要求的,法院可以直接适用《民法典》第1052条第2款的规定,一般的因胁迫而缔结婚姻关系的,除斥期间自胁迫行为终止之日起计算;如果是受胁迫方被非法限制人身自由的,应当自该方当事人恢复人身自由之日起计算除斥期间。

民政部门不再有撤销婚姻关系的权力,是正确的规定,体现司法权的职能。

第二十七条　民法典施行前成立的保证合同,当事人对保证期间约定不明确,主债务履行期限届满至民法典施行之日不满二年,当事人主张保证期间为主债务履行期限届满之日起二年的,人民法院依法予以支持;当事人对保证期间没有约定,主债务履行期限届满至民法典施行之日不满六个月,当事人主张保证期间为主债务履行期限届满之日起六个月的,人民法院依法予以支持。

【新规则要点】

本条司法解释的条旨是《民法典》关于保证期间的规定具有衔接适用的溯及效力。

保证期间,是指保证合同当事人的约定或依法律推定在主债务履行期届满后,保证人能够容许债权人主张权利的最长期限。在保证期间内,一般保证的债权人应当向债务人提起诉讼或仲裁,连带责任保证应当向保证人主张权利。超过保证期间,债权人未提起主张的,保证人不再承担保证责任。保证期间只能是在保证人的保证责任发生后的一定期间,而不能是保证责任发生前的一定期间。保证期间是不变期间,不发生中止、中断、延长的情形。

1.《民法典》第 692 条规定的保证期间

《民法典》第 692 条各款对保证期间的规定是："保证期间是确定保证人承担保证责任的期间，不发生中止、中断和延长。""债权人与保证人可以约定保证期间，但是约定的保证期间早于主债务履行期限或者与主债务履行期限同时届满的，视为没有约定；没有约定或者约定不明确的，保证期间为主债务履行期限届满之日起六个月。""债权人与债务人对主债务履行期限没有约定或者约定不明确的，保证期间自债权人请求债务人履行债务的宽限期届满之日起计算。"

保证期间的确定，分为约定的保证期间和法定的保证期间。

（1）约定的保证期间。按照合同自由原则，双方当事人对于保证期间有约定的，按照约定的期间确定。约定的保证期间早于主债务履行期限或者与主债务履行期限同时届满的，视为没有约定。

（2）法定的保证期间。一般保证的保证人与债权人未约定保证期间或者约定不明确的，保证期间为主债务履行期届满之日起 6 个月。

（3）连带责任保证的保证人与债权人未约定保证期间或者约定不明确的，债权人有权自主债务履行期届满之日起 6 个月内要求保证人承担保证责任。债权人与债务人对主债务履行期限没有约定或者约定不明确的，保证期间自债权人要求债务人履行义务的宽限期届满之日起计算。

原《担保法》对保证期间未作规定，《民法典》第 692 条借鉴《最高人民法院关于适用〈中华人民共和国担保法〉若干问题的解释》（以下简称《担保法》司法解释）的规定，对保证期间作了上述规定。

2. 原《担保法》及《担保法》司法解释对担保期间的规定

原《担保法》及《担保法》司法解释对保证期间有以下几条规定：

（1）原《担保法》第 25 条各款分别规定："一般保证的保证人与债权人未约定保证期间的，保证期间为主债务履行期届满之日起六个月。""在合同约定的保证期间和前款规定的保证期间，债权人未对债务人提起诉讼或者申请仲裁的，保证人免除保证责任；债权人已提起诉讼或者申请仲裁的，保证期间适用诉讼时效中断的规定。"

（2）原《担保法》第 26 条各款分别规定："连带责任保证的保证人与债权人未约定保证期间的，债权人有权自主债务履行期届满之日起六个月内要求保证人承担保证责任。""在合同约定的保证期间和前款规定的保证期间，债权人未要求保证人承担保证责任的，保证人免除保证责任。"

（3）原《担保法》第 27 条规定："保证人依照本法第十四条规定就连续发生的债权作保证，未约定保证期间的，保证人可以随时书面通知债权人终止保证合同,但保证人对于通知到债权人前所发生的债权,承担保证责任。”

(4)原《担保法》司法解释第 31 条规定:“保证期间不因任何事由发生中断、中止、延长的法律后果。”

(5)原《担保法》司法解释第 32 条各款分别规定:“保证合同约定的保证期间早于或者等于主债务履行期限的,视为没有约定,保证期间为主债务履行期届满之日起六个月。”“保证合同约定保证人承担保证责任直至主债务本息还清时为止等类似内容的,视为约定不明,保证期间为主债务履行期届满之日起二年。”

(6)原《担保法》司法解释第 33 条规定:“主合同对主债务履行期限没有约定或者约定不明的,保证期间自债权人要求债务人履行义务的宽限期届满之日起计算。”

(7)原《担保法》司法解释第 34 条各款分别规定:“一般保证的债权人在保证期间届满前对债务人提起诉讼或者申请仲裁的,从判决或者仲裁裁决生效之日起,开始计算保证合同的诉讼时效。”“连带责任保证的债权人在保证期间届满前要求保证人承担保证责任的,从债权人要求保证人承担保证责任之日起,开始计算保证合同的诉讼时效。”

上述这些规定,过于繁琐,所以,《民法典》在此基础上,进行了修改,作出了新的规定。

3.《民法典》规定的保证期间确定规则具有衔接适用的溯及效力

通过上述原《担保法》及其司法解释规定的内容可知,保证合同中的保证期间约定不明,对保证期间的认定有明确规定。这些规定,与《民法典》第 692 条的规定有所不同。

本司法解释根据《民法典》施行之前我国《担保法》司法解释的规定,以及《民法典》对保证期间的规定,进行比较,确定的规则如下:

(1)保证期间约定不明,可以确定为主债务履行期限届满之日起二年。

其条件为:①保证合同是在《民法典》施行前成立的;②当事人在保证合同中对保证期间约定不明,而不是没有约定;③主债务履行期限届满的时间至《民法典》施行之日不满二年,只要是不满二年即可,只差一天也行;④当事人在《民法典》施行后,主张保证期间为主债务履行期限届满之日起二年。符合这样四个要件的要求,人民法院就可以确定,保证期间虽然约定不明,但是在《民法典》施行之前订立的保证合同,其主债务履行期限只要延续至《民法典》施行之日不满二年的,对其诉讼请求就应当予以支持。这主要是因为,原《担保法》司法解释第 32 条规定,保证合同约定保证人承担保证责任直至主债务本息还清时为止等类似内容的，视为约定不明，保证期间为主债务履行期届满之日起二年。按照这一规定的思路，确定上述《民法典》关于保证期间在约定不明的情况下，适用上述规则确定保证期间。

(2)《民法典》施行前成立的保证合同对保证期间没有约定，适用《民法典》关于保证期间的规定。

应当具备的要件有：①保证合同是在《民法典》施行前成立的；②须当事人对保证期间没有约定，而不是约定不明，更不是有明确约定；③主债务履行期限届满至《民法典》施行之日不满六个月；④当事人在《民法典》施行后，主张保证期间为主债务履行期限届满之日起六个月。符合上述四个要件的要求，当事人关于六个月保证期间的主张就成立，对其这一诉讼主张，人民法院应当依法予以支持。这是因为，既然在《民法典》施行之前订立的保证合同是没有约定保证期间，在《民法典》施行之前司法解释的规定原则上是六个月，《民法典》规定的保证期限也是六个月，因此，确定六个月为没有约定保证期限的保证合同的保证期间，是符合法律规定的。

四、附　　则

第二十八条　本规定自 2021 年 1 月 1 日起施行。

本规定施行后，人民法院尚未审结的一审、二审案件适用本规定。

【新规则要点】

本条司法解释的条旨是对本司法解释生效时间的规定。

本条确定的本司法解释生效的时间如下：

(1)《民法典》施行之日，就是本司法解释的生效之日。这是因为，本司法解释本来就是为了确定《民法典》适用的时间效力制定的规则，当然要跟随《民法典》的施行而生效。实际上，境外的法律实施，都要制定“法律实施法”，用法律的形式规定新法的具体适用的时间效力等问题。我国自 1949 年以来，就没有这个立法习惯，在改革开放之后的立法中，涉及法律施行的有关问题，都是由最高人民法院采用司法解释的方法作出规定。当然这些问题由法律施行法来规定是最为稳妥的，也是最好的方法。由于用司法解释的方法规定这个问题已经形成了习惯，因此，对于《民法典》施行的时间效力等问题，仍然适用司法解释的规定。在《民法典》施行之时，本司法解释同时生效，界定《民法典》施行的效力规则。

(2)对于法院已经受理正在审理的案件，在本规定施行后，如何确定《民法典》的溯及力问题,采取的办法是:符合本司法解释规定的情形,人民法院尚未审结的一审、二审案件,直接适用本规定,作出裁判;对于已经发生法律效力的案件,在再审程序中的,仍然适用当时的法律、司法解释的规定,不能适用《民法典》的规定。

天 Borderless 下

图书在版编目(CIP)数据

中国民法典新规则要点 / 杨立新, 李怡雯著. ——2版(修订本). —— 北京 : 法律出版社, 2021
ISBN 978-7-5197-5452-5

Ⅰ. ①中… Ⅱ. ①杨… ②李… Ⅲ. ①民法—法典—研究—中国 Ⅳ. ①D923.04

中国版本图书馆CIP数据核字(2021)第048284号

中国民法典新规则要点(修订版)
ZHONGGUO MINFADIAN XINGUIZE YAODIAN (XIUDINGBAN)
杨立新 李怡雯 著

责任编辑 孙东育 王 珊
装帧设计 汪奇峰

开本 710毫米×1000毫米 1/16
版本 2021年4月第2版
出版 法律出版社
总发行 中国法律图书有限公司
印刷 天津嘉恒印务有限公司

印张 48.25 **字数** 808千
印次 2021年4月第1次印刷
编辑统筹 学术·对外出版分社
经销 新华书店
责任印制 陶 松

法律出版社/北京市丰台区莲花池西里7号(100073)
网址/www.lawpress.com.cn
投稿邮箱/info@lawpress.com.cn 销售热线/400-660-8393
举报维权邮箱/jbwq@lawpress.com.cn 咨询电话/010-63939796

中国法律图书有限公司/北京市丰台区莲花池西里7号(100073)
全国各地中法图分、子公司销售电话:
统一销售客服/400-660-8393/6393
第一法律书店/010-83938432/8433 西安分公司/029-85330678 重庆分公司/023-67453036
上海分公司/021-62071639/1636 深圳分公司/0755-83072995

书号: ISBN 978-7-5197-5452-5 **定价:** 168.00元
(如有缺页或倒装,中国法律图书有限公司负责退换)